云南统计年鉴

YUNNAN STATISTICAL YEARBOOK

2019

（总第35期 No.35）

云南省统计局 编

Compiled by Statistical Bureau of Yunnan Province

中国统计出版社
China Statistics Press

图书在版编目（CIP）数据

云南统计年鉴 . 2019 : 汉英对照 / 云南省统计局编
. -- 北京 : 中国统计出版社 , 2019.11
ISBN 978-7-5037-9053-9

Ⅰ . ①云… Ⅱ . ①云… Ⅲ . ①统计资料 – 云南 – 2019 – 年鉴 – 汉、英 Ⅳ . ① C832.74-54

中国版本图书馆 CIP 数据核字 (2019) 第 247834 号

云南统计年鉴 – 2019

作　　者 / 云南省统计局
责任编辑 / 钟　钰
责任校对 / 魏寒松
装帧设计 / 李　赪
出版发行 / 中国统计出版社有限公司
地　　址 / 北京市丰台区西三环南路甲 6 号　邮政编码 / 100073
电　　话 / 邮购（010）63376909　书店（010）68783171
网　　址 / http://www.zgtjcbs.com
印　　刷 / 云南国大印务有限公司
经　　销 / 新华书店
开　　本 / 890mm × 1240mm　1/16
字　　数 / 1000 千字
印　　张 / 37.5
版　　别 / 2019 年 11 月第 1 版
版　　次 / 2019 年 11 月第 1 次印刷
定　　价 / 468.00 元　　Price: 468.00 RMB

本书附同版本 CD-ROM 一张，光盘内容以书面文字为准。
如有印装差错，由本社发行部负责调换。

《云南统计年鉴》
2019

Yunnan Statistical Yearbook
2019

编　者　说　明

一、《云南统计年鉴－2019》是一部全面反映云南省国民经济和社会发展情况的统计资料工具书，汇集了全省及各州市、县（市、区）2018年和主要年份经济和社会发展主要统计数据。

二、本年鉴对上年度年鉴章节内容进行了部分调整，调整后全书共18章，即：1.省情概况；2.国民经济核算；3.固定资产投资；4.城乡市场消费；5.公共财政；6.对外经济贸易；7.农业和农村；8.工业和能源；9.建筑业和房地产业；10.交通运输、通信和服务业；11.金融和保险业；12.旅游业；13.教育、科技和文化业；14.卫生、体育和社会管理；15.人口与就业；16.资源与环境；17.民族自治地方经济概况；18.县域经济概况。

三、本年鉴每个章节后附有主要统计指标解释，对主要统计指标的含义、统计范围和统计方法作了简要说明。本年鉴的资料来源，大部分来自年度统计报表。由于统计口径范围和调查方法的差别，部分指标各州市、县（市、区）数字相加可能不等于全省总计，对于一些统计指标的统计口径范围发生变化的，本年鉴对有关数据作了相应的调整，并在有关统计表中作了解释，在使用中请注意。

四、度量衡单位均采用国家颁布的国际统一标准计量单位。本年鉴中对计量单位进一步统一调整，符号使用说明："空格"表示无该项统计指标数据，或不足本表最小单位数，或资料不详；"#"表示指标的其中项。

五、对各级党委、政府和有关部门给予《云南统计年鉴－2019》编辑工作的关心和大力支持，以及参与此项工作的同志付出的辛勤努力表示衷心感谢！为不断改进和提高本年鉴质量，更好地满足社会各界的需要，希望广大读者提出宝贵的意见。本年鉴如有差错之处，欢迎读者批评指正。

EDITOR' S NOTES

I. *Yunnan Statistical Yearbook 2019* is an annual statistics reference book which fully reflects the national economy and social development of Yunnan province. The present yearbook covers comprehensive data in each city, county and prefecture in 2018 as well as some key data in significant years of the whole province.

II. After revision, this book contains the following eighteen parts: 1.Provincial Survey; 2.National Account; 3.Investment in Fixed Assets; 4.Urban and Rural Consumption; 5.Public Finance; 6.Foreign Trade; 7.Agriculture and Country; 8.Industry and Energy; 9.Construction and Real Estate; 10.Transport, Communications and Service Industry; 11.Banking and Insurance; 12.Tourism; 13.Education, Science, Technology and Culture; 14.Public Health, Sports and Social Services; 15.Population and Employment; 16.Resources and Environment; 17.Survey of National Autonomous Area; 18.Survey of Intra-county Economies.

Ⅲ. Explanatory Notes on Principal Statistical Indicators are provided at the end of each part to describe the content, scope and method of provincial statistical indicators briefly. The major data in this publication are obtained from annual statistical reports. It is advisable to note in the reference that the sum of data of each city, county and prefecture may not correspondingly equal the total of the whole province in some statistical indicators due to different statistical ranges and investigation methods. As for changes of statistical ranges, the relevant data are adjusted and explained accordingly in the present yearbook.

Ⅳ. The units of measurement used in this book are international standard measurement units issued by the state. Notations used in this yearbook, "(Blank)" indicates that the data are not available; or refers to numbers of minimum units or refers to numbers which are not in detail."#" indicates that the major items of the total.

Ⅴ. Thanks for the great support and attention given by party members and governments at each level, and colleagues who participate in this editing work. In order to perfect the yearbook and meet the requirements of the society better, comments from various readers are highly appreciated. At the same time, readers are welcome to correct our mistakes made in this book.

目　　录
CONTENTS

一、省情概况
Chapter 1 Provincial Survey

二、国民经济核算
Chapter 2 National Accounts

三、固定资产投资

Chapter 3 Investment in Fixed Assets

四、城乡市场消费

Chapter 4 Urban and Rural Consumption

五、公共财政

Chapter 5 Public Finance

六、对外经济贸易

Chapter 6 Foreign Trade

七、农业和农村

Chapter 7 Agriculture and Country

八、工业和能源

Chapter 8 Industry and Energy

九、建筑业和房地产业

Chapter 9 Construction and Real Estate

十、交通运输、通信和服务业

Chapter 10 Transport Communication And Service Industry

十一、金融和保险业

Chapter 11 Banking and Insurance

十二、旅 游 业

Chapter 12 Tourism

十三、教育、科技和文化

Chapter 13 Education, Science, Technololgy and Culture

十四、卫生、体育和社会管理

Chapter 14 Public Health, Sports and Social Mangement

十五、人口与就业

Chapter 15 Population and Employment

十六、资源与环境

Chapter 16 Resources and Environment

十七、民族自治地方经济概况

Chapter 17 Survey of National Autonomous Area

十八、县域经济概况

Chapter 18 Survey of Intra - counry Economies

Chapter 1

一、省情概况
Provincial Survey

1-1 人口和资源（2018年）

Population and Resources (2018)

指 标	Item	2018
全省年末人口总数（万人）	Total Population (year-end) (10 000 persons)	4 829.5
人口密度（人/平方千米）	Population Density (person/sq.km)	122.5
全省土地面积（万平方千米）	Total Land Area (10 000 sq.km)	39.41
民族自治地方土地面积（万平方千米）	Autonomous Area of Nationalities (10 000 sq.km)	27.67
全省年末耕地总资源（万公顷）	Total Cultivated Land Resources at Year-end (10 000 hectares)	620.91
牧草地面积（万公顷）	Area of Grassland (10 000 hectares)	14.69
全省森林面积（万公顷）	Forest Area (10 000 hectares)	2 300.16
全省森林覆盖率(%)	Forest Coverage Rate (%)	60.30
全省森林蓄积量（亿立方米）	Standing Stock Volume (100 million cu.m)	19.70
全省水域及水利设施用地面积（万公顷）	Water Area and Water Conservancy Facilities Area (10 000 hectares)	70.25
全省水能资源理论蕴藏量（亿千瓦）	Hydropower Resources by Theoretic (100 million kw)	1.04
全省水资源总量（亿立方米）	Total of Water Resources (100 million cu.m)	2 206.48
全省铁矿保有资源储量（亿吨）	Ensured Reserves of Iron Ore (100 million tons)	40.53
全省煤矿保有资源储量（亿吨）	Ensured Reserves of Coal Ores (100 million tons)	342.74
全省磷矿石保有资源储量（亿吨）	Ensured Reserves of Phosphate Ores (100 million tons)	49.61

1-2 全省行政区划及代码(2018年)
Administrative Divisions and Their Codes in Yunnan (2018)

单位：个 (unit)

州市 Autonomous Prefectures and Municipalities	县级单位名称 County Units	县级单位数 Number Of County Units 市辖区 Districts under Municipal Jurisdiction	县级市 Cities at County Level	县 Counties
昆 明 市 Kunming	五华区 盘龙区 官渡区 西山区 东川区 呈贡区 晋宁区 富民县 宜良县 石林县 嵩明县 禄劝县 寻甸县 安宁市 Wuhua District, Panlong District, Guandu District,Xishan District, Dongchuan District,Chenggong District, Jinning District, Fumin, Yiliang, Shilin,Songming, Luquan, Xundian, Anning City	7	1	6
曲 靖 市 Qujing	麒麟区 沾益区 马龙区 陆良县 师宗县 罗平县 富源县 会泽县 宣威市 Qilin District,Zhanyi District,Malong District, Luliang, Shizong, Luoping, Fuyuan, Huize, Xuanwei City	3	1	5
玉 溪 市 Yuxi	红塔区 江川区 澄江县 通海县 华宁县 易门县 峨山县 新平县 元江县 Hongta District, Jiangchuan District, Chengjiang, Tonghai, Huaning, Yimen, Eshan, Xinping,Yuanjiang	2		7
保 山 市 Baoshan	隆阳区 施甸县 龙陵县 昌宁县 腾冲市 Longyang District, Shidian, Longling, Changning, Tengchong City	1	1	3
昭 通 市 Zhaotong	昭阳区 鲁甸县 巧家县 盐津县 大关县 永善县 绥江县 镇雄县 彝良县 威信县 水富市 Zhaoyang District, Ludian, Qiaojia, Yanjin, Daguan, Yongshan, Suijiang, Zhenxiong, Yiliang, Weixin, Shuifu City	1	1	9
丽 江 市 Lijiang	古城区 玉龙县 永胜县 华坪县 宁蒗县 Gucheng District,Yulong, Yongsheng, Huaping, Ninglang	1		4
普 洱 市 Pu'er	思茅区 宁洱县 墨江县 景东县 景谷县 镇沅县 江城县 孟连县 澜沧县 西盟县 Simao District, Ning'er, Mojiang, Jingdong, Jinggu, Zhenyuan, Jiangcheng, Menglian, Lancang, Ximeng	1		9
临 沧 市 Lincang	临翔区 凤庆县 云县 永德县 镇康县 双江县 耿马县 沧源县 Linxiang District, Fengqing, Yunxian, Yongde, Zhenkang, Shuangjiang, Gengma, Cangyuan	1		7
楚 雄 州 Chuxiong	楚雄市 双柏县 牟定县 南华县 姚安县 大姚县 永仁县 元谋县 武定县 禄丰县 Chuxiong City, Shuangbai, Mouding, Nanhua, Yao'an, Dayao, Yongren, Yuanmou, Wuding, Lufeng		1	9
红 河 州 Honghe	个旧市 开远市 蒙自市 弥勒市 屏边县 建水县 石屏县 泸西县 元阳县 红河县 金平县 绿春县 河口县 Gejiu City, Kaiyuan City, Mengzi City, Mile City, Pingbian, Jianshui, Shiping, Luxi, Yuanyang,Honghe, Jinping, Luchun, Hekou		4	9
文 山 州 Wenshan	文山市 砚山县 西畴县 麻栗坡县 马关县 丘北县 广南县 富宁县 Wenshan City, Yanshan, Xichou, Malipo, Maguan, Qiubei, Guangnan, Funing		1	7
西双版纳州 Xishuangbanna	景洪市 勐海县 勐腊县 Jinghong City, Menghai, Mengla		1	2
大 理 州 Dali	大理市 漾濞县 祥云县 宾川县 弥渡县 南涧县 巍山县 永平县 云龙县 洱源县 剑川县 鹤庆县 Dali City, Yangbi, Xiangyun, Binchuan, Midu, Nanjian, Weishan, Yongping, Yunlong, Eryuan, Jianchuan, Heqing		1	11
德 宏 州 Dehong	瑞丽市 芒市 梁河县 盈江县 陇川县 Ruili City, Mangshi City, Lianghe, Yingjiang, Longchuan		2	3
怒 江 州 Nujiang	泸水市 福贡县 贡山县 兰坪县 Lushui City, Fugong, Gongshan, Lanping		1	3
迪 庆 州 Diqing	香格里拉市 德钦县 维西县 Shangri-La City, Deqin, Weixi		1	2
全 省 Yunnan	**8个省辖市、8个民族自治州；17个市辖区、16个县级市、29个民族自治县、67个县 8 Provincial Jurisdiction Cities,8 Ethinic Minority Autonomous Prefectures, 16 Municipal Jurisdiction Districts，15 Cities at County Level,29 ethinic minority autonomous counties，69 counties**			

1-2 续表1

单位：个

州 市	Region	县级单位数 Total	县级市 Cities at County Level	市辖区 Municipal Districts	民族自治县 Ethnic Minority Autonomous Counties	边境县 Counties of Border
全 省	**Yunnan**	**129**	**16**	**17**	**29**	**25**
昆 明	Kunming	14	1	7	3	
曲 靖	Qujing	9	1	3		
玉 溪	Yuxi	9		2	3	
保 山	Baoshan	5	1	1		2
昭 通	Zhaotong	11	1	1		
丽 江	Lijiang	5		1	2	
普 洱	Pu'er	10		1	9	4
临 沧	Lincang	8		1	3	3
楚 雄	Chuxiong	10	1			
红 河	Honghe	13	4		3	3
文 山	Wenshan	8	1			3
西双版纳	Xishuangbanna	3	1			3
大 理	Dali	12	1		3	
德 宏	Dehong	5	2			4
怒 江	Nujiang	4	1		2	3
迪 庆	Diqing	3	1		1	

continued

(unit)

乡镇单位数 Total	街道办事处 Community Offices	镇 Towns	乡 Townships	民族乡 Townships of Ethnic Minority	社区村单位数 Total	居委会 Community Residents' Committees	村委会 Villagers Committees
1 405	**177**	**683**	**545**	**140**	**14 381**	**2 502**	**11 879**
137	78	43	16	4	1 662	730	932
134	43	51	40	8	1 658	397	1 261
75	24	25	26	10	709	280	429
75	6	35	34	10	950	110	840
146	7	99	40	17	1 336	243	1 093
65	7	23	35	15	465	65	400
103		66	37	10	1 046	53	993
77	2	32	43	13	929	38	891
103		65	38	4	1 100	134	966
133	3	68	62	5	1 315	189	1 126
104	3	42	59	16	961	79	882
32	1	19	12	7	255	32	223
112	2	70	40	11	1 151	80	1 071
51	1	23	27	5	380	44	336
29		13	16	2	272	17	255
29		9	20	3	192	11	181

1−2 续表2 continued

单位：个 (unit)

州市县	Region	行政区划代码 Administrative Division Codes	乡镇单位数 Total	街道办事处 Community Offices	镇 Town	乡 Township	民族乡 Townships of Ethnic Minority	社区村单位数 Total	居委会 Community Residents' Committees	村委会 Villagers Committees
全　省	**Yunnan**	**530000**	**1 405**	**177**	**683**	**545**	**140**	**14 381**	**2 502**	**11 879**
昆 明 市	**Kunming**	**530100**	**137**	**78**	**43**	**16**	**4**	**1 662**	**730**	**932**
五华区	Wuhua	530102	10	10				92	92	
盘龙区	Panlong	530103	12	12				103	71	32
官渡区	Guandu	530111	10	10				126	126	
西山区	Xishan	530112	10	10				114	114	
东川区	Dongchuan	530113	8	1	6	1		165	35	130
呈贡区	Chenggong	530114	10	10				74	74	
晋宁区	Jinning	530115	8	2	4	2	2	137	8	129
富民县	Fumin	530124	7	2	5			75	4	71
宜良县	Yiliang	530125	9	3	4	2	2	138	88	50
石林县	Shilin	530126	7	3	3	1		93	6	87
嵩明县	Songming	530127	5	2	3			75	36	39
禄劝县	Luquan	530128	16	1	9	6		199	14	185
寻甸县	Xundian	530129	16	3	9	4		174	28	146
安宁市	Anning	530181	9	9				97	34	63
曲 靖 市	**Qujing**	**530300**	**134**	**43**	**51**	**40**	**8**	**1 658**	**397**	**1 261**
麒麟区	Qilin	530302	16	13	3			143	87	56
沾益区	Zhanyi	530303	11	4	2	5		133	45	88
马龙区	Malong	530304	10	5	2	3		75	47	28
陆良县	Luliang	530322	11	2	7	2		148	36	112
师宗县	Shizong	530323	10	3	4	3	3	110	21	89
罗平县	Luoping	530324	13	3	4	6	3	154	46	108
富源县	Fuyuan	530325	12	2	9	1	1	161	36	125
会泽县	Huize	530326	23	3	7	13	1	378	33	345
宣威市	Xuanwei	530381	28	8	13	7		356	46	310
玉 溪 市	**Yuxi**	**530400**	**75**	**24**	**25**	**26**	**10**	**709**	**280**	**429**
红塔区	Hongta	530402	11	9		2	2	104	94	10
江川区	Jiangchuan	530403	7	1	4	2	1	74	21	53
澄江县	Chengjiang	530422	6	2	4			40	25	15
通海县	Tonghai	530423	9	2	4	3	3	76	27	49
华宁县	Huaning	530424	5	1	3	1	1	77	23	54
易门县	Yimen	530425	7	2	1	4	3	58	19	39
峨山县	Eshan	530426	8	2	3	3		76	21	55
新平县	Xinping	530427	12	2	4	6		123	26	97
元江县	Yuanjiang	530428	10	3	2	5		81	24	57

1 2 续表3 continued

单位：个 (unit)

州市县	Region	行政区划代码 Administrative Division Codes	乡镇单位数 Total	街道办事处 Community Offices	镇 Town	乡 Township	民族乡 Townships of Ethnic Minority	社区村单位数 Total	居委会 Community Residents' Committees	村委会 Villagers Committees
保 山 市	**Baoshan**	**530500**	**75**	**6**	**35**	**34**	**10**	**950**	**110**	**840**
隆阳区	Longyang	530502	21	6	5	10	4	347	80	267
施甸县	Shidian	530521	13		5	8	2	138	5	133
龙陵县	Longling	530523	10		5	5	1	121	5	116
昌宁县	Changning	530524	13		9	4	3	124	6	118
腾冲市	Tengchong	530581	18		11	7		220	14	206
昭 通 市	**Zhaotong**	**530600**	**146**	**7**	**99**	**40**	**17**	**1 336**	**243**	**1 093**
昭阳区	Zhaoyang	530602	20	3	10	7	4	184	61	123
鲁甸县	Ludian	530621	12		10	2	2	97	27	70
巧家县	Qiaojia	530622	16		12	4		184	37	147
盐津县	Yanjin	530623	10		6	4		94	17	77
大关县	Daguan	530624	9		8	1	1	84	8	76
永善县	Yongshan	530625	15		8	7	2	142	28	114
绥江县	Suijiang	530626	5		5			42	11	31
镇雄县	Zhenxiong	530627	30	3	20	7	2	254	20	234
彝良县	Yiliang	530628	15		10	5	5	139	7	132
威信县	Weixin	530629	10		7	3	1	87	18	69
水富市	Shuifu	530681	4	1	3			29	9	20
丽 江 市	**Lijiang**	**530700**	**65**	**7**	**23**	**35**	**15**	**465**	**65**	**400**
古城区	Gucheng	530702	11	7	2	2	1	59	33	26
玉龙县	Yulong	530721	16		7	9	3	104	7	97
永胜县	Yongsheng	530722	15		9	6	6	150	8	142
华坪县	Huaping	530723	8		4	4	4	61	10	51
宁蒗县	Ninglang	530724	15		1	14	1	91	7	84
普 洱 市	**Pu'er**	**530800**	**103**		**66**	**37**	**10**	**1 046**	**53**	**993**
思茅区	Simao	530802	7		5	2	2	73	17	56
宁洱县	Ning'er	530821	9		6	3		89	4	85
墨江县	Mojiang	530822	15		12	3	1	168	8	160
景东县	Jingdong	530823	13		10	3		170	4	166
景谷县	Jinggu	530824	10		6	4		142	5	137
镇沅县	Zhenyuan	530825	9		8	1		111	2	109
江城县	Jiangcheng	530826	7		5	2		51	3	48
孟连县	Menglian	530827	6		4	2		42	3	39
澜沧县	Lancang	530828	20		5	15	6	161	4	157
西盟县	Ximeng	530829	7		5	2	1	39	3	36
临 沧 市	**Lincang**	**530900**	**77**	**2**	**32**	**43**	**13**	**929**	**38**	**891**
临翔区	Linxiang	530902	10	2	1	7	2	102	13	89
凤庆县	Fengqing	530921	13		8	5	3	187	4	183
云　县	Yunxian	530922	12		7	5	3	194	4	190
永德县	Yongde	530923	10		3	7	2	118	2	116
镇康县	Zhenkang	530924	7		3	4	1	74	3	71
双江县	Shuangjiang	530925	6		2	4		75	3	72
耿马县	Gengma	530926	9		4	5	1	86	6	80
沧源县	Cangyuan	530927	10		4	6	1	93	3	90

1-2 续表4 continued

单位：个 (unit)

州市县	Region	行政区划代码 Administrative Division Codes	乡镇单位数 Total	街道办事处 Community Offices	镇 Town	乡 Township	民族乡 Townships of Ethnic Minority	社区村单位数 Total	居委会 Community Residents' Committees	村委会 Villagers Committees
楚雄州	**Chuxiong**	**532300**	**103**		**65**	**38**	**4**	**1 100**	**134**	**966**
楚雄市	Chuxiong	532301	15		12	3		154	31	123
双柏县	Shuangbai	532322	8		5	3		84	7	77
牟定县	Mouding	532323	7		4	3		89	5	84
南华县	Nanhua	532324	10		6	4	1	128	12	116
姚安县	Yao'an	532325	9		6	3		77	13	64
大姚县	Dayao	532326	12		8	4	1	129	17	112
永仁县	Yongren	532327	7		3	4	1	63	3	60
元谋县	Yuanmou	532328	10		3	7		78	10	68
武定县	Wuding	532329	11		7	4	1	133	7	126
禄丰县	Lufeng	532331	14		11	3		165	29	136
红河州	**Honghe**	**532500**	**133**	**3**	**68**	**62**	**5**	**1 315**	**189**	**1 126**
个旧市	Gejiu	532501	10	1	7	2		112	39	73
开远市	Kaiyuan	532502	7	2	2	3	1	78	24	54
蒙自市	Mengzi	532503	11		7	4	2	101	15	86
弥勒市	Mile	532504	12		10	2		136	34	102
屏边县	Pingbian	532523	7		4	3		80	4	76
建水县	Jianshui	532524	14		8	6		153	16	137
石屏县	Shiping	532525	9		7	2		115	3	112
泸西县	Luxi	532527	8		5	3		87	15	72
元阳县	Yuanyang	532528	14		3	11		138	4	134
红河县	Honghe	532529	13		5	8		91	3	88
金平县	Jinping	532530	13		4	9	1	98	4	94
绿春县	Luchun	532531	9		4	5		92	21	71
河口县	Hekou	532532	6		2	4	1	34	7	27
文山州	**Wenshan**	**532600**	**104**	**3**	**42**	**59**	**16**	**961**	**79**	**882**
文山市	Wenshan	532601	17	3	7	7	5	139	26	113
砚山县	Yanshan	532622	11		4	7	4	104	18	86
西畴县	Xichou	532623	9		2	7		72	3	69
麻栗坡县	Malipo	532624	11		4	7	1	102	9	93
马关县	Maguan	532625	13		9	4		124	6	118
丘北县	Qiubei	532626	12		3	9	5	101	6	95
广南县	Guangnan	532627	18		7	11		174	7	167
富宁县	Funing	532628	13		6	7	1	145	4	141
西双版纳州	**Xishuangbanna**	**532800**	**32**	**1**	**19**	**12**	**7**	**255**	**32**	**223**
景洪市	Jinghong	532801	11	1	5	5	2	106	20	86
勐海县	Menghai	532822	11		6	5	3	90	5	85
勐腊县	Mengla	532823	10		8	2	2	59	7	52

1-2 续表5 continued

单位：个 (unit)

州市县	Region	行政区划代码 Administrative Division Codes	乡镇单位数 Total	街道办事处 Community Offices	镇 Town	乡 Township	民族乡 Townships of Ethnic Minority	社区村单位数 Total	居委会 Community Residents' Committees	村委会 Villagers Committees
大 理 州	**Dali**	**532900**	**112**	**2**	**70**	**40**	**11**	**1 151**	**80**	**1 071**
大理市	Dali	532901	13	2	10	1	1	142	32	110
漾濞县	Yangbi	532922	9		4	5		66	1	65
祥云县	Xiangyun	532923	10		8	2	1	139	7	132
宾川县	Binchuan	532924	10		8	2	2	90	11	79
弥渡县	Midu	532925	8		6	2	1	89	7	82
南涧县	Nanjian	532926	8		5	3		81	4	77
巍山县	Weishan	532927	10		4	6		83	4	79
永平县	Yongping	532928	7		3	4	3	75	3	72
云龙县	Yunlong	532929	11		4	7	2	86	1	85
洱源县	Eryuan	532930	9		6	3		90	2	88
剑川县	Jianchuan	532931	8		5	3		93	5	88
鹤庆县	Heqing	532932	9		7	2	1	117	3	114
德 宏 州	**Dehong**	**533100**	**51**	**1**	**23**	**27**	**5**	**380**	**44**	**336**
瑞丽市	Ruili	533102	6		3	3		40	11	29
芒 市	Mangshi	533103	12	1	5	6	1	98	18	80
梁河县	Lianghe	533122	9		3	6	2	66	4	62
盈江县	Yingjiang	533123	15		8	7	1	103	6	97
陇川县	Longchuan	533124	9		4	5	1	73	5	68
怒 江 州	**Nujiang**	**533300**	**29**		**13**	**16**	**2**	**272**	**17**	**255**
泸水市	Lushui	533301	9		6	3	1	77	6	71
福贡县	Fugong	533323	7		1	6	1	59	2	57
贡山县	Gongshan	533324	5		2	3		28	2	26
兰坪县	Lanping	533325	8		4	4		108	7	101
迪 庆 州	**Diqing**	**533400**	**29**		**9**	**20**	**3**	**192**	**11**	**181**
香格里拉市	Shangri-La	533401	11		4	7	1	64	5	59
德钦县	Deqing	533422	8		2	6	2	46	3	43
维西县	Weixi	533423	10		3	7		82	3	79

1-3 云南国民经济主要指标数据（2011-2018）

指标	Item
云南生产总值(当年价)(亿元)	**Gross Domestic Product of Yunnan Province (at current prices) (100 Million yuan)**
#非公经济增加值	Added Value of Individual and Private Economy
年末总人口数（万人）	**Total Population at Year-end (10 000 persons)**
年末城镇人口比重	Proportion of Urban Population at Year-end
年末就业人员数 （万人）	**Total Number of Employed Persons at Year-end (10 000 persons)**
#城镇单位在岗职工人数	Number of employees on duty of urban entities
全省居民人均可支配收入 （元）	Per Capita Disposable Income of Households (yuan)
城镇居民人均可支配收入	Annual Per Capita Disposable Income of Urban Households
农村居民人均可支配收入	Annual Per Capita Disposable Income of Rural Households
工农业总产值 （亿元）	**Gross Output Value of Industry and Agriculture (100 million yuan)**
农业总产值	Gross Output Value of Farming, Forestry, Animal Husbandry and Fishery
工业总产值(当年价)	Gross Output Value of Industry (at current prices)
轻工业产值	Total Output Value of Light Industry
重工业产值	Total Output Value of Heavy Industry
主要农产品产量(万吨)	**Output of Major Agricultural Products (10 000 tons)**
粮 食	Grain
油 料	Oil-bearing Crops
甘 蔗	Sugarcane
烤 烟	Flue-cured Tobacco
水 果	Fruits
茶 叶	Tea
猪、牛、羊肉	Pork,Beef and Mutton
水产品	Aquatic Product
主要工业产品产量	**Output of Major Industrial Products**
原 煤（万吨）	Raw Coal (10 000 tons)
粗 钢（万吨）	Steel (10 000 tons)
钢 材（万吨）	Steel Products (10 000 tons)
发电量（亿千瓦小时）	Electricity (100 million kwh)
成品糖（万吨）	Sugar of Finished Product (10 000 tons)
卷 烟（亿支）	Cigarettes(100 million pieces)
水 泥（万吨）	Cement (10 000 tons)
布（万米）	Cloth (10 000 m)
机制纸及纸板（万吨）	Machine-made Paper and Paperboards (10 000 tons)

注：计算万元生产总值能耗的生产总值按当年价格计算。

Principal Indicators on National Economy of Yunnan（2011-2018）

2011	2012	2013	2014	2015	2016	2017	2018
8 933.96	**10 361.63**	**11 895.23**	**12 883.16**	**13 702.63**	**14 818.80**	**16 376.34**	**17 881.12**
3 759.53	4 567.88	5 482.61	5 988.42	6 375.23	6 940.77	7 721.48	8 464.67
4 631.00	**4 659.00**	**4 686.60**	**4 713.90**	**4 741.80**	**4 770.50**	**4 800.50**	**4 829.50**
36.80	39.31	40.48	41.73	43.33	45.03	46.69	47.81
2 857.24	**2 881.90**	**2 912.36**	**2 962.25**	**2 942.50**	**2 998.89**	**2 992.65**	**2 992.80**
317.18	344.65	352.27	347.06	343.25	345.80	357.38	359.20
9 739	11 233	12 578	13 772	15 223	16 720	18 348	20 084
17 956	20 371	22 460	24 299	26 373	28 611	30 996	33 488
5 170	5 930	6 724	7 456	8 242	9 020	9 862	10 768
11 901.64	**14 321.68**	**15 813.02**	**16 101.94**	**15 552.76**	**16 527.90**	**16 985.88**	**18 716.19**
2 306.49	2 680.22	3 056.04	3 261.30	3 383.09	3 704.69	3 872.93	4 108.88
9 595.15	11 641.46	12 756.98	12 840.64	12 169.67	12 823.21	13 112.95	14 607.31
2 779.50	3 555.22	3 911.54	4 017.84	4 257.51	4 650.60	4 563.72	4 671.10
6 815.65	8 086.24	8 845.44	8 822.80	7 912.16	8 172.61	8 549.23	9 936.21
1 755.38	1 827.84	1 897.61	1 940.82	1 969.79	1 815.10	1 843.40	1 860.54
60.75	62.84	60.68	64.68	65.92	56.34	56.26	60.98
1 898.78	2 043.78	2 146.25	2 110.40	1 930.05	1 523.77	1 516.15	1 640.08
101.82	111.05	103.85	94.50	90.34	87.89	83.85	82.29
476.43	581.12	634.52	669.02	726.54	797.77	783.90	813.35
23.83	27.17	30.17	33.55	36.58	37.30	39.30	42.33
517.44	578.18	597.48	627.46	627.03	369.60	374.10	378.47
54.88	68.01	78.16	87.01	93.74	60.15	63.12	63.75
9 957.41	7 610.37	8 185.53	4 013.66	4 590.14	4 251.82	4 392.91	4 534.90
1 323.23	1 526.69	1 884.80	1 689.07	1 418.08	1 417.33	1 517.50	1 925.04
1 351.85	1 600.04	2 053.92	1 935.05	1 695.37	1 654.65	1 607.38	1 940.74
1 555.13	1 533.94	1 954.62	2 347.21	2 352.40	2 469.50	2 730.09	3 007.72
173.51	205.93	236.52	249.68	249.58	220.77	227.13	244.98
3 649.91	3 841.16	3 787.75	3 848.06	3 903.63	3 736.89	3 589.36	3 501.52
6 788.88	7 793.66	9 009.16	9 492.64	9 305.31	10 963.53	11 292.89	11 798.42
449.58	419.00	298.00	156.00	118.00	104.00	93.00	23.00
49.12	51.46	41.43	46.58	58.89	78.46	89.55	88.51

Note: Numbers of total energy consumption per 10000 yuan of GDP are calculated at current prices.

1-3 续表

指　　标	Item
全社会固定资产投资总额增速(%)	**Growth Rate of Total Investment in Fixed Assets (%)**
社会消费品零售总额（亿元）	**Total Retail Sales of Consumer Goods (100 million yuan)**
进出口总额(亿美元)	**Total Value of Exports and Imports (USD 100 million)**
出口额	Exports Value
进口额	Imports Value
实际利用外商直接投资总额(亿美元)	**Actually Utilized Foreign Investment Value (100 million yuan)**
财　政（亿元）	**Government Finance (100 million yuan)**
财政总收入	Government Revenue
地方一般公共预算支出	Government Expenditure
交通运输邮电	**Transport, Posts and Telecommunication Services**
货运周转量（亿吨公里）	Freight Traffic(100 million ton-km)
铁　路	Railways
公　路	Highways
水　路	Waterways
民用航空	Civil Aviation
旅客周转量（亿人公里）	Passenger Traffic(100 million passenger-km)
铁　路	Railways
公　路	Highways
水　路	Waterways
民用航空	Civil Aviation
邮电业务总量（亿元）	**Total Post and Telecommunication Services(10 000 yuan)**
旅游总收入(亿元)	**Total Tourism Revenue(100 million yuan)**
#国际旅游收入(亿美元)	Foreign Exchange Earning from International Tourism(USD 100 million)
职工工资	**Wages of Staff and Workers**
职工工资总额（亿　元）	Total Wages of Staff and Wokers (100 million yuan)
#国有单位职工工资总额（亿元）	Total Wages of Staff and Wokers of State-owned Entities (100 million yuan)
职工平均工资（万元）	Annual Average Wages of Staff and Workers (10 000 yuan)
#国有单位职工平均工资（万元）	Annual Average Wages of Staff and Workers of State-owned Units (10 000 yuan)
居民消费价格指数（%)(上年=100)	**Consumer Price Index (%)(preceding year = 100)**
教育文化	**Education and Culture**
高等学校数（所）	Number of Regular Institutions of Higher Education (unit)
高等学校在校学生数（万人）	Student Enrollment of Regular Institutions of Higher Education (10 000 person)
中等专业学校在校学生数（万人）	Student Enrollment of Specialized Secondary Schools (10 000 person)
普通中学在校学生数（万人）	Student Enrollment of Regular Secondary Schools (10 000 persons)
小学在校学生数（万人）	Student Enrollment of Primary Schools (10 000 persons)
艺术表演团体（个）	Number of Art Performance Groups (unit)
报纸出版数量（亿份）	Number of Newspapers Issued (100 million pieces)
各类杂志出版数量（亿册）	Number of Magazines Issued (100 million pieces)
图书出版数量（亿册）	Number of Books Published (100 million copies)
卫　生	**Health Care**
卫生机构数（个）	Number of Health Institutions (unit)
床位数（万张）	Number of Sickbeds of Health Institutions (10 000 units)
#医院病床数（万张）	Number of Sickbeds of Hospital (10 000 units)
专业卫生技术人员（万人）	Number of Medical Technical Personnel (10 000 persons)
#执业（助理）医师(万人)	Doctors (10 000 persons)

注：1.进出口总额包括边境贸易。
2.财政总收入包括上划中央的“两税”收入。
3.2012年以前卫生机构数包括主要卫生机构、诊所、卫生保健所、医务室等，从2013年开始还包括村卫生室。

continued

2011	2012	2013	2014	2015	2016	2017	2018
11.9	**26.6**	**27.3**	**15.4**	**17.4**	**19.4**	**17.5**	**11.3**
3 105.89	**3 597.85**	**4 112.56**	**4 632.87**	**5 103.15**	**5 722.90**	**6 423.06**	**6 825.97**
160.53	**210.05**	**258.29**	**296.22**	**245.27**	**199.99**	**233.94**	**298.95**
94.73	100.18	159.59	188.02	166.26	115.82	114.30	128.12
65.80	109.87	98.70	108.20	79.01	84.17	119.64	170.83
17.38	**21.89**	**25.15**	**27.06**	**29.92**	**8.67**	**9.63**	**10.56**
2 258.70	2 624.40	2 976.79	3 156.73	3 250.02	3 204.95	3 392.08	3 719.77
2 929.60	3 572.66	4 096.51	4 437.98	4 712.83	5 018.86	5 712.97	6 075.03
996.20	1 092.09	1 325.30	1 407.63	1 465.30	1 569.20	1 798.67	1 943.85
369.70	379.75	390.24	390.59	371.83	379.44	420.62	436.08
617.27	702.51	921.98	1 002.35	1 077.89	1 173.06	1 360.37	1 489.23
8.19	8.71	11.65	13.09	14.08	15.20	16.21	17.33
1.04	1.12	1.43	1.60	1.51	1.50	1.46	1.21
610.78	670.22	720.33	573.63	599.49	585.55	596.70	595.88
91.91	91.99	99.34	103.22	111.38	110.92	131.90	150.99
424.57	470.20	323.10	321.06	330.21	319.99	308.27	269.63
1.96	2.02	2.23	2.37	2.50	2.70	2.88	3.02
92.34	106.01	125.40	146.98	155.40	151.93	153.66	172.23
316.22	**362.59**	**402.61**	**567.23**	**791.55**	**1 285.81**	**1 210.26**	**2 567.46**
1 300.29	**1 702.54**	**2 111.24**	**2 665.74**	**3 281.79**	**4 726.25**	**6 922.23**	**8 991.44**
16.09	19.47	24.19	24.21	28.76	30.75	35.50	44.18
1 111.38	1 340.24	1 630.67	1 727.71	1 958.70	2 284.05	2 636.42	2 922.04
709.16	794.46	797.61	916.93	1 065.57	1 323.26	1 565.96	1 659.47
3.54	3.89	4.40	4.78	5.50	6.36	7.35	8.05
4.04	4.51	4.90	5.44	6.45	7.89	9.57	10.41
104.9	**102.7**	**103.1**	**102.4**	**101.9**	**101.5**	**100.9**	**101.6**
64	66	67	67	69	72	77	79
48.76	51.22	54.86	57.70	61.46	65.66	70.59	76.47
30.15	31.56	30.13	30.84	30.97	31.25	32.12	31.97
270.90	265.95	261.07	266.55	267.60	267.78	270.69	272.64
424.08	406.70	392.08	382.69	377.78	376.61	375.21	379.51
161	220	259	284	276	221	316	268
6.52	6.54	6.51	6.14	4.61	4.00	3.56	3.33
0.33	0.39	0.42	0.40	0.38	0.34	0.28	0.31
1.70	1.67	1.72	1.53	1.90	1.52	1.64	1.05
9 956	10 070	24 267	24 285	24 186	24 241	24 688	24 958
17.34	19.47	21.01	22.49	23.76	25.36	27.48	29.12
12.63	14.35	15.61	16.97	18.13	19.47	21.08	22.33
14.93	16.48	19.33	20.89	22.80	25.02	28.39	30.20
6.34	6.69	7.49	7.54	7.96	8.59	9.39	9.97

Note: a.The total value of imports and exports includes frontier trade value.

b.The government revenue is the total government revenue,including two taxes turned over to the central government.

c.Health institutions include main medical institutions, clinics，health care centers,infirmaries and so on in 2012 and before,and since 2013, village clinics are also included.

1-4 主要年份云南国民经济主要指标总量和增长速度

指　　标	Item	总量指标	
		1978	1990
年末总人口(万人)	**Total Population at Year-end (10 000 persons)**	**3 091.50**	**3 730.60**
城镇人口	Urban Population	375.70	1 510.10
乡村人口	Rural Population	2 715.80	2 220.50
就业人员数(万人)	**Employment (10 000 persons)**	**1 313.40**	**1 922.70**
第一产业	Primary Industry	1 130.90	1 537.80
第二产业	Secondary Industry	100.70	184.80
第三产业	Tertiary Industry	81.80	200.10
生产总值(GDP)(亿元)	**Gross Regional Product of Yunnan Province (100 million yuan)**	**69.05**	**451.67**
第一产业	Primary Industry	29.46	168.13
第二产业	Secondary Industry	27.58	157.80
第三产业	Tertiary Industry	12.01	125.74
人均生产总值（元）	Per Captita GDP	226	1 224
全省城乡居民人均可支配收入(元)	Per Capita Disposable Income of Households (yuan)		
城镇常住居民人均可支配收入	Annual Per Capita Disposable Income of Urban Households	328	1 515
农村常住居民人均可支配收入	Annual Per Capita Disposable Income of Rural Households	131	541
全社会固定资产投资总额(亿元)	**Total Investment in Fixed Assets (100 million yuan)**	**15.04**	**75.74**
#房地产开发	**Real Estate Development**	-	2.06
社会消费品零售总额(亿元)	**Total Retail Sales of Consumer Goods (100 million yuan)**	**28.38**	**145.59**
旅游业	**Touristsm**		
海外旅游人数（万人次）	**Overseas Tourists (10 000 person-times)**	-	-
#外国人（万人次）	**Foreigners (10 000 person-times)**	-	-
国内旅客（亿人次）	**Number of Tourists (Domestic Visitors) (100 million person-times)**	-	-
国际旅游收入（亿美元）	**Foreign Exchange Earnings from International Tourism (100 million USD)**	-	-
国内旅游收入（亿元）	**Earnings from Domestic Tourism (100 million yuan)**	-	-
进出口总额(亿美元)	**Total Value of Exports and Imports (USD 100 million)**	**1.04**	**5.48**
出口额	Export Value	0.69	4.34
进口额	Import Value	0.35	1.14
财　政（亿元）	**Government Finance (100 million yuan)**		
财政总收入	Government Revenue	11.76	77.43
#地方一般公共预算收入	General Public Budget Revenue		
地方一般公共预算支出	General Public Budget Expenditure	18.28	90.76
农　业	**Agriculture**		
农林牧渔业总产值（亿元）	Gross Output Value of Agriculture, Forestry, Animal Husbandryand Fishery	40.02	211.72
主要农产品产量(万吨)	**Output of Major Agriculture Products(10 000 tons)**		
粮　食	Grain	864.05	1 061.21
油　料	Oil-bearing Crops	5.51	13.31
甘　蔗	Sugarcane	160.01	661.88
烤　烟	Flue-cured Tobacco	12.26	43.60
水　果	Fruits	11.62	31.97
茶　叶	Tea	1.78	4.48
猪、牛、羊肉	Pork,Beef and Mutton	29.23	74.74
水产品	Aquatic Products	1.12	4.60

Growth Rate and Total Amounts of Principal Indicators on National Economy in Significant Years of Yunnan

Aggregate Data			各年比上年增长(±%) Growth Rate over Last Year				年平均增长速度(%) Average Annual Growth Rate(%)			
2000	2010	2018	1990	2000	2010	2018	1979-2018	1991-2018	2001-2018	2011-2018
4 240.80	**4 601.60**	**4 829.50**	**2.3**	**1.2**	**0.7**	**0.6**	**1.1**	**0.9**	**0.7**	**0.6**
990.60	1 601.80	2 309.00	-0.9	-50.3	3.1	3.0	4.6	1.5	4.8	4.7
3 250.20	2 999.80	2 520.50	4.6	47.7	-0.6	-1.5	-0.2	0.5	-1.4	-2.2
2 295.40	**2 765.90**	**2 992.80**	**2.2**	**2.3**	**3.0**	**0.0**	**2.1**	**1.6**	**1.5**	**1.0**
1 695.90	1 671.30	1 449.86	2.3	-1.4	-0.1	-4.5	0.6	-0.2	-0.9	-1.8
210.40	348.60	413.48	0.5	6.5	8.5	2.8	3.6	2.9	3.8	2.2
389.20	746.00	1 129.46	3.4	19.3	8.0	5.4	6.8	6.4	6.1	5.3
2 011.19	**7 251.92**	**17 881.12**	**8.7**	**7.5**	**12.3**	**8.9**	**10.0**	**10.1**	**10.3**	**10.3**
431.80	1 114.57	2 498.86	8.5	5.6	4.2	6.3	**5.2**	4.8	5.5	6.2
833.25	3 235.42	6 957.44	9.8	5.8	15.7	11.3	11.1	11.7	11.8	11.9
746.14	2 901.93	8 424.82	7.1	10.4	11.6	7.6	12.3	11.5	10.8	10.0
4 770	15 812	37 136	6.7	6.2	11.6	8.2	8.7	9.0	9.5	9.6
6 277	15 528	33 488	16.1	2.1	11.1	8.0	12.3	11.7	9.7	10.1
1 508	4 327	10 768	13.2	3.5	18.2	9.2	11.7	11.3	11.5	12.1
697.94	**5 528.71**	-	**11.7**	**-2.7**	**22.1**	**11.3**	**19.7**	**22.5**	**20.8**	**16.4**
83.23	900.44	-		-9.6	22.1	16.5		32.8	25.2	22.3
583.17	**2 555.80**	**6 825.97**	**2.4**	**8.2**	**24.5**	**11.1**	**14.7**	**14.7**	**14.6**	**13.1**
100.11	329.15	706.08	-	-3.7	15.7	5.8	-	-	11.5	10.0
66.59	231.23	549.94	-	-8.2	20.6	8.4	-	-	12.4	11.4
0.38	1.38	6.81	-	4.5	15.1	20.2	-	-	17.4	22.1
3.39	13.24	44.18	-	-3.2	13.0	24.5	-	-	15.3	16.3
183.19	916.82	8 698.97	-	4.6	25.5	30.2	-	-	23.9	32.5
18.13	**133.68**	**298.95**		**9.2**	**66.7**	**27.8**	**15.2**	**15.3**	**16.8**	**10.6**
11.75	76.03	128.12	16.0	13.6	68.4	12.1	14.0	12.9	14.2	6.7
6.38	57.62	170.83	-34.1	2.1	64.4	42.8	16.7	19.6	20.0	14.6
432.95	1 809.30	3 719.77	22.4	1.8	21.4	9.7	15.5	14.8	12.7	9.4
180.75	871.19	1 994.35		4.7	24.8	5.7	-	-	14.3	10.9
414.11	2 285.72	6 075.03	10.8	9.5	17.1	6.3	15.6	16.2	16.1	13.0
680.86	1 810.53	4 108.88	6.6	6.5	4.7	6.3	5.8	6.0	6.3	6.3
1 467.80	1 650.00	1 860.54	6.3	4.9	4.6	0.9	1.9	2.0	1.3	1.5
26.98	34.23	60.98	29.0	30.8	-31.8	8.4	6.2	5.6	4.6	7.5
1 420.29	1 750.92	1 640.08	20.1	-7.0	-0.6	8.2	6.0	3.3	0.8	-0.8
64.61	95.40	82.29	-4.5	6.0	8.4	-1.9	4.9	2.3	1.4	-1.8
76.95	397.91	813.35	-6.8	4.2	16.1	3.8	11.2	12.3	14.0	9.3
7.94	20.73	42.33	4.9	5.7	13.3	7.7	8.2	8.3	9.7	9.3
191.51	474.82	378.47	9.4	6.2	75.3	1.2	6.6	6.0	3.9	-2.8
16.62	48.17	63.75	4.3	7.0	11.9	1.0	10.6	9.8	7.8	3.6

1-4 续表

指 标	Item	总量指标 1978	总量指标 1990
主要工业产品产量（万吨）	**Output of Major Industrial Products (10 000 tons)**		
原 煤	Raw Coal	1 483	2 227
粗 钢	Steel	35.12	80.15
成品钢材	Steel Products	25.59	68.97
发电量（亿千瓦小时）	Electricity (100 million kwh)	52.51	125.78
水 泥	Cement	131	471.00
卷 烟（亿支）	Cigarettes (100 million pieces)	315.0	2240
布（万米）	Cloth (10 000 m)	10 507	17 974
机制纸及纸板	Machine-made Paper and Paperboards	5.12	15.43
成品糖	Sugar of Finished Product	14.00	51.00
建筑业	**Construction**		
建筑业总产值（亿元）	Gross Output Value of Construction (100 million yuan)	5.46	36.68
交通运输	**Transportation**		
货运周转量（亿吨公里）	Freight Traffic (100 million ton-km)	62.34	262.83
旅客周转量（亿人公里）	Passenger Traffic (100 million passenger-km)	24.82	87.67
邮电业务总量（亿元）	**Total Post and Telecommunication Services (10 000 yuan)**	**0.30**	**1.27**
国有单位职工平均工资(元)	**Average Wages of Staff and Workers of State-owned Entities (yuan)**	**623**	**2 200**
科学技术	**Science and Technology**		
研究与试验发展经费支出（亿元）	Expenditure on R&D (100 million yuan)	-	-
发明专利申请批准数（万件）	Number of Patent Applications Granted (10 000 pieces)	-	24.00
技术市场成交额（亿元）	Transaction Value in Technical Market (100 million yuan)	-	-
教 育	Education		
专任教师数（万人）	Full-time Teachers (10 000 persons)		
#普通高等学校	Regular Institutions of Higher Education	0.37	0.78
普通高中	Regular Senior Secondary Schools	1.16	1.23
普通初中	Junior Secondary Schools	4.74	5.69
普通小学	Regular Primary Schools	16.41	17.42
在校学生数 （万人）	Total Enrollment (10 000 persons)		
#普通本、专科	Regular Undergraduates and College Students	1.59	4.35
普通高中	Regular Senior Secondary Schools	23.78	18.06
普通初中	Junior Secondary Schools	104.76	105.89
普通小学	**Regular Primary Schools**	436.03	446.86
教育经费支出 （亿元）	Government Expenditures on Education (100 million yuan)	1.86	15.93
卫 生	**Health Care**		
医院病床数(万张)	Number of Hospital Sickbeds (10 000)	5.41	7.61
专业卫生技术人员(万人)	Number of Medical Technical Personnel (10 000 persons)	6.55	10.16
#执业（助理）医师(万人)	Number of Doctors	3.11	5.39
城镇职工参加社会保险人数（万人）	**Social Insurance**		
参加基本养老保险人数	Contributors in Basic Pension Insurance (10 000 persons)	-	-
参加城镇基本医疗保险人数	Contributors in Basic Medical Care Insurance (10 000 persons)	-	-
参加失业保险人数	Number of Employees Joining Unemployment Insurance (10 000 persons)	-	-

continued

Aggregate Data			各年比上年增长(±%) Growth Rate over Last Year(±%)				年平均增长速度(%) Average Annual Growth Rate(%)			
2000	2010	2018	1990	2000	2010	2018	1979-2018	1991-2018	2001-2018	2011-2018
2 215.61	9 763.38	4 534.90	2.1	-16.8	9.4	3.2	2.8	2.6	4.1	-9.1
189.41	1 293.77	1 925.04	11.0	6.0	23.3	26.9	10.5	12.0	13.7	5.1
183.71	1 214.99	1 940.74	11.5	0.9	24.8	20.7	11.4	12.7	14.0	6.0
317.46	1 364.85	3 007.72	10.2	6.5	16.3	10.2	10.6	12.0	13.3	10.4
1 642.80	5 786.16	11 798.42	4.1	1.2	14.7	4.5	11.9	12.2	11.6	9.3
3 063.85	3 573.78	3 501.52	10.0	1.5	3.4	-2.4	6.2	1.6	0.7	-0.3
5 855.00	412.76	23.00	0.4	-4.0	13.1	-75.3	-14.2	-21.2	-26.5	-30.3
22.32	44.87	88.51	1.4	-6.6	-2.5	-1.2	7.4	6.4	8.0	8.9
152.25	179.78	244.98	9.9	-6.3	-19.7	7.9	7.4	5.8	2.7	3.9
311.34	1 511.85	5 458.52	8.5	-0.7	26.3	15.5	18.8	19.6	17.2	17.4
479.52	915.04	1 943.85	15.7	8.2	8.8	8.1	9.0	7.4	8.1	9.9
237.94	523.64	595.88	-6.7		16.8	-0.1	8.3	7.1	5.2	1.6
99.07	**268.94**	**2 567.46**	**15.5**	**39.8**	**-59.9**	**112.1**	**25.4**	**31.2**	**19.8**	**32.6**
9 422	**34 330**	**104 077**	**13.6**	**11.5**	**13.2**	**8.8**	**13.7**	**14.8**	**14.3**	**14.9**
-	44.20	187.30	-	-	18.6	18.7	-	-	-	19.8
139.00	652.00	2 297.00	71.4	90.4	37.0	1.7		17.7	16.9	17.0
-	11.21	89.61	-	-	14.4	5.4	-	-	-	29.7
0.92	2.65	4.01	-2.5	10.8	2.8	2.0	6.1	6.0	8.5	5.3
1.46	4.12	5.91	1.7	8.1	3.8	4.4	4.2	5.8	8.1	4.6
9.10	11.98	13.23	6.0	6.6	3.7	2.6	2.6	3.1	2.1	1.2
21.05	23.75	22.84	0.1	4.7	1.6	-0.5	0.8	1.0	0.5	-0.5
9.04	43.69	76.47	-3.5	22.3	12.2	8.3	10.2	10.8	12.6	7.2
22.21	63.28	86.49	2.1	14.4	3.5	3.7	3.3	5.8	7.8	4.0
163.76	207.35	186.15	4.0	10.6	1.7	-0.6	1.4	2.0	0.7	-1.3
472.06	435.21	379.51	-2.3	-1.8	-2.0	1.1	-0.3	-0.6	-1.2	-1.7
95.58	540.93	1 444.34	19.0	11.0	23.5	8.3	18.1	17.5	16.3	13.1
6.61	11.25	22.33	1.5	2.3	12.8	5.9	3.6	3.9	7.0	8.9
12.41	14.17	30.20	2.5	2.6	5.9	6.4	3.9	4.0	5.1	9.9
6.26	6.21	9.97	3.9	3.1	4.5	6.2	3.0	2.2	2.6	6.1
252.28	317.42	616.22	-	12.9	3.5	4.2	-	-	5.1	8.6
69.48	414.77	506.88	-	54.4	4.4	3.2	-	-	11.7	2.5
196.03	209.61	273.12	-	8.3	5.5	5.1	-	-	1.9	3.4

1-5 按经济类型划分的云南国民经济主要指标数据（2018年）

Principal National Economical Indicators by Types of Economy of Yunnan (2018)

指 标	Item	全 省 Yunnan	比重 (%) As Percentage to Total (%) (total=100)
规模以上工业增加值(亿元)	**Added Value of Industry (100 million yuan)**	-	**100.00**
国有企业	State-owned Enterprises	-	8.56
集体企业	Collective-owned Enterprises	-	0.17
股份合作制企业	Joint Stock Cooperative Enterprises	-	0.05
股份制企业	Joint Stock Enterprises	-	86.49
外商及港澳台资企业	Foreign-funded and Enterprises funded by Hong Kong,Macao and Taiwan	-	3.72
其他工业	Other Enterprises	-	1.03
全社会固定资产投资总额(亿元)	**Total Investment in Fixed Assets (100 million yuan)**	-	**100.00**
国有经济	State-owned Economy	-	49.80
集体经济	Collective-owned Economy	-	0.20
个体私营经济	Individual and Private Economy	-	0.20
其他各种经济	Other Types of Ownership Economy	-	46.60
农村农户投资	Investment of rural households	-	3.20
社会消费品零售总额(亿元)	**Total Retail Sales of Consumer Goods (100 million yuan)**	**6 825.97**	**100.00**
公有经济	Public Ownership Economy	1 286.02	18.84
#国有经济	Of which:State-owned Economy	680.84	9.97
非公有经济	Individual and Private Enterprises	5 539.95	81.16
#私有经济	Of which: Private Economy	4 915.25	72.01
就业人员总数(万人)	**Total Number of Employed Persons (10 000 persons)**	**2 992.80**	**100.00**
城镇单位就业人员	Employed Persons in Urban Entities	427.03	14.27
#国有单位职工人数	Employed Persons in Urban State-owned Entities	155.83	5.21
城镇个体私营就业人员	Self-employed Individuals and Others	435.67	14.56
乡村就业人员	Rural Employed Persons	2 130.10	71.17

注：生产总值、规模以上工业增加值按当年价格计算。
Note: Gross regional product and added value of industry are calculated at current prices.

1-6 云南省国民经济主要数据占全国的比重（2018年）
Proportion of Principal Indicators of National Economy of Yunnan Province to the Whole Country (2018)

单位：%　　(%)

指　标	Item	全　国 China	云　南 Yunnan	云南占全国的比重(%) Proportion of Yunnan to National Total(%)
生产总值(GDP)(亿元)	**Gross Regional Product (100 million yuan)**	**900 309**	**17 881.12**	**2.0**
第一产业	Primary Industry	64 734	2 498.86	3.9
第二产业	Secondary Industry	366 001	6 957.44	1.9
第三产业	Tertiary Industry	469 575	8 424.82	1.8
人均生产总值(元/人)	**Per Capita Gross Regional Product(yuan/person)**	**64 644**	**37 136**	**57.4**
年末总人口(万人)	**Total Population at the Year-end (10 000 persons)**	**139 538**	**4 829.5**	**3.5**
城镇化率(%)	**Urbanization Rate(%)**	**59.58**	**47.81**	**80.2**
全部职工平均工资(元)	**Average Wages of All Staff and Workers (yuan)**	**84 794**	**80 525**	**95.0**
城镇常住居民人均可支配收入(元)	**Annual Average Disposable Income of Urban Households (yuan)**	**39 251**	**33 488**	**85.3**
农村常住居民人均可支配收入(元)	**Rural Per Capita Net Income (yuan)**	**14 617**	**10 768**	**73.7**
社会消费品零售总额(亿元)	**Total Retail Sales of Consumer Goods (100 million yuan)**	**380 978.0**	**6 825.97**	**1.8**
对外贸易进出口总额（亿美元）	**Total Value of Export and Import in Foreign Trade(USD 100 million)**	**46 230.38**	**298.95**	**0.6**
#出口总额	Total Export Value	24 874.01	128.12	0.5
实际利用外商直接投资(亿美元)	**Actually Utilized Direct Foreign Investment (USD 100 million)**	**1 349.66**	**10.56**	**0.8**
工农业主要产品产量(万吨)	**Output of Major Industrial and Farm Products (10 000 tons)**			
粮　食	Grain	65 789.2	1 860.54	2.8
油　料	Oil-bearing Crops	3 433	60.98	1.8
烤　烟	Flue-cured Tobacco	211	82.29	39.0
猪、牛、羊肉	Pork , Beef and Mutton	6 522.9	378.47	5.8
原　煤(亿吨)	Coal (100 Million tons)	36.83	0.45	1.2
粗　钢	Steel	92 800.90	1 925.04	2.1
钢　材	Steel Products	110 551.65	1 940.74	1.8
发电量(亿千瓦小时)	Electricity (100 million kwh)	71 117.73	3 007.72	4.2
水　泥(亿吨)	Cement (100 Million tons)	22.08	1.18	5.3
农用化肥(折100%)	Chemical Fertilizer (Converted into 100%)	5 424.42	276.29	5.1
成品糖（万吨）	Sugar of Finished Product (10 000 tons)	1 524.14	244.98	16.1
卷　烟（亿支）	Cigarettes (10 billions cigarettes)	23 358.69	3 501.52	15.0
普通高等学校在校学生数(万人)	**Student Enrollment of Regular Institutions of Higher Education (10 000 persons)**	**2 831.00**	**76.5**	**2.7**
卫生机构病床数(万张)	**Number of Hospital Sickbeds (10 000 beds)**	**840.4**	**29.12**	**3.5**
卫生技术人员(万人)	**Medical Technical Personnel (10 000 persons)**	**952.9**	**30.2**	**3.2**
#执业（助理）医师	Doctors	360.7	9.97	2.8

注：本表全国数据主要来自《中国统计摘要(2019)》。全国钢材产量数据中含企业之间重复加工钢材约21800万吨。

Note: The national data in this table is from China statistical summary (2019). The national steel production data contains about 218 million tons of terra processed steel among enterprises.

Chapter 2

二、国民经济核算
National Accounts

2-1 云南生产总值（1978 2018年）

Gross Domestic Product (1978-2018)

单位：亿元 (100 million yuan)

年 份 Year	生 产 总 值 Gross Domestic Product	第一产业 Primary Industry	第二产业 Secondary Industry	第三产业 Tertiary Industry	工 业 Industry	建筑业 Construction	人均生产总值（元/人）Per Capita GDP (yuan/person)
1978	69.05	29.46	27.58	12.01	20.91	6.67	226
1979	76.83	32.38	30.50	13.95	23.56	6.94	247
1980	84.27	35.89	33.98	14.40	25.86	8.12	267
1981	94.13	41.23	35.80	17.10	28.62	7.18	294
1982	110.12	47.04	42.39	20.69	34.21	8.18	339
1983	120.07	49.33	47.28	23.46	39.08	8.20	363
1984	139.58	57.33	54.38	27.87	44.14	10.24	416
1985	164.96	66.07	65.41	33.48	52.51	12.90	486
1986	182.28	71.32	70.83	40.13	61.09	9.74	528
1987	229.03	84.06	84.30	60.67	73.30	11.00	653
1988	301.09	103.47	112.40	85.22	99.19	13.21	845
1989	363.05	119.01	138.06	105.98	124.73	13.33	1 003
1990	451.67	168.13	157.80	125.74	142.77	15.03	1 224
1991	517.41	169.48	179.56	168.37	162.32	17.24	1 377
1992	618.69	186.80	219.03	212.86	193.90	25.13	1 625
1993	783.27	191.45	325.57	266.25	284.65	40.92	2 030
1994	983.78	236.25	428.68	318.85	383.91	44.77	2 515
1995	1 222.15	302.69	534.78	384.68	480.95	53.83	3 083
1996	1 517.69	360.48	669.06	488.15	599.82	69.24	3 779
1997	1 676.17	387.02	743.82	545.33	657.05	86.77	4 121
1998	1 831.33	403.43	818.26	609.64	705.55	112.71	4 446
1999	1 899.82	406.87	811.90	681.05	686.09	125.81	4 558
2000	2 011.19	431.80	833.25	746.14	704.00	129.25	4 770
2001	2 138.31	444.42	868.06	825.83	730.81	137.25	5 015
2002	2 312.82	463.44	934.88	914.50	788.44	146.44	5 366
2003	2 556.02	494.60	1 047.66	1 013.76	882.08	165.58	5 870
2004	3 081.91	607.75	1 281.63	1 192.53	1 066.41	215.22	7 012
2005	3 462.73	661.69	1 426.42	1 374.62	1 168.68	257.74	7 812
2006	3 998.50	724.40	1 711.53	1 562.57	1 407.10	304.43	8 952
2007	4 818.57	870.52	2 045.47	1 902.58	1 703.16	342.31	10 712
2008	5 711.33	1 024.29	2 461.29	2 225.75	2 059.99	401.30	12 612
2009	6 193.03	1 072.39	2 592.74	2 527.90	2 098.04	494.70	13 590
2010	7 251.92	1 114.57	3 235.42	2 901.93	2 615.57	619.85	15 812
2011	8 933.96	1 423.95	3 795.72	3 714.29	3 009.19	786.53	19 353
2012	10 361.63	1 670.96	4 439.71	4 250.96	3 470.71	969.00	22 307
2013	11 895.23	1 878.46	4 965.73	5 051.04	3 789.33	1 182.94	25 456
2014	12 883.16	2 007.43	5 313.35	5 562.38	3 929.68	1 390.53	27 410
2015	13 702.63	2 079.31	5 450.46	6 172.86	3 882.66	1 574.77	28 983
2016	14 818.80	2 225.49	5 690.16	6 903.15	3 891.20	1 806.22	31 157
2017	16 376.34	2 338.37	6 204.97	7 833.00	4 089.37	2 123.68	34 221
2018	17 881.12	2 498.86	6 957.44	8 424.82	4 483.96	2 482.34	37 136

注：生产总值按当年价格计算。2013年起，第二、三产业中的服务业增加值划入第三产业。本表2018年数据为快报数。
Note: Data of gross product are calculated at current prices. From 2013 the added value of service industry of primary and secondary industry has been classified tertiary industry. Data of 2018 in this table are express numbers.

2-2 云南生产总值指数（一）（1978-2018年）
Indices of Gross Domestic Product (Ⅰ) (1978-2018)

本表按不变价计算 Data in this table is calculated at constant price

(上年=100) (preceding year=100)

年份 Year	生产总值指数 Indices of GDP	第一产业 Primary Industry	第二产业 Secondary Industry	第三产业 Tertiary Industry	工业 Industry	建筑业 Construction	人均生产总值指数 Indices of Per Capita GDP
1978	121.7	113.7	129.0	119.2	128.3	132.6	119.0
1979	103.1	93.0	105.8	114.8	106.3	103.2	101.3
1980	108.5	109.8	110.1	102.5	109.4	113.9	107.1
1981	107.8	109.3	103.3	117.2	105.7	91.5	106.3
1982	115.5	112.8	115.1	120.4	115.7	111.6	113.6
1983	108.4	104.2	108.9	113.3	110.3	100.2	106.6
1984	114.5	113.7	112.9	118.9	111.8	120.0	113.0
1985	113.0	106.8	113.6	119.6	112.6	119.3	111.5
1986	104.3	97.7	106.6	107.1	106.6	106.7	102.7
1987	112.3	107.7	110.4	120.7	110.3	111.0	110.4
1988	116.0	107.8	118.5	119.0	118.1	120.8	114.2
1989	105.8	103.2	103.9	111.3	104.5	100.4	104.1
1990	108.7	108.5	109.8	107.1	110.1	107.9	106.7
1991	106.6	101.1	108.9	111.0	109.3	105.5	104.7
1992	110.9	103.0	116.8	113.4	115.2	133.5	109.5
1993	111.1	102.5	113.7	117.0	113.2	117.8	109.6
1994	112.2	103.0	117.3	114.7	117.7	114.0	110.7
1995	111.7	105.0	113.5	115.2	114.2	107.1	110.3
1996	111.1	105.2	111.5	115.1	112.0	106.6	109.7
1997	109.7	104.6	110.6	112.3	109.6	120.4	108.3
1998	108.1	103.0	109.2	110.3	107.2	126.6	106.7
1999	107.3	104.5	107.0	109.3	106.5	110.9	106.0
2000	107.5	105.6	105.8	110.4	107.0	97.2	106.2
2001	106.8	103.9	103.9	111.7	103.9	104.2	105.6
2002	109.0	103.8	109.3	111.4	110.0	105.8	107.8
2003	108.8	105.5	110.1	109.1	110.2	109.7	107.7
2004	111.3	105.4	112.7	112.9	111.8	117.8	110.3
2005	108.9	104.8	108.0	111.7	106.9	113.6	108.0
2006	111.8	105.5	117.2	109.3	117.0	118.2	111.0
2007	112.2	104.2	115.2	112.5	117.0	107.2	111.4
2008	110.6	106.3	112.1	110.8	113.4	105.5	109.9
2009	112.1	105.2	113.7	113.1	111.3	126.3	111.4
2010	112.3	104.2	115.7	111.6	114.6	121.1	111.6
2011	113.7	106.0	117.9	112.0	117.6	119.4	113.0
2012	113.0	106.7	116.7	110.9	115.7	121.1	112.3
2013	112.2	106.8	112.6	113.5	110.5	120.6	111.5
2014	108.1	106.2	109.2	107.4	107.3	116.2	107.5
2015	108.7	105.9	108.6	109.7	106.8	114.7	108.0
2016	108.7	105.6	108.9	109.5	106.6	114.6	108.0
2017	109.5	106.1	110.7	109.5	110.3	111.5	108.8
2018	108.9	106.3	111.3	107.6	111.6	110.6	108.2

注：生产总值按当年价格计算，2013年起，第二、三产业中的服务业增加值划入第三产业。本表中2018年数据为快报数。

Note: Data of gross product are calculated at current prices. From 2013 the added value of service industry of primary and secondary industry has bee classified tertiary industry.Data of 2018 in this table are express numbers.

2-3 云南生产总值指数（二）（1978–2018年）

Indices of Gross Domestic Product (Ⅱ) (1978-2018)

本表按不变价计算 Data in this table is calculated at constant price

(1952年=100) (year of 1952=100)

年份 Year	生产总值指数 Indices of GDP	第一产业 Primary Industry	第二产业 Secondary Industry	第三产业 Tertiary Industry	工业 Industry	建筑业 Construction	人均生产总值指数 Indices of Per Capita GDP
1978	459.8	250.1	1 441.3	362.8	1 382.2	1 874.0	253.9
1979	474.1	232.6	1 524.9	416.5	1 469.3	1 934.0	257.2
1980	514.4	255.4	1 678.9	426.9	1 607.4	2 202.8	275.5
1981	554.5	279.2	1 734.3	500.3	1 699.0	2 015.6	292.9
1982	640.4	314.9	1 996.2	602.4	1 965.7	2 249.4	332.7
1983	694.2	328.1	2 173.9	682.5	2 168.2	2 253.9	354.7
1984	794.9	373.0	2 454.3	811.5	2 424.0	2 704.7	400.8
1985	898.2	398.4	2 788.1	970.6	2 729.4	3 226.7	446.9
1986	936.8	389.2	2 972.1	1 039.5	2 909.5	3 442.9	459.0
1987	1 052.0	419.2	3 281.2	1 254.7	3 209.2	3 821.6	506.7
1988	1 220.3	451.9	3 888.2	1 493.1	3 790.1	4 616.5	578.7
1989	1 291.1	466.4	4 039.8	1 661.8	3 960.7	4 635.0	602.4
1990	1 403.4	506.0	4 435.7	1 779.8	4 360.7	5 001.2	642.8
1991	1 496.0	511.6	4 830.5	1 975.6	4 766.2	5 276.3	673.0
1992	1 659.1	526.9	5 642.0	2 240.3	5 490.7	7 043.9	736.9
1993	1 843.3	540.1	6 415.0	2 621.2	6 215.5	8 297.7	807.6
1994	2 068.2	556.3	7 524.8	3 006.5	7 315.6	9 459.4	894.0
1995	2 310.2	584.1	8 540.6	3 463.5	8 354.4	10 131.0	986.1
1996	2 566.6	614.5	9 522.8	3 986.5	9 356.9	10 799.6	1 081.8
1997	2 815.6	642.8	10 532.2	4 476.8	10 255.2	13 002.7	1 171.6
1998	3 043.7	662.1	11 501.2	4 937.9	10 993.6	16 461.4	1 250.1
1999	3 265.9	691.9	12 306.3	5 397.1	11 708.2	18 255.7	1 325.1
2000	3 510.8	730.6	13 020.1	5 958.4	12 527.8	17 744.5	1 407.3
2001	3 749.5	759.1	13 527.9	6 655.5	13 016.4	18 489.8	1 486.1
2002	4 087.0	787.9	14 786.0	7 414.2	14 318.0	19 562.2	1 602.0
2003	4 446.7	831.2	16 279.4	8 088.9	15 778.4	21 459.7	1 725.4
2004	4 949.2	876.1	18 346.9	9 132.4	17 640.3	25 279.5	1 903.1
2005	5 389.7	917.3	19 814.7	10 191.8	18 857.5	28 717.5	2 055.3
2006	6 025.7	967.8	23 222.8	11 139.6	22 063.3	33 944.1	2 281.4
2007	6 760.8	1 008.4	26 752.7	12 532.1	25 814.1	36 388.1	2 541.5
2008	7 477.4	1 071.9	29 989.8	13 885.6	29 273.2	38 389.4	2 793.1
2009	8 382.2	1 127.6	34 098.4	15 704.6	32 581.1	48 485.8	3 111.5
2010	9 413.2	1 175.0	39 451.8	17 526.3	37 337.9	58 716.3	3 472.4
2011	10 702.8	1 245.5	46 513.7	19 629.5	43 909.4	70 107.3	3 923.8
2012	12 094.2	1 328.9	54 281.5	21 769.1	50 803.2	84 899.9	4 406.4
2013	13 569.7	1 419.3	61 121.0	24 707.9	56 137.5	102 389.3	4 913.1
2014	14 668.8	1 507.3	66 744.1	26 536.3	60 235.5	118 976.4	5 281.6
2015	15 945.0	1 596.2	72 484.1	29 110.3	64 331.5	136 465.9	5 704.1
2016	17 332.2	1 685.6	78 935.2	31 875.8	68 577.4	156 389.9	6 160.4
2017	18 978.8	1 788.4	87 381.3	34 904.0	75 640.9	174 374.7	6 702.5
2018	20 667.9	1 901.1	97 255.4	37 556.7	84 415.2	192 858.4	7 252.1

注：生产总值按当年价格计算，2013年起，第二、三产业中的服务业增加值划入第三产业。

Note: Data of gross product are calculated at current prices. From 2013 the added value of service industry of primary and secondary industry has been classified tertiary industry.

2-4 各州市生产总值（2018年）

单位：亿元

州 市	Region	生产总值 Gross Domestic Product	第一产业 Primary Industry	第二产业 Secondary Industry	第三产业 Tertiary Industry	工业 Industry	建筑业 Construction
全 省	**Yunnan**	**17 881.12**	**2 498.86**	**6 957.44**	**8 424.82**	**4 483.96**	**2 482.34**
昆 明	Kunming	5 206.90	222.16	2 038.02	2 946.72	1 266.94	771.82
曲 靖	Qujing	2 013.36	360.20	777.37	875.79	555.86	222.34
玉 溪	Yuxi	1 493.04	149.45	766.40	577.19	680.08	86.85
保 山	Baoshan	738.14	168.50	281.14	288.50	172.02	109.34
昭 通	Zhaotong	889.54	162.62	397.82	329.10	231.17	166.75
丽 江	Lijiang	350.76	52.77	137.71	160.28	63.63	74.23
普 洱	Pu'er	662.48	163.66	244.16	254.66	119.78	124.43
临 沧	Lincang	630.02	172.11	205.39	252.52	107.77	97.74
楚 雄	Chuxiong	1 024.33	181.25	417.12	425.96	264.82	152.68
红 河	Honghe	1 593.77	234.05	759.99	599.73	533.04	227.17
文 山	Wenshan	859.06	170.19	307.39	381.48	173.92	134.11
西双版纳	Xishuangbanna	417.79	102.09	114.33	201.37	58.94	55.51
大 理	Dali	1 122.44	224.81	424.77	472.86	298.25	126.97
德 宏	Dehong	381.06	85.07	92.68	203.31	56.04	36.70
怒 江	Nujiang	161.56	22.11	50.26	89.19	27.33	22.94
迪 庆	Diqing	217.52	12.56	90.17	114.79	23.56	66.60

注：由于省、州(市)分级核算，各州(市)数相加不等于全省数。

Gross Domestic Product by Region (2018)

(100 million yuan)

交通运输、仓储及邮政业 Transport,Storage, Post and Telecommunication Services	批发和零售业 Wholesale and Retail Trades	三次产业构成 Composition (%) 第一产业 Primary Industry	第二产业 Secondary Industry	第三产业 Tertiary Industry	人均GDP(元/人) Per Capita GDP (yuan/person)
397.05	**1 697.83**	**14.0**	**38.9**	**47.1**	**37 136**
109.92	613.37	4.3	39.1	56.6	76 387
49.65	222.25	17.9	38.6	43.5	32 798
22.47	109.39	10.0	51.3	38.7	62 641
15.63	58.27	22.8	38.1	39.1	28 168
16.22	52.19	18.3	44.7	37.0	15 987
8.82	25.71	15.0	39.3	45.7	27 128
9.88	36.70	24.7	36.9	38.4	25 170
7.16	48.38	27.3	32.6	40.1	24 892
23.22	84.34	17.7	40.7	41.6	37 303
23.95	140.79	14.7	47.7	37.6	33 706
16.41	85.95	19.8	35.8	44.4	23 568
12.66	21.19	24.4	27.4	48.2	35 286
33.31	94.90	20.0	37.8	42.2	31 251
12.60	72.51	22.3	24.3	53.4	29 033
1.97	6.53	13.7	31.1	55.2	29 375
11.45	13.04	5.8	41.5	52.7	52 669

Note:The sum of the data of all prefectures and cities is not necessary equal to the provincial total because the regional data are calculated respectively.

2-5 非公有制经济增加值（2005-2018年）
Added Value of Non-Public Ownership Economy (2005-2018)

单位：亿元 (100 million yuan)

州 市	Region	非公经济增加值 Added Value of Non-Public Ownership Economy	第一产业 Primary Industry	第二产业 Secondary Industry	第三产业 Tertiary Industry
2005		1 211.76	142.27	523.62	545.87
2006		1 462.13	159.37	677.77	624.99
2007		1 797.70	198.48	834.39	764.83
2008		2 200.73	240.71	1 060.82	899.20
2009		2 421.37	264.86	1 120.07	1 036.44
2010		2 942.29	278.61	1 418.13	1 245.55
2011		3 759.53	368.80	1 711.87	1 678.86
2012		4 567.88	459.51	2 091.10	2 017.27
2013		5 482.61	569.17	2 423.28	2 490.16
2014		5 988.42	642.38	2 598.23	2 747.81
2015		6 375.23	667.46	2 670.72	3 037.05
2016		6 940.77	718.83	2 839.39	3 382.55
2017		7 721.48	760.63	3 135.70	3 825.15
2018		8 464.67	812.02	3 512.18	4 140.47
昆 明	Kunming	2 390.60	69.79	852.32	1 468.49
曲 靖	Qujing	1 000.22	146.91	450.58	402.73
玉 溪	Yuxi	552.55	42.24	276.35	233.96
保 山	Baoshan	377.80	40.89	199.19	137.72
昭 通	Zhaotong	388.61	57.55	205.90	125.16
丽 江	Lijiang	183.44	17.99	81.99	83.46
普 洱	Pu'er	280.40	56.70	129.50	94.20
临 沧	Lincang	280.19	49.79	122.13	108.27
楚 雄	Chuxiong	476.05	51.42	256.37	168.26
红 河	Honghe	701.46	62.72	389.71	249.03
文 山	Wenshan	440.35	50.46	177.19	212.70
西双版纳	Xishuangbanna	198.29	30.95	68.24	99.10
大 理	Dali	533.15	72.47	267.07	193.61
德 宏	Dehong	173.65	25.99	51.55	96.11
怒 江	Nujiang	62.69	5.63	34.83	22.23
迪 庆	Diqing	99.14	3.48	38.92	56.74

注：生产总值按当年价格计算，2013年起，第二、三产业中的服务业增加值划入第三产业。本表2018年数据为快报数。
Note: Data of gross product are calculated at current prices. From 2013 the added value of service industry of primary and secondary Industry has been classified into tertiary industry. Data of 2018 in this table are express numbers.

主要统计指标解释

国内（地区）生产总值 指按市场价格计算的一个国家（或地区）所有常住单位在一定时期内生产活动的最终成果。国内（地区）生产总值有三种计算方法，即生产法、收入法和支出法。三种方法分别从不同的方面反映国内生产总值及其构成。

生产法 是从生产的角度衡量常住单位在核算期内新创造价值的一种计算方法。即从生产的全部货物和服务总产品的价值中，扣除生产过程中投入的中间产品的价值，得到增加值。全社会所有常住单位增加值的总和就是生产总值。计算公式为：

增加值 = 总产出 – 中间投入

国（地区）外净要素收入 是指本国（或本地区）居民对国（或本地区）外从事投资和提供劳务所得的要素收入，与外国（或本地区）居民对本国（或本地区）从事投资和提供劳务所得的要素收入的差额。

三次产业 三次产业的划分是世界上较为常用的产业结构分类，但各国的划分不尽一致。中国的三次产业划分是：

第一产业：是指农（种植）、林、牧、渔业（不含农、林、牧、渔服务业）。

第二产业：是指采矿业（不含开采辅助活动），制造业（不含金属制品、机械和设备修理业），电力、热力、燃气及水生产和供应业，建筑业。

第三产业即服务业，是指除第一产业、第二产业以外的其他行业。第三产业包括：批发和零售业，交通运输、仓储和邮政业，住宿和餐饮业，信息传输、软件和信息技术服务业，金融业，房地产业，租赁和商务服务业，科学研究和技术服务业，水利、环境和公共设施管理业，居民服务、修理和其他服务业，教育，卫生和社会工作，文化、体育和娱乐业，公共管理、社会保障和社会组织，国际组织，以及农、林、牧、渔业中的农、林、牧、渔服务业，采矿业中的开采辅助活动，制造业中的金属制品、机械和设备修理业。

支出法国内（地区）生产总值 是从最终使用的角度反映一个国家或地区一定时期内生产活动最终成果的一种方法，包括最终消费支出、资本形成总额及货物和服务净出口三部分。计算公式为：

支出法地区生产总值 = 最终消费支出 + 资本形成总额 + 货物和服务净出口

最终消费支出 指常住单位为满足物质、文化和精神生活的需要，从本国经济领土和国外购买的货物和服务的支出。它不包括非常住单位在本国经济领土内的消费支出。最终消费支出分为居民消费支出和政府消费支出。

居民消费支出 指常住住户在一定时期内对于货物和服务的全部最终消费支出。居民消费支出除了直接以货币形式购买的货物和服务的消费支出外，还包括以其他方式获得的货物和服务的消费支出，即所谓的虚拟消费支出。居民虚拟消费支出包括如下几种类型：单位以实物报酬及实物转移的形式提供给劳动者的货物和服务；住户生产并由本住户消费了的货物和服务，其中的服务仅指住户的自有住房服务和付酬的家庭雇员提供的家庭和个人服务；金融机构提供的金融媒介服务。

政府消费支出 指政府部门为全社会提供的公共服务的消费支出和免费或以较低的价格向居民住户提供的货物和服务的净支出，前者等于政府服务的产出价值减去政府单位所获得的经营收入的价值，后者等于政府部门免费或以较低价格向居民住户提供的货物和服务的市场价值减去向住户收取的价值。

资本形成总额 指常住单位在一定时期内获得减去处置的固定资产和存货的净额，包括固定资本形成总额和存货增加两部分。

固定资本形成总额 指常住单位在一定时期内获得的固定资产减处置的固定资产的价值总额。固定资产是通过生产活动生产出来的，且其使用年限在一年以上、单位价值在规定标准以上的资产，不包括自然资产，耐用消费品、小型工器具。固定资本形成总额按购买者价格计算，并在所有权发生变化时记录。核算内容主要包括住宅，非住宅建筑物，机器和设备（包括武器系统），知识产权产品中的研发支出、计算机软件、矿藏勘探费、文学艺术品原件，新增役、种、奶、毛及娱乐用牲畜和新增经济林木价值等培育资产，住宅产权和非生产资产所有权转移费用等。

存货变动 指常住单位在一定时期内存货实物量变动的市场价值，即期末价值减期初价值的差额，再扣除当期由于价格变动而产生的持有收益。存货增加可以是正值，也可以是负值，正值表示存货上升，负值表示存货下降。存货包括生产单位购进的原材料、燃料和储备物资等存货，以及生产单位生产的产成品、在制品和半成品等存货。

货物和服务净出口 指货物和服务出口减货物和服务进口的差额。出口包括常住单位向非常住单位出售或无偿转让的各种货物和服务的价值；进口包括常住单位从非常住单位购买或无偿得到的各种货物和服务的价值。由于服务活动的提供与使用同时发生，一般把常住单位从非常住单位得到的服务作为进口，非常住单位从常住单位得到的服务作为出口。货物的出口和进口都按离岸价格计算。

Explanatory Notes on Principal Statistical Indicators

Gross Domestic (Regional) Product refers to the final products at market prices produced by all resident units in a country (or a region) during a certain period of time. There are three methods reflect Gross Domestic Product and its composition from different aspects.

Production Approach refers to the calculation method for measuring the newly increased value of resident units in the accounting period from the perspective of production, i.e. the value of total goods and services produced minus that of intermediate products input in the process of production is added value. The sum of added value created by all resident units makes GDP. The formula is as follows: Added Value = Total Output – Intermediate Input.

Net Factor Income from Abroad refers to the difference between factor income earned by residents of a country (or territory) from their investment and labor services in foreign countries (or territories) and that earned by residents of foreign countries (or territories) from their investment and labor services in that country (or territory).

Three Industries Classification of economic activities into three industries is a common practice in the world,although the grouping varies to some extent form country to country. In China, economic activities are categorized as follows: Primary industry refers to farming, forestry, animal husbandry and fishery.Secondary industry refers to mining and quarrying, manufacturing, production and supply of electricity, water,fuel gas and construction.Tertiary industry refers to all other economic activities not included in primary or secondary industry,including services of farming, forestry, animal husbandry and fishery, communications and transportation, storage and postal services, information transmission, computer and software services wholesale and retail trade, hotel and food services, banking, real estate, lease and commercial services, scientific research and technical service,geological prospecting, management services of water conservancy, environment and public facilities, resident and other services, education, health care, social security and welfare, culture, sports and entertainment, public management and social organizations.

Gross Domestic (Regional) Product Calculated by Expenditure Approach refers to the method of measuring the final results of production activities of a country or region during a given period from the perspective of final uses. It includes final consumption expenditure, gross capital formation and net export of goods and services. The formula for computation is.:

Gross Regional Product by expenditure approach = final consumption expenditure + gross capital formation +net export of goods and services

Final Consumption Expenditure refers to the total expenditure of resident units for purchases of goods and services from both the domestic economic territory and abroad to meet the needs of material, cultural and spiritual life. It does not include the expenditure of non-resident units on consumption in the economic territory of the country. The final consumption expenditure is broken down into household consumption expenditure and government consumption expenditure.

Household Consumption Expenditure refers to the total expenditure of resident households on the final consumption of goods and services. In addition to the consumption of goods and services bought by the households directly with money, the household consumption expenditure also includes expenditure on goods and services obtained by the households in other ways, i.e. the so-called imputed consumption expenditure, which includes the following: a) the goods and services provided to households by employers in the form of payment in kind and transfer in kind; b) goods and services produced and consumed by the households themselves, in which the services refer to the owner-occupied housing and services offered by payed family employees; c) financial intermediate services provided by financial institution.

Government Consumption Expenditure refers to the consumption expenditure spent for the provision of public services provided by the government to the whole country and the net expenditure on the goods and services provided by the government to households free of charge or at reduced prices. The former equals to the output value of the government services minus the value of operating income obtained by the government departments.The latter equals to the market value of the goods and services provided by the government free of charge or at reduced prices to the households minus the value received by the government from the households.

Gross Capital Formation refers to the fixed assets acquired less disposals and the net value of inventory, thus including gross fixed capital formation and changes in inventories.

Gross Fixed Capital Formation refers to the value of acquisitions less those disposals of fixed assets during a given period. Fixed assets are the assets produced through production activities with unit value above a specified amount and which could be used for over one year. Natural assets,consumer durables and small tools are not included.The gross fixed capital formation is calculated at the buyer's price and is recorded when ownership changes. Accounting content mainly includes residential and non-residential buildings, machinery and equipment (including weapons systems), spending on research and development of intellectual property products, computer software, mineral exploration, original works of art, literature, the value of draught animals, breeding stock and animals for milk, for wool and for recreational purposes and the newly increased forest with economic value, residential property and unproductive assets ownership transfer fees, etc.

Changes in Inventories refers to the market value of the change in the physical volume of inventory of resident units during a given period, i.e. the difference between the values at the beginning and at the end of the period minus the gains due to the change in prices. The changes in inventories can have a positive or a negative value. A positive value indicates an increase in inventory while a negative value indicates a decrease in inventory.The inventory includes raw materials, fuels and reserve materials purchased by the production units as well as the inventory of finished products, semi-finished products and work-in-progress.

Net Export of Goods and Services refers to the exports of goods and services subtracting the imports of goods and services. Exports include the value of various goods and services sold or gratuitously transferred by resident units to non-resident units. Imports include the value of various goods and services purchased or gratuitously acquired resident units from non-resident units. Because the provision of services and the use of them happen simultaneously, the acquisition of services by resident units from abroad is usually treated as import while the acquisition of services by non-resident units in this country is usually treated as export. The exports and imports of goods are calculated at FOB.

Chapter 3

三、固定资产投资
Investment in Fixed Assets

3-1 全社会固定资产投资增长速度（1979—2018年）

Growth Rate of Total Investment in Fixed Assets (1979-2018)

单位：% (%)

年 份 Year	固定资产投资 Investment in Fixed Assets	国有经济 State-owned Entities	集体经济 Collective-owned Entities	其他经济 Others	个体经济 Self-employed Entities	农 村 Rural
1979	11.5	7.6	9.6		132.6	132.6
1980	24.6	10.4	15.1		227.1	227.1
1981	-10.6	-12.3	1.4		-8.0	-8.6
1982	31.4	44.7	19.0		-20.8	-21.9
1983	-0.2	-0.1	-36.6		23.5	24.4
1984	34.7	19.3	253.2		56.8	55.3
1985	40.3	32.6	89.5		38.7	36.2
1986	7.9	6.0	14.1		9.9	8.7
1987	8.9	6.4	18.2		9.8	8.0
1988	24.6	26.4	7.8		37.2	31.7
1989	0.0	-8.5	29.6		6.4	2.3
1990	11.7	22.8	-10.2		-1.0	6.3
1991	29.8	39.0	13.0		8.0	9.5
1992	43.1	46.0	43.0		27.2	22.9
1993	78.7	74.5	83.4		39.7	33.3
1994	28.0	21.9	3.8	172.8	53.2	59.2
1995	18.3	18.9	-0.4	48.2	12.4	13.9
1996	17.7	13.6	23.4	39.5	17.5	16.8
1997	20.6	22.9	7.9	24.5	14.6	12.9
1998	24.4	31.8	-0.2	13.0	11.9	8.6
1999	6.7	3.0	2.4	-15.1	68.5	-11.4
2000	-2.7	-6.5	-9.5	12.3	9.6	9.0
2001	5.3	5.2	-10.5	-0.6	16.5	12.3
2002	12.8	6.5	25.7	58.7	6.0	0.4
2003	23.2	4.2	2.9	91.2	45.7	17.1
2004	30.3	13.4	5.7	68.1	40.8	10.4
2005	31.9	32.1	36.9	64.7	-13.7	-12.7
2006	26.5	30.9	72.2	3.1	56.7	125.8
2007	26.1	13.5	41.8	26.2	55.5	63.8
2008	26.0	17.8	18.0	38.6	28.3	11.8
2009	28.4	50.3	-51.3	65.6	-44.2	47.7
2010	22.1	22.3	-3.7	37.7	-94.2	-41.9
2011	11.9	-6.1	-7.5	30.6	44.2	15.1
2012	26.6	22.1	85.2	28.6	130.8	7.5
2013	27.3	31.3	24.2	25.0	13.9	24.8
2014	15.4	20.6	34.0	11.1	-37.3	22.6
2015	17.4	32.1	56.8	4.5	35.9	1.5
2016	19.4	37.4	-5.9	4.4	-4.8	6.0
2017	17.5	24.8	-29.2	12.0	34.2	0.9
2018	11.3	6.5	-72.7	19.5	8.4	1.9

注：1.2006年国家对全社会固定资产投资口径和计算方法做了调整。
2.2010年国家对全社会固定资产投资口径范围、统计起点和计算方法做了调整，投资项目统计起点由50万元提高到500万以上。

Note: a.In 2006,the National Bureau of Statistics adjusted the coverage and calculation method for calculating total investment in fixed assets.
b.In 2010,the National Bureau of Statistics adjusted the coverage ,statistical starting point and calculation method for calculating total investment in fixed assets.Statistical starting point of investment project raised to 5 million yuan from 0.5 million yuan.

3-2 按经济类型分固定资产投资构成（1978-2018年）

Total Investment in Fixed Assets by Economic Types (1978-2018)

单位：%　　　　(%)

年 份 Year	固定资产投资构成 Investment in Fixed Assets	国有经济 State-owned Entities	集体经济 Collective-owned Entities	其他经济 Others	个体经济 Self-employed Entities	农 村 Rural
1978	100.0	89.3	7.6		3.1	3.1
1979	100.0	86.2	7.5		6.3	6.4
1980	100.0	76.3	6.9		16.8	16.7
1981	100.0	74.9	7.9		17.2	17.1
1982	100.0	82.5	7.1		10.4	10.2
1983	100.0	82.6	4.5		12.9	12.7
1984	100.0	73.1	11.9		15.0	14.6
1985	100.0	69.1	16.1		14.8	14.2
1986	100.0	67.9	17.0		15.1	14.3
1987	100.0	66.4	18.4		15.2	14.2
1988	100.0	67.3	15.9		16.8	15.0
1989	100.0	61.5	20.6		17.9	15.3
1990	100.0	67.6	16.6		15.8	14.6
1991	100.0	72.4	14.5		13.1	12.3
1992	100.0	73.9	14.4		11.7	10.6
1993	100.0	72.1	14.8	3.9	9.2	7.9
1994	100.0	68.7	12.1	8.3	10.9	9.8
1995	100.0	69.1	10.1	10.4	10.4	9.4
1996	100.0	66.7	10.5	12.4	10.4	9.4
1997	100.0	67.9	9.5	12.7	9.9	8.8
1998	100.0	72.0	7.5	11.6	8.9	7.7
1999	100.0	69.5	7.3	9.2	14.0	6.4
2000	100.0	66.8	6.8	10.6	15.8	7.1
2001	100.0	66.7	5.8	10.0	17.5	7.6
2002	100.0	63.0	6.4	14.1	16.5	6.8
2003	100.0	53.3	5.4	21.9	19.4	6.4
2004	100.0	46.4	4.4	28.3	20.9	5.4
2005	100.0	46.4	4.5	35.3	13.8	3.6
2006	100.0	48.1	6.2	28.8	16.9	6.4
2007	100.0	43.3	6.9	28.8	21.0	8.4
2008	100.0	40.5	6.5	31.7	21.3	7.4
2009	100.0	47.4	2.5	40.9	9.3	8.5
2010	100.0	47.5	1.9	46.1	0.4	4.1
2011	100.0	39.8	1.6	53.8	0.6	4.2
2012	100.0	38.4	2.4	54.7	1.0	3.5
2013	100.0	39.6	2.3	53.7	0.9	3.5
2014	100.0	41.4	2.7	51.7	0.5	3.7
2015	100.0	46.6	3.6	46.0	0.6	3.2
2016	100.0	53.7	2.8	40.2	0.5	2.8
2017	100.0	57.0	1.7	38.4	0.5	2.4
2018	100.0	49.8	0.2	46.6	0.2	3.2

3-3 固定资产投资（不含农户）增长速度（一）（2018年）

Growth Rate of Total Investment in Fixed Assets (Exclude Rural Households)(Ⅰ)(2018)

单位：% (%)

国民经济行业	National Economic Sector	固定资产投资 Total Investment in Fixed Asset
固定资产投资增速	**Growth Rate of Total Investment in Fixed Assets**	**11.6**
按登记注册类型分	**Grouped by Registration Status**	
内 资	Domestic Fund	11.8
国 有	State-owned	2.7
集 体	Collective-owned	-74.8
联 营	Joint Ownership	1 067.1
股份制	Share Holding	12.0
其 他	Others	21.0
港澳台商投资	Fund from Hong Kong,Macao and Taiwan	19.6
# 合资经营	Joint Venture	62.3
合作经营	Collaborative Operation	-87.2
独 资	Solely Foreign-owned	-21.8
外商投资	Fund from Overseas	-39.2
# 合资经营	Joint Venture	-3.9
合作经营	Collaborative Operation	-81.5
独 资	Solely Foreign-owned	-42.7
按隶属关系分	**Grouped by Jurisdiction of Management**	
中 央	Central Investment	-8.0
按建设性质分	**Grouped by Type of Construction**	
# 新 建	New Construction	25.1
扩 建	Expansion	-24.0
改建和技术改造	Reconstruction and Technical Transformation	-7.4
单纯建造生活设施	Housing	-45.5
迁 建	Removal and Reconstruction	-3.2
恢 复	Resumption	-21.2
单纯购置	Purchase only	7.5

3-4 固定资产投资（不含农户）增长速度（二）（2018年）

Growth Rate of Total Investment in Fixed Assets (Exclude Rural Households) (II) (2018)

单位：%　　　　(%)

类　别	Category	全　省 Yunnan	地　方 Local
固定资产投资额	**Total Investment in Fixed Assets**	**11.6**	**12.9**
#住宅投资	Residential Buildings	19.8	21.9
#经济适用房	Economically Affordable Houses		
按构成分	**Investment by Structure**		
建筑安装工程	**Construction and Installation**	11.9	13.2
设备工器具购置	Purchase of Equipment and Instruments	-1.6	-5.0
#购置旧设备	Purchase of Second-hand Equipments	28.6	139.5
其他费用	Others	14.1	15.6
#旧建筑物购置费	Purchase of Used Buildings		
#土地购置费	Purchase of Field	41.0	43.9
本年新增固定资产	**Newly Increased Real Estate**	**25.8**	**29.1**
本年施工房屋面积	Project under Construction	7.3	5.2
#住　宅	Residential Building	11.6	9.3
#经济适用房	Economically Affordable Houses		
本年竣工房屋面积	Project Completed and Put into Use	-23.4	-27.3
#住　宅	Residential Building	-25.1	-29.8
#经济适用房	Economically Affordable Houses		
本年竣工房屋价值	Project Completed and Put into Use	-23.2	-27.4
#住　宅	Residential Building	-19.2	-24.5
施工项目个数	Number of Projects under Construction	-16.3	-16.3
#本年新开工	Started This Year	-30.3	-30.4
本年投产项目个数	Number of Projects Put into Use This Year	-27.4	-27.3
规划用地面积	Land Space Planned		
本年实际征用和购置土地面积	Land Space Purchased and Used This Year		
本年实际征用和购置土地成交价款	Value of Land Purchased and Used This Year		
本年资金来源合计	**Total Fund of Different Sources**		
上年末结余资金	Fund Left Last Year	26.3	29.8
本年资金来源小计	Total Fund of This Year	14.9	17.5
国家预算内资金	State Budgetary Appropriations	14.4	6.5
国内贷款	Domestic Loans	-14.9	-10.2
债　券	Stock	61.7	837.9
利用外资	Overseas Funds	-89.7	-89.7
#外商直接投资	Direct Foreign Investment		
自筹资金	Self-raising Fund	18.4	20.2
#企事业单位自有资金	Fund of Enterprises		
其他资金来源	Other Sources of Funds	38.4	38.5
本年各项应付款合计	**Total of Account Payable**	**27.0**	**30.0**
#工程款	for Projects	39.7	43.9

3-5 按国民经济行业分的固定资产投资增长速度（2018年）

Growth Rate of Investment in Fixed Assets by National Economic Sector (2018)

单位：%　　(%)

国民经济行业	National Economic Sector	全　省 Yunnan
固定资产投资	**Total Investment in Fixed Assets**	**11.6**
农、林、牧、渔业	**Farming, Forestry, Animal Husbandry and Fishery**	**26.4**
农　业	Farming	41.2
林　业	Forestry	21.6
畜牧业	Animal Husbandry	32.5
渔　业	Fishery	9.7
农、林、牧、渔服务业	Services for Farming, Forestry, Animal Husbandry and Fishery	-5.8
采矿业	**Mining**	**-13.0**
煤炭开采和洗选业	Mining and Washing of Coal	-11.4
石油和天然气开采业	Extraction of Petroleum and Natural Gas	
黑色金属矿采选业	Mining and Dressing of Ferror Metal Ores	-6.8
有色金属矿采选业	Mining and Dressing of Nonferror Metals Ores	-11.7
非金属矿采选业	Mining and Dressing of Nonmetal Ores	-32.6
开采辅助活动	Mining Auxiliary Activities	
其他采矿业	Mining and Dressing of Other Ores	
制造业	**Manufacture**	**14.3**
农副食品加工业	Processing of Farm and Sideline Food	7.6
食品制业	Manufacture of Food	22.2
酒、饮料和精制茶制造业	Manufacture of Wine, Beverage and Refined Tea	10.9
烟草制品业	Tobacco Products	178.7
纺织业	Textile Industry	-54.4
纺织服装和服饰业	Manufacture of Textile Garments, Apparel	6.9
皮革、毛皮、羽毛(绒)及其制品业	Feather, Furs, Down and Related Products	65.6
木材加工及木、竹、藤、棕、草制品业	Timber Processing, Bamboo, Cane, Palm Fiber & Straw Products	-15.5
家具制业	Manufacture of Furniture	-6.5
造纸及纸制品业	Papermaking and Paper Products	9.1
印刷业和记录媒介的复制	Printing and Record Medium Reproduction	-50.3
文教体育用品制业	Manufacture of Cultural, Educational and Sports Goods	-40.7
石油加工、炼焦及核燃料加工业	Petroleum Refining, Coking and Nuclear Fuel Processing	63.3
化学原料及化学制品制业	Manufacture of Raw Chemical Materials and Chemica Products	5.3
医药制业	Manufacture of Medicines	3.7
化学纤维制业	Chemical Fiber Manufacturing	-88.5
橡胶和塑料制品业	Rubber and Plastic Products	7.0
非金属矿物制品业	Nonmetal Mineral Products	-1.7
黑色金属冶炼及压延加工业	Smelting and Pressing of Ferror Metals	99.4
有色金属冶炼及压延加工业	Smelting and Pressing of Nonferror Metals	48.3
金属制品业	Metal Products	-10.1
通用设备制业	Manufacture of General Purpose Equipment	-6.0
专用设备制业	Manufacture of Special Purpose Equipment	99.8
汽车制业	Automotive Industry	26.0
铁路、船舶、航空航天等制业	Manufacture of Transport Equipment for Railway,Boats and Aerospace and Other Transport Equipments	-50.3
电气机械及器材制业	Electric Equipment and Machinery	43.0
计算机、通信和其他电子设备制业	Communication Equipment, Computers and Other Electronic Equipment Productic	91.4
仪器仪表制业	Instrument Industry	-100.0
其他制业	Other Goods Production	-1.2
废弃资源综合利用业	Comprehensive Utilization of Discarded Resources and Waste	-1.8
金属制品、机械和设备修理业	Manufacture of Metal Products, Machine and Equipment Maintenance	
电力、热力、燃气及水生产和供应业	**Production and Supply of Electric, Heat，Gas and Water**	**16.3**
电力、热力生产和供应业	Production and Supply of Electric Power and Heat Power	17.6
燃气生产和供应业	Production and Supply of Gas	-5.8
水的生产和供应业	Production and Supply of Tap Water	19.9
建筑业	**Construction**	**-25.1**
房屋建筑业	House Building	-100.0
土木工程建筑业	Construction Industry of Civil Engineering	
建筑安装业	Construction Installation	
建筑装饰和其他建筑业	Building Decoration and Other Construction Industry	-65.4

3-5 续表 continued

单位：% (%)

国民经济行业	National Economic Sector	全 省 Yunnan
交通运输、仓储和邮政业	**Transport, Storage and Postal Services**	**13.5**
铁路运输业	Railway Transport	10.5
道路运输业	Road Transport	13.7
水上运输业	Waterway Transport	-13.4
航空运输业	Air Transport	26.7
管道运输业	Pipeline Transport	-68.5
多式联运和运输代理业	Multimodal Transport and Forwarding Agencies.	31.8
装卸搬运和运输代理业	Lording, Unlording, Carrying and Storage	16.9
邮政业	Postal Services	-44.9
信息传输、软件和信息技术服务业	**Information Transmission Computer Service and Software Service**	**-8.2**
电信、广播电视和卫星传输服务业	Telecommunication and Other Information Transmission Service	-25.8
互联网和相关服务业	Computer Service	18.9
软件和信息技术服务业	Software Service	48.9
批发和零售业	**Wholesale and Retail Trades**	**10.7**
批发业	Wholesale Trade	22.5
零售业	Retail Trade	6.4
住宿和餐饮业	**Hotels and Catering Services**	**1.8**
住宿业	Hotels	-5.2
餐饮业	Catering Services	24.3
金融业	**Finance and Insurance**	**-34.3**
货币金融业	Banking	-30.1
资本市场业	Securities Industry	
保险业	Insurance	-100.0
其他金融业	Other Financial Trade	
房地产业	**Real Estate Trade**	**12.7**
租赁和商务服务业	**Leasing and Business Services**	**160.7**
租赁业	Leasing Services	-22.2
商务服务业	Business Services	163.8
科学研究和技术服务业	**Scientific Research,Technology Service**	**39.6**
研究与试验发展	Research and Experimental Development	147.1
专业技术服务业	Special Technical Services	-17.5
科技交流和推广服务业	Scientific & Technological Exchange and Promotion Services	187.4
水利、环境和公共设施管理业	**Management of Water Conservancy,Environment and Public Facilities**	**6.7**
水利管理业	Management of Water Conservancy	14.1
生态保护和环境治理业	Protection of Ecological Environment and Admistration of Environment	7.0
公共设施管理业	Management of Public Facilities	3.7
居民服务和其他服务业	**Services to Households and Other Services**	**54.2**
居民服务业	Services to Households	77.1
机动车、电子产品和日用产品修理业	Repair Industry of Automotive Vehicles、Electronic Products and Daily Products	-25.8
其他服务业	Other Services	157.3
教 育	**Education**	**-0.4**
卫生和社会工作	**Health Care, Social Work**	**14.7**
卫 生	Health Care	26.1
社会工作	Social Work	-25.1
文化、体育和娱乐业	**Culture, Sports and Recreation**	**28.1**
新闻出版业	Publication	189.9
广播、电视、电影和音像业	Radio, Television, Film and Video	39.6
文化艺术业	Culture and Arts	-19.8
体 育	Sports	-3.0
娱乐业	Recreation	221.0
公共管理和社会组织	**Public Administration and Social Organizations**	**-13.9**
中国共产党机关	Organs of Communist Party of China	
国家机构	Government Agencies	-11.1
人民政协和民主党派	CPPCC and Democratic Parties	
社会保障	Social Security	-31.3
群众团体、社会团体和其他成员组织	Mass Groups, Social Groups and Religion Organization	50.3
基层群众自治组织	Self-governing Mass Organizations at the Grass-roots Level	-15.3
国际组织	**International Organizations**	

3-6 新增生产能力（2018年）

Newly Increased Production Capacity (2018)

单位：万吨/年 (10 000 tons/year)

生产能力(或)效益名称	Item	建设规模 Total Construction Size	本年施工规模 Under Construction This Year	本年新开工 Started This Year	累计生产能力 Accumulative Production Capacity	本年新增 Newly Increased This Year
原煤开采	Coal Minng	658.00	346.00	85.00	237.00	174.00
洗　煤	Coal Washing					
焦　炭	Coke	5.00	5.00		5.00	5.00
天然气开采(亿立方米/年)	Natural Gas Extraction (100 million cu.m/year)	3.20	3.20	3.20	1.60	1.60
铁矿开采(原矿)	Iron Ore Minng	553.07	53.07	53.07	7.00	7.00
生　铁	Pig Iron					
铁合金	Ferroalloy					
钢　材	Rolled Steel	145.00	70.00	70.00	30.00	30.00
铜冶炼	Copper Smelting	0.71	0.71	0.02	0.06	
锌冶炼	Zinc Smelting	11.47	11.47	1.47	11.32	10.56
#电解锌	Electrolytic Zinc	10.10	10.10	0.10	10.00	10.00
氧化铝	Aluminum Oxide					
原铝(电解铝)	Aluminum (Electrolytic Aluminum)	91.10	91.10	0.06	11.06	11.06
铝加工材	Aluminum Machining	23.70	3.85	2.35	2.65	2.35
铜加工材	Copper Machining	10.00	3.60	3.60	7.20	3.60
发电机组容量(万千瓦)	Installation Capacity of Power Generation(10 000 kw)					
水力发电	Hydro Power Generation	3 679.10	562.95	22.52	1 998.85	391.85
火力发电	Thermal Power Generation					
其他发电	Others	182.86	126.66	112.21	129.48	103.18
输电线路长度(11万伏及以上)(公里)	Length of Transmission Line (over 110kv) (km)	136.33	133.93	126.80	136.33	133.93
水　泥	Cement	838.20	740.20	551.20	447.00	349.00
氮　肥	Nitrogen Fertilizers	1.17	1.17	1.17		
磷　肥	Phosphate Fertilizers	2.02	0.82	0.82	0.02	0.02
塑料树脂及共聚物	Plastics,Colophony and Copolymer	0.06	0.06		0.06	0.06
合成橡胶	Synthetic Rubber					
载货汽车制造(辆/年)	Truck Manufacturing (unit/year)	46 000	46 000	46 000	46 000	46 000
其他汽车制造(辆/年)	Other Automobile manufacturing (unit/year)	6 500	5 294	5 294	4 000	4 000
酒	Liquor					
啤　酒	Beer					
白　酒	Wine	1.63	1.45	0.95	0.63	0.45
其他酒	Others	0.40	0.40	0.40	0.10	0.10
机制纸浆	Machine-made Pulp					
新建铁路里程(公里)	Newly Railways (km)	746.10	648.60		91.50	
复线里程(公里)	Double Track (km)	370.00	265.70		278.00	173.70
电气化铁路里程(公里)	Electrified Railway (km)	671.60	671.60			
新建公路(公里)	Length of Newly-built Highway (km)	4 984	4 046	1 610	1 207	632
#高速公路	Expressway	2 282	2 014	281	362	135
一级公路	Class-A Highway	147	124	5	67	67
二级公路	Class-B Highway	407	120	37	113	37
改建公路(公里)	Length of Reconstructed Highway (km)	9 150	5 777	4 222	4 156	2 230
一级公路	Class-A Highway	85	48	32	57	32
二级公路	Class-B Highway	1 007	608	435	356	101
新建独立公路桥梁(延长米)	Length of Newly-built Bridges (m)	6 953	6 146	1 494	1 871	1 599
新建独立公路桥梁(座)	Number of Newly-built Bridges (set)	24	17	13	10	9
新(扩)建客、货运站(个)	Cargo or Passenger Terminals (uint)	4	2	2	2	2
新(扩)建客货运站(万平方米)	Cargo or Passenger Terminals (10 000 sq.m)	3.65	2.25	2.25	2.25	2.25
民航机场跑道(条)	Airport Runway(unit)	2	2		1	
民航机场跑道(米)	Airport Runway(m)	4 100	4 100		2 600	
飞机购置(架)	Aircraft Purchase(unit)	8	8	8	8	8
候机楼(座)	Terminals (uint)	4	1		1	
候机楼(平方米)	Terminals (sq.m)	82 032.00	2 131.30		7 578.70	
城市自来水供水能力(万吨/日)	Urban Volume of Water Supply (10 000 tons/day)	305.17	142.27	112.50	167.97	65.87
城市污水处理能力(万吨/日)	Urban Capacity of Sewage Treatment(10 000 tons/day)	211.38	83.18	25.10	36.68	31.88

主要统计指标解释

固定资产投资 是以货币形式表现的在一定时期内建造和购置固定资产的工作量以及与此有关的费用的总称。该指标是反映固定资产投资规模、结构和发展速度的综合性指标，又是观察工程进度和考核投资效果的重要依据。固定资产投资按登记注册类型可分为国有、集体、个体、联营、股份制、外商、港澳台商、其他等。固定资产投资统计口径为各种登记注册类型的法人单位及个体经营进行的计划总投资500万元及以上的建设项目投资。

房地产开发投资 指各种登记注册类型的房地产开发法人单位统一开发的住宅、厂房、仓库、饭店、宾馆、度假村、写字楼、办公楼等房屋建筑物和配套的服务设施，土地开发工程（如道路、给水、排水、供电、供热、通讯、平整场地等基础设施工程）和土地购置的投资；不包括单纯的土地开发和交易活动。

固定资产投资按国民经济行业分 根据建设项目建成投产后的主要产品或主要用途及社会经济活动性质来确定国民经济所属行业。一般情况下，一个建设项目或一个企业、事业单位只能属于一种国民经济行业。

固定资产投资按隶属关系分 是按调查单位的主管上级机关确定的。

（1）中央：是指中共中央、人大常委会和国务院各部、委、局、总公司以及直属机构直接领导的建设项目和企业、事业、行政单位。这些单位的固定资产投资计划由国务院各部门直接编制和下达，建设中所需物资、主要设备以及建设中的问题都由中央有关部门安排和解决。

（2）地方：是由省（自治区、直辖市）、地区（州、盟、省辖市）、县（旗、县级市）三级政府及业务主管部门直接领导和管理的建设项目、企业、事业、行政单位。地方项目还包括不隶属以上各级政府及主管部门的建设项目和企业、事业单位，如外商投资企业和无主管部门的企业等。

固定资产投资按建设性质分 根据整个建设项目情况来确定。建设项目的性质一般分为新建、扩建、改建和技术改造、迁建、恢复等。

（1）新建：一般指从无到有开始建设的项目。现有企业、事业、行政单位一般不属于新建。但如有的单位原有基础很小，经过建设后新增的固定资产价值超过该企、事业、行政单位原有固定资产价值（原值）三倍以上的也应作为新建。

（2）扩建：为扩大原有产品的生产能力（或效益）或增加新的产品生产能力，而增建主要的生产车间（或主要工程）、分厂、独立的生产线。行政、事业单位在原单位增建业务用房（如学校增建教学用房、医院增建门诊部、病房等）也作为扩建。

现有调查单位为扩大原有主要产品生产能力或增加新的产品生产能力，增建一个或几个主要生产车间（或主要工程）、分厂，同时进行一些更新改造工程的，也应作为扩建。

（3）改建和技术改造：指对原有设施进行技术改造或更新（包括相应配套的辅助性生产、生活福利设施）的建设项目。调查单位为适应市场变化的需要，而改变企业的主要产品种类（如军工企业转产民用品等）的建设项目，应作为改建。原有产品生产作业线由于各工序（车间）之间能力不平衡，为填平补齐充分发挥原有生产能力而增建不增加本企业主要产品设计能力的车间，也应作为改建。技术改造是指调查单位在现有基础上，用先进的技术代替落后的技术，用先进的工艺和装备代替落后的工艺和装备，以改变企业落后的技术经济面貌，实现以内涵为主的扩大再生产，达到提高产品质量、促进产品更新换代、节约能源、降低消耗、扩大生产规模、全面提高社会经济效益的目的。技术改造具体包括以下内容：机器设备和工具的更新改造；生产工艺改革、节约能源和原材料的改造；厂房建筑和公共设施的改造；保护环境进行的“三废”治理改造；劳动条件和生产环境的改造等。

固定资产投资按构成分 固定资产投资活动按其工作内容及其实现方式分为建筑工程，安装工程，设备、工具、器具购置，其他费用四个部分。

（1）建筑工程：指各种房屋、建筑物的建造工程，又称建筑工作量。包括各种房屋建造工程；各种用途设备基础和各种工业窑炉的砌筑工程及金属结构工程；为施工而进行的各种准备工作和临时工程以及完工后的清理工作等；铁路、道路的铺设，矿井的开凿及石油管道的架设等；水利工程；防空地下建筑等特殊工程；列入房屋工程预算内的暖气、卫生、通风、照明、煤气等设备的价值及装设油饰工程；列入建筑工程预算内的各种管道（蒸汽、压缩空气、石油、给排水等管道）、电力、电讯电缆导线等的敷设工程；房地产开发单位进行的商品房屋开发建设工程、土地开发工程。

（2）安装工程：指各种设备、装置的安装工程，又称安装工作量。包括各种需要安装设备的装配和安装，与设备相连的装设工程及附属于被安装设备的其他工程；为测定安装工程质量，对设备进行的试运工作。但不包括被安装设备本身的价值。

（3）设备、工具、器具购置：指报告期内购置或自制的，达到固定资产标准的设备、工具、器具的价值。新建单位及扩建单位的新建车间，按照设计或计划要求购置或自制的全部设备、工具、器具，不论是否达到固定资产标准均计入“设备、工具、器具购置”中。

（4）其他费用：指在固定资产建造和购置过程中发生的，除上述几项内容以外的各种应分摊计入固定资产的费用。

新增固定资产 指在报告期已经完成建造和购置过程，并已交付生产或使用单位的固定资产的价值。包括已经建成投入生产或交付使用的工程投资和达到固定资产标准的设备、工具、器具的投资及有关应摊入的费用。属于增加固定资产价值的其他建设费用，应随同交付使用的工程一并计入新增固定资产。

施工房屋面积 指报告期内施工的全部房屋建筑面积。包括本期新开工的面积和上期开工跨入本期继续施工的房屋面积，以及上期已停缓建在本期复工的房屋面积。本期竣工和本期施工后又停缓建的房屋，其建筑面积仍计入本期施工房屋面积中。

房屋新开工面积 指报告期内新开工的全部房屋建筑面积，以单位工程为核算对象。房屋新开工面积指整栋房屋的全部建筑面积，不能分割计算。

竣工房屋面积 指在报告期内房屋建筑按照设计要求已全部完工，达到住人和使用条件，经验收鉴定合格（或达到竣工验收标准），可正式移交使用的各栋房屋建筑面积的总和。

竣工房屋价值 指在报告期内竣工房屋本身的建造价值。竣工房屋价值按房屋设计和预算规定的内容计算。

施工项目 指报告期内进行过建筑或安装施工活动的项目。凡是报告期内施过工的建设项目，不论施工时间长短，均作为施工项目统计。施工项目个数可以反映一定时期固定资产投资的实际规模，与同期全部建成投产项目个数相比，可以从建设速度的角度反映固定资产投资的效果。

全部建成投产项目 报告期内按设计文件规定建成主体工程和相应配套的辅助设施，形成生产能力或工程效益，经验收合格，并且已正式投入生产或交付使用的建设项目。

新增生产能力 指通过固定资产投资活动而增加的设计能力或工程效益，它是用实物形态表示的固定资产投资的成果。新增生产能力的计算，是以能独立发挥生产能力或效益的工程为对象。当工程建成，经有关部门鉴定合格，正式移交投入生产，即可计算新增生产能力。

规划用地面积 指根据经有关部门批准的项目规划，建设项目需要使用的土地面积。

实际征用和购置土地面积 指报告期内通过征用等各种方式获得使用权的土地面积。

实际征用和购置土地成交价款 指报告期内征用和购置土地进行土地使用权交易活动的最终金额。征用和购置的土地成交价款与征用和购置土地面积同口径，目的是正确计算平均土地征用和购置价格。

固定资产投资的资金来源 根据固定资产投资的资金来源不同，分为上年末结余资金和本年资金来源。其中本年资金来源又分为六种：

（1）国家预算资金包括中央预算资金和地方预算资金。

（2）国内贷款指报告期固定资产投资项目单位向银行及非银行金融机构借入的用于固定资产投资的各种国内借款。包括银行利用自有资金及吸收的存款发放的贷款、上级主管部门拨入的国内贷款、国家专项贷款（包括煤代油贷款、劳改煤矿专项贷款等），地方财政专项资金安排的贷款、国内储备贷款、周转贷款等。银行贷款、非银行金融机构贷款等。

（3）债券指企业或金融机构为筹集用于固定资产投资的资金向投资者出具的承诺按一定发行条件还本付息的债务凭证，包括金融债券和企业债券。

（4）利用外资指报告期收到的用于固定资产建造和购置投资的境外资金（包括设备、材料、技术在内）。计算利用外资时，需要折算成人民币，折算中所使用的外汇汇率按现汇计算，即按使用外汇时的汇率计算。

（5）自筹资金指在报告期内筹集的用于项目建设和购置的资金。包括自有资金、股东投入资金和借入资金，但不包括各类财政性资金、从各类金融机构借入资金和国外资金。

（6）其他资金来源指在报告期收到的除以上各种资金之外其他用于固定资产投资的资金。包括社会集资、个人资金、无偿捐赠的资金及其他单位拨入的资金等。

Explanatory Notes on Principal Statistical Indicators

Total Investment in Fixed Assets refers to the volume of activities in construction and purchases of fixed assets and related fees, expressed in monetary terms during the reference period. It is a comprehensive indicator which shows the size, structure and growth of the investment in fixed assets, providing a basis for observing the progress of construction projects and evaluating results of investment. Total investment in fixed assets includes, by type of ownership, the investment by State-owned units, collective-owned units, individuals, joint ownership units, share-holding units, as well as investments by entrepreneurs from foreign countries and from Hong Kong, Macao and Taiwan, and by other units. Its statistical range is construction projects involving a total planned (or required) investment over 5 million yuan by enterprises of various types of ownership, institutions, administrative units and individuals in urban areas.

Investment in Real Estate Development refers to investment by real estate development companies, commercialized buildings construction companies and other real estate development units of various types of ownership in the construction of buildings, such as residential buildings, factory buildings, warehouses, hotels, guesthouses, holiday villages, office buildings, and the complementary service facilities and land development projects, such as roads, water supply, water drainage, power supply, heating supply, telecommunications, land leveling and other infrastructural projects. It does not include activities in pure land transactions.

Investment in Fixed Assets by Sector The classification of construction projects by sector is determined by the major products or the purpose of the projects when they are put into production or use, and by the nature of their social economic activities. In general, one project or one enterprise or institution can only be classified into one sector.

Investment in Fixed Assets by Jurisdiction of Management refers to the classification of investment by the competent authorities under which investment is made by construction units, enterprises, institutions or administrative units.

(1)Central investment refers to the investment in projects or by enterprises, institutions or administrative units which are under the direct leadership and management of the State Council and of the national commissions, ministries, agencies and State-owned large corporations. Various ministries and departments of the State Council prepare and implement plans for investment in fixed assets by those departments, and arrange and ensure the supply of materials and key equipment required for the projects.

(2)Local investment refers to the investment in projects or by enterprises, institutions or administrative units which are under the direct leadership and management of departments under the provincial, prefecture and county governments. Also included are projects by foreign-invested enterprises and enterprises without competent managing authorities.

Investment in Fixed Assets by Type of Construction Construction projects in general can be classified, by the type of construction, into new construction, expansion, reconstruction and technical transformation, moving and restoration.

(1)New construction in General refers to construction projects, which start from scratch, of enterprises, institutions, administrative agencies. Construction in existing enterprises, institutions or agencies is generally not considered as new construction. In case the size of the existing unit is quite small, and the value of newly added fixed assets is more than three times of the original value, the expansion will be considered as new construction.

(2)Expansion refers to construction of new major production workshop, branch factory or independent production line within a factory or in other locations, for the purpose of increasing the production capacity (or improving efficiency) or adding new production capacity. Newly constructed accommodation for the operation of institutions and administrative organizations (such as newly constructed buildings for teaching in schools, buildings for clinics or wards in hospitals, etc.)are also classified as expansion.

Also included in expansion are investments by existing enterprises or institutions in building major production line(s)or branch factory(ies)along with some work on innovation, for the purpose of expanding the production capacity of original products or producing new products.

(3)Reconstruction and technical transformation refers to construction projects by existing enterprises or institutions in innovation or technical transformation of the old facilities (including auxiliary production equipment and welfare facilities). Also considered as reconstruction is the construction of new workshops by the existing enterprises or institutions to change the variety of products to meet the market demand (such as the production of civil products by defense industries), or to bring the designed production capacity into full play through a more balanced production process on production lines. Technical transformation refers to replacement of old technology or equipment by new technology or equipment, in order to expand the reproduction through improvement of technology contents in production, to improve product quality, to promote new products, to save energy, to reduce consumption, to expand the production scale and to improve overall social-economic efficiency. Contents of technical transformation include: updating of machinery, equipment and tools; reforming production process by using energy or materials saving technology; construction of factory workshops and transformation of public facilities; improvement of working conditions and environment, etc.

Investment in Fixed Assets by Structure By their contents and the mode of implementation, investment activities are classified into 3 categories, i.e. construction and installation, purchase of equipment and instrument, and other expenses.

(1)Construction (work volume of construction) refers to the construction of houses and buildings, They include construction of houses; equipment foundations, industrial kilns and stoves, and metal structure work; preparation works and temporary works for project construction, and clearing up works post project construction; pavement of railways and roads, drilling of mines and putting up of oil pipes; construction of water conservancy; construction of underground air-raid shelters and construction of other special projects; value of equipment for heating, sanitation, ventilation, lighting, gas, painting, etc. that are covered by the budget of housing projects; laying out of various pipelines (for steam, compressed air, petroleum, tap water and sewage) and wiring and cabling for electric power and for communications; installation of various machinery and equipment; testing operation for pre-testing the quality of installation projects, and land and other development work conducted by real estate developers for commercialized housing.

(2)Installation (work volume of installation) refers to the installation of various kinds of equipment and instruments, the installation projects connected with the equipment and other projects attach to the installation equipment; preparing work of the equipment to test the quality of the installation projects. The value of equipment installed is itself not included in the value of installation projects.

(3)Purchase of equipment and instrument srefers to the total value of equipment, tools, and instruments purchased or self-produced which come up to the cut-off point for fixed assets by the construction units or investing enterprises or institutions. Equipment, tools and instruments purchased or self-produced for new workshops by newly established or expanded units are categorized as "purchase of equipment and instruments" no matter whether they come up to the cut-off point for fixed assets.

(4)Other Expenses refer to expenses arising during the construction or purchase of fixed assets other than those mentioned above.

Newly Increased Fixed Assets refer to the newly increased value of fixed assets, constructed or purchased, that have been transferred to the investors. This is an indicator that demonstrates the results of investment in fixed assets in monetary terms, and an important indicator to reflect the speed of construction and to calculate the efficiency of investment.

Floor Space under Construction refers to total floor space of all buildings under construction during the reference period, including floor space of newly started buildings during the reference period, floor space of construction extended from the previous period to the current period, and floor space of construction suspended during the previous period and resumed in the current period. Floor space of construction completed in the current period, and floor space of construction started and then suspended in the current period are also included in the floor space under construction of the current year.

Floor Space of Newly Started refers to the total floor space of buildings of newly started in the reference period and its accounting coverage is the unit construction. It is the total floor space of the whole building and it should be calculated as a whole.

Floor Space Completed refers to the floor space of all buildings completed in the reference period, which has been appraised and accepted (or come up to the designed standards) and has been transferred to owner units.

Value of Floor Space Completed refers to the value of floor space of all buildings completed in the reference period, it is calculated according to the building design and the content of the budget regulation.

Projects under Construction refer to projects with construction and installation activities undertaken in the reference period. The number of projects under construction can reflect the actual size of investment in fixed assets during a given period, and when compared with the number of projects completed and put into use during the same period, it demonstrates the results of investment in fixed assets from the angle of the speed of the construction. Depending on the nature of construction activities, projects under construction can also be classified into projects beginning construction in current year, winding-up projects in current year and stopped or suspended projects in previous years (with resumption of work in current year).

Projects Completed and Put into Use refers to the construction projects which have been completed the main work and responding supporting facilities which has built up the productivity or project benefit in accordance with the design documents, have been checked and accepted after relevant examination; and have been formally delivered for use in the reference period.

Newly Increased Production Capacity (or Project Efficiency) refers to the increase in design capacity (or project efficiency) through investment in fixed assets, which reflects the accomplishment of investment in fixed assets in physical form, and its calculating coverage is the construction which can produce the production capacity and project efficiency independently and has been appraised and accepted (or come up to the designed standards)and has been transferred to use formally when it is completed.

Plan land area for Use refers to the land area of the construction projects and the project planning which have been approved by relevant department.

Actual Requisitioning and Purchased Land Area refers to the area of the land obtained by requisition and other ways in the reference period.

Actual Sales Amount of Requisitioning and Purchasing Land refers to the final amount of money spent on requisitioning and purchasing land in the reference period. In order to calculating the average requisitioning land and purchasing price correctly, the coverage of requisitioning and purchasing land area is same as that of actual price of requisitioning and purchasing land.

Sources of Funds for Investment in Fixed Assets are categorized as surplus fund from the year-end of preceding year and source of funds this year ,depending on the sources of investment. Source of funds this year are categorized as follows:

(1)Fund from the State budget consists of budgetary appropriation includes central budget funds and local budget funds.central budget funds includes funds from the budget of the central government, capital construction fund (operation fund and non-operational fund), special expenses (e.g. expenses on substituting petroleum with coal), loans from repayment, discount fund, expenses on innovation and trial production of new products, expenses on urban construction, expenses on temporary construction from business departments, development fund for less developed areas, as well as local budgetary fund transferred from the central budget.

(2)Domestic loans refer to loans of various forms borrowed by investing units from banks and non-bank financial institutions during the reference period for the purpose of investment in fixed assets, including loans issued by banks from their self-owned funds and deposit, loans appropriated by higher authorities, special loans by government, loans arranged by local government from special funds, domestic reserve loan, and working loan.

(3)Bond refers to the funds raised by enterprises (corporations) or financial institutions through bonds issue and used for the investment in fixed assets, including the key enterprises bond and fundamental construction bond issued by banks deputized for national professional investment corporations.

(4)Foreign investment refers to foreign funds received during the reference period for the construction and purchase of investment in fixed assets (covering equipment, materials and technology). In calculating the utilization of foreign capital, foreign currencies are converted into Chinese Renminbi applying the current exchange rate when the foreign capitals are actually used.

(5)Self-raised funds refer to extra-budgetary funds for investment in fixed assets received during the reference period by investing units from central government ministries, local governments, enterprises and institutions, including their self-raised funds.

(6)Others refer to funds for investment in fixed assets received from sources other than those listed above, including capital raised through issuing bonds by enterprises or financial institutions, funds raised from individuals and through donations, and funds transferred from other units.

Chapter 4

四、城乡市场消费
Urban and Rural Consumption

4 1 全省流通业基本情况（2013 2018年）
Basic Statistics on Circulation of Commodities of Yunnan Province（2013-2018）

类 别	Category	2013	2014	2015	2016	2017	2018
全省限额以上法人企业（个）	**Corporate Enterprises above Designated Size (unit)**	**3 916**	**4 075**	**3 989**	**4 372**	**4 506**	**4 851**
批发和零售业	Wholesale and Retail Trades	2 990	3 161	3 077	3 286	3 356	3 581
住宿业	Hotels	566	553	537	593	611	659
餐饮业	Catering Services	360	361	375	493	539	611
全省限额以上单位从业人员（万人）	**Employed Persons in Enterprises above Designated Size (10 000 person)**	**40.37**	**36.31**	**35.70**	**35.58**	**34.15**	**34.36**
批发和零售业	Wholesale and Retail Trades	27.89	24.71	24.10	23.85	22.74	23.11
住宿业	Hotels	7.44	6.82	7.02	6.99	6.77	6.67
餐饮业	Catering Services	5.04	4.78	4.58	4.74	4.63	4.59
全省批发和零售业（亿元）	**Wholesale and Retail Trade (100 million yuan)**						
商品购进总额	Total Purchases	7 342.24	7 470.19	6 597.49	7 122.67	7 955.98	8 806.90
商品销售总额	Total Sales	11 548.00	12 869.09	14 417.16	16 571.64	19 154.36	21 532.21
商品库存总额	Total Inventory	820.32	860.08	781.15	750.78	742.84	718.68
全省社会消费品零售总额（亿元）	**Total Retail Sales of Consumer Goods (100 million yuan)**	**4 112.56**	**4 632.87**	**5 103.15**	**5 722.90**	**6 423.06**	**6 825.97**
按销售单位所在地分	**Grouped by Location of Marketing Establishments**						
城 镇	Urban Areas	3 559.76	4 009.03	4 405.81	4 936.70	5 534.07	5 878.34
#城 区	Cities	2 585.87	2 911.87	3 181.51	3 550.92	3 977.02	4 221.51
乡 村	Rural Areas	552.80	623.84	697.34	786.20	888.99	947.63
按消费形态分	**by Consumption Pattern**						
商品零售	Commodity Retail	3 502.26	3 962.20	4 359.06	4 886.40	5 475.26	5 814.09
餐饮收入	Food & Beverage Revenue	610.30	670.67	744.10	836.50	947.80	1 011.88

注：1. 从业人员、商品购进总额、商品库存总额的统计口径包括达到限额以上标准的法人企业、个体户和非同业产业活动单位。
2. 商品销售总额含限额以上及限额以下单位，而商品购进总额及商品库存总额仅包含限额以上单位。
3. 2018年增速计算使用的上年社会消费品零售总额根据第三次全国农业普查结果及有关制度规定进行了修订，增速按照可比口径计算。

Note: a.The statistical caliber of Employed Persons,Total Purchases,Total Inventory including Corporate Enterprises Designated above Size and self-employed Designated Size
b.Data of total sales include that of enterprises below and above designated size,while total purchases and total inventory data only include that of enterprises above designated size.
c.The last year's data used in calculating the growth rate of total retail sales of consumer goods in 2018 were revised according to the results of the Third National Agricultural Census and the relevant regulations, and the growth rate was calculated at comparable coverage.

4-2 社会消费品零售总额（1978-2018年）

Total Retail Sales of Consumer Goods (1978-2018)

单位：亿元 (100 million yuan)

年份 Year	社会消费品零售总额 Total Retail Sales of Consumer Goods	城镇 Urban Areas	城区 Cities	乡村 Rural Areas	按消费形态分 By Consumption Pattern 商品零售 Commodity Retail	餐饮收入 Food & Beverage Revenue
1978	28.38	18.74	6.93	9.64		
1979	32.60	20.36	8.49	12.24		
1980	37.96	24.35	10.79	13.61		
1981	42.04	26.33	10.24	15.71		
1982	44.54	27.71	11.89	16.84		
1983	55.19	34.21	14.66	20.97		
1984	65.58	41.25	21.01	24.34		
1985	84.45	54.38	31.54	30.07		
1986	91.91	58.08	30.35	33.83		
1987	102.55	65.76	33.94	36.79		
1988	135.57	89.13	46.24	46.44		
1989	142.15	94.10	49.98	48.05		
1990	145.59	97.58	52.44	48.02		
1991	163.75	111.73	59.90	52.02		
1992	204.60	144.05	81.00	60.55		
1993	261.90	195.20	117.62	66.70		
1994	304.97	228.78	142.05	76.19		
1995	369.55	277.47	172.30	92.08		
1996	414.18	309.01	192.07	105.17		
1997	467.07	353.25	227.60	113.82		
1998	500.09	382.53	256.26	117.55		
1999	538.95	413.04	283.37	125.91	463.07	61.78
2000	583.17	448.36	309.28	134.81	493.53	74.87
2001	640.80	493.65	343.41	147.14	533.82	90.10
2002	711.25	550.37	384.61	160.88	585.57	106.61
2003	782.46	605.75	425.26	176.71	635.42	124.63
2004	915.31	710.20	498.96	205.11	732.07	134.55
2005	1 041.29	809.19	568.30	232.10	829.62	156.54
2006	1 204.75	938.82	659.75	265.93	963.16	181.23
2007	1 422.57	1 111.53	786.82	311.04	1 093.98	236.87
2008	1 764.74	1 387.01	985.53	377.73	1 351.77	306.76
2009	2 052.83	1 665.19	1 287.86	387.64	1 728.77	324.06
2010	2 555.80	2 156.46	1 644.16	399.34	2 167.21	388.59
2011	3 105.89	2 694.34	2 131.24	411.55	2 656.81	449.08
2012	3 597.85	3 118.03	2 458.74	479.82	3 084.94	512.91
2013	4 112.56	3 559.76	2 585.87	552.80	3 502.26	610.30
2014	4 632.87	4 009.03	2 911.87	623.84	3 962.20	670.67
2015	5 103.15	4 405.81	3 181.51	697.34	4 359.05	744.10
2016	5 722.90	4 936.70	3 550.92	786.20	4 886.40	836.50
2017	6 423.06	5 534.07	3 977.02	888.99	5 475.26	947.80
2018	6 825.97	5 878.34	4 221.51	947.63	5 814.09	1 011.88

注：1.2005-2008年零售额相关数据根据2008年第二次经济普查结果有所调整。2009-2013年零售额相关数据根据2013年第三次经济普查结果有所调整。
2.2008年及以前按消费形态分数据是原按行业分的数据，2009年以后改为按消费形态分。
3.2018年增速计算使用的上年社会消费品零售总额根据第三次全国农业普查结果及有关制度规定进行了修订，增速按照可比口径计算。

Note:a.Data of retail sales from 2005 to 2008 have been adjusted according to the second economic census.Data of retail sales from 2009 to 2013 have been adjusted according to the third economic census.
b.Data by consumption pattern in and before 2008 are data by sector,while after 2009 are that by consumption pattern.
c.The last year's data used in calculating the growth rate of total retail sales of consumer goods in 2018 were revised according to the results of the Third National Agricultural Census and the relevant regulations, and the growth rate was calculated at comparable coverage.

4-3 各州市社会消费品零售总额（2018年）

Total Retail Sales of Consumer Goods by Region (2018)

单位：亿元　　(100 million yuan)

州　市	Region	社会消费品零售总额 Total Retail Sales of Consumer Goods
全　省	**Yunnan**	**6 825.97**
昆　明	Kunming	2 787.41
曲　靖	Qujing	656.15
玉　溪	Yuxi	392.48
保　山	Baoshan	231.82
昭　通	Zhaotong	284.09
丽　江	Lijiang	124.43
普　洱	Pu'er	199.45
临　沧	Lincang	203.40
楚　雄	Chuxiong	358.88
红　河	Honghe	420.80
文　山	Wenshan	388.16
西双版纳	Xishuangbanna	140.88
大　理	Dali	390.81
德　宏	Dehong	152.30
怒　江	Nujiang	37.84
迪　庆	Diqing	57.05

4-4 限额以上批发和零售业商品销售情况（2017-2018年）
Total Sales of Enterprises above Designated Size in Wholesale and Retail Trades by Category of Commodities (2017-2018)

单位：亿元 (100 million yuan)

类　别	Category	商品销售额 Sales		批发额 Wholesale		零售额 Retail	
		2017	2018	2017	2018	2017	2018
合　计	**Total**	**9 052.66**	**10 376.57**	**6 718.82**	**7 788.01**	**2 333.84**	**2 588.56**
粮油、食品类	Oil and Food	795.27	939.13	531.30	621.29	263.97	317.84
饮料类	Beverages	169.24	209.98	116.53	150.26	52.71	59.72
烟酒类	Tobacco and Liquor	716.07	767.90	673.70	721.27	42.36	46.64
服装、鞋帽、针、纺织品类	Clothing, Footwear, Headgear，Knitting and Textiles	122.44	132.86	37.67	39.84	84.77	93.02
#服装类	Clothing	61.65	67.89	9.33	10.64	52.32	57.25
化妆品类	Cosmetics	31.34	34.22	1.33	1.56	30.01	32.66
金银珠宝类	Gold,Silver and Jewelry	196.56	176.13	171.14	148.36	25.42	27.77
日用品类	Articles for Daily Use	87.44	95.96	20.71	20.03	66.73	75.93
五金、电料类	Hardware and Electrical Materials	13.07	13.41	7.86	7.29	5.21	6.12
体育、娱乐用品类	Sports and Recreation Articles	5.83	6.77	1.64	1.73	4.19	5.04
书报杂志类	Newspapers and Magazines	61.83	68.17	30.67	33.83	31.16	34.34
电子出版物及音像制品类	E-journals and Audio-visual Products	2.45	1.18	1.38	0.56	1.07	0.62

4-4 续表 continued

单位：亿元 (100 million yuan)

类　别	Category	商品销售额 Sales 2017	2018	批发额 Wholesale 2017	2018	零售额 Retail 2017	2018
家用电器和音像器材类	Household Appliances and Audio-visual Equipment	145.81	141.87	71.51	65.08	74.30	76.80
中西药品类	Traditional Chinese and Western Medicines	607.78	649.29	461.08	482.78	146.70	166.50
西药类	Western Medicine	504.41	528.90	386.02	392.31	118.39	136.60
中草药及中成药类	Herban Medicine and Traditional Chinese Medicines Products	76.19	86.05	60.72	71.84	15.48	14.21
文化办公用品类	Cultural Goods and Office Stationery	55.93	57.20	32.43	30.17	23.51	27.03
家具类	Furniture	18.92	21.26	0.32	0.25	18.59	21.00
通讯器材类	Communication Equipment	73.84	87.96	47.79	57.86	26.05	30.10
煤炭及制品类	Coal and Related Products	290.50	421.54	286.32	416.51	4.18	5.03
木材及制品类	Timber and Related Products	17.96	10.05	17.96	10.05		
石油及制品类	Petroleum and Related Products	1 272.10	1 796.29	625.00	1 046.29	647.10	750.00
化工材料及制品类	Chemical Industrial Materials and Related Products	689.90	957.40	689.90	957.40		
#化肥类	Fertilizer	389.79	589.83	389.79	589.83		
金属材料类	Metal Materials	1 620.49	1 897.61	1 620.49	1 897.61		
建筑及装潢材料类	Building and Decoration Materials	207.62	211.89	185.13	184.67	22.49	27.21
机电产品及设备类	Mechanical and Electric Products and Equipment	80.95	77.59	70.93	67.33	10.02	10.26
汽车类	Automobiles	760.79	775.28	31.94	29.20	728.86	746.07
种子饲料类	Seeds and Forage	13.60	17.19	13.60	17.19		
棉麻类	Cotton and Hemp	2.42	2.96	2.07	2.47	0.35	0.49
其他类	Others	992.50	805.47	968.43	777.10	24.08	28.38

注：因年度限额以上单位数量及填报的数据均有变化，上年同期数以今年填报数为准，与历史统计年鉴数据有区别。

Note: Because the number of enterprises above designated size changed, The data are different from historical Statistical Yearbook. Data of last year is subject to submitted data.

4-5 限额以上批发和零售业法人企业商品购进、销售、库存总额（2018年）

单位：亿元

类　别	Category	法人企业数（个）Number of Corporate Enterprises (unit)	从业人员数（万人）Number of Employed Persons (10 000 persons)
批发和零售业	**Wholesale Trade and Retail Trade**	**3 581**	**22.19**
批发业	**Wholesale Trade**	**1 270**	**8.05**
按登记注册类型分	**Grouped by Status of Registration**		
内资企业	Domestic-funded Enterprises	1 260	7.87
国有企业	State-owned Enterprises	31	1.61
集体企业	Collective-owned Enterprises	11	0.03
股份合作企业	Joint Stock Cooperative Enterprises	1	
有限责任公司	Limited Liability Companies	372	2.12
股份有限公司	Incorporated Corporations	58	0.77
私营企业	Private Enterprises	773	3.29
其他企业	Other Enterprises	14	0.04
港、澳、台商投资企业	Enterprises Invested by Hong Kong, Macao and Taiwan	4	0.09
外商投资企业	Foreign-funded Enterprises	6	0.09
按国民经济行业分	**Grouped by Sector**		
农、林、牧、渔产品批发	Wholesale of Farm, Forestry, Livestock and Fishery Products	106	0.36
食品、饮料及烟草制品批发	Wholesale of Food, Beverages and Tobaccos	235	3.16
米、面制品及食用油批发	Wholesale of Rice, Flour and Edible Oil	42	0.19
果品、蔬菜批发	Fruits and Vegetables	81	0.79
酒、饮料及茶叶批发	Wholesale of Liquor，Beverages and Tea	34	0.34
烟草制品批发	Wholesale of Tobaccos	17	1.56
纺织、服装及家庭用品批发	Wholesale of Textiles, Garments and Daily Consumer Articles	55	0.21
文化、体育用品及器材批发	Wholesale of Culture, Sports Appliances and Equipments	23	0.25
医药及医疗器材批发	Wholesale of Medicines and Medical Appliances	135	1.51
西药批发	Wholesale of Western Medical	97	1.24
中药批发	Wholesale of Chinese herbal Medical	21	0.21
矿产品、建材及化工产品批发	Wholesale of Mineral Products, Building Materials and Chemical Products	567	1.99
煤炭及制品批发	Wholesale of Coal and Related Products	71	0.15
石油及制品批发	Wholesale of Petrolem and Related Products	43	0.66
金属及金属矿批发	Wholesale of Metal Materials	141	0.40
建材批发	Wholesale of Building Materials	121	0.19
化肥批发	Wholesale of Chemical Fertilizer	100	0.31
机械设备、五金产品及电子产品批发	Wholesale of Machinery, Hardware and Electronic Products	121	0.45
贸易经纪与代理	Trade Broker and Agency	3	0.01
其他批发业	Other Wholesale Trades	25	0.11

Total Purchases, Sales and Inventory of Corporate Enterprises above Designated Size of Wholesale and Retail Trades (2018)

(100 million yuan)

商品购进总额		商品销售总额				年末库存总额	年末零售营业面积(万平方米)
Total Purchases of Goods	进口 Imports of Goods	Total Sales of Goods	批发 Wholesale	出口 Outputs	零售 Retail	Inventory at Year-end	Retail Operating Area at Year-end (10 000 sq.m)
8 806.90	**263.89**	**10 323.23**	**7 927.61**	**261.36**	**2 395.62**	**718.68**	**834.57**
7 150.54	**224.63**	**8 055.23**	**7 745.81**	**255.85**	**309.42**	**508.35**	**158.07**
7 079.65	221.72	7 975.53	7 669.94	255.24	305.59	496.96	156.44
767.30		1 183.68	1 163.67	2.55	20.00	207.04	1.00
9.32	0.93	10.25	8.62	0.36	1.63	1.48	2.62
0.26		0.41	0.32		0.09	0.15	0.05
4 187.01	162.58	4 334.61	4 282.45	112.57	52.16	163.76	35.14
989.22	0.73	1 171.71	1 003.44	0.83	168.28	26.98	29.04
1 115.73	57.49	1 261.71	1 201.07	138.92	60.64	97.45	86.99
10.81		13.15	10.37		2.79	0.11	1.61
42.55	1.19	44.77	42.31		2.47	0.65	0.27
28.34	1.71	34.92	33.56	0.61	1.36	10.74	1.36
50.47	4.25	62.53	56.97	2.11	5.56	10.57	27.69
1 228.34	12.65	1 689.91	1 658.31	68.65	31.60	252.59	23.31
52.58		57.08	52.50		4.57	36.50	4.54
158.10	5.61	171.57	162.07	27.86	9.50	0.94	10.58
74.63	4.55	105.70	95.08	2.45	10.63	22.34	2.46
719.94	0.53	1 123.86	1 119.40	32.17	4.46	187.78	0.50
98.09	0.43	104.80	103.36	29.37	1.45	8.10	2.95
119.15	0.18	131.85	127.44		4.40	32.79	2.09
482.70	0.33	525.09	491.01	1.28	34.08	55.21	27.22
422.11	0.01	452.62	422.20	1.03	30.42	47.84	20.90
50.47	0.04	57.68	54.99	0.25	2.69	5.57	4.64
4 437.29	160.35	4 772.42	4 546.56	38.03	225.86	107.34	69.05
74.84	0.21	83.58	79.26		4.32	2.58	8.58
756.23		1 020.70	814.89	0.75	205.81	17.10	29.26
2 429.46	49.21	2 499.88	2 494.19	5.11	5.70	38.15	8.81
223.47	1.05	237.72	235.24	7.29	2.49	8.84	5.63
609.35	23.96	571.72	566.53	11.98	5.20	26.83	11.32
185.77	11.84	193.91	187.60	63.36	6.31	15.71	3.73
2.47	0.93	2.43	2.36	0.26	0.07	1.80	0.25
546.25	33.68	572.30	572.20	52.79	0.10	24.27	1.78

4-5 续表1

单位：亿元

类别	Category	法人企业数（个） Number of Corporate Enterprises (unit)	从业人员数（万人） Number of Employed Persons (10 000persons)
零售业	**Retail Trade**	**2 311**	**14.14**
按登记注册类型分	**Grouped by Status of Registration**		
内资企业	Domestic Funded Enterprises	2 278	12.75
国有企业	State-owned Enterprises	14	0.12
集体企业	Collective-owned Enterprises	22	0.05
股份合作企业	Joint Stock Cooperative Enterprises	18	0.06
联营企业	Joint Ownership Enterprise	1	
有限责任公司	Limited Liability Companies	684	4.80
股份有限公司	Incorporated Corporations	61	0.43
私营企业	Private Enterprises	1 458	7.25
其他企业	Other Enterprises	20	0.04
港、澳、台商投资企业	Enterprises Invested by Hong Kong, Macao and Taiwan	20	0.50
外商投资企业	Foreign-funded Enterprises	13	0.88
按国民经济行业分	**Grouped by Sector**		
综合零售	Integrated Retail	399	3.62
百货零售	Retail of General Merchandise	199	1.16
超级市场零售	Retail of Supermarkets	143	2.32
食品、饮料及烟草制品专门零售	Retail of Food, Beverages and Tobaccos	349	1.11
粮油零售	Retail of Food and Edible Oil	67	0.20
果品、蔬菜零售	Fruits and Vegetables	128	0.44
肉、禽、蛋、奶及水产品零售	Meat,Poultry,Egg,Milk and Aquatic Products	51	0.15
酒、饮料及茶叶零售	Retail of Liquor、Beverages and Tea	45	0.13
纺织、服装及日用品专门零售	Retail of Textiles, Garments and Daily Consumer Articles	61	0.46
服装零售	Retail of Garments	30	0.28
文化、体育用品及器材专门零售	Retail of Culture, Sports Appliances and Equipments	126	0.59
图书、报刊零售	Retail of Books and Papers	28	0.36
珠宝首饰零售	Retail of Jewels	34	0.10
医药及医疗器材专门零售	Retail of Medicines and Medical Equipments	93	2.95
西药零售	Retail of Western Medicines	80	2.46
中药零售	Retail of Traditional Chinese Medicine	9	0.49
汽车、摩托车、零配件和燃料及其他动力销售	Retali of Motor Vehicles, Motorcycles, Fuel and Parts	925	4.34
汽车新车零售	Retali of New Motor Vehicles	631	2.85
机动车燃油零售	Retali of Fuel of Motor Vehicles	190	1.20
家用电器及电子产品专门零售	Special Retail of Household Electric Appliances and Electronic Products	202	0.76
日用家电零售	Retali of Household Appliances	68	0.13
计算机、软件及辅助设备零售	Retail of Computer, Software and Assistant Appliances	77	0.24
通信设备零售	Retail of Communication Equipments	18	0.09
五金、家具及室内装饰材料专门零售	Special Retail of Hardware, Furniture and Decoration Materials	92	0.16
家具零售	Furniture Merchandise	29	0.04
货摊、无店铺及其他零售业	Non-shop and Other Retails	64	0.14
按零售业态分	**Grouped by Retail Form**		
有店铺零售	Retail Sales by Shop	2 064	13.31
超市	Supermarket	256	1.46
大型超市	Hypermarket	38	1.56
百货店	Department Store	124	0.59
专业店	Specialty Store	663	5.33
专卖店	Exclusive Shop	690	3.10
无店铺零售	Retail Sales without Shop	232	0.75

continued

(100 million yuan)

商品购进总额 Total Purchases of Goods	进　口 Imports of Goods	商品销售总额 Total Sales of Goods	批　发 Wholesale	出　口 Outputs	零　售 Retail	年末库存总额 Inventory at Year-end	年末零售营业面积 (万平方米) Retail Operating Area at Year-end (10 000 sq.m)
1 656.36	**39.26**	**2 268.00**	**181.80**	**5.51**	**2 086.20**	**210.32**	**676.49**
1 466.21	34.03	2 047.17	176.66	5.49	1 870.51	188.80	622.60
11.20	0.02	61.44	8.85		52.59	2.54	5.74
11.02		11.90	0.99		10.91	0.35	4.42
15.74		19.27	8.10		11.17	0.88	6.56
0.08		0.08			0.08	0.01	0.02
680.78	19.90	999.72	80.72	5.31	919.00	79.27	270.29
108.92	0.23	192.67	27.58		165.09	6.08	31.81
635.60	13.88	758.51	50.42	0.19	708.09	99.43	300.47
2.87		3.59	0.01		3.58	0.25	3.29
106.16	5.19	123.50	5.14	0.02	118.36	12.06	15.29
83.99	0.04	97.33			97.33	9.46	38.60
266.07	0.57	321.78	17.82	5.31	303.96	31.94	174.75
90.20	0.42	127.70	5.64	0.02	122.06	8.02	71.15
152.57	0.15	169.05	5.65	5.29	163.40	21.01	87.54
103.77	0.21	130.38	12.33	0.14	118.05	11.33	56.66
19.35	0.01	21.92	2.83		19.09	5.74	13.60
47.14		55.53	2.86	0.14	52.67	1.92	22.24
13.91		20.97	5.10		15.87	0.42	9.58
10.82		15.49	0.04		15.45	1.49	4.02
28.88	0.02	49.65	11.13	0.02	38.52	7.96	14.52
22.92		40.01	11.11		28.90	6.53	12.03
49.81	0.35	62.42	2.69	0.05	59.73	11.26	33.60
32.53		36.86	1.24	0.01	35.62	4.71	22.26
12.07	0.35	19.27	1.08	0.05	18.19	4.88	5.79
98.08		139.60	9.90		129.70	19.37	69.06
82.95		114.04	8.73		105.31	18.33	56.26
14.45		24.89	1.16		23.72	0.96	12.49
990.85	38.09	1 421.80	118.08		1 303.72	114.56	274.04
671.43	37.78	751.89	16.00		735.89	95.41	151.28
245.62	0.08	589.35	101.71		487.64	10.17	108.13
92.28		107.36	5.71		101.65	10.90	33.83
17.23		19.21	0.43		18.78	1.76	6.42
30.48		30.90	0.52		30.38	4.96	2.18
9.68		10.64	3.98		6.66	1.58	1.13
14.60	0.02	18.83	2.43		16.40	2.33	12.16
2.91		3.68	0.07		3.61	0.49	6.43
12.01	0.01	16.18	1.71		14.46	0.66	7.88
1 554.67	37.49	2 146.45	166.81	5.37	1 979.63	199.96	631.07
83.66	0.12	99.48	10.44		89.04	9.69	59.70
117.96	0.14	127.84	6.30	5.29	121.54	15.28	67.37
64.68	0.46	91.73	7.64		84.09	7.58	41.12
442.77	4.35	804.48	71.98	0.01	732.49	61.22	199.59
594.78	29.16	720.76	36.61	0.05	684.16	88.51	152.72
92.99	0.14	111.95	14.98	0.14	96.97	9.38	41.78

4-5 续表2

单位：亿元

类　别	Category	法人企业数（个）Number of Corporate Enterprises (unit)	从业人员数（万人）Number of Employed Persons (10 000 persons)
批发业按地区分组	**Whole Trade by Region**		
昆　明	Kunming	375	2.55
曲　靖	Qujing	91	0.91
玉　溪	Yuxi	102	0.85
保　山	Baoshan	63	0.39
昭　通	Zhaotong	33	0.29
丽　江	Lijiang	20	0.25
普　洱	Pu'er	37	0.28
临　沧	Lincang	53	0.22
楚　雄	Chuxiong	105	0.34
红　河	Honghe	73	0.36
文　山	Wenshan	58	0.33
西双版纳	Xishuangbanna	28	0.13
大　理	Dali	101	0.54
德　宏	Dehong	123	0.48
怒　江	Nujiang	3	0.02
迪　庆	Diqing	5	0.12
零售业按地区分组	**Retail Trade by Region**		
昆　明	Kunming	423	6.70
曲　靖	Qujing	243	0.97
玉　溪	Yuxi	139	0.79
保　山	Baoshan	119	0.38
昭　通	Zhaotong	101	0.44
丽　江	Lijiang	65	0.29
普　洱	Pu'er	88	0.55
临　沧	Lincang	97	0.32
楚　雄	Chuxiong	306	0.75
红　河	Honghe	211	0.78
文　山	Wenshan	151	0.56
西双版纳	Xishuangbanna	55	0.34
大　理	Dali	198	0.87
德　宏	Dehong	79	0.24
怒　江	Nujiang	16	0.08
迪　庆	Diqing	20	0.07

continued

(100 million yuan)

商品购进总额 Total Purchases of Goods	进　口 Imports of Goods	商品销售总额 Total Sales of Goods	批　发 Wholesale	出　口 Outputs	零　售 Retail	年末库存总额 Inventory at Year-end	年末零售营业面积(万平方米) Retail Operating Area at Year-end (10 000 sq.m)
5 123.34	52.85	5 178.05	5 125.69	96.43	52.36	233.90	56.51
215.30		374.60	323.31		51.28	53.05	14.63
283.61	0.13	381.84	337.07	32.36	44.78	17.29	12.41
118.30	1.38	116.46	106.96	1.16	9.49	23.97	8.13
68.54	0.21	107.55	104.37		3.18	12.73	6.41
28.98		69.42	52.78		16.63	11.43	2.00
87.90	28.66	148.48	127.94	1.32	20.54	20.07	4.26
52.01	1.88	122.54	104.17	1.04	18.36	15.78	6.20
124.38	0.13	215.01	201.43	0.08	13.59	20.72	13.47
197.80	9.11	296.53	294.40	4.81	2.13	9.05	3.79
52.09		58.85	57.14	0.19	1.72	2.66	5.13
98.48	9.15	105.08	102.06	0.52	3.02	4.11	2.08
172.17		288.02	238.14	8.56	49.88	26.14	12.41
499.79	119.66	551.54	529.71	109.38	21.83	45.01	9.12
5.05		9.30	9.30			0.84	0.01
22.81	1.46	31.96	31.33		0.63	11.59	1.50
799.02	31.75	1 125.41	97.29	0.01	1 028.12	105.68	291.75
118.42	1.04	133.74	5.09	0.02	128.65	17.51	43.01
108.36	2.36	133.11	18.55	5.30	114.56	12.40	38.82
45.60	0.16	81.00	7.81	0.05	73.19	5.80	17.64
76.09	0.09	112.09	13.09		98.99	6.05	19.83
29.68		31.95	3.62		28.33	3.20	18.92
37.47		42.57	1.24		41.33	6.95	22.28
32.34		39.40	0.51		38.89	2.74	21.92
69.98	0.01	80.38	0.73		79.65	7.45	42.82
117.47	1.00	186.51	18.04	0.14	168.47	14.03	46.74
51.61	0.10	93.09	9.11		83.98	6.45	34.02
33.77	0.20	48.92	1.12		47.80	3.96	22.20
101.61	2.14	113.86	4.88		108.99	13.20	37.04
20.69	0.41	23.59	0.44		23.14	3.60	12.42
2.53		10.12	0.02		10.09	0.60	3.43
11.74	0.01	12.27	0.24		12.03	0.69	3.66

4-6 限额以上批发和零售业法人企业财务状况（2018年）

单位：亿元

类　别	Category	法人企业数（个）Number of Corporate Enterprises (unit)	资产总计 Total Assets
批发和零售业	**Wholesale Trade and Retail Trade**	**3 581**	**4 674.99**
批发业	**Wholesale Trade**	**1 270**	**3 499.07**
按登记注册类型分	**Grouped by Status of Registration**		
内资企业	Domestic-funded Enterprises	1 260	3 446.55
国有企业	State-owned Enterprises	31	762.63
集体企业	Collective-owned Enterprises	11	2.32
股份合作企业	Joint Stock Cooperative Enterprises	1	0.71
有限责任公司	Limited Liability Companies	372	1 825.76
股份有限公司	Incorporated Corporations	58	210.64
私营企业	Private Enterprises	773	643.48
其他企业	Other Enterprises	14	1.02
港、澳、台商投资企业	Enterprises Invested by Hong Kong, Macao and Taiwan	4	20.02
外商投资企业	Foreign-funded Enterprises	6	32.50
按国民经济行业分	**Grouped by Sector**		
农、林、牧、渔产品批发	Wholesale of Farm,Forestry,Livestock and Fishery Products	106	49.05
食品、饮料及烟草制品批发	Wholesale of Food, Beverages and Tobaccos	235	1 115.18
米、面制品及食用油批发	Wholesale of Rice, Flour and Edible Oil	42	81.22
果品、蔬菜批发	Fruits and Vegetables	81	41.42
酒、饮料及茶叶批发	Wholesale of Liquor，Beverages and Tea	34	182.23
烟草制品批发	Wholesale of Tobaccos	17	741.93
纺织、服装及家庭用品批发	Wholesale of Textiles, Garments and Daily Consumer Articles	55	95.88
文化、体育用品及器材批发	Wholesale of Culture, Sports Appliances and Equipments	23	73.48
医药及医疗器材批发	Wholesale of Medicines and Medical Appliances	135	326.19
西药批发	Wholesale of Western Medical	97	278.84
中药批发	Wholesale of Chinese herbal Medical	21	33.50
矿产品、建材及化工产品批发	Wholesale of Mineral Products, Building Materials and Chemical Products	567	1 530.61
煤炭及制品批发	Wholesale of Coal and Related Products	71	84.33
石油及制品批发	Wholesale of Petrolem and Related Products	43	160.05
金属及金属矿批发	Wholesale of Metal Materials	141	588.72
建材批发	Wholesale of Building Materials	121	75.68
化肥批发	Wholesale of Chemical Fertilizer	100	460.66
机械设备、五金产品及电子产品批发	Wholesale of Machinery, Hardware and Electronic Products	121	112.87
贸易经纪与代理	Trade Broker and Agency	3	6.83
其他批发业	Other Wholesale Trades	25	188.99

Financial Indicators of Enterprises above Designated Size of Wholesales and Retail Trades (2018)

(100 million yuan)

流动资产合计 Total Current Assets	固定资产合计 Total Fixed Assets	负债合计 Total Liabilities	所有者权益 Total Owners' Equities	主营业务收入 Revenue from Principal Business	主营业务成本 Cost of Principal Business	主营业务税金及附加 Taxes and Other Charges on Principal Business	主营业务利润 Profits from Principal Business
3 478.58	**301.75**	**2 865.21**	**1 809.78**	**9 065.59**	**8 196.32**	**79.83**	**789.43**
2 708.35	**150.68**	**2 129.58**	**1 369.48**	**7 073.01**	**6 441.64**	**74.63**	**556.74**
2 669.22	149.96	2 101.77	1 344.78	7 001.78	6 377.76	74.46	549.56
659.26	45.68	166.30	596.33	1 027.66	685.46	67.44	274.77
1.63	0.49	1.82	0.50	9.82	9.07	0.06	0.70
0.42	0.15	0.44	0.27	0.33	0.27		0.06
1 389.62	37.72	1 292.86	532.90	3 812.83	3 680.41	4.06	128.36
141.14	23.36	151.20	59.44	999.00	975.21	0.54	23.26
476.79	42.06	488.83	154.65	1139.13	1016.34	2.35	120.44
0.36	0.49	0.33	0.69	12.99	10.99	0.02	1.98
11.47	0.29	11.45	8.57	38.09	35.81	0.03	2.24
27.67	0.43	16.37	16.13	33.14	28.07	0.14	4.93
32.37	7.37	28.98	20.07	60.46	53.34	0.10	7.02
876.36	77.17	346.62	768.56	1 487.93	1 092.11	68.08	327.74
55.44	12.59	64.98	16.23	55.04	52.19	0.06	2.79
23.65	10.70	21.11	20.31	168.01	147.49	0.20	20.31
105.93	10.55	101.81	80.42	83.22	67.09	0.27	15.85
637.82	39.97	110.41	631.53	979.86	628.68	67.41	283.77
92.46	0.59	92.27	3.60	97.16	91.71	0.04	5.41
57.61	1.14	52.18	21.30	122.74	96.75	0.09	25.90
295.41	9.69	238.42	87.77	453.94	400.42	1.03	52.49
256.51	8.78	205.34	73.50	389.71	345.78	0.88	43.05
29.24	0.32	23.97	9.53	51.18	44.40	0.09	6.69
1 062.86	50.86	1 111.26	419.35	4 143.48	4 026.68	4.83	111.98
37.44	5.39	81.38	2.95	76.50	67.81	0.32	8.37
89.18	22.76	107.30	52.76	866.03	844.05	0.32	21.66
461.07	7.70	407.56	181.16	2 161.12	2 117.58	1.62	41.92
70.34	1.97	62.84	12.84	206.80	199.43	0.31	7.05
290.92	6.21	339.98	120.68	509.45	483.54	1.83	24.08
101.24	1.83	93.68	19.19	181.50	170.65	0.16	10.69
5.77	0.05	6.24	0.59	1.94	1.66		0.28
184.28	1.97	159.94	29.06	523.85	508.34	0.29	15.23

4-6　续表1

单位：亿元

类　别	Category	法人企业数（个）Number of Corporate Enterprises (unit)	资产总计 Total Assets
零售业	**Retail Trade**	**2 311**	**1 175.92**
按登记注册类型分	**Grouped by Status of Registration**		
内资企业	Domestic Funded Enterprises	2 278	1009.21
国有企业	State-owned Enterprises	14	56.68
集体企业	Collective-owned Enterprises	22	2.09
股份合作企业	Joint Stock Cooperative Enterprises	18	2.88
联营企业	Joint Ownership Enterprise	1	0.03
有限责任公司	Limited Liability Companies	684	444.17
股份有限公司	Incorporated Corporations	61	58.80
私营企业	Private Enterprises	1 458	442.65
其他企业	Other Enterprises	20	1.92
港、澳、台商投资企业	Enterprises Invested by Hong Kong, Macao and Taiwan	20	95.97
外商投资企业	Foreign-funded Enterprises	13	70.74
按国民经济行业分	**Grouped by Sector**		
综合零售	Integrated Retail	399	198.08
百货零售	Retail of General Merchandise	199	87.86
超级市场零售	Retail of Supermarkets	143	90.67
食品、饮料及烟草制品专门零售	Retail of Food, Beverages and Tobaccos	349	81.06
粮油零售	Retail of Food and Edible Oil	67	25.14
果品、蔬菜零售	Fruits and Vegetables	128	19.97
肉、禽、蛋、奶及水产品零售	Meat,Poultry,Egg,Milk and Aquatic Products	51	7.49
酒、饮料及茶叶零售	Retail of Liquor、Beverages and Tea	45	17.85
纺织、服装及日用品专门零售	Retail of Textiles, Garments and Daily Consumer Articles	61	43.91
服装零售	Retail of Garments	30	40.34
文化、体育用品及器材专门零售	Retail of Culture, Sports Appliances and Equipments	126	65.22
图书、报刊零售	Retail of Books and Papers	28	33.85
珠宝首饰零售	Retail of Jewels	34	21.94
医药及医疗器材专门零售	Retail of Medicines and Medical Equipments	93	94.41
西药零售	Retail of Western Medicines	80	83.49
中药零售	Retail of Traditional Chinese Medicine	9	10.20
汽车、摩托车、零配件和燃料及其他动力销售	Retail of Motor Vehicles, Motorcycles,Fuel and Parts	925	624.04
汽车新车零售	Retail of Motor Vehicles	631	355.82
机动车燃油零售	Retail of Fuel of Motor Vehicles	190	226.12
家用电器及电子产品专门零售	Special Retail of Household Electric Appliances and Electronic Products	202	45.17
日用家电零售	Retail of Household Appliances	68	6.86
计算机、软件及辅助设备零售	Retail of Computer, Software and Assistant Appliances	77	14.60
通信设备零售	Retail of Communication Equipments	18	9.13
五金、家具及室内装饰材料专门零售	Special Retail of Hardware, Furniture and Decoration Materials	92	13.36
家具零售	Furniture Merchandise	29	3.98
货摊、无店铺及其他零售业	Non-shop and Other Retails	64	10.66
按零售业态分	**Grouped by Retail Form**		
有店铺零售	Retail Sales by Shop	2 064	1 120.05
超市	Supermarket	256	45.96
大型超市	Hypermarket	38	70.07
百货店	Department Store	124	68.82
专业店	Specialty Store	663	413.18
专卖店	Exclusive Shop	690	352.89
无店铺零售	Retail Sales without Shop	232	53.02

continued

(100 million yuan)

流动资产合计 Total Current Assets	固定资产合计 Total Fixed Assets	负债合计 Total Liabilities	所有者权益 Total Owners' Equities	主营业务收入 Revenue from Principal Business	主营业务成本 Cost of Principal Business	主营业务税金及附加 Taxes and Other Charges on Principal Business	主营业务利润 Profits from Principal Business
770.22	**151.07**	**735.62**	**440.30**	**1 992.58**	**1 754.69**	**5.20**	**232.69**
659.87	135.06	657.74	351.47	1 801.70	1 594.73	4.60	202.37
47.50	5.07	43.15	13.53	51.29	47.80	0.09	3.40
1.18	0.70	1.19	0.90	10.51	9.85	0.01	0.65
1.36	0.67	1.98	0.89	17.37	15.10	0.03	2.24
0.03		0.07	- 0.04	0.07	0.06		0.01
268.66	62.92	268.89	175.29	873.90	781.70	2.04	90.16
12.95	13.47	27.97	30.84	169.51	156.98	0.15	12.38
327.27	51.27	313.91	128.73	675.52	580.38	2.26	92.87
0.91	0.96	0.59	1.33	3.53	2.85	0.01	0.67
68.17	5.81	47.21	48.75	107.39	93.19	0.28	13.92
42.18	10.20	30.67	40.07	83.49	66.77	0.32	16.40
138.30	26.73	124.06	74.02	283.71	234.70	1.17	47.84
63.34	13.53	37.21	50.65	107.02	88.79	0.58	17.66
67.67	11.44	65.80	24.87	153.78	126.59	0.41	26.77
50.68	15.47	48.21	32.85	123.26	106.45	0.30	16.51
15.99	3.81	18.19	6.95	21.00	19.38	0.05	1.56
10.66	5.99	7.45	12.52	52.59	47.76	0.04	4.79
3.36	2.25	3.75	3.73	19.65	16.15	0.03	3.47
13.41	2.16	12.41	5.44	14.10	10.79	0.11	3.20
21.75	7.94	21.58	22.33	43.25	33.18	0.26	9.81
18.84	7.59	19.28	21.05	34.53	27.35	0.19	7.00
39.77	12.84	38.49	26.73	55.97	41.24	0.35	14.38
21.57	6.79	16.40	17.45	32.81	22.15	0.16	10.50
13.42	2.80	17.64	4.30	17.24	14.49	0.16	2.59
65.87	6.18	51.60	42.81	124.85	87.14	0.69	37.02
56.63	5.94	45.31	38.18	102.64	71.91	0.56	30.17
8.55	0.23	5.91	4.29	21.58	14.72	0.12	6.73
396.39	76.95	403.13	220.90	1 234.14	1 141.19	2.04	90.91
279.39	34.93	284.49	71.33	660.78	610.15	1.24	49.39
78.04	40.13	87.19	138.93	502.68	467.01	0.64	35.02
39.88	2.10	32.62	12.55	96.29	86.20	0.27	9.82
5.73	0.51	4.99	1.86	15.79	14.14	0.04	1.62
13.55	0.58	11.55	3.05	27.12	24.01	0.07	3.04
8.94	0.09	7.48	1.65	9.48	9.07	0.01	0.41
11.29	0.99	9.29	4.07	17.34	13.78	0.06	3.50
3.45	0.31	3.22	0.76	3.58	2.85	0.02	0.71
6.31	1.87	6.64	4.02	13.76	10.81	0.05	2.90
733.08	141.45	699.80	420.25	1 883.44	1 658.38	4.88	220.18
32.25	6.56	33.33	12.63	87.20	75.73	0.30	11.16
51.31	11.70	49.93	20.14	115.65	95.66	0.28	19.72
50.90	7.75	22.86	45.96	79.02	63.00	0.54	15.48
257.09	49.39	244.10	169.08	702.58	612.47	1.88	88.22
278.09	37.61	271.90	81.00	636.01	572.30	1.28	62.43
35.07	8.97	33.70	19.32	100.90	88.86	0.28	11.77

4-6 续表2

单位：亿元

类 别	Category	法人企业数(个) Number of Corporate Enterprises (unit)	资产总计 Total Assets	流动资产合计 Total Current Assets	固定资产合计 Total Fixed Assets
批发业按地区分组	**Whole Trade by Region**				
昆 明	Kunming	375	2 102.07	1 623.90	41.41
曲 靖	Qujing	91	195.78	157.15	23.25
玉 溪	Yuxi	102	180.25	144.34	11.47
保 山	Baoshan	63	60.67	44.40	7.82
昭 通	Zhaotong	33	52.53	43.49	5.10
丽 江	Lijiang	20	30.99	23.40	4.18
普 洱	Pu'er	37	65.26	51.73	6.31
临 沧	Lincang	53	57.95	45.37	5.88
楚 雄	Chuxiong	105	101.79	83.69	9.34
红 河	Honghe	73	123.14	100.99	5.11
文 山	Wenshan	58	20.98	15.62	2.58
西双版纳	Xishuangbanna	28	74.07	61.37	1.39
大 理	Dali	101	108.37	79.03	12.63
德 宏	Dehong	123	277.55	190.88	13.75
怒 江	Nujiang	3	1.78	1.43	0.24
迪 庆	Diqing	5	45.89	41.56	0.21
零售业按地区分组	**Retail Trade by Region**				
昆 明	Kunming	423	652.70	417.42	64.22
曲 靖	Qujing	243	58.45	44.43	8.85
玉 溪	Yuxi	139	51.31	34.84	9.70
保 山	Baoshan	119	28.91	15.19	6.92
昭 通	Zhaotong	101	37.84	18.22	8.14
丽 江	Lijiang	65	13.08	8.56	2.20
普 洱	Pu'er	88	20.67	15.98	2.73
临 沧	Lincang	97	27.79	20.00	3.89
楚 雄	Chuxiong	306	36.38	24.76	6.84
红 河	Honghe	211	102.81	75.31	12.60
文 山	Wenshan	151	39.07	22.95	7.35
西双版纳	Xishuangbanna	55	25.03	14.68	4.64
大 理	Dali	198	59.15	44.38	7.67
德 宏	Dehong	79	12.38	9.69	1.50
怒 江	Nujiang	16	3.70	1.28	1.41
迪 庆	Diqing	20	6.66	2.54	2.42

continued

(100 million yuan)

负债合计 Total Liabilities	所有者权益 Total Owners' Equities	主营业务收入 Revenue from Principal Business	主营业务成本 Cost of Principal Business	主营业务税金及附加 Taxes and Other Charges on Principal Business	主营业务利润 Profits from Principal Business
1 461.24	640.83	4 520.58	4 329.49	17.72	173.36
64.13	131.65	324.34	250.41	9.27	64.67
75.69	104.56	345.40	286.83	4.04	54.53
20.46	40.21	103.97	82.45	3.80	17.72
21.86	30.68	92.89	68.39	6.15	18.36
10.35	20.64	59.22	43.60	2.58	13.04
30.80	34.46	127.07	103.94	3.71	19.42
30.12	27.83	103.58	82.01	3.10	18.47
31.36	70.44	184.72	148.43	4.16	32.14
44.87	78.26	271.51	215.21	6.77	49.53
10.95	10.03	52.13	47.93	0.47	3.73
66.52	7.54	94.65	87.92	2.52	4.22
41.77	66.59	249.77	213.14	5.60	31.03
188.24	89.30	504.35	450.98	3.12	50.26
0.31	1.47	8.05	6.20	0.74	1.12
30.90	14.98	30.76	24.71	0.90	5.15
398.52	254.18	971.95	849.61	2.60	119.73
41.14	17.31	119.98	104.30	0.38	15.30
38.92	12.39	123.15	110.50	0.19	12.46
15.74	13.17	72.73	64.81	0.24	7.68
18.27	19.57	98.44	90.40	0.19	7.86
9.06	4.02	27.83	24.87	0.08	2.88
15.19	5.48	37.98	32.60	0.12	5.26
16.73	11.07	35.39	30.35	0.10	4.94
20.15	16.23	69.21	60.86	0.30	8.04
69.28	33.53	163.84	143.68	0.45	19.71
23.73	15.34	85.58	77.17	0.11	8.30
15.76	9.27	42.24	37.15	0.09	5.00
40.70	18.45	104.21	93.47	0.24	10.50
8.94	3.44	20.45	18.44	0.04	1.97
1.18	2.52	8.75	7.77	0.02	0.96
2.32	4.34	10.84	8.70	0.06	2.08

4-7 限额以上住宿和餐饮业法人企业经营情况（2018年）

单位：亿元

类 别	Category	法人企业数(个) Number of Corporate Enterprises (unit)	从业人员数(万人) Number of Employed Persons (10 000 persons)	营业总收入 Total Business Income	客房收入 Hotels
住宿和餐饮业	**Hotels and Catering Services**	**1 270**	**8.64**	**164.07**	**60.74**
住宿业	**Hotels**	**659**	**5.53**	**97.39**	**58.76**
按登记注册类型分	**Grouped by Status of Registration**				
内资企业	Domestic-funded Enterprises	641	5.28	92.12	55.60
国有企业	State-owned Enterprises	36	0.45	7.85	3.37
集体企业	Collective-owned Enterprises	8	0.05	0.60	0.41
联营企业	Joint Ownership Enterprises	1	0.01	0.16	0.09
有限责任公司	Limited Liability Companies	215	2.38	41.61	23.39
股份有限公司	Incorporated Corporations	19	0.15	2.68	1.46
私营企业	Private Enterprises	361	2.24	39.21	26.88
其他企业	Other Enterprises	1	0.00	0.02	0.02
港、澳、台商投资企业	Enterprises Invested by Hong Kong, Macao and Taiwan	10	0.18	3.79	2.28
外商投资企业	Foreign-funded Enterprises	8	0.07	1.47	0.87
按住宿业行业分	**By Hotels**				
旅游饭店	Tourist Hotel	358	3.87	67.94	38.90
一般旅馆	Fonda	280	1.52	27.53	18.73
民宿服务	Homestay Service	4	0.02	0.26	0.22
其他住宿业	Others	17	0.13	1.67	0.91
按星级分	**Grouped by Stars Level**				
五星	Five - star	34	0.82	17.07	10.24
四星	Four - star	90	1.25	20.18	10.80
三星	Three - star	114	0.72	13.04	7.39
二星	Two- star	23	0.11	1.87	1.00
其他	Others	398	2.63	45.23	29.33

Basic Statistics of Corporate Enterprises above Designated Size of Hotel Industry and Catering Services (2018)

(100 million yuan)

餐费收入 Catering Services	商品销售收入 Retail Sales of Commodities	其他收入 Other	客房数（万间） Number of Hotel Rooms (10 000 units)	床位数（万个） Number of Hotel Beds (10 000 units)	餐位数（万位） Number of Dining Seats (10 000 units)	年末餐饮营业面积(万平方米) Catering Services Operational Area at Year-end (10 000 sq.m)
87.50	**5.95**	**9.88**	**10.35**	**17.49**	**56.40**	**224.47**
27.66	**3.10**	**7.87**	**9.82**	**16.60**	**25.18**	**131.53**
25.96	3.00	7.56	9.48	16.05	24.49	128.60
2.48	0.35	1.65	0.58	1.04	1.94	9.22
0.17		0.03	0.09	0.16	0.28	1.45
0.06		0.01	0.02	0.03	0.03	0.10
12.47	1.80	3.95	3.63	6.11	9.57	52.55
0.98	0.03	0.22	0.34	0.60	0.60	2.14
9.80	0.82	1.71	4.82	8.10	12.07	63.10
			0.01	0.01		0.03
1.27		0.24	0.27	0.42	0.39	1.90
0.43	0.09	0.07	0.08	0.13	0.30	1.02
20.45	2.24	6.35	6.50	11.04	17.94	81.46
6.60	0.82	1.38	3.09	5.18	6.92	46.08
0.02		0.02	0.03	0.04		0.49
0.59	0.04	0.12	0.20	0.34	0.31	3.50
5.48	0.20	1.15	1.21	2.01	3.27	10.45
5.48	1.10	2.80	1.71	2.94	5.44	22.48
3.77	0.51	1.37	1.47	2.50	4.94	25.83
0.51	0.02	0.33	0.22	0.40	0.79	6.10
12.42	1.26	2.22	5.21	8.75	10.74	66.66

4-7　续表1

单位：亿元

类　别	Category	法人企业数（个） Number of Corporate Enterprises (unit)	从业人员数（万人） Number of Employed Persons (10 000 persons)	营业总收入 Total Business Income	客房收入 Hotels
餐饮业	**Catering Services**	**611**	**3.11**	**66.68**	**1.98**
按登记注册类型分	**Grouped by Status of Registration**				
内资企业	Domestic-funded Enterprises	607	2.60	57.62	1.98
国有企业	State-owned Enterprises	5	0.04	0.76	0.14
集体企业	Collective-owned Enterprises	1		0.03	
有限责任公司	Limited Liability Companies	115	0.65	12.89	0.21
股份有限公司	Incorporated Corporations	8	0.05	0.79	
私营企业	Private Enterprises	477	1.86	43.13	1.63
其他企业	Other Enterprises	1		0.03	
港、澳、台商投资企业	Enterprises Invested by Hong Kong, Macao and Taiwan	2	0.10	2.77	
外商投资企业	Foreign-funded Enterprises	2	0.41	6.29	
按餐饮业行业分	**By Catering Services**				
正餐服务	Restaurant	589	2.37	51.96	1.98
快餐服务	Fast Food	7	0.49	9.12	
饮料及冷饮服务	Beverages and Cold Drinks	2	0.01	0.33	
餐饮配送及外卖送餐服务	Catering Distribution and Take out service	8	0.22	4.94	
其他餐饮业	Others	5	0.02	0.32	

continued

(100 million yuan)

餐费收入 Catering Services	商品销售收入 Retail Sales of Commodities	其他收入 Other	客房数（万间） Number of Hotel Rooms (10 000 units)	床位数（万个） Number of Hotel beds (10 000 units)	餐位数（万位） Number of Dining Seats (10 000 units)	年末餐饮营业面积(万平方米) Catering Services Operational Area at the Year-end (10 000 sq.m)
59.84	**2.85**	**2.01**	**0.53**	**0.89**	**31.22**	**92.95**
51.54	2.85	1.25	0.53	0.89	30.26	89.41
0.51	0.03	0.07	0.04	0.07	0.44	1.08
0.03					0.02	0.03
10.52	1.83	0.33	0.08	0.13	6.81	23.16
0.69	0.01	0.08			0.30	0.74
39.75	0.98	0.76	0.40	0.68	22.64	64.35
0.03					0.05	0.05
2.38		0.39			0.07	0.90
5.92		0.37			0.89	2.64
47.48	1.42	1.08	0.53	0.89	29.54	86.17
8.72	0.03	0.37			1.34	4.45
0.33					0.03	0.18
3.01	1.37	0.56			0.13	1.86
0.29	0.02				0.19	0.29

4-7 续表2

单位：亿元

类　别	Category	法人企业数（个）Number of Corporate Enterprises (unit)	从业人员数（万人）Number of Employed Persons (10 000 persons)	营业总收入 Total Business Income	客房收入 Hotels
住宿业按地区分组	**Hotel Trade by Region**				
昆　明	Kunming	168	1.97	36.56	20.52
曲　靖	Qujing	56	0.39	8.02	5.93
玉　溪	Yuxi	29	0.20	4.34	2.08
保　山	Baoshan	27	0.33	4.26	2.79
昭　通	Zhaotong	33	0.23	3.40	1.91
丽　江	Lijiang	56	0.51	7.92	5.48
普　洱	Pu'er	23	0.14	1.90	1.35
临　沧	Lincang	16	0.12	1.92	1.36
楚　雄	Chuxiong	65	0.24	5.93	3.83
红　河	Honghe	36	0.26	4.62	2.11
文　山	Wenshan	24	0.15	1.89	1.13
西双版纳	Xishuangbanna	18	0.26	4.18	2.46
大　理	Dali	63	0.43	7.82	4.98
德　宏	Dehong	20	0.17	2.77	1.68
怒　江	Nujiang	8	0.04	0.56	0.35
迪　庆	Diqing	17	0.08	1.32	0.78
餐饮业按地区分组	**Catering Trade by Region**				
昆　明	Kunming	175	1.74	31.45	0.83
曲　靖	Qujing	62	0.30	12.53	0.07
玉　溪	Yuxi	37	0.10	2.50	0.12
保　山	Baoshan	21	0.06	1.18	0.04
昭　通	Zhaotong	21	0.09	1.85	0.27
丽　江	Lijiang	12	0.11	2.18	0.01
普　洱	Pu'er	8	0.02	0.47	0.04
临　沧	Lincang	16	0.05	1.27	0.02
楚　雄	Chuxiong	157	0.29	7.25	0.40
红　河	Honghe	30	0.10	2.20	0.02
文　山	Wenshan	15	0.06	0.96	0.11
西双版纳	Xishuangbanna	2	0.01	0.22	
大　理	Dali	28	0.10	1.54	
德　宏	Dehong	19	0.06	0.71	0.02
怒　江	Nujiang	3	0.01	0.09	
迪　庆	Diqing	5	0.02	0.27	

continued

(100 million yuan)

餐费收入 Catering Services	商品销售收入 Retail Sales of Commodities	其他收入 Other	客房数（万间） Number of Hotel Rooms (10 000 units)	床位数（万个） Number of Hotel beds (10 000 units)	餐位数（万位） Number of Dining Seats (10 000 units)	年末餐饮营业面积(万平方米) Catering Services Operational Area at the Year-end (10 000 sq.m)
10.97	1.30	3.77	3.48	5.69	7.58	37.35
1.72	0.19	0.18	0.61	1.10	1.81	13.63
1.40	0.37	0.48	0.30	0.55	1.94	8.63
1.05	0.18	0.24	0.50	0.87	1.17	5.62
1.08	0.16	0.24	0.40	0.64	0.77	6.57
1.49	0.13	0.81	0.92	1.58	1.00	8.08
0.46	0.01	0.07	0.25	0.42	0.81	1.77
0.32	0.05	0.19	0.22	0.35	0.42	2.75
1.69	0.15	0.26	0.61	1.11	1.64	10.89
1.90	0.20	0.41	0.42	0.75	2.50	7.60
0.54	0.08	0.14	0.26	0.41	0.46	5.65
1.17	0.19	0.36	0.44	0.76	0.91	3.27
2.51	0.06	0.26	0.86	1.44	2.97	11.52
0.80	0.02	0.27	0.30	0.48	0.77	4.07
0.07		0.13	0.08	0.15	0.11	0.68
0.47		0.06	0.18	0.33	0.32	3.45
27.44	1.74	1.43	0.17	0.30	12.34	38.89
12.35	0.10	0.01	0.05	0.07	4.28	12.93
2.12	0.15	0.10	0.02	0.04	2.12	4.94
1.09	0.02	0.02	0.01	0.02	0.41	1.89
1.40	0.12	0.06	0.08	0.12	1.16	2.62
1.82	0.14	0.20			0.30	2.15
0.37	0.04	0.01	0.02	0.04	0.57	0.99
1.24	0.01		0.03	0.03	0.77	4.04
6.48	0.35	0.02	0.10	0.16	5.09	12.59
2.03	0.13	0.02	0.01	0.02	1.48	3.86
0.73	0.01	0.12	0.03	0.06	0.51	1.25
0.22					0.08	0.20
1.53	0.01			0.01	0.81	3.32
0.67	0.02		0.01	0.01	0.96	2.49
0.09					0.02	0.31
0.27					0.31	0.50

4-8 限额以上住宿和餐饮业企业法人财务状况（2018年）

单位：亿元

类 别	Category	法人企业数（个） Number of Corporate Enterprises (unit)	资产总计 Total Assets
住宿和餐饮业	**Hotels and Catering Services**	**1 270**	**417.57**
住宿业	**Hotels**	**659**	**335.32**
按登记注册类型分	**Grouped by Status of Registration**		
内资企业	Domestic-funded Enterprises	641	310.08
国有企业	State-owned Enterprises	36	19.00
集体企业	Collective-owned Enterprises	8	1.02
联营企业	Joint Ownership Enterprises	1	0.17
有限责任公司	Limited Liability Companies	215	149.79
股份有限公司	Incorporated Corporations	19	6.56
私营企业	Private Enterprises	361	133.15
其他企业	Other Enterprises	1	0.39
港、澳、台商投资企业	Enterprises Invested by Hong Kong, Macao and Taiwan	10	19.12
外商投资企业	Foreign-funded Enterprises	8	6.12
按住宿业行业分	**By Hotels**		
旅游饭店	Tourist Hotel	358	266.11
一般旅馆	Fonda	280	60.30
民宿服务	Homestay Service	4	1.20
其他住宿业	Others	17	7.71
按星级分	**Grouped by Stars Level**		
五星	Five - star	34	83.58
四星	Four - star	90	70.87
三星	Three - star	114	27.11
二星	Two- star	23	3.42
其他	Others	398	150.33

Financial Indicators of Corporate Enterprises above Designated Size of Hotel Industry Catering Services by Region (2018)

(100 million yuan)

流动资产合计 Total Current Assets	固定资产合计 Total Fixed Assets	负债合计 Total Liabilities	所有者权益 Total Owners' Equities	主营业务收入 Revenue from Principal Business	主营业务成本 Cost of Principal Business	主营业务税金及附加 Taxes and Other Charges on Principal Business	主营业务利润 Profits from Principal Business
169.86	**162.85**	**262.53**	**155.04**	**153.07**	**80.52**	**2.27**	**70.27**
123.15	**139.02**	**218.09**	**117.23**	**89.75**	**39.53**	**1.59**	**48.62**
114.92	124.83	209.22	100.86	84.85	37.91	1.46	45.47
8.56	6.37	9.99	9.02	6.61	2.72	0.17	3.72
0.31	0.58	0.36	0.66	0.58	0.19		0.39
0.04	0.03	0.03	0.14	0.14	0.03		0.11
52.28	67.95	104.09	45.71	38.27	15.61	0.60	22.05
2.78	2.14	4.21	2.35	2.54	1.11	0.03	1.40
50.86	47.46	90.54	42.60	36.69	18.25	0.65	17.78
0.09	0.30		0.39	0.02			0.02
6.59	10.47	6.27	12.85	3.54	0.92	0.08	2.54
1.65	3.72	2.60	3.52	1.36	0.70	0.06	0.61
95.70	111.42	174.36	91.76	62.20	26.05	1.16	34.99
26.22	22.48	36.35	23.95	25.67	12.74	0.41	12.52
0.23	0.02	1.07	0.13	0.25	0.08	0.01	0.16
1.01	5.11	6.32	1.39	1.63	0.67	0.02	0.95
23.72	37.71	43.37	40.21	15.97	5.05	0.36	10.56
31.49	20.28	45.42	25.46	17.89	7.83	0.34	9.73
11.24	10.42	13.94	13.17	11.72	5.50	0.16	6.07
0.84	0.89	2.04	1.38	1.80	0.92	0.04	0.84
55.86	69.72	113.32	37.02	42.37	20.23	0.70	21.44

4-8 续表1

单位：亿元

类　别	Category	法人企业数（个） Number of Corporate Enterprises (unit)	资产总计 Total Assets
餐饮业	**Catering Services**	**611**	**82.25**
按登记注册类型分	**Grouped by Status of Registration**		
内资企业	Domestic-funded Enterprises	607	77.94
国有企业	State-owned Enterprises	5	0.49
集体企业	Collective-owned Enterprises	1	
有限责任公司	Limited Liability Companies	115	14.63
股份有限公司	Incorporated Corporations	8	0.57
私营企业	Private Enterprises	477	62.23
其他企业	Other Enterprises	1	0.01
港、澳、台商投资企业	Enterprises Invested by Hong Kong, Macao and Taiwan	2	1.91
外商投资企业	Foreign-funded Enterprises	2	2.40
按餐饮业行业分	**By Catering Services**		
正餐服务	Restaurant	589	73.23
快餐服务	Fast Food	7	3.72
饮料及冷饮服务	Beverages and Cold Drinks	2	0.28
餐饮配送及外卖送餐服务	Catering Distribution and Take out service	8	4.93
其他餐饮业	Others	5	0.09

continued

(100 million yuan)

流动资产合计 Total Current Assets	固定资产合计 Total Fixed Assets	负债合计 Total Liabilities	所有者权益 Total Owners' Equities	主营业务收入 Revenue from Principal Business	主营业务成本 Cost of Principal Business	主营业务税金及附加 Taxes and Other Charges on Principal Business	主营业务利润 Profits from Principal Business
46.71	**23.84**	**44.44**	**37.81**	**63.32**	**40.98**	**0.68**	**21.65**
44.03	23.13	42.30	35.65	55.08	36.33	0.66	18.09
0.25	0.20	0.44	0.05	0.61	0.44		0.17
				0.03	0.02		
5.57	5.27	6.77	7.86	11.87	8.40	0.14	3.33
0.39	0.16	0.02	0.55	0.77	0.54	0.01	0.22
37.81	17.50	35.06	27.17	41.77	26.91	0.50	14.35
0.01		0.01		0.03	0.02		0.01
1.70	0.19	0.78	1.13	2.40	1.68	0.02	0.70
0.98	0.53	1.36	1.04	5.84	2.97		2.87
41.70	21.83	40.60	32.63	49.70	33.62	0.62	15.46
1.36	1.01	1.81	1.90	8.65	3.86		4.79
0.25	0.03	0.20	0.08	0.33	0.18	0.01	0.14
3.34	0.93	1.81	3.12	4.31	3.14	0.04	1.13
0.05	0.03	0.01	0.08	0.32	0.19		0.13

4-8 续表2

单位：亿元

类 别	Category	法人企业数（个） Number of Corporate Enterprises (unit)	资产总计 Total Assets	流动资产合计 Total Current Assets
住宿业按地区分组	**Hotel Trade by Region**			
昆 明	Kunming	168	108.55	45.18
曲 靖	Qujing	56	11.88	3.05
玉 溪	Yuxi	29	11.39	2.29
保 山	Baoshan	27	22.06	7.23
昭 通	Zhaotong	33	6.45	3.02
丽 江	Lijiang	56	35.05	12.69
普 洱	Pu'er	23	7.83	3.59
临 沧	Lincang	16	9.50	4.72
楚 雄	Chuxiong	65	11.91	3.52
红 河	Honghe	36	10.50	2.53
文 山	Wenshan	24	10.92	2.86
西双版纳	Xishuangbanna	18	14.88	8.34
大 理	Dali	63	43.39	18.60
德 宏	Dehong	20	15.38	1.94
怒 江	Nujiang	8	2.06	1.04
迪 庆	Diqing	17	13.58	2.55
餐饮业按地区分组	**Catering Trade by Region**			
昆 明	Kunming	175	52.66	34.88
曲 靖	Qujing	62	5.17	2.84
玉 溪	Yuxi	37	1.85	0.41
保 山	Baoshan	21	1.90	1.15
昭 通	Zhaotong	21	1.24	0.41
丽 江	Lijiang	12	2.77	1.17
普 洱	Pu'er	8	0.80	0.33
临 沧	Lincang	16	1.05	0.41
楚 雄	Chuxiong	157	8.17	1.39
红 河	Honghe	30	1.60	0.68
文 山	Wenshan	15	1.55	1.34
西双版纳	Xishuangbanna	2	0.19	0.08
大 理	Dali	28	1.36	0.78
德 宏	Dehong	19	1.15	0.41
怒 江	Nujiang	3	0.21	0.02
迪 庆	Diqing	5	0.58	0.43

continued

(100 million yuan)

固定资产合计 Total Fixed Assets	负债合计 Total Liabilities	所有者权益 Total Owners' Equities	主营业务收入 Revenue from Principal Business	主营业务成本 Cost of Principal Business	主营业务税金及附加 Taxes and Other Charges on Principal Business	主营业务利润 Profits from Principal Business
45.00	69.52	39.04	33.45	12.08	0.61	20.76
6.00	6.70	5.18	7.30	3.46	0.14	3.70
4.18	5.36	6.04	3.92	2.11	0.09	1.72
8.97	18.45	3.60	4.12	1.77	0.12	2.24
2.93	3.67	2.78	3.17	1.95	0.06	1.16
15.11	20.51	14.53	7.33	2.70	0.11	4.53
2.31	5.32	2.51	1.78	0.79	0.02	0.98
3.32	7.81	1.69	1.79	0.91	0.04	0.85
5.21	4.10	7.81	4.85	3.01	0.08	1.76
5.75	5.65	4.85	4.34	2.41	0.04	1.89
6.42	9.24	1.67	1.84	0.73	0.03	1.08
4.99	12.25	2.63	3.79	1.33	0.10	2.36
9.65	34.74	8.65	7.71	3.74	0.09	3.88
10.22	9.32	6.06	2.60	1.73	0.06	0.81
0.59	1.56	0.50	0.45	0.21	0.01	0.24
8.35	3.88	9.70	1.30	0.62	0.01	0.67
11.76	32.29	20.37	29.33	16.68	0.19	12.46
1.58	2.20	2.97	12.07	9.48	0.20	2.39
1.17	0.86	0.99	2.38	1.51	0.05	0.83
0.56	0.70	1.20	1.17	0.72	0.01	0.45
0.24	0.84	0.40	1.75	1.24	0.01	0.50
1.43	0.77	2.00	2.07	1.49	0.03	0.55
0.31	0.23	0.57	0.46	0.32	0.01	0.13
0.53	0.28	0.77	1.16	0.77	0.02	0.37
4.31	2.47	5.70	7.07	5.03	0.10	1.94
0.55	0.82	0.78	2.13	1.40	0.03	0.70
0.10	1.24	0.31	0.95	0.66	0.01	0.28
0.11	0.14	0.05	0.22	0.19		0.03
0.49	0.65	0.71	1.51	0.83	0.01	0.66
0.39	0.71	0.44	0.68	0.42	0.01	0.24
0.20	0.16	0.05	0.09	0.06		0.02
0.10	0.09	0.49	0.27	0.17	0.01	0.09

主要统计指标解释

批发业 指向其他批发或零售单位（含个体经营者）及其他企事业单位、机关团体等批量销售生活用品、生产资料的活动，以及从事进出口贸易和贸易经纪与代理的活动，包括拥有货物所有权，并以本单位（公司）的名义进行交易活动，也包括不拥有货物的所有权，收取佣金的商品代理、商品代售活动；还包括各类商品批发市场中固定摊位的批发活动，以及以销售为目的的收购活动。

零售业 指百货商店、超级市场、专门零售商店、品牌专卖店、售货摊等主要面向最终消费者（如居民等）的销售活动，以互联网、邮政、电话、售货机等方式的销售活动，还包括在同一地点，后面加工生产，前面销售的店铺（如面包房）；谷物、种子、饲料、牲畜、矿产品、生产用原料、化工原料、农用化工产品、机械设备（乘用车、计算机及通信设备除外）等生产资料的销售不作为零售活动；多数零售商对其销售的货物拥有所有权，但有些则是充当委托人的代理人，进行委托销售或以收取佣金的方式进行销售。

批发和零售业商品购进、销售、库存额 指各种登记注册类型的批发和零售业企业（单位）以本企业（单位）为总体的，从国内、国外市场购进的商品总量，销售和出口的商品总量，库存的商品总量等情况。该指标可以反映商品流转过程中商品的购进、销售、库存之间的比例关系和存在的问题。

商品购进额 指从本企业以外的单位和个人购进（包括从国外直接进口）作为转卖或加工后转卖的商品金额（含增值税）。本指标反映批发和零售业从国内外市场上购进商品的总价。

商品购进包括：（1）从工农业生产者、批发和零售业企业、住宿和餐饮业企业、出版社或报社的出版发行部门和其他服务业企业购进的商品；（2）从机关团体、事业单位购进的商品；（3）从海关、市场管理部门购进的缉私和没收的商品；（4）从居民收购的废旧商品等。

商品购进不包括：（1）企业为本单位自身经营用，不是作为转卖而购进的商品，如材料物资、包装物、低值易耗品、办公用品等；（2）未通过买卖行为而收入的商品，如接受其他部门移交的商品、借入的商品、收入代其他单位保管的商品、其他单位赠送的样品、加工回收的成品等；（3）经本单位介绍，由买卖双方直接结算，本单位只收取手续费的业务；（4）销售退回和买方拒付货款的商品；（5）商品溢余；（6）期货交易商品。

商品销售额 指对本单位以外的单位和个人出售的商品金额（包括售给本单位消费用的商品，含增值税）。在批发和零售业中，本指标反映在国内市场上销售商品以及出口商品的总价。

商品销售包括：（1）售给个人和社会集团消费用的商品；（2）售给农业、工业、建筑业、服务业等国民经济各行业用于生产、经营用的商品，包括售予批发和零售业作为转卖或加工后转卖的商品；（3）对国（境）外直接出口的商品。

商品销售不包括：（1）未通过买卖行为付出的商品，如机构变动移交给其他企业单位的商品、借出的商品、归还受其他单位委托代保管的商品、付出的加工原料和赠送给其他单位的样品等；（2）促销返券所销售的、不计入营业收入的商品；（3）经本单位介绍，由买卖双方直接结算，本单位只收取手续费的业务；（4）未发生所有权转移的商品预付卡销售，如加油卡；（5）汽车维修、电话卡销售等服务性经济活动；（6）购货退回的商品；（7）商品损耗和损失；（8）出售本单位自用的废旧物资；（9）期货交易商品；（10）自来水供应企业、电力企业、天然气供应企业提供的水、电、气。

商品库存额 对于批发和零售业法人单位和个体经营户，是指报告期末取得所有权的全部商品金额（含增值税）；对于批发和零售业产业活动单位，是指报告期末实际在库且归属法人具有所有权的全部商品金额（含增值税）。这个指标反映批发和零售业的商品库存情况，以及对市场商品供应的保证程度。

库存商品包括：（1）存放在本单位（如门市部、批发站、采购站、经营处）的仓库、货场、货柜和货架中的商品；（2）挑选、整理、包装中的商品；（3）已记入购进而尚未运到本单位的商品，即发货单或银行承兑凭证已到而货未到的商品；（4）寄放他处的商品，如因购货方拒绝付款而暂时存在购货方的商品；（5）委托其他单位代销（未作销售或调出）尚未售出的商品；（6）代其他单位购进尚未交付的商品。

商品库存不包括：所有权不属于本单位的商品；委托外单位加工的商品；外贸企业代理其他单位从国外进口，尚未付给订货单位的商品；代国家储备部门保管的商品。

社会消费品零售总额 指企业（单位、个体户）通过交易直接售给个人、社会集团非生产、非经营用的实物商品金额，以及提供餐饮服务所取得的收入金额。个人包括城乡居民和入境人员，社会集团包括机关、社会团体、部队、学校、企事业单位、居委会或村委会等。

住宿业 指为旅行者提供短期留宿场所的活动，有些单位只提供住宿，也有些单位提供住宿、饮食、商务、娱乐一体的服务，不包括主要按月或按年长期出租房屋住所的活动。

餐饮业 指通过即时制作加工、商业销售和服务性劳动等，向消费者提供食品和消费场所及设施的服务。

营业额 指住宿和餐饮业单位在经营活动中，因提供服务或销售商品等取得的全部收入（含增值税）。包括：客房收入、餐费收入、商品销售额和其他收入。其中，客房收入指住宿和餐饮业单位在经营活动中因提供住宿服务取得的收入（含增值税）。餐费收入指本单位为顾客提供就餐服务取得的收入（含增值税），包括：经烹饪、调制加工后出售的各种食品，如主食、炒菜、凉拌菜等的收入。

Explanatory Notes on Principle Statistical Indicators

Wholesale Trade refers to the activities of selling wholesale commodities for daily use and capital goods to enterprises of wholesale and retail trades (including self-employed individuals) and other enterprises, institutions and government organs and organizations, and the activities of engaging in import and export and acting as a trade agent. The wholesaler may have the ownership of the commodities for wholesale and trade in the name of its own (a company), and the wholesaler can act as commission agent or commodity broker without the ownership of commodities. Also included are the wholesale activities at the fixed stalls in wholesale market and the acquisition for sales purpose.

Retail Trade refers to the activities of department store, supermarket, franchised store, brand store, retail stall and on-the-spot-making-selling store selling commodities to the final consumers (residents) by any means including internet, post, telephone, sales machine. It also includes shops with sales and production located in the same places (such as bakeries). Retail trade excludes the activities of sales of capital goods such as grain, seed, feed, livestock, mineral products, raw material for production, industrial chemicals, chemical products for agricultural use, machine and equipment (excluding vehicles, computers and communication equipment). Most retailers have the ownership of commodities to sell, but some are acting as agents or brokers to make transactions for a commission.

Purchase, Sales and Stock of Commodities by Wholesale and Retail Trades refer to the total volume of commodities purchased, total volume of sales and exports, and the stock of commodities by wholesale and retail enterprises (establishments) of different status of registration from domestic and overseas markets. This indicator reflects the relationship among purchase, sales and stock of commodities in the circulation of goods and reveals the existing problems

Total Purchases of Commodities refer to the total value of purchases of commodities by enterprises (establishments) from other establishments or individuals (including direct import from abroad) for the purpose of re-selling, either with or without further processing of the commodities purchased. This indicator is used to show the total value of purchases of retail and wholesale commodities from domestic and overseas markets. The commodities include (1) commodities purchased from agricultural and industrial producer, wholesaler, retailer, publishing house and other service business; (2) commodities purchased from institutions and government departments; (3) confiscated goods purchased from the customs authorities or market management agencies; (4) second-hand goods and wastes purchased from residents; The commodities exclude (1) commodities purchased by enterprises (establishments) for use in their own business operation, commodities obtained without buying or selling procedures such as materials, consumable goods of low value, office appliance, etc. (2) received goods without trading, such as goods handed over from others, borrowed goods, preserved goods for others, donated goods from others, processed and retrieved goods, etc. (3) goods of direct settlement between buyer and seller with handling fees introduced by others, (4) goods returned or refused to pay by the buyer, (5) excessive goods.(6) futures traded commodity.

Total Sales of Commodities refer to value of commodities sold by the establishments to other establishments and individuals (including goods sold for self consumption, including the value-added tax). In the wholesale and retail trade, this indicator reflects the total price of goods sold on the domestic market and exported.

The commodities include (1) commodities sold to individuals and social groups for their consumption; (2) commodities sold to establishments in all industries for their production and operation, including agriculture, industry, construction, and catering services including commodities sold to wholesale and retail establishments for re-selling, with or without further processing; (3) commodities for direct export to abroad.

Excluded are (1) extended commodities without trading, such as goods handed over to other enterprises and institutions because of the change of organizations, lent goods, returned goods preserved for others, extended processing materials and samples donated to others; (2)The goods sold by the promotional coupons and not included in the operating income; (3) goods of direct settlement between buyer and seller with handling fees introduced by others; (4) the sale of prepaid CARDS, such as fuel CARDS, without transfer of ownership; (5) service economic activities such as automobile maintenance and sales of telephone CARDS; (6) goods returned after purchase; (7) damaged and spoiled goods; (8) waste and used goods of self use; (9) commodities traded in futures; (10) water supply enterprises, electric power enterprises and natural gas supply enterprises provide water, electricity and gas.

Total Stock of Commodities For the legal entities and self-employed individuals engaged in wholesale and retail trade, it refers to total value (including VAT) of commodities possessed at the end of the reference period; and for wholesale and retail establishments, it refers to the value (including VAT) of all commodities actually in stock and owned by their legal persons at the end of reference period. This indicator shows the commodity inventory in wholesale and retail trades, and to what extent the commodities will be supplied to the market. The commodities in stock includes: (1) commodities located in storage, garages, counters, and shelves of operating places of wholesale and retail trades (such as sale stores, wholesale centres, procurement stations and operating offices); (2) commodities in the process of being selected, sorted, and packed; (3) commodities not arrived but recorded as purchase in the account, i.e. commodities not arrived but payment receipts for the commodities from the sellers or the banks arrived; (4) commodities deposited in other places rather than places mentioned above, for instance: commodities in the hold of purchasers temporarily due to the refusal of payment; (5) commodities entrusted to other units to sell but not sold yet; (6) commodities purchased for other units but not delivered yet. Commodities not included as stock are those not owned by the enterprises (units), commodities on commission for processing, imported commodities of agency of foreign trade enterprise but not yet delivered to ordering units and finally those put in stock on behalf of the state reserves units.

Total Retail Sales of Consumer Goods refer to the amount obtained by enterprises (units, self-employed individuals) through direct sales of non-production and non-business physical commodity to individuals, social institutions, and revenue from providing catering services. Individuals include rural and urban households, population from abroad, social institutions include government agencies, social organizations, military units, schools, institutions, neighbourhood (village) committees.

Hotel Services refer to the accommodation services provided to visitors. Some units may provide only accommodation while others provide a combination of accommodation, meals, business services and/or recreational facilities. It excludes activities related to the provision of long-term primary residences in facilities such as apartments typically leased on a monthly or annual basis.

Catering Services refer to the activities of providing foods, serving locations and facilities to customers through instant processing, commercial sales and service-type labor.

Business Revenue refers to revenue of hotels and catering services received from providing services or selling commodities through business activities, including the total income (including value-added tax) from hotels, from catering services, from selling of commodities (including VAT) and from other services. Income (including value-added tax) from hotels refers to income of hotels and catering services by providing lodging services through business activities. Income (including value-added tax) from catering services refers to income from providing catering services, including selling of cooked or prepared foods, such as staple food, cooked dishes, or cold dishes.

Chapter 5

五、公共财政
Public Finance

5-1 地方一般公共预算收支额（1981-2018年）

General Pubilc Budgetary Revenue and Expenditure of Local Government (1981-2018)

单位：亿元 (100 million yuan)

年份 Year	地方一般公共预算收入 Pubilc Budgetary Revenue of Local Government	增值税 Value Added Tax	营业税 Business Tax	企业所得税 Enterprise Income Tax	地方一般公共预算支出 Pubilc Budgetary Expenditure of Local Government	农业支出 Expenditure for Agriculture	文教科卫事业费 Expenditure for Culture, Education, Science and Health	行政管理费 Expenditure for Government Administration	社会保障补助支出 Expenditure for Social Security
1981	12.69				15.73	2.46	4.30	2.21	
1982	15.66				18.80	3.15	5.14	2.47	
1983	17.17				24.23	3.68	6.55	2.98	
1984	19.73				30.77	4.41	8.15	4.54	
1985	27.41			5.98	36.70	4.18	9.38	4.92	
1986	30.01			4.50	47.31	5.71	11.29	5.75	
1987	37.49			4.78	53.86	6.66	12.59	6.29	
1988	50.53			7.59	64.84	8.39	15.56	6.45	
1989	63.27			9.19	81.89	11.62	18.15	7.50	
1990	77.43			7.21	90.76	13.20	21.32	8.88	
1991	99.78			8.09	110.82	15.91	24.08	10.56	
1992	109.32			5.17	121.59	18.53	28.76	13.86	
1993	204.94			4.99	200.62	23.82	37.36	16.73	
1994	76.70	22.52	11.75	6.72	203.73	25.06	48.91	21.40	
1995	98.35	23.28	15.40	7.87	235.10	28.28	54.06	24.47	
1996	130.01	26.54	21.21	9.42	270.39	32.51	69.04	30.22	
1997	150.42	27.84	25.36	9.70	313.20	33.82	75.01	30.58	
1998	168.23	30.57	29.76	14.47	328.00	34.66	80.50	32.07	2.71
1999	172.67	31.06	33.94	14.95	378.05	36.59	89.86	33.47	7.33
2000	180.75	31.37	36.00	20.17	414.11	39.20	98.70	37.24	15.89
2001	191.28	33.62	36.68	26.29	496.43	45.26	116.70	44.76	26.21
2002	206.76	34.42	41.41	25.78	526.89	46.35	132.37	49.36	25.67
2003	229.00	39.11	45.17	21.50	587.35	48.99	143.99	55.43	42.30
2004	263.36	45.56	56.57	27.78	663.64	71.90	170.60	67.76	33.31
2005	321.65	56.02	67.64	33.35	766.31	73.50	192.06	78.12	29.03
2006	379.97	67.50	89.49	41.30	893.58	83.86	236.16	95.21	34.15
2007	486.71	85.72	112.47	55.71	1 135.22	127.60	300.55	187.01	170.48
2008	614.05	99.41	136.63	66.03	1 470.24	177.77	392.19	217.12	224.72
2009	698.25	97.53	175.79	65.29	1 952.34	267.28	510.84	237.22	304.10
2010	871.19	112.78	237.26	82.28	2 285.72	327.21	615.46	246.50	304.69
2011	1 111.16	136.64	277.71	110.61	2 929.60	409.80	793.63	282.05	386.50
2012	1 338.15	148.00	340.54	135.82	3 572.66	518.60	1 036.48	338.16	439.06
2013	1 611.30	158.22	418.84	146.65	4 096.51	538.97	1 090.49	394.77	505.45
2014	1 698.06	186.11	396.31	159.63	4 437.98	594.45	1 126.71	399.48	584.08
2015	1 808.15	190.25	367.68	147.44	4 712.83	641.52	1 300.34	388.51	648.69
2016	1 812.29	369.93	167.23	148.76	5 018.86	712.92	1 462.91	476.98	692.38
2017	1 886.17	522.56		161.19	5 712.97	674.82	1 670.04	609.83	750.33
2018	1 994.35	609.35		180.67	6 075.03	842.20	1 779.99	643.28	846.23

注：1.本表中1994年以来的财政收支及分组口径调整，与历史资料不可比。
2.2006年以前农业支出包括农业支出、林业支出、水利气象支出和农林水利气象部门事业费。
3.2007年以后财政支出科目调整，对应关系为：农业支出对应农林水事务，文教科卫事业费对应文教科卫支出，行政管理费对应一般公共服务，社会保障补助支出对应社会保障和就业。
4.自2016年6月1日全面实施营改增后，取消了营业税。

Note: a.Since 1994,the local government revenue and expenditure and the grouping standard in this table are not comparable with the previous years.
b.Before 2006,the expenditure for agriculture included the spending on agriculture,forestry,water conservancy and meteorology and operating expenses for agriculture,forestry,water conservancy and meteorology.
c.After 2007, the local government expenditure category changed,the corresponding relationships are as follows:operating expense for agriculture refers to the expenditure for agriculture,forestry and water conservancy,operating expense for culture,education,science and technology and health care refers to expenditure for culture,education,science and technology and health care,operating expense for government administration refers to the expenditure for public service, operating expense for social security refers to the expenditure for social security and employment.
d.Since June 1,2016,the full implementation of replacing business tax with VAT,the business tax has been abolished.

5-2 地方一般公共预算收入（2017-2018年）
General Pubilc Budgetary Revenue of Local Government (2017-2018)

单位：亿元 (100 million yuan)

类　别	Category	2017	2018	2018年比2017年增长(%) Increase rate in 2018 over 2017(%)
地方一般公共预算收入	**Pubilc Budgetary Revenue of Local Government**	**1 886.17**	**1 994.35**	**5.7**
税收收入	**Tax Revenue**	**1 233.85**	**1 423.25**	**15.4**
增值税	Value-added Tax	522.56	609.35	16.6
企业所得税	Enterprise Income Tax	161.19	180.67	12.1
个人所得税	Personal Income Tax	69.15	87.44	26.5
资源税	Resource Tax	24.56	29.43	19.8
城市维护建设税	Tax on City Maintenance and Construction	112.32	131.67	17.2
房产税	Tax on Real Estates	41.96	46.96	11.9
印花税	Stamp Tax	19.55	21.51	10.1
城镇土地使用税	Holding Tax on Urban and County Land	37.11	38.82	4.6
土地增值税	Land Value Added Tax	50.53	71.93	42.4
车船税	Tax on Vehicles and Their Registration	20.07	22.18	10.5
耕地占用税	Farmland Occupation Tax	52.99	35.72	-32.6
契　税	Contract Tax	63.36	90.57	42.9
烟叶税	Tobacco Leaf Tax	53.16	52.53	-1.2
其他税收收入	Others			
非税收入	**Non-tax Revenue**	**652.32**	**571.10**	**-12.5**
专项收入	Specific Revenue	202.84	179.42	-11.6
行政性收费收入	Income from Administrative Fees	100.71	82.52	-18.1
罚没收入	Penalty and Confiscatory Income	58.79	62.85	6.9
国有资本经营收入	Profits of State-owned Enterprises	1.98	1.20	-39.4
国有资源(资产)有偿使用收入	Revenue of Compensable Use of State-owned Resources (Assets)	231.19	175.51	-24.1
其他收入	Others	20.04	16.18	-19.3

5-3 地方一般公共预算支出（2017-2018年）

General Pubilc Budgetary Expenditure of Local Government (2017-2018)

单位：亿元 (100 million yuan)

类　别	Item	2017	2018	2018年比2017年增长(%) Increase rate in 2018 over 2017 (%)
地方一般公共预算支出	**Pubilc Budgetary Expenditure of Local Government**	**5 712.97**	**6 075.03**	**6.3**
一般公共服务	General Public Service	609.83	643.28	5.5
公共安全	Public Security	343.26	386.41	12.6
教　育	Education	998.33	1 077.43	7.9
科学技术	Science and Technology	53.42	54.94	2.9
文化体育与传媒	Culture, Sports and Media	71.30	72.20	1.3
社会保障和就业	Social Security and Employment	750.33	846.23	12.8
医疗卫生与计划生育	Expenditure for Medical and Health Care, and Family Planning	546.99	575.42	5.2
节能环保	Expenditure for Environment Protection	179.48	169.81	-5.4
城乡社区事务	Urban and Rural Community Affairs	464.75	439.78	-5.4
农林水事务	Farming, Forestry and Irrigation Affairs	674.82	842.20	24.8
交通运输	Transport	511.24	441.62	-13.6
工业商业金融等事务	Industrial,Commercial and Financial Affairs	110.56	110.68	0.1
其他各项支出	Others	398.66	415.03	4.1

5-4 各州市地方一般公共预算收入（2017-2018年）

General Pubilc Budgetary Revenue of Local Government by Region (2017-2018)

单位：亿元 (100 million yuan)

州 市	Region	2017	2018	2018年比2017年增长(%) Increase Rate in 2018 over 2017 (%)
全 省	**Yunnan**	**1 886.17**	**1 994.35**	**5.7**
昆 明	Kunming	560.86	595.63	6.2
曲 靖	Qujing	136.22	141.90	4.2
玉 溪	Yuxi	137.22	142.49	3.8
保 山	Baoshan	62.32	66.16	6.2
昭 通	Zhaotong	67.53	78.21	15.8
丽 江	Lijiang	40.06	42.86	7.0
普 洱	Pu'er	53.22	54.34	2.1
临 沧	Lincang	40.04	44.17	10.3
楚 雄	Chuxiong	80.26	86.69	8.0
红 河	Honghe	141.28	142.27	0.7
文 山	Wenshan	56.88	60.33	6.1
西双版纳	Xishuangbanna	28.46	31.29	9.9
大 理	Dali	87.01	96.16	10.5
德 宏	Dehong	33.77	37.04	9.7
怒 江	Nujiang	9.93	10.86	9.4
迪 庆	Diqing	10.17	11.45	12.6

5-5 各州市地方一般公共预算支出（2017—2018年）

General Pubilc Budgetary Expenditure of Local Government by Region (2017-2018)

单位：亿元 (100 million yuan)

州 市	Region	2017	2018	2018年比2017年增长(%) Increase Rate in 2018 over 2017 (%)
全 省	**Yunnan**	**5 712.97**	**6 075.03**	**6.3**
昆 明	Kunming	775.90	756.80	-2.5
曲 靖	Qujing	442.55	477.24	7.8
玉 溪	Yuxi	262.12	277.81	6.0
保 山	Baoshan	238.03	261.31	9.8
昭 通	Zhaotong	416.42	460.02	10.5
丽 江	Lijiang	160.80	167.30	4.0
普 洱	Pu'er	271.78	293.23	7.9
临 沧	Lincang	242.95	267.30	10.0
楚 雄	Chuxiong	248.69	275.91	10.9
红 河	Honghe	402.79	448.45	11.3
文 山	Wenshan	321.57	343.30	6.8
西双版纳	Xishuangbanna	117.77	129.31	9.8
大 理	Dali	338.18	366.22	8.3
德 宏	Dehong	150.92	150.04	-0.6
怒 江	Nujiang	89.67	138.92	54.9
迪 庆	Diqing	139.94	160.08	14.4

主要统计指标解释

财政收入 指国家财政参与社会产品分配所取得的收入，是实现国家职能的财力保证。

地方一般公共预算收入 是指按照一定的形式和程序，由地方各级财政部门组织并纳入地方财政一般预算管理的各项收入。主要包括：

1. 税收收入：包括国内增值税、企业所得税、个人所得税、资源税、城市维护建设税、各银行总行、各保险公司总公司集中交纳的部分、房产税、印花税、城镇土地使用税、土地增值税、车船税、耕地占用税、契税、烟叶税等。

2. 非税收入：包括专项收入、行政事业性收费、罚没收入、国有资本经营收入、国有资源（资产）有偿使用收入和其他收入。

财政支出 指国家财政将筹集起来的资金进行分配使用，以满足经济建设和各项事业的需要。

地方一般公共预算支出 是指地方各级财政部门对所集中的预算收入有计划地分配和使用而安排的支出。主要包括：

1. 一般公共服务：指政府提供基本公共管理与服务的支出，包括人大事务、政协事务、政府办公厅（室）及相关机构事务、发展与改革事务、统计信息事务、财政事务、税收事务、审计事务、海关事务、人力资源事务、纪检监察事务、人口与计划生育事务、商贸事务、知识产权事务、工商行政管理事务、国土资源事务、海洋管理事务、测绘事务、地震事务、气象事务、民族事务、宗教事务、港澳台侨事务、档案事务、共产党事务、民主党派事务及工商联事务、群众团体事务、彩票事务等。

2. 公共安全：指政府维护社会公共安全方面的支出，包括武装警察、公安、国家安全、检察、法院、司法行政、监狱、劳教、国家保密、缉私警察等。

3. 教育：指政府教育事务支出，包括教育行政管理、学前教育、小学教育、初中教育、普通高中教育、普通高等教育、初等职业教育、中专教育、技校教育、职业高中教育、高等职业教育、广播电视教育、留学生教育、特殊教育、干部继续教育、教育机关服务等。

4. 科学技术：指用于科学技术方面的支出，包括科学技术管理事务、基础研究、应用研究、技术研究与开发、科技条件与服务、社会科学、科学技术普及、科技交流与合作等。

5. 文化教育与传媒：指政府在文化、文物、体育、广播影视、新闻出版等方面的支出。

6. 社会保障和就业：指政府在社会保障与就业方面的支出，包括社会保障和就业管理事务、民政管理事务、财政对社会保险基金的补助、补充全国社会保障基金、行政事业单位离退休、企业改革补助、就业补助、抚恤、退役安置、社会福利、残疾人事业、城市居民最低生活保障、其他城镇社会救济、农村社会救济、自然灾害生活救助、红十字事务等。

7. 城乡社区事务：指政府城乡社区事务支出，包括城乡社区管理事务支出、城乡社区规划与管理支出、城乡社区公共设施支出、城乡社区住宅支出、城乡社区环境卫生支出、建设市场管理与监督支出等。

8. 农林水事务：指政府农林水事务支出，包括农业支出、林业支出、水利支出、扶贫支出、农业综合开发支出等。

9. 交通运输：指政府交通运输和邮政业方面的支出，包括公路运输支出、水路运输支出、铁路运输支出、民用航空运输支出、邮政业支出等。

10. 工业商业金融等事务：指政府对工业、商业及金融等方面的支出，包括采掘业支出、制造业支出、建筑业支出、工业和信息产业监管支出、国有资产监管支出、商业流通事务支出、金融业监管支出、旅游业管理与服务支出等。

Explanatory Notes on Principle Statistical Indicators

Government Revenue refers to income for the government finance through participating in the distribution of social products. It is the financial guarantee to ensure government functioning.

Local Government Budgetary Revenue refers to incomes which were organized and managed by the financial departments of local governments at all levels according to certain forms and procedures.

The contents of the local government budgetary revenue include the following main items:

a.Tax Revenues, including domestic value added tax (VAT), VAT and consumption tax from imports, VAT and consumption tax rebate for exports, business tax, corporate income tax, individual income tax, resource tax, city maintenance and construct tax, house property tax, stamp tax, urban land use tax, land appreciation tax, tax on vehicles and boat operation, ship tonnage tax, vehicle purchase tax, tariffs, farm land occupation tax, deed tax, and tobacco leaf tax, etc.

b.Non-tax revenue, including special program receipts, charge of administrative and institutional units, penalty receipts and others non-tax receipts.

Government Expenditure refers to the distribution and use of the funds which the government finance has raised, so as to meet the needs of economic construction and various causes.

Local Government Budgetary Expenditure refers to the planned distribution and use of the raised budgetary revenue by the financial departments of local government at all levels.

It includes the following main items:

a.Expenditure for general public services: It refers to the spending on the basic public management and services which provided by governments, including the expense on affairs of People's Congress, affairs of People's Political Consultative Conference, affairs of government general office and relative institutions, affairs of development and reform, affairs of statistics, affairs of finance, affairs of taxation, affairs of audit, affairs of customs, affairs of human resources and social security, affairs of discipline inspection and supervision, affairs of population and family planning, affairs of commerce and trade, affairs of intellectual property, affairs of administration for industry and commerce, affairs of land and resources, affairs of oceanic administration, affairs of surveying and mapping, affairs of earthquake, ethnic affairs, religious affairs, affairs of Hong Kong, Macao, Taiwan, and Overseas Chinese, affairs of archives administration, affairs of Chinese Communist Party, affairs of democratic parties and federation of industry and commerce, affairs of mass organization, and affairs of lottery, etc.

b.Expenditure for public security: It refers to the spending of government on maintaining social and public security, including the expense on armed police force, public security, state security, prosecution, courts, justice, prison, labour education and rehabilitation, protection of state secrecy, anti-smuggling police, etc.

c.Expenditure for education: It refers to the spending of government on education, including the expense on the administration of education, pre-primary education, primary education, secondary education, high school education, regular higher education, primary vocational education, secondary vocational education, technical school education, vocational high school education and higher vocational education, radio and television education, student abroad education, special education, on the job training of cadres, education authorities services, etc.

d.Expenditure for Science and Technology: It refers to the spending of government on science and technology (S&T), including the expense on the administration of S&T, basic research, applied research, research and development, conditions and services of S&T, popularization of social science, science and technology, exchanges and cooperation of S&T, etc.

e.Expenditure for Culture, Sport and Media: It refers to the spending of government on culture, cultural heritage, sports, radio, film, television, press and publication, etc.

f.Expenditure for Social Safety Net And Employment Effort: It refers to the spending of government on social safety net and employment, including the expense on administration of social safety net and employment, civil affairs, budgetary subsidy on the social insurance funds, subsidy on National Social Security Fund, retirees of administrative units and institutions, subsidy on enterprise reform, subsidy on employment effort, pension, placement of ex-serviceman, social welfare, the handicapped undertakings, the system of cost of living allowances for urban residents, other urban social relief, rural social relief, living relief of natural disasters, affairs of Red Cross Society, etc.

g.Expenditure for Urban and Rural Community Affairs: It refers to the spending of government on urban and rural community affairs, including the expense on administration of urban and rural community, planning and management of urban and rural community, public facilities of urban and rural community, housing of urban and rural community, sanitation of urban and rural community, management and supervision on the construction market, etc.

h.Expenditure for Agriculture, Forestry and Irrigation Affairs: It refers to the spending of government on agriculture, forestry and irrigation affairs, including the expense on agriculture, forestry, irrigation affairs, poverty alleviation, comprehensive agricultural development, etc.

i.Expenditure for Transportation: It refers to the spending of government on transportation and postal services, including the expense on road transportation, waterway transportation, railway transportation, civil aviation transportation, and postal services.

j.Expenditure for Industry, Commerce and Banking: It refers to the spending of government on industry, commerce and banking, including the expense on mining, manufacturing, construction, industry and information technology supervision and administration, State-owned assets supervision and administration, commerce and circulation affairs, financial intermediation supervision and administration, tourism administration and service, etc.

Chapter 6

六、对外经济贸易
Foreign Trade

6-1 进出口贸易总额（1980-2018年）

Total Value of Import and Export Trade (1980-2018)

单位：亿美元 (USD 100 million)

年 份 Year	进出口总额 Total Value of Export and Import	出口额 Exports	进口额 Imports	差 额 Balance
1980	1.10	0.96	0.14	0.82
1981	1.35	1.03	0.31	0.72
1982	1.36	1.09	0.27	0.82
1983	1.47	1.19	0.29	0.90
1984	1.51	1.11	0.39	0.72
1985	2.10	1.29	0.81	0.48
1986	2.65	1.69	0.96	0.72
1987	3.42	2.62	0.80	1.82
1988	4.44	3.42	1.02	2.40
1989	5.48	3.74	1.73	2.01
1990	5.48	4.34	1.14	3.21
1991	5.51	4.01	1.50	2.51
1992	6.71	4.67	2.04	2.63
1993	8.40	5.23	3.17	2.06
1994	13.44	9.10	4.34	4.76
1995	18.96	12.15	6.81	5.35
1996	19.22	10.96	8.26	2.70
1997	19.37	11.72	7.65	4.08
1998	19.03	11.74	7.30	4.44
1999	16.60	10.34	6.25	4.09
2000	18.13	11.75	6.38	5.37
2001	19.89	12.44	7.45	4.99
2002	22.26	14.30	7.97	6.33
2003	26.77	16.77	9.91	6.85
2004	37.48	22.39	15.09	7.30
2005	47.38	26.42	20.97	5.45
2006	62.32	33.91	28.40	5.51
2007	87.80	47.36	40.44	6.92
2008	95.99	49.87	46.12	3.75
2009	80.19	45.14	35.05	10.09
2010	133.68	76.06	57.62	18.43
2011	160.53	94.73	65.80	28.93
2012	210.05	100.18	109.87	-9.69
2013	258.29	159.59	98.70	60.88
2014	296.22	188.02	108.20	79.82
2015	245.27	166.26	79.01	87.25
2016	199.99	115.82	84.17	31.65
2017	233.94	114.30	119.64	-5.33
2018	298.95	128.12	170.83	-42.71

6-2 主要贸易方式进出口总额（1980-2018年）

Total Value of Main Trade Modes of Import and Export (1980-2018)

单位：亿美元 (USD 100 million)

年 份 Year	进出口总额 Total Value of Export and Import	出口额 Exports	进口额 Imports	一般贸易 出口额 Exports	一般贸易 进口额 Imports	边境小额贸易 出口额 Exports	边境小额贸易 进口额 Imports
1980	1.10	0.96	0.14				
1981	1.35	1.03	0.31				
1982	1.36	1.09	0.27				
1983	1.47	1.19	0.29				
1984	1.51	1.11	0.39				
1985	2.10	1.29	0.81			0.21	0.23
1986	2.65	1.69	0.96			0.28	0.31
1987	3.42	2.62	0.80			0.61	0.64
1988	4.44	3.42	1.02			1.31	1.01
1989	5.48	3.74	1.73			1.66	0.90
1990	5.48	4.34	1.14			1.28	0.75
1991	5.51	4.01	1.50			1.03	0.53
1992	6.71	4.67	2.04			1.55	0.75
1993	8.40	5.23	3.17			2.08	0.77
1994	13.44	9.10	4.34			1.46	1.11
1995	18.96	12.15	6.81			1.18	1.13
1996	19.22	10.96	8.26			0.45	0.91
1997	19.37	11.72	7.65			0.42	0.32
1998	19.03	11.31	5.22	9.25	3.60	0.89	0.42
1999	16.60	10.34	6.25	7.23	4.71	2.32	0.56
2000	18.13	11.75	6.38	7.84	4.21	2.78	0.78
2001	19.89	12.44	7.45	8.66	5.25	2.30	1.16
2002	22.26	14.29	7.97	10.57	5.25	2.31	1.37
2003	26.77	16.76	9.92	12.82	6.97	2.53	1.66
2004	37.48	22.39	15.04	16.73	11.27	3.09	2.15
2005	47.38	26.42	20.97	18.24	15.21	3.86	2.69
2006	62.32	33.91	28.40	22.34	20.28	4.65	3.11
2007	87.80	47.36	40.44	34.54	30.15	5.68	4.43
2008	95.99	49.87	46.12	39.96	37.51	5.72	6.29
2009	80.19	45.14	35.05	35.85	27.74	7.07	5.54
2010	133.68	76.03	57.62	44.34	47.23	9.88	7.47
2011	160.53	94.73	65.80	67.98	53.32	12.16	7.88
2012	210.05	100.18	109.87	48.33	64.45	13.95	7.54
2013	258.29	159.59	98.70	102.13	39.98	18.47	14.87
2014	296.22	188.02	108.20	130.75	50.29	21.79	14.00
2015	245.27	166.26	79.01	136.50	40.26	16.75	8.16
2016	199.99	115.82	84.17	86.36	37.71	17.51	11.96
2017	233.94	114.30	119.64	78.86	56.09	19.32	14.90
2018	298.95	128.12	170.83	90.05	104.56	19.23	13.52

6-3 边境贸易进出口总额（1997-2018年）

Total Value of Imports and Exports of Border Trade (1997-2018)

单位：亿美元 (USD 100 million)

年 份 Year	边境贸易进出口总额 Total Value of Export and Import	出口额 Exports	进口额 Imports
1997	0.74	0.42	0.32
1998	1.31	0.89	0.42
1999	2.78	2.32	0.56
2000	3.56	2.78	0.78
2001	3.46	2.30	1.16
2002	3.68	2.31	1.37
2003	4.19	2.53	1.66
2004	5.24	3.09	2.15
2005	6.55	3.86	2.69
2006	7.76	4.65	3.11
2007	10.11	5.68	4.43
2008	12.01	5.72	6.29
2009	12.61	7.07	5.54
2010	17.36	9.88	7.47
2011	20.05	12.16	7.88
2012	21.49	13.95	7.54
2013	33.34	18.47	14.87
2014	35.79	21.79	14.00
2015	24.91	16.75	8.16
2016	29.47	17.51	11.96
2017	34.23	19.32	14.90
2018	32.75	19.23	13.52

6-4 各州市进出口总额（2018年）

Total Value of Import and Export by Region (2018)

单位：亿美元 (USD 100 million)

州 市	Region	进出口总额 Total Value of Import and Export	出口额 Exports	2018年比2017年增长(%) Increase Rate in 2018 Over 2017(%)	进口额 Imports	2018年比2017年增长(%) Increase Rate in 2018 Over 2017(%)	2018年比2017年增长(%) Increase Rate in 2018 Over 2017(%)
全 省	**Yunnan**	**298.95**	**128.12**	**11.7**	**170.83**	**42.5**	**27.5**
昆 明	Kunming	131.79	38.22	29.9	93.57	91.5	68.3
曲 靖	Qujing	11.53	11.49	36.4	0.04	-86.7	32.1
玉 溪	Yuxi	18.37	17.96	-13.0	0.40	8.1	-12.6
保 山	Baoshan	4.18	1.43	10.6	2.75	44.9	31.0
昭 通	Zhaotong	0.12	0.12	153.7		-41.7	148.8
丽 江	Lijiang	0.42	0.41	-12.0		-37.8	-12.3
普 洱	Pu'er	11.31	2.26	28.0	9.05	-15.1	-9.0
临 沧	Lincang	7.40	1.97	58.5	5.43	2.1	12.7
楚 雄	Chuxiong	8.53	8.52	46.3	0.01	-7.9	46.2
红 河	Honghe	36.43	13.23	-23.1	23.20	19.6	-0.5
文 山	Wenshan	4.93	0.41	5.3	4.52	-8.9	-7.9
西双版纳	Xishuangbanna	12.34	2.22	8.3	10.12	21.5	18.9
大 理	Dali	3.27	2.97	15.5	0.30	176.6	22.0
德 宏	Dehong	48.04	26.74	15.1	21.31	9.1	12.3
怒 江	Nujiang	0.25	0.15	185.1	0.09	122.8	156.7
迪 庆	Diqing	0.03	0.02	-2.8		-55.9	12.7

6–5 引进利用外资概况（1987–2018年）

Utilization of Foreign Capital (1987-2018)

年 份 Year	协议利用外资 Utilization of Foreign Capital		对外借款 Foreign Borrowings		外商直接投资 Foreign Direct Investment		外商其他投资 Other Foreign Investment	
	项目（个）Number of Projects (unit)	金额（亿美元）Value (USD 100 million)	项目（个）Number of Projects (unit)	金额（亿美元）Value (USD 100 million)	项目（个）Number of Projects (unit)	金额（亿美元）Value (USD 100 million)	项目（个）Number of Projects (unit)	金额（亿美元）Value (USD 100 million)
签订利用外资协议（合同）额 Total Amount of Contracted Foreign Capital								
1987	9	0.14			9	0.11		0.04
1988	9		1		8			
1989	10	0.04			10	0.03		0.01
1990	16				11			
1991	31	0.60		0.34	22	0.16	6	0.10
1992	202				202			
1993	509	5.64			509	5.01		0.63
1994	262				262			
1995	277		8		269			
1996	159		6		153			
1997	135	3.25	8	0.57	127	2.67		
1998	122		3		119			
1999	140		2		138			
2000	110		4		106			
2001	140	2.94			140	2.94		
2002	150				150			
2003	167	5.44			167	5.44		
2004	167				167			
2005	152	4.36			152	4.36		
2006	204				204			
2007	170	9.66			170	9.66		
2008	228				228			
2009	190	16.82			190	16.82		
2010	163				163			
2011	163	21.54			163	21.54		
2012	121	10.95			121	10.95		
2013	116	12.14			116	12.14		
2014	132	10.82			132	10.82		
2015	142	22.58			142	22.58		
2016	134	26.54			134	26.54		
2017	215	51.61			215	51.61		
2018	182	82.79			182	82.79		

注：从1991年起实际利用外资额中对外借款从国家外汇管理局云南分局取得数字，1990年以前是从中国银行昆明分行取得数字。1994年后对外借款从云南省发改委外经处取得数字。

Note:Since 1991,data of borrowings in the foreign investment actually used have been obtained from Yunnan Branch of State Foreign Exchange Admistration Bureau,Before 1990,they were obtained from Kunming Branch of Bank of China. Since 1994, data of foreign exchange borrowings have been obtained from Foreign Trade Section of Provincial Development and Reform Commission.

6-5 续表 continued

年 份 Year	协议利用外资 Utilization of Foreign Capital		对 外 借 款 Foreign Borrowings		外商直接投资 Foreign Direct Investment		外商其他投资 Other Foreign Investment	
	项 目（个） Number of Projects (unit)	金 额（亿美元） Value (USD 100 million)	项 目（个） Number of Projects (unit)	金 额（亿美元） Value (USD 100 million)	项 目（个） Number of Projects (unit)	金 额（亿美元） Value (USD 100 million)	项 目（个） Number of Projects (unit)	金 额（亿美元） Value (USD 100 million)
实际利用外资金额 Total Amount of Foreign Capital Actually Used								
1987								
1988		0.08				0.03		0.05
1989								
1990				0.04		0.03		0.05
1991								
1992		0.50		0.21		0.23		0.06
1993								
1994		3.14		1.11		2.03		
1995			27					
1996		3.38		1.58		1.80		
1997								
1998		2.98		1.52		1.46		
1999								
2000								
2001								
2002		2.84		1.72		1.12		
2003								
2004		2.14		0.73		1.42		
2005								
2006		4.29		1.27		3.02		
2007								
2008		9.36		1.59		7.77		
2009								
2010		13.29				13.29		
2011		17.38				17.38		
2012		21.89				21.89		
2013		25.15				25.15		
2014		27.06				27.06		
2015		29.92				29.92		
2016		8.67				8.67		
2017		9.63				9.63		
2018		10.56				10.56		

注：2016年起实际利用外资数据为新口径

Note: The data of actually utilization of foreign capital are new caliber Since 2016.

6-6　分行业利用外商直接投资情况（2018年）

Utilization of Foreign Direct Investment by Sector (2018)

单位：亿美元　　　　(USD 100 million)

国民经济行业	National Economic Sector	协议投资 Contracted Investment 项目(个) Number of Projects(unit)	金额 Value	实际投资金额 Actual Investment Amount
全　省	**Yunnan**	**182**	**82.79**	**10.56**
农、林、牧、渔业	Farming,Forestry,Animal Husbandry and Fishery	28	26.78	0.32
采矿业	Mining and Quarrying	2	10.00	
制造业	Manufacturing	27	7.86	4.36
电力、煤气及水生产和供应业	Production and Supply of Electricity,Gas and Water	2	0.21	1.91
建筑业	Construction	5	11.96	0.01
地质勘查、水利管理业	Geological Prospecting and Water Conservancy			
交通运输、仓储及邮电通信业	Transport,Storage,Postal and Telecommunication Services	7	6.45	0.63
批发和零售贸易餐饮业	Wholesale and Retail Trade and Food Services	46	6.07	0.72
房地产业	Real Estate	9	4.64	1.37
社会服务业	Social Services	56	8.82	1.23
卫生体育和社会福利业	Health Care,Sports and Social Welfare			
教育、文化艺术和广播电影电视业	Education,Culture and Arts,Broadcasting,Film and Television			
科学研究和综合技术服务业	Scientific Research and Polytechnic Services			
其他行业	Others			

6-7 各州市利用外商直接投资情况（2017-2018年）

Utilization of Foreign Direct Investment by Region (2017-2018)

单位：亿美元 (USD 100 million)

州市	Region	协议投资 Contracted Investment				实际投资金额 Actual Investment	
		项目(个) Number of Projects (unit)		金额 Value			
		2017	2018	2017	2018	2017	2018
全省	**Yunnan**	**215**	**182**	**51.61**	**82.79**	**9.63**	**10.56**
昆明	Kunming	78	112	11.89	50.38	8.01	7.96
曲靖	Qujing	10	7	2.77	-0.34	0.23	0.15
玉溪	Yuxi	11	6	0.56	6.35	0.11	0.05
保山	Baoshan	8	3	9.42	0.28	0.10	0.24
昭通	Zhaotong	1	1	0.06		0.04	0.04
丽江	Lijiang	10	13	0.07	0.44		0.39
普洱	Pu'er	3	4	12.68	-10.14	0.11	0.94
临沧	Lincang	2		0.07		0.04	0.05
楚雄	Chuxiong	5	3	1.78	1.23	0.03	0.02
红河	Honghe	8	8	2.42	26.40	0.21	0.02
文山	Wenshan	3					
西双版纳	Xishuangbanna	24	4	2.45	0.09	0.13	0.04
大理	Dali	8	7	0.23	5.54	0.41	0.04
德宏	Dehong		10		2.55		0.05
怒江	Nujiang	1	1	0.12			
迪庆	Diqing	3	3	0.09		0.19	
省直	Those Directly under Provincial Government						

6-8 实际利用外资额（2013-2018年）

Foreign Investment Actually Utilized (2013-2018)

单位：亿美元 (USD 100 million)

项目	Item	2013	2014	2015	2016	2017	2018
全 省	**Yunnan**	**25.15**	**27.06**	**29.92**	**8.67**	**9.63**	**10.56**
外商直接投资	Foreign Direct Investment	25.15	27.06	29.92	8.67	9.63	10.56
合资经营企业	Joint Ventures	7.14	5.15	7.45	2.71	1.03	3.88
合作经营企业	Cooperative Enterprises	2.09	3.61	3.64	0.03	0.04	0.04
独资企业	Sole Proprietorship Enterprises	15.58	15.04	17.51	3.47	5.05	4.18
外商投资股份制企业	Foreign-funded Joint Stock Enterprises	0.35	3.25	1.32	2.46	3.51	2.46

6-9 对外承包工程和劳务合作（1991-2018年）
Contracted Projects and Labor Cooperation with Foreign Countries (1991-2018)

单位：亿美元 (USD 100 million)

年 份 Year	合同份数（份） Number of Contracts (unit)	合同金额 Contracted Value	完成营业额 Value of Business Fulfilled
承包工程 Contracted Projects			
1991	19	0.11	0.08
1992	6	0.15	0.15
1993	3	0.40	0.26
1994	15	1.02	0.21
1995	46	2.20	1.01
1996	25	0.78	1.22
1997	47	0.77	0.91
1998	72	3.06	0.99
1999	120	2.50	1.25
2000	162	2.96	1.53
2001	60	1.53	1.45
2002	107	2.94	2.25
2003	71	3.07	2.44
2004	83	3.16	3.36
2005	131	5.34	3.87
2006	85	6.04	4.33
2007	96	7.00	4.99
2008	94	7.80	6.17
2009	63	9.24	7.38
2010	22	9.71	9.85
2011	47	11.21	11.45
2012	52	12.77	15.48
2013	55	12.81	18.17
2014	44	13.44	20.70
2015	95	12.86	23.42
2016	48	19.19	25.75
2017	99	13.63	17.03
2018	87	14.25	17.27
劳务合作 Labor Consultation Service			
1991	4	0.01	
1992	3	0.01	
1993	9	0.01	
1994	7	0.03	0.01
1995	7	0.02	0.01
1996	9	0.02	0.01
1997	13	0.10	0.03
1998	11	0.04	0.01
1999	14	0.02	0.03
2000	8	0.04	0.02
2001	9	0.02	0.01
2002	2		0.01
2003	2	0.01	
2004	2		0.01
2005	1		
2006			
2007	2	0.01	0.02
2008	6	0.15	0.04
2009	26	0.06	0.04
2010	16	0.05	0.05

注：从2009年起承包工程统计包括设计咨询在内。
Note: Since 2009, statistics of design consultation had been included in that of construction projects under contract.

6-10 云南省对主要国家或地区出口总额（2017-2018年）

Total Value of Provincial Exports to Major Countries and Regions (2017-2018)

单位：亿美元 (USD 100 million)

国家或地区	Country or Region	2017	2018	2018年比2017年增长(%) Increase Rate in 2018 Over 2017 (%)
亚洲小计	**Asia**	**97.24**	**104.75**	**7.4**
阿富汗	Afghanistan		0.02	
孟加拉国	Bangladesh	0.50	1.48	198.4
文　莱	Brunei	0.03		
缅　甸	Myanmar	27.01	30.13	14.0
柬埔寨	Cambodia	0.61	0.42	-32.1
朝　鲜	The Democratic People's Republic of Korea	0.11	0.20	86.9
中国香港	Hong Kong,China	18.54	17.65	-6.8
中国澳门	Macao，China	0.28	0.40	46.4
中国台湾	Taiwan,China	0.88	0.90	1.7
印　度	India	3.82	6.90	80.9
印度尼西亚	Indonesia	5.19	3.53	-32.0
伊　朗	Iran	0.08	0.53	546.6
以色列	Israel	0.12	0.09	-17.3
日　本	Japan	1.41	1.58	12.4
约　旦	Jordan	0.09	0.02	-76.0
科威特	Kuwait	0.01		
老　挝	Laos	2.44	2.88	21.5
黎巴嫩	Lebanon	0.02	0.02	19.7
马来西亚	Malaysia	2.15	2.17	-0.9
尼泊尔	Nepal		0.08	
阿　曼	Oman	0.03	0.01	-59.2
巴基斯坦	Pakistan	0.72	0.56	-21.5
菲律宾	The Philippines	0.85	0.76	-10.5
沙特阿拉伯	Saudi Arabia	0.55	0.14	-73.7
新加坡	Singapore	1.33	1.67	25.6
韩　国	The Republic of Korea	1.29	1.42	9.2
斯里兰卡	Sri Lanka	0.18	0.18	-0.1
叙利亚	Syria	0.01	0.01	2.3
泰　国	Thailand	8.10	6.55	-19.2
土耳其	Turkey	0.17	0.35	95.8
阿拉伯联合酋长国	The United Arab Emirates	1.03	0.51	-50.9
越　南	Vietnam	19.57	22.55	12.2
非洲小计	**Africa**	**1.21**	**1.16**	**-4.5**
阿尔及利亚	Algeria	0.01	0.07	591.8
埃　及	Egypt	0.24	0.31	24.9
埃塞俄比亚	Ethiopia	0.03		
肯尼亚	Kenya	0.02	0.03	40.5
毛里求斯	Mauritius	0.02	0.01	-21.6
摩洛哥	Morocco	0.03	0.03	17.2

6−10 续表1 continued

单位：亿美元 (USD 100 million)

国家或地区	Country or Region	2017	2018	2018年比2017年增长(%) Increase Rate in 2018 Over 2017(%)
尼日尔	Niger			
尼日利亚	Nigeria	0.07	0.09	42.4
南非(阿扎尼亚)	South Africa (Azania)	0.16	0.15	-3.0
多　哥	Togo	0.03		
津巴布韦	Zimbabwe			
欧洲小计	**Europe**	**6.61**	**9.17**	**38.0**
比利时	Belgium	0.99	1.25	25.3
丹　麦	Denmark	0.01	0.02	27.4
英　国	The United Kingdom	0.69	1.25	71.9
德　国	Germany	1.41	1.95	38.8
法　国	France	0.49	0.46	-6.0
爱尔兰	Ireland			
意大利	Italy	0.68	0.67	-0.6
荷　兰	The Netherlands	0.67	0.99	47.7
希　腊	Greece	0.12	0.18	48.2
葡萄牙	Portugal	0.04	0.39	748.6
西班牙	Spain	0.47	0.47	
奥地利	Austria			
保加利亚	Bulgaria			
芬　兰	Finland	0.01	0.02	93.7
匈牙利	Hungary			
马耳他	Malta	0.01	0.03	136.0
挪　威	Norway	0.03	0.04	33.2
波　兰	Poland	0.32	0.51	59.3
罗马尼亚	Romania	0.01	0.04	131.8
瑞　典	Sweden	0.21	0.06	-70.8
瑞　士	Switzerland	0.01	0.05	310.0
拉脱维亚	Latvia			
立陶宛	Lithuania	0.01	0.02	55.3
俄罗斯联邦	Russia	0.23	0.34	44.8
乌克兰	Ukraine	0.04	0.06	43.8
南斯拉夫	Yugoslavia			
斯洛文尼亚	Slovenia	0.04	0.16	289.0
捷　克	Czech	0.01	0.07	584.1
拉丁美洲小计	**Latin America**	**2.67**	**4.38**	**64.3**
阿根廷	Argentina	0.40	1.12	177.7
巴　西	Brazil	0.94	1.40	50.2
智　利	Chile	0.25	0.35	42.3
哥伦比亚	Colombia	0.06	0.05	-22.6
多米尼加联邦	The Commonwealth of Dominica			

6-10 续表2 continued

单位：亿美元 (USD 100 million)

国家或地区	Country or Region	2017	2018	2018年比2017年增长(%) Increase Rate in 2018 Over 2017 (%)
古　巴	Cuba	0.05		
多米尼加共和国	The Dominican Republic			
海　地	Haiti			
墨西哥	Mexico	0.36	0.64	80.9
巴拿马	Panama	0.06	0.12	69.4
巴拉圭	Paraguay	0.01		
秘　鲁	Peru	0.19	0.29	57.5
波多黎各	Puerto Rico			
圣卢西亚岛	Saint Lucia			
萨尔瓦多	El Salvador			
乌拉圭	Uruguay	0.11	0.27	137.3
委内瑞拉	Venezuela	0.01		
北美洲小计	**North America**	**4.97**	**6.79**	**36.4**
加拿大	Canada	0.43	0.92	115.2
美　国	The United States	4.54	5.87	29.0
大洋洲小计	**Oceanica**	**1.60**	**1.87**	**16.9**
澳大利亚	Australia	1.48	1.76	18.4
斐　济	Fiji	0.01		
新西兰	New Zealand	0.09	0.09	
巴布亚新几内亚	Papua New Guinea			
合计中：东南亚国家联盟	**Total of ASEAN**	**67.27**	**70.65**	**5.1**
合计中：欧洲联盟	**Total of European Union**	**6.24**	**8.56**	**36.4**

6-11 云南省对主要国家或地区进口总额（2017-2018年）

Total Value of Provincial Imports from Major Countries and Regions (2017-2018)

单位：亿美元 (USD 100 million)

国家或地区	Country or Region	2017	2018	2018年比2017年增长(%) Increase Rate in 2018 Over 2017 (%)
亚洲小计	**Asia**	**90.05**	**139.50**	**54.8**
缅　甸	Myanmar	36.09	35.73	- 1.0
中国香港	Hong Kong,China		0.06	
中国澳门	Macao,China			
中国台湾	Taiwan,China	0.58	6.03	8.3
印　度	India	0.56	0.39	- 30.9
印度尼西亚	Indonesia	0.25	0.04	- 82.5
伊　朗	Iran	3.20	8.77	173.8
以色列	Israel	0.06	0.08	27.8
日　本	Japan	0.45	0.40	- 9.0
科威特	Kuwait	1.32	4.54	243.4
老　挝	Laos	7.66	7.73	0.9
马来西亚	Malaysia	0.54	0.36	- 32.9
菲律宾	The Philippines	0.16	0.09	- 42.2
卡塔尔	Qatar	0.15	2.99	1 870.8
沙特阿拉伯	Saudi Arabia	8.90	31.59	254.9
新加坡	Singapore	0.27	0.44	60.9
韩　国	The Republic of Korea	0.09	0.47	354.3
泰　国	Thailand	1.72	3.78	119.0
阿拉伯联合酋长国	The United Arab Emirates	2.28	5.54	142.8
越　南	Vietnam	16.90	18.99	12.2

6-11 续表 continued

单位：亿美元 (USD 100 million)

国家或地区	Country or Region	2017	2018	2018年比2017年增长(%) Increase Rate in 2018 Over 2017 (%)
非洲小计	**Africa**	**1.77**	**2.43**	**36.9**
南非(阿扎尼亚)	South Africa	1.19	1.73	44.3
坦桑尼亚	Tanzania			
欧洲小计	**Europe**	**7.28**	**6.19**	**- 15.7**
比利时	Belgium	0.02	0.06	178.6
丹　麦	Denmark	0.01	0.02	- 39.6
英　国	The United Kingdom	0.04	0.07	49.0
德　国	Federal Republic of Germany	0.80	0.70	- 13.6
法　国	France	0.08	2.52	2 786.6
爱尔兰	Ireland			
意大利	Italy	0.17	0.22	23.4
荷　兰	The Netherlands	0.90	0.69	- 22.8
西班牙	Spain	0.75	1.01	31.3
奥地利	Austria	0.37	0.09	- 73.9
芬　兰	Finland	0.01	0.02	29.2
罗马尼亚	Romania			
瑞　典	Sweden	0.08	0.12	48.2
瑞　士	Switzerland	0.11	0.04	- 60.9
哈萨克斯坦	Kazakhstan			
俄罗斯联邦	Russia		0.40	
乌克兰	Ukraine			
拉丁美洲小计	**Latin America**	**14.27**	**17.94**	**25.0**
阿根廷	Argentina	0.28		
巴　西	Brazil	4.66	5.46	18.0
智　利	Chile	3.36	4.32	26.9
圭亚那	Guyana			
墨西哥	Mexico	0.63	1.10	67.5
秘　鲁	Peru	5.29	6.64	24.4
北美洲小计	**North America**	**2.66**	**1.83**	**- 31.9**
加拿大	Canada	0.80	0.20	- 75.6
美　国	The United States	1.86	1.63	- 12.3
大洋洲小计	**Oceanica**	**3.59**	**2.93**	**- 18.5**
澳大利亚	Australia	3.55	2.72	- 23.4
新西兰	New Zealand	0.04	0.12	167.3
东南亚国家联盟	**Total of ASEAN**	**63.63**	**67.21**	**5.6**
欧洲联盟	**Total of European Union**	**4.48**	**5.64**	**59.5**

6-12 实际利用外商直接投资额（按国别或地区分）（2017-2018年）

Actually Utilized Foreign Direct Investment by Country and Region (2017-2018)

单位：亿美元 (USD 100 million)

国家或地区	Country or Region	2017	2018	国家或地区	Country or Region	2017	2018
总　计	**Total**	**9.63**	**10.56**	丹　麦	Denmark	0.01	
亚 洲	**Asia**			爱尔兰	Ireland		0.03
#中国香港	Hong Kong,China	8.24	4.4	希　腊	Greece		
中国台湾	Taiwan,China		0.01	葡萄牙	Portugal		
中国澳门	Macao,China	0.03		西班牙	Spain		
菲律宾	The Philippines			芬　兰	Finland		
泰　国	Thailand			瑞　士	Switzerland		
新加坡	Singapore	0.2	0.28	俄罗斯联邦	Russia		
马来西亚	Malaysia			**拉丁美洲**	**Latin America**		
日　本	Japan		0.02	#巴　西	Brazil		
韩　国	The Republic of Korea			维尔京群岛	Virgin Islands	0.21	
缅　甸	Myanmar			开曼群岛	Cayman Islands		
非 洲	**Africa**			**北美洲**	**North America**		
欧 洲	**Europe**			#加拿大	Canada		0.12
#德　国	Germany			美　国	The United States	0.07	0.01
法　国	France			**大洋洲**	**Oceanica**		
意大利	Italy			#澳大利亚	Australia		0.15
荷　兰	The Netherlands			新西兰	New Zealand		
英　国	The United Kingdom	0.02	2.65	**其　他**	**Others**		
比利时	Belgium						

主要统计指标解释

货物进出口总额 指实际进出我国国境的货物总金额。包括对外贸易实际进出口货物，来料加工装配进出口货物，国家间、联合国及国际组织无偿援助物资和赠送品，华侨、港澳台同胞和外籍华人捐赠品，租赁期满归承租人所有的租赁货物，进料加工进出口货物，边境地方贸易及边境地区小额贸易进出口货物（边民互市贸易除外），中外合资企业、中外合作经营企业、外商独资经营企业进出口货物和公用物品，到、离岸价格在规定限额以上的进出口货样和广告品（无商业价值、无使用价值和免费提供出口的除外），从保税仓库提取在中国境内销售的进口货物，以及其他进出口货物。该指标可以观察一个国家在对外贸易方面的总规模。我国规定出口货物按离岸价格统计，进口货物按到岸价格统计。

商品经营单位所在地进、出口额 指在所在地海关注册登记的有进出口经营权的企业实际进、出口额。

商品目的地进口额和商品货源地出口额 目的地进口额指进口货物的消费、使用或最终抵运地的实际进口额；货源地出口额指出口货物的产地或原始发货地的实际出口额。

服务进出口 指常住单位与非常住单位之间相互提供的服务。包括运输服务、旅游服务、通信服务、建筑服务、保险服务、金融服务、计算机和信息服务、咨询服务、广告宣传服务、电影音像服务、专有权利使用费和特许费、其他商务服务。不包括政府服务。

外商直接投资 是指外国投资者在我国境内通过设立外商投资企业、合伙企业、与中方投资者共同进行石油资源的合作勘探开发以及设立外国公司分支机构等方式进行投资。外国投资者可以用现金、实物、无形资产、股权等投资，还可以用从外商投资企业获得的利润进行再投资。

外商其他投资 指除对外借款和外商直接投资以外的各种利用外资的形式。包括企业在境内外股票市场公开发行的以外币计价的股票发行价总额，国际租赁进口设备的应付款，补偿贸易中外商提供的进口设备、技术、物料的价款，加工装配贸易中外商提供的进口设备、物料的价款。

对外直接投资 指我国企业、团体等（简称境内投资主体）在国外及港澳台地区以现金、实物、无形资产等方式投资，并以控制国（境）外企业的经营管理权为核心的经济活动。对外直接投资的内涵主要体现在一经济体通过投资于另一经济体而实现其持久利益的目标。

对外承包工程 根据《对外承包工程管理条例》，对外承包工程是指中国的企业或者其他单位承包境外建设工程项目的活动。

对外劳务合作 指组织劳务人员赴其他国家或地区为国外的企业或机构工作的经营性活动。

Explanatory Notes on Principal Statistical Indicators

Total Import and Export of Goods refer to the real value of commodities imported and exported across the border of China. They include the actual imports and exports through foreign trade, imported and exported goods under the processing and assembling trades and materials, supplies and gifts as aid given gratis between governments and by the United Nations and other international organizations, and contributions donated by overseas Chinese, compatriots in Hong Kong and Macao and Chinese with foreign citizenship, leasing commodities owned by tenant at the expiration of leasing period, the imported and exported commodities processed with imported materials, commodities trading in border areas (excluding mutual exchange goods), the imported and exported commodities and articles for public use of the Sino-foreign joint ventures, cooperative enterprises and ventures with sole foreign investment. Also included is import or export of samples and advertising goods for which CIF or FOB value are beyond the permitted ceiling (excluding goods of no trading or use value and free commodities for export), imported goods sold in China from bonded warehouses and other imported or exported goods. The indicator of the total imports and exports at customs can be used to observe the total size of external trade in a country. In accordance with the stipulation of the Chinese government, imports are calculated at CIF, while exports are calculated at FOB.

Import or Export Value by Location of China's Foreign Trade Managing Units refers to actual value of imports and exports carried out by corporations which have been registered by the local Customs house and are vested with right to run import export business.

Import Value of Commodities by Place of Destination and Export Value of Commodities by Place of Origin in China The former indicator refers to the value of import commodities of the places of their consumption, utilization or the places of their final destination. The latter indicator refers to the value of export commodities of the places of their origin or the places of the commodities dispatched.

Import and Export of Services refers to services provided between resident and non-resident units, including services on transportation, tourism, communications, construction, insurance, banking, computer and information, consultancy, advertising and publicity, as well as film, audio and video services, royalty for patents, trade marks and other special rights, other commercial services, but excluding government services.

Foreign Direct Investment refers to foreign investment in China through the establishment of foreign invested enterprises, cooperative exploration and development of petroleum resources with domestic investors and the establishment of branch organizations of foreign enterprises. Foreign investment can be made in forms of cash, physical investment, intangible assets and equity, in addition with reinvestment of the foreign enterprises with the profits gained from the investment.

Other Foreign Investment refers to all forms of utilization of foreign capitals other than foreign borrowings and foreign direct investment. It includes the total value of stock shares in foreign currencies issued by enterprises at domestic or foreign stock exchanges, rent payable for the imported equipment through international leasing arrangement, cost of imported equipment, technology and materials provided by foreign counterparts in compensation trade and processing and assembly trade.

Overseas Direct Investment refers to investment made by domestic enterprises and organizations (referred to as domestic investors) in foreign countries and Hong Kong SAR, Macao SAR and Taiwan province in forms of cash, physical investment and intangible assets, and the economic activities centring on operation and management of those enterprises are under the control of domestic investors. The content of overseas direct investment mainly reflects one economic entity by investing in another economic entity to achieve its goal of lasting interest.

Overseas Contracted Projects refer to activities of contracting overseas construction projects by Chinese enterprises or any other units, which are stipulated in the Regulations on Administration of Foreign Contracted Project.

Overseas Labour Services refer to operational activities of organizing labour force to go abroad providing services to foreign enterprises or agencies.

Chapter 7

七、农业和农村
Agriculture and Country

7-1 云南省农村和农业生产基本情况（2014—2018年）

Basic Statistics on Rural Areas and Agriculture Production (2014-2018)

指　　标	Item	2014	2015	2016	2017	2018
乡村户数及人口	**Number of Rural Households and Population**					
乡村户数（万户）	Number of Rural Households(10 000 households)	971	991	994	1 000	1 010
乡村人口数（万人）	Rural Population (10 000 persons)	3 713	3 730	3 740	3 763	3 785
乡村从业人员（万人）	**Number of Rural Employed Persons (10 000 persons)**	**2 189**	**2 192**	**2 203**	**2 214**	**2 223**
#农业从业人员	Number of Employees Involved in Agriculture	1 569	1 596	1 608	1 585	1 570
按人口性别分（万人）	**Population Grouped by Sex （10 000 persons）**					
男	Male	1 158	1 161	1 168	1 175	1 181
女	Female	1 031	1 030	1 035	1 039	1 042

注：乡村总人口是按1984年前的老口径统计，故本表的数字大于人口篇乡村总人口数。

Note: The total rural population is calculated according to original standards before 1984, so the data in this table are bigger than the rural population chapter on population.

7-2 主要农业机械拥有量（1978-2018年）

Number of Major Agricultural Machinery Owned (1978-2018)

年份 Year	农业机械总动力（万千瓦） Total Power of Agricultural Machinery (10 000 kw)	拖拉机(万台) Trators (10 000 units)	拖拉机配套农具（万部） Tractors Towing Farm Machinery (10 000 units)	水稻插秧机（台） Rice Planter (unit)	节水灌溉类（万台、万套） Water-saving Irrigation (10 000 units)	谷物联合收割机（台） Grain Combine Harvesters (unit)	机动脱粒机（万台） Power-driver Shellers (10 000 units)
1978	243					215	4.19
1979	292					201	5.07
1980	295					184	5.36
1981	328					156	5.28
1982	335					170	4.84
1983	369					93	4.22
1984	407					68	3.97
1985	439					53	3.38
1986	475					53	3.13
1987	513					42	3.17
1988	579					60	3.74
1989	612					124	3.39
1990	649					120	3.66
1991	710					154	4.14
1992	754					125	4.59
1993	788					197	5.05
1994	850					126	5.44
1995	906					134	5.92
1996	1 003					101	8.01
1997	1 104					171	9.70
1998	1 177					257	10.22
1999	1 255					360	9.24
2000	1 301					450	11.10
2001	1 398					484	11.57
2002	1 460					483	11.58
2003	1 543					652	11.24
2004	1 608					817	11.57
2005	1 666					1 150	12.40
2006	1 755					1 570	14.82
2007	1 862					2 168	17.67
2008	2 014					2 537	21.80
2009	2 159					3 016	24.31
2010	2 411					3 496	27.10
2011	2 628					4 299	31.85
2012	2 874					5 075	33.92
2013	3 070					5 803	35.00
2014	3 215					6 596	36.93
2015	3 333					7 214	40.22
2016	3 440					8 051	41.90
2017	3 535					8 275	45.42
2018	2 694	38.46	36.98	2 462	5.36	8 455	48.44

注：由于统计指标变化，表中2018年农业机械总动力与历史数据不可比较。
Note: Because of the change of statistical indicators, data of Total Power of Agricultural Machinery in 2018 cannot be compared with historical data.

7-3 各州市农村基本情况及农业生产条件（2018年）
Basic Conditions of Rural Areas and Agricultural Production by Region (2018)

州　市	Region	自来水受益村数 (个) Villages with Tap Water Supply (unit)	通有线电视村数 (个) Villages with Wire Television (unit)	通宽带村数 (个) Villages with Band (unit)	农村用电量 (亿千瓦时) Rural Consumption of Electricity (100 million kwh)
全　省	**Yunnan**	**12 844**	**9 610**	**12 465**	**104.94**
昆　明	Kunming	954	801	949	11.95
曲　靖	Qujing	1 726	1 321	1 549	13.05
玉　溪	Yuxi	663	631	661	15.65
保　山	Baoshan	871	772	833	6.33
昭　通	Zhaotong	1 300	701	1 049	8.06
丽　江	Lijiang	419	288	436	2.05
普　洱	Pu'er	993	586	975	4.56
临　沧	Lincang	888	316	936	2.86
楚　雄	Chuxiong	966	966	965	5.26
红　河	Honghe	1 115	819	1 094	12.21
文　山	Wenshan	842	547	938	7.51
西双版纳	Xishuangbanna	258	258	258	1.79
大　理	Dali	1 070	987	1 060	10.46
德　宏	Dehong	331	265	336	1.39
怒　江	Nujiang	259	197	249	0.89
迪　庆	Diqing	189	155	177	0.91

7-4 各州市农田水利情况（2018年）
Basic Conditions of Farmland Water Conservancy by Region (2018)

州　市	Region	水库座数 (座) Number of Reservoirs (unit)	水库总库容 (亿立方米) Capacity of Reservoirs (100 million cu.m)	耕地灌溉面积 (万公顷) Effective Irrigated Area (10 000 hectares)
全　省	**Yunnan**	**6 590**	**134.27**	**189.81**
昆　明	Kunming	837	27.76	13.69
曲　靖	Qujing	979	23.40	20.45
玉　溪	Yuxi	588	7.48	7.48
保　山	Baoshan	398	5.64	15.61
昭　通	Zhaotong	180	7.60	12.53
丽　江	Lijiang	150	3.85	7.13
普　洱	Pu'er	324	6.83	14.38
临　沧	Lincang	273	5.41	14.10
楚　雄	Chuxiong	1 098	12.55	11.40
红　河	Honghe	499	11.37	18.43
文　山	Wenshan	318	6.45	16.88
西双版纳	Xishuangbanna	188	3.60	5.36
大　理	Dali	668	8.71	16.77
德　宏	Dehong	67	2.97	12.07
怒　江	Nujiang	9	0.35	1.64
迪　庆	Diqing	14	0.30	1.88

7-5 水库库容量（2005-2018年）
Storage Capacity of Reservoirs (2005-2018)

年份 Year	水　库（座） Number of Reservoirs (unit)				水库库容量（亿立方米） Reservoir Capacity (100 million cu.m)				比上年增长（%） Increase Rate Over Last Year(%)	
	总计 Total	大型水库 Large Reservoirs	中型水库 Medium Size Reservoirs	小型水库 Small Reservoirs	总计 Total	大型水库 Large Reservoirs	中型水库 Medium Size Reservoirs	小型水库 Small Reservoirs	水　库 Number of Reservoirs	水库库容量 Capacity of Reservoirs
2005	5 368	5	169	5 194	98.87	16.79	48.68	33.40	0.8	1.9
2006	5 399	6	171	5 222	104.36	21.62	48.98	33.76	0.6	5.5
2007	5 403	6	173	5 224	106.23	21.62	50.33	34.28	0.1	1.8
2008	5 474	6	178	5 290	106.98	21.62	50.94	34.42	1.3	0.7
2009	5 514	6	183	5 325	108.30	21.63	52.01	34.67	0.7	1.2
2010	5 555	7	188	5 360	111.04	22.69	53.46	34.89	0.7	2.5
2011	5 590	7	201	5 382	114.19	22.69	56.15	35.35	0.6	2.8
2012	5 631	9	211	5 411	122.00	28.25	57.86	35.83	0.7	6.8
2013	5 964	10	215	5 739	123.97	29.79	58.14	36.04	5.9	1.6
2014	6 000	10	221	5 769	125.39	29.79	58.22	37.38	0.6	1.2
2015	6 126	10	230	5 886	127.57	29.79	59.63	38.15	2.1	1.7
2016	6 271	10	237	6 024	130.42	29.79	61.30	39.33	2.4	2.2
2017	6 384	10	246	6 128	132.42	29.79	62.61	40.02	1.8	1.5
2018	6 590	10	252	6 328	134.27	29.79	63.61	40.87	3.2	1.4

7-6 各州市农用化肥及农用薄膜施用量（2018年）
Quantity of Chemical Fertilizers and Chemical Film Used for Farming by Region (2018)

单位：万吨 (10 000 tons)

州市	Region	化肥施用量 Consumption of Chemical Fertilizer	氮肥 Nitrogenous Fertilizer	磷肥 Phosphate Fertilizer	钾肥 Potash Fertilizer	复合肥 Compound Fertilizer	农用塑料薄膜使用量 Plastic Film	地膜使用量 Mulching Film	农药使用量 Compound Fertilizer
全省	**Yunnan**	**217.37**	**105.03**	**31.33**	**24.57**	**56.45**	**11.97**	**9.61**	**5.26**
昆明	Kunming	18.73	9.32	3.30	1.34	4.77	1.36	0.92	0.41
曲靖	Qujing	35.03	15.84	6.98	3.41	8.80	2.42	2.20	0.56
玉溪	Yuxi	8.94	4.79	1.17	2.29	0.69	1.04	0.88	0.52
保山	Baoshan	11.24	6.08	1.20	1.80	2.16	0.64	0.56	0.44
昭通	Zhaotong	15.13	8.79	2.08	1.84	2.42	0.69	0.58	0.14
丽江	Lijiang	8.78	3.12	2.06	1.04	2.56	0.36	0.32	0.14
普洱	Pu'er	9.02	6.00	0.78	0.93	1.32	0.57	0.36	0.39
临沧	Lincang	21.34	8.06	0.71	1.65	10.92	0.37	0.33	0.24
楚雄	Chuxiong	15.85	8.59	2.93	0.72	3.62	0.89	0.74	0.31
红河	Honghe	25.89	11.74	3.50	3.61	7.05	1.71	1.06	0.98
文山	Wenshan	18.13	8.90	2.91	1.91	4.41	0.75	0.65	0.32
西双版纳	Xishuangbanna	7.07	3.01	0.79	1.40	1.86	0.10	0.06	0.30
大理	Dali	12.35	4.80	1.70	1.40	4.45	0.69	0.61	0.31
德宏	Dehong	7.54	5.01	0.71	1.15	0.68	0.24	0.22	0.15
怒江	Nujiang	0.69	0.33	0.07	0.01	0.28	0.05	0.04	0.01
迪庆	Diqing	1.64	0.66	0.43	0.07	0.48	0.09	0.08	0.02

注：化肥施用量按折纯计算。
Note: Consumption of chemical fertilizers is calculated according to the volume of effective component of the chemical fertilizers.

7-7 农、林、牧、渔业总产值（2017 2018年）
Gross Output Value of Farming, Forestry, Animal Husbandry and Fishery (2017-2018)

单位：亿元 (100 million yuan)

项目	Item	按当年价格计算 At Current Prices	
		2017	2018
农、林、牧、渔业总产值	**Gross Output Value of Farming, Forestry,Animal Husbandry and Fishery**	**3 872.93**	**4 108.88**
农业产值	**Gross Output Value of Farming**	**1 982.52**	**2 234.74**
谷物及其他作物	Cereals and Other Crops	738.53	**807.85**
#谷物	Corn Cereals	313.78	359.60
薯类	Tubers	48.67	49.83
油料	Oil-bearing Crops	28.93	31.37
豆类	Beans and Peas	48.87	50.77
糖料	Sugar Crops	65.19	70.52
烟草	Tobacco	231.85	244.47
蔬菜园艺作物	Vegetables and Horticultural Crops	552.08	657.13
水果、坚果、饮料和香料作物	Fruits，Nuts, Beverages and Spiceberry Crops	469.59	485.22
中药材	Traditional Chinese Medicinal Materials	222.33	284.55
林业产值	**Gross Output Value of Animal Husbandry**	**381.53**	**396.88**
林木的培育和种植	Cultivation of Forest Trees	69.65	72.11
竹木采运	Logging and Transport of Timber and Bamboo	107.41	114.50
林产品	Forest Products	204.48	210.28
牧业产值	**Gross Output Value of Animal Husbandry**	**1 289.45**	**1 237.12**
牲畜饲养	Livestock Raising	353.62	411.26
生猪	Hogs	773.51	630.71
家禽	Poultry	136.47	162.48
狩猎和捕捉动物	Hunting	0.05	0.05
其他畜牧业	Others	25.81	32.62
渔业产值	**Gross Output Value of Fishery**	**87.70**	**98.25**
农、林、牧、渔服务业产值	**Output Value of Services in Support of Farming, Forestry，Animal Husbandry and Fishery**	**131.72**	**141.89**

7-8 农、林、牧、渔业总产值（1978-2018年）
Historical Total Output Value of Farming, Forestry, Animal Husbandry and Fishery (1978-2018)

(按当年价格计算) (calculated at current prices)
单位：亿元 (100 million yuan)

年份 Year	农业总产值 Historic Total Output Value of Farming	农业 Farming	林业 Forestry	牧业 Animal Husbandry	渔业 Fishery	农、林、牧、渔服务业 Services in Support of Agriculture,Forestry, Animal Husbandry and Fishery
1978	40.02	28.58	2.48	7.08	0.08	1.80
1979	44.71	31.03	3.17	8.27	0.09	2.15
1980	48.20	33.02	2.94	10.22	0.19	1.83
1981	55.20	38.32	3.77	10.74	0.20	2.17
1982	61.84	41.90	3.87	12.79	0.21	3.07
1983	65.68	42.30	4.73	13.84	0.24	4.57
1984	77.36	48.78	5.97	15.79	0.27	6.55
1985	88.88	52.02	7.90	20.33	0.40	8.23
1986	96.01	51.80	7.40	26.14	0.71	9.96
1987	111.25	61.75	8.85	29.42	0.95	10.28
1988	135.39	76.11	10.05	37.01	1.56	10.66
1989	152.68	84.30	12.97	41.68	1.93	11.80
1990	211.72	119.63	18.27	54.01	1.39	18.42
1991	222.93	130.67	18.69	55.68	1.37	16.52
1992	250.35	146.70	22.84	61.54	2.02	17.25
1993	281.21	179.39	25.39	72.89	3.54	
1994	356.78	228.99	30.41	92.13	5.25	
1995	474.46	299.48	40.53	127.19	7.26	
1996	567.51	369.36	43.21	146.03	8.91	
1997	612.01	397.09	40.40	163.93	10.59	
1998	620.02	381.26	41.77	184.83	12.16	
1999	642.48	394.96	45.60	188.82	13.10	
2000	680.86	416.36	49.75	201.49	13.26	
2001	703.53	431.31	47.21	210.63	14.38	
2002	737.55	445.35	53.52	223.49	15.19	
2002(新口径)	743.75	414.89	59.27	223.49	15.19	
2003	799.33	433.91	73.17	242.53	16.56	33.16
2004	965.22	516.92	86.40	305.42	19.14	35.19
2005	1 068.58	559.32	105.53	339.68	22.97	41.08
2006	1 209.76	630.19	142.59	362.89	26.30	44.78
2007	1 414.79	707.15	156.27	459.63	35.73	56.00
2008	1 641.46	790.87	183.60	570.01	38.12	58.86
2009	1 706.19	850.65	196.13	557.76	41.96	59.69
2010	1 810.53	925.58	184.23	588.81	48.06	63.85
2011	2 306.49	1 124.72	245.67	808.20	55.93	71.98
2012	2 680.22	1 398.18	225.83	912.97	63.10	80.14
2013	3 056.04	1 639.40	293.25	962.55	70.41	90.43
2014	3 261.30	1 805.06	303.25	974.98	78.35	99.66
2015	3 383.09	1 840.61	317.52	1 031.48	81.67	111.80
2016	3 704.69	1 888.83	330.37	1 286.06	76.39	123.04
2017	3 872.93	1 982.52	381.53	1 289.45	87.70	131.72
2018	4 108.88	2 234.74	396.88	1 237.12	98.25	141.89

注：1．“农林牧渔服务业”1992年及以前年份为“副业”。
2．从2003年开始，按新国民经济行业分类标准，农业总产值中取消“农民家庭兼营的商品性工业”；“木材采运”改为全社会口径增加“农林牧渔服务业”。“农林牧渔服务业”包含在“农业总产值”中(下同)。

Note: a. Services in Support of farming，forestry,animal husbandry and fishery was called sideline production before 1992.
b. According to the new standards for the classification of National Economy,subsidiary commercial industry operated by farmers has been deleted from the output value of agriculture since 2003. The Statistical Coverage of logging and transport of timber has been changed to the whole society. Services in support of farming, forestry,animal husbandry and fishery are added.Services of farming, forestry,animal husbandry and fishery are included in the output value of agriculture (The same as below).

7-9 农、林、牧、渔业总产值指数（1978 2018年）
Indices of Historical Gross Output Value of Farming，Forcstry, Animal Husbandry and Fishery (1978-2018)

(1952年=100) (1952=100)

年 份 Year	农业总产值指数 Indices of Historic Gross Output Value of Farming	农 业 Farming	林 业 Forestry	牧 业 Animal Husbandry	渔 业 Fishery	农、林、牧、渔服务业 Services in Support of Agriculture,Forestry, Animal Husbandry and Fishery
1978	249.2	233.0	13 119.8	410.2	1 296.6	103.5
1979	235.2	213.5	14 288.8	404.3	1 619.3	103.9
1980	251.2	231.3	14 938.3	418.3	1 759.0	104.9
1981	273.6	255.7	16 118.2	439.9	1 886.9	105.7
1982	302.9	274.1	16 885.3	525.0	1 946.7	150.0
1983	319.7	274.8	19 622.1	568.2	2 225.7	222.2
1984	368.3	303.7	25 504.0	645.6	2 500.9	321.5
1985	391.8	308.2	29 241.5	700.0	3 058.1	404.4
1986	382.6	288.0	25 449.1	717.4	3 599.1	489.3
1987	406.0	315.8	24 428.5	738.9	4 402.0	504.9
1988	432.8	339.7	25 935.5	781.7	5 771.3	524.1
1989	445.3	346.4	27 366.2	821.8	5 091.1	530.0
1990	474.5	366.1	29 995.2	882.9	5 318.0	566.6
1991	501.1	398.6	30 756.4	929.5	5 702.4	514.0
1992	523.0	416.5	33 893.6	968.5	6 181.4	503.7
1993	538.8	422.1	40 280.4	991.9	7 462.5	479.0
1994	555.4	426.3	42 959.2	1 050.2	9 256.1	
1995	591.2	457.0	43 946.1	1 112.7	11 177.8	
1996	634.9	490.8	46 714.7	1 195.0	13 223.3	
1997	686.9	530.1	49 941.7	1 303.4	14 728.1	
1998	718.1	533.2	52 506.4	1 467.9	18 282.1	
1999	753.7	555.6	53 943.5	1 571.6	20 274.7	
2000	802.7	589.3	56 155.9	1 705.5	20 850.3	
2001	831.5	611.7	54 154.9	1 800.6	22 289.4	
2002	870.0	633.3	59 030.7	1 892.0	24 368.0	
2003	927.8	663.1	67 532.6	2 027.4	25 600.1	105.1
2004	990.7	703.8	70 033.8	2 204.5	28 027.2	116.6
2005	1 059.1	734.0	76 196.7	2 431.6	31 222.3	121.1
2006	1 148.5	791.1	86 271.6	2 610.6	36 558.9	132.5
2007	1 232.3	844.1	94 553.7	2 767.3	44 309.4	146.7
2008	1 329.7	899.8	105 521.9	3 016.3	47 278.1	152.1
2009	1 407.2	938.0	112 529.3	3 255.4	52 293.3	153.9
2010	1 472.9	972.1	119 348.5	3 440.4	57 204.7	158.6
2011	1 562.2	1 038.5	133 935.2	3 527.5	62 460.7	170.5
2012	1 672.1	1 094.5	147 321.8	3 803.6	71 248.7	184.5
2013	1 788.7	1 166.4	165 132.5	4 018.6	81 035.5	201.9
2014	1 897.8	1 235.2	179 829.3	4 235.6	88 814.9	217.2
2015	2 011.7	1 310.5	197 272.8	4 405.0	96 630.6	239.2
2016	2 129.2	1 391.0	219 145.5	4 534.6	107 345.4	260.3
2017	2 257.6	1 477.2	242 527.8	4 733.6	117 446.4	276.2
2018	2 399.5	1 577.3	266 596.9	4 934.0	129 003.6	293.1

注：1.本表按可比价格计算。
2.“农林牧渔业”1993年及以前年份为“副业”。
3.农林牧渔服务业产值指数从2003年开始计算，为新农业发展速度口径。

Note: a. The data in this table are calculated at comparable prices.
b. Farming，forestry,animal husbandry and fishery in 1993 and years before 1993 were called sideline production.
c. The indices of services in support of agriculture,forestry,animal husbandry and fishery has been calculated according to the new calculating coverage of agriculture developing speed since 2003.

7-10 各州市农、林、牧、渔业总产值（2018年）
Gross Output Value of Farming, Forestry, Animal Husbandry and Fishery by Region (2018)

(按当年价格计算) (calculated at current prices)
单位：亿元 (100 million yuan)

州 市	Region	农业总产值 Gross Output Value of Farming	农 业 Farming	林 业 Forestry	牧 业 Animal Husbandry	渔 业 Fishery	农、林、牧、渔服务业 Services in Support of Agriculture,Forestry, Animal Husbandry and Fishery
全 省	**Yunnan**	**4 108.88**	**2 234.74**	**396.88**	**1 237.12**	**98.25**	**141.89**
昆 明	Kunming	374.84	209.44	17.02	125.99	9.11	13.28
曲 靖	Qujing	596.28	239.82	19.08	310.86	17.10	9.41
玉 溪	Yuxi	250.04	171.74	5.66	66.69	3.21	2.74
保 山	Baoshan	268.93	128.38	23.08	106.72	6.85	3.90
昭 通	Zhaotong	249.09	125.97	8.51	104.00	6.37	4.24
丽 江	Lijiang	93.43	49.29	4.33	33.77	3.12	2.93
普 洱	Pu'er	271.95	140.96	46.57	59.65	17.57	7.19
临 沧	Lincang	270.60	173.15	15.63	69.10	7.30	5.41
楚 雄	Chuxiong	311.91	168.29	8.26	109.09	4.66	21.61
红 河	Honghe	385.43	196.31	22.39	149.19	11.46	6.08
文 山	Wenshan	281.19	159.68	15.05	93.48	8.31	4.68
西双版纳	Xishuangbanna	173.90	85.63	53.09	17.22	8.45	9.50
大 理	Dali	416.01	240.81	13.18	136.96	9.72	15.35
德 宏	Dehong	133.32	92.31	9.99	22.22	5.05	3.75
怒 江	Nujiang	34.59	13.86	6.01	12.84	0.05	1.83
迪 庆	Diqing	21.61	10.46	2.34	6.51	0.47	1.83

注：由于省、州(市)农业总产值实行分级核算，所以各州(市)加总不等于全省合计数(下同)。
Note:Total agricultural output value is not the value calculated by plusing the agricultural output value of each prefecture(city) because the agricultural output value of the province and prefecture(city) are accounted at different levels.(Same as below).

7-11 各州市农、林、牧、渔业总产值指数（2018年）
Indices of Gross Output Value of Agriculture, Forestry, Animal Husbandry and Fishery by Region (2018)

(上年=100)　　(preceding year = 100)
单位：%　　(%)

州　市	Region	指　数 Indices of Gross Output Value of Agriculture	农　业 Farming	林　业 Forestry	牧　业 Animal Husbandry	渔　业 Fishery	农、林、牧、渔服务业 Services in Support of Agriculture,Forestry, Animal Husbandry and Fishery
全　省	**Yunnan**	**106.3**	**106.8**	**109.9**	**104.2**	**109.8**	**106.1**
昆　明	Kunming	106.2	107.6	108.0	104.3	99.4	106.4
曲　靖	Qujing	106.3	106.5	105.9	106.1	108.3	109.0
玉　溪	Yuxi	106.3	105.6	193.2	101.3	104.6	106.2
保　山	Baoshan	106.3	106.6	106.5	106.1	105.2	105.5
昭　通	Zhaotong	106.3	106.3	105.5	106.0	117.1	106.0
丽　江	Lijiang	106.1	103.7	123.3	107.9	105.9	107.6
普　洱	Pu'er	106.3	106.6	104.8	106.1	109.2	105.7
临　沧	Lincang	106.2	106.4	104.1	105.8	110.0	105.1
楚　雄	Chuxiong	106.3	105.0	117.9	107.4	116.9	105.0
红　河	Honghe	106.2	106.3	105.5	106.4	103.7	106.2
文　山	Wenshan	106.3	107.1	109.3	104.3	110.1	106.0
西双版纳	Xishuangbanna	106.4	107.3	103.7	109.5	110.6	105.6
大　理	Dali	106.2	106.1	118.6	105.5	98.0	111.0
德　宏	Dehong	106.2	106.8	102.8	110.4	88.6	104.9
怒　江	Nujiang	106.2	103.9	117.1	103.9	102.7	108.5
迪　庆	Diqing	106.2	113.1	90.6	107.7	106.0	102.7

注：本表按可比价格计算。
Note : The data in the table are calculated at comparable prices.

7−12 各州市农、林、牧、渔业总产值构成（2018年）
Composition of Gross Output Value of Farming, Forestry, Animal Husbandry and Fishery by Region (2018)

(按当年价格计算) (calculated at current prices)

单位：% (%)

州 市	Region	构 成 Composition	农 业 Farming	林 业 Forestry	牧 业 Animal Husbandry	渔 业 Fishery	农、林、牧、渔服务业 Services in Support of Agriculture,Forestry, Animal Husbandry and Fishery
全 省	**Yunnan**	**100.00**	**54.39**	**9.66**	**30.11**	**2.39**	**3.45**
昆 明	Kunming	100.00	55.87	4.54	33.61	2.43	3.54
曲 靖	Qujing	100.00	40.22	3.20	52.13	2.87	1.58
玉 溪	Yuxi	100.00	68.68	2.26	26.67	1.29	1.09
保 山	Baoshan	100.00	47.74	8.58	39.68	2.55	1.45
昭 通	Zhaotong	100.00	50.57	3.42	41.75	2.56	1.70
丽 江	Lijiang	100.00	52.75	4.64	36.14	3.34	3.13
普 洱	Pu'er	100.00	51.83	17.12	21.94	6.46	2.64
临 沧	Lincang	100.00	63.99	5.78	25.54	2.70	2.00
楚 雄	Chuxiong	100.00	53.95	2.65	34.97	1.49	6.93
红 河	Honghe	100.00	50.93	5.81	38.71	2.97	1.58
文 山	Wenshan	100.00	56.79	5.35	33.24	2.95	1.66
西双版纳	Xishuangbanna	100.00	49.24	30.53	9.90	4.86	5.46
大 理	Dali	100.00	57.89	3.17	32.92	2.34	3.69
德 宏	Dehong	100.00	69.24	7.49	16.67	3.79	2.81
怒 江	Nujiang	100.00	40.06	17.38	37.12	0.16	5.28
迪 庆	Diqing	100.00	48.39	10.82	30.13	2.17	8.49

7-13 各州市农、林、牧、渔业增加值（2018年）
Added Value of Farming, Forestry, Animal Husbandry and Fishery by Region (2018)

（按当年价格计算） (calculated at current prices)
单位：亿元 (100 million yuan)

州 市	Region	农业增加值 Added Value of Farming	农 业 Farming	林 业 Forestry	牧 业 Animal Husbandry	渔 业 Fishery	农、林、牧、渔服务业 Services in Support of Agriculture, Forestry, Animal Husbandry and Fishery
全 省	**Yunnan**	**2 552.58**	**1 498.84**	**265.12**	**675.96**	**58.75**	**53.90**
昆 明	Kunming	229.40	132.45	11.10	73.53	5.08	7.24
曲 靖	Qujing	367.19	149.69	11.76	189.10	9.65	6.99
玉 溪	Yuxi	151.29	112.98	3.56	30.76	2.15	1.84
保 山	Baoshan	171.12	84.23	15.47	64.40	4.41	2.62
昭 通	Zhaotong	165.65	90.00	6.35	62.33	3.95	3.03
丽 江	Lijiang	54.35	28.69	2.63	19.57	1.88	1.58
普 洱	Pu'er	167.87	88.81	31.23	33.76	9.86	4.21
临 沧	Lincang	175.86	117.27	10.05	40.60	4.19	3.75
楚 雄	Chuxiong	192.71	113.54	1.80	62.86	3.05	11.46
红 河	Honghe	237.66	121.43	13.62	92.15	6.85	3.61
文 山	Wenshan	172.48	102.97	8.89	53.16	5.16	2.29
西双版纳	Xishuangbanna	109.95	55.50	30.85	10.32	5.42	7.86
大 理	Dali	233.57	141.34	7.75	70.46	5.26	8.76
德 宏	Dehong	86.98	60.62	8.02	13.53	2.91	1.91
怒 江	Nujiang	22.88	9.44	3.68	8.94	0.04	0.78
迪 庆	Diqing	13.82	6.79	1.74	3.60	0.32	1.37

7-14 各州市农、林、牧、渔业中间消耗（2018年）
Intermediate Consumption of Farming, Forestry, Animal Husbandry and Fishery by Region (2018)

(按当年价格计算) (calculated at current prices)
单位：亿元 (100 million yuan)

州 市	Region	农业中间消耗 Intermediate Consumption of Farming	农 业 Farming	林 业 Forestry	牧 业 Animal Husbandry	渔 业 Fishery	农、林、牧、渔服务业 Services in Support of Agriculture, Forestry, Animal Husbandry and Fishery
全 省	**Yunnan**	**1 556.30**	**735.90**	**131.77**	**561.16**	**39.50**	**87.99**
昆 明	Kunming	145.44	76.99	5.93	52.46	4.03	6.04
曲 靖	Qujing	229.09	90.12	7.32	121.76	7.46	2.42
玉 溪	Yuxi	98.76	58.76	2.10	35.93	1.07	0.90
保 山	Baoshan	97.81	44.15	7.62	42.33	2.44	1.28
昭 通	Zhaotong	83.43	35.98	2.16	41.67	2.42	1.21
丽 江	Lijiang	39.09	20.60	1.71	14.20	1.24	1.35
普 洱	Pu'er	104.08	52.15	15.34	25.89	7.72	2.98
临 沧	Lincang	94.74	55.88	5.58	28.51	3.11	1.66
楚 雄	Chuxiong	119.20	54.75	6.46	46.23	1.61	10.15
红 河	Honghe	147.77	74.88	8.78	57.04	4.61	2.47
文 山	Wenshan	108.71	56.71	6.15	40.32	3.14	2.39
西双版纳	Xishuangbanna	63.95	30.14	22.24	6.91	3.03	1.64
大 理	Dali	182.44	99.47	5.43	66.50	4.46	6.59
德 宏	Dehong	46.33	31.69	1.97	8.69	2.15	1.83
怒 江	Nujiang	11.71	4.41	2.33	3.90	0.01	1.05
迪 庆	Diqing	7.79	3.66	0.60	2.91	0.15	0.47

7-15 各州市农林牧渔业中间消耗、增加值占总产值比重（2018年）
Proportion of Intermediate Consumption and Added Value of Farming, Forestry, Animal Husbandry and Fishery to Gross Output Value by Region (2018)

(按当年价格计算) (calculated at current prices)

单位：亿元 (100 million yuan)

州 市	Region	农、林、牧、渔业总产值 Gross Output Value Animal Husbandry and Fishery	中间消耗 Intermediate Consumption		增加值 Added Value	
			绝对数 Absolute value	比重（%） Proportion（%）	绝对数 Absolute value	比重（%） Proportion（%）
全 省	**Yunnan**	**4 108.88**	**1 556.30**	**37.88**	**2 552.58**	**62.12**
昆 明	Kunming	374.84	145.44	38.80	229.40	61.20
曲 靖	Qujing	596.28	229.09	38.42	367.19	61.58
玉 溪	Yuxi	250.04	98.76	39.50	151.29	60.50
保 山	Baoshan	268.93	97.81	36.37	171.12	63.63
昭 通	Zhaotong	249.09	83.43	33.50	165.65	66.50
丽 江	Lijiang	93.43	39.09	41.83	54.35	58.17
普 洱	Pu'er	271.95	104.08	38.27	167.87	61.73
临 沧	Lincang	270.60	94.74	35.01	175.86	64.99
楚 雄	Chuxiong	311.91	119.20	38.22	192.71	61.78
红 河	Honghe	385.43	147.77	38.34	237.66	61.66
文 山	Wenshan	281.19	108.71	38.66	172.48	61.34
西双版纳	Xishuangbanna	173.90	63.95	36.78	109.95	63.22
大 理	Dali	416.01	182.44	43.85	233.57	56.15
德 宏	Dehong	133.32	46.33	34.76	86.98	65.24
怒 江	Nujiang	34.59	11.71	33.84	22.88	66.16
迪 庆	Diqing	21.61	7.79	36.06	13.82	63.94

7-16 主要农产品产量（1978-2018年）

Output of Major Farm Products（1978-2018）

单位：万吨 (10 000 tons)

年份 Year	粮食 Grain	稻谷 Rice	小麦 Wheat	玉米 Corn	豆类 Beans	大豆 Soybeans	薯类（折粮） Tubers	油料 Oil-bearing Crops	花生 Peanuts	油菜籽 Rapeseeds	烟叶 Tobacco	烤烟 Flue-cured Tobacco
1978	864.05	411.60	85.95	233.10		9.70	48.65	5.51	2.05	3.18		12.26
1979	792.90	382.50	70.55	225.05		6.50	46.90	4.61	1.63	2.74		10.59
1980	865.55	387.60	78.55	263.05		7.05	53.60	6.48	1.83	4.18		10.38
1981	917.09	436.20	73.81	269.79		7.86	53.40	10.71	2.63	7.25		16.36
1982	945.90	463.90	67.20	278.20		8.70	56.00	13.81	3.00	9.95		25.10
1983	954.35	456.90	86.60	268.95		8.80	55.90	13.80	2.57	10.63		14.44
1984	1 005.00	500.90	82.00	273.95		10.00	60.55	12.37	3.06	8.37		27.50
1985	935.00	482.95	61.90	248.75		9.60	63.00	11.81	3.60	7.17		41.00
1986	870.00	440.00	43.50	257.80		9.50	64.70	10.98	3.44	6.70		28.60
1987	934.84	457.96	74.58	249.81		8.42	64.29	13.52	2.88	10.03		33.56
1988	940.72	458.32	82.72	250.37		9.37	60.75	11.89	2.77	8.57		50.73
1989	998.41	467.54	80.40	292.79		10.18	66.31	10.32	2.93	6.72		45.67
1990	1 061.21	509.44	106.79	280.56		10.12	67.51	13.31	2.93	9.65	44.70	43.60
1991	1 093.00	516.87	115.11	300.15		10.10	69.64	17.16	3.14	13.07		58.18
1992	1 070.40	503.39	127.57	272.20		8.82	66.50	18.85	2.96	14.88		77.80
1993	1 085.24	479.31	135.58	289.12		10.08	73.89	13.37	3.37	9.04		87.44
1994	1 146.47	510.23	124.07	332.36		11.14	78.55	13.95	4.11	9.06		59.23
1995	1 188.91	515.77	138.50	341.83		13.13	79.48	19.58	4.33	14.29	76.83	76.07
1996	1 246.30	535.15	145.39	365.03		12.02	82.72	18.81	4.32	13.61	90.19	88.39
1997	1 271.90	533.77	166.14	365.63		12.54	85.10	17.43	3.82	12.80	110.16	109.28
1998	1 319.50	540.86	152.22	420.72		12.95	87.58	17.46	4.55	11.95	57.29	56.37
1999	1 399.25	534.34	153.47	463.44		13.43	98.86	20.62	4.78	14.54	62.66	60.95
2000	1 467.80	536.29	151.19	473.30		13.99	145.46	26.98	5.35	19.11	65.57	64.61
2001	1 486.30	595.87	137.88	477.30		15.97	148.96	27.66	5.40	20.42	61.47	60.08
2002	1 424.74	543.20	134.11	461.50		15.89	153.88	27.52	5.37	20.52	71.80	66.15
2003	1 471.01	635.89	124.35	399.93		14.81	172.29	29.70	5.34	22.75	65.49	63.68
2004	1 509.50	639.40	121.67	425.66		20.62	191.39	33.41	5.59	26.23	70.75	69.24
2005	1 514.93	646.34	106.86	449.31		17.39	193.60	36.22	5.75	29.02	79.09	77.22
2006	1 457.60	612.90	93.00	478.00	93.80	10.90	157.40	39.01	5.80	31.57	77.73	75.78
2007	1 460.70	589.70	91.20	498.60	80.10	17.90	162.20	36.65	6.11	29.07	79.12	76.68
2008	1 518.59	621.01	83.05	529.55	112.12	26.16	169.76	40.38	6.70	32.10	86.38	83.97
2009	1 576.92	636.23	92.30	542.67	130.36	29.06	172.18	50.16	7.13	41.41	91.69	88.03
2010	1 650.00	492.75	40.52	741.29	84.51	26.54	226.08	34.23	7.01	25.98	99.14	95.40
2011	1 755.38	509.20	85.81	704.80	113.01	46.53	250.02	60.75	7.04	51.84	105.57	101.82
2012	1 827.84	483.82	79.99	787.78	118.96	30.00	260.04	62.84	7.49	53.50	115.00	111.05
2013	1 897.61	495.00	77.28	836.42	120.02	31.18	269.03	60.68	7.99	50.69	107.55	103.85
2014	1 940.82	488.59	81.06	873.63	117.90	31.22	272.15	64.68	8.15	54.93	98.35	94.50
2015	1 969.79	479.95	81.20	902.14	123.07	31.43	274.83	65.92	8.20	56.07	92.76	90.34
2016	1 815.10	524.10	71.50	892.30	117.00	43.10	145.40	56.34	6.30	47.51	90.74	87.89
2017	1 843.40	529.20	73.70	912.90	118.30	43.50	157.00	56.26	6.24	47.52	86.23	83.85
2018	1 860.54	527.70	74.28	926.00	118.08	43.51	160.74	60.98	6.96	52.52	84.47	82.29

注：2016-2017年粮食、油料、糖料数据为根据第三次全国农业普查结果核定和修订数据。
Note: Data of grain,oil-bearing crops and sugar crops from 2016 to 2017 are verified and revised according to the Third National Agricultural Census.

7-16 续表 continued

单位：万吨 (10 000 tons)

年份 Year	糖料 Sugar Crops	甘蔗 Sugarcane	茶叶 Tea	水果 Fruits	猪牛羊肉 Pork, Beef and Mutton	禽蛋 Poultry Eggs	水产品 Aquatic Products	麻类 Fiber Crops	棉花 Cotton
1978	160.04	160.01	1.78	11.62	29.23		1.12		
1979	181.46	181.44	1.49	9.74	30.01		1.40		
1980	184.59	184.45	1.78	11.63	30.91		1.52		
1981	224.95	224.74	2.04	13.90	35.92		1.63		
1982	307.44	307.12	2.28	14.12	37.84	2.59	1.69		
1983	354.60	354.15	2.57	16.77	46.91	2.78	1.93		
1984	378.01	377.76	2.82	22.64	51.54	3.97	2.17		
1985	480.13	479.77	3.11	21.18	56.82	3.90	2.65		
1986	529.85	529.49	3.41	27.49	56.73	3.84	3.12		
1987	558.80	558.47	3.92	31.63	59.62	4.04	3.81		
1988	584.29	583.83	4.28	33.96	64.55	4.09	4.13		
1989	551.82	551.28	4.27	34.32	68.34	4.59	4.41		
1990	662.32	661.88	4.48	31.97	74.74	4.90	4.60	0.22	0.04
1991	821.29	820.74	4.77	36.74	81.27	5.13	4.94		
1992	907.20	906.89	2.29	42.83	87.28	4.82	5.37		
1993	900.03	899.92	6.10	47.72	96.16	5.17	5.83		
1994	928.46	928.00	6.38	50.14	107.68	6.42	6.85		
1995	1 056.31	1 055.92	6.40	55.71	120.45	6.85	8.44	0.22	0.07
1996	1 143.36	1 143.08	6.82	59.01	133.37	7.41	10.20	0.30	0.06
1997	1 435.18	1 434.92	7.08	66.02	148.95	8.51	11.89	0.23	0.07
1998	1 598.09	1 597.71	7.75	68.07	166.21	8.70	13.84	0.22	0.08
1999	1 526.89	1 526.53	7.51	73.83	180.35	9.83	15.53	0.21	0.06
2000	1 420.61	1 420.29	7.94	76.95	191.51	10.63	16.62	0.19	0.05
2001	1 481.49	1 481.10	8.07	79.29	203.84	11.80	18.02	0.49	0.05
2002	1 733.66	1 733.36	8.36	85.63	218.74	13.16	19.26	2.33	0.04
2003	1 695.24	1 694.96	8.59	96.53	234.53	14.39	20.43	4.49	0.03
2004	1 688.80	1 688.49	9.51	115.52	257.10	16.49	22.05	13.66	0.03
2005	1 415.89	1 415.50	11.59	136.63	277.32	20.35	23.85	14.10	0.02
2006	1 679.06	1 678.73	13.82	162.56	296.13	20.54	29.24	5.88	0.02
2007	1 938.81	1 938.67	16.99	202.37	238.60	18.00	33.39	2.42	0.03
2008	1 898.88	1 898.75	17.15	266.18	257.18	19.41	39.37	2.28	0.04
2009	1 761.42	1 761.31	18.29	342.74	270.88	20.75	43.06	1.84	0.04
2010	1 750.97	1 750.92	20.73	397.91	474.82	37.78	48.17	0.56	0.04
2011	1 898.78	1 898.78	23.83	476.43	517.44	40.98	54.88	1.05	0.04
2012	2 043.78	2 043.78	27.17	581.12	578.18	47.40	68.01	1.02	0.07
2013	2 146.25	2 146.25	30.17	634.52	597.48	56.51	78.16	0.79	0.04
2014	2 110.40	2 110.40	33.55	669.02	627.46	60.59	87.01	0.36	0.03
2015	1 930.05	1 930.05	36.58	726.54	627.03	72.23	93.74	0.05	0.01
2016	1 523.77	1 523.77	37.30	797.77	369.60	71.22	60.15	0.05	0.01
2017	1 516.15	1 516.15	39.30	783.90	374.10	73.62	63.12	0.02	
2018	1 640.08	1 640.08	42.33	813.35	378.47	32.72	63.75	0.02	

注：1.1991—2009年粮食产量为抽样调查数，2010—2015年为全面统计数。
2.2008—2009年畜牧业数据为抽样调查数，2010—2015年为全面统计数。
3.2016—2017年主要农产品及水产品数据为根据第三次全国农业普查结果核定和修订的数据。

Note:a.Data of grain output from 1991 to 2009 are sampling survey data,since 2010,those are comprehensive statistics.
b.Data of animal husbandry from 2008 to 2009 are sampling survey data,since 2010,those are comprehensive statistics.
c.Data of output of major farm products and aquatic products from 2016 to 2017 are verified and revised according to the Third National Agricultural Census.

7-17 粮食播种面积和产量（1978-2018年）

Sown Areas and Grain Yields (1978-2018)

单位：万吨、万公顷 (10 000 tons, 10 000 hectares)

年 份 Year	粮食产量 Total Yield of Grain	夏收粮 Summer Harvest Grain		秋收粮 Autumn Harvest Grain	
		面 积 Area	产 量 Grain Yield	面 积 Area	产 量 Grain Yield
1978	864.05	105.26	134.79	262.52	729.26
1979	792.90	103.81	107.27	264.93	685.63
1980	865.55	93.99	126.64	265.28	738.91
1981	917.10	88.24	124.01	265.75	793.09
1982	945.90	82.72	111.59	264.67	834.31
1983	954.35	84.86	140.28	262.22	814.07
1984	1 005.00	85.43	135.28	258.70	869.72
1985	935.00	84.55	109.23	247.30	825.77
1986	870.00	84.42	75.48	248.87	794.52
1987	934.84	85.87	133.89	250.58	800.95
1988	940.72	92.86	138.49	248.92	802.23
1989	998.41	97.85	132.19	254.86	866.22
1990	1 061.21	102.87	170.02	259.36	891.19
1991	1 093.00	104.41	184.25	257.48	908.75
1992	1 070.40	105.62	196.00	252.58	874.40
1993	1 085.24	106.54	211.24	246.17	874.00
1994	1 146.47	113.62	201.36	253.26	945.11
1995	1 188.91	112.69	228.18	251.59	960.73
1996	1 246.30		234.30		1 012.00
1997	1 271.90		254.70		1 017.20
1998	1 319.50		240.15		1 079.35
1999	1 399.25	130.09	234.49	274.12	1 164.76
2000	1 467.80	126.48	241.00	272.69	1 226.80
2001	1 486.30	133.00	233.86	300.90	1 252.44
2002	1 424.74	121.82	240.85	294.24	1 183.89
2003	1 471.01	119.45	244.55	287.39	1 226.46
2004	1 509.50	117.67	236.32	298.17	1 273.18
2005	1 514.93	118.89	222.31	306.50	1 292.62
2006	1 457.60	110.55	220.60	291.66	1 237.00
2007	1 460.70	109.72	223.40	289.73	1 237.30
2008	1 518.59	110.17	207.58	299.42	1 311.01
2009	1 576.92	112.83	236.47	307.18	1 340.45
2010	1 650.00	116.23	139.44	313.67	1 484.98
2011	1 755.38	118.00	237.22	318.45	1 441.40
2012	1 827.84	117.27	270.11	324.51	1 557.73
2013	1 897.61	121.39	273.25	323.63	1 623.91
2014	1 940.82	69.38	169.75	247.29	1 370.69
2015	1 969.79	120.17	272.10	324.88	1 671.44
2016	1 815.10				
2017	1 843.40				
2018	1 860.54	97.71	241.98	315.83	1 596.66

注：1.1991-2009年粮食数据为抽样调查数，2010年起粮食数据为全面统计数。
2.粮食总计为谷物、豆类和薯类（折粮）之和。2014年夏收粮食和秋收粮食统计口径为夏收谷物和秋收谷物。
3.2016-2017年粮食产量数据为根据第三次全国农业普查结果核定和修订的数据。

Note:a.Data of grain are data of sampling survey from 1991 to 2009,and since 2010,they are comprehensive statistics.
b.Grain includes cereal,beans and tubers(converted amount).Since 2014,the statistical coverage of summer harvest grain and autumn harvest grain changed to summer harvest cereal and autumn harvest cereal.
c.Data of total yield of grain from 2016 to 2017 are verified and revised according to the Third National Agricultural Census.

7−18　各州市主要农作物播种面积（2018年）

Total Sown Areas of Major Farm Crops by Region (2018)

单位：万公顷　　(10 000 hectares)

州　市	Region	总播种面积 Total Sown Area	粮食播种面积 Sown Area of Grain Crops	稻谷 Rice	小麦 Wheat	玉米 Corn	豆类 Beans	薯类 Tubers
全　省	**Yunnan**	**689.08**	**417.46**	**84.96**	**33.92**	**178.52**	**46.94**	**53.16**
昆　明	Kunming	39.61	22.48	1.82	2.57	8.04	3.89	3.44
曲　靖	Qujing	109.35	62.19	6.87	4.01	23.66	6.49	17.19
玉　溪	Yuxi	28.56	11.11	1.83	1.42	5.70	1.08	0.51
保　山	Baoshan	40.81	25.98	6.09	1.00	9.58	3.59	2.10
昭　通	Zhaotong	70.86	51.00	3.02	3.00	23.75	4.28	16.34
丽　江	Lijiang	18.00	12.58	1.40	1.16	4.22	2.39	2.10
普　洱	Pu'er	49.83	33.95	7.77	2.69	18.17	3.33	1.46
临　沧	Lincang	47.12	28.69	4.83	3.29	15.02	3.42	1.80
楚　雄	Chuxiong	42.37	24.12	6.53	4.21	7.49	3.80	0.82
红　河	Honghe	65.05	38.33	9.96	2.80	13.34	4.88	3.77
文　山	Wenshan	78.78	44.13	8.16	3.63	20.77	6.44	2.90
西双版纳	Xishuangbanna	14.75	8.79	3.34		5.20	0.13	0.09
大　理	Dali	41.01	29.66	5.77	1.66	12.91	4.29	1.68
德　宏	Dehong	25.62	13.60	5.89	0.17	4.81	0.75	1.95
怒　江	Nujiang	8.95	6.41	0.46	0.59	1.88	1.71	1.05
迪　庆	Diqing	6.03	4.26	0.25	0.66	1.67	0.44	0.46

注：全省粮食分品种面积数据为抽样调查数据，分州市面积数据为全面调查数据。
Note: Data of whole province are sampling survey data,and data of regions are comprehensive statistics.

7-18 续表 continued

单位：万公顷 (10 000 hectares)

州 市	Region	油料播种面积 Oil-bearing Crops	花 生 Peanuts	油菜籽 Rapeseeds	甘 蔗 Sugarcane	烤烟播种面积 Flue-cured Tobacco	蔬菜播种面积 Vegetables and Melon	其他作物 Other Farm Crops
全 省	**Yunnan**	**30.95**	**4.10**	**25.61**	**26.00**	**40.16**	**113.19**	**39.03**
昆 明	Kunming	0.83	0.07	0.71		3.31	10.92	3.24
曲 靖	Qujing	7.77	0.06	7.65		8.11	16.62	11.73
玉 溪	Yuxi	1.60	0.08	1.47	1.01	3.97	9.74	0.76
保 山	Baoshan	3.07	0.08	2.97	2.22	2.93	4.34	1.06
昭 通	Zhaotong	2.65	0.42	2.19	0.05	1.61	9.23	5.27
丽 江	Lijiang	0.52	0.08	0.40	0.01	1.43	1.67	0.44
普 洱	Pu'er	1.31	0.78	0.52	4.09	2.47	3.71	2.72
临 沧	Lincang	1.23	0.16	1.00	7.92	2.11	3.42	2.36
楚 雄	Chuxiong	2.57	0.11	2.36	0.07	3.99	9.34	1.61
红 河	Honghe	1.85	0.70	1.10	2.20	3.46	13.14	4.47
文 山	Wenshan	5.27	1.33	3.36	2.65	2.59	19.60	2.95
西双版纳	Xishuangbanna	0.10	0.10		1.50		2.31	0.26
大 理	Dali	1.24	0.04	1.18	0.02	3.11	5.08	0.51
德 宏	Dehong	0.40	0.05	0.35	4.23	0.98	2.85	1.09
怒 江	Nujiang	0.31	0.04	0.15	0.03		0.96	0.21
迪 庆	Diqing	0.21		0.20		0.07	0.27	0.37

7-19 橡胶、咖啡和香料作物面积和产量（2005-2018年）

Areas and Output of Rubber, Coffee and Perfume plants (2005-2018)

单位：万公顷、万吨 (10 000 hectare,10 000 tons)

年 份 Year	橡 胶 Rubber			咖 啡 Coffee			香料作物(折香料油) Perfume Plants (perfume oil)		
	年末实有面积 Real Area at Year-end	收获面积 Harvest Area	总 产 量 Total Output	年末实有面积 Real Area at Year-end	收获面积 Harvest Area	总 产 量 Total Output	年末实有面积 Real Area at Year-end	收获面积 Harvest Area	总 产 量 Total Output
2005	29.90	13.96	24.03	1.72	1.53	2.16	1.00	0.77	0.12
2006	33.41	15.33	26.42	1.84	1.42	2.54	0.70	0.53	0.09
2007	39.65	16.66	28.22	2.04	1.49	2.96	0.52	0.40	0.09
2008	43.58	17.35	25.72	2.43	1.62	3.29	0.45	0.38	0.10
2009	46.14	48.67	18.46	3.66	2.24	4.76	0.48	0.34	0.11
2010	48.67	21.04	33.06	4.31	2.50	4.94	0.60	0.52	0.08
2011	53.03	22.25	36.34	6.13	2.94	6.51	0.60	0.51	0.11
2012	55.64	24.95	38.98	9.23	3.76	9.18	0.50	0.40	0.07
2013	55.43	26.26	42.56	11.91	4.94	11.66	0.56	0.45	0.09
2014	57.10	28.12	43.33	12.21	6.12	13.71	0.68	0.58	0.33
2015	57.34	30.74	43.93	11.80	6.97	13.91	0.59	0.52	0.09
2016	59.17	32.19	44.86	11.70	8.05	15.84	0.48	0.43	0.08
2017	57.73	32.85	43.79	11.07	8.34	16.47	0.42	0.39	0.07
2018	57.14	33.08	45.48	9.96	7.79	15.12	0.45	0.43	0.07

7-20 茶叶、水果生产情况（2005-2018年）

Planting Areas and Output of Tea and Fruits (2005-2018)

单位：万公顷、万吨 (10 000 hectares,10 000 tons)

年份 Year	茶叶 Tea		水果 Fruits		香蕉 Bananas		苹果 Apples		柑橘 Citrus	
	面积 Area	产量 Output	面积 Area	产量 Output	面积 Area	产量 Output	面积 Area	产量 Output	面积 Area	产量 Output
2005	21.85	11.59	22.48	136.63	2.24	24.52	3.15	15.94	2.79	21.11
2006	24.75	13.82	24.20	162.56	2.46	33.81	3.03	20.20	2.91	24.36
2007	30.29	16.99	26.51	202.37	3.62	54.00	3.11	23.49	3.21	28.08
2008	33.57	17.15	28.90	266.18	5.09	94.85	2.99	26.80	3.29	32.72
2009	35.46	18.29	32.72	342.74	5.85	115.59	3.05	26.93	3.41	38.31
2010	36.77	20.73	31.52	397.91	6.32	133.58	3.09	25.79	3.43	41.66
2011	38.00	23.83	37.69	476.43	7.98	168.74	3.19	25.29	3.65	45.04
2012	38.96	27.17	42.02	581.12	9.13	218.29	4.06	32.24	3.95	51.73
2013	40.06	30.17	43.17	634.52	9.24	240.50	4.19	33.65	4.05	56.61
2014	40.94	33.55	45.79	669.02	9.36	236.96	4.54	38.74	4.20	53.59
2015	42.48	36.58	50.27	726.54	10.23	258.83	4.69	41.38	4.47	59.49
2016	42.21	37.30	57.57	797.77	7.98	210.20	6.93	57.40	5.91	76.90
2017	43.79	39.30	59.43	783.90	7.35	176.80	7.07	59.70	7.57	88.80
2018	46.66	42.33	62.42	813.35	8.57	203.47	5.20	51.94	7.53	98.11

注：2016-2017年主要农产品数据为根据第三次全国农业普查结果核定和修订的数据。
Note: Data of output of major farm products from 2016 to 2017 are verified and revised by the Third National Agricultural Census.

7 20 续表 continued

单位：万公顷、万吨 (10 000 hectares,10 000 tons)

年份 Year	梨 Pears		葡萄 Grapes		菠萝 Pineapple		瓜果Melon and Fruit		# 西瓜 Watermelon	
	面积 Area	产量 Output	面积 Area	产量 Output	面积 Area	产量 Output	面积 Area	产量 Output	面积 Area	产量 Output
2005	3.97	19.70	0.56	6.97	0.34	2.21				
2006	4.17	21.69	0.63	9.01	0.37	1.95				
2007	4.34	24.05	0.70	9.38	0.38	2.49	2.22	49.60	1.88	42.62
2008	4.69	28.69	0.79	12.84	0.41	2.89	1.83	47.26	1.49	39.32
2009	4.83	27.87	0.96	16.71	0.43	3.65	1.78	38.89	1.40	31.36
2010	5.16	33.2	1.23	20.6	0.38	3.62	2.49	56.27	2.11	48.22
2011	4.89	36.41	1.92	35.61	0.41	3.63	2.84	71.04	2.39	60.28
2012	5.22	41.63	2.71	54.35	0.40	5.51	2.77	70.40	2.21	59.26
2013	5.32	47.17	2.82	65.94	0.39	4.40	2.52	63.06	1.81	48.86
2014	5.26	48.14	3.56	80.55	0.43	6.85	2.63	63.74	2.08	51.22
2015	5.46	50.88	3.88	85.16	0.57	7.71	3.04	70.21	2.47	60.59
2016	6.59	60.30	5.79	136.50	0.53	7.33	2.68	62.07	2.14	52.46
2017	6.44	63.60	5.55	126.50	0.57	8.96	2.43	58.51	1.83	47.42
2018	6.14	57.62	4.10	101.26	0.62	10.14	2.44	56.21	1.71	43.75

7-21 各州市营造林生产情况

Forestry Production by Region

单位：万公顷 (10 000 hectares)

年份 州市	Year Region	人工造林面积 Area of Artificial afforestation	人工更新造林面积 Area of Reforested Slash	森林抚育作业面积 Area of Cultivating Growth	成林抚育面积 Area of Cultivating Mature Forest	零星(四旁)植树(万株) Number of Four-side Tree Planting(10 000 trees)	育苗面积(公顷) Area of Growing Seedings (hectare)	无林地新封山育林面积 Area of afforestation without Forest
2002					5.64	11 226	2 579	
2003					3.12	11 972	3 303	
2004					3.02	10 990	3 098	
2005					1.65	11 687	3 748	
2006					6.11	10 112	2 040	
2007					3.96	8 650	1 911	
2008					2.42	8 891	3 627	
2009					3.84	9 166	4 332	
2010					4.86	9 261	5 823	
2011					12.73	9 323	4 358	
2012					14.02	10 740	6 449	
2013					14.82	9 855	115 997	
2014					14.14	9 885	9 491	
2015		35.05	0.56	18.07		9 614	6 895	3.66
2016		30.84		16.40		9 817	6 352	2.31
2017		27.77		14.33		9 554	15 151	1.79
2018		26.11		16.99		11 511	13 286	1.25
昆　明	Kunming	1.07		1.38		1 130	2 587	
曲　靖	Qujing	2.17		0.65		1 631	5 077	0.36
玉　溪	Yuxi	0.68		0.17		532	107	
保　山	Baoshan	0.67		1.84		502	330	0.02
昭　通	Zhaotong	4.89		1.00		1 726	546	0.22
丽　江	Lijiang	0.61		1.33		262	37	
普　洱	Pu'er	1.58		1.37		398	1 171	
临　沧	Lincang	4.09		1.42		578	533	0.19
楚　雄	Chuxiong	2.16		1.51		1 868	710	
红　河	Honghe	3.03		1.57		440	432	
文　山	Wenshan	1.64		0.88		317	647	0.04
西双版纳	Xishuangbann	0.89		0.87		91	499	
大　理	Dali	1.80		1.60		1 477	345	0.42
德　宏	Dehong	0.14		0.27		189	31	
怒　江	Nujiang	0.12		0.20		85	202	
迪　庆	Diqing	0.56		0.93		286	32	

注：零星(四旁)植树是指在路、沟旁、渠旁、宅旁植树。

Note: Scattered (four-side)Planting Trees refer to trees planted by the roadside,near the ditch,canal and house.

7-22 各州市主要林产品产量（2018年）

Output of Major Forest Products by Region (2018)

单位：万吨 (10 000 tons)

州　市	Region	橡胶 Rubber	松脂 Pine Resin	油桐籽 Tung-oil Seeds	油茶籽 Rapeseeds	核桃 Walnuts	板栗 Chestnuts	紫胶 Shellac
全　省	**Yunnan**	**45.48**	**10.22**	**1.77**	**2.22**	**94.07**	**7.74**	**0.22**
昆　明	Kunming					1.06	2.82	
曲　靖	Qujing		0.01	0.74	0.58	1.83	0.48	
玉　溪	Yuxi		0.03			1.73	0.73	
保　山	Baoshan		0.08	0.01	0.06	13.80	0.31	0.01
昭　通	Zhaotong			0.14		3.34	0.25	
丽　江	Lijiang					1.64	0.11	
普　洱	Pu'er	7.65	9.16		0.01	2.03	0.14	0.09
临　沧	Lincang	4.65	0.61	0.05	0.01	23.84	0.08	0.05
楚　雄	Chuxiong		0.28			6.28	1.80	
红　河	Honghe	2.34			0.02	0.93	0.26	0.07
文　山	Wenshan		0.02	0.78	1.39	0.24	0.11	
西双版纳	Xishuangbanna	30.21	0.03			0.01		
大　理	Dali			0.03		34.01	0.48	
德　宏	Dehong	0.62			0.15	0.58	0.07	
怒　江	Nujiang			0.02		1.09	0.03	
迪　庆	Diqing					1.65	0.07	

7-23 畜牧业生产情况（2014-2018年）

Basic Conditions of Animal Husbandry Production (2014-2018)

单位：万头、万吨 (10 000 heads,10 000tons)

指　　标	Item	2014	2015	2016	2017	2018
牲畜年末头数	**Number of Livestock (at year-end)**					
牛	Cattle and Buffaloes	1 132.40	1 177.38	808.30	810.90	811.90
马	Horses	68.87	66.70	13.90	13.29	14.25
驴	Donkeys	37.51	35.85	12.20	12.02	13.23
骡	Mules	65.11	63.05	19.70	19.20	20.19
猪	Hogs	4 619.39	4 811.67	3 027.50	3 029.20	3 055.53
羊（万只）	Goats and Sheep (10 000 heads)	1 452.77	1 545.54	1 222.80	1 240.20	1 268.85
畜禽产品产量	**Output of Livestock and Poultry Products**					
肉类总产量	Total Output of Meat	688.15	687.95	413.60	419.20	426.51
#猪　肉	Pork	546.64	545.02	316.70	320.20	323.81
牛　肉	Beef	59.67	61.15	35.20	35.80	36.02
羊　肉	Mutton	21.15	20.86	17.70	18.10	18.64
其他畜禽产品产量	**Output of Other Livestock and Poultry Products**					
牛　奶	Milk	72.94	66.11	54.00	56.80	58.21
绵羊毛	Sheep Wool	0.14	0.15	0.14	0.16	0.15
禽　蛋	Poultry Eggs	60.59	72.23	29.20	30.70	32.72
蚕　茧	Silkworm Cocoons	3.18	3.06	3.46	3.61	3.73

注：2016-2017年数据为根据第三次全国农业普查结果核定和修订的数据。
Note: Data in 2016 and 2017 are verified and revised by the Third National Agricultural Census.

7-24 各州市畜产品产量（2018年）

Output of Livestock Products by Region (2018)

单位：万吨 (10 000 tons)

州市	Region	畜产品产量 Output of Livestock Products	猪肉 Pork	牛肉 Beef	羊肉 Mutton	奶类 Milk	#牛奶 Cow Milk	绵羊毛(吨) Sheep Wool(ton)	禽蛋 Eggs	蜂蜜 Honey
全省	**Yunnan**	**378.47**	**323.81**	**36.02**	**18.64**	**65.65**	**58.21**	**1 534**	**32.72**	**1.20**
昆明	Kunming	21.74	17.99	2.13	1.61	11.86	10.95	77	4.36	0.06
曲靖	Qujing	98.81	84.83	8.58	5.39	3.99	2.34	266	3.48	0.21
玉溪	Yuxi	13.64	11.35	1.53	0.75	0.76	0.75	3	6.41	0.03
保山	Baoshan	34.00	30.43	2.44	1.13	0.92	0.92	2	0.92	0.21
昭通	Zhaotong	34.00	31.27	1.80	0.94	0.01	0.01	700	1.28	0.02
丽江	Lijiang	9.47	7.80	0.74	0.93	0.41	0.41	172	0.27	0.04
普洱	Pu'er	19.65	17.91	1.25	0.50	0.02	0.02		0.97	0.15
临沧	Lincang	24.75	22.22	1.76	0.77	0.03	0.03		0.57	0.04
楚雄	Chuxiong	27.68	22.74	3.05	1.88			5	0.68	0.15
红河	Honghe	40.33	34.61	4.33	1.39	9.68	5.31	107	7.91	0.02
文山	Wenshan	24.53	19.26	4.33	0.94	0.12	0.12		1.31	0.02
西双版纳	Xishuangbanna	3.96	3.60	0.33	0.03				0.33	0.08
大理	Dali	32.92	25.46	4.62	2.83	27.71	27.20	107	6.64	0.11
德宏	Dehong	5.17	3.89	1.12	0.16	0.15	0.15		0.34	0.03
怒江	Nujiang	4.25	3.57	0.26	0.42	0.01	0.01	46	0.51	0.03
迪庆	Diqing	3.25	2.77	0.35	0.14	1.63	1.63	49	0.06	0.04

7-25 各州市水产品产量及养殖面积（2018年）

Output of Aquatic Products and Aquaculture Areas by Region (2018)

单位：万吨、万公顷　　　　(10 000 tons,10 000 hectare)

州　市	Region	水产品产量 Output of Aquatic Products	养殖产量 Artificially Cultured	捕捞产量 Naturally Grown	鱼类 Fish	虾蟹类 Shrimps, Prawns and Crabs	贝类 Shellfish	其他 Others	水产养殖面积 Aquiculture Area
全　省	**Yunnan**	**63.75**	**60.64**	**3.11**	**62.95**	**0.47**	**0.18**	**0.14**	**9.44**
昆　明	Kunming	4.10	3.42	0.68	4.00	0.09			0.65
曲　靖	Qujing	17.38	16.27	1.12	17.25	0.12		0.01	2.04
玉　溪	Yuxi	1.72	1.52	0.20	1.71	0.01			1.06
保　山	Baoshan	5.41	5.16	0.26	5.37	0.03			1.20
昭　通	Zhaotong	5.47	5.17	0.30	5.46	0.01			1.67
丽　江	Lijiang	1.98	1.61	0.37	1.92			0.07	0.39
普　洱	Pu'er	17.00	13.48	3.52	16.76	0.16	0.07	0.02	1.03
临　沧	Lincang	12.02	10.89	1.13	11.87	0.05	0.06	0.03	1.12
楚　雄	Chuxiong	3.50	3.47	0.03	3.49	0.01		0.01	0.98
红　河	Honghe	7.11	6.94	0.17	7.00	0.04		0.07	1.36
文　山	Wenshan	9.21	8.39	0.82	9.12	0.07	0.02		1.34
西双版纳	Xishuangbanna	7.18	6.72	0.45	7.10	0.05	0.01	0.01	0.59
大　理	Dali	7.94	6.59	1.35	7.83	0.11			0.83
德　宏	Dehong	4.65	4.43	0.22	4.51	0.01	0.13		0.75
怒　江	Nujiang	0.10	0.10		0.10				0.01
迪　庆	Diqing	0.28	0.27	0.01	0.28				0.05

注：2018年全省数据为核定数，州（市）数据为年报数。
Note: In 2018,data of the whole province are verified, and the data by region are annual reports.

7-26 各州市主要蔬菜产品产量（2018年）

Output of Major Vegetable Products by Region (2018)

单位：万吨 (10 000 tons)

州 市	Region	蔬菜产量 Yield of Vegetable	叶菜类 Leaf Vegetables	白菜类 Chinese Cabbage	甘蓝类 Wild Cabbage	根茎类 Rhizome	瓜菜类 Melon Vegetables	豆类 Soybeans	茄果类 Eggplant Vegetables	葱蒜类 Onion and Garlic Vegetables	水生菜类 Aquatic Vegetables
全 省	**Yunnan**	**2 205.71**	**285.77**	**525.08**	**119.39**	**337.85**	**148.98**	**168.34**	**256.58**	**190.43**	**29.53**
昆 明	Kunming	300.78	56.41	103.33	20.84	20.77	18.71	14.19	18.96	13.49	3.75
曲 靖	Qujing	294.49	28.91	105.39	7.91	73.69	10.96	9.51	22.65	10.15	3.27
玉 溪	Yuxi	268.03	22.01	38.51	38.46	36.43	11.93	31.68	19.35	44.90	1.33
保 山	Baoshan	90.85	7.36	12.63	1.98	8.66	9.29	18.58	23.01	3.70	2.54
昭 通	Zhaotong	143.15	11.46	67.71	7.11	25.74	6.86	5.04	10.07	5.97	0.93
丽 江	Lijiang	29.93	3.13	6.44	0.39	3.34	3.12	1.85	3.16	5.25	1.88
普 洱	Pu'er	54.26	9.18	9.95	2.44	8.56	7.10	5.16	7.70	2.45	0.11
临 沧	Lincang	73.20	7.49	9.70	2.41	9.76	8.96	12.44	16.45	2.81	0.57
楚 雄	Chuxiong	235.43	38.55	46.77	11.36	49.67	16.98	25.04	34.91	4.72	1.52
红 河	Honghe	341.20	44.59	71.43	18.02	43.10	27.53	20.05	52.99	40.12	11.35
文 山	Wenshan	159.80	31.35	28.86	3.83	38.94	11.53	6.27	28.97	4.72	0.69
西双版纳	Xishuangbanna	29.67	2.56	2.47	1.50	2.27	5.86	7.22	3.96	1.29	0.48
大 理	Dali	133.20	15.13	17.71	1.73	10.30	5.30	8.14	9.59	48.45	1.02
德 宏	Dehong	38.54	6.12	1.97	1.00	3.21	3.20	2.60	2.82	1.23	0.09
怒 江	Nujiang	8.78	1.18	1.32	0.14	2.47	1.17	0.42	1.30	0.64	0.01
迪 庆	Diqing	4.42	0.35	0.89	0.28	0.93	0.46	0.15	0.68	0.52	

7–27 各州市特种作物生产情况（2018年）

Output of Special Crops by Region (2018)

州市	Region	鲜切花（亿枝）Fresh Cut Flowers (100 million branches)	药材（万吨）Medicinal Materials (10 000 tons)	食用菌（万吨）Edible Mushrooms (10 000 tons)
全省	**Yunnan**	**112.23**	**40.66**	**8.96**
昆明	Kunming	72.45	2.31	0.41
曲靖	Qujing	5.05	10.57	3.78
玉溪	Yuxi	16.87	1.76	0.07
保山	Baoshan	0.04	1.26	0.31
昭通	Zhaotong	0.06	1.88	0.14
丽江	Lijiang	1.12	3.93	0.02
普洱	Pu'er	0.22	1.44	0.21
临沧	Lincang	0.06	0.83	0.18
楚雄	Chuxiong	7.59	2.21	0.63
红河	Honghe	7.14	3.82	0.23
文山	Wenshan	0.01	1.59	1.32
西双版纳	Xishuangbanna	0.86	0.40	0.62
大理	Dali	0.54	2.42	0.32
德宏	Dehong	0.22	1.89	0.68
怒江	Nujiang		0.42	0.02
迪庆	Diqing		3.93	0.04

主要统计指标解释

农、林、牧、渔业总产值 指以货币形式表现的农林渔业全部产品总量和对农、林、牧、渔业生产活动进行的各种支持性服务活动的价值。它反映了一定时期（通常指一年）农、林、牧、渔业生产及其服务的总成果和总规模。

1957年以前的农业总产值包括了厩肥和农民自给性手工业（如农民自制衣服、鞋、袜，自己从事粮食初步加工等）。1958年及以后的农业总产值，林业中增加了村及村以下竹木采伐产值；牧业中取消了厩肥产值；副业中取消了农民自给性手工业产值，增加了村及村以下的工业产值；渔业中增加了机械化捕鱼产值。1980年及以后农业总产值，在副业中增加了农民商品性家庭手工业的产值。从1984年起村及村以下办工业产值划归工业。1993年取消副业产值，农业总产值改为农、林、牧、渔业总产值。原副业产值的采集野生植物和农民家庭兼营商品性工业划归农业产值；捕猎野兽野禽划归牧业产值。2003年开始，增加农林牧渔服务业产值，同时取消农民家庭兼营商品性工业，竹木采运由村及村以下扩大到全社会口径。

农、林、牧、渔业中间消耗 指各种经济类型的农业生产单位和农户在农业生产经营过程中投入（或消耗）的各种物质产品和劳务价值的总和。包括中间物质消耗和中间劳务消耗两个部分。计入中间消耗必须具备以下两个条件：一是与总产出相对应的生产过程中消耗的物质产品和劳务活动；二是本期投入并一次性消耗的不属于固定资产的非耐用品。

农、林、牧、渔业增加值 指农、林、牧、渔及农林牧渔服务业生产货物或提供服务活动而增加的价值。增加值的计算方法有两种，一是生产法：农、林、牧、渔业增加值＝农、林、牧、渔业总产出－农、林、牧、渔业中间消耗；二是分配法：农、林、牧、渔业增加值＝固定资产折旧＋劳动者报酬＋生产税净额（生产税－生产补贴）＋营业盈余。

自来水受益村数 包括取水、净水、输配水三部分组成的自来水供给的，或由取水和输配水两部分的符合饮用卫生标准的简易自来水年末实际受益的村委会个数。

通汽车村数 指拥有乡级以上公路通过，并通达客运或货运汽车的村委会个数。

粮食产量 指全社会的产量。包括国营农场等全民所有制经营的、集体统一经营的和农民家庭经营的粮食产量，还包括工矿企业家属办的农场和其他生产单位的产量。粮食除包括稻谷、小麦、玉米、高粱、谷子及其他杂粮外，还包括薯类和大豆。其产量计算方法，豆类按去豆荚后的干豆计算；薯类（包括甘薯和马铃薯，不包括芋头和木薯）1963年以前按每4公斤鲜薯折1公斤粮食计算，从1964年以后按5公斤鲜薯折1公斤粮食计算。其他粮食一律按脱粒后的原粮计算。

谷物 指稻谷、小麦、玉米、谷子、高粱和其他谷物，不包括薯类和豆类。其他谷物指除稻谷、小麦、玉谷、高粱以外的一些子实主要用作粮食的作物，包括大麦、元麦（青稞）、莜麦、荞麦、糜子等。

油料产量 指全部油料作物的生产量。包括花生、油菜籽、芝麻、向日葵子、胡麻子（亚麻子）和其他油料。不包括大豆、木本油料和野生油料。花生以带壳干花生计算。

水产品产量 指人工养殖的水产品天然生长的水产品的捕捞量。包括海水的鱼类、虾蟹类、贝类和藻类以及淡水的鱼类、虾蟹类、贝类，不包括淡水水生植物。

猪、牛、羊产量 指当年的猪、牛、羊的肉产量。即屠宰后除去头、蹄、下水后带骨肉（即胴体重）的重量。

期初（末）畜禽存栏头（只）数 指报告期初（末）农村各种合作经济组织和国营农场、农民个人、机关、团体、学校、工矿企业、部队等单位以及城镇居民饲养的大牲畜、猪、羊、家禽等畜禽的存栏数。数据上报方式及数据调整情况同猪、牛、羊肉产量。

灌溉面积 指有效灌溉面积，即具有一定的水源，地块比较平整，灌溉工程或设备已经配套，在一般年景下当年能够正常灌溉的耕地面积。

农作物播种面积 指实际播种或移植有农作物的面积。凡是实际种植有农作物的面积，不论种植在耕地上还是种植在非耕地上，均包括在农作物播种面积中。在播种季节基本结束后，因遭灾而重新改种和补种的农作物面积，也包括在内。它是反映我国耕地面积利用情况的一个重要指标。目前，农作物播种面积主要包括粮食、棉花、油料、糖料、麻类、烟叶、蔬菜和瓜类、药材和其他农作物九大类。

农用化肥施用量 指本年内实际用于农业生产的化肥数量，包括氮肥、磷肥、钾肥和复合肥。化肥施用量要求按折纯量计算数量。折纯量是指把氮肥、磷肥、钾肥分别按含氮、含五氧化二磷、含氧化钾的百分之百成分进行折算后的数量。复合肥按其所含主要成分折算。公式为：

折纯量 = 实物量 × 某种化肥有效成分含量的百分比

农业机械总动力 指主要用于农、林、牧、渔业的各种动力机械的动力总和。包括耕作机械、排灌机械、收获机械、农用运输机械、植物保护机械、牧业机械、林业机械、渔业机械和其他农业机械（内燃机按引擎马力折成瓦（特）计算、电动机按功率折成瓦（特）计算）。不包括专门用于乡、镇、村、组办工业、基本建设、非农业运输、科学试验和教学等非农业生产方面用的动力机械与作业机械。这个指标的统计数据主要来源于农机部门。

Explanatory Notes on Principal Statistical Indicators

Gross Output Value of Farming, Forestry, Animal Husbandry and Fishery refers to the total value of products of farming, forestry, animal husbandry and fishery and the value of support services for production of farming, forestry, animal husbandry and fishery, which reflects the total scale and result of agricultural production and services during a given period (generally one year).

The gross agricultural output value before 1957 included output value of barnyard manure and farmers' self-supporting handicraft industry (e.g., self-made clothing, shoes, socks, initial grain processing, etc.). Since 1958, output value of felling timber and bamboo by villages and organizations has been included in below village that of forestry; output value of barnyard manure has been excluded from that of animal husbandry; output value of farmers' self-supporting handicraft industry has been excluded from that of sideline production, while output value of industries run by villages and organizations had been included in it; output value of mechanized fishing has been included in that of fishery. Since 1980, output value of farmers' commercial household handicraft industry has been added to that of sideline production. Since 1984, output value of industries run by villages or organizations below village has been classified into that of industry. Since 1993, output value of sideline production has been cancelled and gross agricultural output value has been changed to gross output value of farming, forestry, animal husbandry and fishery; output value of wild plants gathering and commercial industry run by rural households has been incorporated to agricultural output value; output value of animal and bird hunting has been classified into that of animal husbandry. Since 2003, output value of services of farming, forestry, animal husbandry and fishery has been added while farmers' commercial household industry has been cancelled, and transporting and felling timber and bamboo by villages and organizations below village has been expanded to all levels.

Intermediate Consumption of Farming, Forestry, Animal Husbandry and Fishery refers to the total value of material products and labor input (or consumed) by various agricultural production entities and rural households in the process of agricultural production and operation. It is composed of intermediate material consumption and intermediate labor consumption. Items calculated into intermediate consumption should satisfy the following two conditions: first, they are material products and labor consumed in the process of production against total output; second, they are is non-durable goods that do not belong to fixed assets but input and consumed up one time in the present phase.

Added Value of Farming, Forestry, Animal Husbandry and Fishery refers to the added Value produced by manufacturing goods or supplying service in farming, forestry, animal husbandry, fishery and service in support of farming,forestry, animal husbandry, fishery .There are two methods to calculate value added: one is the method of production: added value of farming, forestry, animal husbandry and fishery = total output of farming, forestry, animal husbandry and fishery - intermediate consumption of farming, forestry, animal husbandry and fishery; the other is the method of distribution: added value of farming, forestry, animal husbandry and fishery = depreciation of fixed assets +remuneration of laborers + net production tax (production tax—production subsidy) + business surplus.

Number of Villages Accessible to Motor Vehicle refers to the number of villages with town-level road passing through and transport service.

Grain Yield refers to the total yield in the whole country including grain produced by state farms, collective entities, rural households, industrial enterprises and mines. Grain includes rice, wheat, maize, sorghum, millet and other cereals as well as tubers and soybeans. Output of beans refers to dry beans without pods. Output of tubers (sweet potatoes and potatoes, not including taros and cassava) was converted into that of grain at the ratio 4:1, i.e. 4 kilograms of fresh tubers was equivalent to 1 kilogram of grain up to 1963. Since 1964 the ratio for conversion has been 5:1. Tubers supplied as vegetables (such as potatoes) in cities and suburbs are calculated as fresh vegetables and their output is not included in the output of grain. Other kinds of grain are calculated as husked grain.

Cereals refer to rice, wheat, maize millet, sorghum and other kinds of grain, but tubers and beans are not included. Other kinds of grain refer to some crops whose seeds are mainly used for food such as barley, highland barley, naked oats, buckwheat, broom corn millet, etc.

Output of Oil-bearing Crops refers to the total production of oil-bearing crops of various kinds, including peanuts (dry, in shell), rapeseeds, sesame, sunflower seeds, flax seeds, and other oil-bearing crops. Soybeans, oil-bearing woody plants, and wild oil-bearing crops are not included.

Output of Aquatic Products refers to catches of both artificially cultured and naturally grown aquatic products, including fish, shrimps, crabs and shellfish in sea and inland water as well as seaweed. Freshwater plants are not included.

Output of Pork, Beef, and Mutton refers to the weight of the meat of slaughtered hogs, cattle, sheep and goats with head, feet, and offal taken away.

Number of Livestock or Poultry in Stock at Beginning (or End) of Period refers to the total number of large animals, pigs, sheep, fowls, etc. raised by rural cooperative organizations, State farms, rural individuals, government agencies, schools, industrial and mining enterprises, army, and urban residents at the beginning (or end) of the reference period. Data reporting system and data adjustment are the same as that in the output of pork, beef and mutton.

Irrigated Area refers to area under effective irrigation, i.e., area of cultivated land which is relatively level and has water source and complete sets of irrigation facilities to lift and move adequate water for irrigation purpose under normal conditions.

Sown Area of Crops refers to area of land sown or transplanted with crops regardless of being in cultivated area or non-cultivated area. Area of land resown due to natural disasters is also included. This is an important indicator that can reflect the utilization condition of the cultivated land in China. At present, the sown area of crops mainly include the following 9 categories of crops: grain, cotton, oil-bearing crops, sugar crops, flax crops, tobacco, vegetables and melons, medicinal materials and other farm crops.

Consumption of Chemical Fertilizers in Agriculture refers to the quantity of chemical fertilizers applied in agriculture in the year, including nitrogenous fertilizer, phosphate fertilizer, potash fertilizer, and compound fertilizer. The consumption of chemical fertilizers is calculated in terms of volume of effective components by means of converting the gross weight of the respective fertilizers into weight containing effective component (e.g. nitrogen content in nitrogenous fertilizer, phosphorous pentoxide contents in phosphate fertilizer, and potassium oxide contents in potash fertilizer). Compound fertilizer is converted in regard to its major components. The formula is:

Volume of effective component=physical quantity×effective component of certain chemical fertilizer(%)

Total Power of Agricultural Machinery refers to total mechanical power of machinery used in agriculture, forestry, animal husbandry and fishery, including machinery for ploughing, irrigation and drainage, harvesting, transport, plant protection, animal husbandry, forestry and fishery and other agricultural machineries. (For the power of internal combustion engines, it is converted from its horsepower into watts while for electric motors the output power is converted into watts.) Machinery employed for non-agricultural purposes, such as the machines used in township-run and village-run industry, construction, non-agricultural transport, scientific experiments and teaching, are not included. Data are mainly from agricultural machinery agencies.

Chapter 8

八、工业和能源
Industry and Energy

8-1 工业总产值及其构成（1978-2018年）

Gross Industrial Output Value by Light and Heavy Industry (1978-2018)

单位：亿元 (100 million yuan)

年 份 Year	工业总产值 Gross Industrial Output Value	轻工业 Light Industry	重工业 Heavy Industry	占全部工业总产值的比重(%) Share in Gross Industrial Output Value(%) 轻工业 Light Industry	重工业 Heavy Industry
1978	55.43	23.84	31.60	43.0	57.0
1979	62.38	26.26	36.12	42.1	57.9
1980	65.35	29.54	35.81	45.2	54.8
1981	72.54	35.18	37.36	48.5	51.5
1982	83.60	41.30	42.30	49.4	50.6
1983	95.11	47.37	47.75	49.8	50.2
1984	112.27	55.13	57.15	49.1	50.9
1985	136.26	65.93	70.33	48.4	51.6
1986	147.02	67.71	79.31	46.1	53.9
1987	181.85	85.53	96.32	47.0	53.0
1988	244.63	121.64	122.99	49.7	50.3
1989	304.91	154.61	150.30	50.7	49.3
1990	345.26	181.14	164.12	52.5	47.5
1991	393.63	203.85	189.78	51.8	48.2
1992	477.07	240.85	236.22	50.5	49.5
1993	690.08	333.28	356.79	48.3	51.7
1994	948.71	514.69	434.02	54.3	45.7
1995	1 230.01	656.60	573.41	53.4	46.6
1996	1 291.38	695.56	595.82	53.9	46.1
1997	1 440.11	751.15	688.96	52.2	47.8
1998	1 503.23	774.72	728.52	51.5	48.5
1999	1 561.08	793.88	767.20	50.9	49.1
2000	1 589.36	802.70	786.66	50.5	49.5
2001	1 675.11	863.76	811.35	51.6	48.4
2002	1 850.46	954.27	896.19	51.6	48.4
2003	2 176.40	1 014.70	1 161.69	46.6	53.4
2004	2 479.07	917.21	1 561.86	37.0	63.0
2005	3 249.84	1 120.47	2 129.37	34.5	65.5
2006	4 110.25	1 269.63	2 840.61	30.9	69.1
2007	5 137.30	1 830.16	3 307.14	35.6	64.4
2008	5 738.81	1 447.80	4 291.01	25.2	74.8
2009	6 261.75	1 930.88	4 330.87	30.8	69.2
2010	7 880.70	2 317.95	5 562.75	29.4	70.6
2011	9 595.15	2 779.50	6 815.66	29.0	71.0
2012	11 641.46	3 555.22	8 086.25	30.5	69.5
2013	12 756.98	3 911.54	8 845.44	30.7	69.3
2014	12 840.64	4 017.84	8 822.80	31.3	68.7
2015	12 169.67	4 257.50	7 912.16	35.0	65.0
2016	12 823.21	4 650.60	8 172.61	36.3	63.7
2017	13 112.95	4 563.72	8 549.24	34.8	65.2
2018	14 607.31	4 671.10	9 936.21	32.0	68.0

注：本表总产值按当年价格计算。
Note: Gross output values in this table are calculated at current prices.

8-2 规模以上工业增加值（2013-2018年）

单位：亿元

工业行业	Industrial Sector	2013 工业增加值 Industrial Added Value	2013 比上年增长(%) Increase Rate over Last Year (%)
全　省	**Yunnan**	**3 470.66**	**12.3**
轻工业	Light Industry	1 528.14	7.4
重工业	Heavy Industry	1 942.53	16.3
按行业类别分	**Grouped by Industry Sector**		
采矿业	**Mining**	**487.46**	**15.9**
煤炭开采和洗选业	Mining and Washing of Coal	254.79	19.2
石油和天然气开采业	Extraction of Petroleum and Natural Gas		
黑色金属矿采选业	Mining and Processing of Ferrous Metal Ores	70.83	20.4
有色金属矿采选业	Mining and Processing of Non-Ferrous Metal Ores	112.48	10.7
非金属矿采选业	Mining and Processing of Nonmetal Ores	49.36	5.6
开采辅助活动	Mining Auxiliary Activities		
其他采矿业	Other Minerals Mining		
制造业	**Manufacturing Industry**	**2 540.25**	**10.0**
农副食品工业	Processing of Food from Agricultural Products	125.34	15.1
食品制造业	Manufacture of Foods	43.06	18.2
酒、饮料和精制茶制造业	Beverage Manufacturing	73.97	26.8
烟草制品业	Manufacture of Tobacco	1 076.53	3.9
纺织业	Manufacture of Textile	4.44	-7.1
纺织服装、服饰业	Textile,Clothing, Footwear Production	2.52	55.8
皮革、毛皮、羽毛及其制品和制鞋业	Feather, Furs, Down, Related Products and Footwear	1.44	10.2
木材加工及木、竹、藤、棕、草制品业	Processing of Timber, Manufacture of Wood,Bamboo,Rattan, Palm and Straw Products	18.63	22.6
家具制造业	Manufacture of Furniture	0.36	-6.7
造纸及纸制品业	Manufacture of Paper and Paper Products	19.41	-3.3
印刷业和记录媒介的复制	Printing, Reproduction of Recording Media	25.53	4.2
文教、工美、体育和娱乐用品制造业	Manufacture of Culture, Education,Industrial Arts, Sports and Entertainment Goods	22.05	34.8
石油加工、炼焦及核燃料工业	Processing of Petroleum, Coking, Processing of Nuclear Fuel	42.64	11.6
化学原料及化学制品制造业	Manufacture of Raw Chemical Materials and Chemical Products	187.77	2.6
医药制造业	Manufacture of Medicines	89.68	16.0
化学纤维制造业	Manufacture of Chemical Fibers	5.36	11.5
橡胶和塑料制品业	Rubber and Plastic Products	22.95	67.5
非金属矿物制品业	Manufacture of Non-metallic Mineral Products	122.38	20.5
黑色金属冶炼及压延工业	Smelting and Pressing of Ferrous Metals	172.62	14.6
有色金属冶炼及压延工业	Smelting and Pressing of Non-ferrous Metals	339.25	15.2
金属制品业	Manufacture of Metal Products	18.12	17.8
通用设备制造业	Manufacture of General Purpose Machinery	25.11	21.9
专用设备制造业	Manufacture of Special Purpose Machinery	24.28	22.2
汽车制造业	Automotive Industry	31.71	18.0
铁路、船舶、航空航天和其他运输设备制造业	Manufacture of Trnmsport Equipment for Railway,Boats and Aerospace and Other Transport Equipments	9.41	2.7
电气机械及器材制造业	Manufacture of Electrical Machinery and Equipment	18.61	18.5
计算机、通信和其他电子设备制造业	Computers,Communication Equipment and Other Computers and Other Electronic Equipment	8.05	2.1
仪器仪表制造业	Instrument Industry	4.94	4.5
其他制造业	Others	3.05	91.6
废弃资源综合利用业	Comprehensive Utilization of Discarded Resources and Waste	0.90	7.0
金属制品、机械和设备修理业	Manufacture of Metal Products, Machinery and Equipment Repairing	0.16	75.4
电力、热力、燃气及水生产和供应业	**Production and Supply of Electricity, Heat ,Gas and Water**	**442.95**	**22.7**
电力、热力生产和供应业	Production and Supply of Electric Power and Heat Power	425.32	23.6
燃气生产和供应业	Production and Supply of Gas	7.75	-0.9
水的生产和供应业	Production and Supply of Water	9.88	5.2

注：本表绝对数按当年价格计算，增幅按可比价计算。

Added Value of Industry Above Designated Size (2013-2018)

(100 million yuan)

2014		2015		2016		2017		2018
工业增加值 Industrial Added Value	比上年增长(%) Increase Rate over Last Year (%)	工业增加值 Industrial Added Value	比上年增长(%) Increase Rate over Last Year (%)	工业增加值 Industrial Added Value	比上年增长(%) Increase Rate over Last Year (%)	工业增加值 Industrial Added Value	比上年增长(%) Increase Rate over Last Year (%)	比上年增长(%) Increase Rate over Last Year (%)
3 545.41	**7.3**	**3 623.08**	**6.7**	**3 668.28**	**6.5**	**3 876.34**	**10.6**	**11.8**
1 704.54	10.1	1 852.57	6.5	1 798.76	2.1	1 905.33	4.4	3.6
1 840.87	4.9	1 770.51	6.9	1 869.52	10.9	1 971.01	17.5	19.8
348.08	**-17.8**	**326.69**	**10.6**	**328.93**	**17.3**	**316.35**	**9.3**	**6.6**
127.81	-38.0	115.55	17.0	124.37	26.1	85.40	7.7	5.5
60.21	-1.5	50.18	-4.4	52.93	10.3	56.36	12.4	4.5
112.18	12.4	112.78	14.0	109.15	19.3	129.95	11.3	11.5
47.88	-9.5	48.19	8.2	42.48	-1.8	44.64	4.1	-3.8
2 667.06	**10.0**	**2 731.98**	**6.0**	**2 683.34**	**5.6**	**2 827.82**	**8.5**	**10.9**
131.58	13.5	143.46	10.4	149.01	17.3	164.77	11.7	10.1
51.25	20.5	52.13	11.2	57.22	21.6	63.14	10.4	2.9
92.51	19.0	103.97	10.4	107.74	18.5	113.52	11.4	6.1
1 207.57	8.5	1 300.17	4.4	1 183.50	-4.3	1 220.48	0.5	1.3
4.79	17.4	5.38	14.6	5.82	17.5	6.91	8.8	0.4
3.41	38.2	4.99	41.6	5.64	34.0	5.26	4.5	14.6
1.55	45.8	2.42	16.1	2.79	10.5	3.09	4.7	6.0
22.60	19.4	23.21	5.8	23.76	5.4	23.68	5.0	4.0
0.93	87.6	1.32	5.4	2.19	45.3	4.28	52.9	11.7
20.70	4.0	23.17	7.5	26.15	22.8	29.61	14.6	1.0
23.90	-3.6	24.84	2.5	24.42	0.4	24.28	2.4	12.0
28.60	27.0	42.89	41.5	45.76	9.8	45.88	1.7	14.3
34.19	-4.8	20.31	-16.6	15.63	6.2	66.82	534.3	145.7
173.16	5.7	166.79	6.8	156.16	3.3	151.70	3.6	8.0
90.18	8.6	91.29	7.0	113.07	16.9	139.60	13.5	5.6
5.72	1.5	5.69	-4.4	5.48	-2.8	6.11	4.9	-3.8
23.26	9.8	25.60	7.5	24.37	7.2	24.33	-0.7	12.1
136.83	10.4	131.53	3.4	144.45	21.6	189.75	15.2	6.8
141.73	-3.4	87.03	-19.2	64.42	-5.3	95.08	8.2	11.0
319.46	18.9	313.98	14.2	315.97	6.9	230.96	6.5	12.4
18.57	7.6	23.89	30.5	28.29	36.2	27.08	-8.8	17.9
30.00	29.3	32.86	14.8	36.10	8.7	20.18	-2.0	-8.4
19.19	13.7	20.09	5.6	20.21	10.8	24.92	11.3	-0.9
37.39	17.7	34.42	3.2	35.38	27.4	43.63	30.6	4.8
10.63	0.5	12.46	6.3	15.14	38.2	8.79	-39.8	-9.0
23.01	12.6	20.92	16.5	19.02	1.2	23.02	5.7	4.5
6.03	20.1	7.82	19.9	47.16	506.9	58.76	127.4	75.5
1.55	13.7	1.53	20.6	1.23	2.7	3.12	74.6	33.0
1.83	16.5	1.61	9.9	1.02	3.8	0.89	-4.6	-42.5
4.65	116.3	5.98	32.6	5.87	29.9	7.72	60.3	41.5
0.28	11.4	0.22	-12.7	0.34	62.6	0.47	-0.7	2914.3
530.27	**16.8**	**564.41**	**7.5**	**656.01**	**4.9**	**732.17**	**19.5**	**17.7**
509.68	17.2	535.76	7.9	615.90	5.2	661.39	19.6	18.3
9.22	-2.2	13.27	-3.4	22.64	-3.7	50.14	24.3	17.0
11.38	19.3	15.38	5.0	17.47	4.5	20.63	6.2	1.8

Note: Absolute figures in this table are calculated at current prices while increase rates are calculated at comparable prices.

8-3 规模以上工业发展指数（2008-2018年）

(按可比价格计算，上年=100)

工业行业	Industrial Sector	2008	2009
全　省	**Yunnan**	**112.6**	**111.2**
轻工业	Light Industry	114.2	113.0
重工业	Heavy Industry	111.3	109.8
按行业类别分	**Grouped by Industry Sector**		
采矿业	**Mining**		
煤炭开采和洗选业	Mining and Washing of Coal	135.2	103.1
石油和天然气开采业	Extraction of Petroleum and Natural Gas	51.2	41.7
黑色金属矿采选业	Mining and Processing of Ferrous Metal Ores	133.6	110.5
有色金属矿采选业	Mining and Processing of Non-Ferrous Metal Ores	106.2	107.4
非金属矿采选业	Mining and Processing of Nonmetal Ores	120.9	107.3
开采辅助活动	Mining Auxiliary Activities		
其他采矿业	Other Minerals Mining		
制造业	**Manufacturing Industry**		
农副食品加工业	Processing of Food from Agricultural Products	114.5	115.4
食品制造业	Manufacture of Foods	117.4	114.0
酒、饮料和精制茶制造业	Beverage Manufacturing	95.8	115.3
烟草制品业	Manufacture of Tobacco	115.3	111.4
纺织业	Manufacture of Textile	121.6	85.1
纺织服装、服饰业	Textile,Clothing, Footwear Production	99.9	90.3
皮革、毛皮、羽毛及其制品和制鞋业	Feather, Furs, Down, Related Products and Footwear	117.7	87.1
木材加工及木、竹、藤、棕、草制品业	Processing of Timber, Manufacture of Wood,Bamboo,Rattan, Palm and Straw Products	107.7	112.8
家具制造业	Manufacture of Furniture	113.0	92.0
造纸及纸制品业	Manufacture of Paper and Paper Products	107.6	115.7
印刷业和记录媒介的复制	Printing, Reproduction of Recording Media	97.2	114.6
文教、工美、体育和娱乐用品制造业	Manufacture of Culture, Education,Industrial Arts, Sports and Entertainment Goods	100.5	
石油加工、炼焦及核燃料加工业	Processing of Petroleum, Coking, Processing of Nuclear Fuel	135.5	100.9
化学原料及化学制品制造业	Manufacture of Raw Chemical Materials and Chemical Products	119.3	105.4
医药制造业	Manufacture of Medicines	118.9	117.2
化学纤维制造业	Manufacture of Chemical Fibers	101.5	102.6
橡胶制品业	Manufacture of Rubber	104.2	99.1
塑料制品业	Manufacture of Plastics	140.8	114.7
橡胶和塑料制品业	Rubber and Plastic Products		
非金属矿物制品业	Manufacture of Non-metallic Mineral Products	111.8	120.7
黑色金属冶炼及压延加工业	Smelting and Pressing of Ferrous Metals	108.0	109.1
有色金属冶炼及压延加工业	Smelting and Pressing of Non-ferrous Metals	95.3	103.6
金属制品业	Manufacture of Metal Products	112.1	176.7
通用设备制造业	Manufacture of General Purpose Machinery	109.4	92.3
专用设备制造业	Manufacture of Special Purpose Machinery	105.1	115.2
交通运输设备制造业	Manufacture of Transport Equipment	129.6	150.4
汽车制造业	Automotive Industry		
铁路、船舶、航空航天和其他运输设备制造业	Manufacture of Transport Equipment for Railway,Boats and Aerospace and Other Transport Equipments		
电气机械及器材制造业	Manufacture of Electrical Machinery and Equipment	122.3	112.8
计算机、通信和其他电子设备制造业	Computers,Communication Equipment and Other Computers and Oth Electronic Equipment	126.0	106.4
仪器仪表制造业	Instrument Industry	107.7	110.0
其他制造业	Others	114.6	667.6
废弃资源综合利用业	Comprehensive Utilization of Discarded Resources and Waste	169.4	135.1
金属制品、机械和设备修理业	Manufacture of Metal Products, Machinery and Equipment Repairing		
电力、热力、燃气及水生产和供应业	**Production and Supply of Electricity, Heat ,Gas and Water**		
电力、热力生产和供应业	Production and Supply of Electric Power and Heat Power	112.1	116.6
燃气生产和供应业	Production and Supply of Gas	121.4	222.1
水的生产和供应业	Production and Supply of Water	103.7	115.8
昆　明	Kunming	113.0	110.1
曲　靖	Qujing	113.1	112.7
玉　溪	Yuxi	116.6	111.5
保　山	Baoshan	112.7	125.8
昭　通	Zhaotong	106.2	111.3
丽　江	Lijiang	121.0	117.2
普　洱	Pu'er	129.2	118.2
临　沧	Lincang	124.1	102.7
楚　雄	Chuxiong	114.1	110.0
红　河	Honghe	109.3	110.1
文　山	Wenshan	116.1	118.6
西双版纳	Xishuangbanna	100.7	112.2
大　理	Dali	113.6	116.2
德　宏	Dehong	103.7	131.4
怒　江	Nujiang	101.3	107.7
迪　庆	Diqing	106.9	118.3

Development Indices of Industry above Designated Size by Sector (2008-2018)

(Data in this table are calculated at comparable prices,preceding year=100)

2010	2011	2012	2013	2014	2015	2016	2017	2018
115.0	**118.0**	**115.6**	**112.3**	**107.3**	**106.7**	**106.5**	**110.6**	**111.8**
115.0	117.9	117.1	107.4	110.1	106.5	102.1	104.4	103.6
115.0	118.0	114.4	116.3	104.9	106.9	110.9	117.5	119.8
			115.9	**82.2**	**110.6**	**117.3**	**109.3**	**106.6**
114.8	129.0	118.2	119.2	62.0	117.0	126.1	107.7	105.5
44.7								
114.7	133.8	114.8	120.4	98.5	95.6	110.3	112.4	104.5
105.7	118.2	123.2	110.7	112.4	114.0	119.3	111.3	111.5
109.2	118.9	135.3	105.6	90.5	108.2	98.2	104.1	96.2
			110.0	**110.0**	**106.0**	**105.6**	**108.5**	**110.9**
109.7	119.7	129.2	115.1	113.5	110.4	117.3	111.7	110.1
127.1	127.2	129.3	118.2	120.5	111.2	121.6	110.4	102.9
122.6	125.1	127.2	126.8	119.0	110.4	118.5	111.4	106.1
116.0	117.5	113.2	103.9	108.5	104.4	95.7	100.5	101.3
117.7	105.6	151.1	92.9	117.4	114.6	117.5	108.8	100.4
114.9	98.1	198.4	155.8	138.2	141.6	134.0	104.5	114.6
111.3		158.2	110.2	145.8	116.1	110.5	104.7	106.0
139.2	107.6	181.9	122.6	119.4	105.8	105.4	105.0	104.0
139.8	86.0	94.5	93.3	187.6	105.4	145.3	152.9	111.7
102.8	115.3	124.3	96.7	104.0	107.5	122.8	114.6	101.0
108.8	110.6	107.1	104.2	96.4	102.5	100.4	102.4	112.0
		240.5	134.8	127.0	141.5	109.8	101.7	114.3
115.8	103.5	96.3	111.6	95.2	83.4	106.2	634.3	245.7
117.1	122.1	109.6	102.6	105.7	106.8	103.3	103.6	108.0
112.0	122.7	126.6	116.0	108.6	107.0	116.9	113.5	105.6
97.6	101.1	99.8	111.5	101.5	95.6	97.2	104.9	96.2
148.1	124.5							
109.6	114.7							
		148.9	167.5	109.8	107.5	107.2	99.3	112.1
118.9	120.1	117.1	120.5	110.4	103.4	121.6	115.2	106.8
118.7	112.6	105.6	114.6	96.6	80.8	94.7	108.2	111.0
111.0	116.7	119.7	115.2	118.9	114.2	106.9	106.5	112.4
104.2	111.6	149.1	117.8	107.6	130.5	136.2	91.2	117.9
142.7	115.7	88.9	121.9	129.3	114.8	108.7	98.0	91.6
109.8	99.8	117.9	122.2	113.7	105.6	110.8	111.3	99.1
99.9	109.6							
		117.9	118.0	117.7	103.2	127.4	130.6	104.8
		93.7	102.7	100.5	106.3	138.2	60.2	91.0
104.7	105.6	110.3	118.5	112.6	116.5	101.2	105.7	104.5
154.2	128.2	129.9	102.1	120.1	119.9	606.9	227.4	175.5
110.2	105.6	119.7	104.5	113.7	120.6	102.7	174.6	133.0
71.0	104.6	141.9	191.6	116.5	109.9	103.8	95.4	57.5
103.7	128.6	79.1	107.0	216.3	132.6	129.9	160.3	141.5
		136.8	175.4	111.4	87.3	162.6	99.3	3 014.3
			122.7	**116.8**	**107.5**	**104.9**	**119.5**	**117.7**
119.9	118.3	110.1	123.6	117.2	107.9	105.2	119.6	118.3
139.1	86.4	114.2	99.1	97.8	96.6	96.3	124.3	117.0
96.9	95.6	106.6	105.2	119.3	105.0	104.5	106.2	101.8
115.8	116.6	115.6	111.0	107.0	105.4	104.5	110.4	114.0
115.1	115.9	115.7	115.5	99.3	104.5	107.9	111.0	111.9
115.9	116.6	117.2	106.8	108.1	106.4	102.6	107.2	108.1
115.2	125.6	112.5	118.0	113.2	115.2	112.2	114.1	114.0
116.8	122.9	120.1	124.0	101.0	104.9	103.9	109.3	111.9
124.4	132.7	126.9	127.5	97.2	108.9	106.0	113.0	118.0
114.0	126.8	124.3	127.5	108.0		112.1	112.1	106.8
104.6	124.2	120.5	119.6	114.4	110.6	112.3	113.1	113.8
114.4	116.2	120.5	110.3	113.1	110.0	110.3	112.2	113.5
110.1	117.1	116.0	112.0	107.2	110.2	110.9	114.0	113.5
116.1	124.2	116.5	122.7	118.1	112.3	111.5	114.5	115.1
110.1	118.8	121.9	122.5	120.6	112.0	102.2	107.1	106.0
115.8	124.7	114.1	114.0	109.0	107.8	106.2	111.3	112.3
128.1	119.1	119.1	108.9	106.9		109.7	115.2	105.8
93.2	101.1	114.2	110.6	109.4	105.6	109.6	113.8	129.0
115.1	111.9	102.8	123.2	108.5	102.1	105.1	116.1	117.2

8-4 规模以上工业企业主要经济数据

单位：亿元

年份 类别	Year Item	企业单位数(个) Number of Enterprises (unit)	亏损企业 Loss-making Enterprises
2000		2 124	862
2001		2 031	853
2002		2 072	911
2003		1 995	846
2004		2 407	856
2005		2 362	829
2006		2 601	813
2007		2 698	744
2008		3 320	1 056
2009		3 489	1 036
2010		3 599	832
2011		2 773	599
2012		3 211	805
2013		3 551	939
2014		3 797	1 147
2015		3 876	1 207
2016		4 194	1 005
2017		4 186	824
2018		4 260	830
按登记注册类型分	**Grouped by Registration Status**		
国有企业	State-owned Enterprises	72	21
集体企业	Collective-owned Enterprises	35	10
股份合作企业	Share Holding Enterprises	7	3
股份制企业	Joint-stock Enterprises	3 785	733
外商及港澳台投资企业	Industry Enterprises with Funds from Hong Kong,Macao,Taiwan and Foreign Funds	168	38
其他企业	Other Enterprises	15	2
在总计中:亏损企业	Of which:Lossmaking Enterprises	830	830
在总计中:国有控股企业	Of which:State-holding Enterprises	601	154
按企业规模分	**Grouped by Size of Enterprises**		
大型企业	Large Enterprises	92	28
中型企业	Medium-sized Enterprises	486	107
小型企业	Small Enterprises	3 435	639
微型企业	Microenterprise	247	56
按门类分	**Grouped by Sector**		
采矿业	Mining	468	98
制造业	Manufacturing Industry	3 428	638
电力、热力、燃气及水生产和供应业	Production and Supply of Electricity, Heat ,Gas and Water	364	94

Main Economic Indicators of Industrial Enterprises above Designated Size

(100 million yuan)

工业总产值 Gross Industrial Output Value	工业销售产值 Industrial Sale Output Value	出口交货值 Delivery Value of Exports	资产合计 Total Assets	产成品 Finished Goods
1 063.36	1 050.45		2 310.22	75.61
1 157.40	1 141.31		2 585.06	80.17
1 320.62	1 307.43		2 722.14	82.86
1 557.17	1 547.14		3 033.50	131.01
2 093.98	2 061.84	94.04	3 567.17	116.54
2 596.21	2 577.47	89.63	3 964.32	146.72
3 393.09	3 338.22	115.76	4 808.98	186.21
4 298.29	4 225.66	159.26	5 834.12	219.13
5 144.58	4 896.85	116.03	7 185.11	259.64
5 178.21	4 962.99	99.14	7 674.88	266.08
6 464.63	6 247.87	115.14	9 611.09	317.04
7 780.83	7 527.74	114.19	11 053.93	417.82
9 224.81	8 783.33	125.59	13 076.97	513.52
10 289.07	9 831.22	130.91	15 854.90	518.55
10 521.79	10 022.04	153.60	17 458.16	565.88
10 155.67	9 667.86	172.95	18 180.58	559.16
10 609.75	10 084.35	269.81	19 474.18	540.81
11 559.51	11 150.77	269.46	20 241.46	574.40
13 157.59	12 634.59	369.03	20 562.12	559.21
1 047.35	1 031.19		1 191.24	62.29
28.11	27.91	1.08	31.54	0.67
4.81	4.65		6.72	0.80
11 327.36	10 848.49	349.67	18 313.85	458.99
543.37	522.29	18.27	812.10	30.22
17.30	17.02		17.56	0.41
2 089.19	2 006.72	17.83	4 347.05	91.19
6 631.36	6 490.25	44.17	14 097.86	223.29
4 836.18	4 739.58	80.45	8 766.82	132.53
3 382.20	3 250.24	115.94	5 085.06	164.28
4 789.70	4 497.74	170.22	6 324.56	258.16
149.51	147.03	2.42	385.68	4.24
906.64	842.91	1.29	1 402.32	28.33
10 761.85	10 309.46	360.86	11 732.14	527.34
1 489.10	1 482.22	6.88	7 427.66	3.54

8-4 续表1

单位：亿元

年份 类别	Year Item	负债合计 Total Liabilities	主营业务收入 Revenue from Principal Business
2000		1 280.62	1 058.91
2001		1 399.56	1 161.38
2002		1 475.14	1 313.29
2003		1 664.86	1 537.37
2004		1 878.60	2 052.46
2005		2 068.42	2 569.71
2006		2 638.14	3 357.53
2007		3 173.66	4 306.61
2008		4 168.36	4 961.12
2009		4 382.48	4 968.08
2010		5 735.24	6 356.24
2011		6 763.81	7 621.91
2012		8 255.51	8 942.15
2013		10 223.00	10 040.21
2014		10 991.96	10 358.22
2015		11 782.30	9 829.69
2016		12 431.16	10 149.03
2017		12 555.54	11 684.53
2018		12 479.36	13 227.39
按登记注册类型分	**Grouped by Registration Status**		
国有企业	State-owned Enterprises	880.07	1 071.12
集体企业	Collective-owned Enterprises	13.88	28.57
股份合作企业	Share Holding Enterprises	4.68	4.70
股份制企业	Joint-stock Enterprises	11 031.52	11 358.36
外商及港澳台投资企业		433.47	567.80
其他企业	Other Enterprises	12.23	17.37
在总计中：亏损企业	Of which:Lossmaking Enterprises	3 903.15	2 223.62
在总计中：国有控股企业	Of which:State-holding Enterprises	8 700.76	7 128.61
按企业规模分	**Grouped by Size of Enterprises**		
大型企业	Large Enterprises	4 809.39	5 345.43
中型企业	Medium-sized Enterprises	3 253.98	3 310.13
小型企业	Small Enterprises	4 155.87	4 432.54
微型企业	Microenterprise	260.12	139.30
按门类分	**Grouped by Sector**		
采矿业	Mining	828.19	828.02
制造业	Manufacturing Industry	5 994.29	10 973.12
电力、热力、燃气及水生产和供应业	Production and Supply of Electricity, Heat ,Gas and Water	5 656.88	1 426.25

continued

(100 million yuan)

主营业务税金及附加 Taxes and Other Charges on Principal Business	销售费用 Selling Expenses	管理费用 Administration Expenses	利润总额 Total Profits	亏损企业亏损总额 Total Losses of Loss-making Enterprises	利税总额 Total Tax and Profits	本年应交增值税 Value Added Tax Payable	全部从业人员年均人数(万人) Employed Persons at Year-end (10 000 persons)
174.86	26.58	86.12	69.75	23.15	333.13	88.52	11.63
171.03	36.40	94.09	82.19	20.15	347.40	94.18	2.22
192.48	52.00	102.95	73.16	30.04	371.47	105.83	0.79
207.08	57.37	119.55	108.06	29.44	439.03	123.90	0.10
227.08	64.86	144.36	215.47	24.63	593.76	151.21	27.05
245.62	76.28	154.21	227.91	31.18	651.22	177.68	9.83
278.24	90.70	179.26	310.18	32.78	806.86	218.45	35.15
327.11	108.45	208.88	388.61	28.21	996.13	280.41	0.46
389.51	133.66	275.17	310.14	99.67	1 005.52	305.87	2.12
442.36	150.01	282.10	360.25	59.77	1 094.18	291.57	3.25
507.41	198.84	371.07	599.34	38.14	1 444.33	337.57	92.60
619.98	214.50	402.02	639.70	57.08	1 664.48	404.80	90.62
706.73	245.99	431.81	586.52	130.29	1 758.58	463.85	101.04
786.38	274.62	468.02	630.63	163.97	1 896.76	478.02	103.32
824.19	267.73	463.00	516.08	228.59	1 821.02	472.75	99.24
836.99	275.24	450.86	465.53	298.25	1 758.24	446.16	93.45
766.12	280.90	460.75	334.98	440.42	1 545.48	434.75	90.54
849.50	334.73	485.31	782.65	185.27	2 133.18	487.20	87.10
958.75	382.89	503.15	925.21	162.62	2 428.07	523.21	82.99
158.10	18.09	23.46	67.26	6.63	284.59	58.90	4.77
0.48	1.14	1.64	1.39	0.27	2.83	0.94	0.47
0.10	0.14	0.42	0.26	0.07	0.75	0.40	0.09
786.96	304.92	436.15	806.08	136.38	2 051.16	437.78	69.39
8.83	54.23	31.53	33.21	18.45	59.42	17.17	5.10
0.17	0.39	0.51	0.84	0.01	1.32	0.31	0.18
14.48	36.98	87.53	- 162.62	162.62	- 87.96	55.83	18.96
912.30	124.13	266.81	543.00	98.60	1 850.97	376.31	29.83
742.20	125.22	196.72	384.43	30.97	1 425.63	280.77	22.18
177.08	127.87	128.50	229.50	79.60	540.02	132.06	25.31
38.58	127.76	173.72	297.83	50.09	446.15	108.45	34.80
0.88	2.05	4.21	13.45	1.95	16.26	1.93	0.69
25.93	22.79	54.19	88.57	14.55	164.51	49.73	11.51
916.29	351.48	410.50	673.36	93.15	1 986.94	379.22	63.05
16.53	8.62	38.46	163.28	54.92	276.62	94.26	8.43

8-4 续表2

单位：亿元

类 别	Item	企业单位数(个) Number of Enterprises (unit)	亏损企业 Loss-making Enterprises
按行业类别分	**Grouped by Industry Sector**		
采矿业	**Mining**	**468**	**98**
煤炭开采和洗选业	Coal Mining and Dressing	261	48
石油和天然气开采业	Petroleum & Natural Gas Extraction		
黑色金属矿采选业	Mining & Dressing of Ferrous Metals	41	11
有色金属矿采选业	Mining and Processing of Non-Ferrous Metal Ores	102	28
非金属矿采选业	Mining and Processing of Nonmetal Ores	63	11
开采辅助活动	Assitant Activities of Mining		
其他采矿业	Mining of Other Ores	1	
制造业	**Manufacturing Industry**	**3 428**	**638**
农副食品加工业	Processing of Food from Agricultural Products	628	83
食品制造业	Manufacture of Foods	182	20
酒、饮料和精制茶制造业	Manufacture of Wine,Beverage and Refined Tea	260	43
烟草制品业	Manufacture of Tobacco	14	
纺织业	Manufacture of Textile	30	5
纺织服装、服饰业	Manufacture of Textile Wearing Apparel and Dress Adornment	18	1
皮革、毛皮、羽毛及其制品和制鞋业	Manufacture of Leather.Fur,Feather and Related Products	7	1
木材加工和木、竹、藤、棕、草制品业	Processing of Timber, Manufacture of Wood, Bamboo, Rattan, Palm and Straw Products	83	20
家具制造业	Manufacture of Furniture	13	1
造纸和纸制品业	Manufacture of Paper and Paper Products	83	14
印刷和记录媒介复制业	Printing, Reproduction of Recording Media	67	8
文教、工美、体育和娱乐用品制造业	Manufacture of Articles for Culture,Education,Arts, Sport Activities and Entertainment	50	1
石油加工、炼焦和核燃料加工业	Processing of Petroleum, Coking, Processing of Nuclear Fuel	35	6
化学原料和化学制品制造业	Manufacture of Raw Chemical Materials and Chemical Products	338	95
医药制造业	Manufacture of Medicines	150	32
化学纤维制造业	Manufacture of Chemical Fibers	3	1
橡胶和塑料制品业	Manufacture of Rubber and Plastics	147	34
非金属矿物制品业	Manufacture of Non-metallic Mineral Products	511	75
黑色金属冶炼和压延加工业	Smelting and Pressing of Ferrous Metals	80	20
有色金属冶炼和压延加工业	Smelting and Pressing of Non-ferrous Metals	191	67
金属制品业	Manufacture of Metal Products	157	26
通用设备制造业	Manufacture of General Purpose Machinery	65	19
专用设备制造业	Manufacture of Special Purpose Machinery	66	20
汽车制造业	Manufacture of Cars	33	6
铁路、船舶、航空航天和其他运输设备制造业	Manufacture of Railways,Boats,Aerospace and Other Transport Equipment	11	2
电气机械和器材制造业	Manufacture of Electrical Machinery and Equipment	97	17
计算机、通信和其他电子设备制造业	Manufacture of Computer,Communication Equipment and Electronic Equipment	56	12
仪器仪表制造业	Manufacture of Measuring Instruments and Machinery	19	3
其他制造业	Other Manufacturing Industry	2	1
废弃资源综合利用业	Comprehensive Utilization of Waste	31	5
金属制品、机械和设备修理业	Manufacture of Metal Products, Machinery and Equipment Repairing	1	
电力、热力、燃气及水生产和供应业	**Production and Supply of Electricity, Heat ,Gas and Water**	**364**	**94**
电力、热力生产和供应业	Production and Supply of Electric Power and Heat Power	313	82
燃气生产和供应业	Production and Supply of Gas	18	5
水的生产和供应业	Production and Supply of Water	33	7

continued

(100 million yuan)

工业总产值 Gross Industrial Output Value	工业销售产值 Industrial Sale Output Value	出口交货值 Delivery Value of Exports	资产合计 Total Assets	产成品 Finished Goods
906.64	**842.91**	**1.29**	**1 402.32**	**28.33**
384.13	371.75	1.29	582.84	8.32
112.76	106.37		181.50	7.73
304.63	259.89		438.18	6.81
104.82	104.65		199.59	5.48
0.30	0.24		0.21	
10 761.85	**10 309.46**	**360.86**	**11 732.14**	**527.34**
894.99	835.21	37.77	571.36	38.14
266.04	254.05	15.24	232.61	18.20
355.73	321.16	5.37	408.54	39.72
1 566.66	1 518.21	15.99	2 512.48	101.84
35.20	32.32	3.82	31.23	5.56
20.46	20.30		33.59	0.86
12.36	12.17	1.84	6.45	1.25
81.69	75.79	0.27	65.15	6.44
9.28	8.07		8.03	2.52
94.58	89.88	1.04	114.02	7.09
85.98	81.49	0.64	165.55	5.47
150.10	133.83	0.82	49.66	9.90
798.15	797.53		468.14	11.96
984.81	927.65	10.99	1 105.28	59.89
425.63	378.57	5.27	723.13	26.99
15.41	15.94		9.65	0.59
157.40	146.31		103.89	9.85
794.59	772.67	2.44	907.14	23.61
1 034.05	1 016.13	5.22	842.04	23.90
1 735.93	1 687.92	6.40	2 153.55	60.82
196.73	189.83	2.04	163.75	9.81
71.09	66.21	3.03	91.75	7.31
72.02	69.99	6.14	93.63	6.70
353.41	331.18	50.26	284.51	17.22
32.47	38.12	10.93	85.71	1.54
141.34	135.99	0.47	150.75	16.18
285.66	264.21	160.63	267.05	10.01
26.69	26.34	14.04	25.45	0.60
0.58	0.50	0.19	3.23	0.34
62.49	61.58		54.43	3.04
0.34	0.34		0.40	
1 489.10	**1 482.22**	**6.88**	**7 427.66**	**3.54**
1 362.83	1 356.78	6.88	6 593.62	0.33
85.75	85.65		547.48	0.36
40.52	39.79		286.56	2.85

8-4 续表3

单位：亿元

类　别	Item	负债合计 Total Liabilities
按行业类别分	Grouped by Industry Sector	
采矿业	**Mining**	**828.19**
煤炭开采和洗选业	Coal Mining and Dressing	347.79
石油和天然气开采业	Petroleum & Natural Gas Extraction	
黑色金属矿采选业	Mining & Dressing of Ferrous Metals	129.25
有色金属矿采选业	Mining and Processing of Non-Ferrous Metal Ores	223.68
非金属矿采选业	Mining and Processing of Nonmetal Ores	127.29
开采辅助活动	Assitant Activities of Mining	
其他采矿业	Mining of Other Ores	0.19
制造业	**Manufacturing Industry**	**5 994.29**
农副食品加工业	Processing of Food from Agricultural Products	328.59
食品制造业	Manufacture of Foods	105.46
酒、饮料和精制茶制造业	Manufacture of Wine,Beverage and Refined Tea	210.81
烟草制品业	Manufacture of Tobacco	468.23
纺织业	Manufacture of Textile	19.02
纺织服装、服饰业	Manufacture of Textile Wearing Apparel and Dress Adornment	25.71
皮革、毛皮、羽毛及其制品和制鞋业	Manufacture of Leather，Fur,Feather and Related Products	3.86
木材加工和木、竹、藤、棕、草制品业	Processing of Timber, Manufacture of Wood, Bamboo, Rattan, Palm and Straw Products	39.68
家具制造业	Manufacture of Furniture	4.31
造纸和纸制品业	Manufacture of Paper and Paper Products	73.86
印刷和记录媒介复制业	Printing, Reproduction of Recording Media	41.19
文教、工美、体育和娱乐用品制造业	Manufacture of Articles for Culture,Education,Arts,Sport Activities and Entertainment	16.13
石油加工、炼焦和核燃料加工业	Processing of Petroleum, Coking, Processing of Nuclear Fuel	244.57
化学原料和化学制品制造业	Manufacture of Raw Chemical Materials and Chemical Products	847.62
医药制造业	Manufacture of Medicines	370.18
化学纤维制造业	Manufacture of Chemical Fibers	1.01
橡胶和塑料制品业	Manufacture of Rubber and Plastics	59.82
非金属矿物制品业	Manufacture of Non-metallic Mineral Products	541.71
黑色金属冶炼和压延加工业	Smelting and Pressing of Ferrous Metals	562.95
有色金属冶炼和压延加工业	Smelting and Pressing of Non-ferrous Metals	1 316.12
金属制品业	Manufacture of Metal Products	105.25
通用设备制造业	Manufacture of General Purpose Machinery	69.71
专用设备制造业	Manufacture of Special Purpose Machinery	61.48
汽车制造业	Manufacture of Cars	190.00
铁路、船舶、航空航天和其他运输设备制造业	Manufacture of Railways,Boats,Aerospace and Other Transport Equipment	25.04
电气机械和器材制造业	Manufacture of Electrical Machinery and Equipment	73.50
计算机、通信和其他电子设备制造业	Manufacture of Computer,Communication Equipment and Electronic Equipment	148.88
仪器仪表制造业	Manufacture of Measuring Instruments and Machinery	14.31
其他制造业	Other Manufacturing Industry	2.13
废弃资源综合利用业	Comprehensive Utilization of Waste	22.96
金属制品、机械和设备修理业	Manufacture of Metal Products, Machinery and Equipment Repairing	0.18
电力、热力、燃气及水生产和供应业	**Production and Supply of Electricity, Heat ,Gas and Water**	**5 656.88**
电力、热力生产和供应业	Production and Supply of Electric Power and Heat Power	5 187.52
燃气生产和供应业	Production and Supply of Gas	262.81
水的生产和供应业	Production and Supply of Water	206.56

continued

(100 million yuan)

主营业务收　入 Revenue from Principal Business	主营业务税金及附加 Taxes and Other Charges on Principal Business	销售费用 Selling Expenses	管理费用 Administration Expenses	利润总额 Total Profit	亏损企业亏损总额 Total Losses of Loss- Making Enterprises	利税总额 Total Tax and Profit	本年应交增值税 Value Added Tax Payable	全部从业人员年均人数(万人) Employed Persons Average Number of (10 000 persons)
828.02	**25.93**	**22.79**	**54.19**	**88.57**	**14.55**	**164.51**	**49.73**	**11.51**
373.26	11.41	10.21	24.30	41.16	3.23	75.04	22.36	6.77
106.93	2.83	3.01	5.88	9.49	1.91	18.52	6.18	0.80
241.64	7.74	2.21	16.72	27.42	8.75	51.40	16.11	2.98
105.95	3.96	7.35	7.28	10.49	0.66	19.55	5.07	0.95
0.23				0.01		0.01		
10 973.12	**916.29**	**351.48**	**410.50**	**673.36**	**93.15**	**1 986.94**	**379.22**	**63.05**
809.83	2.24	21.52	25.29	35.40	5.27	46.58	8.79	6.90
253.43	1.16	23.24	10.87	20.79	0.56	27.78	5.75	2.89
367.93	7.35	33.11	16.76	31.12	2.88	50.11	11.16	3.54
1 522.79	719.91	27.35	90.77	178.61		1 078.05	168.12	2.52
28.78	0.15	0.27	1.06	1.19	0.17	1.91	0.57	0.54
19.94	0.06	0.34	1.04	1.51	0.01	1.75	0.17	0.45
11.36	0.05	0.61	0.50	0.29	0.09	0.46	0.12	0.27
70.86	0.31	1.33	2.62	3.23	0.77	5.78	2.24	1.12
6.98	0.05	0.34	0.35	0.79		0.95	0.11	0.12
86.38	0.59	2.26	4.00	4.34	1.18	8.51	3.58	1.07
78.53	0.64	2.02	8.38	8.71	0.50	13.10	3.69	1.14
134.84	2.19	2.29	13.18	19.43	0.07	28.46	6.84	0.88
795.90	149.70	5.13	8.63	34.24	1.82	228.24	44.06	1.16
923.57	4.58	46.17	41.67	30.45	28.21	50.43	14.81	7.00
379.03	4.00	100.33	25.74	54.77	11.42	81.44	22.64	3.12
15.94	0.12	0.09	0.85	3.74		4.73	0.86	0.05
140.22	0.46	2.74	4.39	3.63	2.45	5.68	1.59	1.55
744.65	6.09	24.32	31.43	85.35	4.21	122.40	30.53	6.34
1 197.92	3.61	17.30	24.08	42.51	1.76	65.65	18.93	4.43
2 200.35	7.78	14.31	48.55	27.39	24.27	62.11	23.28	7.86
185.85	0.67	3.34	6.46	6.78	0.82	10.15	2.65	1.61
63.72	0.31	2.41	4.86	-1.03	3.63	0.49	1.20	0.97
67.28	0.53	1.99	5.53	3.10	1.48	5.24	1.56	1.03
323.87	0.62	4.12	8.25	23.76	0.25	24.82	0.28	1.29
41.14	0.28	0.62	3.70	2.81	0.04	4.34	1.22	0.33
133.62	0.63	4.18	8.19	3.86	0.60	6.88	2.36	1.33
284.97	1.81	8.23	9.42	41.85	0.36	43.28	-0.38	2.95
20.31	0.08	0.60	1.38	1.45	0.03	2.00	0.47	0.27
0.50		0.01	0.03	-0.02	0.04	-0.02		0.03
62.31	0.31	0.90	2.44	3.30	0.23	5.63	2.03	0.29
0.31			0.05					0.01
1 426.25	**16.53**	**8.62**	**38.46**	**163.28**	**54.92**	**276.62**	**94.26**	**8.43**
1 307.23	12.76	4.53	30.99	147.07	50.30	251.83	89.56	7.32
78.03	0.56	1.81	3.25	12.64	1.95	16.63	3.34	0.50
40.99	3.21	2.28	4.22	3.57	2.67	8.16	1.36	0.61

8-5 各州市规模以上工业企业主要经济数据（2018年）

Main Economic Indicators of Industry above Designated Size by Region (2018)

单位：个 (unit)

州 市	Region	企业单位数 Number of Enterprises	大型企业 Large Enterprises	中型企业 Medium-sized Enterprises	小型企业 Small Enterprises	微型企业 Mini Enterprises	亏损企业数 Number of Loss-making Enterprises
全 省	**Yunnan**	**4 260**	**92**	**486**	**3 435**	**247**	**830**
昆 明	Kunming	990	26	109	816	39	211
曲 靖	Qujing	648	15	89	521	23	101
玉 溪	Yuxi	421	10	54	330	27	77
保 山	Baoshan	267	3	34	207	23	27
昭 通	Zhaotong	124	4	22	95	3	27
丽 江	Lijiang	78		2	72	4	21
普 洱	Pu'er	159	2	23	123	11	53
临 沧	Lincang	170	3	19	124	24	48
楚 雄	Chuxiong	324	4	20	282	18	44
红 河	Honghe	401	10	45	321	25	71
文 山	Wenshan	159	3	20	131	5	28
西双版纳	Xishuangbanna	86	3	7	72	4	32
大 理	Dali	279	6	22	229	22	42
德 宏	Dehong	113	2	14	82	15	35
怒 江	Nujiang	18	1	3	14		7
迪 庆	Diqing	23		3	16	4	6

8-5 续表1 continued

单位：亿元 (100 million yuan)

州 市	Region	国有企业 State-owned Enterprise 单位数(个) Number of Enterprises (unit)	国有企业 State-owned Enterprise 总产值(亿元) Gross Output Value (100 million yuan)	集体企业 Collective-owned Enterprise 单位数(个) Number of Enterprises (unit)	集体企业 Collective-owned Enterprise 总产值(亿元) Gross Output Value (100 million yuan)	股份合作制企业 Corporations Enterprise 单位数(个) Number of Enterprises (unit)	股份合作制企业 Corporations Enterprise 总产值(亿元) Gross Output Value (100 million yuan)	工业总产值 Gross Industrial Output Value	工业销售产值(当年价) Sales Value of Industry (at current prices)	出口交货值 Delivery Value of Exports
全 省	**Yunnan**	**72**	**1 047.35**	**35**	**28.11**	**7**	**4.81**	**13 157.59**	**12 634.59**	**369.03**
昆 明	Kunming	23	893.59	10	4.47	2	0.40	3 918.47	3 851.59	44.88
曲 靖	Qujing	12	21.42	14	15.53			1 821.56	1 781.67	9.94
玉 溪	Yuxi	1	0.18	6	6.61	2	0.66	1 690.19	1 597.10	31.88
保 山	Baoshan	2	6.89			1	1.46	528.87	502.47	7.29
昭 通	Zhaotong	4	9.65					483.74	476.24	0.69
丽 江	Lijiang							129.44	123.62	1.74
普 洱	Pu'er	4	17.78					230.11	222.01	4.33
临 沧	Lincang	2	0.53					281.59	243.27	2.23
楚 雄	Chuxiong	3	17.30					910.72	843.96	7.46
红 河	Honghe	12	27.08	4	0.85	1	1.02	1 468.52	1 427.42	169.78
文 山	Wenshan	4	39.78					409.34	349.88	4.23
西双版纳	Xishuangbanna							176.51	161.79	
大 理	Dali			1	0.65			823.24	775.20	65.81
德 宏	Dehong	3	3.33					175.11	168.55	18.67
怒 江	Nujiang	2	9.83					58.69	60.76	
迪 庆	Diqing					1	1.27	51.50	49.04	0.09

8-5 续表2 continued

单位：亿元 (100 million yuan)

州 市	Region	资产合计 Total Assets	产成品 Finished Goods	流动资产 Annual Average Balance of Working Capitals	负债合计 Total Liabilities
全 省	**Yunnan**	**20 562.12**	**559.21**	**7 528.10**	**12 479.36**
昆 明	Kunming	5 553.93	185.88	2 764.91	3 155.09
曲 靖	Qujing	2 193.33	63.42	781.13	1 385.90
玉 溪	Yuxi	1 885.58	57.10	950.67	747.56
保 山	Baoshan	719.65	32.79	274.02	449.12
昭 通	Zhaotong	1 636.57	9.24	286.28	1 040.64
丽 江	Lijiang	843.09	4.39	214.74	670.97
普 洱	Pu'er	1 052.55	14.65	162.15	792.57
临 沧	Lincang	659.36	16.83	168.33	468.12
楚 雄	Chuxiong	1 019.01	31.27	359.53	653.40
红 河	Honghe	1 756.41	45.43	665.45	1 033.91
文 山	Wenshan	636.63	28.88	216.75	362.42
西双版纳	Xishuangbanna	294.35	20.52	105.62	190.81
大 理	Dali	1 397.17	32.72	412.16	880.30
德 宏	Dehong	354.47	12.24	97.26	236.96
怒 江	Nujiang	277.58	1.75	39.42	193.08
迪 庆	Diqing	282.45	2.11	29.67	218.51

8-5 续表3 continued

单位：亿元 (100 million yuan)

州 市	Region	主营业务收入 Revenue from Principal Business	主营业务税金及附加 Taxes and Other Charge on Principal Business	销售费用 Selling Expenses	管理费用 Administration Expenses
全 省	**Yunnan**	**13 227.39**	**958.75**	**382.89**	**503.15**
昆 明	Kunming	4 552.25	336.49	184.94	147.01
曲 靖	Qujing	1 803.96	116.33	35.07	69.65
玉 溪	Yuxi	1 538.48	254.20	31.97	64.93
保 山	Baoshan	482.58	3.87	13.23	30.22
昭 通	Zhaotong	465.74	44.34	7.46	18.55
丽 江	Lijiang	114.79	1.48	2.98	4.54
普 洱	Pu'er	215.10	2.13	6.30	9.88
临 沧	Lincang	232.21	1.46	4.67	10.52
楚 雄	Chuxiong	781.38	55.24	14.90	24.56
红 河	Honghe	1 445.77	98.09	26.90	64.05
文 山	Wenshan	354.88	7.99	13.79	16.83
西双版纳	Xishuangbanna	168.01	0.73	4.59	5.54
大 理	Dali	795.87	32.90	29.80	23.86
德 宏	Dehong	168.52	0.86	4.39	6.83
怒 江	Nujiang	60.48	1.44	0.63	4.29
迪 庆	Diqing	47.36	1.19	1.27	1.89

8-5 续表4 continued

单位：亿元 (100 million yuan)

州 市	Region	利税总额 Total Tax and Profits	本年应交增值税 Value Added Tax Payable	利润总额 Total Profit	亏损企业亏损总额 Total Losses of Loss-making Enterprises	全部从业人员年均人数(万人) Average Number of Employed Persons at Year-end (10 000 persons)
全 省	**Yunnan**	**2 428.07**	**523.21**	**925.21**	**162.62**	**82.99**
昆 明	Kunming	714.94	152.00	222.67	60.41	19.51
曲 靖	Qujing	265.97	65.54	82.16	29.74	13.77
玉 溪	Yuxi	450.49	79.81	112.39	4.47	9.28
保 山	Baoshan	69.22	17.21	48.00	5.32	4.15
昭 通	Zhaotong	171.64	39.03	87.61	7.78	3.16
丽 江	Lijiang	14.53	7.98	4.93	3.46	1.27
普 洱	Pu'er	47.51	14.62	30.00	5.68	3.13
临 沧	Lincang	29.64	8.18	19.58	4.53	2.98
楚 雄	Chuxiong	123.01	23.15	43.72	11.51	4.06
红 河	Honghe	265.34	55.08	106.07	11.78	9.91
文 山	Wenshan	79.97	16.91	55.04	2.18	2.91
西双版纳	Xishuangbanna	19.32	4.92	13.45	2.09	1.22
大 理	Dali	143.22	26.05	83.00	4.03	4.71
德 宏	Dehong	16.76	5.59	10.23	2.70	1.72
怒 江	Nujiang	16.16	5.33	9.19	0.64	0.83
迪 庆	Diqing	0.33	1.84	- 2.84	6.28	0.38

8-6 主要工业产品产量（2018年）

Output of Major Industrial Products (2018)

单位：万吨 (10 000 tons)

名 称	Item	生产量 Output
原 煤	Coal	4 534.90
洗精煤(用于炼焦)	Washed Coal （Used For Coking)	882.25
焦 炭	Coke	907.43
发电量（亿千瓦小时)	Electricity (100 million kwh)	3 007.72
#水电	Thermal Power	2 477.80
火电	Hydro Power	287.28
铁矿石原矿量	Ironstone in Original Iron Ores	1 840.92
锰矿石成品矿	Manganese Ore	3.48
铜选矿产品含铜量	Copper Content of Copper Dressing Products	21.00
铅选矿产品含铅量	Lead Content of Lead Dressing Products	14.87
锌选矿产品含锌量	Zinc Content of Zinc Dressing Products	56.25
锡选矿产品含锡量	Stannum Content of Stannum Dressing Products	4.78
钨精矿折含量	tungsten ores & concentrates	0.68
硫铁矿（折S 35%)	Pyrite Ore(converted into 35% sulphur)	42.51
磷矿石（折P_2O_3 30%)	Rock Phosphate (converted into 30% P_2O_3)	2 109.65
生 铁	Pig Iron	1 572.36
粗 钢	Crude Steel	1 925.04
钢 材	Rolled Steel	1 940.74
中小型型钢	Medium and Small Rolled Steel	50.15
棒 材	Steel Bar	70.74
钢 筋	Corrugated Steel Bar	1 001.95
盘 条（线材)	Wire Rod(Wire Stock)	523.12
中 板	Medium Steel Plate	
铁合金	Ferroalloy	61.07
十种有色金属	Ten Kinds of Nonferrous Metals	356.48
#铜	Copper	64.04
原铝	Primary Aluminum	131.44
铅	Lead	35.96
锌	Zinc	113.24
锡	Stannum	10.59
锑	Stibium	1.18
硫 酸（折100%)	Sulfuric Acid(Converted into 100% H2SO4)	1 442.32
烧 碱（折100%)	Caustic Soda (Converted into 100% Sodium Hydroxide)	27.55
电 石（折合量)	Calcium Carbide(Reduced Quantity)	58.25
黄 磷	Yellow Phosphorus	55.80
纯 碱	Soda Ash	13.27
初级形态塑料	Plastic	42.90
合成氨	Synthetic Ammonia	210.03
化 肥(折100%)	Chemical Fertilizer(Converted into 100% Nitrogen,Phosphorus and Kalium)	276.29
#氮肥	Nitrogen Fertilizer	81.17
磷肥	Phosphate Fertilizer	192.06
农用簿膜	Agriculture Plastic Film	11.54
小型拖拉机（万台)	Agricultural Transport Machinery(10 000 units)	1.93
饲料	Forage	394.02
复烤烟叶	Flue-cured Tobacco	66.18
卷烟(亿支)	Cigarettes(100 million pieces)	3 501.52
成品糖	Sugar of Finished Product	244.98
发酵酒精（折96度)(万升)	Fermenting Alcohol (Converted into 96% alc.)(10 kiloliters)	15 929.49
精制茶叶	Refined Tea	14.26

注：本表统计范围为规模以上工业法人单位。
Note: The coverage of statistics are industrial enterprises above designated size in this table.

8-6　续表　continued

单位：万吨　　(10 000 tons)

名　　称	Item	生产量 Output
原　盐	Salt	160.13
饮料酒（亿升）	Liquor (100 million liters)	8.84
#白酒（折65度)(亿升)	White Spirit (Converted into 65% alc.)(100 million liters)	0.96
啤酒(亿升)	Beer (100 million liters)	7.28
葡萄酒(亿升)	Wine(10 000 kiloliters)	0.27
软饮料	Soft Drinks	437.15
罐　头	Canned Food	3.83
乳制品	Milk Products	67.30
糖　果	Candy	1.85
化学纤维	Chemical Fiber	6.22
纱	Yarn	2.04
布（万米）	Cloth (10 000 m)	23.00
#纯棉布(万米)	#Cotton Cloth (10 000 m)	23.00
印染布（万米）	Printed Fabric (10 000 m)	
丝（吨）	Silk (ton)	3 963.73
服　装（万件）	Garments (10 000 pieces)	859.31
塑料制品	Plastic Products	49.39
自来水生产量（万立方米）	Tap Water Output (10 000 cu.m)	78 554.25
合成洗涤剂	Synthetic Detergents	10.57
卫生陶瓷器（万件）	Ceramics for Daily Use (10 000 units)	52.14
日用玻璃制品	Glass Products for Daily Use	3.76
纸　浆	Paper Pulp	30.19
机制纸及纸板	Machine-made Paper and Cardboard	88.51
大　米	Rice	15.97
小麦粉	Wheat Flour	20.05
食用植物油	Edible Vegetable Oil	46.45
水　泥	Cement	11 798.42
平板玻璃（万重量箱）	Plate Glass (10 000 weight boxes)	1 024.29
大理石板材（万平方米）	Marble Building Block (10 000 sq.m)	463.74
商品混凝土（万立方米）	Concrete (10 000 cu.m)	4 850.48
人造板（万立方米）	Manmade Plates (10 000 cu.m)	375.15
复合地板（万平方米）	Engineered Floor(10 000 sq.m)	15.38
松　香	Rosin	22.12
矿山设备	Mining Equipment	5.99
金属轧制设备	Metal Shaping Equipment	0.09
起重机	Lifting Equipment	1.92
发电设备（万千瓦）	Power Equipment (10 000 kw.)	58.76
交流电动机（万千瓦）	Alternating Current Motor (10 000 kw.)	51.14
变压器（万千伏安）	Transformer (10 000 KVA)	1 771.21
金属切削机床（万台）	Metal-cutting Machine Tools (10 000 units)	2.03
汽　车（万辆）	Motor Vehicles (10 000 units)	17.77
发动机（万千瓦）	Internal Combustion Engines (10 000 kw)	3 215.98
电力电缆（万公里）	Electric Power Cable (10 000km)	29.71
轴　承（万套）	Bearing (10 000 units)	
打印机（万台）	Printers (10 000 units)	6.61
单色印刷（万令）	Single-color Printing (10 000 reams)	94.18
化学药品原药	Chemical Medicine	0.59
中成药	Chinese Traditional Patent Medicine	5.46
光学仪器(万台、个)	Optical Instrument (10 000 units, unit)	603.56

8-7 全省规模以上工业企业能源消费与库存（2018年）
Total Consumption and Inventory of Energy of Industrial Enterprises above Designated Size (2018)

单位：万吨 (10 000 tons)

名称	Item	年初库存 Stock in Early Year	能源消费量 Consumption	工业生产 Industrial Production	非工业生产 Non-industrial Production	年末库存 Stock at Year-end
原　煤	Raw Coal	373.96	6 576.15	6 560.30	15.86	486.96
洗精煤（用于炼焦）	Well Washed Coal （Used For Coking)	53.42	1 162.83	1 162.83		80.74
其他洗煤	Other Washed Coal	6.03	100.64	100.64		11.30
煤制品	Manufacture of Coal	0.10	5.22	5.22		4.69
焦　炭	Coke	42.59	962.92	962.90	0.02	34.01
其他焦化产品	Other Coked Products	0.98	0.54	0.54		0.10
焦炉煤气（亿立方米）	Coal Gas of Coking Furnace (100 million cu.m)		11.97	11.97		
高炉煤气（亿立方米）	Coal Gas of Furnace (100 million cu.m)		244.99	244.99		
其他煤气（亿立方米）	Other Coal Gas (100 million cu.m)		19.35	19.35		
天然气（亿立方米）	Natural Gas (100 million cu.m)		12.71	12.70	0.01	
液化天然气	Liquefied Natural Gas		1.08	1.08		
原　油	Raw Oil	37.62	1 010.03	1 010.03		38.86
汽　油	Gasoline	0.05	3.55	1.61	1.94	0.04
煤　油	Kerosene	0.03	0.08	0.08		0.03
柴　油	Diesel Oil	1.39	35.72	32.97	2.74	1.48
燃料油	Fuel Oil		1.72	1.72		
液化石油气	Liquefied Petroleum Gas		1.35	1.33	0.02	
炼厂干气	Gas of Metallurgical Plant		15.02	15.02		
其他石油制品	Other Petroleum Products	0.38	7.52	7.52		0.43
热　力（万百万千焦）	Heat (10 000 million kilo-joule)		1 006.76	1 006.75	0.01	
电　力（亿千瓦小时）	Electricity (100 million kwh)		1 020.12	1 011.27	8.84	
其他燃料(万吨标准煤)	Other Fuel (10 000 tons of SCE)	0.11	4.29	4.29		0.08

主要统计指标解释

工业 指从事自然资源的开采，对采掘品和农产品进行加工和再加工的物质生产部门。具体包括：

1. 对自然资源的开采，如采矿、晒盐等（但不包括禽兽捕猎和水产捕捞）

2. 对农副产品的加工、再加工，如粮油加工、食品加工、缫丝、纺织、制革等；

3. 对采掘品的加工、再加工，如炼铁、炼钢、化工生产、石油加工、机器制造、木材加工等，以及电力、燃气及水的生产和供应等。

4. 对工业品的修理、翻新，如机器设备的修理等。

1984 年以前农村的村及村以下办工业归属农业，1984 年及以后划归工业。

工业统计调查单位为工业法人单位。

工业法人单位 指从事工业生产经营活动的法人单位。工业法人单位应同时具备以下条件：①依法成立，有自己的名称、组织机构和场所，能够独立承担民事责任；②独立拥有（或授权）使用资产，承担负债，有权与其他单位签订合同；③具有包括资产负债表在内的帐户，或者能够根据需要编制帐户。

规模以上工业 从 2011 年开始，为年主营业务收入 2000 万元及以上的工业法人单位。

国有企业 指企业全部资产归国家所有，并按《中华人民共和国企业法人登记管理条例》规定登记注册的非公司制的经济组织。不包括有限责任公司中的国有独资公司。

集体企业 指企业资产归集体所有，并按《中华人民共和国企业法人登记管理条例》规定登记注册的经济组织。

股份合作企业 指以合作制为基础，由企业职工共同出资入股，吸收一定比例的社会资产投资组建，实行自主经营，自负盈亏，共同劳动，民主管理，按劳分配与按股分红相结合的一种集体经济组织。

股份制企业 指两个或两个以上的利益主体，以集股经营的方式自愿结合的一种企业组织形式。

其他企业 指上述企业之外的其他内资经济组织。

港澳台商投资企业 是指港、澳、台地区投资者依照中国法律，以合资、合作或独资的形式在内地开办的企业。

外商投资企业 是指外国投资者根据中华人民共和国有关涉外经济的法律、法规，以合资、合作或独资的形式在中国内地开办企业而形成的一种经济组织。

大、中、小和微型企业 企业规模的划分标准执行《统计上大中小微型企业划分办法（2017）》，按照企业从业人员、主营业务收入，将企业划分为大型、中型、小型和微型。

工业总产值 指工业企业在报告期内生产的以货币形式表现的工业最终产品和提供工业劳务活动的总价值量。它包括：在本企业内不再进行加工，经检验、包装入库的成品价值、对外加工费收入、自制半成品、在制品期末期初差额价值。工业总产值采用“工厂法”计算，即以工业企业作为一个整体，按企业工业生产活动的最终成果计算，企业内部不允许重复计算，不能把企业内部各个车间（分厂）生产的成果相加。但在企业之间、行业之间、地区之间存在重复计算。

工业总产值计算遵循以下规定：

1. 凡用自备原材料生产的产品，不论其加工的繁简程度如何，一律按全价，即工业总产值包括自备原材料的价值。

2. 凡承接来料加工生产的产品，加工企业只收取加工费，加工企业一律按财务上结算的加工费计算工业总产值，即不包括定货者来料的价值。

3. 自制半成品、在制品期末期初差额价值，原则上应计入工业总产值，但如果会计产品成本核算中不计算自制半成品、在制品成本，则不计入工业总产值；如果会计产品成本核算中计算自制半成品、在制品成本的，则计入工业总产值。

4. 成品价值按成品实物量乘以报告期不含应交增值税（销项税额）的产品实际销售平均单价计算。

资产总计 指企业过去的交易或者事项形成的、由企业拥有或者控制的、预期会给企业带来经济利益的资源。资产一般按流动性分为流动资产和非流动资产。其中流动资产可分为货币资金、交易性金融资产、应收票据、应收账款、预付款项、其他应收款、存货等；非流动资产可分为长期股权投资、固定资产、无形资产及其他非流动资产等。

全员劳动生产率 指根据产品的价值量指标的平均每一职工在单位时间内的产品生产量。目前我国的全员劳动生产率是用工业总产值或工业增加值除以同一时期全部职工的平均人数来计算的。计算公式为：

全员劳动生产率 = 工业总产值 / 全部职工平均人数 ×12/ 累计月份

或 = 工业增加值 / 全部职工平均人数 ×12/ 累计月份

工业产品销售率 指报告期工业销售产值与同期全部工业总产值之比，反映工业产品生产已实现销售的程度。计算公式为：

工业产品销售率（%）= 报告期现价工业销售产值 / 报告期现价工业总产值 ×100%

工业成本费用利润率 指报告期实现利润总额与成本费用之比，反映降低成本的经济效益。计算公式为。

工业成本费用利润率（%）= 报告期实现利润总额 / 报告期成本费用总额 ×100%

成本费用是产品销售成本、产品销售费用、管理费用、财务费用之和

流动资产周转率 指一定时期内流动资产完成的周转次数，反映流动资产的周转速度。计算公式为：

流动资产周转率 = 报告期止累计产品销售收入 / 报告期平均流动资产 ×12/ 累计月数

资产负债率 又称债务比率，该比率反映在企业资产总额中有多少资产是通过借债而得到的。是反映企业长期偿债能力的指标之一，也可以用于衡量企业利用债权人提供资金进行经营活动的能力以及企业在清算时保护债权人利益的程度。计算公式为：

资产负债率 = 负债总额 ÷ 资产总额 ×100%

总资产贡献率 是反映全部资产的获利能力，是企业管理水平和经营业绩的集中体现。计算公式为：

总资产贡献率（%）= 利润总额 + 利息支出 / 平均资产总额 ×12/ 累计月数 ×100%

平均资产总额为资产总计期初、期末之和的算术平均值。即：

平均资产总额 =（期初资产总额 + 期末资产总额）÷2

资本保值增值率 反映企业资产的变动状况，是企业发展能力的集中体现。计算公式为：

资产保值增值率（%）= 期末所有者权益 / 期初所有者权益 ×100%

能源生产总量 指一定时期内全国（地区）一次能源生产量的总和，是观察全国（地区）能源生产水平、规模、过程构成和发展速度的总量指标。一次能源生产量包括原煤、原油、天然气、水电、核电及其他动力能（如风能、地热能等）发电量，不包括低热值燃料生产量、太阳热能等的利用和由一次能源加工转换而成的二次能源产量。

能源消费总量 指一定时期内全国（地区）国民经济各行业和居民家庭在一定时期消费的各种能源的总和。能源消费总量分为三部分，即终端能源消费量、能源加工转换损失量和能源损失量。

1. 终端能源消费量 指一定时期内全国（地区）各行业和居民生活消费的各种能源数量在扣除了用于加工转换二次能源消费量和损失量以后的数量。

2. 能源加工转换损失量 指一定时期内全国（地区）投入加工转换的各种能源数量之和与产出各种能源产品之和的差额。它是观察能源在加工转换过程中损失量变化的指标。

3 . 能源损失量 指一定时期内能源在输送、分配、储存过程中发生的损失和由客观原因造成的各种损失量。不包括各种气体能源放空、放散量。

能源生产弹性系数 是研究能源生产增长速度与国民经济增长速度之间的关系的指标。其计算公式为：

能源生产弹性系数 = 能源生产总量年平均增长速度 / 国民经济年平均增长速度

国民经济年平均增长速度 , 可根据不同的目的或需要 , 用工农业总产值、生产总值等指标来计算，本资料是采用生产总值指标计算的。

电力生产弹性系数 是研究电力生产增长速度与国民经济增长速度之间关系的指标。计算公式为：

电力生产弹性系数 = 电力生产量年平均增长速度 / 国民经济年平均增长速度

能源消费弹性系数 是反映能源消费增长速度与国民经济增长速度之间比例关系的指标。计算公式为：

能源消费弹性系数 = 能源消费总量年平均增长速度 / 国民经济年平均增长速度

能源节约量 指在满足相等需求，达到相等目标的条件下节约和少用的能源数量。它是评价和考核节约能源工作好坏的重要指标。包括由于提高管理水平和技术水平，使单位产品能耗降低而节约能源的数量，以及由于调整产业结构、产品结构等使产值能耗降低而少用的能源数量。

能源节约率 是反映能源节约程度的综合性指标。能源节约率一般按年计算，如果要研究一个时期内能源节约程度的一般水平，可计算平均能源节约率指标。计算公式为：

能源节约率 =（报告期单位能源消费量 / 基期单位能源消费量 － 1）× 100%

年平均节能率 =（n 报告期单位能源消费量 / 基期单位能源消费源 −1）× 100%

公式中：单位能源消费量可以按生产总值、国民收入或工业总产值等计算

n 为基期与报告期间隔的年份数。

能源加工转换效率 指一定时期内能源经过加工转换后，产出的各种能源产品的数量与投入加工转换的各种能源数量的比率。它是观察能源加工转换装置和生产工艺先进与落后、管理水平高低等的重要指标。计算公式：

能源加工转换效率 = 加工转换产出量 / 加工转换投入量 × 100%

能源折算标准 各种能源由于原始计算单位不同 , 热值也不一样。因此 , 必须折算成同一标准计算单位，才能进行汇总、对比和分析。国际上习惯采用两种标准计算单位：一种为标准煤，另一种为标准油。目前我国采用标准煤为能源的计算单位。标准煤亦称煤当量，就是将不同品种、不同含热量的能源按各自不同的含热量折合成为一种标准含量的统一计量单位的能源。各类能源折算标准煤是按 1 公斤标准煤的热值为 7000 千卡进行折算的。

当量热值 热值又称理论热值（或实际发热值），是指某种能源一个度量单位本身所含热量。其热值的计算可根据试样在充氧的弹筒中（放有浸没氧弹的水的容器）完全燃烧所放出的热量（用燃烧后水温升高计算出来的）进行实测。

等价热值 是指加工转换产出的某种二次能源与相应投入的一次能源的当量，即获得一个度量单位的某种二次能源所消耗的，以热值表示的一次能源量。也就是消耗一个度量单位的某种二次能源，就等价于消耗了以热值表示的一次能源量。等价热值是个变动值，随着能源加工转换工艺的提高和能源管理工作的加强，转换损失逐渐减少，等价热值会不断降低。等价热值是对二次能源及消耗工质而言，因此一次能源不存在折算问题，因此也无所谓等价热值。

等价热值 = 二次能源具有的能量 ÷ 转换效率

转换效率 = 二次能源产出标准量 ÷ 加工转换投入能源标准量

原材料、能源消费量 指在报告期内实际使用的原材料、能源的数量，包括企业主营活动和附营活动实际使用的数量。消费的核算原则为 “谁消费谁统计”，即按使用权来统计。核算方法为当进入第一道生产工序，改变原来的形态或性能、或已实际投入使用，即作消费统计。

原材料、能源库存量 指在报告期期初、期末实际结存的原材料、能源数量。库存的核算原则为“谁支配，谁统计”，即按所有权来统计。核算方法是指企业有权支配动用的某一时点实际结存的原材料、能源的数量。

Explanatory Notes on Principal Statistical Indicators

Industry refers to the material production sector which is engaged in the extraction of natural resources and processing and reprocessing of minerals and agricultural products,including

1.Extraction of natural resources, such as mining, salt production, but not including hunting, fishing and logging;

2.Processing and reprocessing of farm and sideline produces, such as rice husking, food processing, flour milling, wine making, oil pressing, cotton ginning, silk reeling, spinning and weaving, and leather making;

3.Manufacturing of extracted products, such as steel making, iron smelting, chemicals manufacturing, petroleum processing, machine building, timber processing; water and gas production and electricity generation and supply;

4.repairing and renovating of industrial products such as the machinery.

Prior to 1984, the rural industry run by villages and cooperative organizations under village was classified into agriculture. Since 1984, it has been grouped into industry.

In industrial survey,the units of enquiry are industrial corporate units.

Industrial corporate units refer to corporate units engaging in industrial production and operation activities, which meet the following requirements:

1.They are established legally,having their own names,organizations,location,and are able to take civil liability independently;

2.They possess (or are authorized to use)assets independently,assume liabilities and are entitled to sign contracts with other units;

3.They have accounts including the balance sheets or can compile the accounts according to the need.

Industrial Enterprises above Designated Size refer to industrial enterprises with main business revenue reaches and exceeds 20 million yuan every year since 2011.

State-owned Enterprises refers to non-corporate economic organizations whose assets are owned by the state and registered in accordance with the regulations of the People's Republic of China for controlling the registration of enterprises as legal persons. Exclusive of a wholly state-owned company in a limited liability company.

Collective-owned Enterprises refers to economic organizations whose assets are owned by the collective and registered in accordance with the regulations of the People's Republic of China for controlling the registration of enterprises as legal persons.

Joint-stock Cooperative Enterprises refers to a kind of collective economy organization that established by a foundation with cooperative system, investment of enterprises workers and a certain proportion investment of the social assets. It executes independent management, self-financing profit and loss, joint labor, democratic management, distribution according to work and joint dividend by share.

Joint-stock Enterprises refers to a form of enterprise organization in which two or more interest subjects are voluntarily combined in the form of stock collection.

Other Enterprises refers to other domestic economic organizations other than the above-mentioned enterprises.

Hong Kong, Macao and Taiwan Investment Enterprises refers to Hong Kong, Macao and Taiwan investors in accordance with Chinese law, established in the mainland in the form of joint venture, cooperation or sole proprietorship.

Foreign-invested Enterprises refers to a kind of economic organization established by foreign investors, according to the relevant foreign-related economic laws, regulations of the People's Republic of China, established in the mainland in the form of joint venture, cooperation or sole proprietorship.

Large, Medium, Small and Microenterprises Since the bulletin of 2011,the standard of grouping the enterprises' scale has been changed according to Statistical Method of Classing Large, Medium, Small and Mini-sized Enterprises established by Ministry of Information and Industry, State Statistical Bureau, National Development and Reform Commission, Ministry of Finance. According to partitioning standards are number of employees, main operation revenue, enterprises are classified into large-sized, medium-sized, small-sized and microenterprises.

Gross Industry Output Value refers to the total value of final industrial products produced and industrial services provided during the reporting period. It is the total volume of industrial products produced during a given period in monetary terms, which reflects the total achievements and overall scale of industrial production. It includes value of finished products, which are not to be further processed in the enterprises and have been inspected, packed and put in storage, income from external processing, and differential value of self-made semi-finished products and products in process at the end and beginning of the report period. The gross industrial output value is calculated by the "factory method", i.e. an industrial enterprise is treated as the basic amounting unit in calculating the gross industrial output value; no double calculations are to be made within the same enterprise, e.g. the output value of the different workshops (branch factories) of an enterprises should not be added, however, this method does not exclude the possibility of double counting among different enterprises, industries and regions.

Calculation of gross Industry output value according to the following rules:

1.Products produced with self-prepared raw material are calculated at all-round price in reporting the gross industrial output value, irrespective complexity of simplicity of production, i.e., the gross industrial output value includes the value of self-prepared raw material.

2. Products processed with supplied materials are calculated, processing enterprises only charge processing fees, according to processing charges financially settled in reporting the gross industrial output value, i.e., the gross industrial output value excludes the value of orders' material.

3. The value of change in semi-finished products should be included in the gross industrial output value if it is included in the accounting record of the enterprise,otherwise it should not be included.

4. Value of finished product is calculated by the quantity of the finished products multiplied by the average unit price at which products are sold(excluding value-added tax).

Total Assets refer to all resources that are owned or controlled by enterprises through previous trades or transactions with expectation of making economic profits. Classified by the degree of liquidity,total assets include current assets, ad non-current assents.Current assets can be classified into monetary assets,trading financial assets,notes receivable,accounts receivable,advanced payment, other prepaid money and inventories.Non-current assets can be divided into long-term equity investment, fixed assets,intangible assets and other non-current assets.

Overall Labor Productivity refers to the average output per employed person of industrial enterprises in unit time in value terms. At present, gross industrial output value or added value of industry and average number of staff and workers of an industrial enterprise in a given period are used to calculate overall labor productivity. The formula used is as follows:

Overall Labor Productivity = Gross Industrial Output Value/Average Number of Staff and Workers× 12/

Accumulated Months = Added Value of Industry/Average Number of Staff and Workers×12/Accumulated Months

Ratio of Sales to Gross Output Value refers to the ratio of industrial sales value in the report period to gross industrial output value in the same period, which reflects the linkage between the industrial production and the realized sales. The formula is as follows:

Ratio of Sales to Gross Output Value = (Industrial Sales Value at Current Price in the Report Period/Gross Industrial Output Value at Current Price in the Report Period)×100%

Ratio of Profits to Total Costs and Expenses refers to the ratio of profits realized in the report period to the total costs and expenses in the same period, which reflects the economic efficiency of cost reduction. It is calculated as follows:

Ratio of Profits to Total Costs and Expenses (%) = (Total Profits Realized in the Report Period/Total Costs and Expenses in the Report Period)×100%

Costs and expenses are the sum of product sales cost, product sales expenses and financial expenses.

Turnover Rate of Current Assets refers to the number of times of turnover of current assets in a given period of time, which reflects the speed of the turnover of current assets. It is calculated as follows:

Turnover Rate of Current Assets (%) = (Accumulated Sales Revenue of Products by the End of Report Period/ Average Current Assets in the Report Period) ×12/Accumulated Months

Ratio of Debts to Assets reflects the proportion of assets obtained by borrowing in the total assets of an enterprise. It is one of the indicators reflecting the debt repaying capability of an enterprise in the long run and can also be used to measure the operating capability of an enterprise with the capital from creditors and the degree to which an enterprise can protect the interest of creditor during liquidation. The formula is as follows:

Ratio of Debts to Assets (%) = (Total Debts/Total Assets) ×100%

Contribution Rate of Total Assets reflects the profit-making capability of all assets and it is a key indicator manifesting the performance and management level of an enterprise. The formula is as follows: Contribution Rate of Total Assets (%) = [(Total Profits and Tax + Interest Payment)/Total Average Assets] × 12/Accumulated Months×100%

Total average assets refer to the arithmetic average value of total assets at the beginning and end of period, i.e. Total Average Assets = (Total Assets at the Beginning of Period + Total Assets at the End of Period) ÷2.

Rate of Asset Hedge and Increment reflects the variation of assets of an enterprise and manifests the development capability of an enterprise. The formula is as follows:

Rate of Asset Hedge and Increment (%) = (Owner's Equity at the End of Period/ Owner's Equity at the Beginning of Period) ×100%

Total Energy Production Volume refers to the total production volume of primary energy by all energy production enterprises in the country in a given period of time. It is a comprehensive indicator to show the capacity, scale, composition and development of energy production of the country. The production volume of primary energy includes that of coal, crude oil, natural gas, hydro-power and electricity generated by nuclear energy and other means such as wind power and geothermal power, but excludes that of fuels of low calorific value, bio-energy, solar energy and the secondary energy converted from the primary energy.

Total Domestic Energy Consumption refers to the total consumption of energy of various kinds by the production and the households in the country(region) in a given period of time. Total energy consumption can be divided into three parts: end-use energy consumption ; loss during the process of energy conversion ; and energy loss.

1.End-use energy consumption It refers to the total energy consumption by the production sectors and households in the country(region) in a given period of time.It does not include the consumption during the conversion of primary energy into the secondary energy and the loss in the process of energy conversion.

2.Loss during the process of energy conversion It refers to the total input of various kinds of energy for conversion, minus the total output of various kinds of energy in the country(region) in a given period of time. It is an indicator to show the loss that occurs during the process of energy conversion.

3.Energy loss It refers to the total of the loss of energy during the course of energy transport, distribution and storage and the loss caused by any objective reason in a given period of time. The loss of various kinds of gas due to gas discharges and stocktaking is not include.

Elasticity Ratio of Energy Production is an indicator to show the relationship between the growth rate of energy production and that of the national economy. The formula is as follows:

Elasticity Ratio of Energy Production = Average Annual Growth Rate of Energy Production/Average Annual Growth Rate of National Economy.

The average annual growth rate of the national economy can be calculated by gross output value of industry and agriculture, gross output value or other indicators, depending upon the purposes or needs. Gross output value is used in calculation of the ratio in this chapter.

Elasticity Ratio of Electricity Production is an indicator to show the relationship between the growth rate of electricity production that of the national economy. The formula is as follows:

Elasticity Ratio of Electricity Production = Average Annual Growth Rate of Electricity Production/Average Annual Growth Rate of National Economy.

Elasticity Ratio of Energy Consumption is an indicator to show the relationship between the growth rate of energy consumption and that of the national economy. The formula is as follows:

Elasticity Ratio of Energy Consumption = Average Annual Growth Rate of Energy Consumption/Average Annual Growth Rate of National Economy.

Quantity of Energy Conservation refers to the quantity of energy saved and less used in a certain period. It is an important indicator to appraise and examine the work of energy conservation. It includes the quantity of energy saved in unit product by improving management level and technology level and the quantity of energy less used due to the adjustment of industrial structure and product structure.

Ratio of Energy Conservation is a comprehensive indicator reflecting the degree of energy conservation. Ratio of energy conservation is usually calculated annually. The indicator of average ratio of energy conservation can be calculated for the study of the energy conservation in a certain period. The formula is as follows:

Ratio of Energy Conservation = [(Unit Energy Consumption in the Report Period/Unit Energy Consumption in the Base Period) – 1] ×100%

Annual Average Ratio of Energy Conservation = the N-the Root of [(Unit Energy Consumption in the Report Period/Unit Energy Consumption in the Base Period) – 1] ×100%

In which: The unit energy consumption can be calculated according to gross output value, national product or gross industrial output value, etc.

The n represents the number of years between base period and report period.

Efficiency of Energy Processing and Conversion refers to the ratio of the total output of energy products of various kinds after processing and conversion to the total input of energy of various kinds for processing and conversion in the same report period. It is an important indicator to show the current conditions of energy processing and conversion equipment, production technique and management. The formula is as follows:

Efficiency of Energy Processing and Conversion=output of process conversion /input of process conversion×100%

Energy Conversion Standard Different units are often used to compute different caloric value of various energy sources, so a uniform standard computing unit has to be conversed to summarize, compare and analyze energy. There are two standard computing units practiced internationally: one is standard coal and the other is standard oil. Currently, standard coal is adopted as the computing unit in China for energy calculation, Standard coal also call calorie value equivalent, it refers a uniform standard energy of communistically unit is converted into by differed kinds, different caloric value of various energy .Every kind of energy is converted into standard coal according to one kilogram standard coal quail caloric of 7,000 kilocalories.

Equivalent Caloricity also called theoretic caloricity (or actual calorific value) refers to the heat value contained in one measurement unit of certain energy. The calculation of the heat value is according to the actual measurement of the heat released by complete burning of the test specimen in the cylinder filled with oxygen (container with the oxygen bomb immersed by water).

Equivalent Heat Value refers to certain secondary energy produced by conversion and its equivalent value of corresponding input of the primary energy, which means the quantity of the primary energy expressed by heat value and consumed to obtain one measurement unit of certain secondary energy. It is variation value. With the advancement of the energy conversion technology and the improvement of the energy management, the conversion loss becomes less and less, and the equivalent heat value will reduce gradually. Equivalent heat value is specific to secondary energy and consumed actuating medium, so when it comes into primary energy, there is no equivalent heat value.

Equivalent Heat Value = Energy Content of Secondary Energy÷Conversion Efficiency

Conversion Efficiency = Output Standardized Quantity of Secondary Energy ÷ Energy Standardized Quantity Input by Conversion

Consumption of Raw Materials and Energy refers to the quantity of raw materials and energy actually used in the report period. It includes the volume actually used in the main business line and sideline activities of an enterprise. The calculation principle of consumption is: "The one who consumes energy is responsible for conducting statistics on its consumption", i.e., statistics is made according to the use right. The calculation method is that when raw materials or energy enter the first production sequence and the original form or property is changed or they are put into actual use, they are treated as consumption statistics.

Inventory of Raw Materials and Energy refers to the quantity of raw materials and energy actually stored in the beginning and end of the report period. The calculation principle of inventory is, "The one who disposes energy is responsible for conducting statistics on its inventory", i.e., statistics is made according to the ownership. The calculation method refers to the quantity of raw materials and energy actually stored at a certain time that can be disposed by an enterprise.

Chapter 9

九、建筑业和房地产业
Construction and Real Estate

9-1 主要年份建筑施工企业数、人数和施工产值
Number of Construction Enterprises, Employed Persons and Their Output Value in Significant Years

年 份 Year	全 省 Yunnan	国有企业 State-owned Construction Enterprises	集体企业 Collective-owned Construction Enterprises	其 他 Others
施工企业数(个) Number of Enterprises (unit)				
1985	2 522	144	2 378	
1990	3 010	123	2 887	
1995	2 657	140	2 517	2 663
2000	1 564	201	854	509
2001	1 583	190	713	680
2002	1 317	152	440	725
2003	1 231	129	330	772
2004	1 663	122	325	1 216
2005	1 648	111	258	1 279
2006	1 796	110	243	1 443
2007	1 903	107	232	1 564
2008	2 150	105	230	1 815
2009	2 117	100	212	1 805
2010	2 176	99	198	1 879
2011	2 227	99	197	1 931
2012	2 362	106	196	2 060
2013	2 483	97	174	2 212
2014	2 520	91	149	2 280
2015	2 651	92	142	2 417
2016	2 760	96	134	2 530
2017	2 772	101	129	2 542
2018	3 036	93	111	2 832
施工企业人数(万人) Number of Employed Persons (10 000 persons)				
1985	46.64	16.70	29.95	
1990	47.61	16.10	31.56	
1995	64.65	18.10	46.39	0.10
2000	53.55	15.90	25.38	12.30
2001	55.58	14.15	22.30	19.12
2002	51.77	12.45	17.03	22.28
2003	57.37	15.35	13.60	28.42
2004	50.30	10.56	10.28	29.46
2005	55.31	9.47	8.63	37.21
2006	63.32	10.53	9.01	43.78
2007	64.77	11.64	7.42	45.71
2008	65.81	11.49	6.86	47.46
2009	70.99	13.44	6.05	51.50
2010	78.64	12.45	5.69	60.50
2011	89.44	9.34	5.28	74.82
2012	91.44	19.24	5.81	66.39
2013	103.25	11.81	6.51	84.93
2014	107.86	23.80	11.20	72.86
2015	113.73	10.02	5.58	98.13
2016	132.32	17.28	5.42	109.62
2017	150.85	15.34	7.50	128.01
2018	174.80	19.83	5.65	149.32
建筑业总产值(亿元) Gross Output Value (100 million yuan)				
1985	21.28	10.00	11.01	
1990	36.68	19.00	18.09	
1995	181.22	74.00	107.14	0.34
2000	311.34	131.00	108.83	72.00
2001	345.51	127.83	100.46	117.23
2002	358.24	121.88	77.76	158.59
2003	396.97	132.23	68.24	196.50
2004	448.50	136.31	66.41	245.78
2005	539.59	138.96	58.03	342.60
2006	672.88	183.95	63.78	425.16
2007	763.32	205.86	64.12	493.33
2008	907.58	227.54	71.47	608.57
2009	1 196.86	304.28	77.84	814.74
2010	1 511.85	364.41	83.04	1 064.00
2011	1 869.65	478.01	99.91	1 291.73
2012	2 386.64	532.27	152.15	1 702.22
2013	2 888.82	569.67	177.19	2 141.96
2014	3 059.62	440.42	142.00	2 477.20
2015	3 275.64	435.01	143.75	2 696.88
2016	3 891.65	694.28	147.06	3 050.31
2017	4 726.36	882.95	150.88	3 692.53
2018	5 458.52	1 208.19	108.68	4 141.65

注：1. 1996年起各种经济类型的，具有资质等级证书的建筑企业均纳入国家统计；集体企业中的农村集体1996年的数据为测算数，以前年度为省乡镇企业局统计数。
2. 2013年起施工企业人数和建筑业总产值数据不含劳务分包企业。

Note: 1.Since 1996, the state statistical coverage has included the construction enterprises of various types of ownership with credentials. The figures of rural collective-owned enterprises in 1996 in this table are estimated figures, while before 1996, they were included in the statistical coverage of the provincial bureau of township and town enterprises.
2. Number of employed persons of construction enterprises and total output value of construction industry doesn't include those of labor subcontralting enterprises.

9-2 总承包专业承包建筑施工企业生产情况（2018年）

单位：亿元

类　　别	Category	企业个数（个）Number of Enterprises (unit)	建筑业总产值 Gross Output Value of Construction	建筑工程 Output Value of Construction Projects	安装工程 Output Value of Installation Projects	竣工产值 Value of Construction Completed
全　省	**Yunnan**	**2 843**	**5 458.52**	**4 935.93**	**353.29**	**2 301.43**
按企业控股情况分	**Grouped by Share Holding**					
国有控股	State-controlled	172	2 381.27	2 227.22	144.88	470.12
集体控股	Collective-controlled	185	245.54	211.23	20.79	152.07
私人控股	Private-controlled	2 368	2 700.42	2 391.26	170.12	1 596.44
按国民经济行业分	**Grouped by Sector**					
房屋建筑业	Building Construction Industry	1 603	3 485.07	3 250.45	128.40	1 784.85
土木工程建筑业	Civil Engineering Construction Industry	587	1 676.20	1 550.96	92.90	351.29
建筑安装业	Construction Installation	328	177.32	55.53	111.96	80.58
建筑装饰和其他建筑业	Architectural Decoration and Other Construction Industry	325	119.94	78.98	20.03	84.72
按企业资质等级分	**Grouped by Qualification Criteria**					
施工总承包	Construction Contract	2 065	4 978.79	4 626.64	219.63	2 097.55
特　级	Special Grade	9	1 105.65	1 100.19	2.67	215.69
一　级	First Grade	90	1 321.51	1 212.20	98.49	399.76
二　级	Second Grade	592	1 258.55	1 164.10	53.84	764.28
专业承包	Professional Contract	778	479.74	309.29	133.66	203.89
一　级	First Grade	90	145.81	91.41	49.17	70.25
二　级	Second Grade	300	85.78	45.99	28.00	54.66
按州市分	**Grouped by Region**					
昆　明	Kunming	1 243	3 219.04	2 939.01	222.50	1 000.92
曲　靖	Qujing	219	460.64	407.66	21.55	283.82
玉　溪	Yuxi	204	268.35	247.20	11.13	129.06
保　山	Baoshan	109	171.14	163.95	1.93	108.40
昭　通	Zhaotong	86	97.34	60.28	35.38	39.55
丽　江	Lijiang	74	41.42	38.72	0.76	32.75
普　洱	Pu'er	122	175.03	160.30	8.90	111.42
临　沧	Lincang	80	74.31	64.20	5.95	40.54
楚　雄	Chuxiong	164	241.09	221.54	9.24	157.38
红　河	Honghe	146	368.90	327.95	20.14	198.85
文　山	Wenshan	79	102.03	88.64	3.21	52.89
西双版纳	Xishuangbanna	39	16.00	14.81	0.84	8.90
大　理	Dali	171	140.69	127.36	7.86	84.00
德　宏	Dehong	61	50.97	46.55	2.65	30.22
怒　江	Nujiang	19	13.91	11.78	0.09	9.99
迪　庆	Diqing	27	17.66	15.99	1.15	12.75

Construction Situation of Construction Enterprises of General Contractors and Professional Contractors (2018)

(100 million yuan)

房　屋 施工面积 (万平方米) Floor Space under Construction (10 000 sq.m)	本年新开工面积 Newly Started Building Area in This Year	房　屋 竣工面积 (万平方米) Floor Space Completed (10 000 sq.m)	房屋建筑 面积竣工率(%) Ratio of Floor Space Completed (%)	计算建筑业 劳动生产率 的平均人数 (万人) Average Persons of calculating the Labor Productivity (10 000 persons)	年末从业 人数 (万人) Number of Employed Persons at Year-end (10 000 persons)	全员劳动 生产率 (万元/人) Overall Labor Productivity of Construction Enterprises (10 000 yuan/person)
19 224.40	**9 779.24**	**7 514.67**	**39.1**	**174.68**	**128.74**	**31.2**
7 397.43	2 189.65	1 505.64	20.4	48.41	26.17	49.2
826.69	529.31	524.31	63.4	10.40	7.51	23.6
10 629.49	6 913.92	5 226.77	49.2	111.65	91.01	24.2
18 590.17	9 402.16	7 146.86	38.4	120.25	88.40	29.0
420.26	274.12	180.44	42.9	43.78	31.37	38.3
131.51	48.09	47.49	36.1	5.91	5.08	30.0
82.47	54.87	139.89	169.6	4.73	3.89	25.3
18 908.78	9 593.72	7 175.00	37.9	159.70	115.98	31.2
4 702.83	1 482.65	902.76	19.2	22.03	10.09	50.2
5 501.32	2 790.72	1 206.34	21.9	42.38	23.39	31.2
4 418.09	2 711.93	2 814.18	63.7	41.91	36.69	30.0
315.63	185.52	339.67	107.6	14.98	12.76	32.0
46.33	37.27	14.67	31.7	4.94	3.49	29.5
155.37	72.95	184.69	118.9	3.47	3.15	24.7
10 564.65	5 171.86	3 157.42	29.9	97.19	60.21	33.1
2 076.29	1 113.44	1 134.16	54.6	13.99	13.41	32.9
1 077.04	654.31	576.40	53.5	7.32	7.19	36.7
516.86	248.26	217.01	42.0	6.91	6.81	24.8
386.76	141.89	133.43	34.5	2.25	2.24	43.3
131.25	88.42	74.32	56.6	3.61	1.51	11.5
756.45	351.42	357.44	47.3	8.02	7.05	21.8
182.38	124.89	96.80	53.1	2.37	1.95	31.4
796.96	466.30	434.23	54.5	7.87	7.05	30.6
1 318.90	599.16	678.23	51.4	13.30	11.95	27.7
563.35	303.73	223.48	39.7	2.67	1.84	38.2
130.62	71.02	21.27	16.3	0.55	0.51	29.2
415.37	253.69	252.76	60.9	5.93	4.58	23.7
167.16	98.31	83.52	50.0	1.57	1.39	32.6
68.44	42.44	26.45	38.6	0.63	0.60	22.1
71.93	50.10	47.74	66.4	0.51	0.46	34.4

9-3 总承包专业承包建筑施工企业财务状况（2018年）

单位：亿元

类别	Item	资产合计 Total Assets	固定资产净值 Net Fixed Assets	负债合计 Total Liabilities	流动负债 Liquid Liabilities
全省	**Yunnan**	**6 155.06**	**320.73**	**4 115.58**	**3 563.04**
按企业控股情况分	**Grouped by Share Holding**				
国有控股	State-controlled	3 833.46	120.65	2 838.05	2 453.10
集体控股	Collective-controlled	180.62	20.87	97.27	75.46
私人控股	Private-controlled	1 980.59	168.97	1 070.64	936.66
按国民经济行业分	**Grouped by Sector**				
房屋建筑业	Building Construction Industry	3 414.27	170.46	2 179.71	1 962.95
土木工程建筑业	Civil Engineering Construction Industry	2 412.53	106.86	1 740.97	1 419.02
建筑安装业	Construction Installation	205.19	35.16	119.27	109.39
建筑装饰和其他建筑业	Architectural Decoration and Other Construction Industry	123.06	8.26	75.62	71.67
按企业资质等级分	**Grouped by Qualification Criteria**				
施工总承包	Construction Contract	5 767.62	292.70	3 880.94	3 340.57
特级	Special Grade	1 963.73	49.10	1 328.49	1 137.34
一级	First Grade	1 830.31	45.04	1 484.38	1 287.28
二级	Second Grade	1 077.10	93.75	627.11	562.23
专业承包	Professional Contract	387.43	28.03	234.64	222.47
一级	First Grade	132.76	9.72	84.94	83.24
二级	Second Grade	111.44	7.00	67.30	64.73
劳务分包	Labor Subcontract				
按州市分	**Grouped by Region**				
昆明	Kunming	4 646.68	181.07	3 256.67	2 807.50
曲靖	Qujing	243.26	29.94	130.77	119.37
玉溪	Yuxi	142.31	17.05	73.49	66.40
保山	Baoshan	111.85	10.96	66.75	57.98
昭通	Zhaotong	107.79	7.03	79.39	73.66
丽江	Lijiang	54.46	4.49	29.92	27.52
普洱	Pu'er	106.41	5.92	65.27	59.38
临沧	Lincang	48.92	8.92	23.84	19.29
楚雄	Chuxiong	94.36	13.85	43.76	36.13
红河	Honghe	215.88	13.37	135.09	102.06
文山	Wenshan	96.53	5.10	49.73	45.67
西双版纳	Xishuangbanna	12.39	0.75	6.51	5.78
大理	Dali	170.70	14.40	92.35	88.53
德宏	Dehong	76.27	3.55	52.32	44.94
怒江	Nujiang	9.56	2.32	3.03	2.77
迪庆	Diqing	17.68	2.01	6.70	6.05

Financial Indicators of Construction Enterprises of General Contractors and Professional Contractors (2018)

(100 million yuan)

所有者权益 Owners' Equity	实收资本 Paid-in Capitals	主营业务收入 Revenue from Business	主营业务成本 Cost of Business	主营业务税金及附加 Taxes and Other Charges on Principal Business	营业利润 Profits of Business	经营费用 Operation Expenses	管理费用 Management Expenses	税金 Tax	财务费用 Financial Expenses
2 039.38	**1 111.14**	**4 627.04**	**4 126.65**	**56.04**	**235.51**	**20.88**	**148.84**		**44.62**
995.41	510.64	2 185.41	2 019.03	7.02	93.66	1.63	57.79		24.77
83.36	37.84	185.03	155.94	6.16	8.24	1.51	8.13		1.94
909.85	531.58	2 144.14	1 852.01	41.26	129.02	17.22	77.76		16.16
1 234.44	730.66	2 640.84	2 350.34	43.31	139.81	11.94	73.41		23.17
671.56	297.98	1 710.26	1 538.14	9.78	85.68	5.97	56.62		18.19
85.92	49.90	159.59	140.69	0.95	4.89	1.86	10.36		1.12
47.45	32.60	116.35	97.49	2.00	5.14	1.11	8.46		2.14
1 886.58	1 011.59	4 293.71	3 843.47	52.55	220.41	16.42	124.34		41.03
635.24	345.27	914.09	849.15	2.41	43.67	0.11	22.82		11.26
345.93	163.25	1 442.72	1 337.06	6.29	53.49	0.91	28.19		13.45
449.99	254.42	947.80	814.12	21.32	56.59	6.65	36.68		10.62
152.80	99.55	333.33	283.19	3.49	15.10	4.46	24.50		3.59
47.82	24.19	131.44	117.42	0.54	5.74	0.82	6.05		0.67
44.15	35.73	85.19	73.92	0.99	2.45	1.07	6.85		0.57
1 390.02	743.84	2 925.34	2 666.55	18.67	128.04	8.49	89.34		30.95
112.49	61.54	298.10	258.94	7.81	19.26	1.88	9.08		1.43
68.81	39.52	210.46	183.47	4.16	11.23	2.62	6.80		1.77
45.10	28.42	139.08	124.99	2.58	5.75	0.48	4.26		0.36
28.40	18.29	78.20	70.46	1.36	2.32	0.17	3.49		0.61
24.55	13.58	41.66	35.60	1.36	1.88	0.44	1.76		0.67
41.15	24.99	109.48	91.85	1.42	10.53	0.66	3.58		0.56
25.08	14.04	58.45	49.24	1.11	4.23	0.70	2.56		0.42
50.49	30.80	174.03	151.12	3.88	11.42	1.69	4.92		1.19
80.79	33.98	290.85	236.23	8.09	21.27	2.49	12.19		3.40
46.80	27.31	87.32	73.64	1.30	8.31	0.36	3.20		0.77
5.88	4.02	20.01	18.05	0.22	0.80	0.01	0.82		0.07
78.36	44.30	118.80	101.29	2.51	6.82	0.46	4.40		1.02
23.95	16.61	43.33	37.84	0.68	1.89	0.13	1.52		1.32
6.53	4.49	16.48	14.73	0.16	0.71	0.12	0.40		0.03
10.98	5.41	15.45	12.66	0.73	1.05	0.17	0.53		0.05

9-3 续表

单位：亿元

类　别	Item	利润总额 Total Profits
全　省	**Yunnan**	**237.43**
按企业控股情况分	**Grouped by Share Holding**	
国有控股	State-controlled	94.26
集体控股	Collective-controlled	9.17
私人控股	Private-controlled	129.41
按国民经济行业分	**Grouped by Sector**	
房屋建筑业	Building Construction Industry	140.03
土木工程建筑业	Civil Engineering Construction Industry	87.30
建筑安装业	Construction Installation	5.01
建筑装饰和其他建筑业	Architectural Decoration and Other Construction Industry	5.08
按企业资质等级分	**Grouped by Qualification Criteria**	
施工总承包	Construction Contract	222.40
特　级	Special Grade	44.68
一　级	First Grade	54.45
二　级	Second Grade	56.69
专业承包	Professional Contract	15.03
一　级	First Grade	5.67
二　级	Second Grade	2.39
劳务分包	Labor Subcontract	
按州市分	**Grouped by Region**	
昆　明	Kunming	129.67
曲　靖	Qujing	19.28
玉　溪	Yuxi	11.70
保　山	Baoshan	5.72
昭　通	Zhaotong	2.24
丽　江	Lijiang	1.91
普　洱	Pu'er	10.50
临　沧	Lincang	4.27
楚　雄	Chuxiong	11.54
红　河	Honghe	21.08
文　山	Wenshan	8.17
西双版纳	Xishuangbanna	0.77
大　理	Dali	6.76
德　宏	Dehong	2.06
怒　江	Nujiang	0.71
迪　庆	Diqing	1.05

continued

(100 million yuan)

企业总收入 Total Revenue	上缴税金 Tax Payment	应交增值税 Value-added Tax Payable	产值利税率(%) Ratio of Profits & Taxes to Output Value(%)	资产利税率(%) Ratio of Profits and Taxes to Assets(%)
4 835.59	**200.25**	**138.66**	**8.0**	**7.1**
2 308.28	49.16	41.38	6.0	3.7
188.66	15.41	7.45	10.0	13.6
2 224.36	129.83	85.65	9.6	13.1
2 745.26	144.18	96.13	8.2	8.3
1 798.86	44.31	33.83	7.9	5.5
168.84	5.65	4.61	6.0	5.2
122.63	6.11	4.08	9.3	9.1
4 484.77	185.92	128.03	8.2	7.1
996.63	19.34	16.82	5.8	3.3
1 486.20	34.97	27.54	6.8	4.9
991.34	61.80	38.47	9.4	11.0
350.82	14.33	10.62	6.1	7.6
138.16	3.62	3.07	6.4	7.0
89.15	4.97	3.89	8.6	6.6
3 091.68	85.04	64.76	6.7	4.6
307.64	22.05	14.02	9.0	17.0
221.73	9.68	5.28	8.0	15.0
143.59	7.55	4.91	7.8	11.9
79.06	4.89	3.50	7.3	6.6
43.03	3.43	2.05	12.9	9.8
110.06	5.88	4.23	9.4	15.4
59.64	4.37	3.07	11.6	17.7
175.67	13.91	9.88	10.6	27.0
296.12	21.17	11.17	11.5	19.6
88.76	6.18	4.70	14.1	14.9
21.16	1.26	0.94	12.7	16.4
122.01	8.68	6.01	11.0	9.0
43.38	2.71	2.02	9.3	6.2
16.59	1.54	1.00	16.2	23.5
15.46	1.92	1.11	16.8	16.8

9-4 全省房地产业发展情况（2018年）

单位：亿元

类 别	Category	房地产开发投资 Investment in Real Estate Revelopment	国 有 State-owned Economy
本年固定资产投资完成额	**Investment in Fixed Assetes Completed This Year**	**3 247.23**	**128.82**
按构成分	**Grouped by Use of Funds**		
建筑工程	Construction	2 180.52	96.22
安装工程	Installation	209.42	4.12
设备工器具购置	Purchase of Equipment and Instruments	20.71	1.24
其他费用	Others	836.58	27.24
#旧建筑物购置费	Purchase of Used Building	18.93	0.10
土地购置费	Purchase of Land	699.34	22.38
按工程用途分	**Grouped by Use of Buildings**		
住 宅	Residential Buildings	2 115.17	80.22
#90平方米以下住房	Residential Buildings below 90 sq.m	433.17	3.55
别墅、高档公寓	Villas and Upper-scale Apartments	234.90	3.53
办公楼	Office Buildings	106.26	3.90
商业营业用房	Buildings for Business	552.87	8.83
其 他	Others	472.93	35.87
本年新增固定资产	**Newly Increased Fixed Assets**	**570.40**	**31.57**
本年资金来源合计	**Total Funds of All Sources**	**3 866.04**	**101.33**
上年末结余资金	Fund Left from Last Year	896.47	43.49
本年资金来源小计	Fund of All Sources in Currrent Year	2 969.57	57.84
国内贷款	Domestic Loans	312.31	6.27
#银行贷款	from Banks	215.95	5.32
非银行金融机构贷款	From Other Financial Deparments	96.36	0.95
利用外资	Foreign Investment	0.80	
#外商直接投资	Foreign Direct Investment		
自筹资金	Self-Raising Funds	983.33	29.70
#自有资金	Self-owned Funds		
定金及预收款	Earnest Money and Advance Charge	1 025.43	10.17
个人按揭贷款	Mortgage Loans	512.49	2.96
其他资金来源	Others	135.22	8.74
本年各项应付款合计	**Account Payable**	**1 232.68**	**86.76**
#工程款	Payment for Construction	687.79	44.33
待开发土地面积(万平方米)	**Space of Land to be Developed (10 000 sq.m)**	**1 667.67**	**34.81**
本年购置土地面积(万平方米)	**Space of Land Purchased in Current Year (10 000 sq.m)**	**571.55**	**5.95**
本年土地成交价款	**Value of Commercial Land**	**159.50**	**0.75**

Basic Statistics on Real Estate Development (2018)

(100 million yuan)

集　体 Collective-owned Economy	私营个体 Private and Individuals	股份制 Share Holding Economy	外　商 Foreign Funded Economy	港 澳 台 Economy with Funds from HongKong, Macao and Taiwan	其　他 Others
	1 152.41	**92.92**	**10.54**	**68.01**	**1 794.55**
	838.08	65.81	9.20	52.60	1 118.61
	68.95	7.20	0.34	1.97	126.85
	6.81	0.36	0.13	0.38	11.79
	238.57	19.54	0.88	13.06	537.30
	7.95	0.06			10.81
	208.75	18.27	0.07	12.47	437.41
	766.94	72.54	7.26	34.90	1 153.32
	123.77	25.67	2.92	9.05	268.20
	106.37	13.29	6.28	0.65	104.77
	26.13	1.05		7.81	67.37
	204.66	7.10	2.26	9.82	320.21
	154.68	12.23	1.02	15.47	253.66
	235.71	**26.82**	**3.62**	**11.05**	**261.64**
	1 336.01	**97.59**	**21.71**	**88.08**	**2 221.32**
	255.76	21.13	2.12	10.78	563.19
	1 080.25	76.46	19.60	77.30	1 658.13
	96.78	6.61	0.38	2.36	199.90
	62.26	6.41	0.38	0.90	140.67
	34.52	0.20		1.46	59.23
				0.80	
	410.17	23.48	3.59	6.26	510.14
	320.40	28.71	11.42	40.27	614.47
	211.13	16.36	3.80	4.81	273.42
	41.77	1.31	0.41	22.79	60.20
	454.37	**23.83**	**1.18**	**24.79**	**641.76**
	279.35	5.54	1.00	9.04	348.53
	623.02	**64.30**		**191.55**	**753.99**
	267.74	**66.49**		**6.51**	**224.86**
	51.37	**10.58**		**0.95**	**95.85**

9-5 全省房地产开发企业财务状况（2018年）

单位：亿元

类　别	Category	房地产企业 Real Estate	国　有 State-owned Economy
年初存货	**Inventory at Beginning of Current Year**	**6 460.90**	**523.39**
年末资产负债	**Property debt at Year-end**		
流动资产合计	Total Liquid Liabilities	15 354.29	1 347.95
#存　货	Inventory	7 691.66	543.14
固定资产原价	Fixed Asset Value	538.46	102.51
累计折旧	Accumulated Depreciation	111.65	7.55
#本年折旧	in Current Year	23.88	2.32
资产总计	Assets	20 575.64	2 730.30
负债总计	Liabilities	16 942.84	1 770.06
所有者权益合计	Owners' Equity	3 632.79	960.23
#实收资本	Paid-up Capital	1 864.58	204.92
损益及分配	**Net Income or Loss and Distribution**		
主营业务收入	Operating Income	1 677.98	130.35
#土地转让收入	Revenues from Land Transfer	80.97	44.23
商品房屋销售收入	Revenues from Commercial Housing Sales	1 485.72	76.48
房屋出租收入	Housing Rental Income	16.71	1.75
其他收入	Others	89.59	7.36
主营业务成本	Main Business Cost	1 264.28	103.01
主营业务税金及附加	Main Business Tax & Additional	72.54	1.66
其他业务利润	Other Operating Profits	6.39	0.53
销售费用	Sales Expenses	79.03	1.97
管理费用	Management Expenses	105.20	6.87
#税　金	Taxes		
财务费用	Financial Expenses	84.20	11.24
#利息支出	Interests	63.32	10.90
营业利润	Business Profits	168.87	37.06
营业外收入	Non-operating Income	9.84	0.62
营业外支出	Non-operating Expenses	17.10	0.50
利润总额	Total Profits	161.00	37.23
应缴所得税	Income Tax Payable	45.18	9.47
本年应付工资总额	Wages Payable in Current Year	72.01	4.57

Financial Status of Real Estate Investment and Development Enterprises (2018)

(100 million yuan)

集　体 Collective-owned Economy	私　营 Individuals	股份制 Share Holding Economy	外　商 Foreign Funded Economy	港澳台 Economy with Funds from Hong Kong,Macao and Taiwan	其　他 Others
0.35	**2 123.76**	**191.29**	**68.53**	**95.31**	**3 458.26**
1.25	4 366.93	748.62	132.26	381.54	8 375.74
0.30	2 362.83	216.29	94.64	118.69	4 355.76
0.06	178.49	12.68	25.08	16.98	202.66
0.05	46.26	3.22	2.54	5.75	46.28
	10.00	0.59	1.51	0.92	8.54
1.36	5 158.65	1 048.45	164.97	835.48	10 636.43
0.41	4 586.94	881.97	127.86	631.50	8 944.10
0.96	571.71	166.48	37.10	203.98	1 692.33
0.63	360.47	80.60	41.90	111.18	1 064.87
0.14	585.73	67.87	15.80	31.07	847.02
	12.22			2.94	21.57
0.12	535.33	54.30	13.86	23.89	781.75
	4.49	0.67		3.45	6.35
0.02	32.46	12.84	1.94	0.24	34.73
0.05	441.62	58.81	13.99	19.55	627.25
0.01	25.70	3.42	0.44	2.07	39.24
	1.23	0.02		0.16	4.46
	30.81	2.27	0.61	2.15	41.22
0.05	40.32	4.48	0.73	2.83	49.93
	14.27	10.70	0.92	1.74	45.34
	10.52	11.26	0.03	3.72	26.89
0.03	45.39	14.60	- 1.11	2.64	70.27
	2.46	0.81	0.04	0.59	5.32
0.03	7.19	0.40	0.13	0.38	8.48
0.01	40.87	14.74	- 1.23	2.85	66.53
	8.83	4.03		0.71	22.15
0.02	26.79	2.84	0.48	1.36	35.96

9-6 房地产开发企业（单位）施工、销售和待售情况（2018年）

类　别	Category	房地产企业 Enterprises Real Estate	住宅 Residential Buildings
房屋施工面积(万平方米)	**Floor Space Under Construction (10 000 sq.m)**	**21 800.41**	**14 243.51**
#新开工面积	Newly-started Projects	4 738.28	3 386.83
房屋竣工面积(万平方米)	**Floor Space Completed (10 000 sq.m)**	**1 447.28**	**1 047.65**
#不可销售面积	Space of Floor not Ready for Sale	59.92	17.66
商品住宅竣工套数(万套)	**Number of Commercial Buildings Completed (10 000 units)**		**8.07**
竣工房屋价值（亿元）	**Value of Buildings Completed (100 million yuan)**	**457.61**	**327.69**
出租房屋面积(万平方米)	**Floor Space of Buildings to Lease (sq.m)**	**53.20**	**42.85**
商品房销售面积(万平方米)	**Floor Space of Commercial Buildings Sold (10 000 sq.m)**	**4 531.88**	**3 643.93**
#现房销售面积	Floor Space of Complete Dapartments	943.16	676.79
期房销售面积	Floor Space of Forward Delivery Housing	3 588.73	2 967.14
商品房销售额(亿元)	**Total Sale of Commercial Buildings (100 million yuan)**	**3 406.84**	**2 690.84**
#现房销售额	Sale of Complete Dapartments	581.89	388.29
期房销售额	Sale of Forward Delivery Housing	2 824.95	2 302.55
商品住宅销售套数(万套)	**Number of Commercial Buildings Sold (10 000 units)**		**29.00**
#现房销售套数	Complete Dapartments		5.34
期房销售套数	Forward Delivery Housing		23.66
待售面积(万平方米)	**Floor Space of Commercial Buildings Unoccupied (10 000 sq.m)**	**1 157.84**	**501.81**
#待售1-3年(含1年)	Unoccupied from 1 to 3 Years	537.53	234.93
待售3年及以上	Unoccupied for More Than 3 Years	222.79	75.25

Basic Statistics on Construction,Sale and Vacancy of Buildings Built of Real Estate Enterprises (2018)

		办公楼	商业营业用房	其　他
90平方米以下住房 below 90 sq.m	别墅、高档公寓 Villas and Upper-scale Apartments	Office Buildings	Buildings for Business	Others
3 094.01	**1 208.39**	**781.72**	**3 433.26**	**3 341.92**
461.06	479.34	91.52	569.56	690.36
147.87	**116.05**	**16.37**	**192.10**	**191.16**
2.45		0.65	4.05	37.56
2.12	**0.55**			
54.77	**46.57**	**6.17**	**65.41**	**58.34**
42.71		**0.79**	**9.56**	
514.97	**324.35**	**110.97**	**469.28**	**307.71**
107.50	61.34	29.23	135.29	101.85
407.48	263.01	81.73	333.99	205.86
400.80	**251.61**	**115.77**	**451.86**	**148.38**
59.39	51.97	32.98	113.41	47.21
341.40	199.63	82.79	338.45	101.16
7.03	**1.53**			
1.50	0.27			
5.53	1.26			
97.40	**100.98**	**52.43**	**344.17**	**259.43**
52.66	33.84	17.58	153.81	131.21
9.06	21.80	21.02	75.80	50.73

主要统计指标解释

建筑业统计单位 指从事房屋、构筑物建造和设备安装活动的法人企业。建筑业法人企业应具有建筑业资质并能够独立核算，同时还应具备以下条件：①依法成立，有自己的名称、组织机构和场所，能够承担民事责任；②独立拥有和使用资产，承担负债，有权与其他单位签订合同；③独立核算盈亏，能够编制资产负债表。

建筑业总产值 是以货币形式表现的建筑业企业在一定时期内生产的建筑业产品和提供服务的总和。建筑业总产值包括：

（1）建筑工程产值：指列入建筑工程预算内的各种工程价值。

（2）安装工程产值：指设备安装工程价值，不包括被安装设备本身的价值。

（3）其他产值：建筑业总产值中除建筑工程、安装工程以外的产值。包括房屋构筑物修理产值、非标准设备制造产值、总包企业向分包企业收取的管理费，以及不能明确划分的施工活动所完成的产值。

a. 房屋构筑物修理产值：指房屋和构筑物修理所完成的产值，但不包括被修理房屋、构筑物本身价值和生产设备的修理价值。

b. 非标准设备制造产值：指加工制造没有定型的非标准生产设备的加工费和原材料价值（如化工厂、炼油厂用的各种罐、槽，矿井生产统一使用的各种漏斗、三角槽、阀门等）以及附属加工厂为本企业承担工程制作的非标准设备的价值。

房屋施工面积 指在报告期内施工的全部房屋建筑面积，包括本期新开工的房屋面积、上期施工跨入本期继续施工的房屋面积、上期停缓建在本期恢复施工的房屋面积、本期竣工的房屋面积及本期施工后又停缓建的房屋面积。

房屋竣工面积 指在报告期内房屋建筑按照设计要求全部完工，达到了住人和使用条件，经验收鉴定合格，正式移交使用单位的房屋建筑面积。

营业收入 指企业经营主要业务和其他业务所确认的收入总额。包括主营业务收入与其他业务收入。

主营业务收入 指企业确认的销售商品、提供服务等主营业务收入。

利润总额 指企业在一定会计期间的经营成果，是生产经营过程中各种收入扣除各种耗费后的盈余，反应企业在报告期内实现的盈亏总额。

产值利税率 是指报告期内企业实现的利润总额与上缴税金的和占同期建筑业总产值的百分比。

房地产开发投资 指各种登记注册类型的房地产开发法人单位统一开发的住宅、厂房、仓库、饭店、宾馆、度假村、写字楼、办公楼等房屋建筑物，配套的服务设施，土地开发工程（如道路、给水、排水、供电、供热、通讯、平整场地等基础设施工程）和土地购置的投资；不包括单纯的土地开发和交易活动。

商品房销售面积 指报告期内出售商品房屋的合同总面积（即双方签署的正式买卖合同中所确定的建筑面积）。本月销售面积指从本月 1 日起至本月最后一天止出售商品房屋的合同总面积。商品房销售面积由现房销售建筑面积和期房销售建筑面积两部分组成。

商品房销售额 指报告期内出售商品房屋的合同总价款（即双方签署的正式买卖合同中所确定的合同总价）。本月销售额指从本月 1 日起至本月最后一天止出售商品房屋的合同总价款。该指标与商品房销售面积同口径，由现房销售额和期房销售额两部分组成。

经济适用房 指根据经济适用房计划安排建设的政策性住宅。经济是指房屋建筑造价和销售价格低于一般商品住宅；适用是指适合中低收入家庭购买使用。经济适用房主要是由国家统一下达投资计划，房地产公司开发，对外销售；用地一般采用行政划拨或招标投标方式，免收土地出让金；对各种经批准的收费减半征收，开发利润不超过3%；销售价格实行政府指导价。该指标可以分析房地产投资结构，反映中低收入家庭商品住宅的供求平衡情况。

不可销售面积 指报告期房地产公司竣工的用于拆迁还建的房屋面积；接受委托、定向开发建设，并收取一定的管理费所建设的统建代建房屋竣工面积；竣工的学校、幼儿园、派出所、居委会、商店等公益设施建筑面积。

待售面积 指报告期末已竣工的可供销售或出租的商品房屋建筑面积中，尚未销售或出租的商品房屋建筑面积，包括以前年度竣工和本期竣工的房屋面积，但不包括报告期已竣工的拆迁还建、统建代建、公共配套建筑、房地产公司自用及周转房等不可销售或出租的房屋面积。按照商品房待售时间的长短可以划分为待售一年以下、待售一至二年（含一年）和待售三年以上（含三年）。

Explanatory Notes on Principle Statistical Indicators

Statistical Unit in Construction Industry refers to a corporate enterprise engaged in the construction of buildings and structures and in the installation of equipment. A corporate construction enterprise should have qualification certificates with independent accounting system, and should meet the following 3 requirements: ① being set up in line with relevant legal basis, having its full name, organization and location, and capable of taking civil liabilities; ② independently possessing and using its assets and assuming its liabilities, and entitled to sign contracts with other institutions; ③ making independent accounts of its profits and losses, and capable of compiling its own balance sheet.

Gross Output Value of Construction refers to total of construction products and services, expressed in money terms, produced or rendered by construction and installation enterprises during a given period of time. It includes:

Output value of construction projects: the value of projects covered by the project budgets;

Output value of installation projects: the value of the installation of equipment (excluding the value of the equipment to be installed);

Other output values: the output value of construction industry apart from that of construction projects and installation projects. It includes: output value of repair of buildings and structures; output value of non-standard equipment manufacturing; overhead expenses received by contracted enterprises from the sub-contracted enterprises and the completed output value of construction activities for which there is no clear definition.

a.Output value of repair of buildings and structures: the value created through the repair of building or structures. It does not include the value of buildings or structures being repaired and the value of the repair of production equipment.

b.Output value of manufactured non-standard equipment: the value of non-standard production equipment,including raw materials and manufacturing cost, made for the construction project(i.e., chemical plant; kettles or tanks used by refineries; various fillers, triangle tanks, valve used by mine). It also includes the output value of equipment manufactured by subsidiary workshops.

Floor Space of Buildings Under Construction refers to the floor space of buildings under construction during the report period, including newly started buildings, buildings started in the preceding period and continued during the current period, and buildings suspended in the preceding period but restarted in the current period, buildings completed during the current period, and buildings under construction and then suspended during the current period.

Floor Space of Buildings Completed refers to the floor space of buildings that are completed in the report period in accordance with the requirements of the design, up to the standard of putting them into use, and have been checked and accepted by concerned departments as qualified ones.

Operating Revenue refers to the sum of income from principal business and other business of enterprises, including income from settlement of projects and other operating income.

Main Business Income refers to the income recognized by an enterprise from main business such as sale of commodities and rendering of service.

Total Profits refer to the operating result of an enterprise in certain accounting period. It is the surplus of all revenues deducting all costs in its production and operation, reflecting its total profit and loss realized in the reporting period.

Ratio of Profit to Output Value to profit and tax refers to the ratio of the total profits and tax to the gross output value of construction in the report period.

Investment in Real Estate Development refers to investment by real estate development companies, commercialized buildings construction companies and other real estate development units of various types of ownership in the construction of buildings, such as residential buildings, factory buildings, warehouses, hotels, guesthouses, holiday villages, office buildings, and the complementary service facilities and land development projects, such as roads, water supply, water drainage, power supply, heating supply, telecommunications, land leveling and other infrastructural projects. It does not include activities in pure land transactions.

Area of Commercialized Housing Sold refers to total contracted area of commercialized housing (i.e. area of floor space as designated in the formal contracts signed by both sides) during the reference time. Sales area of the month refers to the total contractual area of houses sold from the first day of the month to the last day of the month.Area of commercialized housing sold constitutes floor space of completed housing and floor space of future housing.

Value of Commercialized Housing Sold refers to the total contracted value (i.e. value of sales/purchase for selling/purchase of commercialized housing as designated in the contract signed by both sides) during the reference time. Sales of the month refers to the total contract value of a house sold from the first day of the month to the last day of the month.This indicator has the same coverage as the area of commercialized housing sold, which constitutes floor space of completed housing and floor space of housing yet to be completed.

Economically Affordable Housing refers to housing constructed according to the State Plan for economically affordable housing. The features of houses of this category are low cost of construction and low prices, and therefore are affordable to mid-income and low income households. Economically affordable housing projects are developed by real estate companies under the State Investment Plan, with the land provided through government allocation or tendering procedures. Developers are exempted from land utilization fees and enjoy another 50% exemption of all other legitimate fees, while their profits are limited to less than 3%, and the completed houses are sold under government-guided prices. This indicator helps to analyze the investment structure of the real estate industry and the demand and supply of housing for mid-income and low income households.

Non-Marketable Area refers to the building area used for removal and rebuilding which completed by real estate companies in reference period; completed building area of unified construction and acting construction which constructed by accepting commission, orientating development construction and charging certain management overhead; building area of completed schools, kindergartens, police stations, neighborhood committees, stores and such public utility constructions.

Floor Space of Vacant Building refers to the area of commercialized buildings haven't been sold or rent in the area of completed marketable and rentable commercialized buildings in the reference period, including the completed building area in the former years and in the current period, while excluding the completed removal and rebuilding buildings, unified and deputized construction buildings, public matched installations buildings and area of the buildings for self-use and revolving buildings of the real estate companies which are unmarketable or can't be rented. According to the vacant time, the buildings can be categorized as follows: buildings vacant less than one year, vacant for one to three years (including one year), vacant more than three years (including three years).

Chapter 10

十、交通运输、通信和服务业
Transport,Communication and Service Industry

10-1 主要年份年末交通运输线路长度

Length of Transport Routes at Year-end in Significant Years

单位：万公里 (10 000 km)

年 份 Year	铁路营业里程 Length of Railways in Operation	公路通车里程 Total Length of Highways	内河航道里程 Length of Navigable Inland Waterways	民用航空航线里程 Length of Civil Aviation Routes	国际航线 International Lines
1980	0.17	4.41	0.10	0.10	
1985	0.17	4.95	0.10	2.27	0.13
1988	0.16	5.25	0.11	2.37	0.31
1989	0.17	5.47	0.11	2.27	0.31
1990	0.17	5.65	0.11	2.66	0.31
1991	0.17	5.81	0.11	3.08	0.31
1992	0.17	6.00	0.11	4.73	0.41
1993	0.16	6.31	0.11	4.51	0.70
1994	0.16	6.56	0.13	6.42	0.95
1995	0.16	6.82	0.13	5.16	0.95
1996	0.16	7.03	0.13	7.06	0.67
1997	0.20	7.38	0.13	8.98	0.67
1998	0.20	7.70	0.13	12.87	1.63
1999	0.20	10.24	0.15	13.31	3.37
2000	0.20	16.36	0.16	11.97	2.04
2001	0.20	16.40	0.18	13.51	2.07
2002	0.20	16.49	0.18	14.81	2.91
2003	0.20	16.61	0.18	14.55	2.09
2004	0.19	16.71	0.25	13.78	2.43
2005	0.19	19.45	0.28	13.54	2.44
2006	0.19	19.85	0.28	13.68	2.24
2007	0.19	20.03	0.28	12.99	2.63
2008	0.19	20.38	0.28	11.21	1.47
2009	0.19	20.60	0.28	15.20	2.39
2010	0.19	20.92	0.29	18.28	4.96
2011	0.21	21.45	0.32	18.56	5.39
2012	0.24	21.91	0.34	22.85	4.84
2013	0.24	22.29	0.36	29.44	7.06
2014	0.26	23.04	0.36	33.15	10.65
2015	0.27	23.60	0.41	31.69	9.99
2016	0.34	23.81	0.43	26.70	8.45
2017	0.37	24.25	0.43	27.48	9.29
2018	0.38	24.88	0.43	29.74	9.02

10-2 公路运输线路长度

Length of Highways

单位：公里 (km)

年 份 州 市	Year Region	公路通车里程 Total Length of Highways	等级公路 Expressway Total	高 速 Highway	一 级 First class	二 级 Second Class	三 级 Third Class	四 级 Fourth Class	等外公路 Highway Below Class IV
1980		44 149							
1985		49 541							
1988		52 534	43 911			99	6 209	37 683	8 543
1989		54 732	46 296			126	6 252	39 902	8 436
1990		56 536	48 244			195	6 484	41 524	8 292
1991		58 123	49 917			199	6 718	42 959	8 206
1992		60 045	52 007			211	6 811	44 900	8 038
1993		63 086	55 317			587	7 056	47 633	7 769
1994		65 578	57 992			615	7 302	50 034	7 586
1995		68 236	60 777			917	7 571	52 248	7 459
1996		70 279	62 936			1 066	7 862	53 922	7 343
1997		73 821	66 561	45	71	1 301	8 080	57 064	7 260
1998		76 957	69 783	205	61	1 311	8 420	59 786	7 174
1999		102 405	95 354	405	72	1 435	8 702	84 740	7 051
2000		109 636	102 626	517	153	1 722	8 798	91 436	7 010
2001		163 953	106 396	517	164	2 106	9 787	93 822	57 557
2002		164 853	107 617	746	164	2 192	9 969	94 546	57 236
2003		166 134	109 302	1 064	230	2 677	10 057	95 274	56 832
2004		167 050	110 876	1 291	237	3 089	10 062	96 197	56 174
2005		167 678	111 961	1 424	287	3 325	9 918	97 007	55 717
2006		198 496	99 834	1 549	279	3 696	9 513	84 797	98 662
2007		200 333	104 771	2 507	600	4 370	9 469	87 825	95 562
2008		203 753	124 526	2 512	633	4 859	9 563	106 959	79 227
2009		206 028	138 150	2 512	628	4 973	9 518	120 519	67 878
2010		209 230	158 119	2 630	733	5 771	9 329	139 656	51 111
2011		214 524	165 843	2 746	842	9 553	8 407	144 295	48 681
2012		219 052	171 960	2 943	974	10 299	8 372	149 371	47 092
2013		222 940	178 371	3 200	1 003	10 307	8 354	155 508	44 568
2014		230 398	189 481	3 255	1 068	10 596	8 409	166 153	40 917
2015		236 007	197 071	4 006	1 152	10 860	8 286	172 768	38 936
2016		238 052	200 898	4 134	1 196	11 752	8 618	175 198	37 154
2017		242 546	208 526	5 022	1 354	11 941	8 937	181 272	34 020
2018		252 929	220 555	5 184	1 443	12 222	9 715	191 991	32 374
昆 明	Kunming	19 543	17 045	861	210	1 176	486	14 312	2 498
曲 靖	Qujing	25 018	22 166	791	210	729	918	19 518	2 852
玉 溪	Yuxi	17 317	16 905	323	108	678	938	14 858	412
保 山	Baoshan	14 062	11 880	259	58	1 022	191	10 350	2 181
昭 通	Zhaotong	20 970	18 960	282	92	881	558	17 147	2 010
丽 江	Lijiang	8 489	8 059	63	39	537	451	6 969	430
普 洱	Pu'er	22 312	18 772	231	22	1 026	845	16 648	3 540
临 沧	Lincang	17 125	14 561	32	34	1 162	170	13 163	2 564
楚 雄	Chuxiong	19 656	15 060	387	121	430	765	13 357	4 596
红 河	Honghe	23 488	21 098	639	83	956	1 244	18 176	2 391
文 山	Wenshan	16 786	15 100	446	76	827	1 028	12 723	1 686
西双版纳	Xishuangbanna	7 109	6 044	247	36	457	293	5 011	1 065
大 理	Dali	20 282	16 027	489	303	998	998	13 239	4 255
德 宏	Dehong	8 213	7 326	134	49	567	189	6 387	887
怒 江	Nujiang	5 674	5 051			96	282	4 673	623
迪 庆	Diqing	6 885	6 501		2	680	359	5 460	384

10-3 铁路里程和机车拥有量（2013−2018年）

Length of Railways and Number of Railway Locomotives Owned (2013-2018)

指 标	Item	2013	2014	2015	2016	2017	2018
铁路里程	**Length of Railways in Operation**						
正线延长里程(公里)	Length of Railways in Trunk Line (km)	2 614.95	2 994.40	3 159.23	4 532.73	4 912.07	4 971.04
营业里程(公里)	Length of Railways in Operation (km)	2 351.10	2 646.60	2 660.08	3 374.78	3 681.68	3 847.90
准　轨(公里)	Standard Tracks (km)	1 693.50	1 990.60	2 004.05	2 712.62	3 022.36	3 194.70
米　轨(公里)	Meter Tracks (km)	656.00	656.00	656.03	662.16	659.32	653.20
内燃机车牵引里程(公里)	Length of Diesel Engine Routes (km)	1 091.90	1 052.20	1 058.37	1 058.39	1 086.33	1 077.70
占营业里程比重(%)	As Percentage of Railways in Operation (%)	46.47	39.76	39.78	31.36	29.50	28.01
半自动闭塞里程(公里)	Semi-automatic Blocking Length (km)	1 703.00	1 639.80	1 495.60	1 483.70	1 463.94	1 360.50
占营业里程比重(%)	As Percentage of Railways in Operation (%)	72.5	62.0	56.2	70.6	60.5	64.5
无缝线路里程(公里)	Length of Continuous Welded Rail (km)	1 384.00	1 585.90	1 585.98	3 960.28	4 126.10	4 558.01
占营业里程比重(%)	As Percentage of Railways in Operation (%)	58.91	59.92	59.62	63.05	65.59	67.19
有电气集中的车站(个)	Number of Stations with Electric Interlocking (unit)	131	124	120	123	129	134
占正式营业线路车站比重(%)	As Percentage of Railways Stations in Operation (%)	87.9	88.6	100.0	100.0	100.0	100.0
营业线路主要车站(个)	Railways Station of in Operation (unit)	149	140	120	120	120	128
铁路机车拥有量(台)	**Number of Railway Locomotives(unit)**	**453**	**504**	**533**	**562**	**561**	**578**
内燃机车	Diesel Locomotives	160	165	193	199	204	208
电力机车	Electric Locomotives	293	339	340	363	357	370

10-4 铁路客货车拥有量（2017-2018年）

Number of Railway Passenger Coaches and Freight Cars Owned (2017-2018)

指　　标	Item	2017	2018
客车合计(辆)	**Passenger Coaches (unit)**	**1 850**	**1 677**
软卧车	Soft Berth Coaches	135	119
硬卧车	Hard berth Coaches	828	752
硬座车	Hard Seat Coaches	622	560
餐　车	Dining Cars	93	83
行李邮政车	Luggage and Post Cars	77	75
货车合计(辆)	**Freight Cars (unit)**	**1 130**	**953**
按车型分	Grouped by Type		
棚　车	Covered Cars	185	163
敞　车	Open cars	761	662
平　车	Flat Cars	80	58
罐　车	Tank Cars	94	70
其　他	Others	10	
按载重量分	Grouped by Capacity		
40吨及以下	40 Tons and Below	1 130	953
货车总载重(万吨)	Total Loading Capacity of Freight Cars (10 000 tons)	5.10	5.10
平均每辆车载重量(吨)	Average Marked Loading Capacity Per Car (ton)	45	45

注：由于统计口径不同，铁路客车不含动车组。
Note: Due to different statistical caliber, railway passenger cars do not contain D-Series High-Speed Train.

10-5(1) 各州市民用车辆拥有量（按类型分组）（2018年）

Possession of Civil Vehicles by Region (Grouped by Vehicles Types) (2018)

单位：万辆、万人　　　　(10 000 units, 10 000 persons)

州　市	Region	民用车辆拥有量 Civilian Vehicle	汽车合计 Total	摩托车 Motors	拖拉机 Tractors	挂　车 Trailers	其他类型车 Others	机动车驾驶员 Number of Motor Drivers	汽车驾驶员 Automobile Drivers
全　省	**Yunnan**	**1416.98**	**678.91**	**716.00**	**20.01**	**2.06**		**1387.71**	**1011.64**
昆　明	Kunming	267.42	232.23	33.82	1.05	0.32		320.84	302.05
曲　靖	Qujing	113.81	68.88	43.83	0.92	0.19		146.60	120.85
玉　溪	Yuxi	93.20	43.45	45.97	3.35	0.44		86.38	69.41
保　山	Baoshan	83.45	25.46	57.34	0.57	0.08		72.96	40.14
昭　通	Zhaotong	94.54	33.53	60.33	0.60	0.08		93.23	58.15
丽　江	Lijiang	33.79	18.55	13.97	1.23	0.03		32.08	25.32
普　洱	Pu'er	111.24	26.74	83.28	1.16	0.05		82.22	40.03
临　沧	Lincang	90.89	19.70	69.80	1.36	0.03		69.63	28.78
楚　雄	Chuxiong	74.31	27.88	43.12	3.14	0.17		74.15	51.33
红　河	Honghe	116.46	50.45	64.31	1.43	0.28		109.99	80.83
文　山	Wenshan	91.31	34.81	5.58	0.62	0.06		86.95	52.14
西双版纳	Xishuangbanna	50.45	18.88	30.40	0.93			41.74	29.34
大　理	Dali	107.11	45.74	60.96	0.15	0.25		97.41	67.13
德　宏	Dehong	63.80	19.53	40.81	3.43	0.03		51.69	30.59
怒　江	Nujiang	11.91	4.39	7.52		0.01		11.12	6.85
迪　庆	Diqing	11.42	7.35	3.95	0.07	0.05		10.73	8.70

10−5(2) 各州市汽车拥有量（2018年）

Possession of Vehicles by Region (2018)

单位：万辆 (10 000 units)

州市	Region	汽车拥有量合计 Total	载客汽车 Passenger Vehicles	轿车 Cars	载货汽车 Trucks	其他汽车 Others	三轮 Three-wheel	低速货车 Four-wheel
全省	**Yunnan**	**678.91**	**580.12**	**298.33**	**94.63**	**4.16**	**0.25**	**1.17**
昆明	Kunming	232.23	215.71	125.76	15.59	0.93		
曲靖	Qujing	68.88	60.33	28.57	8.18	0.37	0.05	0.09
玉溪	Yuxi	43.45	35.46	19.85	7.74	0.24		0.01
保山	Baoshan	25.46	20.03	9.97	5.29	0.14		0.05
昭通	Zhaotong	33.53	26.51	10.90	6.66	0.37		0.21
丽江	Lijiang	18.55	15.46	7.44	2.86	0.24	0.04	0.13
普洱	Pu'er	26.74	20.51	8.69	5.98	0.25	0.02	0.12
临沧	Lincang	19.70	14.73	7.32	4.83	0.13		0.07
楚雄	Chuxiong	27.88	23.71	10.83	3.98	0.19	0.01	0.04
红河	Honghe	50.45	41.40	18.72	8.81	0.24	0.01	0.05
文山	Wenshan	34.81	28.40	13.25	6.11	0.29	0.08	0.11
西双版纳	Xishuangbanna	18.88	15.08	7.70	3.74	0.06		
大理	Dali	45.74	37.43	17.67	7.86	0.45	0.02	0.21
德宏	Dehong	19.53	15.15	7.78	4.27	0.11		0.03
怒江	Nujiang	4.39	3.37	1.21	0.95	0.07		0.05
迪庆	Diqing	7.35	5.55	2.13	1.75	0.05		0.01

10-5(3) 各州市载客汽车拥有量（2018年）

Possession of Passenger Vehicles by Region (2018)

单位：万辆 (10 000 units)

州 市	Region	载客汽车拥有量 Passenger Vehicles	大 型 Large	中 型 Medium	小 型 Small	微 型 Miniature
全 省	**Yunnan**	**580.12**	**2.88**	**2.12**	**569.61**	**5.51**
昆 明	Kunming	215.71	1.16	0.40	211.93	2.21
曲 靖	Qujing	60.33	0.19	0.15	59.52	0.46
玉 溪	Yuxi	35.46	0.16	0.08	34.48	0.75
保 山	Baoshan	20.03	0.12	0.10	19.68	0.14
昭 通	Zhaotong	26.51	0.10	0.09	26.07	0.24
丽 江	Lijiang	15.46	0.15	0.10	15.10	0.12
普 洱	Pu'er	20.51	0.09	0.09	20.24	0.09
临 沧	Lincang	14.73	0.05	0.07	14.53	0.08
楚 雄	Chuxiong	23.71	0.09	0.13	23.23	0.26
红 河	Honghe	41.40	0.21	0.18	40.66	0.35
文 山	Wenshan	28.40	0.10	0.12	28.02	0.16
西双版纳	Xishaungbanna	15.08	0.09	0.09	14.83	0.07
大 理	Dali	37.43	0.17	0.25	36.71	0.31
德 宏	Dehong	15.15	0.06	0.08	14.85	0.16
怒 江	Nujiang	3.37	0.03	0.03	3.30	0.02
迪 庆	Diqing	5.55	0.07	0.05	5.35	0.08

10–5(4) 各州市载货汽车拥有量（2018年）

Possession of Freight Vehicles by Region (2018)

单位：万辆 (10 000 units)

州 市	Region	载货汽车拥有量 Trucks	重 型 Heavy	中 型 Medium	轻 型 Light	微 型 Miniature
全 省	**Yunnan**	**94.63**	**14.59**	**5.47**	**74.55**	**0.01**
昆 明	Kunming	15.59	2.72	0.80	12.07	
曲 靖	Qujing	8.18	1.82	0.37	5.99	
玉 溪	Yuxi	7.74	1.98	0.47	5.29	
保 山	Baoshan	5.29	0.61	0.20	4.47	
昭 通	Zhaotong	6.66	0.77	0.40	5.49	
丽 江	Lijiang	2.86	0.32	0.21	2.32	
普 洱	Pu'er	5.98	0.56	0.57	4.84	
临 沧	Lincang	4.83	0.40	0.32	4.12	
楚 雄	Chuxiong	3.98	0.74	0.26	2.98	
红 河	Honghe	8.81	1.79	0.59	6.43	
文 山	Wenshan	6.11	0.54	0.23	5.34	
西双版纳	Xishuangbanna	3.74	0.11	0.15	3.47	
大 理	Dali	7.86	1.26	0.39	6.20	
德 宏	Dehong	4.27	0.49	0.29	3.48	
怒 江	Nujiang	0.95	0.07	0.05	0.83	
迪 庆	Diqing	1.75	0.41	0.16	1.18	

10−5(5) 各州市摩托车和拖拉机拥有量（2018年）

Possession of Motorcycles and Tractors by Region (2018)

单位：万辆 (10 000 units)

州市	Region	摩托车拥有量 Motors	普通 Common	轻便 Convenient	拖拉机拥有量 Tractors	轮式拖拉机 Wheeled Tractors	手扶拖拉机 Walking Tractors	履带拖拉机 Crawler Tractors	轮式拖拉机运输机组 Transport unit of Wheeled Tractors	手扶拖拉机运输机组 Transport unit of Walking Tractors
全省	**Yunnan**	**716.00**	**706.72**	**9.28**	**20.01**	**2.32**	**0.41**		**11.46**	**5.83**
昆明	Kunming	33.82	33.31	0.51	1.05	0.22			0.55	0.28
曲靖	Qujing	43.83	43.51	0.32	0.92	0.60			0.28	0.03
玉溪	Yuxi	45.97	43.05	2.92	3.35	0.06			2.50	0.78
保山	Baoshan	57.34	56.79	0.55	0.57	0.12	0.25		0.10	0.10
昭通	Zhaotong	60.33	59.89	0.44	0.60	0.01			0.59	
丽江	Lijiang	13.97	13.90	0.07	1.23	0.01			0.97	0.24
普洱	Pu'er	83.28	82.17	1.12	1.16	0.06			0.02	1.09
临沧	Lincang	69.80	69.52	0.28	1.36	0.03	0.02		0.58	0.73
楚雄	Chuxiong	43.12	42.13	0.99	3.14	0.10	0.03		2.76	0.25
红河	Honghe	64.31	63.99	0.32	1.43	0.15			1.16	0.12
文山	Wenshan	55.81	55.67	0.14	0.62	0.20			0.37	0.05
西双版纳	Xishaungbanna	30.40	30.08	0.32	0.93	0.06	0.02		0.59	0.26
大理	Dali	60.96	60.30	0.65	0.15	0.15				
德宏	Dehong	40.81	40.20	0.61	3.43	0.54	0.08		0.95	1.85
怒江	Nujiang	7.52	7.49	0.03						
迪庆	Diqing	3.95	3.92	0.03	0.07	0.01			0.03	0.03

10-6 民用机动运输船舶年末实有数（2013-2018年）
Number of Civil Transport Vessels at Year-end (2013-2018)

类　　型	Type	2013	2014	2015	2016	2017	2018
全　省	**Yunnan**						
艘　数（艘）	Number (unit)	951	1 008	1 033	1 092	1 236	1 241
净载重量（万吨位）	Net Weight Tonnage (10 000 tons)	12.05	12.41	12.92	13.32	15.63	16.86
载客量（万客位）	Passenger Capacity (10 000 seats)	2.03	2.19	2.26	2.44	2.88	3.11
功　率（万千瓦）	Drawing Power (10 000 kw)	9.78	10.3	10.7	11.49	12.5	13.38
客　船	**Passenger Boat**						
艘　数（艘）	Number (unit)	688	731	761	833	933	1000
载客量（万客位）	Passenger Capacity (10 000 seats)	1.86	1.96	2.02	2.19	2.63	3
功　率（万千瓦）	Drawing Power (10 000 kw)	3.72	3.98	4.23	5.11	5.92	6.23
客货船	**Passenger Boat and Cargo Vessel**						
艘　数（艘）	Number (unit)	48	94	94	87	136	57
净载重量（吨位）	Net Weight Tonnage (ton)	1 083	1 359	1 314	1 322	1 930	879
载客量（万客位）	Passenger Capacity (10 000 seats)	0.17	0.24	0.24	0.24	0.24	0.11
功　率（万千瓦）	Drawing Power (10 000 kw)	0.19	0.3	0.3	0.34	0.52	0.31
货　船	**Cargo Vessel**						
艘　数（艘）	Number (unit)	213	181	176	167	164	180
净载重量（万吨位）	Net Weight Tonnage (10 000 tons)	11.04	11.32	11.8	12.17	14.23	15.4
功　率（万千瓦）	Drawing Power (10 000 kw)	5.83	2.97	6.13	5.97	5.99	6.75
拖　船	**Tugboat**						
艘　数（艘）	Number (unit)	2	2	2	3	3	4
功　率（千瓦）	Drawing Power (kw)	500	500	500	756	756	896
驳　船	**Barge**						
艘　数（艘）	Number (unit)	1	2	2	2	4	5
净载重量（吨位）	Net Weight Tonnage (ton)	100	187	187	162	300	371

10-7 内河、湖泊主要港口吞吐量和码头泊位数（2018年）

Throughput and Number of Berths in Major Ports of Inland Rivers and Lakes (2018)

州　市	Region	旅　客 吞吐量 (万人) Volume of Passenger Traffic (10 000 persons)	出港量 Export Volume	货　物 吞吐量 (万吨) Volume of Freight Handled (10 000 tons)	出港量 Export Volume	生产用 Quay Line For Productive Use 码头长度 (米) Length of Quay Line (m)	泊位数 (个) Number of Berths (unit)	最大靠泊能力 (吨级) The Greatest Capacity (ton)
全　省	**Yunnan**	**1 478.96**	**650.53**	**1 072.56**	**800.20**	**9 690**	**201**	**1 000**
昆　明	Kunming	164.15	82.07	24.12	12.06	1 767	72	300
曲　靖	Qujing	125.00	62.52			1 310	10	200
玉　溪	Yuxi					214	5	300
昭　通	Zhaotong	53.61	26.80	696.55	690.79	1 155	20	1 000
丽　江	Lijiang	38.65	19.33	18.30	9.15	400	2	300
普　洱	Pu'er	55.59	27.80	114.87	10.66	1 265	23	300
临　沧	Lincang	78.77	39.39	56.60	28.30	706	16	50
楚　雄	Chuxiong	67.63	33.81	24.55	12.27	385	6	50
文　山	Wenshan	72.00	36.01	33.26	16.63	330	8	50
西双版纳	Xishuangbann	216.00	108.08	21.34	8.32	773	5	300
大　理	Dali	429.44	214.72	24.00	12.02	1 135	24	300

10-8 主要年份交通运输客运量

Passenger Traffic in Significant Years

单位：亿人 (100 million persons)

年 份 Year	全省客运量 Passenger Traffic	铁 路 Railways	公 路 Highways	水 运 Waterways	民用航空(万人) Civil Aviation(10 000 perons)
1978	0.39	0.13	0.25		8.9
1980	0.53	0.15	0.36	0.01	17.2
1985	0.94	0.15	0.77	0.01	23.0
1987	1.01	0.14	0.86	0.01	39.0
1988	1.06	0.14	0.89	0.02	32.0
1989	1.04	0.13	0.89	0.01	31.0
1990	1.07	0.10	0.95	0.02	34.0
1991	1.11	0.10	0.99	0.01	50.0
1992	1.06	0.11	0.93	0.01	83.0
1993	1.11	0.13	0.95	0.02	127.0
1994	2.52	0.14	2.35	0.01	145.8
1995	2.17	0.13	2.01	0.01	211.0
1996	2.39	0.11	2.24	0.01	253.0
1997	2.50	0.11	2.34	0.01	288.3
1998	2.99	0.13	2.80	0.02	331.1
1999	3.30	0.15	3.08	0.02	435.4
2000	3.37	0.15	3.16	0.02	345.0
2001	4.00	0.14	3.79	0.03	380.0
2002	3.89	0.14	3.67	0.04	393.0
2003	3.52	0.14	3.30	0.04	377.0
2004	3.89	0.15	3.65	0.04	464.0
2005	4.11	0.16	3.85	0.05	495.0
2006	4.38	0.18	4.09	0.05	599.1
2007	4.63	0.21	4.29	0.06	672.3
2008	3.48	0.24	3.12	0.06	599.4
2009	3.66	0.24	3.28	0.07	721.4
2010	4.04	0.27	3.62	0.07	753.8
2011	4.60	0.30	4.14	0.08	758.5
2012	4.96	0.30	4.48	0.09	848.7
2013	5.19	0.33	4.66	0.09	1 000.0
2013（新口径）	4.88	0.33	4.34	0.10	1 000.0
2014	5.01	0.34	4.45	0.11	1 104.1
2015	4.98	0.38	4.37	0.12	1 210.3
2016	4.88	0.51	4.12	0.13	1 183.1
2017	4.70	0.60	3.86	0.13	1 193.0
2018	4.41	0.68	3.46	0.13	1 348.2

注：1.公路客运量1993年前为运输系统统计数，1994年起为全社会统计数。
2.2008年公路客运量为全国专项调查数，与2007年口径不一致。
3.铁路客运量从2008年起调整口径。
4.2014年起交通部门调整了公路、水路客运量计算口径。
5.由于统计口径不同，铁路不含动车组

Note: a. Before 1993,the data of highways passenger traffic were transportation system data, and since 1994, whole society statistics.
b.The data of highways passenger traffic of 2008 were the data of national special survey and the coverage is different from that of 2007.
c. The data of the railways passenger traffic statistics has been changed since 2008.
d.Transport sector has adjusted the coverage of highway and waterway transport volume.
e. Due to different statistical caliber, railway passenger cars do not contain D-Series High-Speed Train.

10-9 主要年份交通运输旅客周转量

Passenger-kilometers in Significant Years

单位：亿人公里 (100 million persons-km)

年 份 Year	全省旅客周转量 Passenger Traffic of Yunnan Province	铁 路 Railways	公 路 Highways	水 运 Waterways	民用航空 Civil Aviation
1978	24.25	9.92	13.89	0.12	0.32
1980	33.74	12.86	20.30	0.26	0.32
1985	72.84	19.56	52.53	0.32	0.43
1987	88.41	23.20	59.92	0.55	4.74
1988	93.46	23.91	64.81	0.57	4.17
1989	94.01	21.92	67.66	0.42	4.01
1990	87.67	17.22	65.77	0.46	4.22
1991	95.86	17.95	71.83	0.37	5.72
1992	99.98	20.29	69.89	0.34	9.46
1993	111.90	22.86	73.38	0.37	15.29
1994	146.87	24.41	101.77	0.33	20.36
1995	137.93	23.03	93.10	0.35	21.45
1996	149.94	20.57	102.40	0.37	26.61
1997	172.37	22.73	119.47	0.38	29.78
1998	189.85	24.76	131.80	0.58	32.71
1999	237.99	32.82	164.20	0.64	40.34
2000	237.94	31.35	171.20	0.78	34.57
2001	304.20	31.79	232.76	0.82	38.83
2002	281.60	30.50	210.10	0.90	40.10
2003	263.45	30.07	192.87	0.88	39.60
2004	317.76	37.30	227.21	0.91	52.34
2005	331.60	41.04	233.12	1.05	56.39
2006	362.40	47.22	247.71	1.17	66.30
2007	393.40	52.63	265.80	1.21	73.76
2008	411.89	66.61	272.98	1.54	70.76
2009	448.45	63.37	302.22	1.55	81.31
2010	523.64	80.73	352.10	1.78	89.03
2011	610.78	91.91	424.57	1.96	92.34
2012	670.22	91.99	470.20	2.02	106.01
2013	720.33	99.70	493.00	2.23	125.40
2013（新口径）	550.43	99.34	323.10	2.23	125.40
2014	573.63	103.22	321.06	2.37	146.98
2015	599.49	111.38	330.21	2.50	155.40
2016	585.55	110.92	319.99	2.70	151.93
2017	596.70	131.90	308.27	2.88	153.66
2018	595.88	150.99	269.63	3.02	172.23

注：1.公路旅客周转量1993年前为运输系统统计数，1994年起为全社会统计数。
2.2008年公路旅客周转量为全国专项调查数，与2007年口径不一致。
3.铁路旅客周转量从2008年起调整口径。
4.2014年起交通部门调整了公路、水路客运量计算口径。

Note: a. Before 1993,the data of highways passenger-kilometers were transportation system data, and since 1994, whole society statistics.
b.The data of highways passenger-kilometers of 2008 were the data of national special survey and the coverage is different from that of 2007.
c. The coverage of the railways passenger traffic statistics has been changed since 2008.
d.Transport sector has adjusted the coverage of highway and waterway transport volume.

10-10 主要年份交通运输货运量

Freight Traffic in Significant Years

单位：亿吨 (100 million tons)

年 份 Year	全省货运量 Passenger Traffic	铁 路 Railways	公 路 Highways	水 运(万吨) Waterways (10 000 tons)	民用航空(万吨) Civil Aviation (10 000 tons)
1978	0.50	0.19	0.30	93	0.16
1980	0.48	0.21	0.26	65	0.22
1985	2.00	0.20	1.80	52	0.40
1987	2.16	0.23	1.92	91	0.50
1988	2.30	0.24	2.05	91	0.60
1989	3.08	0.25	2.82	91	1.00
1990	3.83	0.26	3.57	104	0.43
1991	3.08	0.26	2.82	91	0.63
1992	4.28	0.27	4.00	105	1.00
1993	3.57	0.27	3.29	115	1.84
1994	3.79	0.28	3.49	168	2.00
1995	3.84	0.28	3.54	123	2.40
1996	4.29	0.29	3.97	245	3.50
1997	4.68	0.29	4.37	157	5.60
1998	4.84	0.31	4.52	141	7.27
1999	5.08	0.33	4.74	118	7.75
2000	5.25	0.35	4.88	134	7.82
2001	5.32	0.39	4.92	142	8.63
2002	5.50	0.43	5.05	146	6.70
2003	5.87	0.46	5.39	160	6.10
2004	5.96	0.51	5.43	221	7.50
2005	6.22	0.53	5.67	236	7.93
2006	6.64	0.55	6.06	247	8.56
2007	7.18	0.60	6.55	262	8.74
2008	4.56	0.61	3.91	339	7.56
2009	4.71	0.59	4.08	345	7.74
2010	5.23	0.63	4.57	402	8.74
2011	6.63	1.17	5.42	439	6.79
2012	7.55	1.18	6.32	465	6.96
2013	8.39	1.19	7.15	484	8.80
2013（新口径）	11.11	1.19	9.87	508	8.80
2014	11.59	1.21	10.32	560	9.35
2015	11.43	1.17	10.20	602	9.17
2016	12.19	1.18	10.95	646	9.03
2017	13.74	1.26	12.41	667	8.43
2018	14.91	1.31	13.53	687	7.60

注：1.公路货运量从1984年起为国家统计局统一口径的全社会运量数。
2.2008年公路货运量为全国专项调查数，与2007年口径不一致。
3.铁路货运量从2008年起调整口径。
4.2014年起交通部门调整了公路、水路货运量计算口径。

Note: a. Since 1984, the approach in computation of freight-traffic of highways has been included in total social count according to National Bureau of Statistics of China .
b.The data of highways freight traffic of 2008 were the data of national special survey and the coverage is different from that of 2007.
c.The coverage of the railways passenger traffic statistics has been changed since 2008.
d.Transport sector has adjusted the coverage of highway and waterway transport volume.

10-11 主要年份交通运输货物周转量

Freight Ton-kilometers in Significant Years

单位：亿吨公里 (100 million tons-km)

年 份 Year	全省货物周转量 Passenger Traffic of Yunnan Province	铁 路 Railways	公 路 Highways	水 运 Waterways	民用航空 Civil Aviation
1978	62.34	43.52	18.57	0.24	0.01
1980	68.76	50.59	17.84	0.32	0.01
1985	154.11	64.83	88.73	0.50	0.05
1987	195.89	79.77	115.35	0.69	0.08
1988	208.05	82.78	124.44	0.75	0.08
1989	225.21	88.00	136.10	1.04	0.07
1990	260.67	93.91	166.10	0.59	0.07
1991	233.12	96.07	136.42	0.55	0.08
1992	275.85	100.92	173.92	0.88	0.13
1993	241.61	106.23	134.06	1.08	0.24
1994	295.08	107.86	185.99	0.98	0.26
1995	307.71	114.24	192.10	1.06	0.31
1996	352.44	122.24	228.53	1.23	0.44
1997	384.94	129.00	253.96	1.21	0.76
1998	416.18	141.08	273.12	0.96	1.02
1999	443.09	152.64	288.14	0.92	1.11
2000	479.52	180.76	296.65	0.98	1.13
2001	517.31	196.58	318.49	0.99	1.25
2002	551.20	215.80	333.20	1.20	1.00
2003	595.88	235.79	357.64	1.54	0.90
2004	628.39	260.01	365.08	2.12	1.18
2005	656.49	270.37	381.96	2.93	1.23
2006	692.21	277.21	409.46	4.22	1.32
2007	770.96	314.23	450.83	4.59	1.31
2008	811.15	336.20	468.63	5.16	1.16
2009	843.67	340.95	496.14	5.42	1.16
2010	915.04	358.31	548.53	6.91	1.29
2011	996.20	369.70	617.27	8.19	1.04
2012	1 092.09	379.75	702.51	8.71	1.12
2013	1 202.23	390.24	801.04	9.52	1.43
2013（新口径）	1 325.30	390.24	921.98	11.65	1.43
2014	1 407.63	390.59	1 002.35	13.09	1.60
2015	1 465.30	371.83	1 077.89	14.08	1.51
2016	1 569.20	379.44	1 173.06	15.20	1.50
2017	1 798.67	420.62	1 360.37	16.21	1.46
2018	1 943.85	436.08	1 489.23	17.33	1.21

注：1.公路货物周转量从1984年起为国家统计局统一口径的全社会数。
2.2008年公路货物周转量为全国专项调查数，与2007年口径不一致。
3.铁路货物周转量从2008年起调整口径。
4.2014年起交通部门调整了公路、水路货运量计算口径。

Note: a. Since 1984, the approach in computation of freight-kilometers of highways has been included in total social count according to National Bureau of Statistics of China .
b.The data of highways freight ton-kilometers of 2008 were the data of national special survey and the coverage is different from that of 2007.
c.The coverage of the railways passenger traffic statistics has been changed since 2008.
d.Transport sector has adjusted the coverage of highway and waterway transport volume.

10-12 全省铁路货物运输量（2017-2018年）

Railway Freight Traffic of Yunnan Province (2017-2018)

（按货类分） (by category of cargo)

品 种	Item	2017 货运量（万吨）Freight Traffic (10 000 tons)	2017 货物周转量（亿吨公里）Freight Ton-kilometers (100 million tons-km)	2017 平均运距（公里）Average Transport Distance (km)	2018 货运量（万吨）Freight Traffic (10 000 tons)	2018 货物周转量（亿吨公里）Freight Ton-kilometers (100 million tons-km)	2018 平均运距（公里）Average Transport Distance (km)
全 省	**Yunnan**	**12 567**	**418.65**	**333**	**13 032**	**434.98**	**334**
煤	Coal	2 219	65.77	296	1 964	63.96	326
焦 炭	Coke	298	7.88	265	330	8.56	259
石 油	Petroleum	806	24.55	305	868	22.18	256
钢铁及有色金属	Steel and Nonferrous metal	1 117	38.29	343	1 246	41.46	333
金属矿石	Metal Ores	1 680	70.16	418	2 010	80.18	399
非金属矿石	Nonmetal Materials	191	5.97	312	203	60.77	299
磷矿石	Phosphate Mineral	410	10.01	244	447	11.56	259
矿物性建筑材料	Mineral Building Materials	375	10.15	271	223	6.85	308
水 泥	Cement		0.01	228		0.02	270
木 材	Timber	71	2.31	325	49	1.57	318
化肥农药	Chemical Fertilizers and pesticide			348	988	35.30	357
粮 食	Grain	419	13.99	334	459	15.96	347
棉 花	Cotton			272			368
盐	Salt			294	37	1.04	278
农副土特产品	Farm Crops			326	14	0.48	333
鲜活易腐货物	Goods of Live Animal and Putrescence			268	4	0.12	266
其 他	Others			339	402	13.21	328

10-13 全省民用航空运输基本情况（2013-2018年）
Principal Statistics on Civil Aviation of Yunnan Province (2013-2018)

指　　标	Item	2013	2014	2015	2016	2017	2018
旅客发运量（万人）	**Passenger Traffic (10 000 persons)**	**1 000.00**	**1 104.10**	**1 210.32**	**1 183.08**	**1 193.02**	**1 348.35**
国际航线（万人）	International Routes (10 000 persons)	80.65	98.33	103.48	109.33	135.73	154.32
国内航线（万人）	Domestic Routes (10 000 persons)	919.33	1 006.21	1 106.84	1 073.75	1 057.29	1 194.02
地区航线（万人）	Regional Routes (10 000 persons)	12.53	12.05	16.75	21.26	20.21	17.84
货邮发运量（万吨）	**Freight Traffic (10 000 tons)**	**8.80**	**9.37**	**9.17**	**9.03**	**8.43**	**7.60**
国际航线（万吨）	International Routes (10 000 tons)	0.46	1.02	0.75	0.68	0.92	0.69
国内航线（万吨）	Domestic Routes (10 000 tons)	8.35	8.35	8.42	8.35	7.51	6.91
地区航线（万吨）	Regional Routes (10 000 tons)	0.03	0.06	0.17	0.26	0.20	0.05
旅客周转量（亿人公里）	Passenger-tons(100 million persons-km)	125.40	147.30	155.40	151.93	153.66	174.30
货邮周转量（亿吨公里）	Freight Ton-kilometers (100 million tons-km)	1.43	1.61	1.51	1.50	1.46	1.22
总周转量（亿吨公里）	Total Air Traffic Ton-kilometers (100 million tons-km	12.56	14.66	15.28	14.97	15.16	16.61
起飞架次（万架次）	Number of Flying Aircrafts (10 000 units)	9.99	10.89	11.44	10.73	10.99	11.93
飞行里程（万公里）	Distance of Flying (10 000 km)	10 924	12 492	12 892	12 212	12 447	13 825
飞行小时（万小时）	Hours of Flying (10 000 hours)			22.2	21.2	21.9	24.2
飞行生产率（吨公里/小时）	Productivity of Flying (ton-km/h)	6 757	6 902	6 873	7 074	6 909	6 874
正班载运率（%）	Carry Rate of Aircrafts (%)		72.8	74.1	75.7	75.1	
正班客座率（%）	Utilization Rate of Seats (%)	77.2	78.8	80.6	81.1	79.4	80.6

10-14 全省电信业务基本情况（2000-2018年）

单位：万户

年 份 Year	电信业务总量(亿元) Business Volume of Telecommunication Services (100 million yuan)	移动短信业务量(亿条) Short Message Services (100 million messages)	移动电话年末用户 Number of Mobile Telephone Subscribers at Year-end
2000	82.43		200.90
2001	93.40		338.50
2002	118.50	10.70	502.30
2003	151.45	24.90	628.40
2004	200.80	33.00	732.40
2005	253.60	55.90	898.80
2006	327.70	77.90	1 068.90
2007	458.30	134.00	1 346.40
2008	594.28	169.80	1 635.90
2009	655.25	222.06	1 936.38
2010	253.85	270.00	2 244.50
2011	299.90	310.86	2 589.51
2012	344.34	367.44	2 895.78
2013	379.23	384.12	3 395.76
2014	539.28	356.11	3 748.54
2015	756.25	187.22	3 789.77
2016	1 235.76	145.93	3 942.79
2017	1 144.02	131.91	4 228.40
2018	2 477.03	178.45	4 659.05

注：1.电信业务总量指标测算从2017年起，执行工业和信息化部统一制定的“2015年不变单价”标准。

2.2018年及以前移动短信业务不含公益短信。

Basic Conditions of Telecommunication Services of Yunnan Province (2000-2018)

(10 000 subscribers)

3G移动电话用户 3G Wireless Subscribers	4G移动电话用户 4G Wireless Subscribers	(固定)互联网宽带接入用户 Internet Broadband Users	固定电话年末用户 Number of Fixed Telephone Subscribers at Year-end	城市用户 Number of Urban Fixed Subscribers	农村用户 Number of Rural Fixed Subscribers
			288.90	221.90	67.00
			359.90	276.20	83.70
			437.20	357.40	79.60
			483.20	226.50	114.90
			547.20	232.30	121.40
			597.70	444.00	153.80
			644.20	441.70	202.60
			628.70	237.90	210.00
			616.30	248.60	221.00
			583.12	267.29	205.38
88.76		224.10	562.50	357.70	204.80
234.16		306.52	540.11	361.43	178.68
571.79		375.52	524.29	364.68	159.61
1 084.63		405.97	485.41	346.92	138.49
1 286.54		424.88	429.82	312.34	117.48
822.96		455.03	370.94	287.56	83.38
448.07		655.31	335.01	267.14	67.87
320.30		812.60	301.10	247.00	54.10
284.22	3 375.48	1 019.43	275.24	229.39	45.85

Note: a. Since 2017,business volume of telecommunication service is calculated according to the constant price of 2015 stipulated by Ministry of Industry and Information.

b. Before 2018 (inclding 2018), mobile SMS service does not include public service SMS.

10-15 全省主要年份邮政业务基本情况

年 份 州 市	Year Region	营业网点 (处) Number of Postal Offices (unit)	信筒信箱 (个) Number of Postal Boxes (unit)	邮路总长度 (万公里) Length of Postal Routes (10 000 km)	汽车邮路 Highway Routes	铁路邮路 Railway Routes
1978		1 698	2 359	26.08	25 494	5 101
1980		1 680	3 929	25.58	27 241	4 812
1985		1 684	4 647	5.00	29 261	5 395
1990		1 696	4 500	5.64	31 299	5 398
1995		1 779	4 786	6.56	34 948	5 106
2000		1 930	4 436	12.98	44 420	4 638
2001		1 893	4 538	13.53	51 427	4 666
2002		1 884	4 471	13.65	53 013	4 666
2003		1 891	4 487	13.64	52 855	4 638
2004		1 895	4 292	14.05	58 347	4 666
2005		1 879	4 013	14.60	66 382	4 666
2006		1 853	3 857	14.62	66 777	4 638
2007		1 794	3 936	16.87	67 477	10 375
2008		1 789	3 266	17.57	71 103	13 403
2009		1 736	3 315	17.27	70 151	13 533
2010		1 722	2 927	17.14	79 701	15 170
2011		1 765	2 875	19.48	83 012	21 279
2012		4 410	1 820	50.28	74 136	
2013		4 909	1 817	79.21	73 966	31 422
2014		5 269	1 804	73.41	85 547	3 212
2015		4 802	1 885	67.17	94 867	11 308
2016		6 306	1 904	61.80	96 513	14 482
2017		7 970	1 909	29.10	108 176	13 839
2018		9 100	1 909	29.18	115 437	14 391
昆 明	Kunming	2 285	300	21.74	45 543	14 031
曲 靖	Qujing	768	150	0.43	5 103	
玉 溪	Yuxi	465	98	0.30	3 039	
保 山	Baoshan	525	104	0.45	4 527	
昭 通	Zhaotong	538	171	0.92	9 209	
丽 江	Lijiang	367	75	0.34	2 810	
普 洱	Pu'er	378	127	0.77	5 781	
临 沧	Lincang	491	101	0.63	5 907	
楚 雄	Chuxiong	465	144	0.73	7 257	
红 河	Honghe	705	182	0.71	7 066	
文 山	Wenshan	424	125	0.47	4 693	
西双版纳	Xishuangbanna	243	49	0.47	4 295	
大 理	Dali	743	142	0.46	4 287	360
德 宏	Dehong	411	73	0.38	2 658	
怒 江	Nujiang	152	36	0.11	1 094	
迪 庆	Diqing	140	32	0.28	2 169	

注：1.邮路总长度1980年及以前是邮路及农村投递线路总长度之和。
2.营业网点不含代办点，1998年及以前年份的为邮电支局所(已剔除独立的电信局所)。
3.1990年及以前年份没有单独核算邮政业务量。
4.2012年以后营业网点和邮路总长度是邮政企业和快递企业的汇总数。
5.汽车邮路长度是邮政企业的汇总数。

Basic Conditions of Postal Services of Yunnan Province in Significant Years

快递业务量 (万件) Express Business Volume (10 000 pieces)	农村投递路线长度 (万公里) Rural Delivery Routes (10 000 km)	邮政业务总量 (亿元) Business Volume of Postal Services (100 million yuan)	函 件 (万 件) Number of Letters (10 000 pieces)	报刊期发数 (万份) Issue of Newspaper and Magazines (10 000 copies)
			5 571.57	224.08
			7 023.68	364.22
	18.05		9 496.54	639.24
	17.13		8 957.46	471.20
	17.09	2.17	16 024.08	484.57
	16.69	3.21	10 001.50	421.30
	16.47	7.60	8 876.10	459.20
	16.43	8.30	12 344.10	410.80
	16.52	8.52	9 969.30	328.90
	16.38	8.18	8 386.70	339.10
	16.55	8.60	7 957.40	317.60
	16.05	9.92	7 299.80	342.80
	16.14	11.10	6 695.60	264.50
	16.09	12.71	7 442.82	279.69
	15.99	14.74	6 516.11	305.00
	15.96	15.09	5 498.61	300.76
1 031.86	15.86	16.32	4 119.53	318.51
3 774.37	16.94	18.25	5 250.00	316.01
6 870.32	16.90	23.38	7 231.00	321.00
8 546.08	16.50	27.95	9 550.00	299.00
11 109.14	17.04	35.30	6 664.72	327.66
17 445.80	17.09	50.05	3 647.56	264.92
22 775.76	16.98	66.24	1 777.82	259.34
33 999.10	17.19	90.43	2 449.98	251.69
22 367.38	1.42	49.44	464.59	58.38
1 212.24	1.80	4.56	1 405.87	18.31
703.25	0.79	2.22	79.15	12.01
621.01	1.05	2.35	85.41	13.56
895.49	1.36	3.63	15.11	15.98
762.85	0.64	2.31	28.30	9.19
750.01	1.02	2.40	19.62	13.35
343.20	1.10	1.54	15.30	9.73
497.17	1.65	2.11	34.44	15.68
1 570.14	1.67	5.79	99.81	21.54
1 002.77	1.53	3.46	19.40	16.75
769.44	0.51	2.52	77.42	7.96
1 567.61	1.36	5.06	70.77	19.46
796.87	0.56	2.17	23.77	9.12
51.08	0.35	0.42	4.30	5.99
88.59	0.40	0.46	6.72	4.68

Note: a.Length of postal routes in 1980 and before refers to the length of postal routes and rural delivery routes.
b.Number of postal offices excluded the number of post sub-stations, while in and before 1998,the number of postal offics referred to postal and telcommunication offices (has excluded the independent telcommunication offices)
c.In and before 1990,the business volume of postal services was not calculated independently.
d.Number of post offices and length of postal rotues are those of postal and express enterprises.
e.Number of mail car length is that of postal enterprises

10-16 重点服务业企业财务状况（2017-2018年）

单位：亿元

类别	Category	企业数（个）Number of Enterprises (unit)	营业收入 Total Business Revenue		营业成本 Operating Cost	
			2017	2018	2017	2018
全省	**Yunnan**	**1 903**	**2 268.56**	**2 430.31**	**1 787.20**	**1 943.88**
按国民经济行业分	**Grouped by Sector**					
交通运输、仓储和邮政业	Transport, Storage and Post	310	1 212.59	1 392.64	1 060.71	1 221.72
铁路运输业	Railway Transport	2	169.52	242.37	180.55	252.77
道路运输业	Highway Transport	193	653.91	704.71	518.30	559.45
水上运输业	Waterway Transport	1	0.06	0.06	0.02	0.02
航空运输业	Air Transport	10	215.86	245.62	200.35	225.44
管道运输业	Pipeline Transport	1	5.01	5.12	1.99	1.86
多式联运和运输代理业	Multimodal Transport and Forwarding Agencies	29	107.58	78.21	101.48	74.16
装卸搬运和仓储业	Lording,Unlording,Carrying and Storage	48	21.22	69.14	20.83	65.29
邮 政 业	Post	26	39.43	47.41	37.19	42.73
信息传输、软件和信息技术服务业	Information Transmission,Software and Information Technology	153	479.32	415.51	319.05	286.63
电信、广播电视和卫星传输服务	Telecommunication, Videocast and Satellite Transmissions Service	65	419.93	356.81	273.07	240.15
互联网和相关服务	Network and Related Services	15	2.02	3.48	1.68	3.08
软件和信息技术服务业	Software and Information Technology Services	73	57.37	55.22	44.30	43.40
房地产业(不含房地产开发经营)	Real Estate(Exclude Real Estate Exploitation)	163	35.32	40.21	25.41	29.10
	Management Intermediary Services Only)					
物业管理	Property Management Services	157	33.04	37.71	25.01	28.40
房地产中介服务	Real Estate Intermediary Services	2	0.06	0.06		
房地产租赁经营	Real Estate Tenancy Management	4	2.22	2.44	0.40	0.70
其他房地产业	Other Real Estate					

Financial Statistics of Key Service Industry (2017-2018)

(100 million yuan)

营业税金及附加 Taxes and other Charges		营业费用、管理费用、财务费用合计 Expenses on business, Management and Finance		营业利润 Profits from Business		利润总额 Total Profits		应付职工薪酬 Wages Payable for Employee		平均用工人数（万人） Average Number Of Employees (10 000 Persons)
2017	2018	2017	2018	2017	2018	2017	2018	2017	2018	2018
14.93	**13.31**	**395.53**	**414.15**	**290.83**	**293.65**	**316.68**	**305.83**	**391.59**	**422.57**	**44.95**
5.35	5.70	161.97	186.81	18.45	16.25	38.98	22.24	196.39	214.69	16.67
0.22	0.22	12.29	14.52	-21.37	-22.46	-22.55	-24.84	67.34	69.34	3.98
3.04	3.37	117.67	129.68	36.00	32.64	52.78	37.98	67.85	77.94	8.09
		0.01	0.04	0.03				0.02	0.02	0.01
1.52	1.47	17.53	25.47	4.85	7.17	6.87	8.04	39.55	43.68	2.00
0.05	0.04	0.82	1.08	2.14	2.38	2.52	2.40	0.43	0.44	0.02
0.21	0.18	5.22	3.74	0.38	0.46	0.94	0.44	5.13	2.76	0.29
0.04	0.12	3.42	5.55	-0.60	-1.30	0.99	0.40	0.96	3.10	0.65
0.27	0.30	5.01	6.73	-2.98	-2.64	-2.57	-2.18	15.11	17.41	1.63
2.30	0.76	92.16	72.68	64.20	47.92	65.13	55.45	62.26	50.79	4.11
1.98	0.46	83.07	63.60	59.84	44.86	60.49	52.08	53.51	41.57	3.06
0.01	0.01	0.69	1.07	-0.15	-0.34	-0.14	-0.28	0.29	0.57	0.05
0.31	0.29	8.40	8.01	4.51	3.40	4.78	3.65	8.46	8.65	1.00
0.61	0.67	6.63	7.66	2.72	2.83	2.83	3.02	14.33	16.05	3.83
0.37	0.47	5.23	6.16	2.48	2.77	2.58	2.94	13.98	15.83	3.81
		0.05	0.06					0.02	0.01	
0.24	0.20	1.35	1.44	0.24	0.06	0.25	0.08	0.33	0.21	0.02

10-16 续表

单位：亿元

类　别	Category	企业数（个）Number of Enterprises (unit)	营业收入 Total Business Revenue 2017	营业收入 Total Business Revenue 2018	营业成本 Operating Cost 2017	营业成本 Operating Cost 2018
租赁和商务服务业	Leasing Trade and Business Service	423	206.49	199.21	152.28	145.38
租赁业	Leasing Trade	8	2.56	2.88	1.21	1.21
商务服务业	Commercial Serive	415	203.93	196.33	151.07	144.17
科学研究和技术服务业	Scientific Research, Technology Service	175	149.49	184.44	114.46	140.61
研究和试验发展	R & D	10	4.56	3.08	3.31	2.09
专品技术服务业	Professional Technology Service	154	142.14	176.50	109.63	134.95
科技推广和应用服务业	Technology Promotion and Application Services	11	2.79	4.86	1.52	3.57
水利、环境和公共设施管理业	Water Conservancy, Admistration of Environment and Public Facilities	94	42.42	40.04	26.72	25.58
水利管理业	Water Conservancy Admistrition	1	0.13	0.13	0.08	0.08
生态保护和环境治理业	Conservatory Ecology and Admistration of Environment	6	2.63	3.19	1.61	1.24
公共设施管理业	Admistration of Public Facilities	86	39.66	36.61	25.03	24.23
土地管理业	Land Management	1		0.11		0.03
居民服务、修理和其他服务业	Services to Households,Repair and Other Services	164	30.07	36.99	17.02	21.82
居民服务业	Services to Households	68	18.92	22.63	9.37	11.25
机动车、电子产品和日用产品修理业	Repair Services of Motor Vehicle,Electronics and Daily Products	65	6.20	7.44	4.72	5.68
其他服务业	Other Services	31	4.95	6.92	2.93	4.89
教　育	Education	74	21.05	18.65	13.10	12.40
卫生和社会工作	Health Care, Social Works	142	44.16	50.07	30.72	33.19
卫　生	Health Care	142	44.16	50.07	30.72	33.19
社会工作	Social Works					
文化、体育和娱乐业	Culture, Sports and Entertainment	205	47.65	52.55	27.73	27.45
新闻和出版业	News and Publishing	10	13.47	11.87	9.79	8.22
广播、电视、电影和影视录音制作业	Broadcast, Television,Filmdom and Audio & Video Production	35	4.95	5.92	2.91	3.85
文化艺术业	Culture and Arts	87	15.37	17.70	8.25	8.75
体育	Sports	13	3.60	3.59	1.83	1.44
娱乐业	Entertainment	60	10.26	13.47	4.95	5.19

continued

营业税金及附加 Taxes and othe Charges		营业费用、管理费用、财务费用合计 Expenses on business, Management and Finance		营业利润 Profits from Business		利润总额 Total Profits		应付职工薪酬 Wages Payable for Emploee		平均用工人数（万人） Average Number Of Employees (10 000 Persons)
2017	2018	2017	2018	2017	2018	2017	2018	2017	2018	2018
3.40	2.92	55.95	51.06	178.23	190.30	182.10	185.48	41.65	44.46	9.14
0.07	0.07	0.14	0.12	1.03	1.48	1.05	1.47	0.31	0.35	0.07
3.33	2.85	55.81	50.94	177.20	188.82	181.05	184.01	41.34	44.11	9.07
1.24	1.36	23.91	30.28	11.21	19.63	9.92	21.66	30.81	44.65	2.71
0.07	0.06	2.18	1.31	- 0.82	6.07	- 2.11	6.13	1.51	1.13	0.08
1.15	1.25	20.70	27.30	11.73	13.84	11.71	15.97	28.75	42.21	2.51
0.02	0.05	1.03	1.67	0.30	- 0.28	0.32	- 0.44	0.55	1.31	0.12
0.50	0.46	13.93	13.19	1.25	4.15	1.88	4.82	9.89	10.89	1.66
		- 0.06	- 0.07	0.13	0.14	0.13	0.14	0.06	0.05	0.01
0.03	0.02	0.68	0.77	0.35	3.88	0.39	3.90	0.50	0.66	0.06
0.47	0.44	13.31	12.41	0.77	0.13	1.36	0.78	9.33	10.10	1.59
			0.08						0.08	0.01
0.32	0.34	9.59	10.86	3.32	3.88	3.63	4.25	7.34	9.99	2.15
0.22	0.26	7.10	8.35	2.33	2.79	2.54	3.05	4.49	5.91	0.97
0.04	0.04	1.29	1.44	0.23	0.29	0.23	0.30	1.03	1.22	0.29
0.06	0.04	1.20	1.07	0.76	0.80	0.86	0.90	1.82	2.86	0.89
0.21	0.16	4.78	4.82	3.01	1.26	3.10	1.32	5.88	5.47	1.03
0.05	0.11	12.87	14.49	0.59	2.37	0.63	2.26	11.71	13.58	2.00
0.05	0.11	12.87	14.49	0.59	2.37	0.63	2.26	11.71	13.58	2.00
0.95	0.83	13.74	22.30	7.85	5.06	8.48	5.33	11.33	12.00	1.66
0.09	0.07	1.83	1.95	3.48	1.92	3.64	2.04	2.41	2.26	0.13
0.09	0.09	1.75	1.62	0.35	0.54	0.45	0.52	0.74	0.83	0.16
0.23	0.30	3.76	6.10	3.78	5.04	3.89	5.17	3.79	4.76	0.60
0.38	0.18	1.93	3.06	- 0.59	- 1.06	- 0.52	- 1.28	1.29	1.25	0.18
0.16	0.19	4.47	9.57	0.83	- 1.38	1.02	- 1.12	3.10	2.90	0.59

10-17 各州市重点服务业企业财务状况

Financial Indicators of Key Service Industry by Region

单位：亿元 (100 million yuan)

州 市	Region	企业数（个） Number of Enterprises (unit)	营业收入 Total Business Revenue		营业成本 Cost of Business		营业税金及附加 Taxes and Other Charges	
			2017	2018	2017	2018	2017	2018
全 省	**Yunnan**	**1 903**	**2 268.56**	**2 430.31**	**1 787.20**	**1 943.88**	**14.93**	**13.31**
昆 明	Kunming	850	1 732.99	1 866.08	1 408.14	1 545.38	10.63	9.86
曲 靖	Qujing	120	40.06	40.26	30.74	29.92	0.31	0.26
玉 溪	Yuxi	92	54.01	55.42	41.27	40.15	0.84	0.46
保 山	Baoshan	50	33.63	34.58	23.04	23.09	0.30	0.26
昭 通	Zhaotong	64	38.80	42.80	22.69	25.33	0.23	0.22
丽 江	Lijiang	85	44.43	46.62	29.36	29.02	0.46	0.45
普 洱	Pu'er	65	37.43	39.13	25.86	28.23	0.21	0.18
临 沧	Lincang	34	22.50	24.12	13.88	15.47	0.12	0.08
楚 雄	Chuxiong	122	37.84	40.11	29.08	31.64	0.26	0.27
红 河	Honghe	108	72.12	80.34	59.60	67.48	0.42	0.27
文 山	Wenshan	57	35.70	38.25	23.35	24.89	0.16	0.15
西双版纳	Xishuangbanna	68	28.36	30.23	18.93	19.30	0.19	0.16
大 理	Dali	100	53.54	54.36	35.49	35.92	0.50	0.41
德 宏	Dehong	39	17.19	18.36	11.36	12.37	0.11	0.11
怒 江	Nujiang	18	6.45	6.76	5.33	5.50	0.05	0.05
迪 庆	Diqing	31	13.51	12.87	9.08	10.19	0.14	0.12

10-17 续表 continued

单位：亿元 (100 million yuan)

州 市	Region	营业费用、管理费用、财务费用 Expenses on Business, Management and Finance		营业利润 Profits from Business		利润总额 Total Profits		应付职工薪酬 Wages Payable for Employee		平均用工人数（万人） Average Number Of Employees (10 000 Persons)
		2017	2018	2017	2018	2017	2018	2017	2018	2018
全 省	**Yunnan**	**395.53**	**414.15**	**290.83**	**293.65**	**316.68**	**305.83**	**391.59**	**422.57**	**44.95**
昆 明	Kunming	281.21	293.44	206.46	219.36	224.89	220.45	295.95	317.29	27.41
曲 靖	Qujing	7.97	8.40	2.06	2.14	2.68	2.56	8.57	9.14	1.85
玉 溪	Yuxi	8.78	11.06	43.64	34.82	45.03	35.05	9.71	10.76	2.08
保 山	Baoshan	6.80	7.12	3.60	4.24	4.54	4.71	6.25	6.82	1.00
昭 通	Zhaotong	8.25	8.28	7.74	8.95	8.02	9.34	6.38	7.28	1.24
丽 江	Lijiang	8.51	12.15	6.92	5.53	7.82	6.16	5.96	6.64	0.97
普 洱	Pu'er	8.83	9.35	2.80	3.24	3.12	2.53	7.45	8.10	1.38
临 沧	Lincang	4.67	4.68	3.86	3.84	3.90	3.92	3.98	4.30	0.55
楚 雄	Chuxiong	6.67	6.82	1.80	3.06	2.92	3.77	7.23	7.44	1.47
红 河	Honghe	18.47	17.16	-5.00	-2.31	-3.89	-1.22	9.79	11.30	1.62
文 山	Wenshan	5.86	6.46	6.32		6.76	7.37	6.56	7.46	1.33
西双版纳	Xishaungbanna	8.01	7.25	2.17	3.86	2.43	3.93	6.09	5.99	0.95
大 理	Dali	11.56	11.95	7.32	7.31	7.58	7.54	10.30	11.99	1.75
德 宏	Dehong	3.49	3.66	2.21	2.17	2.18	2.16	3.40	3.90	0.78
怒 江	Nujiang	1.39	1.50	-0.34	-0.31	-0.39	-0.27	1.29	1.35	0.23
迪 庆	Diqing	5.06	4.87	-0.73	-2.25	-0.91	-2.17	2.68	2.81	0.34

10–18 各州市私人车辆拥有量（2018年）

Number of Private Motor Vehicles by Region (2018)

单位：万辆 (10 000 units)

州　市	Region	私人车辆拥有量 Private Cars	载客汽车 Passenger Vehicles	载货汽车 Trucks	拖拉机 Tractors	摩托车 Motors
全　省	**Yunnan**	**1 357.00**	**539.11**	**80.33**	**20.01**	**714.11**
昆　明	Kunming	244.87	197.33	12.30	1.05	33.72
曲　靖	Qujing	109.69	57.25	7.36	0.92	43.81
玉　溪	Yuxi	89.93	33.58	6.75	3.35	45.90
保　山	Baoshan	85.54	18.93	4.95	0.57	60.87
昭　通	Zhaotong	92.40	24.99	6.23	0.60	60.25
丽　江	Lijiang	32.44	14.37	2.62	1.23	13.95
普　洱	Pu'er	109.14	19.25	3.66	1.16	83.12
临　沧	Lincang	89.55	13.75	4.60	1.36	69.73
楚　雄	Chuxiong	72.22	22.30	3.52	3.14	43.07
红　河	Honghe	110.34	38.78	5.79	1.43	64.20
文　山	Wenshan	87.18	26.93	3.66	0.62	55.75
西双版纳	Xishuangbanna	49.03	14.26	3.50	0.93	30.31
大　理	Dali	103.84	35.17	7.19	0.15	60.87
德　宏	Dehong	62.49	14.24	4.00	3.43	40.74
怒　江	Nujiang	11.39	2.95	0.87		7.50
迪　庆	Diqing	10.67	5.01	1.59	0.07	3.92

主要统计指标解释

铁路营业里程 又称营业长度（包括正式营业和临时营业里程），指办理客货运输业务的铁路正线总长度。凡是全线或部分建成双线及以上的线路，以第一线的实际长度计算；复线、站线、段管线、岔线和特殊用途线以及不计算运费的联络线都不计算营业里程。该指标可以反映铁路运输业基础设施的发展水平，也是计算客货周转量、运输密度和机车车辆运用效率等指标的基础资料。

公路里程 指在一定时期内实际达到《公路工程技术标准 JTG B01-2003》规定的技术等级的公路，并经公路主管部门正式验收交付使用的公路里程数。包括大、中城市的郊区公路，以及公路通过小城镇（指县城、集镇）街道的公路里程和公路桥梁长度、隧道长度、渡口的宽度以及分期修建的公路已验收交付使用的里程，不包括大、中城市的街道、厂矿、林区生产用道和农业生产用道的里程。两条或多条公路共同经由同一路段，只计算一次，不得重复计算里程长度。按公路技术等级分为等级公路和等外公路，其中等级公路分为高速公路、一级公路、二级公路、三级公路和四级公路。

内河航道里程 内河航道通航里程指在一定时期内，能通航运输船舶及排筏的天然河流、湖泊水库、运河及通航渠道的长度。包括全年季节性通航累计三个月以上的航道，不包括仅供零散流放竹、木排的河道。两省以河为界的航道里程，双方均按一半计算，以免重复。该指标可以反映内河水运网的规模、水平和发展。

民用航空航线里程 指统计期间内全部民用航空航线的航线总长度。航线长度指民用航空航线的计费距离。计算航线里程可按重复和不重复两种方法，前者是指各航线长度相加的总和；后者则要扣除各航线之间相同航段重复计算的部分。

货（客）运量 指在一定时期内，各种运输工具实际运送的货物（旅客）数量。该指标是反映运输业为国民经济和人民生活服务的数量指标，也是制订和检查运输生产计划、研究运输发展规模和速度的重要指标。货运按吨计算，客运按人计算。货物不论运输距离长短、货物类别，均按实际重量统计。旅客不论行程远近或票价多少，均按一人一次客运量统计；半价票、小孩票也按一人统计。

货物（旅客）周转量 指在一定时期内，由各种运输工具运送的货物（旅客）数量与其相应运输距离的乘积之总和。该指标可以反映运输业生产的总成果，也是编制和检查运输生产计划，计算运输效率、劳动生产率以及核算运输单位成本的主要基础资料。计算货物周转量通常按发出站与到达站之间的最短距离，也就是计费距离计算。计算公式为：

货物（旅客）周转量 =Σ（货物（旅客）运输量 × 运输距离）

邮电业务总量 指以货币形式表示的邮电企业为社会提供各类邮电服务的总数量，是用于观察邮电业务发展变化总趋势的综合性总量指标。分别按邮政业务总量和电信业务总量统计。邮电业务总量是以各类业务的实物量分别乘以相应的不变单价，得出各类业务的货币量再加总求得。

移动电话用户 指报告期末通过移动电话交换机进入移动电话网的全部电话用户。包括各类签约用户、智能网预付费用户、无线上网卡用户（包括 2G 和 3G 无线上网卡用户）等。

固定电话用户 指在电信企业登记注册，且在报告期末实际已经接入电信企业固定电话网（包括局用电话交换机、接入网设备、软交换用户接入设备、无线市话设备）上的全部电话用户。包括普通电话用户、无线接入电话用户、公用电话用户、窄带综合业务数字网 (N-ISDN) 用户、集中用户交换机 (CENTREX) 用户、模拟中继线用户等。

城市电话用户 指话机安装地的行政区划属于中央直辖市、省辖市、地级市、县级市的市区、市郊区及县城区范围内的固定电话用户，还包括分布在农村地区的县团级以上建制的独立工矿区、林区、驻军的电话用户。

农村电话用户 指话机安装地的行政区划属于城市范围以外的乡（镇）、村的固定电话用户。

重点服务业 指交通运输、仓储和邮政业，信息传输、软件和信息技术服务业，租赁和商务服务业，科学研究和技术服务业，水利、环境和公共设施管理业，教育，卫生和社会工作；以及物业管理、房地产中介服务、自有房地产经营活动和其他房地产业等行业年营业收入1000万元及以上，或年末从业人员50人及以上服务业法人单位；居民服务、修理和其他服务业，文化、体育和娱乐业年营业收入500万元及以上，或年末从业人员50人及以上服务业法人单位。

从事服务业活动从业人员平均人数 指报告期内（年度、月度）平均拥有的从事服务业活动的人员数。按“谁用工，谁统计”的原则实施统计，包括参加企业服务业活动的正式人员，劳务派遣人员和临时聘用人员。不包括在本企业领取工资、股息、红利未参加服务业活动的人员。

Explanatory Notes on Principle Statistical Indicators

Length of Railways in Operation refers to the total length of the trunk line under passenger and freight transportation (including both full operation and temporary operation). The calculation is based on the actual length of the first line even if this line has a full or partial double track or more tracks, excluding double tracks, station sidings, tracks under the charge of stations, branch lines, special purpose lines and the non payable connecting lines. The length of railways in operation is an important indicator to show the development of the infrastructure for the railway transport, and also the essential data to calculate volume of passenger freight transport, traffic density and utilization efficiency of the locomotives and carriages.

Length of Highways refers to the length of highways which have actually reached the technical level specified in the technical standard JTG B01-2003 in a certain period of time and have been formally checked and accepted by the department of highway and put into use. The length of highway includes that of the suburb highways at large and medium-sized cities,highways passing through streets at small cities and towns,and also the length of bridge and ferries. It does not include the length of streets in big and medium-sized cities and highways built for the production purpose at factories, mines, forest areas and agricultural areas. If two more highways go the same section of the way, the length of the section is only calculated for once and no duplication is allowed. It is divided into grade highway and grade external highway by highway technology grade, among which grade highway is divided into expressway, grade one highway, grade two highway, grade three highway and grade four highway.

Length of Navigable Inland Waterways it is an indicator reflecting the size and development of inland water network, it refers to the length of the natural rivers, lakes, reservoirs, canals, and ditches open to navigation during a given period, which enables the transport by ships and rafts. It includes the channels open to navigation for over an accumulative 3 months in a year, yet this does not include the river courses, which are only used to float odd logs and bamboo rafts.The distance between the two provinces is calculated in half to avoid duplication. This indicator can reflect the scale, level and development situation of the inland waterway network.

Length of Civil Aviation Routes refers to the length of all routes for regular civil aviation flights, which is used to account the freight, during the period of statistics. There are usually two ways to calculate the route length: duplicated calculation and non-duplicated calculation, the former is the sum of length of all civil aviation routes, and latter should deduct the duplication length of same route among all routes.

Freight (Passenger) Traffic refers to the volume of freight (passenger) transported with various means. The freight (passenger)traffic provides a quantitative measure to show how the transport industry serves the national economy and people, and is also an important indicator for planning the transport industry and for studying the development scale and speed of the transport industry. Freight transport is calculated in tons and passenger traffic is calculated in the number of persons. Despite the type of freight and traveling distance, the freight transport is calculated in the actual weight of the goods, and despite the traveling distance and ticket price, the passenger traffic is calculated by the principle that one person can be counted only once in one travel. The passengers who travel with a half price ticket or a child ticket is also calculated as one person.

Freight Ton-kilometres (Passenger-kilometres) refer to the sum of the products of the volume of transported cargo (passengers) multiplying by the transport distance. It is an important indicator to reflect the achievement of transportation industry. Normally, the shortest distance between the departure station and the destination station (i.e., the payable distance) is the basis to calculate the freight ton-kilometers. This is an important indicator to show the total results of the transport industry, to prepare and examine the transport plan and to measure the efficiency, the labour productivity and the unit cost of transport. The formula is as follows:

$$\frac{\text{Freight ton-kilometres}}{\text{(passenger-kilometres)}} = \Sigma \frac{\text{freight}}{\text{(passenger) traffic}} \times \frac{\text{distance of}}{\text{transportation}}$$

Business Volume of Post and Telecommunications refers to the total amount of post and telecommunication services, expressed in value terms, provided by the post and telecommunications departments for the society. This indicator reflects the overall results of development of postal and telecommunication services. It can be classified as postal services and telecommunication services. Business Volume of Post and Telecommunications is the sum of all services in kind multiplying with the unit price (constant price) to get the total business value.

Mobile Telephone Subscribers refer to all telephone users who enter the mobile phone network through a mobile phone exchange at the end of the report. It includes all kinds of subscribers, prepaid users of smart networks, and users of wireless CARDS (including 2G and 3G wireless CARDS) and so on.

Local Telephone Subscribers refers to all telephone users registered in telecom enterprises and actually connected to the fixed telephone network of telecom enterprises at the end of the report (including the local telephone exchange, access network equipment, soft exchange user access equipment and wireless local telephone equipment). It includes general subscribers, wireless local telephone subscribers, public telephones subscribers, N-ISDN subscribers, CENTREX users, analog relay users and so on.

Urban Telephone Subscribers refer to the administrative division of the place where the mobile phone is installed belongs to the urban and suburban areas of central municipality, provincial cities, prefecture-level cities and county-level cities,including telephone users of independent industrial and mining areas, forest areas and military forces established at county level and above in rural areas.

Rural Telephone Subscribers refer to the place where the telephone is installed belongs to the fixed telephone users of towns and villages outside the coverage of urban areas according to the administrative division.

Key service industry refer to following 9 industries:industry of transport,storage and post, industry of information transmission,industry of ware and information technology services,industry of leasing and business, services, Industry of scientific arch,technical services and geologic prospecting, industry of management of water conservancy, environment and public facilities, industry of services to households, repairing and other services, industry of education,health, social works,industry of culture,sports and entertainment. own real estate business activities and other real estate business activities .Enterprises of annual revenue reaches 10 million yuan and above, and number of employees at the end of the year reaches 50 persons of property management services and real estate intermediary services industry are included in key service industry. Legal institutions which carry out enterprises management and accounting system are also included in key service industry.

The average number of persons engaged in service activities refers to the average number of persons engaged in the service industry activities within the reporting period, according to the statistics principle of "who labor, who statistics", including formal staff, labor dispatch personnel and temporary staff who participate in the activities of the service industry enterprise. And the people receiving wages, bonus from the enterprise but not participating in the service industry activities are not included.

Chapter 11

十一、金融和保险业
Banking and Insurance

11-1 金融机构存款年末余额（1978-2018年）

Historical Balancc of Deposits of Financial Institutions at Year-end (1978-2018)

单位：亿元 (100 million yuan)

年 份 Year	存款年末余额 The balance of deposits at Year-end	非金融企业存款 Deposits of non-financial Enterprises	住户存款 Household deposits
1978	28.51	8.36	3.24
1979	34.48	9.60	3.91
1980	39.95	11.14	5.43
1981	48.25	12.92	7.22
1982	59.61	17.88	12.36
1983	68.81	20.28	16.17
1984	81.45	25.43	22.24
1985	99.67	40.93	29.83
1986	128.58	53.80	39.76
1987	156.64	54.98	55.46
1988	190.41	70.51	63.84
1989	218.26	79.89	86.45
1990	292.19	105.81	117.89
1991	365.81	136.82	152.28
1992	466.72	172.79	195.82
1993	593.56	203.41	251.23
1994	841.15	319.19	351.40
1995	1 187.24	478.89	500.13
1996	1 539.59	650.80	671.20
1997	1 829.40	825.24	805.99
1998	2 076.06	910.64	912.89
1999	2 254.38	940.79	1 028.93
2000	2 465.68	1 038.40	1 138.22
2001	2 779.71	1 082.52	1 298.53
2002	3 121.28	1 106.12	1 500.24
2003	3 747.46	1 344.70	1 766.51
2004	4 404.36	1 688.81	2 052.12
2005	5 140.50	1 773.63	2 430.28
2006	6 131.25	2 066.50	2 854.86
2007	7 170.87	2 578.84	3 046.40
2008	8 418.94	2 882.69	3 783.78
2009	11 119.64	3 942.38	4 668.61
2010	13 411.49	4 462.42	5 719.55
2011	15 416.70	5 449.03	6 693.67
2012	18 008.04	6 131.96	7 848.64
2013	20 767.77	6 446.34	9 163.61
2014	22 456.26	6 354.69	9 923.95
2015	25 035.09	6 863.46	10 736.62
2016	27 726.10	7 983.61	11 935.78
2017	29 963.85	8 707.45	13 164.69
2018	30 518.85	7 781.40	14 459.15

注：本表资料1981年及以前为国有商业银行数据，1982年后为全部金融机构数据。2010年及以前非金融企业存款为企业存款，住户存款存款，变更后的指标口径不同，不具有可比性。

Note: The data in this table are obtained from National Commercial Bank before 1981,while after 1982,all data are obtained from financial institutions. Before2010,Deposits of non-financial Enterprises is Deposits of Enterprises,Household deposits is Savings Deposits,The Changed Statistical caliber is different and isn't comparable .

11-2 各州市金融机构存贷款余额（2018年）

Loans and Deposits of Financial Institutions by Region (2018)

单位：亿元 (100 million yuan)

州市	Region	各项存款 Total Deposits		住户存款 Household deposits		各项贷款 Total Loans	
		余额 Balance at Year-end	比年初增减额(±) Increase over Year Beginning(±)	余额 Balance at Year-end	比年初增减额(±) Increase over Year Beginning(±)	余额 Balance at Year-end	比年初增减额(±) Increase over Year Beginning(±)
全省	**Yunnan**	**30 518.85**	**555.00**	**14 459.15**	**1 288.80**	**28 042.02**	**2 643.06**
昆明	Kunming	13 583.62	117.06	4 882.29	449.27	16 224.73	1 435.33
曲靖	Qujing	2 247.74	90.95	1 337.09	142.89	1 497.84	114.44
玉溪	Yuxi	1 847.37	127.99	876.02	50.47	1 142.54	145.66
保山	Baoshan	1 063.75	- 47.81	643.93	49.67	790.48	99.36
昭通	Zhaotong	1 560.38	63.42	860.21	107.15	805.24	90.52
丽江	Lijiang	730.27	73.95	419.25	45.71	514.02	47.86
普洱	Pu'er	898.84	- 15.32	527.16	28.25	770.96	86.43
临沧	Lincang	624.27	19.24	368.08	27.47	504.39	18.99
楚雄	Chuxiong	1 211.62	- 17.94	685.33	55.86	812.42	78.66
红河	Honghe	2 064.58	38.01	1 210.89	117.31	1 339.82	84.64
文山	Wenshan	1 086.72	- 30.52	645.16	49.63	858.87	111.57
西双版纳	Xishuangbanna	671.94	24.79	398.91	27.56	401.59	28.73
大理	Dali	1 707.26	88.72	971.41	97.18	1 379.84	174.07
德宏	Dehong	623.10	- 5.80	402.24	14.80	461.57	25.34
怒江	Nujiang	247.97	21.18	104.68	12.24	148.95	22.35
迪庆	Diqing	349.20	6.86	126.30	13.12	243.74	15.02

11—3 金融机构人民币信贷情况（2018年）

Credit Funds of RMB Operation Condition of Financial Institution (2018)

单位：亿元 (100 million yuan)

项　目	Item	全　省 Yunnan	比年初增长（%） Increase Rate over year Beginning (%)
各项存款余额	**Deposits in Various Forms**	**30 518.85**	**1.9**
非金融企业存款	Deposits of non-financial Enterprises	7 781.40	-10.4
活期存款	Savings Deposits	4 460.92	-17.5
定期及其他存款	Time and other Deposits	3 320.48	1.4
住户存款	Household deposits	14 459.15	9.8
活期存款	Savings Deposits	6 997.90	4.4
定期及其他存款	Time and other Deposits	7 461.25	15.4
财政性存款	Financial Deposits	858.04	2.1
机关团体存款	Temporary Deposits	6 826.56	0.1
各项贷款余额	**Loans in Various Forms**	**28 042.02**	**10.4**
短期贷款	Short-term Loans	6 092.62	-1.5
中长期贷款	Medium & Long-term Loans	19 493.86	11.6

11-4 全省保险费收入和赔款给付（1999-2018年）

Premium Income and Expenditure for Claim and Payment (1999-2018)

单位：亿元 (100 million yuan)

年 份 Year	保险费收入 Premium Income	赔款及给付支出 Expenditure for Claim and Payment	简单赔付率(%) Rate of Simple Claim and Payment (%)
1999	37.46	14.03	37.5
2000	39.72	16.71	42.1
2001	42.70	18.97	44.4
2002	55.44	19.18	34.6
2003	73.75	20.35	27.6
2004	74.22	25.91	34.9
2005	81.03	24.01	29.6
2006	95.29	28.90	30.3
2007	111.86	47.75	42.7
2008	165.39	63.40	38.3
2009	180.08	65.12	36.2
2010	235.68	66.31	28.1
2011	241.10	79.89	33.1
2012	271.30	100.11	36.9
2013	320.77	122.06	38.1
2014	375.99	150.88	40.1
2015	434.60	173.23	39.9
2016	529.37	206.10	38.9
2017	613.28	218.05	35.6
2018	667.99	248.60	37.2

11-5 保险业务经济技术指标（2018年）

Economic and Technical Indicators of Insurance Companies (2018)

单位：亿元 (100 million yuan)

项　目	Item	保险金额 Premium	原保险保费收入 Original Insurance Premium Income	各项赔款和给付 Claim and Payment
全　省	**Yunnan**	**457 131.42**	**667.99**	**248.60**
财产保险公司	**Property Insurance Companies**	**314 168.89**	**302.54**	**153.45**
企业财产保险	Enterprise Property Insurance	13 878.42	7.12	2.92
家庭财产保险	Family Property Insurance	2 746.86	1.35	1.05
机动车辆保险	Motor Vehicle Insurance	54 567.93	224.10	108.66
工程保险	Engineering Insurance	2 329.11	4.01	1.97
责任保险	Liability Insurance	86 707.35	10.44	4.49
信用保险	Export Credit Insurance	281.46	1.37	0.56
保证保险	Guarantee Insurance	161.83	13.72	3.83
船舶保险	Ship Insurance	2.88	0.03	0.01
货物运输保险	Freight Transport	4 891.99	0.92	0.68
特殊风险保险	Special Risk Insurance	814.67	0.74	0.31
农业保险	Agricultural Insurance	1 382.14	11.88	11.10
健康险	Health Insurance	43 480.62	15.98	13.89
意外伤害保险	Accident Injury Insurance	102 898.37	10.75	3.94
其他险	Other Insurance	25.26	0.15	0.05
人身保险公司	**Life Insurance Companies**	**142 962.53**	**365.45**	**95.15**
人寿保险	Life Insurance	5 005.28	278.11	61.28
健康保险	Health Insurance	105 615.39	75.36	30.99
意外伤害保险	Personal Accident Injury Insurance	32 341.87	11.98	2.89

11-6 云南省辖区证券市场基本情况（2013-2018年）

Basic Statistics on Securities Markets of Yunnan Province (2013-2018)

项　　目	Item	2013	2014	2015	2016	2017	2018
上市公司数（家）	**Number of Listed Companies (unit)**	**28**	**29**	**30**	**32**	**34**	**33**
发行A股公司数	A Shares	28	29	30	32	34	33
发行B股公司数	B Shares						
A、B股均发行公司数	A Shares and B Shares						
境外发行公司数	Overseas-listed Companies	1	1	1			
境内、外均发行公司数	Companies of Overseas-listed and Domestic	1	1	1			
ST公司数	ST Listed Companies	3	3	3	3	3	2
证券公司数（家）	**Number of Securities Companies(unit)**	**2**	**2**	**2**	**2**	**2**	**2**
证券营业部数（家）	**Number of Securities Business Department (unit)**	**113**	**127**	**138**	**153**	**161**	**158**
证券投资咨询机构数（家）	**Number of Securities Investment Consultative Institutions (unit)**	**1**	**1**	**1**	**1**	**1**	**1**
证券投资者资金开户数（累计数）（万户）	**Number Of Opening Account of Securities Investors (Cumulative Number) (10 000 households)**	**117.33**	**124.84**	**161.79**	**188.72**	**213.32**	**235.40**
上市公司当年境内募集资金总额（扣除发行费）（亿元）	**Total Volume of Domestic Raise Capital by Listed Companies in current year (after deducting issuance fee)(100 million yuan)**	**255.08**	**79.51**	**242.15**	**279.78**	**238.98**	**393.49**
首次公开发行	IPO		7.94	3.55	10.23	42.21	
配股	Share Right Issued	42.85			42.98		
增发	Adding the Share Issue	209.73	62.57	107.00	117.57	131.77	66.59
可转债及公司债	Transferable Loans	2.50	9.00	131.60	109.00	65.00	326.90
市价总值（亿元）	**Total Market Value (100 million yuan)**	**2 066.09**	**3 097.55**	**3 881.62**	**3 928.65**	**5 125.98**	**3 554.55**
证券经营机构证券累计成交量（亿元）	**Trading Volume of Securities Managerial (100 million yuan)**	**10 461.31**	**16 017.61**	**42 885.43**	**23 066.52**	**26 588.37**	**22 284.83**

主要统计指标解释

存款 指企业、机关、团体或居民根据资金必须收回的原则，把货币资金存入银行或其他信贷机构保管并取得一定利息的一种信用活动形式。根据存款对象或性质的不同可划分为住户存款、非金融企业存款、政府存款、非银行业金融机构存。它是银行信贷资金的主要来源。

贷款 指银行或其他信贷机构根据资金必须归还的原则，按一定利率，为企业、个人等提供资金的一种信用活动形式。我国银行贷款分为短期贷款、中长期贷款、融资租赁、票据融资、各项垫款、境外贷款等。

保险金额 指保险人承担赔偿或者给付保险金责任的最高限额。

保费 指投保人为取得保险人在约定范围内所承担赔偿责任而支付给保险人的费用。

赔款 指保险人根据保险公司合同的规定，向被保险人支付的赔偿保险责任损失的金额。

Explanatory Notes on Principle Statistical Indicators

Deposit is a form of credit by which enterprises, institutions, organizations or households can put money into banks and other credit institutions for safekeeping and interest earning under the principle of free withdrawal. It can be divided into household deposits, non-financial corporate deposits, government deposits and non-banking financial institutions deposits according to the different objects or nature of deposits. Deposits are major sources of the credit funds of banks.

Loan is a form of credit by which banks and other credit institutions provide funds at certain interest rate to enterprises and individuals in the light of the principle of unconditional repayment. Loans from Chinese banks include short-term loan, medium-term and long-term loans, financial lease, bill financing, various money advanced, foreign loans.

Amount Insured refers to the maximum amount that the insurant will get for the claim of the case insured.

Premium is the fee paid by the insurant to the insurer to obtain the obligation of compensation from the insurance within the agreed terms.

Settled Claim is the compensation paid by the insurer to the insurant in accordance with the insurance contract.

Chapter 12

十二、旅游业
Tourism

12-1 全省旅游业发展情况（2013-2018年）

Basic Statistics on Tourism Development (2013-2018)

项　　目	Item	2013	2014	2015	2016	2017	2018
游客总人数(万人次)	**Number of Tourists (10 000 person-times)**	**24 505.85**	**28 647.55**	**32 914.03**	**43 119.71**	**57 339.81**	**68 847.80**
国内游客（万人次）	**Domestic Tourists (10 000 person-times)**	**23 972.35**	**28 116.49**	**32 343.95**	**42 519.33**	**56 672.12**	**68 141.72**
过夜游客	Overnight Tourists	13 079.60	15 287.33	17 430.55	20 584.47	28 286.16	31 670.11
一日游游客	One-day Tourists	10 892.75	12 829.16	14 913.40	21 934.85	28 385.95	36 471.61
海外旅游人数（万人次）	**Overseas Tourists (10 000 person-times)**	**533.50**	**531.06**	**570.08**	**600.38**	**667.69**	**706.08**
外国人	Foreigners	383.17	382.49	420.00	450.69	507.52	549.94
港澳台同胞	Compatriots from Hong Kong,Macao and Taiwan	150.33	148.57	150.08	149.69	160.17	156.14
入境游客(万人次)	**Number of Overseas Visitor Arrivals (10 000 person-times)**	**1 056.25**	**1 032.96**	**1 075.32**	**1 199.42**	**1 364.66**	**1 416.46**
旅游总收入（亿元）	**Total Tourism Revenue (100 million yuan)**	**2 111.24**	**2 665.74**	**3 281.79**	**4 726.25**	**6 922.23**	**8 991.44**
国内旅游收入（亿元）	Domestic Tourism Revenue (100 million yuan)	1 961.55	2 516.87	3 104.37	4 536.54	6 682.58	8 698.97
过夜游客收入	Revenue from Overnight Tourists	1 542.51	1 980.00	2 494.77	3 521.79	5 171.55	6 597.76
一日游收入	Revenue from One-day Tourists	419.04	536.87	609.60	1 014.75	1 511.03	2 101.21
国际旅游收入(亿美元)	Foreign Exchange Earning from Internationa tourism（100 million USD）	24.19	24.21	28.76	30.75	35.50	44.18
折合人民币（亿元）	Equivalent Amount Converted into RMB (100 million yuan)	149.69	148.87	177.42	189.71	239.65	292.47

注：本表入境游客含口岸入境一日游游客。

Note: In this table, data of entry tourists include the port entry day tourists.

12-2 边境口岸入境一日游游客数及外汇收入（2018年）
Number of One-day Entry Tourists and Earnings in Foreign Exchange in Border Areas (2018)

拥有边境口岸州市	Region with Border Port	口岸入境一日游人数(万人次) Number of One-day Entry Tourists (10 000 person-times)	2018年比2017年增长(%) Increase Rate over 2017 (%)	口岸入境一日游外汇收入(亿美元) Earnings in Foreign Exchange from One-day Entry Tourists (USD 100 million)	2018年比2017年增长(%) Increase Rate over 2017 (%)
保　山	Baoshan	9.56	9.9	0.08	18.6
普　洱	Pu'er	19.37	17.6	0.16	26.9
临　沧	Lincang	40.11	13.4	0.32	22.4
红　河	Honghe	169.76	10.7	1.37	19.5
文　山	Wenshan	89.9	-17.8	0.73	- 11.3
西双版纳	Xishuangbanna	70.41	15.8	0.57	25.0
德　宏	Dehong	302.38	-0.3	2.44	7.6
怒　江	Nujiang	8.88	-6.8	0.07	0.6

12-3 各州市旅游业发展情况（2018年）
Tourism Development by Region (2018)

州　市	Region	旅游总收入（亿元）Total Tourism Revenue (100 million yuan)	旅游外汇收入（亿美元）Foreign Exchange Earnings (USD 100 million)	国内旅游人数（万人次）Domestic Tourists (10 000 person-times)	海外旅游人数（万人次）Overseas Tourists (10 000 person-times)
全　省	**Yunnan**	**8 991.44**	**44.18**	**68 141.72**	**706.08**
昆　明	Kunming	2 180.08	6.84	15 911.23	142.20
曲　靖	Qujing	439.79	0.21	3 923.56	3.31
玉　溪	Yuxi	368.34	0.03	4 290.22	0.71
保　山	Baoshan	336.68	0.81	2 960.77	21.32
昭　通	Zhaotong	311.90	0.01	3 821.13	0.20
丽　江	Lijiang	998.45	6.85	4 523.88	119.42
普　洱	Pu'er	354.11	0.69	3 475.81	11.47
临　沧	Lincang	256.73	1.31	2 488.11	18.03
楚　雄	Chuxiong	452.17	0.23	4 454.76	5.48
红　河	Honghe	699.22	4.79	5 662.67	55.89
文　山	Wenshan	320.22	1.06	2 917.47	12.39
西双版纳	Xishuangbanna	671.14	5.08	3 914.28	58.72
大　理	Dali	795.82	6.53	4 606.27	104.58
德　宏	Dehong	476.25	5.01	2 469.42	58.60
怒　江	Nujiang	55.54	0.34	401.94	3.75
迪　庆	Diqing	275.00	4.41	2 320.20	90.00

注：本表旅游外汇收入包括口岸一日游创汇收入。

Note: In this table, the data of foreign exchange earning is included part of Revenue from one-day tourists in port .

12-4 按国别分外国入境游客及港澳台游客（2013-2018年）
Number of Overseas Visitor Arrivals by Country and Visitor Arrivals from Hong Kong and Macao (2013-2018)

单位：万人次 (10 000 person-times)

国家或地区	Country and Territory	2013	2014	2015	2016	2017	2018
海外和港澳台	**Tourists from Overseas and Hong Kong, Maccao & Taiwan**	**533.50**	**531.06**	**570.08**	**600.38**	**667.69**	**706.08**
外国旅游者	**Foreigners**	**383.17**	**382.49**	**420.00**	**450.69**	**507.52**	**549.94**
亚洲	**Asia**	**254.74**	**258.10**	**292.84**	**325.07**	**371.92**	**427.69**
日本	Japan	15.59	13.24	12.56	13.61	11.31	17.28
新加坡	Singapore	23.78	24.05	25.18	26.57	28.02	27.91
泰国	Thailand	49.00	45.61	50.34	52.40	59.33	55.65
马来西亚	Malaysia	26.13	25.91	25.76	24.20	22.85	21.16
蒙古	Mongolia	0.55	0.31	0.66	0.29	0.60	3.76
印度	India	4.98	5.60	5.72	5.29	5.63	6.21
其他	Others	92.51	103.13	172.62	202.71	244.17	295.72
美洲	**America**	**29.13**	**29.80**	**27.82**	**32.14**	**32.62**	**34.35**
美国	The United States	18.95	19.73	18.86	22.20	22.15	23.33
加拿大	Canada	7.22	7.28	6.56	7.57	7.68	7.35
其他	Others	2.95	2.79	2.40	2.37	2.79	3.67
欧洲	**Europe**	**81.60**	**76.65**	**83.09**	**76.36**	**83.95**	**67.36**
英国	The United Kingdom	11.70	11.64	12.54	13.05	15.76	13.02
德国	Germany	12.99	12.61	12.45	12.03	12.52	10.56
法国	France	15.85	15.18	15.09	14.84	15.76	13.46
意大利	Italy	8.12	8.90	9.11	9.04	9.90	7.95
瑞士	Switzerland	10.56	9.21	9.27	8.46	7.54	4.26
瑞典	Sweden	5.34	5.25	5.73	5.14	5.13	3.66
西班牙	Spain	3.84	2.67	3.56	3.39	3.26	2.58
俄罗斯	Russia	3.64	2.38	3.74	3.24	4.31	4.37
其他	Others	6.65	8.81	11.60	7.17	9.77	7.50
大洋洲	**Oceanic**	**11.51**	**12.01**	**11.17**	**11.86**	**12.75**	**14.14**
澳大利亚	Australia	8.90	8.93	8.52	8.99	9.27	10.28
新西兰	New Zealand	1.79	2.08	2.05	2.23	2.67	2.76
其他	Others	0.82	0.99	0.59	0.64	0.81	1.10
非洲	**Africa**	**0.65**	**0.68**	**0.64**	**0.68**	**0.90**	**1.17**
其他国家	**Others**	**5.55**	**5.25**	**4.45**	**4.59**	**5.38**	**5.22**
港澳台同胞	**Compatriots from Hong Kong, Macao and Taiwan**	**150.33**	**148.57**	**150.08**	**149.69**	**160.17**	**156.64**

主要统计指标解释

入境游客 指报告期内来中国（大陆）观光、度假、探亲访友、就医疗养、购物、参加会议或从事经济、文化、体育、宗教活动的外国人、港澳台同胞等游客（即入境旅游人数）。入境旅游人数包括入境过夜游客和入境一日游游客。

出境人数（出境游客） 指中国（大陆）居民因公或因私出境前往其他国家、中国香港特别行政区、澳门特别行政区和台湾省观光、度假、探亲访友、就医疗养、购物、参加会议或从事经济、文化、体育、宗教活动的人数（即出境游客）。

国内游客 指报告期内在中国（大陆）观光游览、度假、探亲访友、就医疗养、购物、参加会议或从事经济、文化、体育、宗教活动的中国（大陆）居民人数，其出游的目的不是通过所从事的活动谋取报酬。

国际旅游（外汇）收入 指入境游客在中国（大陆）境内旅行、游览过程中用于交通、参观游览、住宿、餐饮、购物、娱乐等全部花费。

国内旅游收入 指国内游客在国内旅行、游览过程中用于交通、参观游览、住宿、餐饮、购物、娱乐等全部花费。

Explanatory Notes on Principle Statistical Indicators

Overseas Visitor Arrivals refer to the number of tourists of foreigners, Chinese compatriots from Hong Kong, Macao and Taiwan who come to China (mainland) within the reference period for sight-seeing, vacation, visiting relatives, medical treatment, shopping, attending conference, or to engage in economic, cultural, sports and religious activities (namely the number of overseas visitor arrivals). The number of overseas visitor arrivals includes inbound overnight tourists and one-day tourists.

Number of Chinese Residents Going Abroad (Chinese Outbound Visitors) refers to the number of Chinese (mainland) residents going to other countries, Hong Kong Special Administrative region, Macao Special Administrative region and Taiwan for on official or private purposes, for sight-seeing, vacation, visiting relatives, medical treatment, shopping, attending conference, or to engage in economic, cultural, sports and religious activities (namely the Chinese outbound visitors).

Number of Domestic Tourists refers to the number of Chinese (mainland) residents who travel within China (mainland) for sight-seeing, vacation, visiting relatives, medical treatment, shopping, attending conference, or to engage in economic, cultural, sports and religious activities.

Foreign Exchange Earnings from International Tourism refer to the total expenditure of foreigners, overseas Chinese, Chinese compatriots from Hong Kong, Macao and Taiwan during their stay in the mainland of China on transportation, sighting, accommodation, food, shopping and entertainment.

Income from Domestic Tourism refer to expenditure of domestic tourists on transportation, sighting, accommodation, food, shopping and entertainment while they travel.

Chapter 13

十三、教育、科技和文化
Education,Science,Technology and Culture

13-1 主要年份各级各类教育学校数

Number of Schools by Level and Type in Significant Years

单位：所 (unit)

年 份 Year	普通高等教育学校 Regular Institutions of Higher Education	中等教育学校 Secondary Schools					普通教育小学 Primary Schools	幼儿园 Kindergartens
		普通中等教育专业学校 Regular Secondary Specialized Schools	普通教育中学 Regular Secondary Schools			职业教育中学 Vocational Secondary Schools		
			合计 Total	高中 Senior Secondary Schools	初中 Junior Secondary Schools			
1978	15	70	1 476	841	635		66 672	371
1980	18	100	1 435	610	825	59	59 499	591
1985	26	111	1 765	528	1 237	179	58 484	1 981
1986	26	118	1 825	520	1 305	185	57 786	1 728
1987	26	127	1 885	518	1 367	197	57 055	1 798
1988	26	130	1 946	518	1 431	208	55 154	1 760
1989	26	138	1 994	506	1 488	215	54 145	1 522
1990	26	138	2 030	503	1 527	228	53 556	1 434
1991	26	139	2 068	497	1 571	216	30 231	1 097
1992	26	142	2 120	496	1 624	228	28 124	1 054
1993	26	142	2 178	789	1 699	234	26 376	1 093
1994	26	142	2 182	469	1 723	231	25 007	1 323
1995	26	143	2 225	455	1 770	233	24 612	1 340
1996	26	144	2 242	442	1 800	217	24 078	1 501
1997	26	146	2 240	431	1 809	217	23 724	1 412
1998	26	142	2 245	419	1 826	211	23 249	1 500
1999	24	136	2 225	407	1 818	209	22 705	1 568
2000	24	127	2 236	418	1 818	199	22 151	1 770
2001	28	121	2 276	419	1 857	209	21 315	1 530
2002	31	121	2 267	411	1 856	193	20 595	1 711
2003	34	113	2 275	421	1 854	181	20 296	1 862
2004	43	99	2 280	429	1 851	177	19 725	2 103
2005	44	96	2 257	443	1 814	172	18 747	2 247
2006	50	93	2 266	452	1 814	168	18 127	2 495
2007	51	93	2 281	465	1 816	182	17 163	2 760
2008	59	94	2 272	460	1 812	182	16 573	3 085
2009	61	94	2 248	457	1 791	191	15 826	3 381
2010	61	91	2 183	451	1 732	198	14 059	3 790
2011	64	89	2 144	444	1 700	193	13 320	4 257
2012	66	87	2 124	444	1 680	192	13 020	4 768
2013	67	82	2 114	440	1 674	188	12 845	5 326
2014	67	83	2 113	446	1 667	175	12 608	6 129
2015	69	81	2 144	465	1 679	171	12 413	6 540
2016	72	81	2 150	480	1 670	166	11 673	7 310
2017	77	82	2 175	509	1 666	165	11 186	8 286
2018	79	86	2 196	519	1 677	162	10 900	10 156

13-2 各级各类学校专任教师数（1978-2018年）

Number of Full-time Teachers by Level and Type of School（1978-2018）

单位：万人 (10 000 persons)

年份 Year	普通高等教育学校 Regular Institutions of Higher Education	中等教育学校 Secondary Schools: 普通中等教育专业学校 Regular Secondary Specialized Schools	普通教育中学 Regular Secondary Schools: 合计 Total	高中 Senior Secondary Schools	初中 Junior Secondary Schools	职业教育中学 Vocational Secondary Schools	普通小学 Primary Schools	幼儿园 Kindergartens
1978	0.37	0.22	5.90	1.16	4.74	0.02	16.41	0.25
1979	0.44		5.35				16.54	
1980	0.44	0.33	5.27	0.89	4.37	0.03	17.54	0.35
1981	0.45		4.83				17.96	
1982	0.50		4.77				17.62	
1983	0.53		4.82				17.75	
1984	0.56		4.86				17.15	
1985	0.64	0.46	5.21	1.07	4.14	0.19	17.16	0.81
1986	0.75	0.52	5.45	1.11	4.33	0.22	17.22	0.94
1987	0.78	0.60	5.86	1.16	4.70	0.25	17.23	0.94
1988	0.80	0.65	6.23	1.19	5.04	0.29	17.26	1.01
1989	0.80	0.69	6.58	1.21	5.37	0.34	17.40	1.09
1990	0.78	0.71	6.92	1.23	5.69	0.37	17.42	1.20
1991	0.76	0.71	7.25	1.27	5.98	0.44	17.44	1.24
1992	0.75	0.74	7.52	1.28	6.24	0.46	17.53	1.40
1993	0.72		7.66				17.59	
1994	0.73		7.85				17.84	
1995	0.74	0.79	8.02	1.27	6.75	0.55	18.14	1.63
1996	0.75	0.82	8.38	1.30	7.09	0.57	18.43	1.73
1997	0.77	0.84	8.81	1.31	7.51	0.60	18.91	1.89
1998	0.81	0.84	9.27	1.30	7.97	0.63	19.39	1.83
1999	0.83	0.83	9.89	1.35	8.54	0.69	20.11	1.86
2000	0.92	0.78	10.56	1.46	9.10	0.71	21.05	1.96
2001	1.00	0.77	10.97	1.60	9.37	0.71	21.77	1.31
2002	1.12	0.76	11.49	1.84	9.65	0.72	22.29	1.45
2003	1.22	0.73	12.02	2.15	9.87	0.72	22.16	1.53
2004	1.52	0.61	12.47	2.51	9.96	0.72	21.90	1.70
2005	1.68	0.63	13.17	2.98	9.96	0.75	21.92	1.80
2006	1.94	0.61	13.85	3.40	10.44	0.80	22.20	1.96
2007	2.12	0.63	14.31	3.68	10.63	0.89	22.27	2.13
2008	2.33	0.71	14.86	3.83	11.03	0.91	22.68	2.32
2009	2.49	0.74	15.52	3.97	11.55	0.96	23.38	2.53
2010	2.65	0.73	16.10	4.12	11.98	1.02	23.75	2.92
2011	2.95	0.76	16.21	4.29	11.92	1.05	23.48	3.27
2012	3.13	0.75	16.59	4.52	12.07	1.07	23.37	3.56
2013	3.44	0.76	16.91	4.73	12.18	1.07	23.02	4.01
2014	3.54	0.78	17.20	4.95	12.25	1.06	22.59	4.47
2015	3.69	0.76	17.53	5.15	12.38	1.08	22.48	4.90
2016	3.89	0.76	18.04	5.39	12.65	1.08	22.70	5.37
2017	3.93	0.78	18.56	5.66	12.90	1.08	22.73	5.89
2018	4.01	0.82	19.14	5.91	13.23	1.05	22.84	6.56

13-3 各级各类学校招生数（1978-2018年）

Number of New Students Enrollment by Level and Type of School (1978-2018)

单位：万人 (10 000 persons)

年 份 Year	普通高等教育学校 Regular Institutions of Higher Education	中等教育学校 Secondary Schools 普通中等教育专业学校 Regular Specialized Secondary Schools	普通教育中学 Regular Secondary Schools 合 计 Total	高 中 Senior Secondary Schools	初 中 Junior Secondary Schools	职业教育中学 Vocational Secondary Schools	普通小学 Primary Schools
1978	0.71	1.28	51.55	10.42	41.13		109.34
1980	0.50	1.48	34.97	6.27	28.70	0.35	111.97
1985	1.26	1.97	36.58	6.32	30.26	1.95	103.58
1986	1.22	2.22	38.34	6.02	32.32	2.02	89.49
1987	1.32	2.45	39.22	5.91	33.31	2.21	79.96
1988	1.45	2.51	41.02	6.27	33.75	3.04	78.84
1989	1.27	2.29	41.49	6.05	35.44	2.97	78.46
1990	1.30	2.29	44.40	6.51	37.89	3.28	79.99
1991	1.34	2.36	45.15	6.46	38.69	5.80	81.75
1992	1.56	2.67	45.65	6.4	39.25	6.61	85.43
1993	1.64	3.04	44.50	6.00	38.5	7.07	84.32
1994	1.58	3.3	45.21	6.25	38.96	6.68	86.78
1995	1.65	3.51	47.66	6.54	41.12	6.56	87.93
1996	1.72	3.70	48.77	5.84	42.93	6.13	87.52
1997	1.83	3.96	52.52	6.25	46.27	6.31	85.27
1998	2.04	3.94	56.30	6.56	49.74	7.31	75.80
1999	2.75	3.65	62.94	7.43	55.51	7.77	70.99
2000	3.20	3.76	69.84	8.82	61.02	6.42	70.20
2001	4.25	4.67	72.20	10.67	61.54	6.20	72.36
2002	5.04	4.81	77.74	12.44	65.30	6.17	73.71
2003	6.22	4.54	81.59	13.84	67.75	5.35	73.11
2004	6.67	5.17	80.13	16.73	63.40	5.00	73.25
2005	7.45	5.97	82.31	19.00	63.31	5.80	73.34
2006	9.07	6.60	86.04	20.47	65.57	6.67	76.03
2007	9.92	6.92	88.59	20.33	68.26	8.73	75.46
2008	11.71	8.34	91.51	21.20	70.31	8.44	72.91
2009	13.24	9.79	91.74	22.03	69.70	10.71	69.50
2010	14.25	13.57	93.56	22.90	70.66	14.32	66.93
2011	16.13	10.18	93.00	24.38	68.62	8.23	65.38
2012	14.63	10.96	93.53	26.13	67.40	7.23	62.29
2013	16.83	10.95	94.90	26.74	68.16	6.86	61.35
2014	17.59	11.13	93.94	26.81	67.13	6.30	60.93
2015	18.98	11.25	92.74	27.45	65.29	6.25	63.41
2016	20.17	11.51	92.43	28.82	63.61	6.83	64.46
2017	23.28	11.92	93.18	29.79	63.39	6.75	63.48
2018	25.58	11.60	91.50	30.25	61.25	6.73	66.44

13-4 各级各类学校在校学生数（1978-2018年）

Number of Students Enrolled by Level and Type of School（1978-2018）

单位：万人 (10 000 persons)

年份 Year	普通高等教育学校 Regular Institutions of Higher Education	中等教育学校 Secondary Schools					普通小学 Primary Schools	幼儿园 Kindergartens
		普通中等教育专业学校 Regular Specialized Secondary Schools	普通教育中学 Regular Secondary Schools	高中 Senior Secondary Schools	初中 Junior Secondary Schools	职业教育中学 Vocational Secondary Schools		
1978	1.59	2.66	128.54	23.78	104.76	0.39	436.03	4.08
1979	1.86		108.47				427.32	
1980	1.81	4.02	96.86	14.67	82.20	0.54	424.39	10.32
1981	2.17		86.56				424.86	
1982	1.93		86.82				435.72	
1983	2.09		85.90				457.89	
1984	2.49		93.91				497.55	
1985	3.23	5.01	101.99	17.49	84.50	4.07	514.66	19.68
1986	3.77	5.58	110.52	18.22	92.30	4.84	512.13	20.35
1987	4.10	6.15	117.35	18.20	99.15	5.03	499.38	22.91
1988	4.50	6.79	119.38	18.13	101.25	6.04	480.40	23.32
1989	4.51	7.18	119.53	17.69	101.84	6.48	457.42	25.86
1990	4.35	7.38	123.95	18.06	105.89	6.82	446.86	30.06
1991	4.31	7.36	128.84	18.41	110.44	9.43	442.57	34.20
1992	4.54	7.75	131.66	18.66	113.01	10.26	445.43	40.26
1993								
1994								
1995	5.14	10.26	127.25	17.78	109.47	12.54	462.41	51.74
1996	5.40	10.97	133.43	17.61	115.82	9.78	473.12	53.35
1997	5.74	11.68	142.31	17.76	124.55	11.38	483.71	53.72
1998	6.24	12.24	152.15	17.84	134.31	12.51	485.45	54.37
1999	7.39	11.95	167.44	19.42	148.02	15.78	480.80	57.75
2000	9.04	11.92	185.97	22.21	163.76	15.85	472.06	60.35
2001	11.90	12.86	200.46	26.50	173.96	15.26	460.50	62.70
2002	14.34	13.89	215.14	31.55	183.58	14.64	450.93	66.85
2003	17.53	14.84	228.46	36.33	192.13	13.14	441.88	70.66
2004	20.06	14.76	235.06	41.98	193.09	13.21	440.65	75.37
2005	23.21	15.56	238.88	48.31	190.58	14.08	441.23	77.27
2006	26.81	17.35	244.70	54.54	190.16	16.21	452.26	82.38
2007	30.21	18.63	251.77	57.64	194.12	19.64	453.31	86.31
2008	34.35	20.53	259.48	59.47	200.01	21.28	451.04	89.57
2009	38.95	23.37	264.97	61.15	203.82	24.10	444.14	92.17
2010	43.69	29.00	270.63	63.28	207.35	28.64	435.21	98.69
2011	48.76	30.15	270.90	66.03	204.87	27.62	424.08	108.59
2012	51.22	31.56	265.95	70.62	195.33	24.96	406.70	112.23
2013	54.86	30.13	261.07	73.74	187.33	18.81	392.08	119.02
2014	57.70	30.84	266.55	76.85	189.70	17.83	382.69	124.58
2015	61.46	30.97	267.60	78.28	189.32	17.35	377.78	129.40
2016	65.66	31.25	267.78	80.58	187.20	17.30	376.61	131.50
2017	70.59	32.12	270.69	83.41	187.28	17.79	375.21	139.43
2018	76.47	31.97	272.64	86.49	186.15	18.24	379.51	143.10

13-5 各级各类学校毕业生数（1978-2018年）

Number of Graduates by Level and Type of School（1978-2018）

单位：万人 (10 000 persons)

年 份 Year	普通高等教育学校 Regular Institutions of Higher Education	中等教育学校 Secondary Schools 普通中等教育专业学校 Regular Specialized Secondary Schools	普通教育中学 Regular Secondary Schools	高 中 Senior Secondary Schools	初 中 Junior Secondary Schools	职业教育中学 Vocational Secondary Schools	普通小学 Primary Schools
1978	0.33	0.99	44.60	9.19	35.41	0.11	56.76
1980	0.53	1.59	27.90	8.12	19.78	0.09	48.27
1985	0.54	1.23	24.32	4.63	19.69	0.58	51.90
1986	0.67	1.65	26.35	5.00	21.35	0.95	57.34
1987	0.98	1.92	28.83	5.58	23.25	1.55	60.99
1988	1.05	1.87	32.72	5.92	26.80	1.67	61.22
1989	1.27	1.88	33.96	5.81	28.15	2.12	62.58
1990	1.45	2.07	33.99	5.57	28.42	2.63	64.59
1991	1.32	2.34	33.32	5.56	27.77	2.21	61.95
1992	1.33	2.27	34.76	5.47	29.29	2.07	59.60
1993							
1994							
1995	1.63	2.63	35.71	5.55	30.16	2.83	56.03
1996	1.45	2.96	34.03	5.25	28.78	2.90	57.98
1997	1.49	3.20	37.03	5.48	31.55	2.97	61.25
1998	1.53	3.30	40.17	5.82	34.35	3.17	61.80
1999	1.58	3.50	42.80	5.15	37.65	3.50	65.61
2000	1.62	3.77	47.54	5.65	41.89	4.61	72.15
2001	1.94	3.69	52.50	5.93	46.56	4.94	76.04
2002	2.56	3.69	58.80	7.11	51.70	4.49	77.52
2003	3.13	3.94	63.94	8.45	55.49	4.30	77.15
2004	3.26	4.87	67.88	9.94	57.94	3.55	72.13
2005	4.49	4.88	73.10	11.60	61.50	4.07	69.32
2006	5.58	4.34	76.29	12.77	63.52	3.98	68.69
2007	6.61	5.07	76.21	15.33	60.88	4.51	71.46
2008	7.28	5.46	77.91	17.39	60.52	5.13	73.23
2009	8.36	6.31	80.45	18.38	62.08	5.58	73.31
2010	9.34	6.45	82.60	18.44	64.16	6.55	73.69
2011	10.73	6.93	86.00	19.23	66.77	5.97	72.91
2012	11.89	8.24	86.11	19.62	66.49	8.02	72.28
2013	12.79	10.72	83.48	21.00	62.48	10.21	71.38
2014	14.20	8.57	78.89	22.16	56.73	5.84	69.28
2015	14.60	9.24	81.76	24.07	57.69	5.45	67.22
2016	15.24	9.33	84.91	24.90	60.01	5.39	65.11
2017	17.53	9.14	85.75	25.22	60.53	5.19	64.55
2018	18.81	9.13	87.09	25.70	61.39	5.00	61.92

13-6 培养研究生数（1985-2018年）

Number of Postgraduates (1985-2018)

单位：万人 (10 000 persons)

年份 Year	招生数 New Students Enrollment	在校人数 Total Enrollment		毕业生数 Graduates	
		攻读硕士学位 Master's Degree	攻读博士学位 Doctor's Degree	攻读硕士学位 Master's Degree	攻读博士学位 Doctor's Degree
1985	0.04	0.07		0.01	
1986	0.04	0.10		0.01	
1987	0.03	0.10		0.03	
1988	0.02	0.09		0.05	
1989	0.02	0.07		0.04	
1990	0.02	0.05		0.02	
1991	0.01	0.05		0.02	
1992	0.02	0.05		0.01	
1993	0.03	0.06		0.02	
1995	0.03	0.09	0.01	0.02	
1996	0.04	0.10	0.02	0.03	
1997	0.06	0.14	0.02	0.03	
1998	0.06	0.15	0.02	0.04	0.01
1999	0.08	0.18	0.02	0.05	0.01
2000	0.12	0.24	0.03	0.05	
2001	0.18	0.34	0.04	0.06	0.01
2002	0.23	0.48	0.05	0.07	0.01
2003	0.33	0.67	0.07	0.11	0.01
2004	0.45	0.93	0.09	0.16	0.01
2005	0.55	1.22	0.11	0.21	0.02
2006	0.62	1.49	0.13	0.30	0.02
2007	0.65	1.68	0.15	0.40	0.02
2008	0.69	1.84	0.17	0.49	0.03
2009	0.83	2.03	0.19	0.55	0.03
2010	0.93	2.32	0.21	0.57	0.03
2011	0.95	2.58	0.23	0.62	0.04
2012	0.99	2.68	0.24	0.80	0.04
2013	1.04	2.80	0.26	0.85	0.04
2014	1.05	2.88	0.22	0.86	0.04
2015	1.08	2.97	0.23	0.93	0.03
2016	1.12	3.06	0.25	0.96	0.04
2017	1.40	3.39	0.27	0.99	0.04
2018	1.52	3.80	0.31	1.00	0.04

13-7 各级各类成人学校基本情况（2018年）

Basic Statistics on Adult Schools by Level and Type of School (2018)

单位：所、万人 (unit, 10 000 persons)

项 目	Item	学校数 Schools	毕业生数 Graduates	招生数 New Student Enrollment	在校学生数 Student Enrollment	教职工合计 Faculty	专任教师 Full-time Teachers
成人高等教育	**Adult Education Schools**	**2**	**6.50**	**9.49**	**22.98**	**0.02**	**0.01**
按办学形式	**Grouped by Form of Running a School**	**2**	**6.50**	**9.49**	**22.98**	**0.02**	**0.01**
函 授	Correspondence Schools		3.74		14.46		
业 余	Sparetime Schools		2.49		7.89		
脱 产	Full-time Schools		0.28		0.63		
成人中专	**Secondary Specialized Schools for Adults**	**130**	**0.08**	**0.23**	**0.34**	**0.24**	**0.21**
成人小学	**Primary Schools for Adults**	**1 040**	**13.54**		**11.41**	**0.10**	**0.04**
小学班	Primary Courses	661	10.82		10.21	0.06	0.03

13-8 各级各类学校师生比（2010-2018年）

Student-teacher Ratio by Level and Type of School (2010-2018)

单位：%（教师人数=1） (%) (Number Of Teacher=1)

年 份	普通高等院校 Regular Institutions of Higher Education	普通中专 Regular Secondary Specialized Schools	成人中专 Specialized Secondary Schools for Adult	普通高中 Regular Senior Secondary Schools	职业高中 Vocational Senior Secondary Schools	普通初中 Regular Junior Secondary Schools	职业初中 Vocational Junior Secondary Schools	小 学 Primary Schools	幼儿园 Kindergartens
2010	20.5	39.6	2.3	20.1	28.4	17.3	20.8	18.3	33.8
2011	19.4	39.7	1.7	15.4	26.2	17.2	37.4	18.6	33.2
2012	21.5	31.9	2.4	15.6	23.1	16.2	10.2	18.0	31.5
2013	18.4	28.5	0.6	15.6	18.1	15.4	10.0	17.0	29.7
2014	18.9	26.4	0.6	15.5	16.6	15.5	10.6	16.9	27.9
2015	19.3	25.9	0.3	15.2	15.6	15.3	13.0	16.8	26.4
2016	19.4	25.1	0.1	15.0	15.3	14.8	23.0	16.6	24.5
2017	20.7	24.0	0.2	14.7	15.8	14.5	1.1	16.5	23.7
2018	21.9	21.1	0.4	14.6	16.9	14.1	0.7	16.6	21.8

注：普通高等学校师生比按教育部新标准测算。

Note: Data in this table are calculated according to the new standards of educational departments.

13-9 主要年份小学学龄儿童入学率

Enrollment Rate of School-age Children in Primary Schools in Significant Years

单位：万人 (10 000 persons)

年份 Year	学龄儿童人数 School-Age Children	已入学学龄儿童数 School-Age Children Enrolled in Schools	入学率(%) Enrollment Rate (%) 总计 Total	 男生 Boys	 女生 Girls
1980	400.79	349.54	87.20		
1985	421.61	384.14	93.10		
1990	342.40	324.06	94.60		
1995	427.81	416.79	97.40		
1997	452.05	446.64	98.40		
1998	454.13	448.37	98.37		
1999	449.02	444.52	99.00		
2000	438.41	434.10	99.02	99.11	98.90
2001	429.62	426.92	99.37	99.69	99.06
2002	421.63	419.86	99.58	99.56	99.60
2003	412.87	396.92	96.14	96.35	95.89
2004	416.06	400.02	96.15	96.28	96.00
2005	420.31	404.77	96.30	96.42	96.17
2006	427.83	413.17	96.57	96.69	96.44
2007	425.09	414.84	97.59	97.67	97.50
2008	420.32	413.15	98.29	98.30	98.28
2009	415.57	408.45	98.29	98.32	98.25
2010	402.01	400.82	99.71	99.69	99.71
2011	392.23	390.72	99.61	99.63	99.59
2012	370.61	369.03	99.57	99.61	99.53
2013	354.70	352.94	99.50	99.54	99.46
2014	349.56	347.83	99.51	99.54	99.47
2015	345.12	344.01	99.68	99.69	99.66
2016	346.41	345.47	99.73	99.75	99.70
2017	347.69	347.06	99.82	99.83	99.80
2018	352.03	351.55	99.86	99.88	99.85

13-10 初中、高中、高等教育毛入学率（2000-2018年）
The Gross Enrollment Rate of the Junior Middle School, Senior Secondary Education and Higher Education（2000-2018）

单位：% (%)

年 份 Year	初中阶段毛入学率 Gross Enrollment Rate of Junior Middle School			高中阶段毛入学率 Gross Enrollment Rate of Senior Selondany Education	高等教育毛入学率 Gross Enrollment Rate of Higher Education
	总计 Total	男生 Boys	女生 Girls		
2000	82.77	84.37	81.00	24.93	4.91
2001	84.95	86.64	83.09	25.99	6.11
2002	87.50	89.14	85.68	27.30	8.64
2003	90.79	92.00	89.44	28.00	11.00
2004	93.29	94.06	92.43	29.85	11.15
2005	95.35	96.27	94.31	33.66	12.65
2006	98.19	98.81	97.49	39.34	14.00
2007	99.63	100.19	98.99	45.71	14.61
2008	102.21	102.08	102.31	52.00	16.17
2009	103.12	103.00	103.18	58.60	17.57
2010	104.36	104.73	103.95	65.00	20.02
2011	105.24	105.74	104.69	70.00	23.00
2012	106.04	106.11	105.96	71.20	24.30
2013	106.56	106.52	106.60	72.10	25.80
2014	107.81	107.87	107.74	75.30	28.30
2015	106.36	106.44	106.28	80.10	30.20
2016	106.91	106.89	106.93	82.60	32.60
2017	106.89	106.68	107.13	76.05	37.70
2018	107.41	107.39	107.43	78.43	41.73

13-11 主要年份自然科学研究成果获奖统计

Statistics on Prizes of Natural Science Research Achievements in Significant Years

单位：项 (unit)

年 份 Year	自然科学研究成果科学技术奖 Provincial Technological Prize				
	申报数 Applications Acceptance	获奖数 Number of Prize-wining	奖励等级 Reward Grade		
			一等奖 Grade I	二等奖 Grade II	三等奖 Grade III
1985	455	149	3	22	124
1990	179	90		11	79
1995	293	182	1	19	162
1999	377	208	2	24	182
2000	444	193	6	24	163
2002	298	173	8	29	136
2003	416	239	12	15	212
2004	374	221	12	42	167
2005	404	242	15	50	177
2006	413	230	12	46	172
2007	420	227	15	45	167
2008	402	211	22	42	147
2009	411	198	18	40	140
2010	401	174	14	35	125
2011	346	192	21	40	131
2012	360	194	20	41	133
2013	322	180	14	37	129
2014	339	180	14	38	128
2015	310	180	26	38	116
2016	311	198	24	39	135
2017	340	196	25	40	131
2018	348	193	27	37	129

注：1.1985年和2010年一等奖中各含特等奖1项；2011年、2012年和2013年一等奖中各含特等奖2项；2014年一等奖中含特等奖1项、杰出贡献奖1项。2015年一等奖中含特等奖4项,杰出贡献奖1项，科学技术合作奖1项。2016年一等奖中含特等奖3项，杰出贡献奖1项。2017年一等奖中含特等奖4项，杰出贡献奖1项。 2018年一等奖中含杰出贡献奖1人，科技合作奖2人，特等奖4项。

2.云南省星火奖从1988年开始实行，2000年以后不再统计。

Note: a.Number of the first prizes in 1985 and 2010 includs one special award respectively,in 2011,2012 and 2013 includes two special awards,in 2014 includes one special award and one outstanding contribution award.2015 includes one special award and one outstanding contribution award.2016 includes three special award and one outstanding contribution award.2017 includes four special award and one outstanding contribution award.

b.The Spark Prize was executed in 1988 in Yunnan province,and it hasn't been calculated since 2000.

13-12 主要年份自然科学研究机构数(独立科研机构)
Number of Research Institutions of Natural Science in Significant Years (Independent Research Institutions)

单位：个 (unit)

年 份 Year	中国科学院 Chinese Academy of Sciences	国务院各部委直属 Directly under Departments of State Council	省业务局直属 Directly under Provincial Departments	州(市)直属 Directly under Prefecture (municipal) Departments	年 份 Year	中国科学院 Chinese Academy of Sciences	国务院各部委直属 Directly under Departments of State Council	省业务局直属 Directly under Provincial Departments	州(市)直属 Directly under Prefecture (municipal) Departments
1980	5	12	54	83	2006	3	4	22	60
1985	4	15	57	72	2007	3	4	21	58
1990	4	14	55	80	2008	3	5	19	59
1995	4	12	54	79	2009	3	5	19	58
1996	4	12	54	79	2010	3	5	18	60
1997	4	12	54	78	2011	3	5	18	61
1998	4	12	53	77	2012	3	5	19	57
1999	4	12	51	73	2013	3	5	19	56
2000	4	9	55	67	2014	3	5	19	60
2001	4	9	55	65	2015	4	3	21	59
2002	4	9	55	64	2016	4	4	20	61
2003	3	8	55	64	2017	4	5	25	60
2004	3	5	24	62	2018	4	5	24	59
2005	3	4	23	61					

13-13 主要年份分行业自然科学独立研究机构数
Number of Independent Research Institutions of Natural Science by Sector in Significant Years

单位：个 (unit)

年份 Year	全省 Yunnan	农业 Farming	工业 Industry	建筑业 Construction	交通运输邮电通信业 Transport, Postal and Telecommunication Services	社会服务业 Social Services	卫生、体育和社会福利业 Health Care, Sports and Social Welfare	科学研究与综合技术服务业 Scientific Research and Polytechnic Services	地质普查及勘探业 Geological Prospecting
1985	149	59	44	2	3		16	24	1
1990	153	79	35	2	3	3	12	17	2
1994	150	77	32	2	3	3	12	19	2
1995	149	76	32	2	3	3	12	19	2
1996	149	61	36	2	3	5	11	28	3
1997	148	57	48	2	3	7	12	16	3
1998	146	57	46	2	3	7	12	16	3
1999	140	56	44	2	3	7	11	14	1
2000	135	67	25	1	3	4	5	29	1
2001	133	67	22	1	3	4	6	29	1
2002	132	70	22	1	3	4	6	25	1
2003	130	70	27	2	2	4	6	19	
2004	94	57	10	1	1	6	7	12	
2005	91	56	9	1	1	5	7	11	1
2006	89	56	8	1	1	5	7	10	1
2007	86	56	7	1	1	5	6	9	1
2008	86	56	7	1	1	4	6	10	1
2009	85	56	7		1	4	6	10	1
2010	86	55	8		1	4	7	10	1
2011	87	56	8		1	4	7	11	
2012	84	55	7		1	4	8	9	
2013	83	53	8		1	4	8	9	
2014	87	53	7	1	1	4	8	13	
2015	87	53	5	1		4	8	16	
2016	89	54	7	1		4	7	16	
2017	94	55	6	1		4	7	21	
2018	92	54	5	1		4	6	22	

注：从1991年起不包括国防科工委系统的机构数。
Note: Units under committee of science, technology and industry for national defense have not been included since 1991.

13-14 主要年份分行业自然科学独立研究机构科技活动人员数
Number of Scientific and Technical Personnel in Independent Research Institutions of Natural Science by Sector in Significant Years

单位：人 (person)

年 份 Year	全 省 Yunnan	农 业 Farming	工 业 Industry	建筑业 Construction	交通运输邮电通信业 Transport, Postal and Telecommunication Services	社会服务业 Social Services	卫生、体育和社会福利业 Health Care, Sports and Social Welfare	科学研究与综合技术服务业 Scientific Research and Polytechnic Services	地质普查及勘探业 Geological Prospecting
1985	8 012	1 956	3 522	60	193		845	1 340	96
1990	11 008	2 801	5 006	89	190	98	814	1 890	120
1994	8 875	2 818	2 746	72	187	105	876	1 948	123
1995	8 722	2 821	2 606	67	175	115	875	1 943	120
1996	8 260	2 572	2 523	64	170	331	562	1 895	143
1997	8 135	2 524	2 724	53	172	411	592	1 532	127
1998	7 863	2 305	2 619	62	154	400	623	1 482	128
1999	7 606	2 528	2 306	98	160	409	522	1 443	58
2000	7 160	2 819	1 754	82	152	258	321	1 726	48
2001	7 224	2 978	1 609	82	138	220	406	1 748	43
2002	6 965	3 060	1 574	85	157	201	407	1 433	48
2003	6 573	3 033	1 578	164	116	156	352	1 174	
2004	5 229	3 281	293	50	45	317	413	830	
2005	5 151	3 192	298	50	46	277	413	811	64
2006	5 517	3 497	343	60	35	285	406	826	65
2007	5 467	3 452	373	55	35	292	334	865	61
2008	5 471	3 465	323	55	38	279	333	917	61
2009	5 657	3 476	302		47	283	292	1 196	61
2010	5 774	3 527	309		44	291	312	1 230	61
2011	5 856	3 589	307		45	269	328	1 318	
2012	6 088	3 598	344		40	261	444	1 401	
2013	6 324	3 860	307		44	227	496	1 390	
2014	6 326	3 593	327	14	43	282	498	1 569	
2015	6 967	3 821	205	15		265	565	2 096	
2016	7 266	3 888	350	15		246	580	2 187	
2017	7 622	3 477	375	15		296	606	2 853	
2018	7 488	3 479	320	16		278	430	2 879	

注：从1991年起不包括国防科工委系统的人员数。

Note:Number Of committee of science, technology and industry for national defense have not been included since 1991.

13-15 各州市自然科学机构中从事科技人员数（2018年）
Number of Scientific and Technical Personnel in Natural Science Institutions by Region (2018)

单位：人 (person)

州 市	Region	科技人员数 Scientists and Technicians	高级技术人员 Senior Technicians	中级技术人员 Middle Technicians	其他 Others
全 省	**Yunnan**	7 488	2 731	2 348	2 409
昆 明	Kunming	3 975	1 666	1 291	1 018
曲 靖	Qujing	66	35	18	13
玉 溪	Yuxi	44	26	12	6
保 山	Baoshan	223	79	49	95
昭 通	Zhaotong	108	39	38	31
丽 江	Lijiang	121	52	40	29
普 洱	Pu'er	222	58	55	109
临 沧	Lincang	136	41	57	38
楚 雄	Chuxiong	233	79	66	88
红 河	Honghe	541	146	166	229
文 山	Wenshan	295	47	71	177
西双版纳	Xishuangbanna	987	319	299	369
大 理	Dali	230	80	87	63
德 宏	Dehong	263	47	86	130
怒 江	Nujiang	18	8	4	6
迪 庆	Diqing	26	9	9	8

13-16 各州市独立研究与开发机构情况（2017-2018年） Basic Statistics on Independent Scientific Research and Development Institutions by Region (2017-2018)

单位：个、人 (unit, person)

州 市	Region	2017				2018			
		合 计 Total		自然科学 Natural Science		合 计 Total		自然科学 Natural Science	
		机 构 Institutions	人 员 Employees	机 构 Institutions	人 员 Employees	机 构 Institutions	人 员 Employees	机 构 Institutions	人 员 Employees
全 省	**Yunnan**	**116**	**9 978**	**94**	**9 141**	**113**	**10 078**	**92**	**9 246**
昆 明	Kunming	40	5 721	30	5 033	39	5 843	29	5 145
曲 靖	Qujing	3	76	2	68	2	66	2	66
玉 溪	Yuxi	3	75	1	45	3	72	1	44
保 山	Baoshan	5	257	5	257	5	255	5	255
昭 通	Zhaotong	4	125	3	108	4	124	3	108
丽 江	Lijiang	5	141	4	126	5	138	4	123
普 洱	Pu'er	7	256	6	245	7	265	6	257
临 沧	Lincang	6	145	5	135	6	147	5	137
楚 雄	Chuxiong	6	274	5	244	6	271	5	242
红 河	Honghe	8	600	7	591	8	605	7	596
文 山	Wenshan	4	315	4	315	4	319	4	319
西双版纳	Xishuangbanna	8	1 369	8	1 369	8	1 380	8	1 380
大 理	Dali	3	268	3	268	3	260	3	260
德 宏	Dehong	7	284	6	274	7	280	6	270
怒 江	Nujiang	4	41	3	36	3	23	2	18
迪 庆	Diqing	3	31	2	27	3	30	2	26

13-17 独立研究与开发机构基本情况（2013-2018年）

Basic Statistics on Independent Research and Development Institutions (2013-2018)

单位：个、人 (unit, person)

指　　标	Item	2013	2014	2015	2016	2017	2018
机构合计	**Total Institutions**	**99**	**109**	**108**	**112**	**116**	**113**
人员合计	**Total Employees**	**8 828**	**9 012**	**8 986**	**9 808**	**9 978**	**10 078**
自然科学技术领域	Field of Natural Sciences and Technology						
机构数	Number of Institutions	83	87	87	89	94	92
人员数	Number of Employees	8 086	8 182	8 171	8 950	9 141	9 246
#大学本科及以上学历	Bachelor Degree and above	5 278	4 866	5 385	5 761	5 920	5 944
社会、人文科学技术领域	Field of Social Sciences and Humanities						
机构数	Number of Institutions	7	10	9	11	10	9
人员数	Number of Employees	458	516	506	541	517	516
#大学本科及以上学历	Bachelor Degree and above	364	436	433	460	439	439
科技情报和文献机构	Scientific-Technological Information and Literature Institutions						
机构数	Number of Institutions	9	12	12	12	12	12
人员数	Number of Employees	284	314	309	317	320	316
#大学本科及以上学历	Bachelor Degree and above	230	262	253	266	262	245

13-18 主要年份专利申请和批准数

Number of Patents Applications Approved and Granted in Significant Years

单位：件 (unit)

年 份 Year	专利申请数（件） Applications for patent	发 明 Invention	实用新型 Utility Models	外观设计 Design	专利批准数（件） Applications Granted	发 明 Invention	实用新型 Utility Models	外观设计 Design
1985	135	66	65	4				
1990	461	77	326	58	362	24	312	26
1993	729	164	485	80	686	35	568	83
1994	883	171	499	213	439	25	367	47
1995	959	195	476	288	569	35	346	188
1996	1 290	266	665	359	602	33	336	233
1997	1 108	163	612	333	692	20	362	310
1998	1 136	163	579	394	832	45	477	310
1999	1 246	198	609	438	1 185	73	695	417
2000	1 710	341	737	632	1 216	139	606	417
2001	1 793	344	807	642	1 347	113	662	572
2002	1 780	448	722	610	1 128	83	522	523
2003	1 976	574	797	605	1 213	172	521	513
2004	1 710	341	737	632	1 216	139	606	471
2005	2 556	776	905	875	1 381	306	563	512
2006	3 085	1 005	1 076	1 004	1 637	355	689	593
2007	3 108	1 014	1 100	994	2 139	368	1 017	754
2008	4 089	1 474	1 389	1 226	2 021	383	1 038	600
2009	4 633	1 637	1 825	1 171	2 923	476	1 338	1 109
2010	5 645	2 333	2 212	1 100	3 823	652	2 026	1 145
2011	7 150	2 796	3 175	1 179	4 199	1 006	2 217	976
2012	9 260	3 324	4 482	1 454	5 853	1 301	3 456	1 096
2013	11 512	3 961	5 705	1 846	6 804	1 312	4 322	1 170
2014	13 343	4 732	6 508	2 103	8 124	1 423	5 438	1 263
2015	17 603	6 301	9 147	2 155	11 658	2 079	7 437	2 142
2016	23 709	7 907	13 549	2 253	12 032	2 125	8 063	1 844
2017	28 695	7 801	17 867	3 027	14 230	2 259	10 085	1 886
2018	36 515	9 606	23 655	3 254	20 340	2 297	15 573	2 470

13-19 文化事业机构数（1978–2018年）

Number of Cultural Institutions（1978-2018）

单位：个 (unit)

年份 Year	文化艺术事业 Culture and Art 表演团体 Art Performance Troupes	文化艺术事业 Culture and Art 艺术表演场馆 Art Performance Places	图书出版社 Publishing Houses	博物馆 Museums	公共图书馆 Public Libraries
1978	149	3	2	4	16
1979	154			3	66
1980	154	26	2	4	80
1981	159			3	84
1982	157	15	4	3	149
1983	157			5	142
1984	158			10	149
1985	154			16	149
1986	147			17	148
1987	147			17	148
1988	141			17	148
1989	137			20	148
1990	137	46	7	20	148
1991	137			21	148
1992	136			22	148
1993	136			22	148
1994	135	44	8	22	148
1995	134	44	8	22	148
1996	133	42	8	23	148
1997	132	40	8	26	148
1998	131	40	8	27	148
1999	130	39	8	27	147
2000	129	40	8	30	148
2001	128	41	8	30	147
2002	124	38	8	30	148
2003	123	39	8	30	149
2004	116	40	8	31	149
2005	135	38	8	32	149
2006	126	33	8	33	149
2007	131	31	8	36	149
2008	127	31	8	36	150
2009	146	34	8	113	150
2010	142	36	8	120	150
2011	161	27	8	84	152
2012	220	60	8	85	152
2013	259	18	8	84	152
2014	284	17	8	86	151
2015	276	40	8	86	151
2016	221	30	8	90	151
2017	316	45	8	125	151
2018	268	27	8	137	151

13-19 续表 continued

单位：个 (unit)

年 份 Year	群众文化事业 Mass Culture		广播事业 Broadcasting and Television Stations	
	群众艺术馆及文化馆 Mass Art Centers and Cultural Centers	文 化 站 Cultural Stations	中短波发射台 Medium and Short Wave Transmitting Station	县级以上广播电台 Broadcasting Stations above County Level
1978	145	2	5	3
1980	148	388	5	4
1985	148	1 456	12	5
1990	147	1 477	24	12
1994	147	1 591	15	13
1995	147	1 567	30	14
1996	147	1 582	30	14
1997	147	1 577	44	13
1998	147	1 593	44	13
1999	147	1 580	44	13
2000	147	1 551	44	14
2001	146	1 586	28	14
2002	147	1 576	27	11
2003	148	1 582	17	12
2004	149	1 577	33	14
2005	149	1 535	33	15
2006	148	1 400	33	15
2007	148	1 375	56	15
2008	148	1 376	56	16
2009	148	1 365	56	16
2010	148	1 369	57	16
2011	148	1 371	60	17
2012	148	1 378	60	12
2013	148	1 398	60	6
2014	148	1 410	60	9
2015	148	1 416	61	7
2016	149	1 434	60	7
2017	149	1 444	51	9
2018	149	1 445	52	9

注：电视发射台及转播台2010年以前数据为中短波发射台数。

Note: Data of television transmitting station and rebroadcasting stations before 2010 are data of medium and short wave transmitting stations.

13-20 艺术、群众文化发展情况（1978-2018年）

Basic Statistics on Artist and Mass Cultural Development (1978-2018)

年份 Year	艺术活动 Artist Activities		群众文化活动 Mass Cultural Activities	
	演出场次(万场) Number of Performances (10 000 shows)	国内观众人次(万人次) Number of Domestic Spectators (10 000 person-times)	办展览(万个) Number of Exhibitions (10 000 units)	培训人次(万人次) Number of Training (10 000 person-times)
1978	0.68	975.60	0.06	
1979				
1980	1.61	1 528.80	0.10	1.16
1981	1.50	1 376.40	0.09	1.29
1982	1.68	1 569.50	0.09	1.63
1983	1.74	1 481.60	0.07	2.21
1984	1.22	1 230.20	0.09	6.81
1985	0.91	886.40	0.08	2.02
1986	0.76	638.20	0.12	2.50
1987	0.82	694.40	0.09	2.82
1988	0.84	782.90	0.07	2.75
1989	0.80	840.20	0.23	2.30
1990	0.91	1 064.50	0.25	2.40
1991	0.92	926.60	0.24	2.86
1992	0.40	322.00	0.20	8.24
1993	0.60	773.00	0.23	8.01
1994	1.13	859.60	0.26	8.04
1995	1.45	1 295.40	0.21	7.03
1996				
1997				
1998				
1999	1.02	1 206.60	0.31	19.20
2000	1.01	1 329.20	0.34	17.80
2001	1.10	1 220.90	0.30	16.70
2002	0.89	1 111.30	0.31	20.80
2003	0.90	1 029.80	0.33	21.60
2004	1.03	1 320.00	0.53	21.88
2005	0.82	1 113.70	0.43	22.60
2006	0.89	1 227.70	1.15	23.10
2007	1.50	1 254.70	0.31	43.90
2008	0.96	1 122.60	0.33	47.30
2009	2.37	2 069.60	0.42	58.60
2010	2.10	1 740.70	0.42	63.81
2011	2.04	1 549.80	0.32	85.94
2012	2.66	2 226.98	0.39	128.56
2013	3.82	2 305.28	1.13	263.61
2014	5.28	2 605.57	0.52	146.09
2015	5.75	2 079.85	0.52	135.21
2016	5.52	4 101.46	0.53	144.03
2017	5.60	2 854.58	0.46	141.04
2018	4.98	2 569.95	0.44	123.68

13–21 图书馆、博物馆利用情况（1978–2018年）
Facilities and Services of Libraries and Museums (1978-2018)

年 份 Year	图书馆 Library		博物馆 Museum	
	借阅册次 (万册次) Number of Books Borrowed by the Readers (10 000 volume-times)	借阅人次 (万人次) Number of Circulation Borrowing People (10 000 person-times)	陈列、展览 (个) Number of Displays and Exhibitions (unit)	参观人数 (万人次) Number of Visitors (10 000 person-times)
1978	55.20	35.80		
1979				
1980	338.40	288.90	19	4.00
1981	460.60	336.40	19	22.90
1982	607.90	412.10	10	6.30
1983	655.00	620.70	9	6.00
1984	746.50	696.40	16	13.70
1985	539.90	463.00	99	47.30
1986	483.00	466.00	48	33.20
1987	649.50	525.80	60	67.20
1988	683.00	507.00	59	42.10
1989	680.00	499.00	82	45.00
1990	710.00	517.00	85	50.60
1991	519.30	1 131.30	70	48.00
1992	630.50	349.60	68	46.00
1993	560.00	608.50	64	44.70
1994	552.10	510.10	64	38.90
1995	528.50	558.60	112	88.70
1996				
1997				
1998				
1999	742.60	403.00	146	143.70
2000	680.30	383.40	145	106.60
2001	687.70	372.90	156	111.20
2002	641.40	341.50	109	123.40
2003	618.10	342.20	98	58.00
2004	585.00	276.60	131	126.60
2005	700.50	351.90	139	137.10
2006	631.20	317.10	221	181.50
2007	607.10	396.50	131	151.40
2008	568.00	276.90	299	234.10
2009	767.00	389.70	598	932.60
2010	702.40	402.60	2 681	1 529.10
2011	982.18	415.50	509	1 020.50
2012	759.77	473.99	524	1 078.36
2013	869.58	506.69	365	1 238.43
2014	892.14	529.94	452	1 678.70
2015	1 071.66	534.13	466	1 700.37
2016	972.72	534.04	507	1 912.32
2017	958.49	519.58	781	2 342.31
2018	1142.38	562.00	867	2 322.63

13-22 图书、杂志、报纸出版发行情况（1978-2018年）
Publication of Books, Magazines and Newspapers (1978-2018)

年份 Year	出版总数(种) Number of Publications (kind) 图书 Books Published	杂志 Magazines Published	报纸 Newspapers Published	出版印数 Printed Copies 图书(万册) Books Published (10 000 copies)	杂志(万册) Magazines Published (10 000 copies)	报纸(亿份) Newspapers Published (100 million copies)
1978	333	31	7	6 753	75	
1979				6 293	96	
1980	336	87	11	8 106	739	1.76
1981				7 082	890	1.72
1982				8 332	850	1.73
1983				8 810	1 141	0.99
1984				12 229	1 152	2.96
1985	568	65	43	11 411	1 161	3.21
1986				10 111	1 103	3.58
1987				11 877	1 491	2.40
1988				12 288	1 266	2.60
1989				13 072	1 072	2.05
1990	804	68	41	12 330	954	2.23
1991				12 568	1 117	2.37
1992				13 027	1 305	0.26
1993				11 667	1 453	2.72
1994				11 248	1 391	2.23
1995	1 452	99	44	11 889	1 604	2.59
1996				13 489	1 495	2.74
1997				15 413	1 566	3.44
1998				14 281	1 599	2.87
1999				17 151	1 811	2.96
2000	1 644	125	70	13 414	2 877	3.60
2001				13 471	3 186	3.68
2002				12 687	2 755	3.93
2003				14 687	2 745	4.26
2004				15 052	2 379	4.72
2005	2 337	124	61	12 898	2 308	4.97
2006	2 471	124	61	17 388	2 898	5.33
2007	3 117	126	63	15 962	2 793	5.59
2008	3 336	126	63	17 485	3 265	5.89
2009	3 541	125	63	17 068	3 086	6.72
2010	4 598	126	64	15 084	3 538	6.41
2011	6 110	125	64	16 952	3 326	6.52
2012	7 901	127	63	16 736	3 890	6.54
2013	7 730	127	64	17 162	4 157	6.51
2014	6 958	127	63	15 307	4 000	6.14
2015	8 465	127	62	19 020	3 792	4.61
2016	8 563	127	42	15 244	3 387	4.00
2017	7 972	128	42	16 423	2 830	3.56
2018	7 496	128	62	10 512	3 127	3.33

13-23 各州市文化、文物事业建设情况（2018年）

Basic Statistics on Development of Culture and Cultural Relics by Region (2018)

州 市	Region	公共图书馆(个) Public Libraries (unit)	公共图书馆藏书量(万册) Number of books in Public Libraries (10 000 volumes)	艺术表演团体(个) Numbers of Art Performance Troupes(unit)	艺术表演场馆(个) Arts Performance Places (unit)	群众艺术馆及文化馆(个) Mass Art and Cultural Centers (unit)	文化站(个) Cultural Centers (unit)	文物事业费(亿元) Total Expenditures on Cultural Relics (100 million yuan)	博物馆(个) Museums (unit)
全 省	**Yunnan**	**151**	**2 154.09**	**268**	**27**	**149**	**1 445**	**5.31**	**137**
省本级	Provincial Level	1	354.85	4	2	1		0.64	2
昆 明	Kunming	17	317.14	26	7	15	139	0.72	33
曲 靖	Qujing	11	170.92	64	2	10	133	0.42	12
玉 溪	Yuxi	10	145.83	11	8	10	75	0.23	5
保 山	Baoshan	7	99.99	8		6	81	0.41	17
昭 通	Zhaotong	12	95.82	14	1	12	146	0.17	4
丽 江	Lijiang	6	63.76	14		6	65	0.23	6
普 洱	Pu'er	11	103.60	12		11	105	0.16	8
临 沧	Lincang	9	80.66	23		10	84	0.09	3
楚 雄	Chuxiong	11	141.78	11	2	11	103	0.21	5
红 河	Honghe	14	204.77	24	1	14	139	1.05	12
文 山	Wenshan	9	81.45	6		9	105	0.14	3
西双版纳	Xishuangbanna	4	23.13	5	2	4	44	0.05	2
大 理	Dali	13	132.06	20		14	110	0.45	13
德 宏	Dehong	7	56.82	17		7	58	0.08	6
怒 江	Nujiang	5	52.21	6		5	29	0.16	2
迪 庆	Diqing	4	29.30	3	2	4	29	0.11	4

13−24　广播电视业发展情况（2008−2018年）

Basic Statistics on Development of Radio and Television (2008-2018)

年　份 Year	广播电视台电台（座） Number of Broadcasting Stations (unit)	职工人数（万人） Number of Staff and Workers (10 000 persons)	广播人口覆盖率（%） Radio Coverage of Population (%)	电视人口覆盖率（%） Television Coverage of Population (%)
2008	16	1.50	93.1	94.3
2009	16	1.55	94.3	95.1
2010	17	1.63	95.4	96.4
2011	17	1.75	95.7	96.7
2012	12	1.83	96.0	97.0
2013	11	1.80	96.3	97.3
2014	10	1.91	96.5	97.5
2015	10	1.85	96.7	97.7
2016	10	1.92	97.4	98.2
2017	10	1.97	98.4	98.7
2018	9	1.90	98.7	98.9

13-25 规模以上工业企业科技活动基本情况（2013-2018年）
Basic Statistics on Science and Technology Activities of Industrial Enterprises above Designated Size（2013-2018）

指 标	Item	2013	2014	2015	2016	2017	2018
企业基本情况	**Statistics on Industrial Enterprises**						
有R&D活动企业数(个)	Number of Enterprises Having R&D Activities (unit)	394	500	744	879	1003	1 003
有R&D活动企业所占比重(%)	Percentage of Enterprises Having R&D Activities to Total Number of Enterprises (%)	11.14	13.22	19.21	20.98	23.97	22.76
R&D活动情况	**Statitstics on R&D Activities**						
R&D人员全时当量(万人年)	**Full-time Equivalent of R&D Personnel (10 000 person-years)**	**1.18**	**1.30**	**1.60**	**1.72**	**2.14**	**2.40**
R&D经费内部支出(亿元)	Intramural Expenditure on R&D (100 million yuan)	45.43	51.66	61.96	74.18	88.56	107.02
R&D经费内部支出与主营业务收入之比(%)	Percentage of Intramural Expenditure on R&D to Sales Revenue (%)	0.46	0.50	0.63	0.73	0.76	0.80
R&D项目数(项)	Projects of R&D (item)	1 729	2 102	3 017	3 441	4 122	4 216
R&D项目经费内部支出(亿元)	Intramural Expenditure on R&D Projects (100 million yuan)	36.46	45.00	58.79	73.97	88.34	101.13
企业办科技机构情况	**Statitstics on R&D Institutions**						
机构数(个)	Number of R&D Institutions (unit)	339	388	479	554	648	542
机构人员数(万人)	R&D Personnel (10 000 persons)	1.32	1.38	1.45	1.46	1.80	1.54
机构经费支出(亿元)	Expenditure on R&D (100 million yuan)	38.88	34.29	33.52	36.45	49.06	52.01
新产品开发及生产情况	**Statitstics on New Products Development and Production**						
新产品开发项目数(项)	Number of New Products (unit)	1 903	2 123	2 503	3 834	4 208	4 150
新产品开发经费支出(亿元)	Expenditure on New Products Development (100 million yuan)	49.68	60.57	63.20	88.43	102.67	96.54
新产品销售收入(亿元)	Sales Revenue of New Products (100 million yuan)	443.38	518.26	513.20	628.45	808.62	928.83
#新产品出口	Export	20.86	17.09	19.89	30.25	36.46	21.59
专利情况	**Statistics on Patent**						
专利申请数(件)	Patent Applications (unit)	2 793	3 137	3 751	4 942	5 389	6 190
#发明专利	Inventions	1 167	1 281	1 493	1 878	1 891	2 038
有效发明专利数(件)	Number of Patents In Force (unit)	2 280	2 865	4 605	5 880	6 510	6 466
技术获取和技术改造情况(亿元)	**Statistics on Technology Acquisition and Technology Reconstruction (100 million yuan)**						
引进境外技术经费支出	Expenditure for Acquisition of Technology	1.40	2.06	0.47	1.54	1.26	3.12
引进境外技术消化吸收经费支出	Expenditure for Assimilation of Technology	0.99	0.72	2.50	0.22	0.08	0.18
购买境内技术经费支出	Expenditure for Purchase of Domestic Technology	0.96	0.89	0.63	4.90	4.44	6.90
技术改造经费支出	Expenditure for Technical Renovation	40.63	40.15	34.80	28.77	35.35	40.33

13-26 按登记注册类型分规模以上工业企业研究与试验发展(R&D)活动情况（2018年）

Basic Statistics on R&D Activities of Industrial Enterprises above Designated Size by Registration Status (2018)

登记注册类型	Status of Registration	R&D人员全时当量（人年）Full-time Equivalent of R&D Personnel (person-year)	R&D经费（亿元）Expenditure on R&D (100 million yuan)
全　省	**Yunnan**	**24 048**	**107.02**
内资企业	**Domestic Funded Enterprises**	**22 969**	**101.69**
国有企业	State-owned Enterprises	1 344	3.74
集体企业	Collective-owned Enterprises	24	0.05
股份合作企业	Cooperative Enterprises		
联营企业	Joint Ownership Enterprises		
国有联营企业	State Joint Ownership Enterprises		
有限责任公司	Limited Liability Corporations	9 790	49.30
国有独资公司	State Sole Funded Corporations	1 573	10.69
股份有限公司	Share-holding Corporations Ltd.	4 556	20.55
私营企业	Private Enterprises	7 255	28.05
其他企业	Other Enterprises		
港澳台商投资企业	**Enterprises with Funds from Hong Kong,Maccao & Taiwan**	**669**	**2.88**
合资经营企业	Joint-venture Enterprises	345	1.37
合作经营企业	Cooperative Enterprises	14	0.04
独资经营企业	Enterprises with Sole Fund	87	0.39
投资股份有限公司	Share-holding Corporations Ltd.	199	1.05
外商投资企业	**Foreign Funded Enterprises**	**410**	**2.45**
中外合资经营企业	Joint-venture Enterprises	275	1.23
中外合作经营企业	Cooperation Enterprises	19	0.02
外资企业	Enterprises with Sole Fund	39	0.14
外商投资股份有限公司	Share-holding Corporations Ltd.	77	1.06

13-27 按行业分规模以上工业企业研究与试验发展(R&D)活动情况（2018年）
Basic Statistics on R&D Activities of Industrial Enterprises above Designated Size by Industrial Sector (2018)

行业	Sector	R&D人员全时当量(人年) Full-time Equivalent of R&D Personnel (person-year)	R&D经费(亿元) Expenditure on R&D (100 million yuan)
全省	**Yunnan**	**24 048**	**107.02**
采矿业	**Mining**	**1 015**	**4.74**
煤炭开采和洗选业	Mining and Washing of Coal	155	0.32
黑色金属矿采选业	Mining and Dressing of Ferrous Metal Ores	123	0.98
有色金属矿采选业	Mining and Dressing of Nonferrous Metals Ores	638	2.68
非金属矿采选业	Mining and Dressing of Nonmetal Ores	99	0.77
制造业	**Manufacturing Industry**	**22 169**	**99.94**
农副食品加工业	Processing of Farm and Sideline Food	1 827	7.28
食品制造业	Manufacture of Food	1 054	4.99
酒、饮料和精制茶制造业	Manufacture of Wine,Beverage and Refined Tea	721	3.58
烟草制品业	Tobacco Products Manufacturing	797	4.68
纺织业	Textile Industry	196	0.33
纺织服装、服饰业	Manufacture of Textile Garments and Dress Accessory	71	0.10
皮革、毛皮、羽毛及其制品和制鞋业	Feather, Furs, Down, Related Products and Footwear Manufacturing		
木材加工和木、竹、藤、棕、草制品业	Timber Processing, Bamboo, Cane, Palm Fiber & Straw Products Manufacturing	130	0.78
家具制造业	Manufacture of Furniture	23	0.16
造纸和纸制品业	Papermaking and Paper Products Manufacturing	580	1.71
印刷和记录媒介复制业	Printing and Record Medium Reproduction	722	2.29
文教、工美、体育和娱乐用品制造业	Manufacture of Culture, Education,Industrial Arts, Sports and Entertainment Goods	41	0.15
石油加工、炼焦和核燃料加工业	Petroleum Refining, Coking and Nuclear Fuel Processing	160	0.81
化学原料和化学制品制造业	Manufacture of Raw Chemical Materials and Chemica Products	2 742	11.26
医药制造业	Manufacture of Medicines	1 874	6.12
化学纤维制造业	Chemical Fiber Manufacturing	15	0.17
橡胶和塑料制品业	Rubber and Plastic Products Manufacturing	374	1.42
非金属矿物制品业	Nonmetal Mineral Products Manufacturing	791	3.81
黑色金属冶炼和压延加工业	Smelting and Pressing of Ferrous Metals	1 023	9.10
有色金属冶炼和压延加工业	Smelting and Pressing of Nonferrous Metals	3 301	19.64
金属制品业	Metal Products Manufacturing	529	2.49
通用设备制造业	Manufacture of General Purpose Equipment	497	1.74
专用设备制造业	Manufacture of Special Purpose Equipment	1 301	3.65
汽车制造业	Automotive Industry	795	4.49
铁路、船舶、航空航天和其他运输设备制造业	Manufacture of Transport Equipment for Railway,Boats and Aerospace and Other Transport Equipments	229	1.28
电气机械和器材制造业	Electric Equipment and Machinery Manufacturing	1 296	4.58
计算机、通信和其他电子设备制造业	Communication Equipment, Computers and Other Electronic Equipment Production	706	1.90
仪器仪表制造业	Instrument Industry	327	0.90
其他制造业	Other Goods Production	4	
废弃资源综合利用业	Comprehensive Utilization of Discarded Resources and Waste	41	0.52
电力、热力、燃气及水生产和供应业	**Production and Supply of Electricity, Heat ,Gas and Water**	**864**	**2.33**
电力、热力生产和供应业	Production and Supply of Electric Power and Heat Power	839	2.24
燃气生产和供应业	Production and Supply of Gas		
水的生产和供应业	Production and Supply of Tap Water	25	0.09

13-28 按州市分规模以上工业企业研究与试验发展(R&D)活动情况（2018年）

Basic Statistics on R&D Activities of Industrial Enterprises above Designated Size by Region（2018）

州　市	Region	R&D人员全时当量（人年）Full-time Equivalent of R&D Personnel (person-year)	R&D经费（亿元）Expenditure on R&D (100 million yuan)	R&D项目数（项）R&D Projects (unit)
全　省	**Yunnan**	**24 048**	**107.02**	**4 216**
昆　明	Kunming	9 805	40.05	1 759
曲　靖	Qujing	3 765	16.88	650
玉　溪	Yuxi	2 644	12.76	519
保　山	Baoshan	755	2.65	119
昭　通	Zhaotong	255	1.84	54
丽　江	Lijiang	157	1.01	36
普　洱	Pu'er	540	2.04	76
临　沧	Lincang	296	1.50	36
楚　雄	Chuxiong	976	3.04	143
红　河	Honghe	2 271	14.16	353
文　山	Wenshan	834	4.01	184
西双版纳	Xishuangbanna	159	1.03	41
大　理	Dali	1 254	4.05	195
德　宏	Dehong	152	1.15	31
怒　江	Nujiang	147	0.47	9
迪　庆	Diqing	36	0.37	11

13-29 按登记注册类型分规模以上工业企业新产品开发及生产情况（2018年）
New Products Development and Production of Industrial Enterprises above Designated Size by Registration Status (2018)

单位：亿元 (100 million yuan)

登记注册类型	Status of Registration	新产品项目数（项） New Products (unit)	开发新产品经费 Expenditure on New Products Development	新产品产值 Output Value of New Products	新产品销售收入 Sales Revenue of New Products	出口 Exports
全　省	**Yunnan**	**4 150**	**96.54**	**905.16**	**928.83**	**21.59**
内资企业	**Domestic Funded Enterprises**	**3 872**	**91.74**	**883.49**	**907.03**	**20.67**
国有企业	State-owned Enterprises	109	3.83	6.35	6.31	
集体企业	Collective-owned Enterprises	10	0.09	0.83	1.63	0.09
股份合作企业	Cooperative Enterprises					
联营企业	Joint Ownership Enterprises					
国有联营企业	State Joint Ownership Enterprises					
有限责任公司	Limited Liability Corporations	1 680	44.47	425.09	422.59	9.11
国有独资公司	State Sole Funded Corporations	264	5.95	61.46	82.22	2.90
股份有限公司	Share-holding Corporations Ltd.	698	17.18	231.27	272.64	4.80
私营企业	Private Enterprises	1 375	26.17	219.96	203.86	6.68
其他企业	Other Enterprises					
港澳台商投资企业	**Enterprises with Funds from Maccao & Taiwan**	**182**	**3.24**	**14.32**	**14.13**	**0.34**
合资经营企业	Joint-venture Enterprises	87	1.51	8.26	7.92	
合作经营企业	Cooperative Enterprises	3	0.04	0.18	0.17	0.14
独资经营企业	Enterprises with Sole Fund	20	0.38	3.15	3.10	0.20
投资股份有限公司	Share-holding Corporations Ltd.	70	1.27	2.73	2.93	
外商投资企业	**Foreign Funded Enterprises**	**96**	**1.56**	**7.35**	**7.67**	**0.58**
中外合资经营企业	Joint-venture Enterprises	57	0.80	3.82	4.25	
中外合作经营企业	Cooperation Enterprises	8	0.02	0.03	0.03	
外资企业	Enterprises with Sole Fund	12	0.18	0.47	0.45	0.19
外商投资股份有限公司	Share-holding Corporations Ltd.	19	0.57	3.02	2.94	0.39

13-30 按行业分规模以上工业企业新产品开发及生产情况（2018年）
New Products Development and Production of Industrial Enterprises above Designated Size by Industrial Sector (2018)

单位：亿元 (100 million yuan)

行业	Sector	新产品项目数（项）New Products (unit)	开发新产品经费 Expenditure on New Products Development	新产品产值 Output Value of New Products	新产品销售收入 Sales Revenue of New Products	出口 Exports
全省	**Yunnan**	**4 150**	**96.54**	**905.16**	**928.83**	**21.59**
采矿业	**Mining**	**95**	**2.83**	**34.66**	**48.94**	**1.95**
煤炭开采和洗选业	Mining and Washing of Coal	14	0.24	3.54	2.99	
黑色金属矿采选业	Mining and Dressing of Ferrous Metal Ores	20	0.68	2.01	1.31	
有色金属矿采选业	Mining and Dressing of Nonferrous Metals Ores	40	1.36	0.18	15.53	
非金属矿采选业	Mining and Dressing of Nonmetal Ores	21	0.55	28.93	29.11	1.95
制造业	**Manufacturing Industry**	**3 913**	**92.56**	**870.35**	**879.80**	**19.64**
农副食品加工业	Processing of Farm and Sideline Food	366	8.51	42.43	40.60	0.41
食品制造业	Manufacture of Food	247	4.12	12.77	12.02	0.40
酒、饮料和精制茶制造业	Manufacture of Wine,Beverage and Refined Tea	162	3.76	18.42	16.67	2.28
烟草制品业	Tobacco Products Manufacturing	180	8.68	20.51	20.95	0.95
纺织业	Textile Industry	30	0.25	2.76	2.99	0.10
纺织服装、服饰业	Manufacture of Textile Garments and Dress Accessory	11	0.12	3.31	3.31	
皮革、毛皮、羽毛及其制品和制鞋业	Feather, Furs, Down, Related Products and Footwear Manufacturing					
木材加工和木、竹、藤、棕、草制品业	Timber Processing, Bamboo, Cane, Palm Fiber & Straw Products Manufacturing	40	0.82	0.70	0.67	
家具制造业	Manufacture of Furniture	5	0.25	0.42	0.40	
造纸和纸制品业	Papermaking and Paper Products Manufacturing	79	1.31	17.75	15.98	0.35
印刷和记录媒介复制业	Printing and Record Medium Reproduction	108	1.99	18.36	17.57	0.11
文教、工美、体育和娱乐用品制造业	Manufacture of Culture, Education,Industrial Arts, Sports and Entertainment Goods	25	0.32	0.41	0.36	
石油加工、炼焦和核燃料加工业	Petroleum Refining, Coking and Nuclear Fuel Processing	4	0.18	6.50	6.38	
化学原料和化学制品制造业	Manufacture of Raw Chemical Materials and Chemical Products	428	9.87	55.84	46.74	1.77
医药制造业	Manufacture of Medicines	559	6.97	57.04	56.82	2.96
化学纤维制造业	Chemical Fiber Manufacturing	8	0.17	0.01		
橡胶和塑料制品业	Rubber and Plastic Products Manufacturing	73	1.58	14.91	14.28	
非金属矿物制品业	Nonmetal Mineral Products Manufacturing	127	3.54	31.00	29.24	
黑色金属冶炼和压延加工业	Smelting and Pressing of Ferrous Metals	77	3.42	153.46	183.93	3.01
有色金属冶炼和压延加工业	Smelting and Pressing of Nonferrous Metals	338	12.70	208.34	218.71	2.58
金属制品业	Metal Products Manufacturing	121	2.67	9.33	10.43	0.30
通用设备制造业	Manufacture of General Purpose Equipment	119	2.48	12.44	12.58	0.21
专用设备制造业	Manufacture of Special Purpose Equipment	174	3.82	17.74	17.79	1.49
汽车制造业	Automotive Industry	158	4.65	93.96	89.31	0.03
铁路、船舶、航空航天 和其他运输设备制造业	Manufacture of Transport Equipment for Railway,Boats and Aerospace and Other Transport Equipments	23	1.29	1.41	1.41	0.52
电气机械和器材制造业	Electric Equipment and Machinery Manufacturing	259	5.11	22.37	24.25	0.19
计算机、通信和其他电子设备制造业	Communication Equipment, Computers and Other Electronic Equipment Production	99	2.50	38.96	27.52	0.48
仪器仪表制造业	Instrument Industry	73	1.16	9.01	8.74	1.49
其他制造业	Other Goods Production	3	0.01	0.01	0.01	
废弃资源综合利用业	Comprehensive Utilization of Discarded Resources and Waste	17	0.30	0.19	0.11	
电力、热力、燃气及水生产和供应业	**Production and Supply of Electricity, Heat ,Gas and Water**	**142**	**1.15**	**0.15**	**0.10**	
电力、热力生产和供应业	Production and Supply of Electric Power and Heat Powe	142	1.15	0.15	0.10	
燃气生产和供应业	Production and Supply of Gas					
水的生产和供应业	Production and Supply of Tap Water					

13-31 按州市分规模以上工业企业新产品开发及生产情况（2018年）
New Products Development and Production of Industrial Enterprises above Designated Size by Region (2018)

单位：亿元 (100 million yuan)

州 市	Region	新产品项目数(项) New Products (unit)	开发新产品经费 Expenditure on New Products Development	新产品产值 Output Value of New Products	新产品销售收入 Sales Revenue of New Products	出口 Exports
全 省	**Yunnan**	**4 150**	**96.54**	**905.16**	**928.83**	**21.59**
昆 明	Kunming	1 872	44.47	342.60	363.62	10.17
曲 靖	Qujing	576	12.69	130.01	143.12	2.66
玉 溪	Yuxi	480	8.62	167.55	169.53	3.84
保 山	Baoshan	136	2.51	22.33	23.55	
昭 通	Zhaotong	60	1.75	5.86	21.17	0.02
丽 江	Lijiang	45	1.25	8.02	6.06	0.03
普 洱	Pu'er	67	1.54	18.74	16.21	0.01
临 沧	Lincang	49	2.23	1.68	1.58	
楚 雄	Chuxiong	132	2.45	39.32	26.17	0.09
红 河	Honghe	280	8.23	110.12	102.64	2.48
文 山	Wenshan	145	2.95	5.65	4.49	
版 纳	Xishuangbanna	54	1.84	9.96	10.05	
大 理	Dali	184	3.71	37.50	35.03	0.02
德 宏	Dehong	33	1.10	2.58	2.40	2.27
怒 江	Nujiang	18	0.63	2.93	2.93	
迪 庆	Diqing	19	0.58	0.29	0.28	

13－32 按登记注册类型分规模以上工业企业专利情况（2018年）
Statistics on Patent of Industrial Enterprises above Designated Size by Registration Status (2018)

单位：件 (piece)

登记注册类型	Status of Registration	专利申请数 Patent Applications	发明专利 Invention Patents	有效发明专利数 Number of Patents in Force
全　省	**Yunnan**	**6 190**	**2 038**	**6 466**
内资企业	**Domestic Funded Enterprises**	**5 959**	**1 964**	**6 125**
国有企业	State-owned Enterprises	240	81	200
集体企业	Collective-owned Enterprises	22	11	26
股份合作企业	Cooperative Enterprises			14
联营企业	Joint Ownership Enterprises			
国有联营企业	State Joint Ownership Enterprises			
有限责任公司	Limited Liability Corporations	3 218	1 096	2 705
国有独资公司	State Sole Funded Corporations	398	132	432
股份有限公司	Share-holding Corporations Ltd.	788	305	1 483
私营企业	Private Enterprises	1 691	471	1 697
其他企业	Other Enterprises			
港澳台商投资企业	**Enterprises with Funds from Maccao & Taiwan**	**156**	**52**	**284**
合资经营企业	Joint-venture Enterprises	88	26	199
合作经营企业	Cooperative Enterprises			3
独资经营企业	Enterprises with Sole Fund	60	20	53
投资股份有限公司	Share-holding Corporations Ltd.	8	6	29
外商投资企业	**Foreign Funded Enterprises**	**75**	**22**	**57**
中外合资经营企业	Joint-venture Enterprises	36	19	50
中外合作经营企业	Cooperation Enterprises			4
外资企业	Enterprises with Sole Fund	22	3	
外商投资股份有限公司	Share-holding Corporations Ltd.	17		3

13-33　按行业分规模以上工业企业专利情况（2018年）
Statistics on Patent of Industrial Enterprises above Designated Size by Industrial Sector (2018)

单位：件　(piece)

国民经济行业	Sector	专利申请数 Patent Applications	发明专利 Invention Patents	有效发明专利数 Number of Patents In Force
全　省	**Yunnan**	**6 190**	**2 038**	**6 466**
采矿业	**Mining**	**94**	**42**	**169**
煤炭开采和洗选业	Mining and Washing of Coal	2	1	4
黑色金属矿采选业	Mining and Dressing of Ferrous Metal Ores	37	9	32
有色金属矿采选业	Mining and Dressing of Nonferrous Metals Ores	42	21	63
非金属矿采选业	Mining and Dressing of Nonmetal Ores	13	11	70
制造业	**Manufacturing Industry**	**5 585**	**1 861**	**5 938**
农副食品加工业	Processing of Farm and Sideline Food	457	101	380
食品制造业	Manufacture of Food	236	94	278
酒、饮料和精制茶制造业	Manufacture of Wine,Beverage and Refined Tea	159	46	200
烟草制品业	Tobacco Products Manufacturing	1 370	592	529
纺织业	Textile Industry	58	7	45
纺织服装、服饰业	Manufacture of Textile Garments and Dress Accessory	11	2	30
皮革、毛皮、羽毛及其制品和制鞋业	Feather, Furs, Down, Related Products and Footwear Manufacturing			
木材加工和木、竹、藤、棕、草制品业	Timber Processing, Bamboo, Cane, Palm Fiber & Straw Products Manufacturing	28	26	23
家具制造业	Manufacture of Furniture	7	3	1
造纸和纸制品业	Papermaking and Paper Products Manufacturing	83	21	90
印刷和记录媒介复制业	Printing and Record Medium Reproduction	230	53	202
文教、工美、体育和娱乐用品制造业	Manufacture of Culture, Education,Industrial Arts, Sports and Entertainment Goods	4	2	15
石油加工、炼焦和核燃料加工业	Petroleum Refining, Coking and Nuclear Fuel Processing	20	3	1
化学原料和化学制品制造业	Manufacture of Raw Chemical Materials and Chemical Products	452	171	532
医药制造业	Manufacture of Medicines	410	162	924
化学纤维制造业	Chemical Fiber Manufacturing			68
橡胶和塑料制品业	Rubber and Plastic Products Manufacturing	100	37	131
非金属矿物制品业	Nonmetal Mineral Products Manufacturing	126	36	86
黑色金属冶炼和压延加工业	Smelting and Pressing of Ferrous Metals	163	50	260
有色金属冶炼和压延加工业	Smelting and Pressing of Nonferrous Metals	369	164	771
金属制品业	Metal Products Manufacturing	168	47	200
通用设备制造业	Manufacture of General Purpose Equipment	117	19	120
专用设备制造业	Manufacture of Special Purpose Equipment	227	57	273
汽车制造业	Automotive Industry	50	21	82
铁路、船舶、航空航天和其他运输设备制造业	Manufacture of Transport Equipment for Railway,Boats and Aerospace and Other Transport Equipments	119	38	94
电气机械和器材制造业	Electric Equipment and Machinery Manufacturing	310	45	340
计算机、通信和其他电子设备制造业	Communication Equipment, Computers and Other Electronic Equipment Production	110	9	102
仪器仪表制造业	Instrument Industry	153	37	148
其他制造业	Other Goods Production			
废弃资源综合利用业	Comprehensive Utilization of Discarded Resources and Waste	48	18	13
电力、热力、燃气及水生产和供应业	**Production and Supply of Electricity, Heat ,Gas and Water**	**511**	**135**	**359**
电力、热力生产和供应业	Production and Supply of Electric Power and Heat Power	491	132	342
燃气生产和供应业	Production and Supply of Gas	13		10
水的生产和供应业	Production and Supply of Tap Water	7	3	7

13-34 按州市分规模以上工业企业专利情况（2018年）
Statistics on Patent of Industrial Enterprises above Designated Size by Region (2018)

单位：件 (piece)

州 市	Region	专利申请数 Patent Applications	发明专利 Invention Patents	有效发明专利数 Number of Patents in Force
全 省	**Yunnan**	**6 190**	**2 038**	**6 466**
昆 明	Kunming	3 413	1 236	3 283
曲 靖	Qujing	677	197	762
玉 溪	Yuxi	624	155	867
保 山	Baoshan	103	24	144
昭 通	Zhaotong	74	24	99
丽 江	Lijiang	73	7	115
普 洱	Pu'er	71	31	99
临 沧	Lincang	78	31	71
楚 雄	Chuxiong	377	120	306
红 河	Honghe	191	56	252
文 山	Wenshan	183	65	132
西双版纳	Xishuangbanna	75	24	44
大 理	Dali	143	44	187
德 宏	Dehong	58	14	58
怒 江	Nujiang	36	7	24
迪 庆	Diqing	14	3	23

主要统计指标解释

普通高等学校 指通过国家普通高等教育招生考试，招收高中毕业生为主要培养对象，实施高等学历教育的全日制大学、独立设置的学院、独立学院和高等专科学校、高等职业学校及其他普通高教机构。

大学、独立设置的学院主要实施本科及本科层次以上的教育。独立学院主要实施本科层次的教育。高等专科学校、高等职业学校实施专科层次的教育。其他普通高教机构是指承担国家普通招生计划任务不计校数的机构，包括普通高等学校分校、大专班等。

成人高等学校 指通过国家成人高等教育招生考试，招收具有高中毕业或同等学力的人员为主要培养对象，利用函授、业余、脱产等多种形式，对其实施高等学历教育的学校。包括：职工高等学校、农民高等学校、管理干部学院、教育学院、独立函授学院、广播电视大学、其他成人高教机构等。其他成人高教机构是指承担国家成人招生计划任务不计校数的机构。

小学学龄儿童净入学率 指调查范围内已入小学学习的学龄儿童占校内外学龄儿童总数（包括弱智儿童在内，但不包括盲聋哑儿童）的比重。

研究与试验发展(R&D) 指在科学技术领域，为增加知识总量，以及运用这些知识去创造新的应用进行的系统的创造性的活动，包括基础研究、应用研究、试验发展三类活动。国际上通常采用R&D活动的规模和强度指标反映一国的科技实力和核心竞争力。

R&D人员 指参与研究与试验发展项目研究、管理和辅助工作的人员，包括项目(课题)组人员，企业科技行政管理人员和直接为项目(课题)活动提供服务的辅助人员。反映投入从事拥有自主知识产权的研究开发活动的人力规模。

R&D人员全时当量 指全时人员数加非全时人员按工作量折算为全时人员数的总和。例如：有两个全时人员和三个非全时人员(工作时间分别为20%、30%和70%)，则全时当量为2+0.2+0.3+0.7=3.2人年。为国际上比较科技人力投入而制定的可比指标。

R&D经费支出合计 指调查单位用于内部开展R&D活动（基础研究、应用研究和试验发展）的实际支出。包括用于R&D项目（课题）活动的直接支出，以及间接用于R&D活动的管理费、服务费、与R&D有关的基本建设支出以及外协加工费等。不包括生产性活动支出、归还贷款支出以及与外单位合作或委托外单位进行R&D活动而转拨给对方的经费支出。

新产品销售收入 指报告期企业销售新产品实现的销售收入。新产品是指采用新技术原理、新设计构思研制、生产的全新产品，或在结构、材质、工艺等某一方面比原有产品有明显改进，从而显著提高了产品性能或扩大了使用功能的产品。既包括经政府有关部门认定并在有效期内的新产品，也包括企业自行研制开发，未经政府有关部门认定，从投产之日起一年之内的新产品。

专利 是专利权的简称，是对发明人的发明创造经审查合格后，由专利局依据专利法授予发明人和设计人对该项发明创造享有的专有权。包括发明、实用新型和外观设计。反映拥有自主知识产权的科技和设计成果情况。

发明（专利） 指对产品、方法或者其改进所提出的新的技术方案。是国际通行的反映拥有自主知识产权技术的核心指标。

实用新型（专利） 指对产品的形状、构造或者其结合所提出的适于实用的新的技术方案。反映具有一定技术含量的技术成果情况。

外观设计（专利） 指对产品的形状、图案、色彩或者其结合所作出的富有美感并适于工业上应用的新设计。反映拥有自主知识产权的外观设计成果情况。

Explanatory Notes on Principle Statistical Indicators

Regular Institutions of Higher Education refer to educational establishments recruiting graduates from senior secondary schools as the main target through National Matriculation TEST. They include full-time universities, independently established colleges, colleges, and institutions of higher professional education, institutions of higher vocational education and other institutions of higher education.

Universities and independently established colleges primarily provide undergraduate and above courses; colleges mainly impart undergraduate courses, institutions of higher professional education and institutions of higher vocational education primarily provide professional trainings; and other institutions of higher education refer to educational establishments, which are responsible for enrolling higher education students under the State Plan but not enumerated in the total number of schools, including: branch schools of universities and colleges and junior colleges.

Institutions of Higher Education for Adults refer to educational establishments, enrolling personnel with senior secondary school or equivalent education through National Matriculation TEST for Adult, and providing higher education courses in forms of correspondence, spare time, or full time for adults. Institutions of higher learning for adults include schools of higher education for staff and workers, schools of higher education for peasants, colleges for management cadres, pedagogical colleges, independent correspondence colleges, radio and television universities and other educational establishments of higher education for adult. Other educational establishments of higher education for adult refer undertakings to enrol adult students but not enumerated in the number of schools under the State Plan.

Enrollment Rate of Primary School-age Children refers to the proportion of school age children enrolled at primary schools to the total number of school age children both in and outside schools (including retarded children, but excluding blind, deaf and mute children).

Research and Development (R&D) refers to systematic and creative activities in the field of science and technology aiming at increasing the knowledge and using the knowledge for new application. R&D includes 3 categories of activities: basic research, applied research and experiments and development. The scale and intensity of R&D are widely used internationally to reflect the strength of S&T and the core competitiveness of a country in the world.

R&D Personnel refer to persons engaged in research, management and supporting activities of R & D, including persons in the project teams, persons engaged in the management of S&T activities of enterprises and supporting staff providing direct service to the research projects. This indicator reflects the size of personnel engaged in R&D activities with independent intellectual property.

Full-time Equivalent of R&D Personnel refers to the sum of the full-time persons and the full-time equivalent of part-time persons converted by workload. For instance, if there are 2 full-time persons and 3 part-time workers (20%, 30% and 70% of working hours respectively on R&D activities), the full-time equivalent are 2+0.2+0.3+0.7=3.2 person-years. This is an internationally comparable indicator of S&T manpower input.

Total Expenditure of Funds on R&D refers to the real expenditure of surveyed units on their own R&D activities (basic research, applied research, experiments and development) including direct expenditure on R&D activities, indirect expenditure of management and services on R&D activities, expenditure on capital construction and material processing by others. Excluding the expenditure on production activities, return of loan, and fees transferred to cooperated or entrusted agencies on R&D activities.

Sales Income of New Products refers to the sales income of new products of the enterprises at the reference period. New products refer to products developed and produced with new technologies and designs or improved in structure, material, process or other aspects so that their performance are improved or their functions expanded. New products include those affirmed by government authorities in their validity period and also those developed by enterprises without the affirmation of government authorities within one year after they are put into production.

Patent is an abbreviation for the patent right and refers to the exclusive right of ownership by the inventors or designers for the creation or inventions, given from the patent offices after due process of assessment and approval in accordance with the Patent Law. Patents are granted for inventions, utility models and designs. This indicator reflects the achievements of S&T and design with independent intellectual property.

Patented Inventions refer to new technical proposals to the products or methods or their modifications. This is universal core indicator reflecting the technologies with independent intellectual property.

Patented Utility Models refer to the practical and new technical proposals on the shape and structure of the product or the combination of both. This indicator reflects the condition of technological results with certain technical content.

Designs refer to the aesthetics and industrially applicable new designs for the shape, pattern and colour of the product, or their combinations. This indicator reflects the appearance design achievements with independent intellectual property.

Chapter 14

十四、卫生、体育和社会管理

Public Health,Sports and Social Mangement

14-1 卫生医疗机构数（1985-2018年）

Number of Health and Medical Institutions（1985-2018）

单位：个 (unit)

年份 Year	医院 Hospitals	门诊部、所 Clinics	疾病预防控制中心（含卫生防疫站）Center for Disease Control and Prevention (Including Epidemic Prevention Stations)	妇幼保健站 Women and Children Care Agencies
1985	1 813	3 846	159	145
1986	1 789	3 959	159	145
1987	1 802	4 018	158	144
1988	1 868	4 068	150	144
1989	1 884	4 041	150	143
1990	1 908	4 085	150	144
1991	1 928	4 091	150	144
1992	1 950	4 107	149	144
1993	1 969	3 772	157	143
1994	2 115	3 618	157	143
1995	2 108	3 522	158	145
1996	548	53	148	140
1997	589	46	149	140
1998	594	53	150	143
1999	603	51	151	140
2000	602	51	151	142
2001	590	37	152	142
2002	584	38	148	144
2003	566	52	153	151
2004	594	69	150	146
2005	648	73	153	148
2006	649	69	150	148
2007	668	73	150	148
2008	692	74	152	148
2009	720	66	152	147
2010	780	78	150	147
2011	845	101	150	148
2012	924	126	150	147
2013	997	150	150	147
2014	1 060	159	150	145
2015	1 101	208	150	145
2016	1187	262	152	145
2017	1252	290	153	145
2018	1280	316	153	146

14–2 卫生医疗机构床位数（1985–2018年）

Number of Beds in Health and Medical Institutions（1985-2018）

年 份 Year	机构病床数(万张) Number of beds in Health and Medical Institutions (10 000 units)	医 院 Hospitals	乡镇卫生院 Township Health Centers	平均每万人口拥有医院床位数(张) Number of Hospital Beds per 10 000 Persons(unit)
1985	7.45	6.80	4.77	20.00
1986	7.53	8.63	4.72	19.90
1987	7.83	7.06	7.76	20.10
1988	8.27	7.49	4.88	20.80
1989	8.27	7.50	4.84	20.60
1990	8.45	7.61	4.83	20.40
1991	7.74	7.84	4.99	20.90
1992	9.10	8.09	5.05	21.10
1993	9.27	8.25	5.19	21.40
1994	9.37	8.34	4.98	21.20
1995	9.56	8.40	5.09	21.00
1996	9.08	6.08	3.07	15.10
1997	9.40	6.34	3.02	15.50
1998	9.60	6.40	2.97	15.50
1999	9.72	6.46	3.06	15.30
2000	9.75	6.61	3.12	15.60
2001	9.98	6.60	3.17	15.50
2002	9.66	6.75	3.19	15.60
2003	9.84	6.79	3.15	15.50
2004	10.22	7.12	3.23	16.10
2005	10.70	7.47	3.25	16.80
2006	11.05	7.74	3.43	17.30
2007	11.90	8.32		18.40
2008	12.78	9.04		19.90
2009	14.01	9.97		21.90
2010	15.71	11.25		24.50
2011	17.34	12.63	3.61	27.28
2012	19.47	14.35	3.98	30.81
2013	21.01	15.61	4.20	33.30
2014	22.49	16.97	4.35	36.00
2015	23.76	18.13	4.44	38.23
2016	25.36	19.47	4.62	40.82
2017	27.48	21.08	5.00	43.92
2018	29.12	22.33	5.29	46.23

14-3 卫生医疗机构人员数（1978-2018年）

Number of Employed Persons in Health and Medical Institutions（1978-2018）

年份 Year	卫生医疗机构人数(万人) Number of Employed Persons in Health and Medical Institutions (10 000 persons)	卫生技术人员 Medical Technical Personnel	医生 Doctors	每千人口拥有卫生技术人员或医生(人) Number of Medical Technical Personnel or Doctors per 1 000 Persons(person) 卫生技术人员 Medical Technical Personnel	医生 Doctors
1978	7.95	6.55	3.11	2.12	1.01
1979					
1980	8.91	7.14	3.34	2.25	1.28
1981	9.58	7.69	3.73	2.39	1.16
1982	9.86	7.96	3.01	2.43	1.16
1983	10.16	8.22	3.96	2.48	1.19
1984	10.47	8.46	4.09	2.52	1.22
1985	10.79	8.73	4.27	2.56	1.25
1986	11.13	8.98	4.37	2.60	1.27
1987	11.66	9.44	4.57	2.69	1.30
1988	11.99	9.75	5.12	2.71	1.43
1989	12.19	9.91	5.19	2.72	1.42
1990	12.55	10.16	5.39	2.72	1.44
1991	12.90	10.42	5.32	2.76	1.42
1992	13.18	10.56	5.35	2.76	1.40
1993	13.39	10.77	5.55	2.77	1.43
1994	13.72	11.09	5.77	2.82	1.46
1995	13.95	11.25	5.95	2.86	1.49
1996	13.87	11.16	5.64	2.76	1.40
1997	14.59	11.82	5.91	2.89	1.44
1998	14.72	11.92	5.91	2.88	1.43
1999	14.84	12.10	6.07	2.88	1.44
2000	15.16	12.41	6.26	2.93	1.48
2001	14.98	12.30	6.23	2.89	1.46
2002	13.32	10.97	5.17	2.56	1.20
2003	13.40	11.17	5.27	2.55	1.20
2004	13.67	11.39	5.32	2.58	1.21
2005	14.22	11.84	5.58	2.66	1.25
2006	14.56	12.14	5.65	2.71	1.26
2007	14.93	12.37	5.66	2.74	1.25
2008	15.19	12.62	5.73	2.78	1.26
2009	16.08	13.38	5.94	2.94	1.30
2010	17.00	14.17	6.21	3.08	1.35
2011	17.80	14.93	6.34	3.22	1.37
2012	19.61	16.48	6.69	3.54	1.44
2013	26.56	19.33	7.49	4.12	1.60
2014	28.28	20.89	7.54	4.43	1.60
2015	30.46	22.80	7.96	4.81	1.68
2016	33.04	25.02	8.59	5.25	1.80
2017	36.92	28.39	9.39	5.91	1.96
2018	39.02	30.20	9.97	6.25	2.06

注：2002年及以后医生数系执业(助理)医师数。
Note: Number of doctors refers to number of certified (assistant) doctors since 2002.

14-4 卫生防疫机构、妇幼保健机构情况（1978-2018年）
Basic Statistics on Epidemic Prevention Institutions, Women and Children Care Agencies（1978-2018）

单位：个、人 (unit, person)

年份 Year	卫生防疫机构 Epidemic Prevention Institutions		妇幼保健机构 Women and Children Care Agencies		
	机构数 Number of Institutions	人员数 Number of Employed Persons	机构数 Number of Institutions	床位数 Number of Beds	人员数 Number of Employed Persons
1978	149	3 604	142	82	1 194
1979					
1985	159	4 931	145	524	2 108
1986	159	5 083	145	712	2 234
1987	158	5 286	144	770	2 401
1988	150	5 529	144	841	2 612
1989	150	5 737	143	872	2 808
1990	150	5 930	144	928	3 001
1991	150	6 146	144	1 021	3 252
1992	149	6 388	144	1 073	3 467
1993	157	6 606	143	1 244	3 669
1994	157	6 810	143	1 350	3 869
1995	158	6 962	145	1 510	4 197
1996	158	7 136	142	1 657	4 270
1997	159	7 344	142	1 836	4 559
1998	150	7 390	141	2 024	4 692
1999	151	7 493	140	2 252	4 822
2000	160	7 574	142	2 356	5 017
2001	175	7 810	142	2 588	5 124
2002	148	7 125	144	3 174	5 624
2003	153	7 241	151	3 341	5 650
2004	150	6 782	146	3 386	5 482
2005	153	7 590	148	3 521	5 641
2006	150	7 585	148	3 662	5 703
2007	150	7 844	148	3 954	5 782
2008	152	7 847	148	4 162	5 638
2009	152	7 734	147	4 398	6 031
2010	150	7 929	147	4 704	6 152
2011	150	7 942	148	4 927	6 393
2012	150	8 013	147	5 139	6 836
2013	150	8 134	147	5 579	7 403
2014	150	8 143	145	5 717	8 108
2015	150	8 225	145	5 834	9 359
2016	152	8 301	145	6 175	11 745
2017	153	8 473	145	6 894	14 397
2018	153	8 638	146	7 324	15 375

14-5 主要年份等级裁判员、运动员人数

Number of Referees and Athletes in Significant Years

单位：人 (person)

年 份 Year	等级裁判员 Number of Referees in Grades	国际级裁判 International Level Referees	一级裁判 First Grade Referees	二级裁判 Second Grade Referees	三级裁判 Third Grade Referees	等级运动员 Number of Athletes in Grades
1985	1 316		135	280	901	1 843
1990	1 920	1	145	455	1 320	1 379
1995	1 675		57	316	134	1 474
2000	2 229		40	519	1 663	1 187
2008	1 214	2	276	832		463
2009	1 989		44	1 942		1 457
2010	1 948		633	1 304		950
2011	2 114	4	41	1 014		622
2012	7 056		487	3 087	3 479	1 281
2013	9 133		289	3 480	5 363	1 259
2014	3 258		291	2 954		1 105
2015	2 714		395	2 319		1 139
2016	4 199		531	3 668		611
2017	3 605		152	3 453		730
2018	2 725		536	2 189		773

14-5 续表 continued

单位：人

年　份 Year	国际级健将 International level Master Sportsmen	运动健将 Master Sportsmen	一级运动员 First Grade Sportsmen	二级运动员 Second Grade Sportsmen
1985			63	83
1990	4	36	38	352
1995	3	27	52	328
2000			12	353
2008	7	21	58	377
2009	8	21	43	1 385
2010	7	24	83	836
2011	4	21	163	434
2012	2	34	190	1 038
2013	2	18	158	1 068
2014		18	177	910
2015	2	23	305	809
2016		29	184	398
2017		37	192	501
2018	5	18	230	520

14-6 主要年份运动员参赛获奖情况

Prizes Won by Yunnan Athletes in Significant Years

单位：枚 (medal)

年 份 Year	金 牌 Gold Medal		银 牌 Silver Medal		铜 牌 Copper Medal	
	国 际 International Competitions	全 国 National Competitions	国 际 International Competitions	全 国 National Competitions	国 际 International Competitions	全 国 National Competitions
1978	1	4	1	9	14	8
1980	4	13	2	13		21
1985	11	24	13	13	9	18
1990	4	22		27	6	19
1995	9	27	3	29	4	31
2000	1	44		38	5	36
2005	1	34	1	30		32
2006	6	13	4	15	1	12
2007	2	13		15	1	15
2008	4	14	3	6	5	11
2009	3	17	2	16	10	22
2010	5	14	4	16	7	17
2011	6	13	3	5	5	15
2012	9	14	3	10	3	15
2013	4	15	3	21	4	12
2014	9	11	6	10	1	12
2015	3	15	5	16		14
2016	7	67	7	51	3	55
2017	7	68	2	82	5	58
2018	9	122	9	87	7	87

14-7　律师、公证工作机构人员情况（2013-2018年）

Basic Statistics on Lawyers and Notarization (2013-2018)

项　　目	Item	2013	2014	2015	2016	2017	2018
律师工作	**Lawyers work**						
律师事务所(个)	Number of Law Offices (unit)	583	643	709	790	858	916
国资所	State-owned	108	107	106	105	103	96
合作所	Cooperative						
合伙所	Partnership	347	371	398	434	457	499
个人发起所	Initiated by Individual	128	165	205	251	298	321
执业律师（人）	Number of Lawyers (person)	6 638	7 278	8 190	8 963	10 143	10 995
专职律师	Full-time Lawyers	6 003	6 570	7 385	8 030	9 110	9 502
兼职律师	Part-time Lawyers	224	220	222	218	508	231
特邀律师	Guest Lawyers						
公证工作	**Notarization**						
公证处(个)	Number of Notary Offices (unit)	140	140	140	140	140	140
公证员(人)	Notaries (person)	499	521	554	578	625	648
公证员助理（人）	Assistant Notaries (person)	374	391	440	518	470	615
办理各类公证事项(万件)	Number of Notarized Affairs (10 000 items)	36.86	36.34	38.93	43.69	51.38	58.13

14-8 主要年份提供住宿的社会服务机构基本情况

Basic Statistics on Social Service Agency with Accommodation in Significant Years

年 份 Year	单位数(个) Number of Institutions(unit)	床位数(万张) Number of Beds(10 000 units)	年末在院人数(万人) Persons under Care at Year-end (10 000 persons)	社会福利经费(亿元) Funds of Institution (100 million yuan)
1985	34		0.14	0.02
1990	45		0.15	0.03
1993	49		0.16	0.05
1994	49		0.17	0.10
1995	50		0.18	0.11
1996	50		0.18	0.11
1997	50		0.22	0.13
1998	50		0.22	0.16
1999	50		0.12	0.19
2000	75		0.25	0.21
2001	112		0.28	0.23
2002	754	1.78	1.00	0.25
2003	781	1.97	1.10	0.28
2004	748	1.91	1.07	0.32
2005	771	2.06	1.09	0.56
2006	583	1.42	0.81	0.92
2007	667	2.28	1.53	1.48
2008	702	2.98	2.09	1.58
2009	729	3.77	2.75	2.20
2010	757	4.39	3.33	4.52
2011	778	4.93	3.78	7.45
2012	806	5.99	4.53	11.58
2013	992	7.44	5.63	8.79
2014	1 060	8.17	4.44	6.49
2015	1 639	11.80	5.36	13.14
2016	2 139	14.36	5.31	12.19
2017	2 251	13.30	4.02	17.82
2018	2 400	12.20	3.83	16.90

14–9 社会服务业发展情况（2014–2018年）

Basic Statistics on Social Service Development (2014-2018)

项　目	Item	2014	2015	2016	2017	2018
社会服务工作	**Social Service Work**					
提供住宿的社会服务机构情况	**Social Service Agency Providing Accommodation**					
单位数（个）	Number of Institutions(unit)	1 060	1 639	2 139	2 251	2 400
床位数（万张）	Number of Beds (10 000 sets)	8.17	11.80	14.36	13.30	12.20
收养人数（万人）	Number of People Adopted (10 000 persons)	4.44	5.36	5.31	4.02	3.83
不提供住宿的社会服务机构(个)	**Social Service Agency without Accommodation(unit)**					
救灾储备仓库	Disaster Relief Storage Warehouse	40	40	40	40	40
福利彩票发行单位	Wellfare Lottery Issuer	17	17	12	13	15
烈士纪念建筑物管理单位	Administrative Office of Martyr Commemorative Structure	64	64	64	64	64
捐赠、救助等其他事业单位	Donation，Rescue and Other Government-sponsored Institutions	242	242	242	236	236
老龄机构	Institution Concerning the Aging Population Work	127	127	127	122	122
其他社会服务机构(个)	**Other Social Service Agencies(unit)**					
婚姻	**Marriage**					
婚姻登记服务类单位	Marriage Registration Service Agency	89	34	25	24	24
殡葬	**Funeral**					
殡仪馆	Funeral Home	79	78	77	78	77
公墓	Cemetery	73	42	23	23	22
殡葬管理单位	Administrative Office of Funeral	58	47	46	48	54
组织构成(个)	**Member Organization(unit)**					
社会组织	**Social Organization**	**19 207**	**21 128**	**22 552**	**23 184**	**23 723**
社会团体	Social Group	12 987	14 115	14 973	14 679	14 647
基金会	Foundation	75	93	98	112	116
民办非企业单位	Civilian-run Nonbusiness Unit	6 145	6 920	7 481	8 393	8 960
自治组织	**Self-governing Organization**	**14 238**	**14 259**	**14 299**	**14 378**	**14 416**
社区居委会	Residential Committee	2 203	2 235	2 328	2 473	2 551
村委会	Village Neighborhood Committee	12 035	12 024	11 971	11 905	11 865

14-10 社会救助和优抚安置情况（2013-2018年）

Basic Statistics on Social Assistance and Special Care and Placement (2013-2018)

单位：万人 (10 000 persons)

项　目	Item	2013	2014	2015	2016	2017	2018
社会救助	**Social Assistance**						
临时救助(万人次)	Person-times of Temporary Relief						94.00
本地户籍	Local domicile						93.64
非本地户籍	Non local household registration						0.36
城市居民最低生活保障人数	Urban Residents Received Subsistence Security Allowances	104.10	100.87	98.11	89.68	70.90	48.34
农村居民最低生活保障人数	Rural Residents Received Subsistence Security Allowances	466.50	458.94	455.28	422.94	329.90	254.95
农村五保供养人数	Rural Residents Enjoy the Five-guarantee System	21.56	21.14	20.71	17.35	13.80	11.76
农村集中供养五保人数	Rural Residents Enjoy the Concentrated Form of Five-guarantee System	3.54	3.93	4.17	2.85	1.58	1.17
农村分散供养五保人数	Rural Residents Enjoy the scattered Form of Five-guarantee System	18.02	17.21	16.55	14.50	12.22	10.59
农村传统救济人数	Rural Residents Supported by the Traditional Way of Relief	4.48	4.29	3.81	3.74	3.74	3.35
优抚安置	**Special Care and Placement**						
国家重点优抚对象人数	Persons Given National Key Special Pensions and Subsidies	37.81	35.18	35.31	32.19	28.31	29.02
安置义务兵、士官、复员	Placement of Compulsory Serviceman, Sergeancy and Demobilization						
干部人数	Persons in a Leading Position	1.02	1.15	1.18	1.20	1.00	1.00
接收军队离退休人员人数	Army Retired Staff Received	0.02	0.06	0.03	0.02	0.02	0.02

14-11 全省社会保险参保情况

Number of Persons Participating in Social Insurance

单位：万人 (10 000 persons)

年 份 Year	城镇职工基本养老保险 Number of Persons Participating in Basic Pension Insurance System for Urban Enterprises' Employees	城镇职工基本医疗保险 Number of Persons Participating in Basic Medical Insurance System for Urban Employees	城乡居民医疗保险 Medical insurance for urban and rural residents	城 镇失业保险 Number of Persons Participating in Unemployment Insurance System	工伤保险 Number of Persons Participating in Employment Injury Insurance System	城镇职工生育保险 Number of Persons Participating in Child-bearing Insurance System for Urban Employees
1997	168.44			129.00	47.65	57.40
1998	208.92			129.00	101.75	97.43
1999	223.47	45.00		181.00	99.64	96.67
2000	252.28	69.48		196.03	99.14	95.47
2001	243.12	185.72		190.73	97.26	96.11
2002	252.13	238.40		183.23	88.96	86.87
2003	257.34	281.52		183.01	84.11	82.79
2004	255.26	302.34		173.20	150.93	142.33
2005	258.69	320.70		189.20	166.95	156.14
2006	267.42	331.54		189.36	173.85	159.51
2007	279.36	345.81	73.00	190.00	188.47	165.14
2008	293.72	356.82	261.38	195.60	202.47	168.38
2009	306.54	397.42	365.03	198.60	215.13	181.13
2010	317.42	414.77	405.71	209.61	227.37	210.23
2011	342.82	443.36	422.44	216.75	243.40	216.49
2012	364.47	452.22	430.17	224.00	295.26	239.22
2013	384.32	457.96	660.79	232.52	334.26	270.87
2014	397.89	462.60	673.34	236.87	341.71	279.26
2015	412.94	468.29	672.47	243.34	368.07	289.83
2016	581.80	479.13	684.50	251.16	372.75	295.91
2017	591.46	491.32	3 972.49	259.81	383.67	307.92
2018	616.22	506.88	4 014.04	273.12	403.30	339.52

注：本表城乡居民养老保险数据在2017年以前仅为城镇居民医疗保险，从2017年以后新农保与城镇居民基本医疗保险合并后为城乡居民基本医疗保险，所以2017年以前的数据不能和2017年以后比较。

Note: Data of basic pension insurance system for urban and rural residents in this table were only medical insurance for urban residents before 2017, and after 2017, new rural insurance and urban residents' basic medical insurance were merged into basic medical insurance system for urban and rural residents, so the data before 2017 cannot be compared with that after 2017.

14-12 城镇职工基本养老保险情况（2014-2018年）

Statistics on Basic Pension Insurance for Urban Employees (2014-2018)

类　　别	Item	2014	2015	2016	2017	2018
年末参保人数（万人）	**Number of People Insured at Year-end (10 000 persons)**	**397.89**	**412.94**	**581.80**	**591.46**	**616.22**
职工	Employed Persons	279.23	291.15	413.78	420.12	440.23
企业	Enterprises	271.43	283.38	292.41	297.34	316.56
离休、退休、退职人数	Retired and Resigned Persons	118.67	121.79	168.02	171.34	175.99
基金收支情况	**Fund Revenue and Expenses**					
基本养老保险费征缴收入(亿元)	Fund Revenue（100 million yuan)	263.71	284.45	453.81	875.33	692.82
基本养老保险基金支出(亿元)	Fund Expenses (100 million yuan)	280.62	313.56	497.52	958.29	677.14
企业退休人员社会化管理服务情况(%)	**Socialized Management of Enterprise Retirees（%）**	**82.19**	**86.06**	**88.01**	**88.09**	**88.15**
企业养老金实发人数(万人)	Number of People Receiving Pension Insurance (10 000 persons)	115.69	118.68	121.93	123.12	126.32

14-13 残疾人事业基本情况

Basic Statistics on the Work for Persons with Disabilities

项目	Item	2014	2015	2016	2017	2018
康复	**Rehabilitation**					
视力残疾康复服务人数（万人）	Rehabilitation of Persons with Visual Disability (10 000 persons)	4.63	2.05	0.84	3.55	4.76
听力语言残疾康复服务人数（万人）	Rehabilitation of Persons with Hearing and Speech Disability(10 000 persons)	0.49	0.28	0.89	2.33	2.99
肢体残疾康复服务人数（万人）	Rehabilitation of Persons with Physical Disability (10 000 persons)	1.05	0.86	2.97	14.07	20.56
智力残疾康复服务人数（万人）	Rehabilitation of Persons with Intellectual Disability (10 000 persons)	0.41	1.05	0.41	1.88	2.56
精神病防治康复服务人数（万人）	Prevention and Rehabilitation of Mental Illness (PRMI)(10 000 persons	4.02	4.27	1.64	4.09	5.82
残疾人康复机构（个）	Rehabilitation Institutions for Disabled Persons (unit)	142	183	206	240	257
辅助器具服务机构（个）	Auxiliary Appliance Service Agencies (unit)	51	63	81	92	101
教育(人)	**Education (person)**					
残疾人中等职业教育在校生	Students at Secondary Vocational Schools for PWDs	625	240	956	819	1545
高等院校录取残疾考生	Disable Students Admitted to Higher Education Institutions	437	594	636	917	773
社会保障(万人)	**Social Security (10 000 persons)**					
残疾居民参加城乡社会养老保险	Residents with Disabilities Covered by Social Pension Insurance	78.95	71.33	78.46	86.27	92.22
托养残疾人	Fostered PWDs	2.27	2.58	2.61	1.56	1.78
扶贫	**Poverty Alleviation**					
农村残疾人实用技术培训(万人次)	Vocational Skills Training for PWDs (10 000 person-times)	4.37	4.65	3.18	3.52	3.29
农村贫困残疾人危房改造(户)	Dilapidated House Renovation for Poor PWDs (households)	2 395	1 670	1 774	3 317	19 516
农村贫困残疾人危房改造受益残疾人（人）	PWDs Benefited (persons)	3 063	3 264	2 551	4 112	22 480
维权(件)	**Rights Protection (case)**					
残疾人法律救助工作站办理的案件	Case Handled by the Legal Assistance Station for PWDs	10	59	90	79	93
组织建设	**Organization Development**					
残疾人人口库持证残疾人(万人)	PWDs with Disability Certificate in the PWD Database (10 000 persons)	104.15	113.41	126.50	136.07	144.15

主要统计指标解释

卫生机构 指从卫生行政部门取得《医疗机构执业许可证》，或从民政、工商行政、机构编制管理部门取得法人单位登记证书，为社会提供医疗保健、疾病控制、卫生监督服务或从事医学科研和教育等工作的单位。卫生机构包括医院、疗养院、社区卫生服务中心（站）、卫生院、门诊部、诊所（卫生所、医务室）、急救中心（站）、采供血机构、妇幼保健院（所、站）、专科疾病防治院（所、站）、疾病预防控制中心（防疫站）、卫生监督所、卫生监督检验（监测、检测）机构、医学科研机构、医学在职培训机构、健康教育所（站）等其他卫生机构。

医疗机构 指从卫生行政部门取得《医疗机构执业许可证》的机构，包括医院、疗养院、社区卫生服务中心（站）、卫生院、门诊部、诊所（卫生所、医务室）、妇幼保健院（所、站）、专科疾病防治院（所、站）、急救中心（站）和临床检验中心。

社区卫生服务中心（站） 指为本社区居民提供预防、医疗、保健、康复、健康教育、计划生育技术服务等的基层卫生机构。包括社区卫生服务中心和社区卫生服务站。

卫生人员 指在医疗、预防保健、医学科研和在职教育等卫生机构工作的职工，包括卫生技术人员、其他技术人员、管理人员和工勤人员。

卫生技术人员 包括执业（助理）医师、注册护士、药剂人员、检验和影像人员等卫生专业人员。不包括从事管理工作的卫生技术人员（一律计入管理人员）。

执业医师 指具有《医师执业证》及其“级别”为“执业医师”且实际从事医疗、预防保健工作的人员，不包括实际从事管理工作的执业医师。执业医师类别分为临床、中医、口腔和公共卫生。

执业助理医师 指具有《医师执业证》及其“级别”为“执业助理医师”且实际从事医疗、预防保健工作的人员，不包括实际从事管理工作的执业助理医师。执业助理医师类别同样分为临床、中医、口腔和公共卫生四类。

城市社会福利事业单位 包括社会福利院、儿童福利院和民政部门所属的精神病院等。

城乡社会救济费 是指国家或集体用于生活困难人员的财物支出。本指标包括城镇社会救济费、乡村社会救济费、精简退职的老职工救济费。

1. 城镇社会救济费 包括民政部门支出的城镇困难户救济费和机关企事业单位支付的职工生活困难补助费。

2. 乡村社会救济费 包括民政部门支出的农村五保户、困难户及麻风病人救济费。本指标包括农村集体支付的散居五保户、贫困户救济折款（包括实物）。

3. 精减退职的老职工救济费 指民政部门支出的精减退职的老职工救济费（包括按原工资 40% 发给的救济费和其他困难救济费）。

自然灾害受灾人数 指遭受自然灾害人数中的成灾人数。所谓成灾是指遭受自然灾害，作物收成减产三成以上的单位，这种单位的全部农业人口即为成灾人口。

优抚事业单位 指革命残废军人休养院、荣复军人疗养院和复退军人精神病院、光荣院。

优抚对象 优抚是指我国人民群众对革命烈士家属、病故革命军人家属、革命残废军人、革命残废工作人员以及参战负伤致残的民兵、民工的优待和对这些人的抚恤。“优抚对象”包括烈军属、复退军人、革命残废人员。

优抚事业费 指民政部门开支的抚恤事业费。包括牺牲费、烈军属及复员退伍军人补助费、退伍军人安置费、优抚事业单位经费和其他抚恤事业费。

城镇职工基本养老保险

1.（参保）职工人数 指报告期末按照国家法律、法规和有关政策规定参加基本养老保险并在社保经办机构已建立缴费记录档案的职工人数，包括中断缴费但未终止养老保险关系的职工人数，不包括只登记未建立缴费记录档案的人数。

2.（参保）离退休人员人数 指报告期末参加基本养老保险的离休、退休和退职人员的人数。

3. 基本养老保险基金收入 指根据国家有关规定，由纳入基本养老保险范围的缴费单位和个人按国家规定的缴费基数和缴费比例缴纳的养老保险基金，以及通过其他方式取得的形成基金来源的收入。包括单位和职工个人缴纳的基本养老保险费、基本养老保险基金利息收入、上级补助收入、下级上解收入、转移收入、财政补贴和其他收入。

4. 基本养老保险基金支出 指按照国家政策规定的开支范围和开支标准从养老保险基金中支付给参加基本养老保险的个人的养老金、丧葬抚恤补助，以及由于保险关系转移、上下级之间调剂资金等原因而发生的支出。包括离休金、退休金、退职金、各种补贴、医疗费、死亡丧葬补助费、抚恤救济费、社会保险经办机构管理费、补助下级支出、上解上级支出、转移支出、其他支出等。

5. 基本养老保险基金累计结余 指截止报告期末基本养老保险基金收支相抵后的累计余额。

基本医疗保险

1. 参保人数 指报告期末按国家有关规定参加基本医疗保险的人数。包括参加保险的职工人数和退休人员人数。

2. 基金收入 指根据国家有关规定，由纳入基本医疗保险范围的缴费单位和个人，按国家规定的缴费基数和缴费比例缴纳的基金，以及通过其他方式取得的形成基金来源的款项。包括：单位缴纳的社会统筹基金收入、个人缴纳的个人账户基金收入、财政补贴收入、利息收入、其他收入。

3. 基金支出 指按照国家政策规定的开支范围和开支标准从社会统筹基金中支付给参加基本医疗保险的职工和退休人员的医疗保险待遇支出，和从个人账户基金中支付给参加基本医疗保险的职工和退休人员的医疗费用支出，以及其他支出。包括：住院医疗费用支出、门急诊医疗费用支出、个人账户基金支出、其他支出。

4. 基金累计结余 指截止报告期末基本医疗保险的社会统筹和个人帐户基金累计结余金额。包括银行存款、财政专户、债券投资和其他。

失业保险

1. 参保人数 指报告期末按照国家法律、法规和有关政策规定参加了失业保险的城镇企业、事业单位的职工及地方政府规定参加失业保险的其他人员的人数。

2. 失业保险基金收入 指按照规定从企业、事业及其他单位筹集的失业保险费及其他并入失业保险基金收入的总额。包括单位和个人缴纳的失业保险费、失业保险基金利息收入、上级补助收入、下级上解收入、转移收入、财政补贴和其他收入。

3. 失业保险基金支出 指报告期内为保障失业人员和下岗职工基本生活、促进其再就业等支出的基金总额。包括失业救济金、医疗费、死亡丧葬补助费、抚恤救济费、转业训练费支出、失业保险经办机构管理费、补助下级支出、上解上级支出、转移支出和其他支出。

4. 基金累计结余 指截止报告期末失业保险基金收支相抵后的累计余额。

工伤保险

1. 参加保险人数 指报告期末依据国家有关规定参加工伤保险的职工人数。

2. 享受保险待遇人数 指劳动者因工负伤致残、死亡或因患职业病致残，根据有关规定享受工伤保险待遇职工或供养直系亲属人数。包括伤残人数、职业病人数、因工死亡人数、供养直系亲属人数。

3. 基金收入 指根据国家有关规定，由参加工伤保险的单位按国家规定的缴费基数和缴费比例缴纳的工伤保险基金，以及通过其他形式取得的形成基金来源的款项。包括：单位缴纳的社会统筹基金收入、财政补贴收入、利息收入、其他收入。

4. 基金支出 指按照国家政策规定的开支范围和开支标准从工伤保险基金中支付给参加工伤保险的人员及供养直系亲属工伤保险待遇支出及其他支出。包括工伤医疗费、伤残补助金、工亡补助金、护理费、丧葬补助费、工伤预防费用、职业康复费用和其他支出。

5. 基金累计结余 指截止报告期末工伤保险基金累计结余金额。包括银行存款、财政专户、债券投资和其他。

生育保险

1. 参保人数 指报告期末依据有关规定参加生育保险的职工人数。

2. 基金收入 指根据国家有关规定，由参加生育保险的单位按照国家规定的缴费基数和缴费比例缴纳的生育保险基金，以及通过其他方式取得的形成基金来源的款项。包括：单位缴纳的基金收入、利息收入和其他收入。

3. 基金支出 指按照国家政策规定的开支范围和开支标准，从生育保险基金中支付给参加生育保险的职工，因妊娠、分娩和计划生育手术而享受的待遇及其他支出。包括：生育津贴、医疗费用支出及其他支出。

4. 基金累计结余 指截止报告期末生育保险基金累计结余金额。包括银行存款、财政专户、债券投资和其他。

律师 指受聘参加法律顾问工作，担任法律顾问、刑（民）事代理人、刑事辩护人，办理非诉讼事件，解答法律询问，代写法律事务文书等主要从事律师业务的专职法律工作者和兼职律师。

公证人员 指在国家公证机关依法办理公证事务的司法人员，包括公证员、助理公证员和公证处公证的其他人员。

Explanatory Notes on Principle Statistical Indicators

Health Care Institutions refer to the units which have been qualified the Certification of Health Care Institution by the administration of public health, or qualified the Certification of Corporate Unit by the civil affairs, administration for industry and commerce, commission office for public sector reform, and engaging in medical care, disease prevention and control, health supervision and inspection, medicine research and health education, etc., including: hospitals, sanatoriums, community health service centers (stations), health centers, clinics (health stations and infirmaries), first-aid centres (stations), blood gathering and supplying institutions, women and children care agencies (centres and stations), special disease prevention and curing agencies (centres and stations), disease prevention and control centres (epidemic prevention stations), health supervision and inspection agencies, sanitary inspection institutions, medicinal scientific research and on-job training institutions, health education centres and so on.

Medical Organizations refer to the institutions which have been qualified the Certification of Health Care Institution by the administration of public health, including: hospitals, sanatoriums, community health service centers (stations), health centers, clinics (health stations and infirmaries), women and children care agencies (centres and stations), special disease prevention and curing agencies (centres and stations), first-aid centres (stations) and clinic inspection centers.

Community Health Service Centres (stations) refer to the primary units that provide the health care for community residents, such as disease prevention and control, medical treatment, health care, rehabilitation, health education, family planning technical services, including community health service centres and community health service stations.

Health Care Employee refer to all employee engaged in the health care institutions, such as medical organizations, disease prevention and control centres, health care agencies, medicinal scientific research and on-job training institutions, including medical technical personnel, other technical personnel, manager and labour.

Medical Technical Personnel refer to the professional staff engaged in health care, including licensed (assistant) doctors, registered nurse, pharmacists, laboratory technician, and imaging staff, excluding the medical technical personnel engaged in management job (included as the management staff).

Licensed Doctors refer to the medical workers who have obtained the licenses of qualified doctors and are employed in medical treatment, disease prevention or healthcare institutions, excluding the licensed doctors engaged in management job. The classification of licensed doctors is clinician, Chinese medicine, dentist and public health.

Licensed Assistant Doctors refer to the medical workers who have obtained the licenses of qualified assistant doctors and are employed in medical treatment, disease prevention or healthcare institutions, excluding the licensed assistant doctors engaged in management job. The classification of licensed assistant doctors is clinician, Chinese medicine, dentist and public health.

Urban Social Welfare Institutions include social welfare institutions, children welfare institutions, metal hospitals subordinated to the civil affairs departments.

Urban and Rural Social Relief Funds refer to the financial expenditure for the needy by the state or collectives. This indicator includes urban social relief funds, rural social relief funds and relief funds for reduced or resigned old staff and workers.

1.Urban social relief funds include the relief funds paid by the civil affairs departments to urban needy households and the living allowances paid by government departments, enterprises and institutions to staff and workers with financial difficulties.

2.Rural social relief funds include the relief funds paid by the civil affairs departments to rural households (of infirm and childless old persons) enjoying the five guarantees, needy households and lepers. This indicator also includes the relief in money and in kind paid by rural collectives to scattered-living households (of infirm and childless old persons) enjoying the five guarantees and needy households.

3.Relief funds for reduced or resigned old staff and workers refer to the relief funds paid by the civil affairs departments to reduced or resigned old staff and workers (including the relief funds paid at 40% of their original wages and other relief funds).

Number of Natural Disaster Victims refers to the number of people stricken by natural disaster of a certain extent. The so-called "disaster of a certain extent" means any natural disaster that causes crop yield to reduce by over 30% and the total agricultural population hit by it is the stricken population.

Institutions for Special Care refer to rest homes for disabled revolutionary servicemen, the sanatoriums for honorably retired servicemen and mental homes or honor homes for retired servicemen.

Persons Enjoying Special Care Special care means the special treatment and compensation given by the state to family members of revolutionary martyrs, family members of revolutionary servicemen died of illness, disabled revolutionary servicemen, disabled revolutionary working staff and militias and laborers wounded and disabled in war. "Person Enjoying Special Care" refers to family members of revolutionary martyrs, retired servicemen and disabled revolutionary persons.

Funds for Special Care refer to the funds spent by the civil affairs departments for special care, which include sacrifice pensions, allowances for family members of martyrs and retired servicemen, placement allowances for retired servicemen, funds of institutions for special care and other special funds.

Basic Pension Insurance for Urban Employees

1.Number of staff and workers covered refers to staff and workers participating in the basic pension insurance programme according to national laws, regulations and related policies at the end of the reference period, who have already had payment records in social security management agencies, including those who have interrupt payment without terminating the insurance programme. Those who have registered in the programme but with no payment records are not included.

2. Number of retirees participating in the basic pension insurance programme refers to the number of retirees participating in basic pension insurance programmes by the end of the reference period.

3. Revenue of the basic pension insurance programme refers to payments made by employers and individuals participating in the pension insurance programme in accordance with the basis and proportion stipulated in State regulations, and income from other sources that become source of pension insurance fund, including the premium paid by employers and staff and workers, interest income, subsidies from higher level agencies, income as transfer from subordinate agencies, transferred income, government financial subsidies and other income.

4. Expenditure of basic pension insurance programme refers to payment made on pensions and funeral subsidies to those retired and resigned people covered in pension insurance programmes according to related national policies on scopeand standard of expenditure. Also included are expenditure which arises due to shift of the insurance relationship or adjustment of funds among agencies. More specifically, included are pensions for resigned people, pensions for retired people, pension for people quitting jobs, various subsidies, medical fees, funeral subsidies, compensation payments, management fees for social security agencies, expenses on subsidies to lower subordinates, expenses as transfer to agencies at higher level, transferred expenditure and other expenditure.

5. Balance of basic pension insurance programme refers to the balance of basic pension insurance funds at the end of the reference period after deducting expenses from revenue.

Basic Medical Care Insurance

1. Number of people participating in the insurance programme refers to people participating in the basic medical care insurance programme according to related regulations as at the end of reference period, including number of staff and workers and retirees participating in this insurance programme.

2. Revenue of the insurance programme refers to payments made by employers and individuals participating in the medical care insurance programme in accordance with the basis and proportion stipulated in State regulations, and income from other sources that become source of medical insurance fund, including income of social comprehensive funds paid by employers, income from individual accounts, government financial subsidies, interest income and other income.

3. Expenditure of the insurance programme refers to payment made from social comprehensive funds to those retired and resigned people covered in basic medical care insurance within the scope and standards of expenditure according to related national policies, and medical care payment made from individual accounts to staff and workers and retirees, and other expenses, including medical expenses of hospital inpatients, medical expenses for outpatients and emergency patients, payment from individual accounts and other expenditure.

4. Balance of the basic medical care insurance programme refer to the balance of medical care insurance of social comprehensive funds and individual accounts at the end of the reference period, including bank savings, special fiscal accounts, investment in bonds and others.

Unemployment Insurance

1. Number of people covered refers to staff and workers in urban enterprises or institutions who have participated in the unemployment insurance programme according to relevant policies and regulations, and other people who have participated according to local government regulations, as at the end of reference period.

2. Revenue of the unemployment insurance programme refers to payments made by employers and individuals participating in unemployment insurance programme in accordance with relevant regulations and other income contributed to this programme, including unemployment insurance premium made by employers and individuals, interest income, subsidies from higher level agencies, income as transfer from subordinate agencies, transferred income, government financial subsidies and other income.

3. Expenditure of the unemployment insurance programme refers to total expenses during the reference period to guarantee the basic livelihood of unemployed people and laid-off staff and workers and to encourage their re-employment. Included are unemployment relief, medical fees, funeral subsidies, compensation payments, training expenses, management fees for unemployment insurance agencies, subsidies to lower level agencies, expenses as transfer to higher level agencies, transferred expenditure and other expenditure.

4. Balance of the unemployment insurance programme refers to the balance of revenue of the programme after deducting expenses at the end of the reference period.

Work Injury Insurance

1. Number of people covered refers to staff and workers who have participated in the work injury insurance programme according to relevant national regulations.

2. Number of beneficiaries refers to staff and workers and their direct dependents who can, in accordance with relevant regulations, benefit from work injury insurance, as a result of work injury leading to disability or death of the staff/worker, or occupational disease leading to disability. Included in this category are number of injured and disabled people, number of people with occupational diseases, number of deaths at work places, and number of direct dependents.

3. Revenue of the work injury insurance programme refers to payments made by employers participating in the work injury insurance programme in accordance with the basis and proportion stipulated in State regulations, and income from other sources that become source of work injury insurance fund, including income of social comprehensive funds paid by employers, government financial subsidies, interest income and other income.

4. Expenditure of the work injury insurance programme refers to payments made from work injury insurance funds to those who participated in the work injury insurance programme and their direct dependents within the scope and standards of expenditure according to related national policies, and other expenditure, including medical fees for work injury, injury and disability subsidies, death subsidies, nursing fees, funeral subsidies, injury prevention fees, occupational rehabilitation fees and other expenditure.

5. Balance of the work injury insurance programme refers to the balance of the work injury funds at the end of the reference period, including bank savings, special fiscal account, investment in bonds and others.

Maternity Insurance

1. Number of people covered refers to staff and workers who have participated in the maternity insurance programme according to relevant regulation at the end of the reporting period.

2. Revenue of maternity insurance refers to payments made by employers participating in the maternity insurance programme in accordance with the basis and proportion stipulated in State regulations, and income from other sources that become source of maternity insurance fund, including income of funds paid by employers, interest income and other income.

3. Expenditure of the maternity insurance programme refers to payments made from maternity insurance funds to staff and workers who participate in the maternity insurance programme within the scope and standards of expenditure in accordance with related national policies, expenses paid for pregnancy, child delivery or surgeries related to family planning, and other expenditure, including allowance for child bearing, medical fees and other expenditure.

4. Balance of the maternity programme refers to the balance of the maternity insurance funds at the end of reference period, including bank savings, special fiscal account, investment in funds and others.

Lawyers refer to the full-time legal workers and the part-time lawyers engaged in the law practices, employed by legal counseling firms to act as legal advisers, agents in criminal or civil lawsuits and defenders in criminal lawsuits, to handle non-lawsuit legal matters, advise on matters of law and write legal papers for others.

Notary Personnel refer to the judicial officers who handle the notary affairs under the law in the national notary organs, including notaries, assistant notaries and other workers who handle the notary affairs in the notary offices.

Chapter 15

十五、人口与就业
Population and Employment

15-1 主要年份全省年末人口数

Historical Population at Year-end in Significant Years

单位：万人 (10 000 persons)

年 份 Year	总人口 Total Population	按性别分 By Sex		按城乡分 By Residence	
		男 Male	女 Female	城镇人口 Urban	乡村人口 Rural
1949	1 595.0				
1952	1 695.1			82.3	1 612.8
1957	1 896.8	941.9	954.8	237.1	1 659.7
1958	1 914.5	959.9	954.6	349.7	1 564.8
1960	1 894.6	937.8	956.7	305.2	1 589.4
1962	1 963.7	966.2	997.5	275.0	1 688.7
1965	2 160.4	1 075.3	1 085.1	261.4	1 899.0
1970	2 503.3	1 246.4	1 256.9	271.2	2 232.1
1973	2 746.9	1 369.7	1 377.2	323.9	2 423.0
1974	2 819.0	1 408.0	1 411.0	326.1	2 492.9
1975	2 884.3	1 441.8	1 442.5	335.9	2 548.4
1976	2 951.7	1 477.1	1 474.6	343.3	2 608.4
1977	3 024.6	1 515.0	1 509.6	351.7	2 672.9
1978	3 091.5	1 548.7	1 542.8	375.7	2 715.8
1979	3 134.8	1 569.1	1 565.6	388.3	2 746.5
1980	3 173.4	1 590.0	1 583.4	395.4	2 778.0
1981	3 222.8	1 622.2	1 600.6	416.5	2 806.3
1982	3 283.1	1 657.5	1 625.6	433.0	2 850.1
1983	3 330.8	1 683.1	1 647.7	472.0	2 858.8
1984	3 372.1	1 707.3	1 664.8	698.7	2 673.4
1985	3 418.1	1 733.7	1 684.4	904.6	2 513.5
1986	3 480.0	1 766.8	1 713.2	1 007.5	2 472.5
1987	3 534.0	1 797.7	1 736.3	996.2	2 537.8
1988	3 594.0	1 829.0	1 765.0	1 426.1	2 167.9
1989	3 648.0	1 861.2	1 786.8	1 524.5	2 123.5
1990	3 730.6	1 910.8	1 819.8	1 510.1	2 220.5
1991	3 782.1	1 939.1	1 843.0	1 555.2	2 226.9
1992	3 831.6	1 967.1	1 864.5	1 608.1	2 223.5
1993	3 885.2	1 997.0	1 888.2	1 664.0	2 221.2
1994	3 939.2	2 027.1	1 912.1	1 782.1	2 157.1
1995	3 989.6	2 055.2	1 934.4	1 821.3	2 168.3
1996	4 041.5	2 084.8	1 956.7	1 857.4	2 184.1
1997	4 094.0	2 112.9	1 981.1	1 937.3	2 156.7
1998	4 143.8	2 139.0	2 004.8	1 951.7	2 192.1
1999	4 192.4	2 165.8	2 026.6	1 991.3	2 201.1
2000	4 240.8	2 192.0	2 048.8	990.6	3 250.2
2001	4 287.4	2 217.4	2 070.0	1 066.0	3 221.4
2002	4 333.1	2 240.6	2 092.5	1 127.0	3 206.1
2003	4 375.6	2 263.6	2 112.0	1 163.9	3 211.7
2004	4 415.2	2 284.1	2 131.1	1 240.7	3 174.5
2005	4 450.4	2 302.2	2 148.2	1 312.9	3 137.5
2006	4 483.0	2 319.1	2 163.9	1 367.3	3 115.7
2007	4 514.0	2 335.1	2 178.9	1 426.4	3 087.6
2008	4 543.0	2 350.1	2 192.9	1 499.2	3 043.8
2009	4 571.0	2 364.6	2 206.4	1 554.1	3 016.9
2010	4 601.6	2 387.6	2 214.0	1 601.8	2 999.8
2011	4 631.0	2 402.8	2 228.2	1 704.2	2 926.8
2012	4 659.0	2 417.6	2 241.4	1 831.5	2 827.5
2013	4 686.6	2 432.3	2 254.3	1 897.1	2 789.5
2014	4 713.9	2 445.8	2 268.1	1 967.1	2 746.8
2015	4 741.8	2 461.0	2 280.8	2 054.6	2 687.2
2016	4 770.5	2 475.3	2 295.2	2 148.2	2 622.3
2017	4 800.5	2 490.9	2 309.6	2 241.4	2 559.1
2018	4 829.5	2 506.0	2 323.5	2 309.0	2 520.5

15-2 各州市户数、人口数及构成（2018年）

Number of Households, Population and Its Composition by Region (2018)

州 市	Region	总户数（万户） Family Households (10 000 households)	总人口（万人） Total Population (10 000 persons)	按性别分（万人） By Sex (10 000 persons) 男 Male	女 Female	按城乡分（万人） By Residence (10 000 persons) 城镇人口 Urban	乡村人口 Rural	人口密度（人/平方千米） Population Density (person/sq.km)
全 省	**Yunnan**	**1 404.7**	**4 829.5**	**2 506.0**	**2 323.5**	**2 309.0**	**2 520.5**	**122.5**
昆 明	Kunming	207.2	685.0	352.2	332.8	499.0	186.0	317.4
曲 靖	Qujing	193.1	615.5	322.6	292.9	298.2	317.3	206.2
玉 溪	Yuxi	74.3	238.6	122.3	116.3	123.8	114.8	156.2
保 山	Baoshan	71.2	262.7	134.7	128.0	96.8	165.9	133.8
昭 通	Zhaotong	171.9	559.1	293.6	265.5	193.2	365.9	242.8
丽 江	Lijiang	38.6	129.6	66.9	62.7	52.4	77.2	61.1
普 洱	Pu'er	74.4	263.7	138.9	124.8	114.6	149.1	58.1
临 沧	Lincang	66.7	253.6	133.1	120.5	106.3	147.3	103.6
楚 雄	Chuxiong	80.9	274.8	140.7	134.1	124.6	150.2	63.4
红 河	Honghe	132.8	474.4	246.8	227.6	227.3	247.1	144.0
文 山	Wenshan	98.9	365.4	191.0	174.4	153.4	212.0	113.4
西双版纳	Xishuangbanna	28.4	118.8	61.6	57.2	57.0	61.8	60.3
大 理	Dali	108.0	359.9	182.4	177.5	168.4	191.5	122.2
德 宏	Dehong	32.5	131.6	67.9	63.7	61.0	70.6	114.1
怒 江	Nujiang	16.1	55.3	29.3	26.0	18.2	37.1	37.7
迪 庆	Diqing	9.9	41.4	22.0	19.4	14.8	26.6	17.4

15 3 全省各民族人口数（2018年）

Provincial Population by Nationality (2018)

单位：万人、%　　　　(10 000 persons ,%)

民 族	Nationality	人口数 Population	比 重 Proportion	民 族	Nationality	人口数 Population	比 重 Proportion
全 省	**Yunnan**	**4829.50**	**100.0**	藏 族	Tibetan	15.01	0.3
汉 族	Han Nationality	3208.24	66.4	景颇族	Jingpo Nationality	15.08	0.3
彝 族	Yi Nationality	531.90	11.0	布朗族	Bulang Nationality	12.30	0.3
白 族	Bai Nationality	165.11	3.4	普米族	Pumi Nationality	4.44	0.1
哈尼族	Hani Nationality	171.93	3.6	怒 族	Nu Nationality	3.36	0.1
壮 族	Zhuang Nationality	128.22	2.7	阿昌族	Achang Nationality	4.02	0.1
傣 族	Dai Nationality	129.02	2.7	基诺族	Jinuo Nationality	2.40	0.1
苗 族	Miao Nationality	126.90	2.6	德昂族	De'ang Nationality	2.13	
傈僳族	Lisu Nationality	70.52	1.5	蒙古族	Mongolian	2.39	0.1
回 族	Hui Nationality	73.67	1.5	独龙族	Dulong Nationality	0.67	
拉祜族	Lahu Nationality	50.12	1.0	满 族	Manchu Nationality	1.42	
佤 族	Wa Nationality	42.29	0.9	水 族	Shui Nationality	0.93	
纳西族	Naxi Nationality	32.69	0.7	布依族	Buyi Nationality	6.20	0.1
瑶 族	Yao Nationality	23.20	0.5	其 他	Other Nationalities	5.32	0.1

15-4　全省人口出生率、死亡率、自然增长率（1978-2018年）
Birth Rate, Death Rate and Natural Growth Rate of Provincial Population (1978-2018)

单位：万人、‰　(10 000 persons, ‰)

年份 Year	年均人口数 Annual Average Population	出生 Birth 人数 Population	出生率 Birth Rate	死亡 Death 人数 Population	死亡率 Death Rate	人口自然增长 Natural Growth of Population 人数 Population	自然增长率 Natural Growth Rate
1978	3 058.00	86.80	28.4	21.20	6.9	65.60	21.4
1979	3 113.10	75.00	24.1	25.30	8.1	49.70	16.0
1980	3 154.10	65.90	20.9	23.20	7.4	42.70	13.5
1981	3 198.10	81.10	25.4	27.50	8.6	53.60	16.8
1982	3 252.90	77.40	23.8	32.10	9.9	45.30	13.9
1983	3 307.00	77.80	23.6	30.30	9.2	47.50	14.4
1984	3 351.50	67.80	20.3	26.50	7.9	41.30	12.4
1985	3 395.10	72.90	21.6	27.20	8.0	45.80	13.5
1986	3 449.50	89.10	26.0	27.00	7.9	62.10	18.2
1987	3 507.00	83.50	24.0	29.30	8.4	54.20	15.6
1988	3 564.00	84.90	24.0	25.20	7.1	59.70	16.9
1989	3 621.00	83.00	23.1	29.00	8.1	54.00	15.0
1990	3 689.30	87.00	23.6	29.00	7.9	58.00	15.7
1991	3 756.40	81.90	21.8	30.40	8.1	51.50	13.7
1992	3 806.90	79.90	21.0	30.50	8.0	49.50	13.0
1993	3 858.40	84.90	22.0	31.30	8.1	53.60	13.9
1994	3 912.20	85.30	21.8	31.30	8.0	54.00	13.8
1995	3 964.40	82.30	20.8	31.80	8.0	50.50	12.7
1996	4 015.60	83.80	20.9	31.90	7.9	51.90	12.9
1997	4 067.80	84.70	20.8	32.20	7.9	52.50	12.9
1998	4 118.90	82.40	20.0	32.60	7.9	49.80	12.1
1999	4 168.10	81.20	19.5	32.60	7.8	48.60	11.7
2000	4 216.60	80.30	19.1	31.90	7.6	48.40	11.5
2001	4 264.10	78.90	18.5	32.30	7.6	46.60	10.9
2002	4 310.25	77.30	17.9	31.50	7.3	45.70	10.6
2003	4 354.35	74.00	17.0	31.40	7.2	42.60	9.8
2004	4 395.40	68.60	15.6	29.00	6.6	39.60	9.0
2005	4 432.80	65.30	14.7	29.90	6.8	35.40	8.0
2006	4 466.70	59.00	13.2	28.10	6.3	30.90	6.9
2007	4 498.50	58.63	13.1	27.88	6.2	30.75	6.9
2008	4 528.50	57.20	12.6	28.60	6.3	28.60	6.3
2009	4 557.00	57.10	12.5	29.40	6.5	27.70	6.1
2010	4 586.30	60.08	13.1	30.09	6.6	29.99	6.5
2011	4 616.32	58.67	12.7	29.36	6.4	29.31	6.4
2012	4 645.00	58.70	12.6	29.80	6.4	28.90	6.2
2013	4 672.80	58.88	12.6	30.05	6.4	28.83	6.2
2014	4 700.30	59.46	12.7	30.32	6.5	29.14	6.2
2015	4 727.85	60.90	12.9	30.60	6.48	30.26	6.4
2016	4 756.15	62.60	13.2	31.20	6.6	31.40	6.6
2017	4 785.50	64.75	13.5	31.97	6.7	32.78	6.9
2018	4 815.00	63.50	13.2	30.40	6.3	33.08	6.9

注：本表从1983年起的数字系抽样调查结果数，其余年份数字均为人口年报数。
Note: Data in this table from 1983 are data of population sample surveys,and the others are obtained from annual population reports.

15-5 各州市人口出生率、死亡率、自然增长率(2018年)

Birth Rate, Death Rate and Natural Growth Rate of Population by Region (2018)

单位：万人、‰ (10 000 persons, ‰)

州 市	Region	出 生 Birth		死 亡 Death		人口自然增长 Natural Growth of Population	
		人 数 Population	出生率 Birth Rate	人 数 Population	死亡率 Death Rate	人 数 Population	自然增长率 Natural Growth Rate
全 省	**Yunnan**	**63.51**	**13.19**	**30.43**	**6.32**	**33.08**	**6.87**
昆 明	Kunming	8.58	12.59	3.84	5.63	4.74	6.96
曲 靖	Qujing	8.01	13.05	3.69	6.01	4.32	7.04
玉 溪	Yuxi	2.92	12.26	1.47	6.18	1.45	6.08
保 山	Baoshan	3.34	12.76	2.04	7.80	1.30	4.96
昭 通	Zhaotong	9.40	16.89	4.02	7.23	5.37	9.66
丽 江	Lijiang	1.42	11.00	0.78	6.00	0.65	5.00
普 洱	Pu'er	3.28	12.46	1.63	6.18	1.65	6.28
临 沧	Lincang	3.27	12.92	1.56	6.15	1.71	6.77
楚 雄	Chuxiong	3.23	11.78	1.93	7.02	1.31	4.76
红 河	Honghe	6.16	13.03	2.93	6.20	3.23	6.83
文 山	Wenshan	4.99	13.70	2.37	6.50	2.62	7.20
西双版纳	Xishuangbanna	1.49	12.59	0.67	5.68	0.82	6.91
大 理	Dali	4.32	12.02	2.34	6.51	1.98	5.51
德 宏	Dehong	1.83	13.97	0.56	4.29	1.27	9.68
怒 江	Nujiang	0.86	15.58	0.39	7.05	0.47	8.53
迪 庆	Diqing	0.39	9.52	0.21	5.13	0.18	4.39

15-6 全省户数、年平均人口数及人口密度（1978-2018年）

Number of Households, Annual Average Population and Population Density (1978-2018)

年 份 Year	户 数 (万户) Number of Households (10 000 households)	平均每户人数 (人／户) Average Households Size (person/household)	年均人口数 (万人) Annual Average Population (10 000 persons)	人口密度 (人/平方千米) Population Density (person/sq.km)
1978	571.8	5.4	3 058.00	78.5
1979	577.5	5.4	3 113.10	79.6
1980	590.9	5.4	3 154.10	80.5
1981	605.8	5.3	3 198.10	81.8
1982	617.5	5.3	3 252.90	83.3
1983	634.8	5.2	3 307.00	84.5
1984	649.6	5.2	3 351.50	85.6
1985	667.4	5.1	3 395.10	86.8
1986	690.6	5.0	3 449.50	90.9
1987	721.5	4.9	3 507.00	92.3
1988	752.6	4.8	3 564.00	93.8
1989	782.7	4.6	3 621.00	95.3
1990	812.0	4.5	3 689.30	94.7
1991	837.4	4.5	3 756.40	96.4
1992	857.8	4.4	3 806.90	97.7
1993	883.4	4.4	3 858.40	99.0
1994	902.4	4.3	3 912.20	100.4
1995	925.9	4.3	3 964.40	101.3
1996	946.1	4.2	4 015.60	103.1
1997	965.4	4.2	4 067.80	103.9
1998	991.3	4.2	4 118.90	105.2
1999	1 012.0	4.2	4 168.10	106.4
2000	1 030.6	4.1	4 216.60	107.6
2001	1 046.7	4.1	4 264.10	108.8
2002	1 063.3	4.1	4 310.25	109.8
2003	1 083.1	4.0	4 354.35	111.0
2004	1 117.1	4.0	4 395.40	112.0
2005	1 216.2	3.7	4 432.80	112.9
2006	1 183.9	3.8	4 466.70	113.8
2007	1 222.3	3.7	4 498.50	114.5
2008	1 252.9	3.7	4 528.50	115.3
2009	1 287.3	3.5	4 557.00	116.0
2010	1 323.5	3.5	4 586.30	116.6
2011	1 346.7	3.4	4 616.32	117.5
2012	1 354.9	3.4	4 645.00	118.2
2013	1 362.9	3.4	4 672.80	118.9
2014	1 370.8	3.4	4 700.30	119.6
2015	1 379.0	3.4	4 727.85	120.3
2016	1 387.6	3.4	4 756.15	121.0
2017	1 396.3	3.4	4 785.50	121.8
2018	1 404.7	3.4	4 815.00	122.5

15−7　六次全国人口普查全省人口基本情况

Basic Statistics on National Population Census in 1953,1964,1982,1990, 2000 and 2010

指　　标	Item	1953	1964	1982	1990	2000	2010
全省总人口(万人)	**Total Population of Yunnan Province (10 000 persons)**	**1 713.3**	**2 051.0**	**3 255.4**	**3 697.3**	**4 235.9**	**4 596.6**
男	Male	846.0	1 024.7	1 650.0	1 899.6	2 219.9	2 385.0
女	Female	867.3	1 026.3	1 605.4	1 797.7	2 016.0	2 211.6
性别比（以女性为100)	Sex Ratio (female=100)	97.6	99.8	102.8	105.7	110.1	107.8
家庭户规模（人/户)	**Average Family Household Size (person/household)**		**4.7**	**5.2**	**4.5**	**3.7**	**3.5**
各年龄组人口构成(%)	Population by Age Group (%)						
0−14岁	0-14	34.5	39.2	39.2	31.7	26.0	20.7
15−64岁	15-64	58.1	58.2	56.4	61.2	68.0	71.7
65岁及以上	65 and Over	7.4	2.6	4.5	7.1	6.0	7.6
民族人口数	**Population by Ethnicity**						
汉族人口数(万人)	Han (10 000 persons)	1 178.8	1 410.7	2 223.4	2 462.8	2 820.7	3 062.9
占总人口比重(%)	Percentage to Total Population (%)	68.8	68.8	68.3	66.6	66.6	66.6
少数民族人口数(万人)	Ethnic Minorities (10 000 persons)	534.5	640.3	1 032.0	1 234.5	1 415.2	1 533.7
占总人口比重(%)	Percentage to Total Population(%)	31.2	31.2	31.7	33.4	33.4	33.4
每十万人拥有的各种受教育程度人口数(万人)	**Population with Various Education Attainments Per 100 000 Persons (10 000persons)**						
大专及以上	Junior College and Above		0.03	0.03	0.08	0.20	0.58
高中和中专	Senior Secondary School and Technical Secondary School		0.10	0.28	0.41	0.66	0.84
初中	Junior Secondary School		0.31	1.02	1.38	2.12	2.75
小学	Primary School		2.31	2.93	3.79	4.48	4.34
平均受教育年限(年)	Average Education Year (year)		2.2	3.6	4.8	6.3	7.6
文盲人口数及文盲率	**Illiterate Population and Illiterate Rate**						
文盲人口数(万人)	Illiterate Population (10 000 persons)		969.9	1 025.1	940.6	484.2	276.9
文盲率(%)	Illiterate Rate (%)		47.3	31.5	25.4	11.4	6.0
平均预期寿命(岁)	**Life Expectancy (year old)**			**60.8**	**63.5**	**65.5**	**69.5**
男	Male			59.9	62.1	64.2	67.1
女	Female			61.6	64.9	66.9	72.4

注：1.1953年总人口数据中包括了间接调查人口，而民族人口、城乡人口中未包括。
2.1964年文盲人口为12岁及12岁以上不识字人口，1982、1990、2000、2010年文盲人口为15岁及以上不识字或识字很少人口。

Note:a.Total population of 1953 National Population Census includes the population from indirect survey,but it didn't include the ethnic minority population, urban and rural population.

b.Illiterate population of 1964 National Population Census referred to the population aged 12 and over who are unable to read. Illiterate population of 1982, 1990， 2000 and 2010 National Population Censuses referred to the population aged 15 and over who are unable or have difficulty to read.

15-8 人口社会就业基本情况（2013-2018年）
Basic Statistics on Employment (2013-2018)

单位：万人 (10 000 persons)

项　　目	Item	2013	2014	2015	2016	2017	2018
全省就业人员	**Number of Employed Persons**	**2 912.36**	**2 962.25**	**2 942.50**	**2 998.89**	**2 992.65**	**2 992.80**
按三次产业分就业人员	**Employed persons by Three Industries Persons**						
第一产业	Primary Industry	1 615.29	1 591.07	1 576.53	1 587.91	1 518.72	1 449.86
第二产业	Secondary Industry	384.58	390.43	382.09	397.27	402.33	413.48
第三产业	Tertiary Industry	912.49	980.75	983.88	1 013.71	1 071.60	1 129.46
就业人员构成(%)	**Composition of Employed Persons(%)**						
第一产业	Primary Industry	55.50	53.70	53.58	52.95	50.75	48.44
第二产业	Secondary Industry	13.20	13.20	12.99	13.25	13.44	13.82
第三产业	Tertiary Industry	31.30	33.10	33.43	33.80	35.81	37.80
按城乡分就业人员	**Number of Employed Persons by Urban and Rural Areas**						
城镇就业人员	Urban Employed Persons	731.60	773.44	750.75	795.79	824.08	862.70
乡村就业人员	Rural Employed Persons	2 180.76	2 188.81	2 191.75	2 203.10	2 168.57	2 130.10
城镇单位在岗职工人数	**Number of Staff and Workers in Urban Units**	**352.27**	**347.06**	**343.25**	**345.80**	**357.38**	**359.20**
国有单位	State-owned Units	163.24	168.36	165.18	165.54	160.88	155.84
#企　业	Enterprises	30.50	33.79	30.04	29.08	24.88	18.94
事　业	Institutions	88.47	90.05	89.86	90.03	88.54	89.73
机　关	Agencies & Organizations	44.18	44.47	45.26	46.42	47.45	47.09
城镇集体单位	Urban Collective-owned Units	11.65	10.00	10.62	9.17	8.65	6.83
其他单位	Units of Other Types of Ownership	177.38	168.70	167.45	171.08	187.85	196.53
城镇单位女性就业人员	**Number of Female Employment in Urban Units**	**140.06**	**144.97**	**144.15**	**146.13**	**155.22**	**160.28**
城镇登记失业人数	**Number of Registered Unemployed Persons in Urban Areas**	**18.09**	**19.19**	**19.47**	**20.58**	**19.81**	**20.88**
城镇登记失业率(%)	**Registered Unemployment Rate in Urban Areas (%)**	**3.98**	**3.98**	**3.96**	**3.60**	**3.20**	**3.40**

15-9 按三次产业分的年末就业人员数（1980-2018年）

Number of Employed Persons at Year-end by Type of Industry (1980-2018)

单位：万人 (10 000 persons)

年份 Year	全省 Yunnan	第一产业 Primary Industry	第二产业 Secondary Industry	第三产业 Tertiary Industry	构成 Percentage (%) (total=100) 第一产业 Primary Industry	第二产业 Secondary Industry	第三产业 Tertiary Industry
1980	1 404.20	1 194.00	113.30	96.90	85.0	8.1	6.9
1981	1 479.80	1 246.10	124.10	109.60	84.2	8.4	7.4
1982	1 543.60	1 295.10	129.30	119.20	83.9	8.4	7.7
1983	1 583.20	1 315.40	133.40	134.40	83.1	8.4	8.5
1984	1 620.30	1 322.70	144.30	153.30	81.6	8.9	9.5
1985	1 672.30	1 329.20	172.00	171.10	79.5	10.3	10.2
1986	1 731.40	1 367.80	177.40	186.20	79.0	10.2	10.8
1987	1 777.50	1 411.10	182.90	183.50	79.4	10.3	10.3
1988	1 826.90	1 454.40	183.30	189.20	79.6	10.0	10.4
1989	1 880.70	1 503.20	183.90	193.60	79.9	9.8	10.3
1990	1 922.70	1 537.80	184.80	200.10	80.0	9.6	10.4
1991	1 989.50	1 588.80	191.70	209.00	79.9	9.6	10.5
1992	2 032.60	1 612.90	198.00	221.70	79.4	9.9	10.7
1993	2 071.50	1 630.90	203.60	237.00	78.7	9.9	11.4
1994	2 108.70	1 642.10	215.80	250.80	77.9	10.2	11.9
1995	2 149.00	1 656.10	216.60	276.30	77.1	10.1	12.9
1996	2 186.20	1 596.90	242.70	346.60	73.0	11.1	15.9
1997	2 223.50	1 653.20	236.00	334.30	74.4	10.6	15.0
1998	2 240.50	1 687.50	232.00	321.00	75.3	10.4	14.3
1999	2 244.00	1 720.40	197.50	326.10	76.7	8.8	14.5
2000	2 295.40	1 695.90	210.40	389.20	73.9	9.2	17.0
2001	2 322.50	1 710.40	207.90	404.20	73.7	9.0	17.4
2002	2 341.30	1 715.80	206.50	419.00	73.3	8.8	17.9
2003	2 353.30	1 709.30	209.90	434.10	72.6	8.9	18.5
2004	2 401.40	1 711.90	218.40	471.10	71.3	9.1	19.6
2005	2 461.30	1 709.20	245.10	507.00	69.4	10.0	20.6
2006	2 517.60	1 696.95	262.45	558.15	67.4	10.4	22.2
2007	2 573.80	1 684.70	279.80	609.30	65.4	10.9	23.7
2008	2 638.37	1 678.42	298.57	661.38	63.6	11.3	25.1
2009	2 684.80	1 672.50	321.30	691.00	62.3	12.0	25.7
2010	2 765.90	1 671.30	348.60	746.00	60.4	12.6	27.0
2011	2 857.24	1 697.20	374.30	785.70	59.4	13.1	27.5
2012	2 881.90	1 636.57	388.65	856.68	56.8	13.5	29.7
2013	2 912.36	1 615.29	384.58	912.49	55.5	13.2	31.3
2014	2 962.25	1 591.07	390.43	980.75	53.7	13.2	33.1
2015	2 942.50	1 576.53	382.09	983.88	53.6	13.0	33.4
2016	2 998.89	1 587.91	397.27	1 013.71	53.0	13.3	33.8
2017	2 992.65	1 518.72	402.33	1 071.60	50.8	13.4	35.8
2018	2 992.80	1 449.86	413.48	1 129.46	48.4	13.8	37.8

注：2000年起就业人员人数，按一、二、三产业划分的就业人员人数计算方法有调整，详见本篇末指标解释。

Note: Since 2000, the statistical method for employed persons in primary, secondary and tertiary industries is adjusted. The detail is explained in the explanatory notes at the end of this part.

15-10 按城乡分的年末就业人员数（1980-2018年）
Number of Employed Persons at Year-end by Residence in Urban and Rural Areas (1980-2018)

单位：万人 (10 000 persons)

年 份 Year	就业人员 Employed Persons	城镇单位就业人员 Number of Employed Persons in Urban Entities					城镇个体和私营就业人员 Engaged Persons in Urban Private Enterprises and Self-employed Individuals	乡 村 就业人员 Rural Employed Persons
		职工人数 Number of Staff and Workers	国有单位 State-owned Economic Entities	集体单位 Collective-owned Economic Entities	其他单位 Other Types of Ownership	其他就业人员 Others		
1980	1 404.20	229.99	200.67	29.15	0.17		0.81	1 173.40
1981	1 479.80	235.40	205.41	29.75	0.24		1.80	1 242.60
1982	1 543.60	242.37	211.65	30.46	0.26		2.53	1 298.70
1983	1 583.20	247.33	215.48	31.57	0.28		4.47	1 331.40
1984	1 620.30	256.64	216.52	39.80	0.32		8.26	1 355.40
1985	1 672.30	263.00	222.41	40.16	0.43		11.60	1 397.70
1986	1 731.40	268.66	227.78	40.38	0.50		11.94	1 450.80
1987	1 777.50	274.74	232.91	41.18	0.65		11.86	1 490.90
1988	1 826.90	280.09	237.65	41.68	0.76		13.51	1 533.30
1989	1 880.70	285.81	242.83	42.16	0.82		13.49	1 581.40
1990	1 922.65	291.87	249.26	41.94	0.67		13.75	1 617.03
1995	2 149.00	311.50	262.86	43.28	5.36	7.23	32.30	1 797.97
1998	2 240.50	295.10	245.20	30.50	19.40	9.10	57.50	1 878.80
1999	2 244.00	284.50	231.30	26.70	26.50	7.80	69.90	1 881.80
2000	2 295.40	273.40	220.60	23.70	29.10	6.80	66.40	1 948.80
2001	2 322.53	261.61	207.31	20.03	34.27	8.07	81.83	1 971.02
2002	2 341.25	249.26	195.78	16.62	36.86	8.77	92.54	1 990.68
2003	2 353.33	244.01	181.78	14.61	47.62	9.24	97.38	2 002.70
2004	2 401.39	235.43	171.15	12.24	51.74	10.52	125.45	2 029.99
2005	2 461.32	235.71	168.39	10.65	56.67	11.32	163.35	2 050.93
2006	2 517.60	247.98	170.98	12.63	64.37	11.24	159.28	2 099.10
2007	2 573.82	280.72	175.17	11.93	93.62	15.56	181.03	2 096.51
2008	2 638.37	286.73	177.78	10.44	98.51	16.77	222.13	2 112.74
2009	2 684.77	293.60	178.01	10.27	105.32	18.44	235.46	2 137.27
2010	2 765.85	303.67	181.30	9.79	112.58	19.10	276.30	2 166.78
2011	2 857.24	317.18	175.83	9.65	131.70	32.89	316.25	2 190.92
2012	2 881.90	344.65	174.95	11.16	158.54	48.02	301.89	2 187.34
2013	2 912.36	352.27	163.24	11.65	177.38	53.06	326.27	2 180.76
2014	2 962.25	347.06	168.36	10.00	168.70	55.69	370.69	2 188.81
2015	2 942.49	343.25	165.18	10.62	167.45	55.53	351.96	2 191.75
2016	2 998.89	345.80	165.54	9.17	171.08	57.39	392.60	2 203.10
2017	2 992.65	357.38	160.88	8.24	175.22	50.15	416.55	2 168.57
2018	2 992.80	359.20	155.83	6.83	196.53	67.83	435.67	2 130.10

15-11 各州市按城乡分的年末就业人员数（2018年）
Number of Employed Persons at Year-end by Residence in Urban and Rural Areas and by Region (2018)

单位：万人 (10 000 persons)

州 市	Region	就业人员 Number of Employed Persons	城镇就业人员 Urban Employed Persons	乡村就业人员 Rural Employed Persons
全 省	**Yunnan**	**2 992.80**	**862.70**	**2 130.10**
昆 明	Kunming	457.34	291.67	165.67
曲 靖	Qujing	399.21	106.17	293.04
玉 溪	Yuxi	166.72	59.99	106.73
保 山	Baoshan	168.93	31.75	137.18
昭 通	Zhaotong	319.04	38.95	280.09
丽 江	Lijiang	84.22	25.50	58.72
普 洱	Pu'er	163.03	36.79	126.24
临 沧	Lincang	155.05	29.37	125.68
楚 雄	Chuxiong	171.90	46.42	125.48
红 河	Honghe	277.26	83.15	194.11
文 山	Wenshan	221.93	29.77	192.16
西双版纳	Xishuangbanna	58.28	14.03	44.25
大 理	Dali	207.44	34.02	173.42
德 宏	Dehong	81.24	19.75	61.49
怒 江	Nujiang	34.74	7.03	27.71
迪 庆	Diqing	26.47	8.34	18.13

15-12 分行业城镇单位年末职工人数（2013-2018年）

Number of Staff and Workers in Urban Unit by Sector at Year-end (2013-2018)

单位：万人 (10 000 persons)

国民经济行业	Sector	2013	2014	2015	2016	2017	2018
城镇单位在岗职工人数	**Number of Staff and Workers in Urban Units**	**352.27**	**347.06**	**343.25**	**345.80**	**357.38**	**359.20**
农、林、牧、渔业	Farming,Forestry,Animal Husbandry and Fishery	5.99	5.66	5.48	5.03	4.19	3.55
采矿业	Mining	17.51	13.19	11.89	10.59	11.59	10.73
制造业	Manufacturing	53.11	53.19	49.79	48.22	55.72	55.52
电力、热力、燃气及水生产和供应业	Production and Supply of Electric Power, Heat, Gas and Water	8.20	8.43	8.82	9.06	9.41	9.47
建筑业	Construction	53.68	48.77	48.41	51.00	51.19	50.29
批发和零售业	Wholesale and Retaile Trade	21.84	22.42	21.57	21.69	21.03	21.01
交通运输、仓储及邮政业	Transportation,Storage and Post	14.66	14.53	14.87	15.20	15.86	15.57
住宿和餐饮业	Hotel and Food Service	8.56	7.80	7.51	7.29	7.54	7.51
信息传输、软件和信息技术服务业	Information Transmission, Software and Information Technology Service	4.60	3.87	4.27	4.60	4.80	4.47
金融业	Banking	8.60	8.77	8.77	9.06	9.07	8.99
房地产业	Real Estate	8.93	9.91	9.65	9.72	10.69	11.94
租赁和商务服务业	Leasing Trade and Business Service	7.99	7.71	7.99	8.41	8.94	9.55
科学研究和技术服务业	Scientific Research, Technology Service and Geological Prospecting	8.27	9.01	8.94	9.09	9.35	9.02
水利、环境和公共设施管理业	Water Conservancy, Admistration of Environment and Public Facilities	5.63	5.87	5.63	5.62	5.41	5.41
居民服务、修理和其他服务业	Services to Households, Repair and Other Services	1.12	1.20	1.16	1.36	2.01	2.28
教育	Education	55.06	56.24	56.10	56.47	55.58	55.83
卫生和社会工作	Health Care, Social Works	19.06	20.82	21.59	21.88	22.33	22.98
文化、体育和娱乐业	Culture, Sports and Entertainment	2.99	2.94	2.98	3.10	3.32	3.44
公共管理、社会保障和社会组织	Common Administration and Social Organization	46.46	46.73	47.81	48.41	49.35	51.64

15-13 各州市分行业年末城镇单位就业人员数（2018年）
Number of Employed Persons in Urban Entities at Year-end by Sector and Region (2018)

单位：万人 (10 000 persons)

州 市	Region	就业人数 Employed Persons	农、林、牧、渔业 Farming, Forestry, Animal Husbandry and Fishery	采矿业 Mining	制造业 Manufacturing	电力、热力、燃气及水生产和供应业 Production and Supply of Electric Power,Heat,Gas and Water
全 省	**Yunnan**	**427.03**	**4.74**	**11.51**	**62.68**	**10.33**
昆 明	Kunming	135.17	0.31	1.61	17.73	2.00
曲 靖	Qujing	45.70	0.27	4.92	8.85	1.34
玉 溪	Yuxi	29.84	0.07	0.61	7.62	0.67
保 山	Baoshan	21.66	0.27	0.21	4.00	0.38
昭 通	Zhaotong	24.85	0.08	1.17	1.21	0.85
丽 江	Lijiang	9.82	0.06	0.06	0.50	0.23
普 洱	Pu'er	18.33	0.29	0.27	3.18	0.53
临 沧	Lincang	15.75	1.00	0.22	2.16	0.41
楚 雄	Chuxiong	16.45	0.13	0.29	1.73	0.50
红 河	Honghe	31.42	0.55	1.23	5.68	1.17
文 山	Wenshan	20.40	0.40	0.46	2.36	0.59
西双版纳	Xishuangbanna	8.95	0.25	0.06	1.11	0.21
大 理	Dali	26.49	0.36	0.18	3.70	0.75
德 宏	Dehong	12.63	0.09	0.02	2.05	0.37
怒 江	Nujiang	4.73	0.07		0.70	0.16
迪 庆	Diqing	4.82	0.55	0.20	0.11	0.18

注：不含城镇规模以下私营及个体就业人员，含乡村规模以上企业就业人员。

Note: Employed persons in urban private and individual enterprises under designated size are excluded from employed persons in urban entities,while employed persons of rural enterprises above designated size are included.

15-13 续表1 continued

单位：万人 (10 000 persons)

州 市	Region	建筑业 Construction	批发和零售业 Wholesale and Retail Trade	交通运输、仓储和邮政业 Transportation, Storage and Post	住宿和餐饮业 Hotel and Catering Service	信息传输、软件和信息技术服务业 Information Transmission,Software and Information Technology Service
全 省	**Yunnan**	**73.85**	**23.65**	**17.12**	**8.04**	**4.88**
昆 明	Kunming	33.20	9.66	11.44	3.74	2.53
曲 靖	Qujing	7.68	2.58	0.68	0.73	0.09
玉 溪	Yuxi	6.06	2.67	0.39	0.32	0.20
保 山	Baoshan	5.50	0.81	0.33	0.43	0.10
昭 通	Zhaotong	1.89	0.75	0.41	0.32	0.20
丽 江	Lijiang	0.74	0.43	0.35	0.54	0.12
普 洱	Pu'er	2.68	0.65	0.49	0.08	0.17
临 沧	Lincang	1.75	0.62	0.39	0.16	0.15
楚 雄	Chuxiong	2.10	0.55	0.39	0.13	0.17
红 河	Honghe	5.30	0.79	0.50	0.23	0.25
文 山	Wenshan	1.39	0.92	0.49	0.22	0.23
西双版纳	Xishuangbanna	0.36	0.47	0.23	0.27	0.10
大 理	Dali	3.39	1.74	0.60	0.52	0.32
德 宏	Dehong	1.17	0.75	0.17	0.24	0.13
怒 江	Nujiang	0.41	0.10	0.13	0.04	0.05
迪 庆	Diqing	0.22	0.17	0.12	0.07	0.07

15-13 续表2 continued

单位：万人 (10 000 persons)

州 市	Region	金融业 Banking	房地产业 Real Estate	租赁和商务服务业 Leasing Trade and Business Service	科学研究和技术服务业 Scientific Research, Technology Service and Geological Prospecting	水利、环境和公共设施管理业 Water Conservancy, Admistration of Environment and Public Facilities
全 省	**Yunnan**	**10.54**	**13.90**	**12.29**	**9.86**	**7.19**
昆 明	Kunming	3.57	5.24	6.48	5.15	1.69
曲 靖	Qujing	0.56	1.24	0.74	0.34	0.51
玉 溪	Yuxi	0.70	1.05	0.74	0.40	0.28
保 山	Baoshan	0.36	0.80	0.20	0.26	0.39
昭 通	Zhaotong	0.46	0.56	0.42	0.29	0.32
丽 江	Lijiang	0.57	0.19	0.14	0.30	0.49
普 洱	Pu'er	0.37	0.22	0.59	0.66	0.35
临 沧	Lincang	0.27	0.87	0.07	0.15	0.12
楚 雄	Chuxiong	0.53	0.47	0.36	0.37	0.28
红 河	Honghe	0.61	0.62	0.28	0.48	0.57
文 山	Wenshan	0.69	0.69	0.32	0.28	0.34
西双版纳	Xishuangbanna	0.13	0.58	0.23	0.32	0.44
大 理	Dali	0.80	1.10	1.11	0.46	0.53
德 宏	Dehong	0.71	0.24	0.52	0.27	0.11
怒 江	Nujiang	0.10	0.03	0.08	0.06	0.14
迪 庆	Diqing	0.12	0.03	0.03	0.07	0.63

15-13 续表3 continued

单位：万人 (10 000 persons)

州　市	Region	居民服务、修理和其他服务业 Services to Households, Repairand Other Services	教　育 Education	卫生和社会工作 Health Care, Social Security and Social Welfare	文化、体育和娱乐业 Culture, Sports and Entertainment	公共管理、社会保障和社会组织 Common Administration and Social Organization
全　省	**Yunnan**	**2.47**	**60.67**	**28.10**	**3.79**	**61.42**
昆　明	Kunming	1.42	12.01	6.98	1.39	9.02
曲　靖	Qujing	0.23	7.16	1.77	0.24	5.78
玉　溪	Yuxi	0.13	2.85	1.61	0.16	3.31
保　山	Baoshan	0.02	2.94	1.61	0.10	2.97
昭　通	Zhaotong	0.02	6.87	2.26	0.15	6.64
丽　江	Lijiang	0.02	1.85	0.68	0.26	2.29
普　洱	Pu'er	0.04	2.80	1.56	0.16	3.24
临　沧	Lincang	0.11	2.69	1.34	0.07	3.22
楚　雄	Chuxiong	0.03	3.02	1.66	0.11	3.64
红　河	Honghe	0.08	4.99	2.11	0.23	5.77
文　山	Wenshan	0.20	5.21	2.02	0.18	3.42
西双版纳	Xishuangbanna	0.01	1.25	0.86	0.30	1.76
大　理	Dali	0.11	3.72	2.05	0.18	4.87
德　宏	Dehong	0.03	1.73	1.03	0.11	2.90
怒　江	Nujiang	0.01	0.88	0.30	0.04	1.41
迪　庆	Diqing		0.71	0.26	0.12	1.18

15-14 各州市城镇单位分行业年末职工人数（2018年）
Number of Staff and Workers in Urban Entities at Year-end by Sector and Region (2018)

单位：万人 (10 000 persons)

州 市	Region	城镇单位职工人数 Number of Staff and Workers	农、林、牧、渔业 Farming,Forestry, Animal Husbandry and Fishery	采矿业 Mining	制造业 Manufacturing	电力、热力、燃气及水生产和供应业 Production and Supply of Electric Power,Heat,Gas and Water
全 省	**Yunnan**	**359.20**	**3.55**	**10.73**	**55.52**	**9.47**
昆 明	Kunming	109.28	0.27	1.57	16.23	1.71
曲 靖	Qujing	40.06	0.19	4.54	7.87	1.21
玉 溪	Yuxi	25.09	0.06	0.52	7.12	0.61
保 山	Baoshan	20.53	0.25	0.20	3.54	0.36
昭 通	Zhaotong	22.24	0.07	1.07	1.15	0.82
丽 江	Lijiang	8.25	0.06	0.06	0.48	0.22
普 洱	Pu'er	15.52	0.29	0.26	1.39	0.51
临 沧	Lincang	13.39	0.78	0.18	1.97	0.39
楚 雄	Chuxiong	14.03	0.13	0.28	1.63	0.48
红 河	Honghe	27.18	0.47	1.17	5.30	1.03
文 山	Wenshan	17.29	0.37	0.45	2.23	0.57
西双版纳	Xishuangbanna	7.67	0.14	0.06	0.91	0.20
大 理	Dali	21.37	0.27	0.16	3.31	0.68
德 宏	Dehong	10.24	0.08	0.02	1.75	0.35
怒 江	Nujiang	3.83	0.07		0.52	0.15
迪 庆	Diqing	3.23	0.05	0.18	0.10	0.17

15-14 续表1 continued

单位：万人 (10 000 persons)

州 市	Region	建筑业 Construction	批发和零售业 Wholesale and Retail Trade	交通运输、仓储和邮政业 Transportation, Storage and Post	住宿和餐饮业 Hotel and Catering Service	信息传输、软件和信息技术服务业 Information Transmission,Software and Information Technology Service
全 省	**Yunnan**	**50.29**	**21.01**	**15.57**	**7.51**	**4.47**
昆 明	Kunming	19.36	8.84	10.42	3.36	2.34
曲 靖	Qujing	5.97	2.17	0.63	0.70	0.09
玉 溪	Yuxi	4.39	2.26	0.35	0.30	0.20
保 山	Baoshan	5.19	0.79	0.32	0.42	0.10
昭 通	Zhaotong	1.38	0.68	0.31	0.32	0.18
丽 江	Lijiang	0.54	0.30	0.33	0.54	0.11
普 洱	Pu'er	2.46	0.63	0.47	0.08	0.16
临 沧	Lincang	1.21	0.55	0.36	0.16	0.13
楚 雄	Chuxiong	1.67	0.50	0.32	0.12	0.13
红 河	Honghe	3.91	0.64	0.47	0.21	0.24
文 山	Wenshan	0.79	0.76	0.41	0.21	0.17
西双版纳	Xishuangbanna	0.30	0.40	0.22	0.26	0.10
大 理	Dali	1.99	1.54	0.54	0.50	0.30
德 宏	Dehong	0.69	0.72	0.17	0.22	0.12
怒 江	Nujiang	0.33	0.08	0.13	0.04	0.05
迪 庆	Diqing	0.13	0.14	0.11	0.07	0.06

15-14 续表2 continued

单位：万人 (10 000 persons)

州 市	Region	金融业 Banking	房地产业 Real Estate	租赁和商务服务业 Leasing Trade and Business Service	科学研究和技术服务业 Scientific Research,Technology Service and Geological Prospecting	水利、环境和公共设施管理业 Water Conservancy, Administration of Environment and Public Facilities
全 省	**Yunnan**	**8.99**	**11.94**	**9.55**	**9.02**	**5.41**
昆 明	Kunming	3.47	4.47	5.08	4.63	1.27
曲 靖	Qujing	0.51	1.09	0.65	0.31	0.44
玉 溪	Yuxi	0.66	0.93	0.32	0.39	0.23
保 山	Baoshan	0.34	0.78	0.20	0.25	0.38
昭 通	Zhaotong	0.42	0.48	0.25	0.27	0.30
丽 江	Lijiang	0.24	0.19	0.12	0.27	0.40
普 洱	Pu'er	0.36	0.17	0.58	0.61	0.34
临 沧	Lincang	0.26	0.61	0.06	0.14	0.07
楚 雄	Chuxiong	0.38	0.39	0.30	0.33	0.23
红 河	Honghe	0.54	0.46	0.24	0.44	0.41
文 山	Wenshan	0.42	0.63	0.30	0.27	0.21
西双版纳	Xishuangbanna	0.13	0.48	0.19	0.31	0.36
大 理	Dali	0.73	0.99	0.74	0.42	0.35
德 宏	Dehong	0.31	0.22	0.42	0.26	0.11
怒 江	Nujiang	0.10	0.03	0.08	0.05	0.07
迪 庆	Diqing	0.11	0.02	0.03	0.07	0.24

15-14 续表3 continued

单位：万人 (10 000 persons)

州 市	Region	居民服务、修理和其他服务业 Services to Households, Repairand Other Services	教 育 Education	卫生和社会工作 Health Care, Social Security and Social Welfare	文化、体育和娱乐业 Culture, Sports and Entertainment	公共管理、社会保障和社会组织 Common Administration and Social Organization
全 省	**Yunnan**	**2.28**	**55.83**	**22.98**	**3.44**	**51.64**
昆 明	Kunming	1.30	10.67	5.43	1.23	7.65
曲 靖	Qujing	0.20	6.89	1.53	0.21	4.85
玉 溪	Yuxi	0.12	2.57	1.33	0.15	2.58
保 山	Baoshan	0.02	2.90	1.56	0.09	2.81
昭 通	Zhaotong	0.02	6.34	2.07	0.14	5.96
丽 江	Lijiang	0.01	1.64	0.55	0.25	1.94
普 洱	Pu'er	0.03	2.73	1.28	0.16	3.02
临 沧	Lincang	0.11	2.62	1.03	0.07	2.70
楚 雄	Chuxiong	0.03	2.75	1.35	0.10	2.89
红 河	Honghe	0.07	4.74	1.66	0.22	4.95
文 山	Wenshan	0.20	4.64	1.64	0.17	2.86
西双版纳	Xishuangbanna	0.01	1.13	0.83	0.24	1.40
大 理	Dali	0.10	3.35	1.41	0.16	3.82
德 宏	Dehong	0.03	1.63	0.88	0.10	2.16
怒 江	Nujiang	0.01	0.69	0.23	0.04	1.15
迪 庆	Diqing		0.55	0.20	0.11	0.89

15-15 全省分行业城镇单位年末职工人数（2018年）

Provincial Number of Staff and Workers in Urban Unit by Sector at Year-end (2018)

单位：万人 (10 000 persons)

国民经济行业	Sector	城镇单位职工 Number of Staff and Workers	国有单位 State-owned Entities	城镇集体单位 Urban Collective-owned Entities	其他单位 Other Ownership
城镇单位在岗职工人数	**Number of Staff and Workers in Urban Units**	**359.20**	**155.83**	**6.83**	**196.53**
农、林、牧、渔业	Farming,Forestry,Animal Husbandry and Fishery	3.55	3.22	0.01	0.32
采矿业	Mining	10.73	1.26	0.17	9.30
制造业	Manufacturing	55.52	1.87	0.44	53.21
电力、热力、燃气及水生产和供应业	Production and Supply of Electricity, Heat, Gas and Water	9.47	2.10	0.05	7.31
建筑业	Construction	50.29	1.44	3.09	45.75
批发和零售业	Wholesale and Retaile Trade	21.01	2.20	0.37	18.45
交通运输、仓储及邮政业	Transportation,Storage and Post	15.57	2.62	0.06	12.89
住宿和餐饮业	Hotel and Food Service	7.51	0.63	0.10	6.77
信息传输、软件和信息技术服务业	Information Transmission, Software and Information Technology Service	4.47	0.61	0.01	3.85
金融业	Banking	8.99	3.87	1.66	3.46
房地产业	Real Estate	11.94	0.32	0.10	11.53
租赁和商务服务业	Leasing Trade and Business Service	9.55	0.90	0.15	8.49
科学研究和技术服务业	Scientific Research, Technology Service and Geological Prospecting	9.02	6.39	0.19	2.45
水利、环境和公共设施管理业	Water Conservancy,Admistration of Environment and Public Facilities	5.41	3.11	0.03	2.27
居民服务、修理和其他服务业	Services to Households, Repair and Other Services	2.28	0.29	0.10	1.89
教育	Education	55.83	51.41	0.19	4.22
卫生和社会工作	Health Care, Social Works	22.98	19.95	0.10	2.93
文化、体育和娱乐业	Culture, Sports and Entertainment	3.44	2.02		1.42
公共管理、社会保障和社会组织	Common Administration and Social Organization	51.64	51.60	0.01	0.03

15-16 各州市城镇国有单位分行业年末职工人数（2018年）
Number of Staff and Workers in State-owned Entities at Year-end by Sector and Region (2018)

单位：万人 (10 000 persons)

州 市	Region	城镇国有单位职工 Number of Staff and Workers	农、林、牧、渔业 Farming,Forestry,Animal Husbandryand Fishery	采矿业 Mining	制造业 Manufacturing	电力、热力、燃气及水生产和供应业 Production and Supply of Electric Power,Heat Gas and Water
全 省	**Yunnan**	**155.83**	**3.22**	**1.26**	**1.87**	**2.10**
昆 明	Kunming	27.78	0.14	0.05	0.66	0.62
曲 靖	Qujing	15.69	0.11	0.50	0.20	0.05
玉 溪	Yuxi	7.76	0.05		0.02	0.02
保 山	Baoshan	8.31	0.25		0.01	0.03
昭 通	Zhaotong	15.58	0.07	0.14		0.05
丽 江	Lijiang	5.18	0.04			0.03
普 洱	Pu'er	9.33	0.27	0.02	0.08	0.43
临 沧	Lincang	7.80	0.78		0.02	0.02
楚 雄	Chuxiong	8.30	0.13	0.03		0.39
红 河	Honghe	14.34	0.46	0.51	0.23	0.19
文 山	Wenshan	10.41	0.34	0.01	0.08	0.12
西双版纳	Xishuangbanna	4.25	0.13		0.01	0.01
大 理	Dali	10.49	0.25			0.01
德 宏	Dehong	5.87	0.08		0.53	0.02
怒 江	Nujiang	2.57	0.07		0.02	0.09
迪 庆	Diqing	2.18	0.05			0.03

15-16 续表1 continued

单位：万人 (10 000 persons)

州 市	Region	建筑业 Construction	批发和零售业 Wholesale and Retail Trade	交通运输、仓储和邮政业 Transportation, Storage and Post	住宿和餐饮业 Hotel and Catering Service	信息传输、软件和信息技术服务业 Information Transmission,Software and Information Technology Service
全 省	**Yunnan**	**1.44**	**2.20**	**2.62**	**0.63**	**0.61**
昆 明	Kunming	0.81	0.44	0.49	0.41	0.23
曲 靖	Qujing	0.09	0.34	0.28	0.01	0.02
玉 溪	Yuxi	0.02	0.17	0.14	0.02	0.05
保 山	Baoshan	0.14	0.09	0.11		
昭 通	Zhaotong	0.04	0.18	0.13	0.02	
丽 江	Lijiang	0.02	0.13	0.14	0.01	0.03
普 洱	Pu'er	0.07	0.09	0.20		0.03
临 沧	Lincang		0.11	0.14		0.01
楚 雄	Chuxiong		0.09	0.08	0.02	0.01
红 河	Honghe	0.14	0.20	0.10	0.02	0.02
文 山	Wenshan	0.02	0.08	0.25	0.01	0.02
西双版纳	Xishuangbanna	0.01	0.02	0.06	0.01	0.01
大 理	Dali	0.07	0.18	0.27	0.08	0.12
德 宏	Dehong		0.03	0.08	0.01	0.03
怒 江	Nujiang		0.02	0.06		
迪 庆	Diqing		0.02	0.09		0.02

15-16 续表2 continued

单位：万人 (10 000 persons)

州　市	Region	金融业 Banking	房地产业 Real Estate	租赁和商务服务业 Leasing Trade and Business Service	科学研究和技术服务业 Scientific Research, Technology Service and Geological Prospecting	水利、环境和公共设施管理业 Water Conservancy, Admistration of Environment and Public Facilities
全　省	**Yunnan**	**3.87**	**0.32**	**0.90**	**6.39**	**3.11**
昆　明	Kunming	1.06	0.10	0.48	2.40	0.37
曲　靖	Qujing	0.26	0.06	0.02	0.25	0.38
玉　溪	Yuxi	0.33	0.01	0.03	0.27	0.17
保　山	Baoshan	0.14		0.04	0.24	0.16
昭　通	Zhaotong	0.23	0.02	0.03	0.27	0.28
丽　江	Lijiang	0.15		0.01	0.26	0.21
普　洱	Pu'er	0.16	0.03	0.07	0.58	0.25
临　沧	Lincang	0.14		0.01	0.14	0.07
楚　雄	Chuxiong	0.16			0.31	0.21
红　河	Honghe	0.33	0.03	0.03	0.42	0.36
文　山	Wenshan	0.23	0.02	0.01	0.25	0.11
西双版纳	Xishuangbanna	0.07	0.01	0.06	0.30	0.15
大　理	Dali	0.36	0.02	0.07	0.34	0.13
德　宏	Dehong	0.11		0.02	0.25	0.09
怒　江	Nujiang	0.06			0.05	0.07
迪　庆	Diqing	0.06	0.01	0.01	0.07	0.10

15-16 续表3 continued

单位：万人 (10 000 persons)

州 市	Region	居民服务、修理和其他服务业 Services to Households, Repair and Other Services	教 育 Education	卫生和社会工作 Health Care, Social Security and Social Welfare	文化、体育和娱乐业 Culture, Sports and Entertainment	公共管理、社会保障和社会组织 Common Administration and Social Organization
全 省	**Yunnan**	**0.29**	**51.41**	**19.95**	**2.02**	**51.60**
昆 明	Kunming	0.13	7.49	3.82	0.45	7.63
曲 靖	Qujing	0.02	6.76	1.37	0.15	4.83
玉 溪	Yuxi		2.55	1.18	0.14	2.58
保 山	Baoshan	0.01	2.81	1.37	0.08	2.81
昭 通	Zhaotong	0.01	6.20	1.86	0.09	5.96
丽 江	Lijiang	0.01	1.59	0.51	0.09	1.94
普 洱	Pu'er	0.01	2.64	1.22	0.14	3.02
临 沧	Lincang	0.03	2.60	0.98	0.04	2.70
楚 雄	Chuxiong	0.01	2.66	1.24	0.06	2.89
红 河	Honghe	0.01	4.66	1.47	0.21	4.95
文 山	Wenshan	0.03	4.21	1.60	0.16	2.86
西双版纳	Xishuangbanna		1.12	0.83	0.06	1.40
大 理	Dali	0.03	3.27	1.33	0.14	3.81
德 宏	Dehong		1.60	0.77	0.07	2.16
怒 江	Nujiang		0.69	0.23	0.04	1.15
迪 庆	Diqing		0.55	0.19	0.10	0.89

15-17 各州市城镇集体单位分行业年末职工人数（2018年）
Number of Staff and Workers in Urban Collective-owned Entities at Year-end by Sector and Region (2018)

单位：万人 (10 000 persons)

州 市	Region	城镇集体职工人数 Number of Staff and Workers	农、林、牧、渔业 Farming,Forestry,Animal Husbandry and Fishery	采矿业 Mining	制造业 Manufacturing	电力、热力、燃气及水生产和供应业 Production and Supply of Electric Power,Heat,Gas and Water
全　省	**Yunnan**	**6.83**	**0.01**	**0.17**	**0.44**	**0.05**
昆　明	Kunming	2.69		0.01	0.21	0.02
曲　靖	Qujing	0.70		0.16	0.05	
玉　溪	Yuxi	0.42			0.12	0.03
保　山	Baoshan	0.11				
昭　通	Zhaotong	0.35				
丽　江	Lijiang	0.17			0.03	
普　洱	Pu'er	0.56				
临　沧	Lincang	0.10				
楚　雄	Chuxiong	0.22				
红　河	Honghe	0.72			0.01	
文　山	Wenshan	0.27			0.01	
西双版纳	Xishuangbanna	0.05				
大　理	Dali	0.19	0.01		0.01	
德　宏	Dehong	0.16				
怒　江	Nujiang	0.05				
迪　庆	Diqing	0.06				

15-17 续表1 continued

单位：万人 (10 000 persons)

州 市	Region	建筑业 Construction	批发和零售业 Wholesale and Retail Trade	交通运输、仓储和邮政业 Transportation, Storage and Post	住宿和餐饮业 Hotel and Catering Service	信息传输、软件和信息技术服务业 Information Transmission,Software and Information Technology Service
全 省	**Yunnan**	**3.09**	**0.37**	**0.06**	**0.10**	**0.01**
昆 明	Kunming	1.41	0.17	0.04	0.06	0.01
曲 靖	Qujing	0.25		0.02	0.01	
玉 溪	Yuxi	0.12	0.04			
保 山	Baoshan		0.02			
昭 通	Zhaotong	0.13				
丽 江	Lijiang	0.01	0.02		0.01	
普 洱	Pu'er	0.42	0.01		0.01	
临 沧	Lincang					
楚 雄	Chuxiong	0.02	0.01			
红 河	Honghe	0.51	0.03		0.01	
文 山	Wenshan	0.08	0.02		0.01	
西双版纳	Xishuangbanna	0.02				
大 理	Dali		0.01		0.01	
德 宏	Dehong	0.06				
怒 江	Nujiang	0.01	0.01	0.01		
迪 庆	Diqing	0.03	0.01			

15-17 续表2 continued

单位：万人 (10 000 persons)

州 市	Region	金融业 Banking	房地产业 Real Estate	租赁和商务服务业 Leasing Trade and Business Service	科学研究和技术服务业 Scientific Research, Technology Service and Geological Prospecting	水利、环境和公共设施管理业 Water Conservancy, Admistration of Environment and Public Facilities
全 省	**Yunnan**	**1.66**	**0.10**	**0.15**	**0.19**	**0.03**
昆 明	Kunming	0.22	0.08	0.11	0.16	0.01
曲 靖	Qujing	0.14				0.01
玉 溪	Yuxi	0.09			0.01	
保 山	Baoshan	0.09				
昭 通	Zhaotong	0.18	0.01			
丽 江	Lijiang	0.06				
普 洱	Pu'er	0.10		0.01		
临 沧	Lincang	0.09				
楚 雄	Chuxiong	0.16				
红 河	Honghe	0.14				0.01
文 山	Wenshan	0.13		0.01		
西双版纳	Xishuangbanna	0.01		0.01		
大 理	Dali	0.14				
德 宏	Dehong	0.05			0.01	
怒 江	Nujiang	0.03				
迪 庆	Diqing	0.03				

15-17 续表3 continued

单位：万人 (10 000 persons)

州 市	Region	居民服务、修理和其他服务业 Services to Households, Repaired Other Services	教 育 Education	卫生和社会工作 Health Care, Social Security and Social Welfare	文化、体育和娱乐业 Culture, Sports and Entertainment	公共管理、社会保障和社会组织 Common Administration and Social Organization
全 省	**Yunnan**	**0.10**	**0.19**	**0.10**		**0.01**
昆 明	Kunming	0.04	0.10	0.04		0.01
曲 靖	Qujing	0.05	0.01			
玉 溪	Yuxi		0.01			
保 山	Baoshan					
昭 通	Zhaotong		0.03			
丽 江	Lijiang		0.01	0.03		
普 洱	Pu'er					
临 沧	Lincang					
楚 雄	Chuxiong			0.01		
红 河	Honghe		0.01			
文 山	Wenshan		0.01	0.01		
西双版纳	Xishuangbanna					
大 理	Dali					
德 宏	Dehong		0.02	0.01		
怒 江	Nujiang					
迪 庆	Diqing					

15-18 各州市城镇其他单位分行业年末职工人数（2018年）
Number of Staff and Workers in Entities of Other Types of Ownership at Year-end by Sector and Region (2018)

单位：万人 (10 000 persons)

州 市	Region	城镇其他单位职工人数 Number of Staff and Workers	农、林、牧、渔业 Farming,Forestry, Animal Husbandry and Fishery	采矿业 Mining	制造业 Manufacturing	电力、热力、燃气及水生产和供应业 Production and Supply of Electric Power,Heat,Gas and Water
全 省	**Yunnan**	**196.53**	**0.32**	**9.30**	**53.21**	**7.31**
昆 明	Kunming	78.81	0.13	1.51	15.37	1.07
曲 靖	Qujing	23.66	0.08	3.88	7.63	1.16
玉 溪	Yuxi	16.90	0.01	0.52	6.98	0.56
保 山	Baoshan	12.11		0.20	3.52	0.33
昭 通	Zhaotong	6.30		0.93	1.15	0.77
丽 江	Lijiang	2.91	0.01	0.06	0.45	0.19
普 洱	Pu'er	5.63	0.02	0.24	1.31	0.08
临 沧	Lincang	5.49	0.01	0.18	1.95	0.37
楚 雄	Chuxiong	5.51		0.24	1.63	0.09
红 河	Honghe	12.12	0.01	0.66	5.06	0.85
文 山	Wenshan	6.61	0.03	0.44	2.14	0.45
西双版纳	Xishuangbanna	3.37		0.06	0.90	0.19
大 理	Dali	10.70	0.02	0.16	3.30	0.67
德 宏	Dehong	4.21		0.02	1.21	0.33
怒 江	Nujiang	1.21			0.50	0.06
迪 庆	Diqing	0.99		0.18	0.10	0.14

15-18 续表1 continued

单位：万人 (10 000 persons)

州 市	Region	建筑业 Construction	批发和零售业 Wholesale and Retail Trade	交通运输、仓储和邮政业 Transportation, Storage and Post	住宿和餐饮业 Hotel and Catering Service	信息传输、软件和信息技术服务业 Information Transmission,Software and Information Technology Service
全 省	**Yunnan**	**45.75**	**18.45**	**12.89**	**6.77**	**3.85**
昆 明	Kunming	17.13	8.23	9.89	2.89	2.11
曲 靖	Qujing	5.63	1.84	0.33	0.67	0.07
玉 溪	Yuxi	4.25	2.04	0.21	0.27	0.15
保 山	Baoshan	5.04	0.68	0.21	0.42	0.09
昭 通	Zhaotong	1.21	0.50	0.18	0.29	0.18
丽 江	Lijiang	0.50	0.15	0.18	0.52	0.09
普 洱	Pu'er	1.97	0.52	0.27	0.07	0.13
临 沧	Lincang	1.21	0.44	0.22	0.16	0.12
楚 雄	Chuxiong	1.64	0.40	0.25	0.10	0.12
红 河	Honghe	3.26	0.40	0.37	0.19	0.22
文 山	Wenshan	0.69	0.66	0.17	0.20	0.15
西双版纳	Xishuangbanna	0.26	0.38	0.17	0.26	0.08
大 理	Dali	1.91	1.35	0.27	0.41	0.18
德 宏	Dehong	0.62	0.69	0.09	0.20	0.09
怒 江	Nujiang	0.31	0.06	0.07	0.04	0.04
迪 庆	Diqing	0.10	0.12	0.02	0.07	0.04

15-18 续表2 continued

单位：万人 (10 000 persons)

州 市	Region	金融业 Banking	房地产业 Real Estate	租赁和商务服务业 Leasing Trade and Business Service	科学研究和技术服务业 Scientific Research, Technology Service and Geological Prospecting	水利、环境和公共设施管理业 Water Conservancy, Admistration of Environment and Public Facilities
全 省	**Yunnan**	**3.46**	**11.53**	**8.49**	**2.45**	**2.27**
昆 明	Kunming	2.18	4.29	4.48	2.08	0.88
曲 靖	Qujing	0.11	1.03	0.63	0.06	0.05
玉 溪	Yuxi	0.23	0.91	0.29	0.11	0.06
保 山	Baoshan	0.11	0.78	0.15	0.01	0.23
昭 通	Zhaotong	0.01	0.45	0.21		0.02
丽 江	Lijiang	0.03	0.19	0.12	0.01	0.19
普 洱	Pu'er	0.10	0.14	0.49	0.02	0.08
临 沧	Lincang	0.02	0.61	0.05		
楚 雄	Chuxiong	0.07	0.39	0.30	0.02	0.03
红 河	Honghe	0.07	0.42	0.20	0.02	0.05
文 山	Wenshan	0.06	0.61	0.29	0.02	0.09
西双版纳	Xishuangbanna	0.04	0.47	0.13	0.01	0.21
大 理	Dali	0.23	0.97	0.66	0.08	0.22
德 宏	Dehong	0.16	0.21	0.40		0.01
怒 江	Nujiang	0.01	0.03	0.08		
迪 庆	Diqing	0.02	0.02	0.02		0.14

15-18 续表3 continued

单位：万人 (10 000 persons)

州 市	Region	居民服务、修理和其他服务业 Services to Households, Repair and Other Services	教 育 Education	卫生和社会工作 Health Care, Social and Security Social Welfare	文化、体育和娱乐业 Culture, Sports and Entertainment	公共管理、社会保障和社会组织 Common Administration and Social Organization
全 省	**Yunnan**	**1.89**	**4.22**	**2.93**	**1.42**	**0.03**
昆 明	Kunming	1.13	3.07	1.57	0.78	
曲 靖	Qujing	0.13	0.13	0.17	0.06	0.01
玉 溪	Yuxi	0.12	0.01	0.15	0.01	
保 山	Baoshan	0.02	0.08	0.20	0.02	
昭 通	Zhaotong	0.01	0.11	0.22	0.06	
丽 江	Lijiang	0.01	0.04	0.01	0.16	
普 洱	Pu'er	0.02	0.08	0.06	0.02	
临 沧	Lincang	0.08	0.02	0.05	0.02	
楚 雄	Chuxiong	0.02	0.09	0.10	0.04	
红 河	Honghe	0.06	0.07	0.19	0.01	
文 山	Wenshan	0.17	0.42	0.03	0.01	
西双版纳	Xishuangbanna	0.01	0.01		0.18	
大 理	Dali	0.07	0.08	0.08	0.02	0.01
德 宏	Dehong	0.03	0.01	0.09	0.03	
怒 江	Nujiang	0.01				
迪 庆	Diqing			0.01	0.02	

15-19 城镇单位全部就业人员数（2018年）
Number of Employed Persons in Urban Entities (2018)

单位：万人 (10 000 persons)

国民经济行业	National Economic Sector	就业人员 Number of Employed Persons	国有单位 State-owned Economy	城镇集体单位 Urban Collective-owned Entities	其他单位 Entities of Other Types of Ownership
全 省	**Yunnan**	**427.03**	**181.06**	**7.41**	**238.56**
按企业、事业、机关分组	**Grouped by Enterprises Institutions and Agencies and Organization**				
企业	Enterprises	265.33	22.27	7.17	235.89
事业	Institutions	104.60	102.63	0.23	1.74
机关	Agencies & Organizations	56.14	56.06	0.01	0.08
按国民经济行业分组	**Grouped by Industry Sector**				
农、林、牧、渔业	**Farming,Forestry,Animal Husbandry and Fishery**	**4.74**	**4.31**	**0.01**	**0.41**
农业	Farming	0.86	0.70		0.15
林业	Forestry	1.98	1.89		0.09
畜牧业	Animal Husbandry	0.07	0.01	0.01	0.06
渔业	Fishery	0.02			0.02
农、林、牧、渔服务业	Farming,Forestry,Animal Husbandry and Fishery Services	1.81	1.71		0.10
采矿业	**Mining**	**11.51**	**1.38**	**0.19**	**9.94**
煤炭开采和洗选业	Coal Mining and Dressing	6.84	1.33	0.17	5.33
石油和天然气开采业	Petroleum and Natural Gas Extraction	0.01			0.01
黑色金属矿采选业	Ferrous Metals Mining and Dressing	0.62			0.62
有色金属矿采选业	Nonferrous Metals Mining and Dressing	3.02	0.02		3.00
非金属矿采选业	Nonmetal Minerals Mining and Dressing	1.01	0.03	0.02	0.97
开采辅助活动	Mining Auxiliary Activities				
其他采矿业	Other Minerals Mining				
制造业	**Manufacturing**	**62.68**	**2.19**	**0.47**	**60.02**
农副食品加工业	Agricultural Non-staple Food Processing	6.16	0.39	0.01	5.76
食品制造业	Food Manufacturing	2.63		0.01	2.61
酒、饮料和精制茶制造业	Beverage Manufacturing	4.40	0.13		4.27
烟草制品业	Tobacco Production	2.51	0.10	0.07	2.34
纺织业	Textile Industry	0.47		0.01	0.46
纺织服装、服饰业	Textile,Clothing, Footwear Production	0.52	0.06	0.01	0.46
皮革、毛皮、羽毛及其制品和制鞋业	Feather, Furs, Down, Related Products and Footwear	0.29	0.02	0.01	0.26
木材加工和木、竹、藤、棕、草制品业	Timber Processing, Bamboo, Cane, Palm Fiber and Straw Products	1.23	0.07		1.17

注：不含城镇规模以下私营及个体就业人员，含乡村规模以上企业就业人员。
Note: Employed persons in urban private and individual enterprises under designated size are excluded.

15 19 续表1 continued

单位：万人 (10 000 persons)

国民经济行业	National Economic Sector	就业人员 Number of Employed Persons	国有单位 State-owned Economy	城镇集体单位 Urban Collective-owned Entities	其他单位 Entities of Other Types of Ownership
家具制造业	Furniture Manufacturing	0.12		0.01	0.12
造纸和纸制品业	Papermaking and Paper Products	1.11		0.04	1.07
印刷业和记录媒介复制业	Printing and Record Medium Reproduction	1.17	0.12	0.01	1.04
文教、工美、体育和娱乐用品制造业	Manufacture of Culture, Education,Industrial Arts, Sports and Entertainment Goods	0.73			0.73
石油加工、炼焦和核燃料加工业	Petroleum Processing,Coking and Nuclear Fuel Processing	1.27			1.27
化学原料和化学制品制造业	Raw Chemical Materials and Chemical Products	6.59	0.29	0.03	6.27
医药制造业	Medical and Pharmaceutical Products	3.16	0.09	0.02	3.05
化学纤维制造业	Chemical Fiber Manufacturing	0.04			0.04
橡胶和塑料制品业	Rubber and Plastic Products	1.71	0.30	0.01	1.40
非金属矿物制品业	Nonmetal Mineral Products	6.44	0.11	0.01	6.33
黑色金属冶炼和压延加工业	Smelting and Pressing of Ferrous Metals	4.82	0.15	0.03	4.65
有色金属冶炼和压延加工业	Smelting and Pressing of Nonferrous Metals	7.78		0.05	7.74
金属制品业	Metal Products	1.52	0.09	0.06	1.37
通用设备制造业	General-purpose Machinery Manufacturing	0.94	0.03	0.03	0.89
专用设备制造业	Special Purposes Equipment	1.03	0.03	0.01	0.99
汽车制造业	Automotive Industry	1.32		0.01	1.31
铁路、船舶、航空航天和其他运输设备制造业	Manufacture of Transport Equipment for Railway,Boats and Aerospace and Other Transport Equipments	0.44	0.07		0.37
电气机械和器材制造业	Electric Equipment and Machinery	1.02			1.01
计算机、通信和其他电子设备制造业	Computers,Communication Equipment and other Other Electronic Equipment Production	2.51	0.12	0.01	2.38
仪器仪表制造业	Instrument Industry	0.38	0.01	0.02	0.35
其他制造业	Other Goods Production	0.05	0.01		0.04
废弃资源综合利用业	Comprehensive Utilization of Discarded Resources and Waste	0.21			0.21
金属制品、机械和设备维修业	Metal Products,Machinery and Equipment Repairing	0.08			0.08
电力、热力、燃气及水生产和供应业	**Production and Supply of Electricity, Heat ,Gas and Water**	**10.33**	**2.31**	**0.06**	**7.96**
电力、热力生产和供应业	Production and Supply of Electric Power and Heat	8.68	1.90	0.05	6.74
燃气生产和供应业	Gas Production and Supply	0.55	0.01		0.54
水的生产和供应业	Water Production and Supply	1.09	0.40	0.01	0.68
建筑业	**Construction**	**73.85**	**1.92**	**3.32**	**68.62**
房屋建筑业	House Building	51.93	0.60	2.89	48.44
土木工程建筑业	Construction Industry of Civil Engineering	16.30	1.02	0.40	14.88
建筑安装业	Construction Installation	2.47	0.15	0.01	2.31
建筑装饰和其他建筑业	Building Decoration and Other Construction Industry	3.15	0.15	0.01	2.99
批发和零售业	**Wholesale and Retail Trade**	**23.65**	**2.97**	**0.38**	**20.31**
批发业	Wholesale	9.28	2.70	0.17	6.42
零售业	Retail Trade	14.36	0.27	0.21	13.89

15-19 续表2 continued

单位：万人 (10 000 persons)

国民经济行业	National Economic Sector	就业人员 Number of Employed Persons	国有单位 State-owned Economy	城镇集体单位 Urban Collective-owned Entities	其他单位 Entities of Other Types of Ownership
交通运输、仓储和邮政业	**Transport, Storage and Post**	**17.12**	**2.98**	**0.07**	**14.07**
铁路运输业	Railway transport	3.96			3.95
道路运输业	Highway Transport	7.52	1.37	0.04	6.11
水上运输业	Water Way Transport	0.03			0.03
航空运输业	Air Transport	2.71	0.19		2.51
管道运输业	Pipeline Transport	0.03			0.03
多式联运和运输代理业	Multimodal Transport and Forwarding Agencies	0.33	0.04	0.01	0.28
装卸搬运和仓储业	Lording, Unlording, Carrying and Storage	0.69	0.06	0.02	0.61
邮政业	Postal	1.86	1.31		0.55
住宿和餐饮业	**Hotel and Food Service**	**8.04**	**0.78**	**0.11**	**7.16**
住宿业	Hotel Service	5.39	0.73	0.09	4.57
餐饮业	Food Service	2.65	0.04	0.01	2.59
信息传输、软件和信息技术服务业	**Information Transmission,Software and Information Technology Service**	**4.88**	**0.66**	**0.01**	**4.22**
电信、广播电视和卫星传输服务	Telecommunication, Videocast and Satellite Transmissions Service	3.74	0.61		3.13
互联网和相关服务	Internet and Related Service	0.16	0.02		0.14
软件和信息技术服务业	Software and Information Technology service	0.98	0.03		0.94
金融业	**Finance and Insurance**	**10.54**	**4.39**	**1.81**	**4.35**
货币金融服务	Banking	7.42	3.32	1.77	2.33
资本市场服务	Securities Industry	0.22	0.05	0.02	0.15
保险业	Insurance	2.83	1.00		1.83
其他金融业	Other Financial Trade	0.07	0.01	0.01	0.04
房地产业	**Real Estate Trade**	**13.90**	**0.37**	**0.10**	**13.43**
房地产开发经营	Development and Operation of Real Estate Trade	8.46	0.15	0.01	8.30
物业管理	Substance Management	5.04	0.08	0.06	4.90
房地产中介服务	Real Estate Agency Service	0.17	0.02		0.15
房地产租赁经营	Real Estate Tenancy Management	0.15	0.10		0.04
租赁和商务服务业	**Leasing Treade and Business Service**	**12.29**	**1.01**	**0.16**	**11.12**
租赁业	Leasing Trade	0.12	0.01		0.11
商务服务业	Commercial Serive	12.17	1.00	0.16	11.02
科学研究和技术服务业	**Scientific Research,Technology Service and Geological Prospecting**	**9.86**	**6.87**	**0.20**	**2.79**
研究与试验发展	R & D	0.85	0.77		0.08
专业技术服务业	Professional Technology Service	6.12	3.37	0.18	2.57
科技推广和应用服务业	Service Industry of Science and Technology Popularization and Application	2.89	2.73	0.02	0.14

15-19 续表3 continued

单位：万人 (10 000 persons)

国民经济行业	National Economic Sector	就业人员 Number of Employed Persons	国有单位 State-owned Economy	城镇集体单位 Urban Collective-owned Entities	其他单位 Entities of Other Types of Ownership
水利、环境和公共设施管理业	**Water Conservancy, Admistration of Environment and Public facilities**	**7.19**	**4.51**	**0.03**	**2.65**
水利管理业	Water Conservancy Admistrition	1.01	0.97	0.01	0.02
生态环境和环境治理业	Protection of Ecological Environment and Admistration of Environment	1.05	0.97		0.08
公共设施管理业	Admistration of Public Facilities	5.06	2.53	0.02	2.51
土地管理业	Land Management	0.07	0.03		0.04
居民服务、修理和其他服务业	**Services to Households and Other Services**	**2.47**	**0.33**	**0.14**	**2.00**
居民服务业	Services to Households	1.01	0.18	0.04	0.80
机动车、电子产品和日用产品修理业	Repair Industry of Automotive Vehicles, Electronic Products and Daily Products	0.47	0.01	0.03	0.43
其他服务业	Other Services	0.98	0.14	0.08	0.76
教 育	**Education**	**60.67**	**55.75**	**0.22**	**4.70**
学前教育	Preschool Education	3.42	2.17	0.09	1.16
初等教育	Primary Education	26.91	26.34	0.01	0.56
中等教育	Secondary Education	23.06	21.91	0.02	1.13
高等教育	Higher Education	3.96	3.42		0.54
特殊教育	Special Education	0.20	0.19		0.01
技能培训、教育辅助及其他教育	Skills Training, Educational Assistance and Other Education	2.79	1.41	0.10	1.29
卫生和社会工作	**Health Care, Social Work**	**28.10**	**24.81**	**0.13**	**3.16**
卫生	Health Care	27.43	24.19	0.13	3.11
社会工作	Social Work	0.67	0.62		0.05
文化、体育和娱乐业	**Culture, Sports and Entertainment**	**3.79**	**2.16**		**1.63**
新闻和出版业	News and Publishing	0.45	0.28		0.18
广播、电视、电影和影视录音制作业	Broadcast, Television,Filmdom and Audio & Video Production	0.70	0.58		0.12
文化艺术业	Culture and Arts	1.71	1.08		0.63
体育	Sports	0.28	0.06		0.22
娱乐业	Entertainment	0.65	0.17		0.48
公共管理、社会保障和社会组织	**Common Administration ,Social Security and Social Organization**	**61.42**	**61.37**	**0.02**	**0.03**
中国共产党机关	Organs of Communist Party of China	6.15	6.14		
国家机构	Government Agencies of Country	52.73	52.71	0.01	0.01
人民政协和民主党派	Chinese People's Political Consultative Conferences and Democracy Parties	0.82	0.82		
社会保障	Social Security	0.57	0.57		
群众社团、社会团体和宗教组织	Mass Groups, Social Groups and Religion Organization	0.96	0.95		0.01

15-20 城镇单位女性就业人员数（2018年）

Number of Female Employed in Urban Entities (2018)

单位：万人 (10 000 persons)

国民经济行业	National Economic Sector	女性就业人员 Number of Female Employed Persons	国有单位 State-owned Economy	城镇集体单位 Urban Collective-owned Entities	其他单位 Entities of Other Types of Ownership
全　省	**Yunnan**	**160.28**	**82.14**	**2.19**	**75.95**
按企业、事业、机关分组	**Grouped by Enterprises Institutions and Agencies and Organization**				
企业	Enterprises	84.59	8.29	2.02	74.28
事业	Institutions	56.53	55.29	0.16	1.07
机关	Agencies & Organizations	18.52	18.49		0.02
按国民经济行业分组	**Grouped by Industry Sector**				
农、林、牧、渔业	**Farming,Forestry,Animal Husbandry and Fishery**	**1.36**	**1.19**		**0.16**
农业	Farming	0.34	0.29		0.05
林业	Forestry	0.47	0.44		0.04
畜牧业	Animal Husbandry	0.02			0.02
渔业	Fishery				
农、林、牧、渔服务业	Farming,Forestry,Animal Husbandry and Fishery Services	0.51	0.46		0.05
采矿业	**Mining**	**1.70**	**0.33**	**0.01**	**1.36**
煤炭开采和洗选业	Coal Mining and Dressing	0.90	0.33	0.01	0.57
石油和天然气开采业	Petroleum and Natural Gas Extraction				
黑色金属矿采选业	Ferrous Metals Mining and Dressing	0.08			0.08
有色金属矿采选业	Nonferrous Metals Mining and Dressing	0.49			0.49
非金属矿采选业	Nonmetal Minerals Mining and Dressing	0.21			0.21
开采辅助活动	Mining Auxiliary Activities				
其他采矿业	Other Minerals Mining				
制造业	**Manufacturing**	**21.83**	**0.78**	**0.17**	**20.88**
农副食品加工业	Agricultural Non-staple Food Processing	2.83	0.13		2.69
食品制造业	Food Manufacturing	1.28		0.01	1.27
酒、饮料和精制茶制造业	Beverage Manufacturing	2.02	0.06		1.96
烟草制品业	Tobacco Production	0.87	0.04	0.03	0.80
纺织业	Textile Industry	0.36			0.36
纺织服装、服饰业	Textile,Clothing, Footwear Production	0.39	0.05		0.33
皮革、毛皮、羽毛及其制品和制鞋业	Feather, Furs, Down, Related Products and Footwear	0.17			0.16
木材加工和木、竹、藤、棕、草制品业	Timber Processing, Bamboo, Cane, Palm Fiber and Straw Products	0.50	0.02		0.47

15-20 续表1 continued

单位：万人 (10 000 persons)

国民经济行业	National Economic Sector	女性就业人员 Number of Female Employed Persons	国有单位 State-owned Economy	城镇集体单位 Urban Collective-owned Entities	其他单位 Entities of Other Types of Ownership
家具制造业	Furniture Manufacturing	0.03			0.03
造纸和纸制品业	Papermaking and Paper Products	0.43		0.02	0.41
印刷业和记录媒介复制业	Printing and Record Medium Reproduction	0.48	0.05	0.01	0.42
文教、工美、体育和娱乐用品制造业	Manufacture of Culture, Education,Industrial Arts, Sports and Entertainment Goods	0.31			0.31
石油加工、炼焦和核燃料加工业	Petroleum Processing,Coking and Nuclear Fuel Processing	0.33			0.33
化学原料和化学制品制造业	Raw Chemical Materials and Chemical Products	2.00	0.09	0.01	1.90
医药制造业	Medical and Pharmaceutical Products	1.50	0.04	0.01	1.45
化学纤维制造业	Chemical Fiber Manufacturing	0.01			0.01
橡胶和塑料制品业	Rubber and Plastic Products	0.68	0.12		0.56
非金属矿物制品业	Nonmetal Mineral Products	1.64	0.02		1.62
黑色金属冶炼和压延加工业	Smelting and Pressing of Ferrous Metals	1.35	0.04	0.01	1.30
有色金属冶炼和压延加工业	Smelting and Pressing of Nonferrous Metals	1.74		0.01	1.73
金属制品业	Metal Products	0.36	0.02	0.02	0.32
通用设备制造业	General-purpose Machinery Manufacturing	0.23	0.01	0.01	0.22
专用设备制造业	Special Purposes Equipment	0.26	0.01		0.25
汽车制造业	Automotive Industry	0.33			0.32
铁路、船舶、航空航天和其他运输设备制造业	Manufacture of Transport Equipment for Railway,Boats and Aerospace and Other Transport Equipments	0.10	0.02		0.09
电气机械和器材制造业	Electric Equipment and Machinery	0.32			0.32
计算机、通信和其他电子设备制造业	Computers,Communication Equipment and other Other Electronic Equipment Production	1.08	0.04		1.04
仪器仪表制造业	Instrument Industry	0.14		0.01	0.13
其他制造业	Other Goods Production	0.01			0.01
废弃资源综合利用业	Comprehensive Utilization of Discarded Resources and Waste	0.05			0.05
金属制品、机械和设备维修业	Metal Products,Machinery and Equipment Repairing	0.01			0.01
电力、热力、燃气及水生产和供应业	**Production and Supply of Electricity, Heat ,Gas and Water**	**3.11**	**0.74**	**0.02**	**2.35**
电力、热力生产和供应业	Production and Supply of Electric Power and Heat	2.52	0.58	0.01	1.93
燃气生产和供应业	Gas Production and Supply	0.17			0.17
水的生产和供应业	Water Production and Supply	0.42	0.16		0.26
建筑业	**Construction**	**11.56**	**0.37**	**0.52**	**10.67**
房屋建筑业	House Building	8.04	0.13	0.47	7.44
土木工程建筑业	Construction Industry of Civil Engineering	2.45	0.19	0.05	2.21
建筑安装业	Construction Installation	0.41	0.02		0.39
建筑装饰和其他建筑业	Building Decoration and Other Construction Industry	0.66	0.03		0.63
批发和零售业	**Wholesale and Retail Trade**	**12.67**	**0.97**	**0.16**	**11.54**
批发业	Wholesale	3.74	0.85	0.07	2.82
零售业	Retail Trade	8.92	0.12	0.09	8.72

15-20 续表2 continued

单位：万人 (10 000 persons)

国民经济行业	National Economic Sector	女性就业人员 Number of Female Employed Persons	国有单位 State-owned Economy	城镇集体单位 Urban Collective-owned Entities	其他单位 Entities of Other Types of Ownership
交通运输、仓储和邮政业	**Transport, Storage and Post**	**5.17**	**1.11**	**0.02**	**4.04**
铁路运输业	Railway transport	0.78			0.78
道路运输业	Highway Transport	2.44	0.41	0.01	2.02
水上运输业	Water Way Transport	0.01			0.01
航空运输业	Air Transport	0.99	0.06		0.93
管道运输业	Pipeline Transport	0.01			0.01
多式联运和运输代理业	Multimodal Transport and Forwarding Agencies	0.07	0.01		0.06
装卸搬运和仓储业	Lording, Unlording, Carrying and Storage	0.12	0.02		0.10
邮政业	Postal	0.75	0.61		0.14
住宿和餐饮业	**Hotel and Food Service**	**4.88**	**0.42**	**0.06**	**4.40**
住宿业	Hotel Service	3.30	0.40	0.06	2.85
餐饮业	Food Service	1.58	0.03	0.01	1.55
信息传输、软件和信息技术服务业	**Information Transmission,Software and Information Technology Service**	**1.88**	**0.28**		**1.60**
电信、广播电视和卫星传输服务	Telecommunication, Videocast and Satellite Transmissions Service	1.54	0.26		1.28
互联网和相关服务	Internet and Related Service	0.06	0.01		0.06
软件和信息技术服务业	Software and Information Technology service	0.27	0.01		0.26
金融业	**Finance and Insurance**	**5.41**	**2.15**	**0.76**	**2.50**
货币金融服务	Banking	3.69	1.58	0.75	1.37
资本市场服务	Securities Industry	0.10	0.02	0.01	0.07
保险业	Insurance	1.59	0.54		1.04
其他金融业	Other Financial Trade	0.03		0.01	0.02
房地产业	**Real Estate Trade**	**5.38**	**0.15**	**0.05**	**5.17**
房地产开发经营	Development and Operation of Real Estate Trade	2.98	0.05		2.92
物业管理	Substance Management	2.22	0.03	0.03	2.15
房地产中介服务	Real Estate Agency Service	0.07	0.01		0.06
房地产租赁经营	Real Estate Tenancy Management	0.07	0.05		0.02
租赁和商务服务业	**Leasing Treade and Business Service**	**2.80**	**0.42**	**0.07**	**2.31**
租赁业	Leasing Trade	0.02			0.02
商务服务业	Commercial Serive	2.78	0.42	0.07	2.29
科学研究和技术服务业	**Scientific Research,Technology Service and Geological Prospecting**	**3.08**	**2.33**	**0.05**	**0.70**
研究与试验发展	R & D	0.35	0.32		0.03
专业技术服务业	Professional Technology Service	1.75	1.10	0.04	0.62
科技推广和应用服务业	Service Industry of Science and Technology Popularization and Application	0.98	0.92	0.01	0.06

15-20 续表3 continued

单位：万人 (10 000 persons)

国民经济行业	National Economic Sector	女性就业人员 Number of Female Employed Persons	国有单位 State-owned Economy	城镇集体单位 Urban Collective-owned Entities	其他单位 Entities of Other Types of Ownership
水利、环境和公共设施管理业	**Water Conservancy, Admistration of Environment and Public facilities**	**3.10**	**1.77**	**0.01**	**1.32**
水利管理业	Water Conservancy Admistrition	0.28	0.28		0.01
生态环境和环境治理业	Protection of Ecological Environment and Admistration of Environment	0.22	0.19		0.03
公共设施管理业	Admistration of Public Facilities	2.58	1.29		1.28
土地管理业	Land Management	0.02	0.01		0.01
居民服务、修理和其他服务业	**Services to Households and Other Services**	**1.24**	**0.15**	**0.04**	**1.05**
居民服务业	Services to Households	0.58	0.07	0.02	0.49
机动车、电子产品和日用产品修理业	Repair Industry of Automotive Vehicles, Electronic Products and Daily Products	0.12		0.01	0.12
其他服务业	Other Services	0.54	0.08	0.02	0.44
教 育	**Education**	**33.08**	**30.01**	**0.13**	**2.94**
学前教育	Preschool Education	2.84	1.73	0.08	1.03
初等教育	Primary Education	14.73	14.35	0.01	0.38
中等教育	Secondary Education	11.98	11.24	0.01	0.73
高等教育	Higher Education	2.01	1.71		0.30
特殊教育	Special Education	0.14	0.13		0.01
技能培训、教育辅助及其他教育	Skills Training, Educational Assistance and Other Education	1.19	0.67	0.03	0.49
卫生和社会工作	**Health Care, Social Work**	**19.70**	**17.42**	**0.10**	**2.18**
卫生	Health Care	19.26	17.02	0.09	2.14
社会工作	Social Work	0.44	0.40		0.04
文化、体育和娱乐业	**Culture, Sports and Entertainment**	**1.79**	**1.03**		**0.76**
新闻和出版业	News and Publishing	0.22	0.13		0.09
广播、电视、电影和影视录音制作业	Broadcast, Television,Filmdom and Audio & Video Production	0.31	0.26		0.05
文化艺术业	Culture and Arts	0.83	0.55		0.28
体育	Sports	0.13	0.03		0.11
娱乐业	Entertainment	0.30	0.06		0.24
公共管理、社会保障和社会组织	**Common Administration ,Social Security and Social Organization**	**20.53**	**20.51**	**0.01**	**0.01**
中国共产党机关	Organs of Communist Party of China	2.04	2.04		
国家机构	Government Agencies of Country	17.31	17.31		
人民政协和民主党派	Chinese People's Political Consultative Conferences and Democracy Parties	0.26	0.26		
社会保障	Social Security	0.33	0.33		
群众社团、社会团体和宗教组织	Mass Groups, Social Groups and Religion Organization	0.50	0.49		

15-21 各州市城镇单位按登记注册类型分年末就业人员数（2018年）
Number of Employed Persons in Urban Entities at Year-end by Status of Registration and Region (2018)

单位：万人 (10 000 persons)

州市	Region	城镇单位就业人员 Number of Employed Persons	国有单位 State-owned Entities	城镇集体单位 Urban Collective-owned Entities	其他单位 Others
全省	**Yunnan**	**427.03**	**181.06**	**7.41**	**238.56**
昆明	Kunming	135.17	32.90	2.90	99.37
曲靖	Qujing	45.70	17.40	0.73	27.57
玉溪	Yuxi	29.84	9.47	0.46	19.90
保山	Baoshan	21.66	8.59	0.12	12.95
昭通	Zhaotong	24.85	17.10	0.38	7.37
丽江	Lijiang	9.82	6.32	0.19	3.31
普洱	Pu'er	18.33	10.07	0.58	7.68
临沧	Lincang	15.75	9.06	0.11	6.59
楚雄	Chuxiong	16.45	9.73	0.25	6.47
红河	Honghe	31.42	16.34	0.77	14.31
文山	Wenshan	20.40	12.24	0.29	7.88
西双版纳	Xishuangbanna	8.95	5.01	0.05	3.89
大理	Dali	26.49	13.01	0.24	13.25
德宏	Dehong	12.63	7.04	0.19	5.41
怒江	Nujiang	4.73	3.18	0.06	1.49
迪庆	Diqing	4.82	3.60	0.09	1.13

15-22 各州市城镇单位按企事业机关分年末就业人员数（2018年）
Number of Employed Persons in Urban Entities at Year-end by Enterprise, Public Institution and Government Agency and by Region (2018)

单位：万人 (10 000 persons)

州 市	Region	城镇单位就业人员 Number of Employed Persons	企 业 Enterprises	事 业 Public Institutions	机 关 Government Agencies and Organizations
全 省	**Yunnan**	**427.03**	**265.33**	**104.60**	**56.14**
昆 明	Kunming	135.17	107.42	19.12	7.85
曲 靖	Qujing	45.70	30.14	10.24	5.28
玉 溪	Yuxi	29.84	21.38	5.33	3.12
保 山	Baoshan	21.66	13.64	5.12	2.90
昭 通	Zhaotong	24.85	8.50	10.63	5.65
丽 江	Lijiang	9.82	4.42	3.45	1.96
普 洱	Pu'er	18.33	9.55	5.81	2.98
临 沧	Lincang	15.75	7.78	5.11	2.85
楚 雄	Chuxiong	16.45	7.45	5.30	3.70
红 河	Honghe	31.42	17.12	9.04	5.26
文 山	Wenshan	20.40	8.95	8.09	3.36
西双版纳	Xishuangbanna	8.95	4.36	2.97	1.62
大 理	Dali	26.49	14.88	7.23	4.37
德 宏	Dehong	12.63	6.56	3.42	2.65
怒 江	Nujiang	4.73	1.76	1.55	1.41
迪 庆	Diqing	4.82	1.41	2.20	1.21

注：不含城镇规模以下私营及个体就业人员。

Note: Employed persons in urban private and individual enterprises under designated size are excluded,from employed persons in urban entities,while employed persons of rural enterprises above designated size are included.

15-23 各州市私营企业和个体年末就业人员数（2018年）
Number of Employed Persons in Private Enterprises and Self-employed Individuals at Year-end by Region (2018)

单位：万户、万人 (10 000 enterprises, 10 000 persons)

州 市	Region	私营企业 Private Enterprises		个体户 Self-employed Individuals	
		户 数 Number of Enterprises	就业人数 Number of Employed Persons	户 数 Number of Enterprises	就业人数 Number of Employed Persons
全 省	**Yunnan**	**58.39**	**419.73**	**224.82**	**427.70**
昆 明	Kunming	25.98	122.48	44.24	88.08
曲 靖	Qujing	4.82	41.54	25.78	46.76
玉 溪	Yuxi	2.69	36.10	15.16	38.13
保 山	Baoshan	1.90	17.28	10.40	18.24
昭 通	Zhaotong	2.29	17.62	15.01	24.50
丽 江	Lijiang	1.56	15.35	7.14	13.73
普 洱	Pu'er	1.87	13.12	13.64	25.98
临 沧	Lincang	1.74	13.15	10.79	19.59
楚 雄	Chuxiong	3.15	38.95	11.49	23.79
红 河	Honghe	3.50	34.46	19.06	42.24
文 山	Wenshan	1.97	15.16	13.28	16.38
西双版纳	Xishuangbanna	1.58	9.93	8.00	16.67
大 理	Dali	3.07	26.49	16.83	26.66
德 宏	Dehong	1.30	10.78	8.90	17.34
怒 江	Nujiang	0.42	3.56	1.87	3.31
迪 庆	Diqing	0.52	3.78	3.23	6.30

15-24 私营企业分行业年末就业人数（2018年）

Number of Employed Persons in Private Enterprises at Year-end by Region (2018)

单位：万人　　(10 000 persons)

行　业	Sector	2018
全　省	**Yunnan**	**419.73**
农、林、牧、渔业	Farming,Forestry,Animal Husbandry and Fishery	49.31
采矿业	Mining	20.12
制造业	Manufacturing	60.07
电力、煤气及水的生产和供应业	Production and Supply of Electric Power,Gas and Water	3.52
建筑业	Construction	42.15
交通运输、仓储及邮电通信业	Transport,Storage,Post and Telecommunication Services	10.44
信息传输、软件和信息技术服务业	Information Transmission, Software and Information Technology service	14.68
批发和零售业	Wholesale and Retail Trade & Food Services	108.75
住宿和餐饮业	Hotel and Food Service	12.36
房地产业	Real Estate Trade	16.45
租赁和商务服务业	Leasing Trade and Business Service	38.67
居民服务和其他服务业	Services to Households and Other Services	12.81
卫生、社会保障和社会福利业	Health Care, Social Security and Social Welfare	2.91
文化、体育和娱乐业	Culture, Sports and Entertainment	6.69
其他合计	Others	0.03

15-25 个体就业人员分行业年末就业人数（2018年）

Number of Self-employed Individuals at Year-end by Region (2018)

单位：万人 (10 000 persons)

行 业	Sector	2018
全 省	**Yunnan**	427.70
农、林、牧、渔业	Farming,Forestry,Animal Husbandry and Fishery	39.98
采矿业	Mining	1.15
制造业	Manufacturing	21.72
电力、煤气及水的生产和供应业	Production and Supply of Electric Power,Gas and Water	0.10
建筑业	Construction	3.24
交通运输、仓储及邮电通信业	Transport,Storage,Post and Telecommunication Services	3.66
信息传输、软件和信息技术服务业	Information Transmission, Software and Information Technology Service	2.39
批发和零售业	Wholesale and Retail Trade & Food Services	192.58
住宿和餐饮业	Hotel and Food Service	81.26
房地产业	Real Estate Trade	0.11
租赁和商务服务业	Leasing Trade and Business Service	5.54
居民服务和其他服务业	Services to Households and Other Services	42.98
卫生、社会保障和社会福利业	Health Care, Social Security and Social Welfare	1.93
文化、体育和娱乐业	Culture, Sports and Entertainment	4.17
其他合计	Others	26.18

15–26 城镇登记失业人数和登记失业率（1978–2018年）

Registered Urban Unemployed Persons and Unemployment Rate (1978-2018)

单位：万人 (10 000 persons)

年 份 Year	登记失业人数 Registered Urban Unemployed Persons	女 性 Female	长期失业者人数 Permanent Unemployed Persons	城镇登记失业率 (%) Urban Unemployment Rate (%)
1978	6.40			2.7
1979	9.90			4.3
1980	6.00			2.3
1981	6.16			3.1
1982	6.15			2.7
1983	5.83			2.0
1984	4.70			1.7
1985	4.21			2.5
1986	4.77			1.7
1987	5.85			2.0
1988	5.97			2.0
1989	7.07			2.4
1990	7.76			2.5
1991	7.63			2.3
1992	7.53			2.3
1993	7.34			2.3
1994	7.14			2.2
1995	8.10			2.3
1996	8.01			2.8
1997	7.84			2.7
1998	6.01	3.02		2.2
1999	6.20	3.10	3.10	2.5
2000	6.77	3.28	3.42	2.6
2001	8.00	3.89	3.64	3.3
2002	9.80	4.04	4.79	4.0
2003	12.12	5.94	5.64	4.1
2004	11.95	6.28	4.85	4.3
2005	12.97	6.12	5.17	4.3
2006	13.79	6.35	5.01	4.3
2007	14.02	6.37	4.20	4.2
2008	14.77	6.50	3.79	4.2
2009	15.63	6.73	3.44	4.3
2010	15.69	6.40	3.38	4.2
2011	15.99	6.80	2.56	4.1
2012	17.40	7.90	2.70	4.0
2013	18.09	8.05	2.46	4.0
2014	19.19	8.28	2.60	4.0
2015	19.47	8.31	2.90	4.0
2016	20.58	8.60	2.88	3.6
2017	19.81	8.50	3.40	3.2
2018	20.88	8.90	3.09	3.4

15-27 全部职工工资总额和指数（1978-2018年）

Total Wages of Staff and Workers and Related Indices (1978-2018)

单位：亿元、% (100 million yuan, %)

年 份 Year	职工工资总 额 Total Wages	国有单位 State-owned Entities	城镇集体单位 Urban Collective-owned Entities	其他单位 Other Ownership	工资总额指 数 Indices of Total Wages	国有单位 State-owned Entities	城镇集体单位 Urban Collective-owned Entities	其他单位 Other Ownership
1978	12.68	11.42	1.26		115.3	117.4	99.6	
1979	14.26	12.84	1.42		112.4	112.4	112.7	
1980	17.16	15.46	1.69		120.3	120.4	119.6	
1981	17.97	16.13	1.84		104.7	104.3	108.5	
1982	19.05	17.05	2.01		106.0	105.7	109.3	
1983	20.28	18.11	2.17		106.4	106.2	107.9	
1984	25.43	22.23	3.17	0.03	125.4	122.8	146.4	
1985	30.13	26.30	3.79	0.05	118.5	118.3	119.4	180.6
1986	34.09	29.72	4.31	0.06	113.1	113.0	113.4	125.8
1987	38.68	33.82	4.78	0.08	113.5	113.8	110.9	137.4
1988	47.09	41.30	5.66	0.13	121.7	122.1	118.4	158.7
1989	60.12	53.56	6.42	0.14	111.8	111.5	113.4	110.4
1990	60.66	53.56	6.97	0.13	115.3	116.3	108.6	93.6
1991	68.66	60.27	8.23	0.17	113.2	112.5	118.1	128.6
1992	81.43	71.26	9.95	0.23	118.6	118.2	120.9	135.2
1993	97.02	84.12	12.50	0.39	119.1	118.1	125.6	174.8
1994	138.94	121.35	15.57	2.03	143.2	144.3	124.5	514.3
1995	158.96	137.81	18.22	2.93	114.4	113.6	116.7	144.5
1996	194.07	169.06	20.27	4.73	122.1	122.7	111.3	161.5
1997	219.08	190.75	21.05	7.28	112.9	112.8	103.8	154.0
1998	226.09	193.15	18.70	14.24	103.2	101.3	88.9	195.5
1999	235.93	195.97	17.57	22.39	104.4	101.5	94.0	157.2
2000	254.46	209.50	16.78	28.18	107.9	106.9	95.5	125.8
2001	275.98	225.33	14.37	36.28	108.5	107.6	85.7	128.7
2002	300.85	245.22	13.21	42.42	109.0	108.8	91.9	116.9
2003	314.98	246.24	12.34	56.40	104.7	100.4	93.4	132.9
2004	344.52	264.02	11.53	68.97	109.4	107.2	93.4	122.3
2005	377.16	283.30	10.80	83.05	109.5	107.3	93.7	120.4
2006	458.62	339.88	14.70	104.04	121.6	120.0	136.0	125.3
2007	566.49	398.49	16.32	151.68	123.5	117.2	111.0	145.8
2008	683.69	473.30	18.89	191.50	120.7	118.8	115.7	126.3
2009	788.38	546.72	21.61	220.05	115.3	115.5	114.4	114.9
2010	903.72	619.53	24.46	259.73	114.6	113.3	113.2	118.0
2011	1 111.38	709.16	32.46	369.76	123.0	114.5	132.7	142.4
2012	1 340.24	794.46	41.79	503.99	120.6	112.0	128.8	136.3
2013	1 630.67	797.61	54.29	778.77	121.7	100.4	129.9	154.5
2014	1 727.71	916.93	52.51	758.27	106.0	115.0	96.7	97.4
2015	1 958.70	1 065.57	58.98	834.15	113.4	116.2	112.3	110.0
2016	2 284.05	1 323.26	58.14	902.65	116.6	124.2	98.6	108.2
2017	2 636.42	1 565.96	60.23	1 010.23	115.4	118.3	103.6	111.9
2018	2 922.04	1 659.47	55.04	1 207.53	110.8	106.0	91.4	119.5

15-28 全部职工平均工资及指数（1978–2018年）

Average Wages of Staff and Workers and Related Indices (1978-2018)

单位：万元/人、%　　(10 000 yuan/person,%)

年份 Year	职工平均工资 Average Wages	国有单位 State-owned Entities	集体单位 Urban Collective-owned Entities	其他单位 Other Ownership	平均工资指数(上年=100, %) Indices of Average Wages (preceding year = 100 ,%): 货币工资 Money Wages	国有单位 State-owned Entities	集体单位 Urban Collective-owned Entities	其他单位 Other Ownership	实际工资 Real Wages	国有单位 State-owned Entities	城镇集体单位 Urban Collective-owned Entities	其他单位 Other Ownership
1978	0.06	0.06	0.05		112.0	108.5	128.8		112.0	108.5	128.8	
1979	0.07	0.07	0.05		108.6	109.0	106.7		107.7	108.1	105.8	
1980	0.08	0.08	0.06		115.2	115.2	114.2		106.5	106.5	105.6	
1981	0.08	0.08	0.06		102.6	102.3	105.8		101.8	101.5	105.0	
1982	0.08	0.08	0.07		103.3	103.1	105.8		101.6	101.4	104.0	
1983	0.08	0.09	0.07		104.2	103.9	106.4		103.6	103.3	105.7	
1984	0.10	0.10	0.08	0.11	120.7	122.4	114.5		117.7	119.3	111.6	
1985	0.12	0.12	0.10	0.11	115.5	115.1	117.9	97.0	103.2	102.8	105.3	86.7
1986	0.13	0.13	0.11	0.12	111.0	110.5	113.8	110.6	105.9	105.5	108.6	105.6
1987	0.14	0.15	0.12	0.13	110.7	111.2	107.6	105.7	103.1	103.5	100.2	98.4
1988	0.17	0.18	0.14	0.16	119.2	119.3	118.3	125.2	98.4	98.5	97.7	103.4
1989	0.19	0.19	0.16	0.17	109.6	109.4	110.9	106.6	93.0	92.8	94.1	90.5
1990	0.21	0.22	0.17	0.20	113.3	113.6	109.9	118.6	111.5	111.8	108.2	116.8
1991	0.23	0.24	0.19	0.24	109.3	109.0	112.0	117.5	105.3	105.0	107.9	113.2
1992	0.27	0.28	0.22	0.30	115.4	115.7	113.8	125.1	104.5	104.8	103.1	113.3
1993	0.32	0.33	0.27	0.39	118.0	117.2	123.2	130.2	99.3	98.7	103.7	109.6
1994	0.45	0.47	0.35	0.52	142.4	143.7	130.8	133.4	121.4	122.5	111.5	113.7
1995	0.51	0.53	0.42	0.58	114.1	113.1	120.4	111.6	94.8	94.0	100.1	92.7
1996	0.62	0.64	0.49	0.69	121.0	121.4	116.3	118.3	111.3	111.7	107.0	108.8
1997	0.70	0.72	0.55	0.79	112.9	112.7	111.1	114.4	107.9	107.7	106.2	109.4
1998	0.77	0.79	0.60	0.76	109.0	108.9	110.2	96.3	106.4	106.4	107.6	94.1
1999	0.83	0.84	0.65	0.86	107.9	107.2	107.9	113.2	109.2	108.5	109.2	96.5
2000	0.92	0.94	0.70	0.96	111.5	111.5	108.1	111.7	114.3	114.3	110.8	95.2
2001	1.05	1.09	0.72	1.04	114.1	115.5	102.4	108.8	116.4	117.7	104.4	92.7
2002	1.20	1.24	0.79	1.14	113.8	114.2	110.3	110.0	114.7	115.2	111.2	93.7
2003	1.29	1.35	0.85	1.19	107.4	108.4	107.2	103.9	106.0	107.0	105.8	88.5
2004	1.46	1.53	0.95	1.33	113.3	113.7	111.7	112.0	106.8	107.2	105.3	95.4
2005	1.61	1.69	1.05	1.49	110.7	110.3	110.5	111.9	108.8	108.5	108.6	110.1
2006	1.87	2.00	1.22	1.64	115.9	118.4	115.9	110.4	113.8	116.2	113.8	108.4
2007	2.05	2.29	1.41	1.67	109.5	114.3	115.3	101.5	103.4	108.0	108.8	95.9
2008	2.40	2.68	1.82	1.97	117.3	117.0	129.5	117.9	111.3	111.0	122.8	111.8
2009	2.70	3.03	2.14	2.16	112.3	113.3	117.7	109.9	111.8	112.8	117.1	109.4
2010	3.02	3.43	2.51	2.38	111.8	113.2	117.4	109.9	107.7	109.0	113.1	105.8
2011	3.54	4.04	3.40	2.87	117.3	117.6	135.3	120.7	111.9	112.2	129.1	115.2
2012	3.89	4.51	3.86	3.22	109.9	111.6	113.3	112.1	106.7	108.4	110.0	108.8
2013	4.40	4.90	4.50	4.00	113.6	108.7	117.8	124.3	110.2	105.5	114.3	120.7
2014	4.78	5.44	5.00	4.18	108.6	111.0	111.1	104.5	106.1	108.4	108.5	102.1
2015	5.50	6.45	5.62	4.65	115.1	118.5	112.5	111.4	113.0	116.3	110.4	109.3
2016	6.36	7.89	6.46	4.97	115.5	122.4	114.8	106.8	113.8	120.6	113.1	105.2
2017	7.35	9.57	7.30	5.45	115.7	121.3	113.0	109.5	114.7	120.3	112.1	108.7
2018	8.05	10.41	8.30	6.17	109.5	108.8	113.7	113.3	107.8	107.1	112.0	111.5

15−29 各州市全部职工工资总额和平均工资（2018年）

Total Wages and Annual Average Wages of Staff and Workers by Region (2018)

单位：亿元、万元/人 (100 million yuan, 10 000 yuan/person)

州 市	Region	职工工资总额 Total Wages	国有单位 State-owned Entities	城镇集体单位 Urban Collective-owned Entities	其他单位 Other Ownership	职工平均工资 Average Wages	国有单位 State-owned Entities	城镇集体单位 Urban Collective owned Entities	其他单位 Other Ownership
全 省	**Yunnan**	**2 922.04**	**1 659.47**	**55.04**	**1 207.53**	**8.05**	**10.41**	**8.30**	**6.17**
昆 明	Kunming	923.45	314.59	13.33	595.53	8.03	10.69	5.22	7.11
曲 靖	Qujing	283.57	161.08	5.51	116.98	7.22	10.05	8.08	5.30
玉 溪	Yuxi	182.76	95.07	3.18	84.50	7.61	11.36	7.94	5.84
保 山	Baoshan	139.11	79.19	1.93	57.99	6.85	9.56	17.24	4.90
昭 通	Zhaotong	185.08	144.99	4.21	35.88	8.47	9.39	12.48	6.10
丽 江	Lijiang	72.06	54.97	1.51	15.57	8.58	10.30	9.04	5.37
普 洱	Pu'er	128.59	97.68	3.78	27.13	8.35	10.39	6.68	5.01
临 沧	Lincang	107.97	80.54	2.13	25.29	7.98	10.29	21.04	4.55
楚 雄	Chuxiong	123.18	92.36	3.74	27.08	8.91	10.90	17.37	5.55
红 河	Honghe	227.27	147.75	5.91	73.61	8.50	10.17	8.36	6.55
文 山	Wenshan	141.44	102.34	3.20	35.90	8.20	9.78	11.99	5.53
西双版纳	Xishuangbanna	65.86	44.87	0.62	20.38	8.66	10.75	12.31	6.09
大 理	Dali	186.39	128.07	3.12	55.20	8.47	11.61	16.29	5.24
德 宏	Dehong	81.55	58.53	1.59	21.42	7.94	9.91	11.04	5.09
怒 江	Nujiang	30.24	23.13	0.52	6.59	7.86	9.03	9.32	5.38
迪 庆	Diqing	43.52	34.31	0.75	8.46	12.96	14.97	11.23	8.51

15-30 各州市城镇单位按企事业机关分职工工资总额（2018年）
Total Wages of Employed Persons in Urban Entities at Year-end by Enterprise, Public Institution and Government Agency and by Region (2018)

单位：亿元 (100 million yuan)

州 市	Region	职工工资总额 Total Wages of Employed Persons	企 业 Enterprises	事 业 Public Institutions	机 关 Government Agencies and Organizations
全 省	**Yunnan**	**2 922.04**	**1 431.95**	**955.92**	**529.82**
昆 明	Kunming	923.45	666.44	172.51	81.05
曲 靖	Qujing	283.57	140.93	96.17	46.25
玉 溪	Yuxi	182.76	94.96	54.13	33.67
保 山	Baoshan	139.11	65.12	46.90	27.08
昭 通	Zhaotong	185.08	47.81	92.06	44.83
丽 江	Lijiang	72.06	21.69	30.13	20.24
普 洱	Pu'er	128.59	40.77	57.17	30.64
临 沧	Lincang	107.97	32.71	46.65	28.55
楚 雄	Chuxiong	123.18	38.49	50.87	33.81
红 河	Honghe	227.27	95.75	84.56	46.89
文 山	Wenshan	141.44	44.37	67.14	29.93
西双版纳	Xishuangbanna	65.86	23.87	27.73	14.20
大 理	Dali	186.39	71.75	69.95	44.65
德 宏	Dehong	81.55	26.81	32.00	22.73
怒 江	Nujiang	30.24	9.50	10.43	10.31
迪 庆	Diqing	43.52	10.99	17.51	14.99

15−31 各州市城镇单位按企事业机关分职工平均工资（2018年）
Average Wages of Staff and Workers in Urban Entities at Year-end by Enterprise, Public Institution and Government Agency and by Region (2018)

单位：万元/人 (10 000 yuan/person)

州 市	Region	全部职工 Staff and Workers	企 业 Enterprises	事 业 Institution	机 关 Agencies and Organization
全 省	**Yunnan**	**8.05**	**6.53**	**10.30**	**10.78**
昆 明	Kunming	8.03	7.35	10.13	11.26
曲 靖	Qujing	7.22	5.73	10.00	9.84
玉 溪	Yuxi	7.61	6.05	11.24	11.91
保 山	Baoshan	6.85	5.21	9.41	9.79
昭 通	Zhaotong	8.47	6.89	9.48	8.97
丽 江	Lijiang	8.58	5.96	10.37	10.91
普 洱	Pu'er	8.35	5.66	10.61	10.93
临 沧	Lincang	7.98	4.92	10.50	12.00
楚 雄	Chuxiong	8.91	6.55	10.81	10.96
红 河	Honghe	8.50	6.90	10.48	10.24
文 山	Wenshan	8.20	6.08	9.52	10.44
西双版纳	Xishuangbanna	8.66	6.35	10.63	11.80
大 理	Dali	8.47	5.99	11.56	11.79
德 宏	Dehong	7.94	5.20	10.41	11.28
怒 江	Nujiang	7.86	6.38	8.73	8.90
迪 庆	Diqing	12.96	8.94	15.17	15.55

15-32 各州市城镇单位分行业年末就业人员劳动报酬（2018年）
Earnings of Employed Persons in Urban Units by Sector and Region at Year-end (2018)

单位：亿元 (100 million yuan)

州 市	Region	劳动报酬 Earnings of Employed Persons	农、林、牧、渔业 Farming,Forestry,Animal Husbandry and Fishery	采矿业 Mining	制造业 Manufacturing	电力、热力、燃气及水生产和供应业 Production and Supply of Electric Power, Heat, Gas and Water
全 省	**Yunnan**	**3 181.42**	**22.32**	**67.70**	**383.71**	**97.44**
昆 明	Kunming	1 034.74	1.75	10.22	155.90	22.83
曲 靖	Qujing	305.36	1.70	23.38	46.55	12.58
玉 溪	Yuxi	206.09	0.59	4.62	38.11	5.39
保 山	Baoshan	143.28	1.49	0.96	19.29	3.70
昭 通	Zhaotong	193.64	0.63	6.58	7.32	7.86
丽 江	Lijiang	76.94	0.31	0.23	2.31	2.23
普 洱	Pu'er	134.74	1.01	1.56	8.78	4.80
临 沧	Lincang	116.38	3.43	1.07	9.13	2.48
楚 雄	Chuxiong	130.85	0.99	1.94	8.73	4.40
红 河	Honghe	244.29	2.71	10.33	37.38	9.65
文 山	Wenshan	151.79	2.37	3.47	11.97	5.45
西双版纳	Xishuangbanna	70.58	0.85	0.40	6.01	1.95
大 理	Dali	203.73	2.40	0.72	19.10	6.94
德 宏	Dehong	88.41	0.29	0.05	7.66	3.65
怒 江	Nujiang	32.88	0.60	0.02	4.79	1.54
迪 庆	Diqing	47.74	1.20	2.15	0.70	1.98

15-32 续表1 continued

单位：亿元 (100 million yuan)

州 市	Region	建筑业 Construction	批发和零售业 Wholesale and Retail Trade	交通运输、仓储和邮政业 Transportation, Storage and Post	住宿和餐饮业 Hotel and Catering Service	信息传输、软件和信息技术服务业 Information Transmission, Software and Information Technology Service
全　省	**Yunnan**	**343.80**	**139.03**	**152.33**	**31.36**	**41.69**
昆　明	Kunming	166.94	53.25	115.91	14.78	20.86
曲　靖	Qujing	30.95	18.69	3.47	2.61	0.65
玉　溪	Yuxi	31.17	11.90	2.40	1.11	1.77
保　山	Baoshan	23.22	5.30	2.15	1.68	1.00
昭　通	Zhaotong	8.10	6.26	2.72	1.05	1.99
丽　江	Lijiang	2.45	2.67	2.50	2.46	0.93
普　洱	Pu'er	10.65	4.28	3.29	0.31	1.52
临　沧	Lincang	8.14	3.87	2.52	0.56	1.21
楚　雄	Chuxiong	8.90	4.16	2.08	0.43	1.37
红　河	Honghe	26.12	5.02	2.45	1.08	2.18
文　山	Wenshan	6.33	4.54	3.46	0.84	2.31
西双版纳	Xishuangbanna	1.79	2.46	1.92	1.20	0.82
大　理	Dali	12.40	11.15	4.15	1.83	2.61
德　宏	Dehong	4.29	3.55	1.35	0.87	1.29
怒　江	Nujiang	1.38	0.64	0.70	0.15	0.42
迪　庆	Diqing	0.99	1.30	1.25	0.40	0.77

15-32 续表2 continued

单位：亿元 (100 million yuan)

州 市	Region	金融业 Finance	房地产业 Real Estate	租赁和商务服务业 Leasing Trade and Business Service	科学研究和技术服务业 Scientific Research, Technology Service and Geological Prospecting	水利、环境和公共设施管理业 Water Conservancy, Admistration of Environment and Public Facilities
全 省	**Yunnan**	**142.64**	**75.68**	**57.32**	**93.04**	**39.99**
昆 明	Kunming	61.89	31.93	35.69	48.29	8.69
曲 靖	Qujing	6.74	6.19	2.65	2.68	2.50
玉 溪	Yuxi	9.06	4.62	2.67	4.08	1.95
保 山	Baoshan	4.46	4.00	0.74	2.44	2.31
昭 通	Zhaotong	6.47	2.73	1.53	2.87	1.72
丽 江	Lijiang	4.09	1.32	0.70	2.60	2.93
普 洱	Pu'er	5.91	1.00	2.25	5.75	1.80
临 沧	Lincang	3.72	3.70	0.21	1.37	0.72
楚 雄	Chuxiong	6.12	2.18	1.03	3.22	2.25
红 河	Honghe	7.47	3.38	1.25	4.85	3.13
文 山	Wenshan	6.56	3.38	1.28	2.69	1.81
西双版纳	Xishuangbanna	1.98	4.08	1.12	3.24	2.31
大 理	Dali	9.62	5.63	4.21	4.61	3.44
德 宏	Dehong	5.49	1.28	1.55	2.74	0.50
怒 江	Nujiang	1.33	0.13	0.24	0.46	0.67
迪 庆	Diqing	1.72	0.13	0.20	1.15	3.25

15-32 续表3 continued

单位：亿元 (100 million yuan)

州 市	Region	居民服务、修理和其他服务业 Services to Households,Repair and Other Services	教 育 Education	卫生和社会工作 Health Care, Social Security and Social Welfare	文化、体育和娱乐业 Culture, Sports and Entertainment	公共管理、社会保障和社会组织 Common Administration, Social security and Social Organization
全 省	**Yunnan**	**11.08**	**608.67**	**243.86**	**31.63**	**598.14**
昆 明	Kunming	5.92	108.26	64.56	11.48	95.60
曲 靖	Qujing	1.25	70.23	16.53	1.91	54.11
玉 溪	Yuxi	0.63	31.64	15.64	1.65	37.07
保 山	Baoshan	0.10	28.47	13.30	0.80	27.87
昭 通	Zhaotong	0.08	66.92	15.82	1.06	51.92
丽 江	Lijiang	0.12	18.20	5.43	1.76	23.70
普 洱	Pu'er	0.27	31.70	14.54	1.40	33.91
临 沧	Lincang	0.56	29.76	11.11	0.51	32.30
楚 雄	Chuxiong	0.14	32.47	14.43	0.88	35.13
红 河	Honghe	0.32	54.63	16.81	2.09	53.46
文 山	Wenshan	0.71	45.44	15.64	1.56	31.99
西双版纳	Xishuangbanna	0.06	13.08	8.20	2.05	17.07
大 理	Dali	0.70	43.26	17.98	1.64	51.35
德 宏	Dehong	0.17	17.75	8.80	0.82	26.32
怒 江	Nujiang	0.05	6.54	2.10	0.31	10.83
迪 庆	Diqing		10.32	2.99	1.72	15.52

15-33 各州市城镇单位分行业职工平均工资（2018年）

Average Wages of Staff and Workers in Urban Entities by Sector and Region (2018)

单位：万元/人　　(10 000 yuan/person)

州　市	Region	全部职工 Staff and Workers	农、林、牧、渔业 Farming,Forestry,Animal Husbandry and Fishery	采矿业 Mining	制造业 Manufacturing	电力、热力、燃气及水生产和供应业 Production and Supply of Electric Power,Heat,Gas and Water
全　省	**Yunnan**	**8.05**	**5.73**	**6.02**	**6.44**	**9.81**
昆　明	Kunming	8.03	6.25	6.29	7.36	12.31
曲　靖	Qujing	7.22	7.18	4.89	6.06	9.93
玉　溪	Yuxi	7.61	8.64	7.84	6.85	7.97
保　山	Baoshan	6.85	5.71	5.05	4.96	9.79
昭　通	Zhaotong	8.47	8.98	5.96	7.68	9.36
丽　江	Lijiang	8.58	5.43	3.95	4.68	9.72
普　洱	Pu'er	8.35	3.49	5.56	4.96	9.08
临　沧	Lincang	7.98	4.02	4.27	4.12	6.08
楚　雄	Chuxiong	8.91	7.65	6.36	6.51	10.75
红　河	Honghe	8.50	5.36	8.47	7.67	8.64
文　山	Wenshan	8.20	6.24	7.58	5.27	9.21
西双版纳	Xishuangbanna	8.66	4.95	5.95	5.84	9.62
大　理	Dali	8.47	7.99	4.01	5.72	9.61
德　宏	Dehong	7.94	3.29	2.75	4.01	9.79
怒　江	Nujiang	7.86	8.11	5.14	7.45	9.13
迪　庆	Diqing	12.96	14.06	11.19	6.28	11.49

15-33 续表1 continued

单位：万元/人 (10 000 yuan/person)

州 市	Region	建筑业 Construction	批发和零售业 Wholesale and Retail Trade	交通运输、仓储和邮政业 Transportation, Storage and Post	住宿和餐饮业 Hotel and Catering Service	信息传输、软件和信息技术服务业 Information Transmission, Software and Information Technology Service
全 省	**Yunnan**	**5.08**	**6.16**	**9.03**	**3.95**	**8.64**
昆 明	Kunming	5.85	5.80	10.25	4.01	8.31
曲 靖	Qujing	4.39	7.88	5.13	3.72	7.49
玉 溪	Yuxi	4.62	4.70	6.30	3.54	8.46
保 山	Baoshan	4.46	6.65	6.55	3.99	10.14
昭 通	Zhaotong	4.94	8.56	7.08	3.23	10.20
丽 江	Lijiang	3.59	6.37	7.11	4.48	8.04
普 洱	Pu'er	4.32	6.60	7.60	3.69	9.16
临 沧	Lincang	4.59	6.66	6.58	3.53	8.58
楚 雄	Chuxiong	4.75	7.59	5.47	3.45	9.02
红 河	Honghe	5.15	6.65	4.90	4.94	8.69
文 山	Wenshan	4.96	5.33	7.14	3.78	10.23
西双版纳	Xishuangbanna	5.28	5.36	8.10	4.56	8.25
大 理	Dali	4.00	6.58	6.83	3.56	8.18
德 宏	Dehong	4.05	4.70	6.40	3.62	10.07
怒 江	Nujiang	3.15	6.73	5.14	3.38	8.40
迪 庆	Diqing	5.54	8.05	10.62	5.30	11.49

15-33 续表2 continued

单位：万元/人 (10 000 yuan/person)

州 市	Region	金融业 Finance	房地产业 Real Estate	租赁和商务服务业 Leasing Trade and Business Service	科学研究和技术服务业 Scientific Research, Technology Service and Geological Prospecting	水利、环境和公共设施管理业 Water Conservancy, Admistration of Environment and Public Facilities
全 省	**Yunnan**	**15.17**	**5.71**	**4.72**	**9.71**	**6.48**
昆 明	Kunming	17.58	6.39	5.53	9.57	5.52
曲 靖	Qujing	12.62	5.23	3.67	8.05	5.41
玉 溪	Yuxi	13.54	4.66	3.64	10.05	7.25
保 山	Baoshan	12.46	5.05	3.81	9.60	6.03
昭 通	Zhaotong	14.45	5.05	3.61	10.35	5.57
丽 江	Lijiang	12.34	6.23	5.46	9.44	6.60
普 洱	Pu'er	16.08	4.95	3.65	9.37	5.15
临 沧	Lincang	14.12	4.80	3.50	9.78	9.04
楚 雄	Chuxiong	14.96	4.94	2.88	9.40	9.10
红 河	Honghe	13.44	5.59	4.92	10.35	6.68
文 山	Wenshan	13.62	5.06	4.09	9.72	7.25
西双版纳	Xishuangbanna	15.15	7.73	5.06	10.30	5.63
大 理	Dali	12.73	5.38	3.86	10.49	8.07
德 宏	Dehong	14.02	5.48	3.18	10.35	4.77
怒 江	Nujiang	13.26	4.23	3.19	8.29	7.90
迪 庆	Diqing	14.67	3.97	7.55	15.81	11.77

15-33 续表3 continued

单位：万元/人 (10 000 yuan/person)

州 市	Region	居民服务、修理和其他服务业 Services to Households, Repairand Other Services	教 育 Education	卫生和社会工作 Health Care, Social Works	文化、体育和娱乐业 Culture, Sports and Entertainment	公共管理、社会保障和社会组织 Common Administration, Social Security and Social Organization
全 省	**Yunnan**	**4.66**	**10.57**	**9.33**	**8.67**	**10.59**
昆 明	Kunming	4.38	9.45	9.23	8.55	11.03
曲 靖	Qujing	5.80	10.00	10.23	8.63	9.85
玉 溪	Yuxi	4.35	11.53	10.66	10.73	11.75
保 山	Baoshan	4.55	9.81	8.53	8.36	9.67
昭 通	Zhaotong	4.26	10.57	7.35	7.33	8.49
丽 江	Lijiang	8.32	10.81	9.34	6.97	10.87
普 洱	Pu'er	6.53	11.64	9.88	8.82	10.87
临 沧	Lincang	5.08	11.36	9.38	7.50	11.33
楚 雄	Chuxiong	5.73	11.28	9.86	8.92	11.02
红 河	Honghe	4.31	11.43	8.82	9.52	10.15
文 山	Wenshan	3.56	9.58	8.93	9.03	10.46
西双版纳	Xishuangbanna	6.56	11.33	9.89	7.02	11.71
大 理	Dali	6.73	12.30	10.50	9.48	11.60
德 宏	Dehong	5.17	10.83	9.23	7.67	11.28
怒 江	Nujiang	3.50	9.03	8.42	7.89	8.92
迪 庆	Diqing		15.90	13.09	15.09	15.03

15-34 各州市国有单位分行业职工平均工资（2018年）
Average Wages of Staff and Workers of State-owned Units by Sector and Region (2018)

单位：万元／人 (10 000 yuan/person)

州 市	Region	国有单位 State-owned Units	农、林、牧、渔业 Farming,Forestry, Animal-Husbandry and Fishery	采矿业 Mining	制造业 Manufacturing	电力、热力、燃气及水生产和供应业 Production and Supply of Electric Power,Gas Heat and Water
全 省	**Yunnan**	**10.41**	**5.85**	**7.44**	**7.76**	**10.15**
昆 明	Kunming	10.69	8.53	6.86	11.24	12.43
曲 靖	Qujing	10.05	8.39	5.76	9.77	8.73
玉 溪	Yuxi	11.36	9.49		3.18	7.68
保 山	Baoshan	9.56	5.71		5.42	10.19
昭 通	Zhaotong	9.39	8.98	4.38		8.73
丽 江	Lijiang	10.30	5.12			6.05
普 洱	Pu'er	10.39	3.26	3.00	5.85	8.96
临 沧	Lincang	10.29	4.03		5.39	6.57
楚 雄	Chuxiong	10.90	7.65	5.77	6.57	11.16
红 河	Honghe	10.17	5.37	10.22	9.60	6.45
文 山	Wenshan	9.78	6.45	6.42	6.71	9.23
西双版纳	Xishuangbanna	10.75	4.95		2.40	7.45
大 理	Dali	11.61	8.37		5.79	6.39
德 宏	Dehong	9.91	3.27		2.35	6.90
怒 江	Nujiang	9.03	8.11		6.49	11.47
迪 庆	Diqing	14.97	14.06		2.46	9.48

15-34 续表1 continued

单位：万元／人 (10 000yuan/person)

州 市	Region	建筑业 Construction	批发和零售业 Wholesale and Retail Trade	交通运输、仓储和邮政业 Transportation, Storage and Post	住宿和餐饮业 Hotel and Catering Service	信息传输、软件和信息技术服务业 Information Transmission, Computer Service and Software Service
全 省	**Yunnan**	**8.30**	**16.26**	**8.29**	**4.44**	**9.86**
昆 明	Kunming	10.47	8.93	7.74	4.28	11.51
曲 靖	Qujing	4.99	25.78	6.28	5.56	5.31
玉 溪	Yuxi	7.72	13.29	8.37	5.16	10.70
保 山	Baoshan	3.87	24.31	8.73		8.53
昭 通	Zhaotong	5.02	19.79	8.31	3.11	6.17
丽 江	Lijiang	4.16	8.46	9.05	3.69	4.94
普 洱	Pu'er	4.56	18.25	9.11	5.26	8.14
临 沧	Lincang	9.65	15.74	7.88	3.12	10.68
楚 雄	Chuxiong	5.14	16.81	7.10	4.75	7.67
红 河	Honghe	5.44	11.88	8.28	4.02	7.85
文 山	Wenshan	2.55	13.24	8.37	6.72	5.56
西双版纳	Xishuangbanna	6.63	25.95	8.61	5.25	8.02
大 理	Dali	6.74	21.46	9.03	4.34	10.34
德 宏	Dehong		17.56	9.20	8.77	8.93
怒 江	Nujiang	3.55	17.84	7.94		8.12
迪 庆	Diqing		10.00	12.02		10.28

15-34 续表2 continued

单位：万元/人 (10 000 yuan/person)

州 市	Region	金融业 Finance	房地产业 Real Estate	租赁和商务服务业 Leasing Trade and Business Service	科学研究和技术服务业 Scientific Research, Technology Service and Geological Prospecting	水利、环境和公共设施管理业 Water Conservancy, Environment and Admistration of Public Facilities
全 省	**Yunnan**	**12.22**	**11.04**	**10.26**	**9.83**	**7.55**
昆 明	Kunming	14.43	8.99	12.29	9.31	8.37
曲 靖	Qujing	10.85	6.51	9.75	8.76	5.66
玉 溪	Yuxi	10.36	5.57	9.92	10.96	8.12
保 山	Baoshan	11.79	5.81	5.76	9.67	8.09
昭 通	Zhaotong	11.08	9.64	7.76	10.35	5.88
丽 江	Lijiang	11.83	20.12	13.03	9.67	6.44
普 洱	Pu'er	13.05	7.59	6.19	9.40	5.93
临 沧	Lincang	10.19	4.38	4.13	9.91	9.04
楚 雄	Chuxiong	10.80		8.24	9.56	9.58
红 河	Honghe	10.68	35.04	5.28	10.44	6.80
文 山	Wenshan	11.17	9.44	8.99	9.88	8.76
西双版纳	Xishuangbanna	14.48	14.08	8.26	10.43	6.76
大 理	Dali	11.55	8.32	6.86	11.37	10.25
德 宏	Dehong	13.07	11.88	10.81	10.53	5.02
怒 江	Nujiang	12.62		7.34	8.29	7.90
迪 庆	Diqing	13.89	2.59	11.47	16.07	16.60

15-34 续表3 continued

单位：万元/人 (10 000 yuan/person)

州市	Region	居民服务、修理和其他服务业 Services to Households, Repair and Other Services	教育 Education	卫生和社会工作 Health Care and Social Works	文化、体育和娱乐业 Culture, Sports and Entertainment	公共管理、社会保障和社会组织 Common Administration, Social Security and Social Organization
全省	**Yunnan**	**8.16**	**11.04**	**9.82**	**10.29**	**10.60**
昆明	Kunming	6.36	11.10	10.33	10.33	11.06
曲靖	Qujing	9.57	10.10	10.82	10.53	9.88
玉溪	Yuxi	5.20	11.60	11.39	11.23	11.75
保山	Baoshan	6.21	9.95	8.90	8.22	9.67
昭通	Zhaotong	5.86	10.70	7.61	10.09	8.49
丽江	Lijiang	11.11	10.98	9.64	8.84	10.87
普洱	Pu'er	9.91	11.89	10.05	9.15	10.87
临沧	Lincang	10.68	11.43	9.60	9.39	11.33
楚雄	Chuxiong	15.65	11.45	10.25	10.70	11.02
红河	Honghe	7.05	11.56	8.88	9.75	10.15
文山	Wenshan	6.27	10.09	8.92	9.33	10.46
西双版纳	Xishuangbanna	10.69	11.38	9.89	11.54	11.71
大理	Dali	11.96	12.51	10.85	10.29	11.61
德宏	Dehong	10.36	10.91	9.75	9.83	11.28
怒江	Nujiang	9.32	9.04	8.42	7.96	8.92
迪庆	Diqing		16.19	13.58	16.66	15.03

15-35 各州市城镇集体单位分行业职工平均工资（2018年）
Average Wages of Staff and Workers in Urban Collective-owned Entities by Sector and Region (2018)

单位：万元/人 (10 000 yuan/person)

州　市	Region	集体单位 Collective-owned	农、林、牧、渔业 Farming,Forestry,Animal Husbandry and Fishery	采矿业 Mining	制造业 Manufacturing	电力、热力、燃气及水生产和供应业 Production and Supply of Electric Power, Heat, Gas and Water
全　省	**Yunnan**	**8.30**	**3.85**	**4.90**	**4.36**	**5.66**
昆　明	Kunming	5.22		5.70	3.72	2.90
曲　靖	Qujing	8.08		4.84	6.18	
玉　溪	Yuxi	7.94		3.60	5.21	7.17
保　山	Baoshan	17.24			2.03	
昭　通	Zhaotong	12.48				5.54
丽　江	Lijiang	9.04			3.57	
普　洱	Pu'er	6.68	2.08			
临　沧	Lincang	21.04			4.00	
楚　雄	Chuxiong	17.37			3.96	6.06
红　河	Honghe	8.36			1.29	
文　山	Wenshan	11.99			3.30	
西双版纳	Xishuangbanna	12.31				
大　理	Dali	16.29	4.51		4.86	2.47
德　宏	Dehong	11.04			3.50	2.58
怒　江	Nujiang	9.32				
迪　庆	Diqing	11.23				

15-35 续表1 continued

单位：万元/人 (10 000 yuan/person)

州 市	Region	建筑业 Construction	批发和零售业 Wholesale and Retail Trade	交通运输、仓储和邮政业 Transportation, Storage and Post	住宿和餐饮业 Hotel and Catering Service	信息传输、软件和信息技术服务业 Information Transmission, Software and Information Technology Service
全 省	**Yunnan**	**4.45**	**3.52**	**5.45**	**3.24**	**3.70**
昆 明	Kunming	3.87	3.79	5.56	3.40	3.70
曲 靖	Qujing	5.30	10.36	6.02	2.22	
玉 溪	Yuxi	3.41	2.72		2.25	
保 山	Baoshan		2.98		3.60	
昭 通	Zhaotong	4.81				
丽 江	Lijiang	3.46	3.78	4.25	4.16	
普 洱	Pu'er	3.88	3.40		2.51	
临 沧	Lincang		3.89		3.32	
楚 雄	Chuxiong	3.68	3.62			
红 河	Honghe	6.30	2.46		3.04	
文 山	Wenshan	3.38	3.70		3.95	
西双版纳	Xishuangbanna	9.08	5.19			
大 理	Dali	1.83	4.37	3.51	3.14	
德 宏	Dehong	2.94	5.34		3.27	
怒 江	Nujiang	2.26	3.94	4.03		
迪 庆	Diqing	6.19	5.22		3.81	

15 35 续表2 continued

单位：万元/人 (10 000 yuan/person)

州 市	Region	金融业 Banking	房地产业 Real Estate	租赁和商务服务业 Leasing Trade and Business Service	科学研究和技术服务业 Scientific Research, Technology Service and Geological Prospecting	水利、环境和公共设施管理业 Water Conservancy, Environment and Admistration of Public Facilities
全 省	**Yunnan**	**19.85**	**3.00**	**4.38**	**3.83**	**4.81**
昆 明	Kunming	19.48	2.96	3.26	3.03	5.73
曲 靖	Qujing	18.34		10.35	5.28	0.67
玉 溪	Yuxi	19.10		6.73	12.29	
保 山	Baoshan	20.73		14.07		
昭 通	Zhaotong	18.84	2.62			
丽 江	Lijiang	16.86				
普 洱	Pu'er	19.50	2.58	4.15	13.69	
临 沧	Lincang	22.49	10.47	14.54	2.41	
楚 雄	Chuxiong	21.59		13.39		
红 河	Honghe	18.35	2.57	7.34	8.80	8.10
文 山	Wenshan	20.62		12.08		
西双版纳	Xishuangbanna	25.44		5.61		
大 理	Dali	20.79	3.80	11.34	4.06	
德 宏	Dehong	22.45			5.25	
怒 江	Nujiang	16.89				
迪 庆	Diqing	20.38		5.64	4.60	

15-35 续表3 continued

单位：万元/人 (10 000 yuan/person)

州 市	Region	居民服务、修理和其他服务业 Services to Households, Repairand Other Services	教 育 Education	卫生和社会工作 Health Care, Social Works	文化、体育和娱乐业 Culture, Sports and Entertainment	公共管理、社会保障和社会组织 Common Administration, Social Security and Social Organization
全 省	**Yunnan**	**6.01**	**4.96**	**6.37**	**9.85**	**3.59**
昆 明	Kunming	3.41	5.84	4.76	9.85	3.13
曲 靖	Qujing	9.51	5.21			2.40
玉 溪	Yuxi		5.43			
保 山	Baoshan					
昭 通	Zhaotong		2.42			
丽 江	Lijiang		4.44	6.07		
普 洱	Pu'er	6.04		3.30		
临 沧	Lincang					
楚 雄	Chuxiong			12.99		
红 河	Honghe		4.00	5.40		11.59
文 山	Wenshan		5.06	4.00		
西双版纳	Xishuangbanna		7.61			
大 理	Dali	1.90				
德 宏	Dehong		5.46	7.47		
怒 江	Nujiang					10.18
迪 庆	Diqing		2.01			

15−36 各州市其他单位分行业职工平均工资（2018年）
Average Wages of Staff and Workers in Entities of Other Types of Ownership by Sector and Region (2018)

单位：万元／人 (10 000 yuan/person)

州　市	Region	其他单位 Other Types	农、林、牧、渔业 Farming, Forestry, Animal Husbandry and Fishery	采矿业 Mining	制造业 Manufacturing	电力、热力、燃气及水生产和供应业 Production and Supply of Electric Power, Heat, Gas and Water
全　省	**Yunnan**	**6.17**	**4.52**	**5.85**	**6.41**	**9.74**
昆　明	Kunming	7.11	3.91	6.28	7.22	12.36
曲　靖	Qujing	5.30	5.39	4.78	5.97	9.99
玉　溪	Yuxi	5.84	3.76	7.85	6.89	8.03
保　山	Baoshan	4.90		5.05	4.96	9.75
昭　通	Zhaotong	6.10		6.18	7.68	9.43
丽　江	Lijiang	5.37	6.60	3.95	4.75	10.20
普　洱	Pu'er	5.01	6.33	5.77	4.91	9.66
临　沧	Lincang	4.55	3.09	4.27	4.11	6.05
楚　雄	Chuxiong	5.55		6.45	6.51	9.56
红　河	Honghe	6.55	4.72	7.18	7.59	9.14
文　山	Wenshan	5.53	4.01	7.60	5.22	9.21
西双版纳	Xishuangbanna	6.09	4.85	5.95	5.89	9.68
大　理	Dali	5.24	3.35	4.01	5.72	9.70
德　宏	Dehong	5.09	4.29	2.75	4.73	9.94
怒　江	Nujiang	5.38		5.14	7.49	5.77
迪　庆	Diqing	8.51		11.19	6.33	11.96

15-36 续表1 continued

单位：万元／人 (10 000 yuan/person)

州 市	Region	建筑业 Construction	批发和零售业 Wholesale and Retail Trade	交通运输、仓储和邮政业 Transportation, Storage and Post	住宿和餐饮业 Hotel and Catering Service	信息传输、软件和信息技术服务业 Information Transmission, Software and Information Technology Service
全 省	**Yunnan**	**5.02**	**4.94**	**9.20**	**3.91**	**8.46**
昆 明	Kunming	5.77	5.66	10.39	3.99	7.99
曲 靖	Qujing	4.35	4.44	4.07	3.71	7.99
玉 溪	Yuxi	4.63	3.84	4.78	3.41	7.74
保 山	Baoshan	4.48	4.31	5.32	3.99	10.22
昭 通	Zhaotong	4.95	4.14	6.03	3.24	10.30
丽 江	Lijiang	3.56	4.85	5.59	4.50	8.94
普 洱	Pu'er	4.41	4.62	6.17	3.71	9.39
临 沧	Lincang	4.58	4.31	5.71	3.53	8.40
楚 雄	Chuxiong	4.77	4.86	4.94	3.19	9.18
红 河	Honghe	4.97	4.38	3.81	5.07	8.77
文 山	Wenshan	5.25	4.32	5.38	3.69	10.93
西双版纳	Xishuangbanna	4.89	4.43	7.92	4.54	8.28
大 理	Dali	3.91	4.64	4.33	3.39	6.71
德 宏	Dehong	4.13	4.07	3.85	3.28	10.48
怒 江	Nujiang	3.19	4.01	2.86	3.38	8.42
迪 庆	Diqing	5.40	7.85	4.77	5.33	12.04

15 36 续表2 continued

单位：万元/人 (10 000 yuan/person)

州 市	Region	金融业 Finance	房地产业 Real Estate	租赁和商务服务业 Leasing Trade and Business Service	科学研究和技术服务业 Scientific Research, Technology Service and Geological Prospecting	水利、环境和公共设施管理业 Water Conservancy, Environment and Admistration of Public Facilities
全 省	**Yunnan**	**16.23**	**5.59**	**4.20**	**9.84**	**5.06**
昆 明	Kunming	18.88	6.39	4.88	10.34	4.33
曲 靖	Qujing	10.00	5.18	3.47	4.98	4.06
玉 溪	Yuxi	15.90	4.65	3.36	7.46	3.99
保 山	Baoshan	7.09	5.04	3.24	7.72	4.63
昭 通	Zhaotong	10.35	4.81	3.28		1.97
丽 江	Lijiang	5.88	6.04	4.94	4.80	6.78
普 洱	Pu'er	17.81	4.58	3.30	8.18	2.79
临 沧	Lincang	4.51	4.79	3.07	10.40	
楚 雄	Chuxiong	10.08	4.94	2.74	6.88	4.99
红 河	Honghe	16.49	3.99	4.85	8.70	5.68
文 山	Wenshan	8.28	4.89	3.76	7.90	5.35
西双版纳	Xishuangbanna	13.31	7.61	3.44	7.53	4.86
大 理	Dali	9.72	5.31	3.61	6.97	6.76
德 宏	Dehong	11.84	5.35	2.78	4.09	2.88
怒 江	Nujiang	7.86	4.23	3.10		
迪 庆	Diqing	9.41	4.24	4.94	6.78	8.54

15-36 续表3 continued

单位：万元/人 (10 000 yuan/person)

州 市	Region	居民服务、修理和其他服务业 Services to Households, Repair and Other Services	教 育 Education	卫生和社会工作 Health Care, Social Works	文化、体育和娱乐业 Culture, Sports and Entertainment	公共管理、社会保障和社会组织 Common Administration, Social Security and Social Organization
全 省	**Yunnan**	**4.01**	**5.16**	**5.75**	**6.44**	**3.12**
昆 明	Kunming	4.21	5.35	5.78	7.54	3.61
曲 靖	Qujing	3.82	4.84	5.38	3.74	2.27
玉 溪	Yuxi	4.34	2.25	4.69	3.83	
保 山	Baoshan	3.96	5.05	5.86	9.04	
昭 通	Zhaotong	3.47	5.27	5.19	2.98	
丽 江	Lijiang	4.15	5.15	2.97	5.84	
普 洱	Pu'er	5.16	3.62	5.71	5.93	
临 沧	Lincang	2.76	2.23	4.52	3.35	
楚 雄	Chuxiong	2.79	5.76	4.50	5.74	
红 河	Honghe	3.73	4.13	8.34	2.46	
文 山	Wenshan	3.12	4.55	10.60	4.50	
西双版纳	Xishuangbanna	4.73	3.90		5.74	
大 理	Dali	4.37	4.28	4.60	4.30	3.99
德 宏	Dehong	4.49	7.31	5.02	2.82	
怒 江	Nujiang	2.89	4.06		4.20	
迪 庆	Diqing			4.42	5.30	

主要统计指标解释

人口数 指一定时点、一定地区范围内有生命的个人总和。年度统计的年末人口数指每年12月31日24时的人口数。年度统计的全国人口总数内未包括香港、澳门特别行政区和台湾省以及海外华侨人数。

城镇人口和乡村人口 城镇人口是指居住在城镇范围内的全部常住人口；乡村人口是除上述人口以外的全部人口。

人口密度 指一定时点一定地区的人口数与该地区的面积数之比，即一定时点的单位土地面积上的人口数通常以每平方公里的居民人数来表示。计算公式：

人口密度（人/平方公里）=该地区的人口数/该地区的土地面积

出生率 出生率（又称粗出生率）指一定时期内（通常为一年内）平均每千人所出生的人数的比例，一般用千分率表示。计算公式：出生率（‰）=年出生人数/年平均人数 ×1000‰

出生人数是指活产婴儿，即胎儿脱离母体时（不管怀孕月数）有过呼吸或其他生命现象。年平均人数是年初、年末人口数的平均数，也可用年中人口数代替。

死亡率 指在一定时期内(通常为一年内)一定地区的死亡人数与同期平均人数(或期中人数)之比，一般用千分率表示。计算公式：

死亡率（‰）=年死亡人数/年平均人数 ×1000‰

人口自然增长率 在一定时期内（通常为一年内）人口自然增加数（出生人数减死亡人数）与平均人数（或期中人数）之比，一般用千分率表示。计算公式：

人口自然增长率=（本年出生人口数－本年死亡人口数）/年平均人口数 ×1000%

人口自然增长率（‰）=人口出生率－人口死亡率

性别比 反映男性与女性人口比例的指标，指在总人口中或各年龄组人口中，男性人数与女性人数之比。

通常以每100个女性人口相对应的男性人口数。计算公式：

性别比=男性人口/女性人口 ×100

经济活动人口 指年龄在16周岁及以上，有劳动能力，参加或要求参加社会经济活动的人口。包括就业人员和失业人员。

就业人员 指年龄在16周岁及以上，从事一定社会劳动并取得劳动报酬或经营收入的人员。这一指标反映了一定时期内全部劳动力资源的实际利用情况，是研究我国基本国情国力的重要指标。

单位就业人员 指在各级国家机关、政党机关、社会团体及企业、事业单位中工作，取得工资或其他形式的劳动报酬的全部人员。包括在岗职工、再就业的离退休人员、民办教师以及在各单位中工作的外方人员和港澳台方人员、兼职人员、借用的外单位人员和第二职业者。不包括离开本单位仍保留劳动关系的职工。各单位的就业人员反映了各单位实际参加生产或工作的全部劳动力。

城镇私营和个体就业人员 城镇私营就业人员指在工商管理部门注册登记，其经营地址设在县城关镇（含县城关镇）以上的私营企业就业人员，包括私营企业投资者和雇工。城镇个体就业人员指在工商管理部门注册登记，并持有城镇户口或在城镇长期居住，经批准从事个体工商经营的就业人员，包括个体经营者和在个体工商户劳动的家庭帮工和雇工。

职工 指在国有、城镇集体、联营、股份制、外商和港、澳、台投资、其他单位及其附属机构工作，并由其支付工资的各类人员。不包括下列人员：(1) 乡镇企业就业人员；(2) 私营企业就业人员；(3) 城镇个体劳动者；(4) 离休、退休、退职人员；(5) 再就业的离、退休人员；(6) 民办教师；(7) 在城镇单位中工作的外方及港、澳、台人员；(8) 其他按有关规定不列入职工统计范围的人员。(1998 年及以后的数据均为在岗职工数据，其他相关指标如职工工资总额，职工平均工资等指标也从 1998 年按此口径进行了相应调整)。

国有单位 指资产归国家所有的经济组织。包括按《中华人民共和国企业法人登记管理条例》规定登记注册的非公司制的经济组织，以及中央、地方各级国家机关、事业单位和社会团体。

集体单位 指生产资料归集体所有，并按《中华人民共和国企业法人登记管理条例》规定登记注册的经济组织。

其他单位 包括股份合作单位、联营单位、有限责任公司、股份有限公司、港澳台商投资单位以及外商投资单位等其他登记注册类型单位。

在岗职工 指在本单位工作并由单位支付工资的人员，以及有工作岗位，但由于学习、病伤产假等原因暂未工作，仍由单位支付工资的人员。

工资总额 指各单位在一定时期内直接支付给本单位全部职工的劳动报酬总额。工资总额的计算原则应以直接支付给职工的全部劳动报酬为根据。各单位支付给职工的劳动报酬以及其他根据有关规定支付的工资，不论是计入成本的还是不计入成本的，不论是按国家规定列入计征奖金税项目的，还是未列入计征奖金税项目的，不论是以货币形式支付的还是以实物形式支付的，均包括在工资总额内。

平均工资 指企业、事业、机关单位的职工在一定时期内平均每人所得的货币工资额。它表明一定时期职工工资收入的高低程度，是反映职工工资水平的主要指标。计算公式为：

$$\text{平均工资} = \frac{\text{报告期实际支付的全部职工工资总额}}{\text{报告期全部职工平均人数}} \times 100\%$$

平均工资指数 指报告期职工平均工资与基期职工平均工资的比率，是反映不同时期职工货币工资水平变动情况的相对数。计算公式为：

$$\text{平均工资指数} = \frac{\text{报告期职工平均工资}}{\text{基期职工平均工资}} \times 100\%$$

平均实际工资指数 职工平均实际工资指扣除物价变动因素后的职工平均工资。职工平均实际工资指数是反映实际工资变动情况的相对数，表明职工实际工资水平提高或降低的程度。计算公式为：

$$\text{平均实际工资指数} = \frac{\text{报告期职工平均工资指数}}{\text{报告期城镇居民消费价格指数}} \times 100\%$$

城镇单位就业人员劳动报酬 指各单位在一定时期内直接支付给本单位全部就业人员的劳动报酬总额。包括职工工资总额和其他就业人员劳动报酬总额。

平均劳动报酬 指企业、事业、机关等单位的全部就业人员在一定时期内平均每人所得的货币工资额。

计算公式为：

$$\text{平均劳动报酬} = \frac{\text{报告期实际支付的全部就业人员劳动报酬}}{\text{报告期全部就业人员平均人数}} \times 100\%$$

城镇登记失业人员 指有非农业户口，在一定的劳动年龄内（16 周岁至退休年龄），有劳动能力，无业而要求就业，并在当地就业服务机构进行求职登记的人员。

城镇登记失业率 城镇登记失业人员与城镇单位就业人员（扣除使用的农村劳动力、聘用的离退休人员、港澳台及外方人员）、城镇单位中的不在岗职工、城镇私营业主、个体户主、城镇私营企业和个体就业人员、城镇登记失业人员之和的比。计算公式为：

$$\text{城镇登记失业率} = \frac{\text{城镇登记失业人数}}{\begin{array}{c}(\text{城镇单位就业人员}-\text{使用的农村劳动力}-\\ \text{聘用的离退休人员}-\text{聘用的港澳台及外方人员})+\\ \text{不在岗职工}+\text{城镇私营业主}+\text{城镇个体户主}+\\ \text{城镇私营企业及个体就业人员}+\text{城镇登记失业人数}\end{array}} \times 100\%$$

Explanatory Notes on Principle Statistical Indicators

Total Population refers to the total number of people alive at a certain point of time within a given area.The annual statistics on total population is taken at midnight, the 3lst of December, not including residents in Taiwan province, Hong Kong SAR and Macao SAR and Chinese national residing abroad.

Urban Population and Rural Population Urban population refers to all people residing in cities and towns,while rural population refers to population other than urban population.

Population Density refers to the ratio of population to the area at a certain point of time within a given area,i. e., the population of unit land area at a certain point of time, which is often expressed as number of inhabitants per square kilometer:

Population density = number of population in the region/land area in the region

Birth Rate or (crude Birth Rate) refers to the ratio of the number of births to the average population during a certain period of time (usually a year) which is often expressed in ‰. The formula is as follows:

Birth Rate = Number of Births/Annual Average Number of Population×1000‰.

Number of births refers to live births, i.e., the births when babies had showed any vital phenomena regardless of the length of pregnancy.

Annual Average Number of Population is the average of the number of population at the beginning of the year and that at the end of the year. Sometimes it is substituted for with the mid year population.

Death Rate (or Crude Death Rate) refers to the ratio of the number of deaths to the average population (or mid-period population) during a certain period of time (usually a year) which is often expressed in ‰. The formula is as follows:

Death Rate = Number of Deaths/Annual Average Number of Population×1000‰.

Natural Growth Rate of Population refers to the ratio of natural increase in population (number of births minus number of deaths) in a certain period of time (usually a year) to the average population (or mid-period population)of the same period which is often expressed in ‰. The formulas are as follows:

Natural Growth of Population = (Number of Birth - Number of Deaths)/Average Number of Population ×1000‰.

Natural Growth Rate of Population = Birth Rate - Death Rate

Sex Ratio reflects the indicator of male population and female population, which refers to the ratio of male population to female population in total population or population by age group. It usually means relevant male population per 100 female populations. The formula is as follows:

Sex ratio = male population/female population ×100.

Economically Active Population refers to the population aged 16 and over who are capable of working, are participating in or willing to participate in economic activities, including employed persons and unemployed persons.

Employed Persons refer to persons aged 16 and over who are engaged in gainful employment and thus receive remuneration payment or earn business income. This indicator reflects the actual utilization of total labour force during a certain period of time and is often used for the research on China's economic situation and national power.

Persons Employed in Various Units refer to all the persons working in government agencies of various levels, political and party organizations, social organizations, enterprises and institutions, and receiving wages or other forms of payment. They include fully-employed staff and workers, re-employed retirees, teachers in the schools run by the local people, foreigners and Chinese compatriots from Hong Kong, Macao, and Taiwan working in various units, part-time employees, employees of other units working temporarily at current posts, and employees holding the second job, but do not include persons who have left their working units while keeping their labour contract (employment relation) unchanged. This indicator reflects the total number of laborers actually engaged in production or other operations in various units.

Persons Employed in Private Enterprises and Self-Employed Individuals in Urban Areas Persons employed in private enterprises refer to the persons employed in the private enterprises which have been registered at the departments of industrial and commercial administration for which the business operation are situated at a county town (i.e. a town where the county government is located), or at urban areas with administrative hierarchy higher than a county town. The self-employed individuals in urban areas refer to persons who hold the certificates of residence in urban areas or have resided in the urban areas for a long time and have been registered at the departments of industrial and commercial administration and approved to be engaged in individual industrial or commercial business, including self-employed persons as well as helpers and hired labourers who work in individual households.

Staff and Workers refer to persons working in, and receive payment from units of state ownership, collective ownership, joint ownership, share holding ownership, foreign ownership, and ownership by entrepreneurs from Hong Kong, Macao, and Taiwan, and other types of ownership and their affiliated units. They do not include 1) persons employed in township enterprises, 2) persons employed in private enterprises, 3) urban self-employed persons, 4) retirees, 5) re-employed retirees, 6) teachers in the schools run by the local people, 7) foreigners and persons from Hong Kong, Macao and Taiwan who work in urban units, and 8) other persons not to be included byrelevant regulations. (Data since 1998 refer to fully employed staff and workers. Other related statistics indicators,such as total wage bill and average wage are adjusted since 1998 accordingly).

State-owned Units refer to economic units whose assets are owned by the state, including non-corporation units registered according to Regulation of the People's Republic of China on the Registration of Enterprises and Corporations, state organs, institutions and social organizations at the central-level and local levels.

Collective-owned Units refer to economic units registered according to Regulation of the People's Republic of China on the Registration of Enterprises and Corporations where the means of production are collectively owned.

Units of Other Types of Ownership refer to units registered with other types of ownership, including cooperative units, joint ownership units, limited liability corporations, share holding corporations, units funded by entrepreneurs from Hong Kong, Macao, and Taiwan, and foreign- funded units.

Employed Staff and Workers refer to persons who work in, and receive wages from their working units,including persons who have their work posts but are temporarily absent from work for reasons of study or on sick,injury or maternal leave and still receive wages from their working units.

Total Wage Bill refers to the total remuneration payment to staff and workers in various units during a certain period of time. The calculation of total wage bill is based on the total remuneration payment to the staff and workers. Therefore, all the wages and salaries and other payments to staff and workers are included in the total wage bill regardless of sources, reckoning the cost of production or not, category, listing as items of premium taxation or not, and forms, paying in cash or in kind.

Average Wage refers to the average wage in money terms per person during a certain period of time for staffand workers in enterprises, institutions, and government agencies, which reflects the general level of wage incomeduring a certain period of time and is calculated as follows:

$$\text{Average Wage} = \frac{\text{Total Wage Bill of Staff and Workers at Reference Time}}{\text{Average Number of Staff and Workers at Reference Time}} \times 100\%$$

Average Wage Indices refers to the ratio of average wage of staff and workers at the reference period to that at the base period, which reflects the change of wage of staff and workers at the different period. It is calculated as follows:

$$\text{Average Wage Indices} = \frac{\text{Average Wage of Staff and Workers at Reference Time}}{\text{Average Wage of Staff and Workers at Base Period}} \times 100\%$$

Average Real Wage Indices average real wage of staff and workers refers to the average wage of staff and workers after removing the effects of the price changes and average real wage indices of staff and workers refers to the change of real wage, which reflects the relative increasing or decreasing level of real wage of staff and workers,which is calculated as follows:

$$\text{Average Real Wage Indices} = \frac{\text{Average Wage Indices of Staff and Workers at the Reference Time}}{\text{Urban Consumer Price Indices at Reference Time}} \times 100\%$$

Earning refer to total remuneration payment to all employees in various units in urban areas (did not include urban private units and self-employed individuals) during a certain period of time, including staff and workers and other employees (i.e., reemployed retirees or those who are from Hong Kong, Macao, Taiwan province or other countries).

Average Earning refer to average earning level in money terms per employee in the enterprise, institution and government organ during a certain period of time, it is calculated as follows:

$$\text{Average Earning Of Employees} = \frac{\text{Total Earnings of Employees at Reference Period}}{\text{Average Number of Employees at Reference Period}} \times 100\%$$

Registered Unemployed Persons in Urban Areas refer to the persons with non-agricultural household registration at certain working ages (16 years old to retirement age), who are capable of working, unemployed and willing to work, and have been registered at the local employment service agencies to apply for a job.

Registered Unemployment Rate in Urban Areas refers to the ratio of the number of the registered unemployed persons to the sum of the number of persons employed in various units (minus the employed rural labour force, re-employed retirees, and Hong Kong, Macao, Taiwan or foreign employees), laid-off staff and workers in urban units, owners of private enterprises in urban areas, owners of self-employed individuals in urban areas, employees of private enterprises in urban areas, employee of self-employed individuals in urban areas, and the registered unemployed persons in urban areas. The formula is as follows:

Registered unemployment rate in urban areas = (number of registered urban unemployed persons) / (number of persons employed in urban units-
employed rural labour force unemployed persons
in urban areas urban self - employed individuals
registered of urban private enterprises employees
of urban self - employed individuals employees
urban private enterprises owners of laid - off staff
and workers owners of Macao, Taiwan or foreign
employees re - employed retirees - Hong Kong) ×100%

Chapter 16

十六、资源与环境
Resources and Environment

16-1 土地利用情况（2018年）

Land Utilization (2018)

项　　目	Item	面积（万公顷）Area(10 000 hectares)	占总面积(%) Proportion to Total Area (%)
土地调查面积	**Land Survey Area**	**3 831.89**	**100.0**
农用地	Agricultural Land	3 291.67	85.9
耕地	Cultivated Land	620.91	16.2
园地	Garden Plot	162.58	4.2
林地	Forest Land	2 300.16	60.0
牧草地	Grassland	14.69	0.4
其他农用地	Others	193.33	5.1
建设用地	Construction Land	112.24	2.9
居民点及工矿用地	Residential and Industrial Land	88.14	2.3
交通运输用地	Land for Transport	12.24	0.3
水利设施用地	Water Conservancy Facilities Land	11.86	0.3
未利用地	Unused Land	427.98	11.2

16-2 主要山峰高程

Height of Major Mountain Peaks

名　称	Mountain Range	标 高（米） Height of Mountain Peak (m)	所处州、市	Region
梅里雪山（卡瓦格博峰）	Meili Snow Mountains (Kawagebo Peak)	6 740	迪 庆	Diqing
玉龙雪山（扇子陡峰）	Yulong Snow Mountains (Shanzi Peak)	5 596	丽 江	Lijiang
碧罗雪山	Biluo Snow Mountains	4 141	怒 江	Nujiang
点苍山（马龙峰）	Diancang Mountains (Malong Peak)	4 122	大 理	Dali
拱王山	Gongwang Mountains	3 677	昆 明	Kunming
大雪山	Daxue Mountains	3 504	临 沧	Lincang
高黎贡山	Gaoligong Mountains	3 374	保 山	Baoshan
无量山	Wuliang Mountains	3 291	大理、普洱	Dali, Pu'er
哀牢山	Ailao Mountains	2 940	普洱、玉溪、红河	Pu'er,Yuxi, Honghe
梁王山	Liangwang Mountains	2 833	曲 靖	Qujing
五莲峰	Wulian Mountains	2 561	昭 通	Zhaotong

注：全省最低点为河口县境内的南溪河与红河汇合处，海拔76.4米。
Note: The minimum height is that of 76.4 meters of the confluence of the Nanxi River and the Honghe River in Hekou county.

16-3 主要河流情况

Major Rivers

名　称	River	境内河长（千米） Internal Length (km)	集水面积（万平方千米） Catchments Area (10 000 sq.km)
金沙江	Jinsha River	1 560	10.56
澜沧江	Lancang River	1 227	8.86
元　江	Yuan River	680	3.75
南盘江	Nanpan River	677	4.33
怒　江	Nu River	618	3.34
瑞丽江	Ruili River	370	0.97
大盈江	Daying River	196	0.59

16-4 主要湖泊情况
Major Lakes

名 称	Lake	所属水系 River System	湖面面积 (平方千米) Lake Area (sq · km)	最大水深 (米) Maximum Depth(m)	平均水深 (米) Average Depth(m)	平均水位 (米) Average Water Level (m)	总容水量 (亿立方米) Water Volume (100 million cu.m)
滇 池	Dianchi Lake	金沙江 Jinsha River	306.3	8	5	1 885	15.70
洱 海	Erhai Lake	澜沧江 Lancang River	250.0	23	10.5	1 974	30.00
抚仙湖	Fuxian Lake	南盘江 Nanpan River	212.0	151.5	87	1 720	185.00
程 海	Chenghai Lake	金沙江 Jinsha River	78.8	36.9	15	1 503	27.00
泸沽湖	Lugu Lake	金沙江 Jinsha River	51.8	73.2	40	2 685	20.72
星云湖	Xingyun Lake	南盘江 Nanpan River	39.0	12	9	1 723	2.30
杞麓湖	Qilu Lake	南盘江 Nanpan River	37.3	6.8	4	1 792	1.68
阳宗海	Yangzonghai Lake	南盘江 Nanpan River	31.0	30	20	1 770	6.02
异龙湖	Yilong Lake	泸 江 Lu River	31.0	6.6	2.8	1 413	1.27

16-5 各州市土地利用情况（2018年）

Land Use by Region (2018)

单位：万公顷 (10 000 hectares)

州　市	Region	土地调查面积 Area under Land Survey	农用地 Land for Agriculture Use	园　地 Garden Land	牧草地 Land Grazing and Pasture	建设用地 Land for Construction	居民点及工矿用地 Land for Inhabitation, Mining and Manufacturing	交通运输用地 Land for Transport	水利设施用地 Land for Water Conservancy Facilities
全　省	**Yunnan**	**3 831.89**	**3 291.67**	**162.58**	**14.69**	**112.23**	**88.14**	**12.23**	**11.86**
昆　明	Kunming	210.13	160.99	5.02	0.29	16.87	13.85	1.95	1.07
曲　靖	Qujing	289.35	235.76	3.12	0.88	13.54	10.77	1.29	1.48
玉　溪	Yuxi	149.42	127.63	2.65	0.02	5.71	4.56	0.68	0.47
保　山	Baoshan	190.62	169.32	5.98	0.15	6.52	5.50	0.64	0.38
昭　通	Zhaotong	224.40	187.95	3.65	1.66	7.14	6.13	0.63	0.38
丽　江	Lijiang	205.54	172.48	1.69	1.80	3.82	2.91	0.45	0.46
普　洱	Pu'er	442.66	416.81	26.66	0.08	9.42	5.33	0.77	3.32
临　沧	Lincang	236.20	214.95	16.62	0.20	5.37	4.09	0.75	0.53
楚　雄	Chuxiong	284.38	242.33	3.73		7.87	5.96	0.86	1.05
红　河	Honghe	321.73	272.41	17.07	0.09	10.35	8.18	1.18	0.99
文　山	Wenshan	314.08	257.12	6.64	0.14	7.50	5.96	0.86	0.68
西双版纳	Xishuangbanna	190.96	179.95	56.12	0.01	3.34	2.79	0.35	0.20
大　理	Dali	282.99	248.73	9.28	0.22	8.49	6.90	1.00	0.59
德　宏	Dehong	111.72	102.94	3.93	0.04	3.87	3.31	0.37	0.19
怒　江	Nujiang	145.85	119.06	0.17	0.41	0.92	0.80	0.10	0.02
迪　庆	Diqing	231.86	183.24	0.25	8.68	1.50	1.10	0.35	0.05

16-6 各州市自然湿地面积（2018年）

Area of Natural Wetlands by Region (2018)

州 市	Region	天然湿地面积（万公顷）Area of Natural Wetlands (1 0 000 hectares)	河 流 Rivers	湖 泊 Lakes	沼 泽 Marshland	占土地调查面积比重(%) Proportion to Investigation Area (%)
全 省	**Yunnan**	**39.83**	**24.06**	**11.99**	**3.78**	**1.04**
昆 明	Kunming	4.72	1.23	3.32	0.16	2.25
曲 靖	Qujing	1.68	1.49	0.16	0.04	0.58
玉 溪	Yuxi	3.89	0.87	3.02	0.01	2.60
保 山	Baoshan	1.73	1.65	0.03	0.05	0.91
昭 通	Zhaotong	2.28	1.75	0.01	0.51	1.02
丽 江	Lijiang	3.02	1.32	1.15	0.55	1.47
普 洱	Pu'er	3.07	3.06	0.01	0.01	0.69
临 沧	Lincang	1.36	1.35		0.01	0.57
楚 雄	Chuxiong	2.07	2.04	0.01	0.02	0.73
红 河	Honghe	2.29	1.54	0.71	0.05	0.71
文 山	Wenshan	1.66	1.10	0.49	0.06	0.53
西双版纳	Xishuangbanna	1.28	1.28	0.01		0.67
大 理	Dali	4.72	1.72	2.82	0.18	1.67
德 宏	Dehong	1.41	1.29	0.05	0.06	1.26
怒 江	Nujiang	1.38	1.25	0.03	0.09	0.95
迪 庆	Diqing	3.28	1.13	0.17	1.99	1.42

16-7 造林面积情况（2018年）

Area of Afforestation (2018)

单位：公顷 （hectare）

年份 州市	Year Region	造林总面积 Total Area of Afforestation	按造林方式分 By Approach				
			人工造林 Manual Planting	飞播造林 Airplane Planting	新封山育林 New Closing Hillsides for Afforestation	退化林修复 Restoration of Degraded Forest	人工更新造林 Artificial Regeneration
全　省	**Yunnan**	**374 796**	**261 079**		**67 692**	**45 937**	**88**
昆　明	Kunming	15 378	10 729		4 316	333	
曲　靖	Qujing	30 689	21 723		8 966		
玉　溪	Yuxi	11 458	6 757		3 367	1 334	
保　山	Baoshan	16 729	6 728		2 000	8 001	
昭　通	Zhaotong	59 261	48 901		6 360	4 000	
丽　江	Lijiang	15 072	6 140		6 799	2 133	
普　洱	Pu'er	15 991	15 770		133		88
临　沧	Lincang	47 096	40 947		2 147	4 002	
楚　雄	Chuxiong	30 950	21 616		666	8 668	
红　河	Honghe	40 345	30 275		1 538	8 532	
文　山	Wenshan	31 527	16 394		14 133	1 000	
西双版纳	Xishuangbanna	10 949	8 948		667	1 334	
大　理	Dali	28 047	18 045		6 734	3 268	
德　宏	Dehong	1 709	1 376			333	
怒　江	Nujiang	2 504	1 171		1 000	333	
迪　庆	Diqing	17 091	5 559		8 866	2 666	

16-8 水资源状况

Water Resources

单位：亿立方米 (100 million cu.m)

年份 州市	Year Region	水资源总量 Total Amount of Water Resources	地表水资源量 Surface Water Resources	地表水与地下水重复计算量 Duplicated Measurement Between Surface Water and Groundwater
2001		2 561.94	2 561.94	808.50
2002		2 308.87	2 308.87	763.60
2003		1 699.36	1 699.36	592.20
2004		2 106.30	2 106.30	719.80
2005		1 846.43	1 846.43	660.30
2006		1 712.00	1 712.00	615.00
2007		2 256.00	2 256.00	794.60
2008		2 314.49	2 314.49	801.60
2009		1 577.00	1 577.00	582.60
2010		1 941.00	1 941.00	686.00
2011		1 480.19	1 480.19	548.05
2012		1 689.77	1 689.77	583.20
2013		1 706.69	1 706.69	573.29
2014		1 726.63	1 726.63	557.39
2015		1 872.00	1 872.00	615.16
2016		2 089.00	2 089.00	699.70
2017		2 202.63	2 202.63	762.00
2018		2 206.48	2 206.48	772.82
昆明	Kunming	64.82	64.82	21.92
曲靖	Qujing	120.34	120.34	31.31
玉溪	Yuxi	46.86	46.86	18.56
保山	Baoshan	147.33	147.33	52.84
昭通	Zhaotong	132.83	132.83	50.45
丽江	Lijiang	65.71	65.71	24.94
普洱	Pu'er	335.74	335.74	142.82
临沧	Lincang	156.20	156.20	51.32
楚雄	Chuxiong	51.81	51.81	13.40
红河	Honghe	214.89	214.89	78.14
文山	Wenshan	161.62	161.62	51.11
西双版纳	Xishuangbanna	165.85	165.85	58.98
大理	Dali	92.87	92.87	32.18
德宏	Dehong	130.01	130.01	45.73
怒江	Nujiang	202.56	202.56	56.72
迪庆	Diqing	117.04	117.04	42.41

16–9 各州市水资源及供、用水情况（2018年）

Water Resource and Tap Water Supply and Use by Region (2018)

单位：亿立方米 (100 million cu.m)

州 市	Region	水资源总量 Total Amount of Water Resources	供水总量 Total Volume of Water Supply	用水总量 Total Volume of Water Use	农 业 For Agriculture Use	工 业 For Industry Use	生 活 For Residential Use	生 态 For Environmental Use
全 省	**Yunnan**	**2 206.48**	**155.70**	**155.70**	**107.20**	**21.02**	**23.59**	**3.92**
昆 明	Kunming	64.82	18.88	18.88	8.30	4.81	4.69	1.08
曲 靖	Qujing	120.34	14.91	14.91	9.20	3.36	2.30	0.05
玉 溪	Yuxi	46.86	9.17	9.17	6.02	1.43	1.20	0.52
保 山	Baoshan	147.33	11.50	11.50	8.74	1.33	1.24	0.19
昭 通	Zhaotong	132.83	10.47	10.47	5.18	1.92	3.10	0.28
丽 江	Lijiang	65.71	6.06	6.06	4.76	0.37	0.48	0.45
普 洱	Pu'er	335.74	11.69	11.69	9.66	0.69	1.29	0.05
临 沧	Lincang	156.20	8.40	8.40	6.80	0.58	0.94	0.08
楚 雄	Chuxiong	51.81	10.02	10.02	8.08	0.81	1.06	0.07
红 河	Honghe	214.89	15.83	15.83	10.90	2.41	2.18	0.36
文 山	Wenshan	161.62	10.21	10.21	7.24	1.11	1.67	0.18
西双版纳	Xishuangbanna	165.85	5.40	5.40	4.51	0.20	0.67	0.01
大 理	Dali	92.87	12.53	12.53	9.03	1.44	1.68	0.38
德 宏	Dehong	130.01	7.18	7.18	6.25	0.21	0.60	0.11
怒 江	Nujiang	202.56	1.83	1.83	1.37	0.20	0.20	0.06
迪 庆	Diqing	117.04	1.61	1.61	1.13	0.15	0.29	0.03

16-10 各州市城市人口和建设用地情况（2018年）

Basic Statistics on Urban Population and Land Use for Construction by Region (2018)

州 市	Rejion	城区人口(万人) Number of Urban Population (10 000 persons)	城区面积(平方公里) City Area (sq.km)	建成区面积 Of Which Developed Area	绿化覆盖面积(平方公里) Coverage Area of Greenery and Plants (sq.km)	建成区面积 Of Which Developed Area	人均公园绿地面积(平方米) Per Capita Public Park Area (sq.km)	建成区绿化覆盖率(%) Percentage of Coverage by Greenery and Plants in Developed Area (%)
全 省	**Yunnan**	**1 405.50**	**4 695.40**	**1 872.52**	**807.15**	**714.45**	**11.16**	**38.15**
昆 明	Kunming	463.58	2 215.59	543.49	232.14	225.71	11.31	41.53
曲 靖	Qujing	161.03	279.55	221.59	85.98	83.07	11.44	37.49
玉 溪	Yuxi	63.75	238.21	74.24	43.22	29.75	11.74	40.07
保 山	Baoshan	69.80	179.23	89.38	39.10	36.72	10.98	41.08
昭 通	Zhaotong	97.92	188.29	124.58	40.94	35.14	8.57	28.20
丽 江	Lijiang	27.04	59.28	48.70	18.11	17.35	15.98	35.62
普 洱	Pu'er	55.66	141.26	76.74	33.37	29.23	10.68	38.08
临 沧	Lincang	58.43	155.20	73.08	30.89	30.06	10.61	41.13
楚 雄	Chuxiong	66.81	188.87	105.34	48.33	39.43	12.30	37.43
红 河	Honghe	126.52	236.64	158.08	70.12	62.70	12.38	39.67
文 山	Wenshan	57.72	168.06	95.12	36.07	31.24	8.63	32.84
西双版纳	Xishuangbanna	22.47	197.93	40.55	34.10	17.29	14.25	42.63
大 理	Dali	76.43	210.18	109.68	42.25	40.91	10.31	37.30
德 宏	Dehong	34.20	136.00	68.15	27.04	23.65	10.63	34.70
怒 江	Nujiang	13.19	26.54	19.01	5.61	4.83	9.91	25.42
迪 庆	Diqing	10.95	74.57	24.79	19.92	7.39	10.30	29.80

16-11 废水、废气排放情况

Waste Water, Waste Gas Discharged

单位：万吨 (10 000 tons)

年 份 州 市	Year Region	废水排放总量 Total Volume of Waste Water Discharged	生活污水排放量 Consumption Waste Water Discharged	化学需氧量(COD)排放量 COD Discharge	生活污水中COD排放量 COD Discharge from Consumption Waste Water	二氧化硫(SO_2)排放量 Volume of Sulphur Dioxide Emission	工业SO_2排放量 Volume of Industry Sulphur Dioxide Emission
2001		64 152.34	31 439.00	30.89	16.64	35.75	29.44
2002		66 271.02	32 575.00	30.10	18.07	36.41	29.31
2003		68 180.80	33 526.00	28.52	19.24	45.26	38.07
2004		78 302.56	39 901.00	29.02	19.26	47.75	39.99
2005		75 202.45	42 274.00	28.47	17.78	52.19	42.89
2006		80 478.36	46 192.41	29.37	18.80	55.10	45.62
2007		83 758.94	48 406.66	29.00	19.21	53.37	44.54
2008		83 864.57	50 869.04	28.05	18.86	50.17	41.99
2009		87 590.64	55 215.43	27.31	18.78	49.93	41.78
2010		91 992.68	61 066.20	26.83	17.90	50.07	43.96
2011		147 523.10	100 208.27	55.47	29.35	69.12	64.25
2012		154 008.29	111 088.18	54.86	29.17	67.22	62.26
2013		156 583.28	114 635.37	54.72	29.44	66.31	61.30
2014		157 544.15	116 905.20	53.38	28.69	63.67	58.26
2015		173 333.44	127 082.04	51.03	28.15	58.37	52.38
2016		181 089.33	131 931.52	37.38	28.03	52.62	46.13
2017		185 111.86	164 498.43	33.07	29.82	38.44	30.54
2018		194 168.64	174 353.81	33.00	30.30	36.47	29.03
昆 明	Kunming	87 774.42	84 760.35	1.06	0.69	5.37	4.81
曲 靖	Qujing	14 459.01	13 035.10	5.83	5.70	10.83	9.61
玉 溪	Yuxi	7 134.95	5 149.42	1.88	1.74	3.26	3.19
保 山	Baoshan	4 966.39	3 965.12	1.77	1.63	0.86	0.67
昭 通	Zhaotong	7 753.84	5 611.10	2.61	2.52	3.69	0.97
丽 江	Lijiang	4 046.86	3 844.69	0.09	0.04	0.57	0.45
普 洱	Pu'er	8 040.18	5 863.96	2.49	2.16	0.74	0.55
临 沧	Lincang	6 270.72	5 233.17	2.11	2.02	0.38	0.22
楚 雄	Chuxiong	8 213.66	7 797.24	2.12	1.83	1.11	0.85
红 河	Honghe	13 019.81	11 697.22	3.60	3.47	5.05	4.10
文 山	Wenshan	8 545.11	7 421.99	3.25	3.01	1.69	1.31
西双版纳	Xishuangbanna	3 745.65	3 375.64	1.31	1.20	0.14	0.11
大 理	Dali	12 616.30	12 070.32	2.52	2.33	1.21	0.88
德 宏	Dehong	5 120.60	3 075.29	1.48	1.20	1.10	1.07
怒 江	Nujiang	964.23	559.90	0.37	0.32	0.25	0.21
迪 庆	Diqing	1 496.95	893.30	0.49	0.44	0.22	0.03

注：本表数据为初步数据。
Note: Data in this table are preliminary data.

16-12 各州市工业废水排放及处理情况（2018年）

Discharge and Disposal of Industrial Waste Water by Region (2018)

州 市	Region	工业废水治理设施数（套）Number of Facilities for Industrial Waste Water Treated (set)	工业废水治理设施处理能力（万吨/日）Capacity of Facilities for Industrial Waste Water Treated (10 000 tons/d)	工业废水处理量（亿吨）Volume of Industrial Waste Water Treated (100 million tons)	工业废水排放量（亿吨）Total Volume of Industrial Waste Water Discharged (100 million tons)
全 省	**Yunnan**	**1 890**	**588.71**	**8.50**	**1.97**
昆 明	Kunming	353	116.12	2.31	0.30
曲 靖	Qujing	272	124.80	0.91	0.14
玉 溪	Yuxi	168	79.95	0.96	0.20
保 山	Baoshan	66	6.53	0.10	0.10
昭 通	Zhaotong	88	26.55	0.35	0.21
丽 江	Lijiang	87	4.02	0.04	0.02
普 洱	Pu'er	94	29.52	0.22	0.22
临 沧	Lincang	79	12.80	0.12	0.10
楚 雄	Chuxiong	138	24.58	0.75	0.04
红 河	Honghe	161	77.42	1.39	0.13
文 山	Wenshan	62	27.31	0.55	0.11
西双版纳	Xishuangbanna	122	12.00	0.11	0.04
大 理	Dali	96	13.93	0.12	0.05
德 宏	Dehong	69	11.21	0.22	0.20
怒 江	Nujiang	18	14.21	0.17	0.04
迪 庆	Diqing	17	7.75	0.19	0.06

注：本表数据为初步数据。
Note: Data in this table are preliminary data.

16-13 各州市工业废气排放及处理能力情况（2018年）

Emission and Disposal Capacity of Industrial Waste Gas by Region (2018)

州 市	Region	工业废气治理设施数（套）Number of Facilities for Disposal of Industrial Waste Gas (set)	工业废气治理设施处理能力（万立方米/时）Capacity of Facilities for Disposal of Industrial Waste Gas (10 000 cu.m/h)	工业废气排放量（亿立方米）Total Volume of Industrial Waste Gas Emitted (100 million cu.m)
全 省	**Yunnan**	**8 783**	**610 795.38**	**14 052.52**
昆 明	Kunming	1 659	9 051.03	3 420.01
曲 靖	Qujing	943	566 315.40	2 589.42
玉 溪	Yuxi	1 209	13 653.99	1 728.04
保 山	Baoshan	422	1 654.03	341.24
昭 通	Zhaotong	419	2 324.66	424.48
丽 江	Lijiang	155	448.07	153.09
普 洱	Pu'er	453	1 980.87	441.78
临 沧	Lincang	413	872.52	274.53
楚 雄	Chuxiong	243	1 328.11	487.46
红 河	Honghe	803	5 055.02	1 969.94
文 山	Wenshan	391	1 734.02	641.03
西双版纳	Xishuangbanna	283	425.92	48.78
大 理	Dali	809	3 172.54	975.06
德 宏	Dehong	393	2 158.85	401.37
怒 江	Nujiang	87	485.35	64.24
迪 庆	Diqing	101	135.00	92.04

注：本表数据为初步数据。
Note: Data in this table are preliminary data.

16-14 各州市工业固体废物排放及处理利用情况（2018年）

Discharge, Disposal and Recycling of Industrial Solid Wastes by Region (2018)

单位：万吨 (10 000 tons)

州 市	Region	一般工业固体废物产生量 Common Industrial Solid Wastes Produced	一般工业固体废物综合利用量 Common Industrial Solid Wastes Utilized	一般工业固体废物综合利用率(%) Rate of Common Industrial Solid Wastes Utilized (%)	一般工业固体废物贮存量 Common Industrial Solid Wastes Stored	一般工业固体废物处置量 Common Industrial Solid Wastes Disposal	处置往年贮存量 Volume of Previously Stored Industrial Solid Wastes Disposal	一般工业固体废物倾倒丢弃量 Common Industrial Solid Wastes Discharged
全 省	**Yunnan**	**17 710.83**	**6 997.61**	**38.9**	**2 140.71**	**9 035.19**	**188.68**	**1.02**
昆 明	Kunming	3 153.41	1 025.16	32.2	5.59	2 152.36	0.36	0.05
曲 靖	Qujing	1 495.90	1 120.94	69.3	384.98	228.74	116.33	
玉 溪	Yuxi	2 047.94	1 191.02	58.1	205.73	697.70	46.25	
保 山	Baoshan	166.95	134.82	80.7	2.72	30.26	0.84	0.01
昭 通	Zhaotong	293.75	182.08	61.5	49.15	66.50	1.54	0.01
丽 江	Lijiang	58.33	109.24	84.4	19.92	4.46	4.27	0.01
普 洱	Pu'er	410.30	132.11	32.1	26.10	253.27	0.54	
临 沧	Lincang	350.85	257.07	73.2	25.95	68.04		
楚 雄	Chuxiong	547.78	427.57	74.1	117.33	34.85	3.61	0.84
红 河	Honghe	2 321.75	1 189.47	51.1	810.73	326.25	0.44	
文 山	Wenshan	4 639.12	234.53	5.0	209.62	4 216.58	10.51	
西双版纳	Xishuangbanna	252.90	96.57	38.2	30.01	126.32		
大 理	Dali	384.10	116.97	30.1	17.72	257.40	4.00	
德 宏	Dehong	894.84	691.09	77.2	2.70	201.04		
怒 江	Nujiang	217.05	10.60	4.9	206.24	0.21		
迪 庆	Diqing	475.86	78.35	16.5	26.21	371.20		0.10

注：本表根据初步数据整理。
Note: Data in this table are preliminary data.

16-15 各州市城市（县城）污水排放和处理情况（2018年）

Discharge and Disposal of City Sewage by Region (2018)

州 市	Region	城市(县城)污水排放量(万立方米) Total Volume of City (County) Sewage Discharged (10 000 cu.m)	污水处理总量(万立方米) Total Volume of Sewage Disposal (10 000 cu.m)	污水厂污水处理量 Volume of Sewage Disposal by Sewage Disposal Plants	城市(县城)污水处理率(%) Ratio of City (County)Sewage Disposal (%)	污水处理厂集中处理率(%) Ratio of Centralized Disposal by Sewage Disposal Plants (%)
全 省	**Yunnan**	**124 173.08**	**116 753.38**	**114 722.70**	**94.02**	**92.39**
昆 明	Kunming	54 197.23	52 648.14	50 617.46	97.14	93.39
曲 靖	Qujing	8 463.11	8 041.92	8 041.92	95.02	95.02
玉 溪	Yuxi	5 695.44	5 322.94	5 322.94	93.46	93.46
保 山	Baoshan	4 241.92	3 903.29	3 903.29	92.02	92.02
昭 通	Zhaotong	7 096.42	6 199.80	6 199.80	87.37	87.37
丽 江	Lijiang	2 989.00	2 808.75	2 808.75	93.97	93.97
普 洱	Pu'er	4 119.94	3 826.59	3 826.59	92.88	92.88
临 沧	Lincang	3 241.27	3 015.16	3 015.16	93.02	93.02
楚 雄	Chuxiong	6 056.99	5 905.89	5 905.89	97.51	97.51
红 河	Honghe	9 449.03	8 880.18	8 880.18	93.98	93.98
文 山	Wenshan	4 573.95	3 842.41	3 842.41	84.01	84.01
西双版纳	Xishuangbanna	2 424.73	2 147.27	2 147.27	88.56	88.56
大 理	Dali	6 576.12	6 079.85	6 079.85	92.45	92.45
德 宏	Dehong	3 040.61	2 620.35	2 620.35	86.18	86.18
怒 江	Nujiang	1 116.95	694.35	694.35	62.16	62.16
迪 庆	Diqing	890.37	816.49	816.49	91.70	91.70

16-16 主要城市空气质量指标（2018年）

The Indicators of Air Quality By Main Cities and Towns (2018)

单位：毫克/立方米 (mg/m³)

城 市	City	可吸入颗粒物 (PM10) Particulate Matters	二氧化硫 (SO_2) Sulphur Dioxide	二氧化氮 (NO_2) Nitrogen Dioxide	空气质量达到及好于二级的天数(天) Days of Air Quality Equal to and Above Grade Ⅱ	空气质量综合指数 Comprehensive Index of Air Quality
昆明市	Kunming	0.055	0.013	0.034	361	3.83
曲靖市	Qujing	0.053	0.014	0.019	364	3.48
玉溪市	Yuxi	0.055	0.012	0.022	364	3.63
保山市	Baoshan	0.043	0.007	0.012	361	2.71
昭通市	Zhaotong	0.050	0.016	0.019	362	3.21
丽江市	Lijiang	0.039	0.011	0.013	364	2.51
普洱市	Pu'er	0.038	0.006	0.018	356	2.67
临沧市	Lincang	0.047	0.011	0.016	358	3.18
楚雄市	Chuxiong	0.043	0.016	0.020	365	3.13
蒙自市	Mengzi	0.041	0.014	0.010	359	2.90
文山市	Wenshan	0.045	0.006	0.015	362	2.86
景洪市	Jinghong	0.048	0.007	0.018	362	2.96
大理市	Dali	0.038	0.005	0.016	364	2.53
芒 市	Mangshi	0.055	0.015	0.023	338	3.73
泸水市	Lushui	0.059	0.011	0.018	356	3.17
香格里拉市	Shangri-La	0.033	0.011	0.010	363	2.25

注：统计范围是州、市所在地监测城市
Note: Statistical coverage is the monitored cities of prefectures and cities.

16-17 主要城市区域环境噪声源构成情况（2018年）

Composition of Environmental Noise Source By Major Cities and Towns (2018)

单位：分贝 (dB)

城　市	City	等效声级 Average Equivalent Sound Level of Environmental Noise	交通噪声 Average Equivalent Sound Level of Traffic Noise	工业噪声 Average Equivalent Sound Level of Industrial Noise	施工噪声 Average Equivalent Sound Level of Construction Noise	生活噪声 Average Equivalent Sound Level of Residental Noise
全　省	**Total**	**52.4**	**55.0**	**53.6**	**54.0**	**51.2**
昆明市	Kunming	54.4	56.5	51.6	53.5	53.3
曲靖市	Qujing	50.7	52.2	47.1		50.1
玉溪市	Yuxi	53.9	54.4	54.9	53.6	53.9
保山市	Baoshan	52.8	53.0	52.8		
昭通市	Zhaotong	54.1	55.1	56.1		53.0
丽江市	Lijiang	52.7	55.6		57.2	51.3
普洱市	Pu'er	54.4	58.3	56.1		54.2
临沧市	Lincang	51.0	55.6	57.8	53.8	49.4
楚雄市	Chuxiong	48.2	52.3	49.8	51.6	46.5
蒙自市	Mengzi	52.7	53.7		52.5	51.4
文山市	Wenshan	56.2	60.5		54.0	52.8
景洪市	Jinghong	50.0	50.2		51.2	49.8
大理市	Dali	54.2	56.2	57.9	54.1	53.3
芒　市	Mangshi	50.7	55.2		53.3	50.4
泸水市	Liuku	53.6	56.5		55.5	51.7
香格里拉	Shangri-La	51.8	53.9			51.4

注：统计范围是州、市所在地监测城市的昼间噪声情况。
Note: Statistical coverage is the daytime noise of monitored cities of prefectures and cities.

主要统计指标解释

土地调查面积 指行政区域内的土地调查总面积，包括农用地、建设用地和未利用地。

农用地 指直接用于农业生产的土地，包括耕地、园地、林地、牧草地及其他农用地。

耕地 指种植农作物的土地，包括熟地，新开发、复垦、整理地，休闲地（含轮歇地、轮作地）；以种植农作物（含蔬菜）为主，间有零星果树、桑树或其他树木的土地；平均每年能保证收获一季的已垦滩地和海涂。耕地中包括南方宽度 <1.0 米，北方宽度 <2.0 米固定的沟、渠、路和地坎（埂）；临时种植药材、草皮、花卉、苗木等的耕地，以及其他临时改变用途的耕地。

园地 指种植以采集果、叶、根、茎、汁等为主的集约经营的多年生木本和草本作物，覆盖度大于 50% 和每亩株数大于合理株数 70% 的土地。包括用于育苗的土地。

林地 指生长乔木、竹类、灌木的土地，及沿海生长红树林的土地。包括迹地，不包括居民点内部的绿化林木用地，铁路、公路征地范围内的林木，以及河流、沟渠的护堤林。

牧草地 指生长草本植物为主的土地。

居民点及工矿用地 指城乡居民点、独立居民点以及居民点以外的工矿、国防、名胜古迹等企事业单位用地，包括其内部交通、绿化用地。

交通运输用地 指用于运输通行的地面线路、场站等的土地。包括民用机场、港口、码头、地面运输管道和各种道路用地。

水利设施用地 指陆地水域，海涂，沟渠、水工建筑物等用地。不包括滞洪区和已垦滩涂中的耕地、园地、林地、居民点、道路等用地。

湿地 指天然或人工、长久或暂时性的沼泽地、泥炭地或水域地带，包括静止或流动、淡水、半咸水、咸水体，低潮时水深不超过 6 米的水域以及海岸地带地区的珊瑚滩和海草床、滩涂、红树林、河口、河流、淡水沼泽、沼泽森林、湖泊、盐沼及盐湖。

造林总面积 指在荒山、荒地、沙丘、退耕地等一切可以造林的土地上，采用人工播种、飞机播种、植苗造林、分植造林等方法新植成片乔木林和灌木林，经过检查验收符合《造林技术规程》要求的单位面积株数，并按《中华人民共和国森林法实施条例》规定，成活率达 85% 以上（含 85%，年降雨量在 400 毫米以下且无浇灌条件的地区造林成活率达 70% 以上）的总面积。“四旁”植树如一侧在四行以上，连片面积 0.066 公顷（一亩）以上，应统计在造林面积内。

人工造林 指在宜林荒山荒地、宜林沙荒地、无立木林地、疏林地和退耕地等其他宜林地上通过播种、植苗和分植来提高森林植被覆被率的技术措施。

飞机播种 通过飞机播种并辅以适当的人工措施，为宜林荒山荒地、宜林沙荒地、其他宜林地、疏林地补充适量的种源，在自然力的作用下使其形成森林或灌草植被，提高森林植被覆被率或提高森林植被质量的技术措施。包括荒山飞播造林和飞播营林。

新封山育林 对宜林地、无立木林地、疏林地或低质低效有林地、灌木林地实施封禁并辅以人工促进手段，使其形成森林或灌草植被或提高林分质量的一项技术措施。包括无林地和疏林地封育以及有林地和灌木林地封育。

退化林修复 为改善林分的活力和结构，有效遏制防护林退化，提高林分质量和恢复森林功能，对结构失调和稳定性降低、功能退化甚至丧失且自然更新能力弱的林分采取的结构调整、树种替换、补植补播、嫁接复壮等森林经营措施。

人工更新造林 指在采伐迹地、火烧迹地、林中空地上通过人工造林重新形成森林的过程。包括通过松土除草、平茬或断根复壮、补植补播、除蘖间苗等措施促进目的树种幼苗幼树生长发育的人工促进天然更新。

水资源总量 指当地降水形成的地表和地下产水总量，即地表径流量与降水入渗补给地下水量之和。

地表水资源量 指河流、湖泊、冰川等地表水体中可以逐年更新的动态水量，即当地天然河川径流量。

地表水与地下水重复计算量 指地表水和地下水相互转化的部分，即天然河川径流量中的地下水排泄量和地下水补给量中来源于地表水的入渗补给量。

供水总量 指各种水源工程为用户提供的包括输水损失在内的毛供水量。

用水总量 指各类用水户取用的包括输水损失在内的毛用水量。

农业用水 指农田灌溉用水、林果地灌溉用水、草地灌溉用水和鱼塘补水和畜禽用水。

工业用水 指工矿企业在生产过程中用于制造、加工、冷却、空调、净化、洗涤等方面的用水，按新水取用量计，不包括企业内部的重复利用水量。

生活用水 包括城镇生活用水和农村生活用水。城镇生活用水由居民用水和公共用水（含第三产业及建筑业等用水）组成；农村生活用水指居民生活用水。

生态环境补水 仅包括人为措施供给的城镇环境用水和部分河湖、湿地补水，而不包括降水、径流自然满足的水量。

城区（县城）人口 指划定的城区（县城）范围的户籍人口数。按公安部门的户籍统计为准填报。

城区（县城）面积 指城市和县城的面积。设市城市城区包括：市本级（1）街道办事处所辖地域；（2）城市公共设施、居住设施和市政公用设施等连接到的其他镇（乡）地域；（3）常住人口在3000人以上独立的工矿区、开发区、科研单位、大专院校等特殊区域。县城包括：（1）县政府驻地的镇（城关镇）或街道办事处地域；（2）县城公共设施、居住设施和市政设施等连接到的其他镇（乡）地域；（3）县域内常住人口在3000人以上独立的工矿区、开发区、科研单位、大专院校等特殊区域。

建成区面积 城市行政区内实际已成片开发建设、市政公用设施和公共设施基本具备的区域。对核心城市，它包括集中连片的部分以及分散的若干个已经成片建设起来，市政公用设施和公共设施基本具备的地区；对一城多镇来说，它包括由几个连片开发建设起来的，市政公用设施和公共设施基本具备的地区组成。因此建成区范围，一般是指建成区外轮廓线所能包括的地区，也就是这个城市实际建设用地所达到的范围。

绿化覆盖面积 指城市中的乔木、灌木、草坪等所有植被的垂直投影面积。包括公园绿地、防护绿地、生产绿地、附属绿地、其他绿地的绿化种植覆盖面积、屋顶绿化覆盖面积以及零散树木的覆盖面积，不含各类绿地中的水域面积以及没有被植被覆盖的面积（硬化道路、无屋顶绿化的建筑物等）。乔木树冠下重迭的灌木和草本植物不能重复计算。

人均公园绿地面积 指报告期末区域内城区人口平均每人拥有的公园绿地面积。人口数采用年底人口数。计算公式为：

$$\text{人均公园绿地面积}=\frac{\text{公园绿地面积}}{\text{城区人口}+\text{城区暂住人口}}\times 100\%$$

建成区绿化覆盖率 指报告期末建成区内绿化覆盖面积与建成区面积的比率。计算公式为：

$$\text{建成区绿化覆盖率}=\frac{\text{建成区绿化覆盖面积}}{\text{建成区面积}}\times 100\%$$

废水排放总量 指工业废水排放量、城镇生活污水排放量和集中式治理设施污水排放量之和。

生活污水排放量 用人均系数法测算。计算公式是：

如果辖区内的城镇污水处理厂未安装再生水回用系统，无再生水利用量，则

城镇生活污水排放量 = 城镇生活污水排放系数 × 城镇人口数 ×365

反之，辖区内的城镇污水处理厂配备再生水回用系统，其再生水利用量已经污染减排核查确认，则

城镇生活污水排放量 = 城镇生活污水排放系数 × 城镇人口数 ×365 − 城镇污水处理厂再生水利用量

化学需氧量 (COD) 指用化学氧化剂氧化水中有机污染物时所需的氧量。COD 值越高，表示水中有机污染物污染越重。

生活污水中化学需氧量 (COD) 排放量 指城镇居民每年排放的生活污水中的 COD 的量。用人均系数法测算。测算公式为：

$$\begin{matrix}\text{城镇生活污水中}\\\text{化学需氧量（COD）排放量}\end{matrix} = \begin{matrix}\text{城镇生活污水中}\\\text{COD 产生系数}\end{matrix} \times \begin{matrix}\text{市镇非}\\\text{农业人口}\end{matrix} \times 365$$

二氧化硫排放量 指报告期内工业 SO_2 排放量与生活 SO_2 排放量之和。

工业 SO_2 排放量 指报告期内企业在燃料燃烧和生产工艺过程中排入大气的 SO_2 总质量。工业中 SO_2 主要来源于化石燃料（煤、石油等）的燃烧，还包括含硫矿石的冶炼或含硫酸、磷肥等生产的工业废气排放。计算公式为：

$$\begin{matrix}\text{工业 }SO_2\\\text{排 放 量}\end{matrix} = \begin{matrix}\text{燃料燃烧过程}\\\text{中废气排放量}\end{matrix} + \begin{matrix}\text{生产工艺过程}\\\text{中废气排放量}\end{matrix}$$

工业废水治理设施数 指报告期内企业用于防治水污染和经处理后综合利用水资源的实有设施（包括构筑物）数，以一个废水治理系统为单位统计。附属于设施内的水治理设备和配套设备不单独计算。已经报废的设施不统计在内。

工业废水治理设施处理能力 指报告期内企业内部的所有废水治理设施实际具有的废水处理能力。

工业废水处理量 指经各种水治理设施（含城镇污水处理厂、工业废水处理厂）实际处理的工业废水量，包括处理后外排的和处理后回用的工业废水量。虽经处理但未达到国家或地方排放标准的废水量也应计算在内。计算时，如遇有车间和厂排放口均有治理设施，并对同一废水分级处理时，不应重复计算工业废水处理量。

工业废水排放量 指报告期内经过企业厂区所有排放口排到企业外部的工业废水量。包括生产废水、外排的直接冷却水、废气治理设施废水、超标排放的矿井地下水和与工业废水混排的厂区生活污水，不包括独立外排的间接冷却水（清污不分流的间接冷却水应计算在内）。

工业废气治理设施数 指报告期末企业用于减少在燃料燃烧过程与生产工艺过程中排向大气的污染物或对污染物加以回收利用的废气治理设施总数，以一个废气治理系统为单位统计。包括除尘、脱硫、脱硝及其它的污染物的烟气治理设施。已报废的设施不统计在内。锅炉中的除尘装置属于“三同时”设备，应统计在内。

工业废气治理设施处理能力 指报告期末企业实有的废气治理设施的实际废气处理能力。

工业废气排放量 指报告期内企业厂区内燃料燃烧和生产工艺过程中产生的各种排入大气的含有污染物的气体的总量，以标准状态 (273K，101325Pa) 计算。

一般工业固体废物产生量 指未被列入《国家危险废物名录》或者根据国家规定的危险废物鉴别标准(GB5085)、固体废物浸出毒性浸出方法 (GB5086) 及固体废物浸出毒性测定方法（GB/T 15555）鉴

别方法判定不具有危险特性的工业固体废物。计算公式是：

一般工业固体废物产生量 =（一般工业固体废物综合利用量 − 其中：综合利用往年贮存量）+ 一般工业固体废物贮存量 +（一般工业固体废物处置量 − 其中：处置往年贮存量）+ 一般工业固体废物倾倒丢弃量

一般工业固体废物综合利用量 指报告期内企业通过回收、加工、循环、交换等方式，从固体废物中提取或者使其转化为可以利用的资源、能源和其他原材料的固体废物量（包括当年利用的往年工业固体废物累计贮存量）。如用作农业肥料、生产建筑材料、筑路等。综合利用量由原产生固体废物的单位统计。

一般工业固体废物综合利用率 指一般工业固体废物综合利用量占一般固体废物产生量与综合利用往年贮存量之和的百分率。计算公式为：

$$\text{一般工业固体废物处置率} = \frac{\text{一般工业固体废物处置量}}{\text{一般工业固体废物产生量} + \text{处置往年贮存量}} \times 100\%$$

一般工业固体废物贮存量 指报告期内企业以综合利用或处置为目的，将固体废物暂时贮存或堆存在专设的贮存设施或专设的集中堆存场所内的数量。专设的固体废物贮存场所或贮存设施必须有防扩散、防流失、防渗漏、防止污染大气、水体的措施。

一般工业固体废物处置量 指报告期内企业将工业固体废物焚烧和用其他改变工业固体废物的物理、化学、生物特性的方法，达到减少或者消除其危险成分的活动，或者将工业固体废物最终置于符合环境保护规定要求的填埋场的活动中，所消纳固体废物的量。

一般工业固体废物处置往年贮存量 指报告期内企业按照《关于固体废物处置、综合利用的作业方式的规定》的要求，处置的上一报告期末企业累计贮存的工业固体废物的量。

一般工业固体废物倾倒丢弃量 指报告期内企业将所产生的固体废物倾倒或者丢弃到固体废物污染防治设施、场所以外的量。

城市污水排放量 指城市生活污水、工业废水的排放总量，包括从排水管道和排水沟（渠）排出的污水量。

城市污水处理量 指城市污水处理厂和处理装置实际处理的污水量。包括物理处理量、生物处理量和化学处理量。

污水处理厂集中处理率 指城市污水处理厂处理的污水量与城市污水排放总量的比率。计算公式：

$$\text{污水处理厂集中处理率} = \frac{\text{城市污水处理厂污水处理量}}{\text{城市污水排放总量}} \times 100\%$$

Explanatory Notes on Principle Statistical Indicators

Land survey area refers to the total land survey area within the administrative region, including agricultural land, construction land and unused land.

Land for Agriculture Use refers to land directly used for agriculture production, including land for cultivation, gardening, forests, herbage and other agriculture activities.

Cultivated Land refers to land mainly for the regular cultivation of farm crops (including vegetables), with some fruit trees, mulberry trees and others, covers cultivated land, newly-developed land, reclaimed land, consolidated land, fallow, beach land that can guarantee one harvest per year on average. It also covers fixed ditch, canal, road and sill (ridge) with width less than 1 meter in the South and 2 meters in the North, lands planted temporarily with herbs, grass, flowers and nursery stocks, and other cultivated land with temporary change of use.

Garden Land refers to land for intensive cultivation of perennial woody plants and herbs to collect fruits, leaves, roots, stems and juice, with a covering rate over 50% and plant number per mu over 70% of rational plant number. Land for nursery is included.

Forestland refers to land for planting arbor, bamboo, bush shrub and land in coastal zones for planting mangrove. It includes slash, but not the green belts in residential area, forests requested for railway and highway, and the dike protection forest around rivers and ditches.

Pastureland refers to land mainly for the growth of herbs.

Land for residential areas and mining refers to the urban and rural residential areas, independent residential areas and residential areas outside of the mining, national defense, scenic spots and historical sites, such as land for enterprises and institutions, including the internal transportation, landscaping.

Land used for transportation refers to the land used for transportation, such as ground lines and stations. Including civil airports, ports, docks, ground transport pipelines and various road land.

Land used for water conservancy facilities refers to land used for water area, mudflats, ditches and hydraulic structures. It's not included in flood detention areas and reclaimed beaches, such as arable land, garden land, woodland, residential areas and roads.

Wetlands refer to marshland and peat bog, whether natural or man-made, permanent or temporary; water covered areas, whether stagnant or flowing, with fresh or semi-fresh or salty water that is less than 6 meters deep at low tide; as well as coral beach, weed beach, mud beach, mangrove, river outlet, rivers, fresh-water marshland, marshland forests, lakes, salty bog and salt lakes along the coastal areas.

Total Area of A forestation refers to the total area of land suitable for a forestation, including barren hills, idle land, sand dunes, "grain for green" land, on which acres of arbores or bushes are planted through manual planting, airplane planting, plant seedlings, etc. in accordance with the required density standards of the Technical Procedures of A forestation, and with a survival rate of over 85% in line with the Implementing Rules of the Forest Law of the People's Republic of China (or a survival rate of 75% in areas with less that 400 mm of annual rainfall and without irrigation facilities). Included in this category are trees planted alone the roadsides, riversides, or next to houses that occupy an area over 0.066 hectares, or where more than 4 lines of trees are planted.

Area of Man-made Forests refer to the area of stable growing forests, planted manually or by airplanes, with a survival rate of 80% or higher of the designed number of trees per hectare, or with a canopy density of 0.20 - or above after 3-5 years of manual planting or 5-7 years of airplane planting.

Airplane sowing refers to technical measures of airplane planting with of appropriate artificial help taken under the influence of natural power to restore certain amount of seedlings on land suitable for afforestation, with an aim of increasing vegetation coverage rate of forests or improving forest quality. It includes barren afforestation and aerial seeding forest afforestation.

New Closing Hillsides to Facilitate Afforestation is a technical measure by banning and aritificial means to form forest or shrub and grass or improve forest quality land, to suitable for forest, forest land without stumpage, sparse forest land, or low quality forest, shrub forest.

Restoration of Degraded Forest In order to improve the vitality and structure of forest, effectively curb forest degradation, improve forest quality and restore forest function, management measures are taken to the forest of structural imbalance and stability reduction, function reduction or even loss and natural regeneration ability is weak, which include structural adjustment, species replacement, replanting sowing, grafting rejuvenation, etc.

Artificial Regeneration refers to forest reforming process in logging slash, Slash Burning, the glade through afforestation. Including artificially promoting natural regeneration of promoting the growth and development of target tree species seedlings by weeding, root pruning or stubble rejuvenation, sowing and replanting, removing tillering and thinning, etc.

Total Water Resources refers to total volume of surface water and groundwater and is measured as run-off for surface water and replenishment of groundwater with rainfall in local area.

Surface Water Resources refers to total volume of year by year renewable dynamic resources which exist in rivers, lakes, glaciers and other surface water and are the natural run-off of rivers.

Duplicated Measurement between Surface Water and Groundwater refers to mutual exchange between surface water and groundwater, i.e. run-off of rivers includes some depletion into groundwater while groundwater includes some replenishment from surface water.

Water Supply refers to gross water of various sources supplied to consumers, including losses during distribution.

Water Use refers to gross water used by various water users, including losses during distribution.

Water Use by Agriculture includes uses of water by irrigation of farming fields, forestry and orchards, irrigation of grassland, replenishment of fishing farms and water used by animal husbandry.

Water Use by Industry refers to new withdrawals of water, excluding reuse of water within enterprises.

Water Use by Living Consumption includes use of water for living consumption in both urban and rural areas. Urban water use by living consumption is composed of household use and public use (including tertiary industry and construction). Rural water use by living consumption includes water used by households.

Water Use by Ecological and Environmental Protection includes replenishment of rivers and lakes and use for urban environment.

Urban(County) population refers to the number of registered population within the designated urban(county) area. The household registration statistics of the public security department shall be reported.

Urban(County) area refers to the urban and county area of a city. The urban areas include: (1) the district under the sub-district office of the city; (2) other town (township) areas connected to urban public facilities, residential facilities and municipal public facilities; (3) special areas such as industrial and mining areas, development zones, scientific research units and colleges and universities with a permanent population of more than 3,000 people.

Built-up area refers to an area within an urban administrative region that has been developed and constructed on a large scale, and that has basic municipal public facilities and public facilities. For the core cities, it includes concentrated continuous parts as well as several scattered areas that have been built in pieces and have basic municipal utilities and public facilities. For more than one town, it consists of several areas developed and constructed in succession, with municipal utilities and basic public facilities. Therefore, the scope of built-up area generally refers to the area covered by the outer contour line of the built-up area, that is, the actual construction land of this city reaches.

Green cover area refers to the vertical projection area of all vegetation such as trees, shrubs and lawns in the city. It includes the green area of park, protective green space, production green space, attached green space and other green space, the green area of roof and the covered area of scattered trees, excluding the water area of all kinds of green space and the area not covered by vegetation (hardening roads, buildings without roof greening, etc.). Overlapping shrubs and herbs under the canopy of trees cannot be counted repeatedly.

Park green area per capita refers to the park green area per urban population in the area at the end of the report period. The population is to be counted at the end of the year. The calculation formula is:

park green area per capita = Green area of the park / (urban population + temporary urban residents) ×100%

Greening coverage rate of built-up areas refers to the ratio of greening coverage area and built-up area at the end of the report. The calculation formula is:

Green coverage of built-up area=Green coverage area of built-up area / Built-up area ×100%

Total amount of waste water discharge refers to the total amount of industrial waste water discharge, urban sewage discharge and sewage discharge from centralized treatment facilities.

Urban Non-industrial Waste Water Discharge refers to annual discharge of non-industrial waste water by urban households.It is estimated by per capita coefficient using the formula:

If the urban sewage treatment plant is not installed within the jurisdiction of reclaimed water reuse system, no renewable water dosage, then

$$\frac{\text{Urban non-industrial}}{\text{Waste water discharge}} = \frac{\text{Urban non-industrial waste}}{\text{Water discharge coefficient}} \times \frac{\text{Urban non-industrial}}{\text{Population}} \times 365 - \frac{\text{Urban sewage treatment plant}}{\text{Regeneration water consumption}}$$

Chemical Oxygen Demand (COD) refers to the amount of oxygen required to oxidize organic pollutants in water with chemical oxidants. The higher the COD value, the heavier the pollution of organic pollutants in the water.

Volume of Chemical Oxygen Demand (COD) Generated by Urban Non-industrial Waster Water refers to chemical oxygen demand generated through the annual discharge of non-industrial waste water by urban

Volume of chemical oxygen demand (cod) generated by urban non - industrial waster water = Coefficient of COD generated through urban non -industrial waste water × urban non - agricultural population × 365

SO_2 Emission is calculated on the basis of consumption of coal by households and industrial activities.

SO2 Emission through Industrial Activities refers to volume of sulphur dioxide emission from fuel burning and production process by enterprises during a given period of time. In industry, SO_2 mainly comes from the combustion of fossil fuels (coal, oil, etc.), as well as the industrial exhaust emissions from the smelting of sulphur-bearing ores or the production of sulphuric acid and phosphate fertilizers. It is calculated as:

$$\text{SO}_2\text{ emission through industrial activities} = \text{SO}_2\text{ emission from fuel burning} + \text{SO}_2\text{ emission from production process}$$

Number of industrial waste water treatment facilities refers to the number of actual facilities (including structures) used by enterprises to prevent and control water pollution and comprehensively utilize water resources after treatment during the reporting period, which is counted by a waste water treatment system. Water treatment equipment and supporting equipment attached to the facilities are not calculated separately. Facilities that have been scrapped are not counted.

The capacity of industrial waste water treatment facilities refers to the actual capacity of waste water treatment facilities of the enterprises during the reporting period.

Industrial waste water treatment capacity refers to the actual amount of industrial waste water treated by various water treatment facilities (including urban sewage treatment plants and industrial waste water treatment plants), including the amount of industrial waste water discharged after treatment and reused after treatment.The amount of waste water treated but not up to national or local discharge standards should also be taken into account. When calculating, it should not double calculation of industrial waste water treatment volume if the workshop and the factory discharge outlet have treatment facilities, and the same waste water classification treatment.

Waste Water Discharged by Industry refers to the volume of waste water discharged by industrial enterprises through all their outlets, including waste water from production process, directly cooled water, waste water from waste gas treatment facilities, groundwater from mining wells which does not meet discharge standards and sewage from households mixed with waste water produced by industrial activities, but excluding indirectly cooled water discharged (It should be included if the discharge is not separated from waste water).

Number of industrial waste gas treatment facilities refers to the total amount of waste gas treatment facilities used by enterprises at the end of the reporting period to reduce the pollutants discharged into the atmosphere or to recycle and utilize the pollutants in the process of fuel combustion and production process. Including dust removal, desulphurization, denitration and other pollutant smoke treatment facilities. Abandoned facilities are not counted. The dust removal device in the boiler belongs to the "three simultaneous" equipment, which should be included in the statistics.

The capacity of industrial waste gas treatment facilities refers to the actual capacity of waste gas treatment facilities of the enterprises at the end of the reporting period.

Industrial Waste Air Emission refers to the discharge into atmosphere of waste air containing pollutants generated from fuel burning and production processes in enterprises within a given period of time. It is calculated at standard status (273K, 101325Pa) as.

Common Industrial Solid Wastes Produced refers to the industrial solid wastes that are not listed in the 《National Catalogue of Hazardous Waste》, or not regarded as hazardous according to the national hazardous waste identification standards (GB5085), solid waste-Extraction procedure for leaching toxicity (GB5086) and solid waste-Extraction procedure for leaching toxicity (GB/T 15555). The calculation formula is as followed:

Common Industrial Solid Wastes Produced = (common industrial solid wastes utilized – the proportion of utilized stock of previous years) + common industrial solid waste stock + (common industrial solid wastes disposed

– the proportion of disposed stock of previous years) + common industrial solid wastes discharged.

Common Industrial Solid Wastes Comprehensively Utilized refers to volume of solid wastes from which useful materials can be extracted or which can be converted into usable resources, energy or other materials by means of reclamation, processing, recycling and exchange (including utilizing in the year the stocks of industrial solid wastes of the previous year). Examples of such utilizations include fertilizers, building materials and road materials. The information shall be collected by the producing units of the wastes.

Ratio of Utilization of Common Industrial Solid Wastes refers to the percentage of industrial solid wastes utilized over industrial solid wastes produced (including stocks of the previous years). It is calculated as:

$$\text{Rate of utilization of common industrial solid wastes} = \frac{\text{volume of common industrialsolid wastes utilized}}{\text{industrial solid wastes produced} + \text{stock of previous years}} \times 100\%$$

Stock of Common Industrial Solid Wastes refers to the volume of solid wastes placed in special facilities or special sites for purposes of utilization or disposal. The sites or facilities should take measures against dispersion, loss, seepage, and air and water contamination.

Common Industrial Solid Wastes Disposed refers to the quantity of industrial solid wastes which are burnt or placed ultimately in the sites meeting the requirements for environmental protection and not salvaged or recycled (including disposition in the year of those wastes of previous years). The disposition includes landfill (Safe landfills should be conducted for hazardous wastes), incineration, containment spaces, deep underground disposal, backfill in mining pits and disposal at sea.

Stock of Common Industrial Solid Wastes refers to the volume of solid wastes placed in special facilities or special sites by enterprises for purposes of utilization or disposal during the report period. The sites or facilities should take measures against dispersion, loss, seepage, and air and water contamination.

Common Industrial Solid Wastes Discharged refers to the volume of industrial solid wastes dumped or discharged by producing enterprises to disposal facilities or to other sites.

Urban Sewage Discharge refers to volume of the domestic sewage and industrial sewage, which includes the sewage discharged from the drainage pipe and drainage channel(ditch).

Capacity of urban sewage treatment refers to the amount of sewage actually treated by urban sewage treatment plants and treatment plants. Including physical capacity, biological capacity and chemical capacity.

Centralized Treatment Rate of sewage treatment plant refers to the percentage of sewage volume disposed by the sewage treatment plants over the urban sewage discharge volume. It is calculated as:

Centralized Treatment Rate of sewage treatment plant= sewage volume disposed by the sewage treatment plants ÷ urban sewage discharge volume×100%

Chapter 17

十七、民族自治地方经济概况
Survey of National Autonomous Area

17–1 云南民族自治地方行政区划（2018年）

Administrative Division of Ethnic Minority Autonomous Regions (2018)

单位：个 (unit)

民族自治地方	National Autonomous Area	县级市 Number of Cities at County Level	非民族自治县 Number of Non-minority Autonomous Counties	民族自治县 Number of Minority Autonomous Counties
民族自治地方	**National Autonomous Area**	**12**	**37**	**29**
8个自治州	**8 Autonomous Prefectures**	**12**	**37**	**9**
楚雄彝族自治州	Chuxiong Yi Autonomous Prefecture	1	9	
红河哈尼族彝族自治州	Honghe Hani & Yi Autonomous Prefecture	4	6	3
文山壮族苗族自治州	Wenshan Zhuang & Miao Autonomous Prefecture	1	7	
西双版纳傣族自治州	Xishuangbanna Dai Autonomous Prefecture	1	2	
大理白族自治州	Dali Bai Autonomous Prefecture	1	8	3
德宏傣族景颇族自治州	Dehong Dai & Jingpo Autonomous Prefecture	2	3	
怒江傈僳族自治州	Nujiang Lisu Autonomous Prefecture	1	1	2
迪庆藏族自治州	Diqing Tibetan Autonomous Prefecture	1	1	1
自治州以外的20个自治县	**20 Autonomous Counties Except above Prefectures**			**20**
石林彝族自治县	Shilin Yi Autonomous County			1
禄劝彝族苗族自治县	Luquan Yi & Miao Autonomous County			1
寻甸回族彝族自治县	Xundian Hui & Yi Autonomous County			1
峨山彝族自治县	Eshan Yi Autonomous County			1
新平彝族傣族自治县	Xinping Yi & Dai Autonomous County			1
元江哈尼族彝族傣族自治县	Yuanjiang Hani & Yi & Dai Autonomous County			1
玉龙纳西族自治县	Yulong Naxi Autonomous County			1
宁蒗彝族自治县	Ninglang Yi Autonomous County			1
宁洱哈尼族彝族自治县	Ning'er Hani & Yi Autonomous County			1
墨江哈尼族自治县	Mojiang Hani Autonomous County			1
景东彝族自治县	Jingdong Yi Autonomous County			1
景谷傣族彝族自治县	Jinggu Dai & Yi Autonomous County			1
镇沅彝族哈尼族拉祜族自治县	Zhenyuan Yi & Hani & Lahu Autonomous County			1
江城哈尼族彝族自治县	Jiangcheng Hani & Yi Autonomous County			1
孟连傣族拉祜族佤族自治县	Menglian Dai & Lahu & Wa Autonomous County			1
澜沧拉祜族自治县	Lancang Lahu Autonomous County			1
西盟佤族自治县	Ximeng Wa Autonomous County			1
双江拉祜族佤族布朗族傣族自治县	Shuangjiang Lahu & Wa & Bulang & Dai Autonomous County			1
耿马傣族佤族自治县	Gengma Dai & Wa Autonomous County			1
沧源佤族自治县	Cangyuan Wa Autonomous County			1

17–2 全省民族自治县分布情况（2018年）

Geographical Distribution of Ethnic Minority Autonomous Counties (2018)

州 市	Region	民族自治县数（个）Number of Minority Autonomous Counties (unit)	民族自治县名称 Schedule of Minority Autonomous Counties
全 省	**Yunnan**	**29**	
昆 明	Kunming	3	石林彝族自治县、禄劝彝族苗族自治县、寻甸回族彝族自治县 Shilin Yi Autonomous County, Luquan Yi & Miao Autonomous County, Xundian Hui & Yi Autonomous County
玉 溪	Yuxi	3	峨山彝族自治县、新平彝族傣族自治县、元江哈尼族彝族傣族自治县 Eshan Yi Autonomous County，Xinping Yi & Dai Autonomous County, Yuanjiang Hani & Yi & Dai Autonomous County
丽 江	Lijiang	2	玉龙纳西族自治县、宁蒗彝族自治县 Yulong Naxi Autonomous County, Ninglang Yi Autonomous County
普 洱	Pu'er	9	宁洱哈尼族彝族自治县、墨江哈尼族自治县、景东彝族自治县、景谷傣族彝族自治县、镇沅彝族哈尼族拉祜族自治县、江城哈尼族彝族自治县、孟连傣族拉祜族佤族自治县、澜沧拉祜族自治县、西盟佤族自治县 Ning'er Hani & Yi Autonomous County, Mojiang Hani Autonomous County, Jingdong Yi Autonomous County, Jinggu Dai & Yi Autonomous County, Zhenyuan Yi & Hani & Lahu Autonomous County, Jiangcheng Hani & Yi Autonomous County, Menglian Dai & Lahu & Wa Autonomous County, Lancang lahu Autonomous County, Ximeng Wa Autonomous County
临 沧	Lincang	3	双江拉祜族佤族布朗族傣族自治县、耿马傣族佤族自治县、沧源佤族自治县 Shuangjiang Lahu & Wa & Bulang & Dai Autonomous County, Gengma Dai & Wa Autonomous County, Cangyuan Wa Autonomous County
红 河	Honghe	3	屏边苗族自治县、金平苗族瑶族傣族自治县、河口瑶族自治县 Pingbian Miao Autonomous County, Jinping Miao & Yao & Dai Autonomous County, Hekou Yao Autonomous County
大 理	Dali	3	漾濞彝族自治县、南涧彝族自治县、巍山彝族回族自治县 Yangbi Yi Autonomous County, Nanjian Yi Autonomous County, Weishan Yi & Hui Autonomous County
怒 江	Nujiang	2	贡山独龙族怒族自治县、兰坪白族普米族自治县 Gongshan Dulong & Nu Autonomous County , Lanping Bai & Pumi Autonomous County
迪 庆	Diqing	1	维西傈僳族自治县 Weixi Lisu Autonomous County

17-3 云南少数民族分布的主要地方
Geographic Distribution of Ethnic Minorities

民　族	Ethnic Minority	分布的主要地方(州、市)	Main Geographic Distribution
彝　族	Yi	楚雄州、红河州、玉溪市、大理州、普洱市、昆明市	Chuxiong, Honghe,Yuxi, Dali, Pu'er, Kunming
白　族	Bai	大理州	Dali
哈尼族	Hani	红河州、西双版纳州、普洱市、玉溪市	Honghe, Xishuangbanna, Pu'er, Yuxi
壮　族	Zhuang	文山州、红河州、曲靖市	Wenshan, Honghe, Qujing
傣　族	Dai	西双版纳州、德宏州、普洱市、临沧市	Xishuangbanna, Dehong , Pu'er , Lincang
苗　族	Miao	文山州、红河州、昭通市	Wenshan , Honghe , Zhaotong
傈僳族	Lisu	怒江州、迪庆州、丽江市、大理州	Nujiang , Diqing , Lijiang , Dali
回　族	Hui	昆明市、大理州、曲靖市、楚雄州、红河州、玉溪市	Kunming , Dali , Qujing , Chuxiong , Honghe , Yuxi
拉祜族	Lahu	普洱市、临沧市、西双版纳州	Pu'er, Lincang , Xishuangbanna
佤　族	Wa	临沧市、普洱市	Lincang , Pu'er
纳西族	Naxi	丽江市、迪庆州	Lijiang , Diqing
瑶　族	Yao	文山州、红河州	Wenshan , Honghe
藏　族	Tibetan	迪庆州	Diqing
景颇族	Jingpo	德宏州	Dehong
布朗族	Bulang	西双版纳州、普洱市、临沧市	Xishuangbanna , Pu'er , Lincang
普米族	Pumi	丽江市、怒江州、迪庆州	Lijiang , Nujiang , Diqing
怒　族	Nu	怒江州	Nujiang
阿昌族	Achang	德宏州、保山市	Dehong , Baoshan
基诺族	Jino	西双版纳州	Xishuangbanna
德昂族	De'ang	德宏州、临沧市	Dehong , Lincang
蒙古族	Mongolian	玉溪市	Yuxi
布依族	Buyi	曲靖市	Qujing
独龙族	Dulong	怒江州	Nujiang
水　族	Shui	曲靖市	Qujing

17–4 民族自治地方基本情况（2018年）

民族自治地方	National Autonomous Area	建立时间
民族自治地方	**Minority Autonomous Area**	
自治州合计	**Autonomous Prefectures**	
西双版纳傣族自治州	Xishuangbanna Dai Autonomous Prefecture	1953年1月24日
德宏傣族景颇族自治州	Dehong Dai & Jingpo Autonomous Prefecture	1953年7月24日
怒江傈僳族自治州	Nujiang Lisu Autonomous Prefecture	1954年8月23日
大理白族自治州	Dali Bai Autonomous Prefecture	1956年11月22日
迪庆藏族自治州	Diqing Tibetan Autonomous Prefecture	1957年9月13日
红河哈尼族彝族自治州	Honghe Hani & Yi Autonomous Prefecture	1957年11月18日
文山壮族苗族自治州	Wenshan Zhuang & Miao Autonomous Prefecture	1958年4月1日
楚雄彝族自治州	Chuxiong Yi Autonomous Prefecture	1958年4月15日
自治州以外的自治县合计	**Autonomous Counties Except above Prefectures**	
峨山彝族自治县	Eshan Yi Autonomous County	1951年5月12日
澜沧拉祜族自治县	Lancang Lahu Autonomous County	1953年4月7日
江城哈尼族彝族自治县	Jiangcheng Hani & Yi Autonomous County	1954年5月18日
孟连傣族拉祜族佤族自治县	Menglian Dai & Lahu & Wa Autonomous County	1954年6月16日
耿马傣族佤族自治县	Gengma Dai & Wa Autonomous County	1955年10月16日
宁蒗彝族自治县	Ninglang Yi Autonomous County	1956年9月20日
石林彝族自治县	Shilin Yi Autonomous County	1956年12月13日
沧源佤族自治县	Cangyuan Wa Autonomous County	1964年2月28日
西盟佤族自治县	Ximeng Wa Autonomous County	1965年3月5日
墨江哈尼族自治县	Mojiang Hani Autonomous County	1979年11月28日
寻甸回族彝族自治县	Xundian Hui & Yi Autonomous County	1979年12月20日
元江哈尼族彝族傣族自治县	Yuanjiang Hani & Yi & Dai Autonomous County	1980年11月22日
新平彝族傣族自治县	Xinping Yi & Dai Autonomous County	1980年11月25日
禄劝彝族苗族自治县	Luquan Yi & Miao Autonomous County	1985年11月25日
宁洱哈尼族彝族自治县	Ning'er Hani & Yi Autonomous County	1985年12月15日
景东彝族自治县	Jingdong Yi Autonomous County	1985年12月20日
景谷傣族彝族自治县	Jinggu Dai & Yi Autonomous County	1985年12月25日
双江拉祜族佤族布朗族傣族自治县	Shuangjiang Lahu & Wa & Bulang & Dai Autonomous County	1985年12月30日
镇沅彝族哈尼族拉祜族自治县	Zhenyuan Yi & Hani & Lahu Autonomous County	1990年5月15日
玉龙纳西族自治县	Yulong Naxi Autonomous County	2002年12月26日

注：2003年4月8日，普洱哈尼族彝族自治县更名为宁洱哈尼族彝族自治县。

Basic Conditions of Minority Autonomous Regions (2018)

Foundation Date	乡、镇、街道办事处合 计（个） Total(unit)	街道办事处 Community Offices	乡 Townships	镇 Towns	民族乡数(个) Number of Minority Townships and Towns (unit)
	814	**24**	**372**	**418**	**67**
	593	**10**	**274**	**309**	**53**
Jan.24,1953	32	1	12	19	7
July.24,1953	51	1	27	23	5
Aug.23,1954	29		16	13	2
Nov.22,1956	112	2	40	70	11
Sept.13,1957	29		20	9	3
Nov.18,1957	133	3	62	68	5
Apr.1,1958	104	3	59	42	16
Apr. 15,1958	103		38	65	4
	221	**14**	**98**	**109**	**14**
May.12,1951	8	2	3	3	
Apr.7,1953	20		15	5	6
May.18,1954	7		2	5	
June.16,1954	6		2	4	
Oct.16,1955	9		5	4	1
Sept.20,1956	15		14	1	1
Dec.13,1956	7	3	1	3	
Feb.28,1964	10		6	4	1
Mar.5,1965	7		2	5	1
Nov.28,1979	15		3	12	1
Dec.20,1979	16	3	4	9	
Nov.22,1980	10	3	5	2	
Nov.25,1980	12	2	6	4	
Nov.25,1985	16	1	6	9	
Dec.15,1985	9		3	6	
Dec.20,1985	13		3	10	
Dec.25,1985	10		4	6	
Dec.30,1985	6		4	2	
May.15,1990	9		1	8	
Dec.26,2002	16		9	7	3

Note: Pu'er Hani and Yi autonomous county changed its name into Ning'er Hani and Yi autonomous county in 8th April,2003.

17-4 续表

民族自治地方	National Autonomous Area	土地面积（万平方千米）Land Area (10 000 sq.km)	占全省土地面积（%）Proportion to Provincial Total (%)
民族自治地方	**National Autonomous Area**	**27.67**	**70.2**
自治州合计	**Autonomous Prefectures**	**19.37**	**49.1**
楚雄彝族自治州	Chuxiong Yi Autonomous Prefecture	2.93	7.4
红河哈尼族彝族自治州	Honghe Hani and Yi Autonomous Prefecture	3.29	8.4
文山壮族苗族自治州	Wenshan Zhuang and Miao Autonomous Prefecture	3.22	8.2
西双版纳傣族自治州	Xishuangbanna Dai Autonomous Prefecture	1.97	5.0
大理白族自治州	Dali Bai Autonomous Prefecture	2.95	7.5
德宏傣族景颇族自治州	Dehong Dai and Jingpo Autonomous Prefecture	1.15	2.9
怒江傈僳族自治州	Nujiang Lisu Autonomous Prefecture	1.47	3.7
迪庆藏族自治州	Diqing Tibetan Autonomous Prefecture	2.39	6.1
自治州以外的自治县合计	**Autonomous Counties Except the Above Prefectures**	**8.30**	**21.1**
石林彝族自治县	Shilin Yi Autonomous County	0.18	0.5
禄劝彝族苗族自治县	Luquan Yi and Miao Autonomous County	0.44	1.1
寻甸回族彝族自治县	Xundian Hui and Yi Autonomous County	0.40	1.0
峨山彝族自治县	Eshan Yi Autonomous County	0.20	0.5
新平彝族傣族自治县	Xinping Yi and Dai Autonomous County	0.42	1.1
元江哈尼族彝族傣族自治县	Yuanjiang Hani and Yi and Dai Autonomous County	0.29	0.7
玉龙纳西族自治县	Yulong Naxi Autonomous County	0.76	1.9
宁蒗彝族自治县	Ninglang Yi Autonomous County	0.62	1.6
宁洱哈尼族彝族自治县	Ning'er Hani and Yi Autonomous County	0.37	0.9
墨江哈尼族自治县	Mojiang Hani Autonomous County	0.55	1.4
景东彝族自治县	Jingdong Yi Autonomous County	0.45	1.1
景谷傣族彝族自治县	Jinggu Dai and Yi Autonomous County	0.78	2.0
镇沅彝族哈尼族拉祜族自治县	Zhenyuan Yi and Hani and Lahu Autonomous County	0.42	1.1
江城哈尼族彝族自治县	Jiangcheng Hani and Yi Autonomous County	0.35	0.9
孟连傣族拉祜族佤族自治县	Menglian Dai and Lahu and Wa Autonomous County	0.20	0.5
澜沧拉祜族自治县	Lancang Lahu Autonomous County	0.88	2.2
西盟佤族自治县	Ximeng Wa Autonomous County	0.14	0.4
双江拉祜族佤族布朗族傣族自治县	Shuangjiang Lahu and Wa and Bulang and Dai Autonomous County	0.23	0.6
耿马傣族佤族自治县	Gengma Dai and Wa Autonomous County	0.38	1.1
沧源佤族自治县	Cangyuan Wa Autonomous County	0.25	0.6

continued

年末总人口 (万人) Total Population at Year-end (10 000 persons)	占全省人口比重 (%) Proportion to Provincial Total (%)	少数民族人口 (万人) Population of Minority Nationalities (10 000 persons)	占民族地方总人口比重(%) Proportion to Local Total Population (%)
2 355.57	**48.8**	**1 311.09**	**55.7**
1 821.63	**37.7**	**993.35**	**54.5**
274.80	5.7	89.36	32.5
474.40	9.8	268.83	56.7
365.40	7.6	209.67	57.4
118.80	2.5	89.89	75.7
359.93	7.5	179.78	49.9
131.60	2.7	68.64	52.2
55.30	1.1	51.08	92.4
41.40	0.9	36.09	87.2
533.94	**11.1**	**317.74**	**59.5**
26.39	0.5	9.14	34.6
41.45	0.9	12.66	30.5
47.54	1.0	10.37	21.8
17.01	0.4	11.27	66.3
29.20	0.6	21.68	74.2
22.45	0.5	17.91	79.8
22.39	0.5	11.37	50.8
27.01	0.6	20.07	74.3
19.40	0.4	9.05	46.7
36.98	0.8	16.92	45.8
37.02	0.8	19.49	52.7
30.08	0.6	23.75	79.0
21.50	0.4	18.32	85.2
12.82	0.3	9.84	76.8
14.25	0.3	13.40	94.1
50.33	1.0	42.78	85.0
9.62	0.2	7.75	80.6
18.56	0.4	8.26	44.5
30.95	0.6	16.03	51.8
18.99	0.4	17.66	93.0

17-5 全省民族自治地方主要指标（2013-2018年）

指 标	Item	2013
年末总人口数(万人)	**Total Population at year-end (10 000 persons)**	**2 297.05**
#少数民族人口	Minority Population	1 277.76
农业生产	**Agriculture Production**	
农业总产值	Gross Output Value of Farming, Forestry, Animal Husbandry and Fishery	1 861.31
主要农业产品产量(万吨)	Yields of Major Agricultural Products (10 000 tons)	
粮 食	Grain	1 026.26
甘 蔗	Sugarcane	1 604.70
烤 烟	Flue-cured Tobacco	54.09
工业生产	**Industry Production**	
主要工业产品产量(万吨)	Output of Major Industrial Products(10 000 tons)	
粗 钢	Steel	478.32
生 铁	Pig Iron	387.47
原 煤	Coal	2 102.08
发电量（亿万千瓦小时）	Electricity (100 million kwh)	158.42
成品糖	Sugar of Finished Product	169.12
地方一般公共预算收支(亿元)	**Public Budgetary Revenue and Expenditure of Local Government(100 million yuan)**	
地方一般公共预算收入	Public Budgetary Revenue of Local Government	423.25
地方一般公共预算支出	Public Budgetary Expenditure of Local Government	1 597.80

注：1.2016年起地方一般公共预算收入数据为新口径。
2.2016-2017年粮食和甘蔗产量为根据第三次全国农业普查结果核定和修订数据。

Principal Indicators of Minority Autonomous Regions (2013-2018)

2014	2015	2016	2017	2018
2 308.75	**2 320.27**	**2 332.61**	**2 344.52**	**2 355.57**
1 284.30	1 290.75	1 297.72	1 304.54	1 311.09
1 983.01	2 105.81	2 207.40	2 318.40	2 351.16
1 047.30	1 062.20	990.91	1 009.49	1 023.17
1 587.38	1 470.78	1 188.73	1 199.86	1 289.86
49.88	47.80	47.24	45.11	44.43
439.72	363.73	411.80	402.92	486.18
327.56	235.83	268.34	238.71	280.07
1 758.54	1 174.07	1 489.31	1 516.50	1 908.10
488.77	378.30	528.78	613.42	684.61
180.47	186.35	160.20	170.18	171.10
466.79	492.16	520.58	537.69	567.10
1 765.34	1 916.10	2 070.54	2 242.61	2 540.57

Note: a. Sine 2016, The public budgetary revenue of local government in this table is new caliber.

b. From 2016 to 2017, Data of grain and sugarcane are verified and revised by the Third National Agricultural Census.

17-6 民族自治地方主要社会经济指标占全省的比重（2018年）
Proportion of Principal Socio-economic Indicators in Minority Autonomous Areas to the Whole Province (2018)

指 标	Item	全 省 Yunnan	民族自治地方 Minority Autonomous Areas	民族自治地方占全省比重(%) Proportion of Minority Autonomous Areas to the Whole Province(%)
市县数(个)	**Number of Cities and Counties (unit)**	**129**	**78**	**60.5**
年末总人口(万人)	**Total Population at Year-end (10 000 persons)**	**4 829.50**	**2 355.57**	**48.8**
土地面积(万平方千米)	**Land Area (10 000 sq.km)**	**39.41**	**27.67**	**70.2**
生产总值(当年价)(亿元)	**Gross Domestic Product (at Current prices) (100 million yuan)**	**17 881.12**	**7 155.86**	**40.0**
农业总产值	Gross Output Value of Agriculture,Forestry,Animal Husbandry,Fishery	4 108.88	2 351.16	57.2
主要农产品产量(万吨)	**Output of Major Agricultural Products(10 000 tons)**			
粮 食	Grain	1 860.54	1 023.17	55.0
甘 蔗	Sugarcane	1 640.08	1 289.86	78.6
烤 烟	Flue-cured Tobacco	82.29	44.43	54.0
社会消费品零售总额(亿元)	**Retail Sales of Consumer Goods (100 million yuan)**	**6 825.97**	**2 363.40**	**34.6**
地方一般公共预算收支(亿元)	**Public Budgetary Revenue and Expenditure of Local Government(100 million yuan)**			
地方一般公共预算收入	Public Budgetary Revenue of Local Government	1 994.35	567.10	28.4
地方一般公共预算支出	Public Budgetary Expenditure of Local Government	6 075.03	2 540.57	41.8

17-7 民族自治地方一般公共预算收入和支出（2017-2018年）
Public Budgetary Revenue and Expenditure of Local Government in Minority Autonomous Regions (2017-2018)

单位：亿元 (100 million yuan)

民族自治地方	National Autonomous Area	地方一般公共预算收入 Government Revenue		地方一般公共预算支出 Government Expenditure	
		2017	2018	2017	2018
民族自治地方总计	**Minority Autonomous Area Total**	**537.69**	**567.10**	**2 242.61**	**2 540.57**
自治州合计	**Autonomous Prefectures**	**447.76**	**476.09**	**1 809.53**	**2 012.23**
楚雄彝族自治州	Chuxiong Yi Autonomous Prefecture	80.26	86.69	248.69	275.91
红河哈尼族彝族自治州	Honghe Hani and Yi Autonomous Prefecture	141.28	142.27	402.79	448.45
文山壮族苗族自治州	Wenshan Zhuang and Miao Autonomous Prefecture	56.88	60.33	321.57	343.30
西双版纳傣族自治州	Xishuangbanna Dai Autonomous Prefecture	28.46	31.29	117.77	129.31
大理白族自治州	Dali Bai Autonomous Prefecture	87.01	96.16	338.18	366.22
德宏傣族景颇族自治州	Dehong Dai and Jingpo Autonomous Prefecture	33.77	37.04	150.92	150.04
怒江傈僳族自治州	Nujiang Lisu Autonomous Prefecture	9.93	10.86	89.67	138.92
迪庆藏族自治州	Diqing Tibetan Autonomous Prefecture	10.17	11.45	139.94	160.08
自治州以外的自治县合计	**Autonomous Counties Except the Above Prefectures**	**89.93**	**91.01**	**433.08**	**528.34**
石林彝族自治县	Shilin Yi Autonomous County	6.17	6.49	20.35	20.10
禄劝彝族苗族自治县	Luquan Yi and Miao Autonomous County	6.12	5.60	33.59	36.75
寻甸回族彝族自治县	Xundian Hui and Yi Autonomous County	6.80	6.19	36.42	34.82
峨山彝族自治县	Eshan Yi Autonomous County	4.33	4.47	15.52	16.83
新平彝族傣族自治县	Xinping Yi and Dai Autonomous County	12.67	13.44	27.88	34.02
元江哈尼族彝族傣族自治县	Yuanjiang Hani and Yi and Dai Autonomous County	4.88	4.36	18.89	20.09
玉龙纳西族自治县	Yulong Naxi Autonomous County	5.58	6.20	27.87	29.41
宁蒗彝族自治县	Ninglang Yi Autonomous County	2.42	2.86	28.64	34.76
宁洱哈尼族彝族自治县	Ning'er Hani and Yi Autonomous County	3.60	3.79	19.65	17.34
墨江哈尼族自治县	Mojiang Hani Autonomous County	3.59	3.86	26.74	30.05
景东彝族自治县	Jingdong Yi Autonomous County	4.73	3.48	26.48	27.53
景谷傣族彝族自治县	Jinggu Dai and Yi Autonomous County	5.84	6.31	26.98	29.10
镇沅彝族哈尼族拉祜族自治县	Zhenyuan Yi and Hani and Lahu Autonomous County	3.86	4.06	22.72	22.32
江城哈尼族彝族自治县	Jiangcheng Hani and Yi Autonomous County	1.81	1.89	15.46	18.16
孟连傣族拉祜族佤族自治县	Menglian Dai and Lahu and Wa Autonomous County	1.67	1.62	17.56	17.13
澜沧拉祜族自治县	Lancang Lahu Autonomous County	5.47	5.24	45.10	50.07
西盟佤族自治县	Ximeng Wa Autonomous County	0.78	0.81	13.62	15.03
双江拉祜族佤族布朗族傣族自治县	Shuangjiang Lahu and Wa and Bulang and Dai Autonomous County	3.05	3.07	19.97	21.97
耿马傣族佤族自治县	Gengma Dai and Wa Autonomous County	3.79	4.24	26.46	29.22
沧源佤族自治县	Cangyuan Wa Autonomous County	2.77	3.03	21.07	23.64

17-8 民族自治地方生产总值及指数（2018年）

单位：亿元、%

民族自治地方	Minority Autonomous Area	生产总值 Gross Domestic Product
民族自治地方总计	**Minority Autonomous Area Total**	**7 155.86**
自治州合计	**Autonomous Prefectures**	**5 777.53**
楚雄彝族自治州	Chuxiong Yi Autonomous Prefecture	1 024.33
红河哈尼族彝族自治州	Honghe Hani and Yi Autonomous Prefecture	1 593.77
文山壮族苗族自治州	Wenshan Zhuang and Miao Autonomous Prefecture	859.06
西双版纳傣族自治州	Xishuangbanna Dai Autonomous Prefecture	417.79
大理白族自治州	Dali Bai Autonomous Prefecture	1 122.44
德宏傣族景颇族自治州	Dehong Dai and Jingpo Autonomous Prefecture	381.06
怒江傈僳族自治州	Nujiang Lisu Autonomous Prefecture	161.56
迪庆藏族自治州	Diqing Tibetan Autonomous Prefecture	217.52
自治州以外的自治县合计	**Autonomous Counties Except the Above Prefectures**	**1 378.33**
石林彝族自治县	Shilin Yi Autonomous County	85.60
禄劝彝族苗族自治县	Luquan Yi and Miao Autonomous County	95.90
寻甸回族彝族自治县	Xundian Hui and Yi Autonomous County	90.00
峨山彝族自治县	Eshan Yi Autonomous County	84.87
新平彝族傣族自治县	Xinping Yi and Dai Autonomous County	151.34
元江哈尼族彝族傣族自治县	Yuanjiang Hani and Yi and Dai Autonomous County	85.92
玉龙纳西族自治县	Yulong Naxi Autonomous County	64.29
宁蒗彝族自治县	Ninglang Yi Autonomous County	35.02
宁洱哈尼族彝族自治县	Ning'er Hani and Yi Autonomous County	55.45
墨江哈尼族自治县	Mojiang Hani Autonomous County	65.34
景东彝族自治县	Jingdong Yi Autonomous County	71.42
景谷傣族彝族自治县	Jinggu Dai and Yi Autonomous County	103.39
镇沅彝族哈尼族拉祜族自治县	Zhenyuan Yi and Hani and Lahu Autonomous County	53.64
江城哈尼族彝族自治县	Jiangcheng Hani and Yi Autonomous County	29.80
孟连傣族拉祜族佤族自治县	Menglian Dai and Lahu and Wa Autonomous County	30.55
澜沧拉祜族自治县	Lancang Lahu Autonomous County	77.95
西盟佤族自治县	Ximeng Wa Autonomous County	14.31
双江拉祜族佤族布朗族傣族自治县	Shuangjiang Lahu and Wa and Bulang and Dai Autonomous County	45.53
耿马傣族佤族自治县	Gengma Dai and Wa Autonomous County	96.68
沧源佤族自治县	Cangyuan Wa Autonomous County	41.33

注：本表生产总值按当年价格计算，指数按可比价格计算。

Gross Domestic Product and Their Indices in Minority Autonomous Regions (2018)

(100 million yuan,%)

第一产业 Primary Industry	第二产业 Secondary Industry	第三产业 Tertiary Industry	生产总值指数 (上年=100) Indices of GDP (preceding year=100)	第一产业 Primary Industry	第二产业 Secondary Industry	第三产业 Tertiary Industry
1 386.70	**2 711.17**	**3 057.99**	**109.2**	**106.4**	**112.2**	**107.8**
1 032.13	**2 256.71**	**2 488.69**	**109.6**	**106.3**	**113.0**	**107.9**
181.25	417.12	425.96	110.2	106.4	115.4	107.0
234.05	759.99	599.73	109.7	106.3	112.8	106.9
170.19	307.39	381.48	110.3	106.3	114.4	108.5
102.09	114.33	201.37	108.1	106.4	107.3	109.3
224.81	424.77	472.86	109.3	106.3	111.9	108.2
85.07	92.68	203.31	108.0	106.2	107.0	109.2
22.11	50.26	89.19	112.1	106.2	117.0	110.8
12.56	90.17	114.79	109.5	106.2	115.3	105.9
354.57	**454.46**	**569.30**	**107.7**	**106.5**	**108.7**	**107.6**
21.60	19.48	44.52	100.3	106.9	86.3	105.0
28.43	21.81	45.66	103.0	107.0	90.7	107.7
25.55	23.22	41.23	100.7	107.0	91.4	103.4
12.51	35.01	37.35	113.0	106.6	121.2	107.4
21.40	59.52	70.42	112.5	106.6	114.9	112.0
20.84	20.63	44.45	108.8	106.6	119.8	105.2
12.44	29.19	22.66	110.1	106.4	114.4	106.8
8.66	10.20	16.16	110.2	106.2	110.2	112.6
11.98	21.66	21.81	107.2	106.2	108.1	106.8
16.33	21.64	27.37	107.0	106.2	107.3	107.3
25.96	22.59	22.87	106.0	106.3	110.7	101.3
29.27	41.72	32.40	107.0	106.4	107.7	106.7
19.64	17.83	16.17	109.2	106.5	114.8	106.8
9.34	11.08	9.38	108.6	106.2	109.7	110.1
11.35	6.52	12.68	108.1	106.5	109.7	108.7
21.20	30.56	26.19	110.5	106.0	110.0	114.8
3.29	3.49	7.53	107.0	106.4	115.1	103.9
11.87	15.97	17.69	107.7	106.0	110.6	106.2
32.11	30.73	33.84	109.4	106.2	111.9	110.3
10.80	11.61	18.92	108.9	106.1	110.2	109.4

Note: Data of gross domestic value are calculated at current prices,while indices are calculated by comparable prices.

17-9　民族自治地方职工人数（2018年）

Number of Staff and Workers in Minority Autonomous Regions (2018)

单位：万人　(10 000 preson)

民族自治地方	Minority Autonomous Area	职工人数 Number of Staff and Workers	国有单位 State-owned Entities	城镇集体单位 Urban Collective-owned Entities	其他单位 Others
民族自治地方合计	**Minority Autonomous Area Total**	**131.97**	**74.36**	**2.58**	**55.03**
自治州合计	**Autonomous Prefectures**	**104.84**	**58.40**	**1.72**	**44.72**
楚雄彝族自治州	Chuxiong Yi Autonomous Prefecture	14.03	8.30	0.22	5.51
红河哈尼族彝族自治州	Honghe Hani and Yi Autonomous Prefecture	27.18	14.34	0.72	12.12
文山壮族苗族自治州	Wenshan Zhuang and Miao Autonomous Prefecture	17.29	10.41	0.27	6.61
西双版纳傣族自治州	Xishuangbanna Dai Autonomous Prefecture	7.67	4.25	0.05	3.37
大理白族自治州	Dali Bai Autonomous Prefecture	21.37	10.49	0.19	10.70
德宏傣族景颇族自治州	Dehong Dai and Jingpo Autonomous Prefecture	10.24	5.87	0.16	4.21
怒江傈僳族自治州	Nujiang Lisu Autonomous Prefecture	3.83	2.57	0.05	1.21
迪庆藏族自治州	Diqing Tibetan Autonomous Prefecture	3.23	2.18	0.06	0.99
自治州以外的自治县合计	**Autonomous Counties Except the Above Prefectures**	**27.13**	**15.96**	**0.86**	**10.31**
石林彝族自治县	Shilin Yi Autonomous County	1.53	0.73	0.11	0.69
禄劝彝族苗族自治县	Luquan Yi and Miao Autonomous County	1.52	0.94	0.06	0.53
寻甸回族彝族自治县	Xundian Hui and Yi Autonomous County	2.16	1.21	0.04	0.90
峨山彝族自治县	Eshan Yi Autonomous County	1.24	0.61	0.01	0.62
新平彝族傣族自治县	Xinping Yi and Dai Autonomous County	2.50	0.79		1.71
元江哈尼族彝族傣族自治县	Yuanjiang Hani and Yi and Dai Autonomous County	1.51	0.72	0.02	0.77
玉龙纳西族自治县	Yulong Naxi Autonomous County	1.64	0.98	0.04	0.62
宁蒗彝族自治县	Ninglang Yi Autonomous County	0.83	0.81	0.01	0.01
宁洱哈尼族彝族自治县	Ning'er Hani and Yi Autonomous County	0.99	0.72	0.03	0.25
墨江哈尼族自治县	Mojiang Hani Autonomous County	1.20	0.88	0.02	0.29
景东彝族自治县	Jingdong Yi Autonomous County	1.63	0.93	0.01	0.69
景谷傣族彝族自治县	Jinggu Dai and Yi Autonomous County	1.73	0.90	0.04	0.79
镇沅彝族哈尼族拉祜族自治县	Zhenyuan Yi and Hani and Lahu Autonomous County	1.09	0.63	0.06	0.40
江城哈尼族彝族自治县	Jiangcheng Hani and Yi Autonomous County	0.97	0.42	0.35	0.19
孟连傣族拉祜族佤族自治县	Menglian Dai and Lahu and Wa Autonomous County	0.91	0.70	0.01	0.20
澜沧拉祜族自治县	Lancang Lahu Autonomous County	1.51	1.16	0.01	0.35
西盟佤族自治县	Ximeng Wa Autonomous County	0.43	0.37	0.01	0.05
双江拉祜族佤族布朗族傣族自治县	Shuangjiang Lahu and Wa and Bulang and Dai Autonomous County	0.82	0.49	0.01	0.32
耿马傣族佤族自治县	Gengma Dai and Wa Autonomous County	1.92	1.23	0.01	0.69
沧源佤族自治县	Cangyuan Wa Autonomous County	1.01	0.76	0.01	0.25

17-10 民族自治地方职工平均工资（2018年）

Average Wages of Staff and Workers in Minority Autonomous Regions (2018)

单位：万元／人 (10 000 yuan / person)

民族自治地方	Minority Autonomous Area	职工平均工资 Average Wages of Staff and Workers	国有单位 State-owned Entities	集体单位 Collective-owned Entities	其他单位 Others
民族自治地方	**Minority Autonomous Area**	**8.42**	**10.53**	**10.35**	**5.47**
自治州合计	**Autonomous Prefectures**	**8.51**	**10.63**	**11.45**	**5.61**
楚雄彝族自治州	Chuxiong Yi Autonomous Prefecture	8.91	10.90	17.37	5.55
红河哈尼族彝族自治州	Honghe Hani , Yi Autonomous Prefecture	8.50	10.17	8.36	6.55
文山壮族苗族自治州	Wenshan Zhuang , Miao Autonomous Prefecture	8.20	9.78	11.99	5.53
西双版纳傣族自治州	Xishuangbanna Dai Autonomous Prefecture	8.66	10.75	12.31	6.09
大理白族自治州	Dali Bai Autonomous Prefecture	8.47	11.61	16.29	5.24
德宏傣族景颇族自治州	Dehong Dai , Jingpo Autonomous Prefecture	7.94	9.91	11.04	5.09
怒江傈僳族自治州	Nujiang Lisu Autonomous Prefecture	7.86	9.03	9.32	5.38
迪庆藏族自治州	Diqing Tibetan Autonomous Prefecture	12.96	14.97	11.23	8.51
自治州以外的自治县合计	**Autonomous Counties Except the Above Prefectures**	**8.09**	**10.16**	**8.16**	**4.85**
石林彝族自治县	Shilin Yi Autonomous County	7.20	9.77	6.12	4.19
禄劝彝族苗族自治县	Luquan Yi , Miao Autonomous County	8.90	10.93	10.69	4.59
寻甸回族彝族自治县	Xundian Hui , Yi Autonomous County	8.08	10.55	16.27	4.52
峨山彝族自治县	Eshan Yi Autonomous County	7.92	11.12	23.67	3.99
新平彝族傣族自治县	Xinping Yi , Dai Autonomous County	7.64	11.63		5.69
元江哈尼族彝族傣族自治县	Yuanjiang Hani , Yi , Dai Autonomous County	8.00	10.39	14.65	5.46
玉龙纳西族自治县	Yulong Naxi Autonomous County	8.26	9.36	8.12	6.42
宁蒗彝族自治县	Ninglang Yi Autonomous County	11.17	11.08	23.77	5.19
宁洱哈尼族彝族自治县	Ning'er Hani , Yi Autonomous County	9.01	10.48	9.79	4.62
墨江哈尼族自治县	Mojiang Hani Autonomous County	9.61	11.10	15.90	5.28
景东彝族自治县	Jingdong Yi Autonomous County	8.84	11.69	4.20	4.38
景谷傣族彝族自治县	Jinggu Dai , Yi Autonomous County	6.87	9.23	8.85	4.13
镇沅彝族哈尼族拉祜族自治县	Zhenyuan Yi , Hani , Lahu Autonomous County	8.19	10.64	11.07	4.13
江城哈尼族彝族自治县	Jiangcheng Hani , Yi Autonomous County	6.68	9.76	4.14	5.02
孟连傣族拉祜族佤族自治县	Menglian Dai , Lahu , Wa Autonomous County	7.50	7.65	17.98	6.28
澜沧拉祜族自治县	Lancang Lahu Autonomous County	8.27	9.06	2.84	5.84
西盟佤族自治县	Ximeng Wa Autonomous County	10.91	11.27	14.41	7.16
双江拉祜族佤族布朗族傣族自治县	Shuangjiang Lahu,Wa ,Bulang,Dai Autonomous County	8.40	11.44	19.79	3.65
耿马傣族佤族自治县	Gengma Dai , Wa Autonomous County	6.24	7.66	19.40	3.65
沧源佤族自治县	Cangyuan Wa Autonomous County	9.11	10.50	17.17	4.70

17－11 民族自治地方农、林、牧、渔业总产值（2018年）

单位：亿元

民族自治地方	Minority Autonomous Area	农、林、牧、渔业总产值 Gross Output Value of Farming, Forestry, Animal Husbandry and Fishery
民族自治地方总计	**Minority Autonomous Area Total**	**2 351.16**
自治州合计	**Autonomous Prefectures**	**1 757.96**
楚雄彝族自治州	Chuxiong Yi Autonomous Prefecture	311.91
红河哈尼族彝族自治州	Honghe Hani and Yi Autonomous Prefecture	385.43
文山壮族苗族自治州	Wenshan Zhuang and Miao Autonomous Prefecture	281.19
西双版纳傣族自治州	Xishuangbanna Dai Autonomous Prefecture	173.90
大理白族自治州	Dali Bai Autonomous Prefecture	416.01
德宏傣族景颇族自治州	Dehong Dai and Jingpo Autonomous Prefecture	133.32
怒江傈僳族自治州	Nujiang Lisu Autonomous Prefecture	34.59
迪庆藏族自治州	Diqing Tibetan Autonomous Prefecture	21.61
自治州以外的自治县合计	**Autonomous Counties Except the Above Prefectures**	**593.21**
石林彝族自治县	Shilin Yi Autonomous County	39.71
禄劝彝族苗族自治县	Luquan Yi and Miao Autonomous County	45.28
寻甸回族彝族自治县	Xundian Hui and Yi Autonomous County	43.62
峨山彝族自治县	Eshan Yi Autonomous County	18.95
新平彝族傣族自治县	Xinping Yi and Dai Autonomous County	39.86
元江哈尼族彝族傣族自治县	Yuanjiang Hani and Yi and Dai Autonomous County	33.94
玉龙纳西族自治县	Yulong Naxi Autonomous County	23.90
宁蒗彝族自治县	Ninglang Yi Autonomous County	14.39
宁洱哈尼族彝族自治县	Ning'er Hani and Yi Autonomous County	19.48
墨江哈尼族自治县	Mojiang Hani Autonomous County	28.44
景东彝族自治县	Jingdong Yi Autonomous County	42.11
景谷傣族彝族自治县	Jinggu Dai and Yi Autonomous County	48.00
镇沅彝族哈尼族拉祜族自治县	Zhenyuan Yi and Hani and Lahu Autonomous County	32.81
江城哈尼族彝族自治县	Jiangcheng Hani and Yi Autonomous County	15.61
孟连傣族拉祜族佤族自治县	Menglian Dai and Lahu and Wa Autonomous County	20.21
澜沧拉祜族自治县	Lancang Lahu Autonomous County	34.20
西盟佤族自治县	Ximeng Wa Autonomous County	5.67
双江拉祜族佤族布朗族傣族自治县	Shuangjiang Lahu and Wa and Bulang and Dai Autonomous County	18.70
耿马傣族佤族自治县	Gengma Dai and Wa Autonomous County	49.92
沧源佤族自治县	Cangyuan Wa Autonomous County	18.38

注：本表按现行价格计算。

Gross Output Value of Farming, Forestry, Animal Husbandry and Fishery in Minority Autonomous Regions (2018)

(100 million yuan)

农 业 Farming	林 业 Forestry	牧 业 Animal Husbandry	渔 业 Fishery	农、林、牧、渔服务业 Services in Support of Agriculture, Forestry, Animal Husbandry and Fishery
1 298.60	**199.87**	**703.80**	**71.00**	**77.89**
967.35	**130.31**	**547.52**	**48.16**	**64.62**
168.29	8.26	109.09	4.66	21.61
196.31	22.39	149.19	11.46	6.08
159.68	15.05	93.48	8.31	4.68
85.63	53.09	17.22	8.45	9.50
240.81	13.18	136.96	9.72	15.35
92.31	9.99	22.22	5.05	3.75
13.86	6.01	12.84	0.05	1.83
10.46	2.34	6.51	0.47	1.83
331.25	**69.56**	**156.28**	**22.83**	**13.28**
22.41	3.48	11.73	0.67	1.43
22.17	2.99	19.49	0.20	0.44
20.39	1.29	19.83	1.63	0.49
12.09	1.00	5.38	0.16	0.31
25.49	2.50	11.08	0.24	0.56
29.27	0.84	3.43	0.29	0.11
9.20	1.35	10.64	0.72	1.99
8.31	0.97	4.63	0.32	0.17
9.35	2.49	5.78	1.38	0.48
14.71	2.82	7.02	3.21	0.68
19.31	6.51	14.33	0.95	1.01
19.65	16.76	6.23	4.20	1.16
17.53	5.92	7.43	1.30	0.63
10.12	2.43	1.95	0.72	0.38
12.36	4.42	2.00	0.51	0.92
19.81	2.07	9.45	2.32	0.55
2.67	1.59	1.01	0.09	0.30
11.25	1.10	4.42	1.28	0.64
33.87	6.70	6.89	1.84	0.62
11.29	2.33	3.57	0.78	0.40

Note: Data in this table are calculated at current prices.

17-12 民族自治地方主要农作物产量（2018年）

单位：万吨

民族自治地方	Minority Autonomous Area	粮　食 Grain	稻 谷 Rice
民族自治地方	**Minority Autonomous Area**	**1 023.17**	**330.01**
自治州合计	**Autonomous Prefectures**	**776.94**	**269.44**
楚雄彝族自治州	Chuxiong Yi Autonomous Prefecture	121.44	47.08
红河哈尼族彝族自治州	Honghe Hani and Yi Autonomous Prefecture	179.63	64.82
文山壮族苗族自治州	Wenshan Zhuang and Miao Autonomous Prefecture	165.38	50.12
西双版纳傣族自治州	Xishuangbanna Dai Autonomous Prefecture	46.56	22.10
大理白族自治州	Dali Bai Autonomous Prefecture	164.59	43.75
德宏傣族景颇族自治州	Dehong Dai and Jingpo Autonomous Prefecture	68.18	37.28
怒江傈僳族自治州	Nujiang Lisu Autonomous Prefecture	15.76	2.85
迪庆藏族自治州	Diqing Tibetan Autonomous Prefecture	15.41	1.45
自治州以外的自治县合计	**Autonomous Counties Except the Above Prefectures**	**246.23**	**60.58**
石林彝族自治县	Shilin Yi Autonomous County	12.89	1.63
禄劝彝族苗族自治县	Luquan Yi and Miao Autonomous County	22.09	2.16
寻甸回族彝族自治县	Xundian Hui and Yi Autonomous County	22.94	3.17
峨山彝族自治县	Eshan Yi Autonomous County	7.12	2.36
新平彝族傣族自治县	Xinping Yi and Dai Autonomous County	17.21	4.41
元江哈尼族彝族傣族自治县	Yuanjiang Hani and Yi and Dai Autonomous County	9.31	2.67
玉龙纳西族自治县	Yulong Naxi Autonomous County	10.63	0.51
宁蒗彝族自治县	Ninglang Yi Autonomous County	7.50	0.82
宁洱哈尼族彝族自治县	Ning'er Hani and Yi Autonomous County	8.09	2.02
墨江哈尼族自治县	Mojiang Hani Autonomous County	15.30	3.79
景东彝族自治县	Jingdong Yi Autonomous County	18.60	5.17
景谷傣族彝族自治县	Jinggu Dai and Yi Autonomous County	15.54	3.52
镇沅彝族哈尼族拉祜族自治县	Zhenyuan Yi and Hani and Lahu Autonomous County	11.56	2.61
江城哈尼族彝族自治县	Jiangcheng Hani and Yi Autonomous County	4.91	1.06
孟连傣族拉祜族佤族自治县	Menglian Dai and Lahu and Wa Autonomous County	7.23	4.45
澜沧拉祜族自治县	Lancang Lahu Autonomous County	24.92	10.03
西盟佤族自治县	Ximeng Wa Autonomous County	4.22	1.60
双江拉祜族佤族布朗族傣族自治县	Shuangjiang Lahu and Wa and Bulang and Dai Autonomous County	7.18	1.82
耿马傣族佤族自治县	Gengma Dai and Wa Autonomous County	11.57	4.50
沧源佤族自治县	Cangyuan Wa Autonomous County	7.42	2.28

Yields of Major Farm Crops in Minority Autonomous Areas (2018)

(10 000 tons)

小麦 Wheat	玉米 Maize	豆类 Beans and Peas	薯类（折粮） Tubers	油料 Oil-bearing Crops	甘蔗 Sugarcane	烤烟 Flue-cured Tobacco
43.50	**471.23**	**67.91**	**66.15**	**25.45**	**1 289.86**	**44.43**
31.61	**343.98**	**54.83**	**42.15**	**20.76**	**679.80**	**29.55**
11.99	43.43	11.92	3.22	6.46	2.46	8.40
5.37	72.48	11.74	14.37	3.60	110.71	7.06
5.53	90.39	10.11	4.88	6.32	140.91	5.06
0.01	23.99	0.21	0.21	0.15	104.51	
5.10	79.43	16.47	7.20	3.00	0.87	6.88
0.59	20.35	1.34	8.50	0.59	318.00	2.00
1.04	6.33	1.85	2.66	0.20	2.34	
1.97	7.59	1.19	1.12	0.44		0.14
11.89	**127.25**	**13.08**	**23.99**	**4.69**	**610.06**	**14.88**
1.23	7.76	0.68	1.08	0.06		1.41
1.68	10.94	1.38	4.44	0.34	0.11	1.28
0.70	6.23	1.45	8.62	0.32		1.98
0.16	4.10	0.38	0.07	0.80	0.38	1.03
0.31	10.38	0.53	0.56	0.13	44.27	1.10
0.34	5.43	0.31	0.20	0.35	23.00	0.76
1.96	3.70	1.37	1.76	0.46		1.20
0.19	1.92	0.93	2.60	0.01		0.40
0.75	4.68	0.42	0.19	0.19	0.07	0.51
0.55	10.00	0.68	0.16	0.28	2.71	0.85
1.53	8.46	1.59	1.77	0.31	19.88	1.23
0.53	9.91	0.60	0.78	0.33	48.64	1.01
1.00	7.52	0.35	0.08	0.29	2.66	1.25
0.02	3.76	0.02	0.05	0.05	3.88	
	2.62	0.10	0.01	0.06	40.41	
0.26	13.15	0.64	0.64	0.22	109.26	
0.05	2.42	0.01	0.02	0.02	11.80	
0.39	4.02	0.47	0.45	0.19	39.31	0.37
0.16	5.61	0.87	0.42	0.19	203.44	0.23
0.10	4.64	0.29	0.09	0.10	60.24	0.26

17-13 民族自治地方规模以上工业主要产品产量（2018年）

单位：万吨

民族自治地方	Minority Autonomous Area	粗 钢 Steel	生 铁 Pig Iron
民族自治地方总计	**Minority Autonomous Area**	**486.18**	**280.07**
自治州合计	**Autonomous Prefectures**	**282.58**	**280.07**
楚雄彝族自治州	Chuxiong Yi Autonomous Prefecture	128.91	136.05
红河哈尼族彝族自治州	Honghe Hani and Yi Autonomous Prefecture	153.67	144.02
文山壮族苗族自治州	Wenshan Zhuang and Miao Autonomous Prefecture		
西双版纳傣族自治州	Xishuangbanna Dai Autonomous Prefecture		
大理白族自治州	Dali Bai Autonomous Prefecture		
德宏傣族景颇族自治州	Dehong Dai and Jingpo Autonomous Prefecture		
怒江傈僳族自治州	Nujiang Lisu Autonomous Prefecture		
迪庆藏族自治州	Diqing Tibetan Autonomous Prefecture		
自治州以外的自治县合计	**Autonomous Counties Except the Above Prefectures**	**203.60**	
石林彝族自治县	Shilin Yi Autonomous County		
禄劝彝族苗族自治县	Luquan Yi and Miao Autonomous County		
寻甸回族彝族自治县	Xundian Hui and Yi Autonomous County		
峨山彝族自治县	Eshan Yi Autonomous County		
新平彝族傣族自治县	Xinping Yi and Dai Autonomous County	203.60	
元江哈尼族彝族傣族自治县	Yuanjiang Hani and Yi and Dai Autonomous County		
玉龙纳西族自治县	Yulong Naxi Autonomous County		
宁蒗彝族自治县	Ninglang Yi Autonomous County		
宁洱哈尼族彝族自治县	Ning'er Hani and Yi Autonomous County		
墨江哈尼族自治县	Mojiang Hani Autonomous County		
景东彝族自治县	Jingdong Yi Autonomous County		
景谷傣族彝族自治县	Jinggu Dai and Yi Autonomous County		
镇沅彝族哈尼族拉祜族自治县	Zhenyuan Yi and Hani and Lahu Autonomous County		
江城哈尼族彝族自治县	Jiangcheng Hani and Yi Autonomous County		
孟连傣族拉祜族佤族自治县	Menglian Dai and Lahu and Wa Autonomous County		
澜沧拉祜族自治县	Lancang Lahu Autonomous County		
西盟佤族自治县	Ximeng Wa Autonomous County		
双江拉祜族佤族布朗族傣族自治县	Shuangjiang Lahu and Wa and Bulang and Dai Autonomous County		
耿马傣族佤族自治县	Gengma Dai and Wa Autonomous County		
沧源佤族自治县	Cangyuan Wa Autonomous County		

注：统计范围为年主营业务收入2000万元及以上工业企业。

Output of Major Industrial Products above Designated size in Minority Autonomous Areas (2018)

(10 000 tons)

原 煤 Coal	发电量(亿千瓦小时) Electricity (100 million kwh)	成品糖 Sugar of Finished Product	农用化肥 Agricultural Chemical Fertilizer	白 酒(万升) Liquor (10 kiloliters)	啤 酒(万升) Beer (10 kiloliters)	水 泥 Cement
1 908.10	**684.61**	**171.10**	**116.39**	**5 784.77**	**23 764.85**	**5 506.89**
1 723.63	**571.85**	**95.18**	**102.94**	**4 228.43**	**21 872.25**	**4 081.21**
77.41	65.10		30.22	1 665.33	1 027.50	79.01
1 563.37	182.63	7.99	72.72	79.70	682.85	749.95
82.85	63.67	12.32		2 110.60		850.33
	10.21	19.75			676.90	151.29
	80.00			367.60	19 485.00	1 522.97
	124.22	55.12				417.72
	19.98					103.63
	26.04			5.20		206.31
184.47	**112.76**	**75.92**	**13.45**	**1 556.34**	**1 892.60**	**1 425.68**
22.55	6.14		0.05			107.45
	36.62					
83.98	14.13		8.29			166.87
25.22	0.20				1 892.60	98.02
	7.82	4.24				117.88
	7.39	2.28	2.76			162.45
	1.24					
6.61	1.34		2.35	431.40		
	0.40					164.35
	20.61					
13.59	0.03	1.66				13.57
	4.91	3.80		1 001.12		
	0.38					176.48
	4.33					
	0.18	6.86				
28.06	1.61	12.34				151.71
	1.28	3.09				
	1.49	6.09		123.82		
	1.12	27.45				133.38
4.46	1.54	8.11				133.52

Note: Statistical coverage are industrial enterprises with annual revenue over 2000 million yuan from principal business.

Chapter 18

十八、县域经济概况

Survey of Intra-counry Economies

18 1 各州市县生产总值及其指数（2018年）

Gross Domestic Product and Its Indices by Region (2018)

单位：亿元、%　　　　(100 million,%)

州市县	Region	生产总值 Gross Domestic Product	第一产业 Primary Industry	第二产业 Secondary Industry	第三产业 Tertiary Industry	生产总值指数（上年=100） Indices of GDP (preceding year=100)	第一产业 Primary Industry	第二产业 Secondary Industry	第三产业 Tertiary Industry
全 省	**Yunnan**	**17 881.12**	**2 498.86**	**6 957.44**	**8 424.82**	**108.9**	**106.3**	**111.3**	**107.6**
昆明市	**Kunming**	**5 206.90**	**222.16**	**2 038.02**	**2 946.72**	**108.4**	**106.3**	**110.0**	**107.3**
五华区	Wuhua	1 115.41	2.14	569.72	543.55	104.6	103.1	104.2	105.0
盘龙区	Panlong	705.66	5.10	212.70	487.86	111.0	101.5	124.3	105.1
官渡区	Guandu	1 223.20	8.09	439.13	775.98	108.1	99.6	107.2	108.6
西山区	Xishan	600.98	3.72	148.84	448.42	105.4	102.2	103.8	106.0
东川区	Dongchuan	94.73	7.87	44.77	42.09	103.8	107.0	100.0	108.5
呈贡区	Chenggong	249.90	4.88	130.26	114.76	108.8	103.8	110.7	106.7
晋宁区	Jinning	135.80	23.92	47.99	63.89	106.4	106.9	106.0	106.5
富民县	Fumin	76.55	11.21	38.75	26.59	106.3	107.2	105.5	107.3
宜良县	Yiliang	185.36	47.96	49.37	88.03	103.9	107.0	93.9	109.0
石林县	Shilin	85.60	21.60	19.48	44.52	100.3	106.9	86.3	105.0
嵩明县	Songming	117.37	16.88	51.88	48.61	100.6	106.6	98.1	101.5
禄劝县	Luquan	95.90	28.43	21.81	45.66	103.0	107.0	90.7	107.7
寻甸县	Xundian	90.00	25.55	23.22	41.23	100.7	107.0	91.4	103.4
安宁市	Anning	430.20	14.82	239.96	175.42	125.5	106.7	146.9	106.8
曲靖市	**Qujing**	**2 013.36**	**360.20**	**777.37**	**875.79**	**108.5**	**106.4**	**111.4**	**106.5**
麒麟区	Qilin	651.86	26.11	335.00	290.75	107.0	106.3	109.3	104.3
沾益区	Zhanyi	205.81	41.31	79.34	85.16	111.1	106.3	115.3	108.9
马龙区	Malong	56.13	9.90	24.23	22.00	110.0	106.5	114.1	105.9
陆良县	Luliang	175.68	58.84	49.09	67.75	109.5	106.6	116.4	106.9
师宗县	Shizong	119.08	36.73	35.47	46.88	109.0	106.4	114.5	106.8
罗平县	Luoping	178.63	45.53	52.91	80.19	108.0	106.4	109.0	108.1
富源县	Fuyuan	155.35	37.38	50.23	67.74	109.5	106.3	112.9	108.5
会泽县	Huize	190.02	43.21	73.87	72.94	108.5	106.5	108.9	109.4
宣威市	Xuanwei	280.76	61.19	75.37	144.20	107.5	106.3	109.5	106.9
玉溪市	**Yuxi**	**1 493.04**	**149.45**	**766.40**	**577.19**	**108.9**	**106.4**	**109.4**	**108.7**
红塔区	Hongta	655.03	15.79	437.85	201.39	106.5	106.2	104.9	110.1
江川区	Jiangchuan	100.03	17.62	36.91	45.50	111.6	106.6	118.8	108.2
澄江县	Chengjiang	100.29	11.79	31.72	56.78	113.1	106.0	114.5	113.9
通海县	Tonghai	116.71	17.94	45.50	53.27	107.6	106.4	111.8	104.3
华宁县	Huaning	91.23	19.50	30.49	41.24	108.4	106.4	114.6	104.9
易门县	Yimen	107.93	12.05	60.96	34.92	112.0	106.4	117.4	104.4
峨山县	Eshan	84.87	12.51	35.01	37.35	113.0	106.6	121.2	107.4
新平县	Xinping	151.34	21.40	59.52	70.42	112.5	106.6	114.9	112.0
元江县	Yuanjiang	85.92	20.84	20.63	44.45	108.8	106.6	119.8	105.2

注：本表2018年数据为快报数。
Note: Data of 2018 in this table are express numbers.

18-1 续表1 continued

单位：亿元、% (100 million,%)

州市县	Region	生产总值 Gross Domestic Product	第一产业 Primary Industry	第二产业 Secondary Industry	第三产业 Tertiary Industry	生产总值指数（上年=100） Indices of GDP (preceding year=100)	第一产业 Primary Industry	第二产业 Secondary Industry	第三产业 Tertiary Industry
保 山 市	**Baoshan**	**738.14**	**168.50**	**281.14**	**288.50**	**109.5**	**106.3**	**115.1**	**106.0**
隆阳区	Longyang	285.26	55.60	107.76	121.90	109.5	106.4	115.4	106.0
施甸县	Shidian	67.47	16.89	21.18	29.40	109.3	106.2	115.3	107.0
龙陵县	Longling	82.65	21.94	36.62	24.09	110.0	106.2	116.9	103.4
昌宁县	Changning	111.26	35.37	41.30	34.59	109.5	106.4	114.6	106.7
腾冲市	Tengchong	193.81	38.70	74.33	80.78	110.0	106.3	114.3	107.7
昭 通 市	**Zhaotong**	**889.54**	**162.62**	**397.82**	**329.10**	**108.5**	**106.3**	**112.4**	**104.9**
昭阳区	Zhaoyang	273.26	29.14	136.60	107.52	108.0	106.4	109.2	106.8
鲁甸县	Ludian	60.90	12.61	26.32	21.97	108.5	106.4	117.3	100.5
巧家县	Qiaojia	66.60	23.94	19.97	22.69	109.0	106.3	115.7	106.5
盐津县	Yanjin	48.92	10.22	20.72	17.98	108.3	106.3	112.9	104.7
大关县	Daguan	32.69	7.45	10.02	15.22	100.7	106.3	93.6	103.1
永善县	Yongshan	82.34	14.87	44.79	22.68	108.2	106.3	110.8	103.9
绥江县	Suijiang	24.05	4.36	5.90	13.79	107.1	106.3	116.9	103.6
镇雄县	Zhenxiong	123.63	27.64	46.64	49.35	110.0	106.3	117.8	105.4
彝良县	Yiliang	59.58	21.92	18.68	18.98	107.0	106.3	111.6	103.3
威信县	Weixin	39.48	8.09	14.20	17.19	109.0	106.4	118.4	103.2
水富市	Shuifu	57.51	2.40	40.47	14.64	108.1	106.2	111.5	99.3
丽 江 市	**Lijiang**	**350.76**	**52.77**	**137.71**	**160.28**	**109.3**	**106.3**	**113.0**	**106.7**
古城区	Gucheng	129.87	5.98	43.27	80.62	105.0	106.1	109.1	102.7
玉龙县	Yulong	64.29	12.44	29.19	22.66	110.1	106.4	114.4	106.8
永胜县	Yongsheng	78.46	18.52	36.66	23.28	108.1	106.5	110.9	104.3
华坪县	Huaping	39.88	7.16	18.45	14.27	111.6	106.2	117.5	105.9
宁蒗县	Ninglang	35.02	8.66	10.20	16.16	110.2	106.2	110.2	112.6
普 洱 市	**Pu'er**	**662.48**	**163.66**	**244.16**	**254.66**	**108.5**	**106.3**	**110.6**	**107.9**
思茅区	Simao	160.22	15.31	66.59	78.32	110.5	106.3	113.5	108.8
宁洱县	Ning'er	55.45	11.98	21.66	21.81	107.2	106.2	108.1	106.8
墨江县	Mojiang	65.34	16.33	21.64	27.37	107.0	106.2	107.3	107.3
景东县	Jingdong	71.42	25.96	22.59	22.87	106.0	106.3	110.7	101.3
景谷县	Jinggu	103.39	29.27	41.72	32.40	107.0	106.4	107.7	106.7
镇沅县	Zhenyuan	53.64	19.64	17.83	16.17	109.2	106.5	114.8	106.8
江城县	Jiangcheng	29.80	9.34	11.08	9.38	108.6	106.2	109.7	110.1
孟连县	Menglian	30.55	11.35	6.52	12.68	108.1	106.5	109.7	108.7
澜沧县	Lancang	77.95	21.20	30.56	26.19	110.5	106.0	110.0	114.8
西盟县	Ximeng	14.31	3.29	3.49	7.53	107.0	106.4	115.1	103.9
临 沧 市	**Lincang**	**630.02**	**172.11**	**205.39**	**252.52**	**109.3**	**106.2**	**111.4**	**109.4**
临翔区	Linxiang	115.44	17.39	40.12	57.93	109.0	106.2	111.7	107.7
凤庆县	Fengqing	115.48	39.68	36.36	39.44	108.7	106.3	110.1	110.0
云 县	Yunxian	105.21	32.19	36.67	36.35	109.6	106.1	110.9	111.2
永德县	Yongde	63.46	17.71	19.44	26.31	108.0	106.2	110.6	107.1
镇康县	Zhenkang	45.68	10.36	14.58	20.74	108.5	106.3	113.0	106.3
双江县	Shuangjiang	45.53	11.87	15.97	17.69	107.7	106.0	110.6	106.2
耿马县	Gengma	96.68	32.11	30.73	33.84	109.4	106.2	111.9	110.3
沧源县	Cangyuan	41.33	10.80	11.61	18.92	108.9	106.1	110.2	109.4

18-1 续表2 continued

单位：亿元、% (100 million,%)

州 市 县	Region	生产总值 Gross Domestic Product	第一产业 Primary Industry	第二产业 Secondary Industry	第三产业 Tertiary Industry	生产总值指数 (上年=100) Indices of GDP (preceding year=100)	第一产业 Primary Industry	第二产业 Secondary Industry	第三产业 Tertiary Industry
楚 雄 州	**Chuxiong**	**1 024.33**	**181.25**	**417.12**	**425.96**	**110.2**	**106.4**	**115.4**	**107.0**
楚雄市	Chuxiong	386.97	28.01	203.20	155.76	109.3	106.2	111.6	106.7
双柏县	Shuangbai	41.75	11.48	11.77	18.50	111.6	106.5	121.8	108.6
牟定县	Mouding	54.83	12.92	22.30	19.61	110.6	106.5	121.0	102.8
南华县	Nanhua	67.08	15.54	24.20	27.34	111.6	106.4	119.6	107.8
姚安县	Yao'an	51.14	15.73	11.37	24.04	111.7	106.4	122.6	110.4
大姚县	Dayao	80.77	20.33	31.28	29.16	111.3	106.4	121.0	105.3
永仁县	Yongren	39.21	9.41	11.85	17.95	108.0	106.4	114.0	104.8
元谋县	Yuanmou	66.87	17.11	20.62	29.14	111.8	106.4	123.1	107.7
武定县	Wuding	78.55	18.65	25.49	34.41	111.9	106.3	119.7	109.2
禄丰县	Lufeng	155.88	32.07	55.48	68.33	111.2	106.4	118.3	107.9
红 河 州	**Honghe**	**1 593.77**	**234.05**	**759.99**	**599.73**	**109.7**	**106.3**	**112.8**	**106.9**
个旧市	Gejiu	260.00	14.92	142.13	102.95	110.0	106.3	113.8	105.3
开远市	Kaiyuan	202.73	19.34	77.52	105.87	110.5	106.3	116.1	107.2
蒙自市	Mengzi	208.25	25.15	115.56	67.54	112.0	106.2	119.5	101.8
弥勒市	Mile	300.46	30.60	181.53	88.33	107.0	106.3	104.7	113.1
屏边县	Pingbian	35.67	7.31	14.93	13.43	110.2	106.5	113.9	108.2
建水县	Jianshui	161.37	31.68	70.09	59.60	107.6	106.3	114.1	100.9
石屏县	Shiping	75.45	25.29	24.39	25.77	110.2	106.4	117.7	107.6
泸西县	Luxi	100.75	20.73	39.97	40.05	110.1	106.3	117.3	105.1
元阳县	Yuanyang	53.36	14.31	17.85	21.20	107.5	106.3	112.1	104.8
红河县	Honghe	43.90	12.70	15.69	15.51	111.0	106.3	119.9	107.1
金平县	Jinping	58.44	12.42	30.23	15.79	110.0	106.3	114.2	105.2
绿春县	Luchun	37.11	8.99	17.10	11.02	110.7	106.4	116.5	106.0
河口县	Hekou	60.03	10.60	15.09	34.34	116.8	106.3	128.0	115.9
文 山 州	**Wenshan**	**859.06**	**170.19**	**307.39**	**381.48**	**110.3**	**106.3**	**114.4**	**108.5**
文山市	Wenshan	247.08	19.31	111.64	116.13	110.5	106.2	113.3	108.2
砚山县	Yanshan	132.98	26.87	42.22	63.89	110.1	106.5	109.8	112.1
西畴县	Xichou	39.51	10.63	9.87	19.01	109.5	106.5	117.9	106.3
麻栗坡县	Malipo	61.36	12.22	23.03	26.11	111.5	106.3	117.5	108.0
马关县	Maguan	90.09	19.73	33.72	36.64	110.4	106.4	114.4	107.9
丘北县	Qiubei	84.20	23.92	23.12	37.16	109.6	106.4	117.9	106.5
广南县	Guangnan	113.03	34.51	32.85	45.67	107.0	106.2	109.2	105.9
富宁县	Funing	92.45	22.99	31.53	37.93	110.3	106.4	116.5	107.4
西双版纳州	**Xishuangbanna**	**417.79**	**102.09**	**114.33**	**201.37**	**108.1**	**106.4**	**107.3**	**109.3**
景洪市	Jinghong	219.64	38.37	63.82	117.45	108.0	106.4	105.4	109.8
勐海县	Menghai	105.74	28.17	35.06	42.51	108.2	106.4	110.0	107.7

18-1 续表3 continued

单位：亿元、% (100 million,%)

州市县	Region	生产总值 Gross Domestic Product	第一产业 Primary Industry	第二产业 Secondary Industry	第三产业 Tertiary Industry	生产总值指数(上年=100) Indices of GDP (preceding year=100)	第一产业 Primary Industry	第二产业 Secondary Industry	第三产业 Tertiary Industry
勐腊县	Mengla	92.41	35.55	15.45	41.41	108.2	106.5	108.4	109.4
大 理 州	**Dali**	**1 122.44**	**224.81**	**424.77**	**472.86**	**109.3**	**106.3**	**111.9**	**108.2**
大理市	Dali	395.08	19.79	180.63	194.66	107.5	104.6	108.3	107.1
漾濞县	Yangbi	26.06	7.74	9.19	9.13	110.0	106.6	111.5	111.3
祥云县	Xiangyun	148.22	35.28	50.93	62.01	110.0	106.4	111.7	110.5
宾川县	Binchuan	110.00	45.26	21.72	43.02	109.5	106.3	113.0	111.2
弥渡县	Midu	60.22	17.78	16.27	26.17	109.5	106.5	113.4	109.0
南涧县	Nanjian	56.34	14.25	17.72	24.37	110.0	106.6	113.0	109.6
巍山县	Weishan	60.60	19.24	17.84	23.52	109.0	106.1	110.9	109.7
永平县	Yongping	45.34	15.23	13.06	17.05	110.0	106.6	109.9	113.2
云龙县	Yunlong	57.65	9.31	30.37	17.97	110.7	111.4	121.5	95.7
洱源县	Eryuan	60.92	20.40	16.25	24.27	109.0	105.0	110.5	111.0
剑川县	Jianchuan	35.32	7.59	15.07	12.66	112.1	106.6	113.3	113.8
鹤庆县	Heqing	69.09	12.95	39.66	16.48	111.8	106.2	114.6	109.0
德 宏 州	**Dehong**	**381.06**	**85.07**	**92.68**	**203.31**	**108.0**	**106.2**	**107.0**	**109.2**
瑞丽市	Ruili	107.41	10.54	20.25	76.62	106.1	106.1	96.1	109.3
芒 市	Mangshi	111.93	24.31	23.66	63.96	108.4	106.1	109.2	109.1
梁河县	Lianghe	23.17	7.25	4.28	11.64	109.4	106.3	117.3	108.6
盈江县	Yingjiang	92.62	26.15	34.58	31.89	109.1	106.4	109.3	111.2
陇川县	Longchuan	47.17	16.81	11.00	19.36	108.6	106.3	116.4	106.4
怒 江 州	**Nujiang**	**161.56**	**22.11**	**50.26**	**89.19**	**112.1**	**106.2**	**117.0**	**110.8**
泸水市	Lushui	57.51	7.80	18.60	31.11	110.1	106.3	106.4	113.8
福贡县	Fugong	16.69	3.40	3.18	10.11	110.0	106.2	131.3	105.8
贡山县	Gongshan	14.05	2.61	3.40	8.04	110.9	106.2	118.2	109.8
兰坪县	Lanping	69.14	8.29	26.09	34.76	115.8	106.1	118.8	116.1
迪 庆 州	**Diqing**	**217.52**	**12.56**	**90.17**	**114.79**	**109.5**	**106.2**	**115.3**	**105.9**
香格里拉市	Shangri-La	131.47	4.66	54.67	72.14	109.7	106.2	117.1	105.1
德钦县	Deqin	34.32	1.75	14.99	17.58	109.8	106.1	113.4	107.4
维西县	Weixi	50.95	6.14	20.41	24.40	108.5	106.3	112.3	106.1

18-2 各州市县人均生产总值（2017-2018年）

Per Capita Gross Domestic Product by Region (2017-2018)

单位：元 (yuan)

州市县	Region	2017	2018	州市县	Region	2017	2018
全　　省	**Yunnan**	**34 221**	**37 136**	昌宁县	Changning	28 904	30 983
昆 明 市	**Kunming**	**71 870**	**76 387**	腾冲市	Tengchong	26 430	28 863
五华区	Wuhua	123 807	127 199	**昭 通 市**	**Zhaotong**	**15 086**	**15 987**
盘龙区	Panlong	78 316	84 017	昭阳区	Zhaoyang	30 482	32 141
官渡区	Guandu	127 649	134 967	鲁甸县	Ludian	13 559	14 465
西山区	Xishan	71 869	75 987	巧家县	Qiaojia	11 486	12 231
东川区	Dongchuan	32 436	33 416	盐津县	Yanjin	11 491	12 518
呈贡区	Chengong	67 096	72 039	大关县	Daguan	11 770	11 674
晋宁区	Jinning	41 628	44 119	永善县	Yongshan	18 786	19 652
富民县	Fumin	46 497	48 664	绥江县	Suijiang	14 113	14 913
宜良县	Yiliang	42 025	41 994	镇雄县	Zhenxiong	8 085	8 723
石林县	Shilin	32 771	32 509	彝良县	Yiliang	10 048	10 626
嵩明县	Songming	36 392	35 037	威信县	Weixin	8 951	9 630
禄劝县	Luquan	21 955	23 142	水富区	Shuifu	50 339	52 519
寻甸县	Xundian	19 019	18 996	**丽 江 市**	**Lijiang**	**25 221**	**27 128**
安宁市	Anning	84 652	113 420	古城区	Gucheng	56 780	59 031
曲 靖 市	**Qujing**	**31 074**	**32 798**	玉龙县	Yulong	26 401	28 764
麒麟区	Qilin	79 881	83 722	永胜县	Yongsheng	18 062	19 362
沾益区	Zhanyi	42 362	45 323	华坪县	Huaping	20 821	22 773
马龙区	Malong	26 999	28 684	宁蒗县	Ninglang	11 868	13 003
陆良县	Luliang	25 441	27 217	**普 洱 市**	**Pu'er**	**23 749**	**25 170**
师宗县	Shizong	28 249	29 030	思茅区	Simao	46 891	50 638
罗平县	Luoping	29 197	31 045	宁洱县	Ning'er	27 218	28 614
富源县	Fuyuan	19 528	20 752	墨江县	Mojiang	16 830	17 683
会泽县	Huize	18 819	19 990	景东县	Jingdong	18 606	19 312
宣威市	Xuanwei	19 298	20 342	景谷县	Jinggu	33 440	34 430
玉 溪 市	**Yuxi**	**59 440**	**62 641**	镇沅县	Zhenyuan	23 917	25 054
红塔区	Hongta	124 054	127 437	江城县	Jiangcheng	22 123	23 278
江川区	Jiangchuan	31 530	34 733	孟连县	Menglian	20 300	21 466
澄江县	Chengjiang	50 231	55 256	澜沧县	Lancang	14 432	15 524
通海县	Tonghai	36 154	37 528	西盟县	Ximeng	14 235	14 926
华宁县	Huaning	39 386	41 223	**临 沧 市**	**Lincang**	**22 995**	**24 892**
易门县	Yimen	55 485	59 598	临翔区	Lincang	31 627	34 102
峨山县	Eshan	45 898	49 895	凤庆县	Fengqing	22 513	24 347
新平县	Xinping	47 786	51 830	云　县	Yunxian	20 832	22 578
元江县	Yuanjiang	36 241	38 270	永德县	Yongde	15 366	16 542
保 山 市	**Baoshan**	**26 041**	**28 168**	镇康县	Zhenkang	22 896	24 664
隆阳区	Longyang	26 773	29 161	双江县	Shuangjiang	22 949	24 599
施甸县	Shidian	19 619	21 150	耿马县	Gengma	28 811	31 278
龙陵县	Longling	26 183	28 227	沧源县	Cangyuan	20 214	21 842

注：本表2018年数据为快报数。
Note: Data of 2018 in this table are express numbers.

18-2 续表 continued

单位：元 (yuan)

州市县	Region	2017	2018	州市县	Region	2017	2018
楚雄州	**Chuxiong**	**34 116**	**37 303**	富宁县	Funing	19 817	21 862
楚雄市	Chuxiong	59 785	64 516	**西双版纳州**	**Xishuangbanna**	**33 388**	**35 286**
双柏县	Shuangbai	23 327	25 933	景洪市	Jinghong	38 142	40 501
牟定县	Mouding	23 196	25 777	勐海县	Menghai	29 117	30 491
南华县	Nanhua	24 993	27 615	勐腊县	Mengla	29 667	31 334
姚安县	Yao'an	22 411	24 920	**大理州**	**Dali**	**29 215**	**31 251**
大姚县	Dayao	25 968	28 845	大理市	Dali	55 473	58 418
永仁县	Yongren	32 713	35 170	漾濞县	Yangbi	22 296	24 264
元谋县	Yuanmou	27 226	30 232	祥云县	Xiangyun	29 147	31 383
武定县	Wuding	25 267	28 053	宾川县	Binchuan	28 018	30 412
禄丰县	Lufeng	32 801	36 083	弥渡县	Midu	17 137	18 570
红河州	**Honghe**	**31 423**	**33 706**	南涧县	Nanjian	23 576	25 587
个旧市	Gejiu	51 603	55 225	巍山县	Weishan	17 870	19 213
开远市	Kaiyuan	55 391	60 104	永平县	Yongping	22 753	24 751
蒙自市	Mengzi	42 373	45 748	云龙县	Yunlong	25 369	27 622
弥勒市	Mile	51 159	53 141	洱源县	Eryuan	20 158	21 842
屏边县	Pingbian	20 979	23 027	剑川县	Jianchuan	18 028	19 840
建水县	Jianshui	27 521	29 113	鹤庆县	Heqing	23 851	26 023
石屏县	Shiping	22 038	24 037	**德宏州**	**Dehong**	**27 339**	**29 033**
泸西县	Luxi	22 001	23 840	瑞丽市	Ruili	49 452	51 293
元阳县	Yuanyang	11 934	12 754	芒市	Mangshi	24 904	26 505
红河县	Honghe	12 615	13 972	梁河县	Lianghe	13 263	14 384
金平县	Jinping	14 193	15 511	盈江县	Yingjiang	26 039	28 588
绿春县	Luchun	14 308	15 764	陇川县	Longchuan	22 498	24 089
河口县	Hekou	47 156	54 721	**怒江州**	**Nujiang**	**25 895**	**29 375**
文山州	**Wenshan**	**21 657**	**23 568**	泸水市	Lushui	27 485	30 219
文山市	Wenshan	44 985	49 191	福贡县	Fugong	14 949	16 429
砚山县	Yanshan	25 381	27 716	贡山县	Gongshan	32 583	36 017
西畴县	Xichou	13 826	14 981	兰坪县	Lanping	27 202	31 544
麻栗坡县	Malipo	19 361	21 321	**迪庆州**	**Diqing**	**48 334**	**52 669**
马关县	Maguan	21 420	23 677	香格里拉市	Shangri-La	67 508	73 081
丘北县	Qiubei	15 333	17 020	德钦县	Deqin	45 747	50 328
广南县	Guangnan	13 032	13 894	维西县	Weixi	28 550	30 881

18-3 各州市县年末总人口（2011-2018年）

Total Population at Year-end by Region（2011-2018）

单位：万人 (10 000 persons)

州市县	Region	2011	2012	2013	2014	2015	2016	2017	2018
全　省	**Yunnan**	**4 631.03**	**4 659.00**	**4 686.60**	**4 713.90**	**4 741.80**	**4 770.50**	**4 800.50**	**4 829.50**
昆明市	**Kunming**	**648.64**	**653.30**	**657.90**	**662.60**	**667.70**	**672.80**	**678.30**	**685.00**
五华区	Wuhua	86.20	85.90	86.30	86.60	87.00	87.27	87.55	87.82
盘龙区	Panlong	81.60	81.80	82.20	82.60	83.00	83.39	83.78	84.20
官渡区	Guandu	86.00	86.60	87.00	87.40	88.20	88.76	89.86	91.39
西山区	Xishan	76.24	76.90	77.20	77.50	77.90	78.40	78.90	79.27
东川区	Dongchuan	27.40	27.50	27.70	27.90	28.10	28.28	28.30	28.40
呈贡区	Chenggong	31.70	32.20	32.60	33.00	33.20	33.63	34.07	35.31
晋宁区	Jinning	28.50	29.10	29.40	29.70	30.00	30.31	30.64	30.92
富民县	Fumin	14.70	14.90	15.00	15.30	15.40	15.57	15.65	15.81
宜良县	Yiliang	42.25	42.60	42.90	43.20	43.40	43.69	43.98	44.29
石林县	Shilin	24.80	25.10	25.40	25.60	25.80	26.04	26.27	26.39
嵩明县	Songming	28.90	29.10	29.50	30.10	31.10	31.83	32.89	34.11
禄劝县	Luquan	39.95	40.20	40.50	40.80	41.10	41.39	41.42	41.45
寻甸县	Xundian	46.00	46.30	46.50	46.70	46.80	47.01	47.22	47.54
安宁市	Anning	34.40	35.10	35.70	36.20	36.70	37.23	37.76	38.10
曲靖市	**Qujing**	**589.89**	**593.60**	**597.40**	**600.90**	**604.70**	**608.40**	**612.20**	**615.54**
麒麟区	Qilin	75.02	75.32	75.80	76.25	76.73	77.16	77.61	78.10
沾益区	Zhanyi	43.76	44.06	44.34	44.62	44.85	45.07	45.31	45.51
马龙区	Malong	18.68	18.88	19.00	19.14	19.27	19.38	19.49	19.64
陆良县	Luliang	62.49	62.79	63.19	63.59	63.88	64.15	64.41	64.69
师宗县	Shizong	39.52	39.80	40.06	40.29	40.51	40.71	40.94	41.09
罗平县	Luoping	55.35	55.65	56.01	56.34	56.60	56.89	57.20	57.88
富源县	Fuyuan	72.75	73.18	73.65	74.01	74.17	74.37	74.58	75.14
会泽县	Huize	91.33	92.08	92.67	93.24	93.48	93.78	94.10	96.02
宣威市	Xuanwei	130.99	131.84	132.68	133.42	135.21	136.89	138.56	137.47
玉溪市	**Yuxi**	**231.80**	**233.00**	**234.00**	**235.10**	**236.20**	**237.50**	**238.10**	**238.60**
红塔区	Hongta	49.80	50.10	50.30	50.50	50.77	51.05	51.30	51.50
江川区	Jiangchuan	28.20	28.30	28.40	28.53	28.60	28.73	28.78	28.82
澄江县	Chengjiang	17.10	17.20	17.30	17.40	17.85	18.00	18.10	18.20
通海县	Tonghai	30.40	30.70	30.90	31.04	30.88	31.02	31.04	31.16
华宁县	Huaning	21.60	21.70	21.78	21.88	21.95	22.07	22.11	22.15
易门县	Yimen	17.75	17.80	17.86	17.96	17.96	18.08	18.11	18.11
峨山县	Ershan	16.35	16.40	16.46	16.56	16.86	16.98	17.01	17.01
新平县	Xinping	28.70	28.80	28.90	29.03	29.03	29.16	29.20	29.20
元江县	Yuanjiang	21.90	22.00	22.10	22.20	22.30	22.42	22.45	22.45

18-3 续表1 continued

单位：万人 (10 000 persons)

州市县	Region	2011	2012	2013	2014	2015	2016	2017	2018
保山市	**Baoshan**	**252.52**	**254.00**	**255.40**	**256.70**	**258.10**	**259.70**	**261.40**	**262.70**
隆阳区	Longyang	94.26	94.81	95.39	95.88	96.38	96.97	97.60	98.04
施甸县	Shidian	30.75	30.93	31.09	31.24	31.41	31.61	31.80	32.00
龙陵县	Longling	27.94	28.10	28.31	28.45	28.63	28.81	29.20	29.36
昌宁县	Changning	34.61	34.82	34.96	35.14	35.33	35.55	35.80	36.01
腾冲市	Tengchong	64.96	65.34	65.65	65.99	66.35	66.76	67.00	67.29
昭通市	**Zhaotong**	**525.85**	**529.60**	**534.20**	**538.70**	**543.00**	**547.50**	**553.70**	**559.10**
昭阳区	Zhaoyang	79.50	80.17	80.98	81.71	82.36	83.02	84.52	85.51
鲁甸县	Ludian	39.40	39.79	40.20	40.60	40.92	41.24	41.87	42.33
巧家县	Qiaojia	52.03	52.18	52.61	53.04	53.46	53.88	54.19	54.70
盐津县	Yanjin	37.31	37.62	37.91	38.20	38.50	38.80	38.91	39.25
大关县	Daguan	26.55	26.77	26.97	27.17	27.39	27.60	27.90	28.10
永善县	Yongshan	39.77	40.09	40.40	40.70	41.02	41.34	41.71	42.08
绥江县	Suijiang	15.45	15.57	15.67	15.77	15.89	16.01	16.06	16.19
镇雄县	Zhenxiong	133.98	134.83	136.05	137.28	138.39	139.47	141.03	142.41
彝良县	Yiliang	52.63	53.07	53.52	53.97	54.40	54.83	55.80	56.34
威信县	Weixin	38.92	39.18	39.49	39.81	40.13	40.44	40.80	41.20
水富市	Shuifu	10.31	10.33	10.40	10.46	10.54	10.86	10.91	10.99
丽江市	**Lijiang**	**125.41**	**126.20**	**126.90**	**127.50**	**128.00**	**128.50**	**129.00**	**129.60**
古城区	Gucheng	21.27	21.36	21.48	21.58	21.75	21.83	21.95	22.05
玉龙县	Yulong	21.62	21.83	21.95	22.04	22.10	22.19	22.30	22.39
永胜县	Yongsheng	39.52	39.68	39.90	40.05	40.15	40.31	40.42	40.62
华坪县	Huaping	16.92	17.08	17.17	17.24	17.32	17.39	17.48	17.53
宁蒗县	Ninglang	26.08	26.25	26.40	26.58	26.68	26.78	26.85	27.01
普洱市	**Pu'er**	**256.09**	**257.50**	**258.40**	**259.40**	**260.50**	**261.70**	**262.70**	**263.70**
思茅区	Simao	30.16	30.64	30.84	31.05	31.30	31.44	31.58	31.70
宁洱县	Ning'er	18.70	18.90	19.02	19.12	19.23	19.32	19.35	19.40
墨江县	Mojiang	36.22	36.36	36.47	36.59	36.72	36.89	36.91	36.98
景东县	Jingdong	36.11	36.20	36.31	36.44	36.58	36.74	36.93	37.02
景谷县	Jinggu	29.26	29.41	29.49	29.59	29.70	29.84	29.98	30.08
镇沅县	Zhenyuan	20.99	21.01	21.03	21.09	21.14	21.24	21.32	21.50
江城县	Jiangcheng	12.29	12.40	12.48	12.56	12.64	12.70	12.78	12.82
孟连县	Menglian	13.71	13.80	13.83	13.88	13.94	14.01	14.20	14.25
澜沧县	Lancang	49.49	49.56	49.68	49.74	49.82	50.05	50.09	50.33
西盟县	Ximeng	9.16	9.22	9.25	9.34	9.43	9.47	9.56	9.62
临沧市	**Lincang**	**244.77**	**246.30**	**247.90**	**249.30**	**250.90**	**252.00**	**252.60**	**253.60**
临翔区	Linxiang	32.55	32.80	32.95	33.23	33.40	33.65	33.75	33.95
凤庆县	Fengqing	46.14	46.40	46.71	46.92	47.20	47.32	47.36	47.50

18-3 续表2 continued

单位：万人 (10 000 persons)

州市县	Region	2011	2012	2013	2014	2015	2016	2017	2018
云　县	Yunxian	45.28	45.50	45.81	46.01	46.30	46.43	46.53	46.67
永德县	Yongde	37.23	37.40	37.62	37.79	38.00	38.21	38.31	38.41
镇康县	Zhenkang	17.77	17.90	18.03	18.16	18.30	18.41	18.47	18.57
双江县	Shuangjiang	17.79	17.90	18.05	18.17	18.30	18.42	18.46	18.56
耿马县	Gengma	29.86	30.10	30.28	30.46	30.70	30.78	30.87	30.95
沧源县	Cangyuan	18.15	18.30	18.45	18.56	18.70	18.78	18.85	18.99
楚雄州	**Chuxiong**	**270.43**	**271.90**	**272.40**	**272.80**	**273.30**	**273.90**	**274.40**	**274.80**
楚雄市	Chuxiong	59.07	59.38	59.54	59.64	59.75	59.85	59.95	60.01
双柏县	Shuangbai	16.03	16.12	16.02	16.03	16.05	16.05	16.08	16.11
牟定县	Mouding	21.07	21.16	21.15	21.16	21.18	21.22	21.25	21.28
南华县	Nanhua	23.84	23.99	24.05	24.07	24.11	24.19	24.26	24.31
姚安县	Yao'an	20.08	20.17	20.20	20.25	20.32	20.41	20.49	20.54
大姚县	Dayao	27.52	27.64	27.80	27.83	27.89	27.92	27.97	28.02
永仁县	Yongren	10.96	11.06	11.08	11.09	11.10	11.12	11.14	11.16
元谋县	Yuanmou	21.62	21.77	21.84	21.90	21.96	22.04	22.11	22.13
武定县	Wuding	27.53	27.69	27.74	27.81	27.88	27.96	27.98	28.01
禄丰县	Lufeng	42.71	42.92	42.98	43.02	43.06	43.14	43.17	43.23
红河州	**Honghe**	**453.46**	**456.10**	**459.10**	**462.00**	**465.00**	**468.10**	**471.30**	**474.40**
个旧市	Gejiu	46.26	46.44	46.63	46.82	47.05	47.20	47.10	47.05
开远市	Kaiyuan	32.47	32.67	32.97	33.13	33.26	33.41	33.62	33.83
蒙自市	Mengzi	42.01	42.26	42.53	42.84	43.14	44.80	45.20	45.83
弥勒市	Mile	54.38	54.68	54.96	55.27	55.75	55.97	56.35	56.73
屏边县	Pingbian	15.47	15.50	15.51	15.57	15.58	15.27	15.44	15.53
建水县	Jianshui	53.53	53.83	54.13	54.44	54.75	54.98	55.31	55.55
石屏县	Shiping	30.12	30.30	30.49	30.65	30.87	30.98	31.31	31.46
泸西县	Luxi	40.40	40.65	40.92	41.21	41.53	41.73	42.06	42.45
元阳县	Yuanyang	40.04	40.33	40.64	40.95	41.23	41.39	41.69	41.98
红河县	Honghe	29.91	30.12	30.35	30.61	30.82	30.98	31.28	31.55
金平县	Jinping	35.94	36.20	36.63	36.88	37.13	37.28	37.56	37.80
绿春县	Luchun	22.41	22.56	22.73	22.92	23.11	23.27	23.46	23.62
河口县	Hekou	10.52	10.56	10.61	10.71	10.78	10.84	10.92	11.02
文山州	**Wenshan**	**354.23**	**356.10**	**357.80**	**359.30**	**360.70**	**362.10**	**363.60**	**365.40**
文山市	Wenshan	48.66	48.92	49.30	49.54	49.70	49.89	50.10	50.35
砚山县	Yanshan	46.65	46.90	47.10	47.29	47.48	47.67	47.86	48.10
西畴县	Xichou	25.66	25.80	25.88	25.97	26.09	26.19	26.30	26.43
麻栗坡县	Malipo	27.95	28.10	28.25	28.37	28.48	28.59	28.71	28.85
马关县	Maguan	37.00	37.20	37.35	37.50	37.65	37.80	37.96	38.14

18-3 续表3 continued

单位：万人 (10 000 persons)

州 市 县	Region	2011	2012	2013	2014	2015	2016	2017	2018
丘北县	Qiubei	48.08	48.33	48.56	48.76	48.95	49.14	49.35	49.59
广南县	Guangnan	79.19	79.61	79.85	80.18	80.50	80.81	81.14	81.55
富宁县	Funing	41.04	41.26	41.51	41.68	41.85	42.01	42.18	42.39
西双版纳州	**Xishuangbanna**	**114.20**	**114.90**	**115.20**	**115.70**	**116.40**	**117.20**	**118.00**	**118.80**
景洪市	Jinghong	52.38	52.72	52.86	53.01	53.33	53.69	54.05	54.41
勐海县	Menghai	33.43	33.63	33.72	33.90	34.10	34.32	34.56	34.80
勐腊县	Mengla	28.39	28.55	28.62	28.79	28.97	29.19	29.39	29.59
大 理 州	**Dali**	**347.80**	**349.30**	**351.00**	**352.70**	**354.40**	**356.30**	**358.40**	**359.93**
大理市	Dali	65.69	65.90	66.16	66.40	66.65	67.03	67.34	67.91
漾濞县	Yangbi	10.29	10.30	10.39	10.43	10.49	10.59	10.71	10.77
祥云县	Xiangyun	45.85	46.10	46.26	46.49	46.71	46.93	47.16	47.30
宾川县	Binchuan	35.09	35.20	35.39	35.58	35.73	35.90	36.09	36.24
弥渡县	Midu	31.50	31.60	31.76	31.90	32.04	32.20	32.38	32.48
南涧县	Nanjian	21.26	21.40	21.49	21.62	21.74	21.86	22.01	22.03
巍山县	Weishan	30.61	30.70	30.88	31.02	31.17	31.32	31.49	31.58
永平县	Yongping	17.62	17.70	17.83	17.94	18.04	18.15	18.29	18.35
云龙县	Yunlong	20.10	20.20	20.33	20.45	20.57	20.69	20.84	20.89
洱源县	Eryuan	27.01	27.20	27.28	27.41	27.55	27.68	27.84	27.93
剑川县	Jianchuan	17.09	17.20	17.29	17.40	17.50	17.61	17.75	17.85
鹤庆县	Heqing	25.69	25.80	25.94	26.06	26.21	26.34	26.50	26.60
德 宏 州	**Dehong**	**122.05**	**122.90**	**124.50**	**126.40**	**127.90**	**129.40**	**130.90**	**131.60**
瑞丽市	Ruili	18.43	18.60	19.10	19.75	20.19	20.54	20.86	21.02
芒 市	Mangshi	39.28	39.50	40.00	40.56	41.04	41.57	42.10	42.36
梁河县	Lianghe	15.46	15.60	15.67	15.79	15.86	15.97	16.09	16.13
盈江县	Yingjiang	30.67	30.90	31.11	31.39	31.70	32.00	32.32	32.47
陇川县	Longchuan	18.21	18.30	18.62	18.91	19.11	19.32	19.53	19.62
怒 江 州	**Nujiang**	**53.61**	**53.80**	**53.90**	**54.10**	**54.20**	**54.40**	**54.70**	**55.30**
泸水市	Lushui	18.54	18.60	18.64	18.71	18.75	18.82	18.92	19.13
福贡县	Fugong	9.89	9.90	9.95	9.98	10.00	10.04	10.10	10.21
贡山县	Gongshan	3.80	3.80	3.82	3.84	3.84	3.86	3.88	3.92
兰坪县	Lanping	21.37	21.50	21.49	21.56	21.60	21.68	21.80	22.04
迪 庆 州	**Diqing**	**40.28**	**40.50**	**40.60**	**40.70**	**40.80**	**41.00**	**41.20**	**41.40**
香格里拉市	Shangri-La	17.41	17.60	17.57	17.60	17.66	17.80	17.94	18.04
德钦县	Deqing	6.70	6.70	6.73	6.80	6.78	6.80	6.81	6.82
维西县	Weixi	16.17	16.20	16.30	16.30	16.36	16.40	16.45	16.54

18-4 各州市县人口数及构成（2018年）

Population and Its Composition by Region (2018)

单位：万户、万人　　(10 000 households，10 000 persons)

州市县	Region	总户数 Total Number of Households	总人口 Total Population	按性别分 By Sex 男 Male	女 Female
全　省	**Yunnan**	**1 404.65**	**4 829.50**	**2 505.97**	**2 323.50**
昆明市	**Kunming**	**207.17**	**685.00**	**352.21**	**332.79**
五华区	Wuhua	24.38	87.82	43.98	43.84
盘龙区	Panlong	19.71	84.20	43.49	40.71
官渡区	Guandu	23.41	91.39	47.58	43.81
西山区	Xishan	23.63	79.27	40.52	38.75
东川区	Dongchuan	10.73	28.40	14.72	13.68
呈贡区	Chenggong	7.22	35.31	18.76	16.55
晋宁区	Jinning	12.65	30.92	15.71	15.21
富民县	Fumin	5.63	15.81	8.02	7.79
宜良县	Yiliang	16.74	44.29	22.45	21.84
石林县	Shilin	9.20	26.39	13.63	12.76
嵩明县	Songming	10.91	34.11	17.42	16.69
禄劝县	Luquan	14.94	41.45	21.06	20.39
寻甸县	Xundian	15.43	47.54	24.29	23.25
安宁市	Anning	12.59	38.10	20.60	17.50
曲靖市	**Qujing**	**193.09**	**615.54**	**322.62**	**292.92**
麒麟区	Qilin	25.16	78.10	40.04	38.06
沾益区	Zhanyi	12.36	45.51	23.84	21.67
马龙区	Malong	5.81	19.64	10.04	9.60
陆良县	Luliang	22.58	64.69	33.73	30.96
师宗县	Shizong	11.13	41.09	21.57	19.52
罗平县	Luoping	18.07	57.88	30.38	27.50
富源县	Fuyuan	20.40	75.14	39.64	35.50
会泽县	Huize	30.64	96.02	50.91	45.11
宣威市	Xuanwei	46.93	137.47	72.46	65.01
玉溪市	**Yuxi**	**74.30**	**238.60**	**122.34**	**116.26**
红塔区	Hongta	16.36	51.50	25.97	25.53
江川区	Jiangchuan	9.59	28.82	14.59	14.23

18-4 续表1 continued

单位：万户、万人 (10 000 households、10 000 persons)

州市县	Region	总户数 Total Number of Households	总人口 Total Population	按性别分 By Sex 男 Male	女 Female
澄江县	Chengjiang	5.64	18.20	9.20	9.00
通海县	Tonghai	9.53	31.16	15.77	15.39
华宁县	Huaning	7.02	22.15	11.41	10.74
易门县	Yimen	5.87	18.11	9.48	8.63
峨山县	Ershan	5.32	17.01	8.77	8.24
新平县	Xinping	8.58	29.20	15.46	13.74
元江县	Yuanjiang	6.37	22.45	11.70	10.75
保山市	**Baoshan**	**71.20**	**262.70**	**134.71**	**127.99**
隆阳区	Longyang	26.50	98.04	49.34	48.70
施甸县	Shidian	9.36	32.00	16.25	15.75
龙陵县	Longling	8.12	29.36	15.51	13.85
昌宁县	Changning	9.82	36.01	18.51	17.50
腾冲市	Tengchong	17.40	67.29	35.09	32.20
昭通市	**Zhaotong**	**171.92**	**559.10**	**293.60**	**265.50**
昭阳区	Zhaoyang	27.47	85.51	44.05	41.46
鲁甸县	Ludian	12.55	42.33	22.17	20.16
巧家县	Qiaojia	18.28	54.70	29.70	25.00
盐津县	Yanjin	11.55	39.25	20.61	18.64
大关县	Daguan	8.72	28.10	14.88	13.22
永善县	Yongshan	14.41	42.08	22.46	19.62
绥江县	Suijiang	4.81	16.19	8.43	7.76
镇雄县	Zhenxiong	41.68	142.41	74.65	67.76
彝良县	Yiliang	16.23	56.34	29.58	26.76
威信县	Weixin	12.48	41.20	21.34	19.86
水富市	Shuifu	3.75	10.99	5.75	5.24
丽江市	**Lijiang**	**38.55**	**129.60**	**66.88**	**62.71**
古城区	Gucheng	4.68	22.05	11.09	10.96
玉龙县	Yulong	6.36	22.39	11.68	10.71
永胜县	Yongsheng	13.25	40.62	20.58	20.04
华坪县	Huaping	5.82	17.53	9.40	8.13

18-4 续表2 continued

单位：万户、万人 (10 000 households、10 000 persons)

州市县	Region	总户数 Total Number of Households	总人口 Total Population	按性别分 By Sex 男 Male	女 Female
宁蒗县	Ninglang	8.45	27.01	14.14	12.87
普洱市	**Pu'er**	**74.37**	**263.70**	**138.89**	**124.81**
思茅区	Simao	7.43	31.70	16.57	15.13
宁洱县	Ning'er	5.87	19.40	10.13	9.27
墨江县	Mojiang	9.93	36.98	19.88	17.10
景东县	Jingdong	10.83	37.02	19.19	17.83
景谷县	Jinggu	9.17	30.08	16.09	13.99
镇沅县	Zhenyuan	6.61	21.50	11.43	10.07
江城县	Jiangcheng	3.46	12.82	6.73	6.09
孟连县	Menglian	3.82	14.25	7.33	6.92
澜沧县	Lancang	14.02	50.33	26.55	23.78
西盟县	Ximeng	3.23	9.62	4.99	4.63
临沧市	**Lincang**	**66.68**	**253.60**	**133.05**	**120.55**
临翔区	Linxiang	9.44	33.95	17.41	16.54
凤庆县	Fengqing	11.90	47.50	24.63	22.87
云县	Yunxian	12.86	46.67	24.68	21.99
永德县	Yongde	9.54	38.41	20.74	17.67
镇康县	Zhenkang	4.66	18.57	9.99	8.58
双江县	Shuangjiang	4.87	18.56	9.77	8.79
耿马县	Gengma	8.23	30.95	15.93	15.02
沧源县	Cangyuan	5.17	18.99	9.91	9.08
楚雄州	**Chuxiong**	**80.91**	**274.80**	**140.71**	**134.09**
楚雄市	Chuxiong	16.43	60.01	30.68	29.33
双柏县	Shuangbai	4.77	16.11	8.44	7.67
牟定县	Mouding	6.15	21.28	10.90	10.38
南华县	Nanhua	7.08	24.31	12.37	11.94
姚安县	Yao'an	6.14	20.54	10.40	10.14
大姚县	Dayao	8.85	28.02	14.35	13.67
永仁县	Yongren	3.43	11.16	5.80	5.36

18-4 续表3 continued

单位：万户、万人 (10 000 households, 10 000 persons)

州市县	Region	总户数 Total Number of Households	总人口 Total Population	按性别分 By Sex 男 Male	女 Female
元谋县	Yuanmou	6.68	22.13	11.29	10.84
武定县	Wuding	7.95	28.01	14.29	13.72
禄丰县	Lufeng	13.45	43.23	22.19	21.04
红河州	**Honghe**	**132.81**	**474.40**	**246.78**	**227.62**
个旧市	Gejiu	13.83	47.05	24.61	22.44
开远市	Kaiyuan	9.47	33.83	17.37	16.46
蒙自市	Mengzi	12.53	45.83	23.76	22.07
弥勒市	Mile	16.29	56.73	29.16	27.57
屏边县	Pingbian	4.19	15.53	8.15	7.38
建水县	Jianshui	16.77	55.55	28.29	27.26
石屏县	Shiping	9.86	31.46	15.85	15.61
泸西县	Luxi	12.73	42.45	22.49	19.96
元阳县	Yuanyang	10.44	41.98	22.45	19.53
红河县	Honghe	7.94	31.55	16.47	15.08
金平县	Jinping	9.87	37.80	19.96	17.84
绿春县	Luchun	5.47	23.62	12.40	11.22
河口县	Hekou	3.41	11.02	5.84	5.18
文山州	**Wenshan**	**98.92**	**365.40**	**190.96**	**174.44**
文山市	Wenshan	14.85	50.35	25.88	24.46
砚山县	Yanshan	12.66	48.10	24.94	23.16
西畴县	Xichou	7.19	26.43	13.85	12.58
麻栗坡县	Malipo	7.82	28.85	15.11	13.74
马关县	Maguan	10.66	38.14	19.97	18.18
丘北县	Qiubei	13.98	49.59	26.20	23.39
广南县	Guangnan	20.56	81.55	43.23	38.31
富宁县	Funing	11.21	42.39	21.77	20.62
西双版纳州	**Xishuangbanna**	**28.36**	**118.80**	**61.56**	**57.24**
景洪市	Jinghong	12.77	54.41	28.16	26.25
勐海县	Menghai	8.30	34.80	17.97	16.83

18-4 续表4 continucd

单位：万户、万人 (10 000 households, 10 000 persons)

州市县	Region	总户数 Total Number of Households	总人口 Total Population	按性别分 By Sex 男 Male	女 Female
勐腊县	Mengla	7.28	29.59	15.43	14.16
大 理 州	**Dali**	**107.98**	**359.93**	**182.45**	**177.48**
大理市	Dali	20.07	67.91	33.93	33.98
漾濞县	Yangbi	3.44	10.77	5.55	5.22
祥云县	Xiangyun	14.40	47.30	23.98	23.32
宾川县	Binchuan	10.31	36.24	18.52	17.72
弥渡县	Midu	9.86	32.48	16.40	16.08
南涧县	Nanjian	6.64	22.03	11.19	10.84
巍山县	Weishan	9.14	31.58	15.91	15.67
永平县	Yongping	5.91	18.35	9.42	8.93
云龙县	Yunlong	6.61	20.89	11.06	9.83
洱源县	Eryuan	8.33	27.93	14.06	13.87
剑川县	Jianchuan	5.25	17.85	9.02	8.83
鹤庆县	Heqing	8.03	26.60	13.42	13.18
德 宏 州	**Dehong**	**32.47**	**131.60**	**67.87**	**63.73**
瑞丽市	Ruili	4.60	21.02	10.87	10.15
芒　市	Mangshi	10.24	42.36	21.74	20.62
梁河县	Lianghe	4.52	16.13	8.37	7.76
盈江县	Yingjiang	7.76	32.47	16.92	15.55
陇川县	Longchuan	5.36	19.62	9.97	9.65
怒 江 州	**Nujiang**	**16.05**	**55.30**	**29.28**	**26.02**
泸水市	Lushui	5.46	19.13	10.23	8.90
福贡县	Fugong	3.02	10.21	5.23	4.98
贡山县	Gongshan	1.27	3.92	2.08	1.84
兰坪县	Lanping	6.29	22.04	11.73	10.31
迪 庆 州	**Diqing**	**9.89**	**41.40**	**22.04**	**19.36**
香格里拉市	Shangri-La	4.13	18.04	9.58	8.46
德钦县	Deqing	1.41	6.82	3.68	3.14
维西县	Weixi	4.35	16.54	8.78	7.76

18-5 各州市县土地、气温、降水量（2018年）

Land Characteristics, Temperature and Precipitation By Region (2018)

州　市	Region	土地调查面积（万平方千米）Area under Land Survey (10 000 sq.km)	牧草地面积（万公顷）Area of Grazing Land (10 000 hectares)	年平均气温（℃）Annual Average Temperature(℃)	年降水量（毫米）Annual Precipitation(mm)
全　省	**Yunnan**	**38.32**	**14.69**	**17.1**	**1 117.3**
昆明市	**Kunming**	**2.10**	**0.29**	**16.3**	**902.8**
五华区	Wuhua	0.04			
盘龙区	Panlong	0.03			
官渡区	Guandu	0.06	0.06	15.7	1 084.8
西山区	Xishan	0.09			
东川区	Dongchuan	0.19		20.8	620.6
呈贡区	Chenggong	0.05		15.7	868.1
晋宁区	Jinning	0.13	0.01	15.3	917.4
富民县	Fumin	0.10		16.3	780.8
宜良县	Yiliang	0.19	0.01	17.2	967.3
石林县	Shilin	0.17		16.8	861.6
嵩明县	Songming	0.13		14.9	1 145.0
禄劝县	Luquan	0.42		16.0	962.1
寻甸县	Xundian	0.36	0.21	14.9	921.1
安宁市	Anning	0.13		15.7	802.2
曲靖市	**Qujing**	**2.89**	**0.88**	**14.7**	**1 019.0**
麒麟区	Qilin	0.15	0.05	15.8	928.5
沾益区	Zhanyi	0.28		15.4	875.5
马龙区	Malong	0.16	0.01	14.1	1 060.3
陆良县	Luliang	0.20		15.3	798.1
师宗县	Shizong	0.28		14.2	1 237.9
罗平县	Luoping	0.30		16.0	1 521.9
富源县	Fuyuan	0.33		14.1	936.6
会泽县	Huize	0.59	0.80	13.1	750.7
宣威市	Xuanwei	0.61	0.02	14.4	1 061.3
玉溪市	**Yuxi**	**1.49**	**0.02**	**17.4**	**903.9**
红塔区	Hongta	0.09		16.4	837.9
江川区	Jiangchuan	0.08		16.7	909.1
澄江县	Chengjiang	0.08	0.02	16.6	918.8
通海县	Tonghai	0.07		16.2	903.7
华宁县	Huaning	0.12		16.3	908.3
易门县	Yimen	0.15		16.6	830.4
峨山县	Eshan	0.19		16.3	946.3
新平县	Xinping	0.43		17.5	1 046.9
元江县	Yuanjiang	0.27		24.2	833.4

18-5 续表1 continued

州　市	Region	土地调查面积 (万平方千米) Area under Land Survey (10 000 sq.km)	牧草地面积 (万公顷) Area of Grazing Land (10 000 hectares)	年平均气温 (℃) Annual Average Temperature (℃)	年降水量 (毫米) Annual Precipitation (mm)
保 山 市	**Baoshan**	**1.91**	**0.15**	**16.4**	**1 256.4**
隆阳区	Longyang	0.49		17.3	1 008.7
施甸县	Shidian	0.20		18.1	816.5
龙陵县	Longling	0.28	0.07	15.8	1 729.7
昌宁县	Changning	0.38		15.9	1 232.9
腾冲市	Tengchong	0.57	0.08	15.1	1 494.4
昭 通 市	**Zhaotong**	**2.24**	**1.66**	**15.8**	**920.2**
昭阳区	Zhaoyang	0.22		12.6	739.6
鲁甸县	Ludian	0.15		12.7	879.6
巧家县	Qiaojia	0.32	0.65	21.8	701.0
盐津县	Yanjin	0.20		18.1	1 144.4
大关县	Daguan	0.17		14.9	1 127.4
永善县	Yongshan	0.28	0.91	16.5	730.0
绥江县	Suijiang	0.07		18.1	1 109.7
镇雄县	Zhenxiong	0.37	0.02	12.3	893.9
彝良县	Yiliang	0.28	0.08	16.5	780.1
威信县	Weixin	0.14		14.3	1 096.3
水富市	Shuifu	0.04			
丽 江 市	**Lijiang**	**2.06**	**1.80**	**15.0**	**978.1**
古城区	Gucheng	0.13	0.01		
玉龙县	Yulong	0.62	1.45	13.5	1 108.6
永胜县	Yongsheng	0.49	0.09	14.2	826.9
华坪县	Huaping	0.21		19.6	1 066.1
宁蒗县	Ninglang	0.60	0.25	12.5	910.8
普 洱 市	**Pu'er**	**4.43**	**0.08**	**19.1**	**1 641.5**
思茅区	Simao	0.39	0.01	19.2	1 833.6
宁洱县	Ning'er	0.37		18.0	1 690.8
墨江县	Mojiang	0.53		17.5	1 372.0
景东县	Jingdong	0.45	0.01	19.3	992.4
景谷县	Jinggu	0.75		20.2	1 625.1
镇沅县	Zhenyuan	0.41		19.2	1 371.4
江城县	Jiangcheng	0.34		18.1	2 508.1
孟连县	Menglian	0.19		19.8	1 458.4
澜沧县	Lancang	0.87	0.05	20.0	1 680.8
西盟县	Ximeng	0.13		19.2	1 882.5
临 沧 市	**Lincang**	**2.36**	**0.20**	**18.9**	**1 270.7**
临翔区	Linxiang	0.26	0.01	17.9	1 125.8
凤庆县	Fengqing	0.33		17.3	1 179.7
云　县	Yunxian	0.37		20.3	800.4
永德县	Yongde	0.32		17.8	1 457.1

18-5 续表2 Continued

州 市	Region	土地调查面积(万平方千米) Area under Land Survey (10 000 sq.km)	牧草地面积(万公顷) Area of Grazing Land (10 000 hectares)	年平均气温(℃) Annual Average Temperature (℃)	年降水量(毫米) Annual Precipitation (mm)
镇康县	Zhenkang	0.25	0.18	20.0	1 767.8
双江县	Shuangjiang	0.22		20.0	749.2
耿马县	Gengma	0.37		19.7	1 308.8
沧源县	Cangyuan	0.24		18.1	1 776.5
楚 雄 州	**Chuxiong**	**2.84**		**16.8**	**794.9**
楚雄市	Chuxiong	0.44		16.7	725.6
双柏县	Shuangbai	0.39		15.4	1 079.2
牟定县	Mouding	0.14		16.1	925.3
南华县	Nanhua	0.23		14.7	811.1
姚安县	Yao'an	0.17		16.3	771.9
大姚县	Dayao	0.40		16.4	692.3
永仁县	Yongren	0.22		18.2	720.3
元谋县	Yuanmou	0.20		21.6	618.7
武定县	Wuding	0.29		16.3	832.9
禄丰县	Lufeng	0.36		16.1	771.7
红 河 州	**Honghe**	**3.22**	**0.09**	**19.1**	**1 372.7**
个旧市	Gejiu	0.16	0.02	16.7	992.0
开远市	Kaiyuan	0.19		20.1	1 038.4
蒙自市	Mengzi	0.22		18.9	837.5
弥勒市	Mile	0.39		18.3	1 228.0
屏边县	Pingbian	0.18		16.9	1 842.6
建水县	Jianshui	0.38		19.3	969.4
石屏县	Shiping	0.30		18.5	1 147.9
泸西县	Luxi	0.16		16.0	1 096.6
元阳县	Yuanyang	0.22		24.0	917.7
红河县	Honghe	0.20		20.8	1 047.2
金平县	Jinping	0.36	0.06	18.3	2 680.6
绿春县	Luchun	0.31		17.1	2 415.2
河口县	Hekou	0.13		23.7	1 632.2
文 山 州	**Wenshan**	**3.14**	**0.14**	**17.8**	**1 327.3**
文山市	Wenshan	0.30		18.3	1 184.3
砚山县	Yanshan	0.39	0.01	16.6	1 226.3
西畴县	Xichou	0.15		16.3	1 419.1
麻栗坡县	Malipo	0.24		18.3	1 062.2
马关县	Maguang	0.27		17.8	1 880.5
丘北县	Qiubei	0.50	0.10	17.2	1 168.8
广南县	Guangnan	0.77	0.03	17.7	1 218.9
富宁县	Funing	0.53		20.5	1 458.0

18-5 续表3 continued

州 市	Region	土地调查面积（万平方千米） Area under Land Survey (10 000 sq.km)	牧草地面积（万公顷） Area of Grazing Land (10 000 hectares)	年平均气温（℃） Annual Average Temperature (℃)	年降水量（毫米） Annual Precipitation (mm)
西双版纳州	**Xishuangbanna**	**1.91**	**0.01**	**21.1**	**1 659.3**
景洪市	Jinghong	0.69	0.01	22.9	1 347.4
勐海县	Menghai	0.54		18.6	1 916.4
勐腊县	Mengla	0.69		21.8	1 714.2
大 理 州	**Dali**	**2.83**	**0.22**	**16.2**	**821.9**
大理市	Dali	0.17	0.10	15.5	1 000.7
漾濞县	yangbi	0.19		16.5	998.2
祥云县	Xiangyun	0.24		16.1	689.7
宾川县	Binchuan	0.25		19.4	499.8
弥渡县	Midu	0.15		17.2	899.4
南涧县	Nanjian	0.17		19.2	671.0
巍山县	Weishan	0.22	0.01	16.5	656.0
永平县	Yongping	0.28		16.1	1 086.8
云龙县	Yunlong	0.44	0.11	15.9	746.9
洱源县	Eryuan	0.25		14.6	710.7
剑川县	Jianchuan	0.22		13.4	676.9
鹤庆县	Heqing	0.24		14.1	1 226.8
德 宏 州	**Dehong**	**1.12**	**0.04**	**20.0**	**1 426.3**
瑞丽市	Ruili	0.09		21.0	1 234.8
芒 市	Mangshi	0.29		20.5	1 571.4
梁河县	Lianghe	0.11		18.7	1 283.6
盈江县	Yingjiang	0.43	0.04	20.3	1 482.3
陇川县	Longchuan	0.19		19.5	1 559.2
怒 江 州	**Nujiang**	**1.46**	**0.41**	**16.1**	**1 171.4**
泸水市	Lushui	0.31		21.0	1 095.9
福贡县	Fugong	0.27		17.1	1 185.8
贡山县	Gongshan	0.44	0.06	14.8	1 564.2
兰坪县	Lanping	0.44	0.35	11.5	839.7
迪 庆 州	**Diqing**	**2.32**	**8.68**	**8.3**	**753.7**
香格里拉市	Shangri-La	1.14	6.46	6.3	732.5
德钦县	Deqing	0.73	0.11	6.6	595.9
维西县	Weixi	0.45	2.11	12.0	932.7

18-6 各州市县职工人数（2018年）

Number of Staff and Workers by Region (2018)

单位：万人 (10 000 persons)

州 市 县	Region	单位从业人员 Number of Employed Persons in Entities	职工人数 Number of Staff and Workers	国有单位 State-owned Entities	城镇集体单位 Urban Collective-owned Entities	其他单位 Other Ownership Entities
全　省	**Yunnan**	**427.01**	**359.20**	**155.84**	**6.83**	**196.53**
昆 明 市	**Kunming**	**135.17**	**109.28**	**27.78**	**2.69**	**78.81**
五华区	Wuhua	19.01	16.24	3.22	0.26	12.76
盘龙区	Panlong	22.12	16.98	5.66	0.52	10.80
官渡区	Guandu	30.69	23.72	3.55	0.16	20.00
西山区	Xishan	15.36	12.02	3.39	0.18	8.45
东川区	Dongchuan	3.72	2.67	0.91	0.04	1.72
呈贡区	Chenggong	6.91	5.84	1.85	0.01	3.98
晋宁区	Jinning	2.92	2.57	0.72	0.11	1.74
富民县	Fuming	2.35	1.97	0.49	0.02	1.46
宜良县	Yiliang	4.09	3.95	0.90	1.01	2.04
石林县	Shilin	1.91	1.53	0.73	0.11	0.69
嵩明县	Songming	3.37	3.09	0.91	0.03	2.16
禄劝县	Luquan	1.75	1.52	0.94	0.06	0.53
寻甸县	Xundian	2.45	2.16	1.21	0.04	0.90
安宁市	Anning	6.51	5.50	1.11	0.11	4.28
曲 靖 市	**Qujing**	**45.70**	**40.06**	**15.69**	**0.70**	**23.66**
麒麟区	Qilin	14.98	13.27	4.17	0.07	9.04
沾益区	Zhanyi	3.23	2.95	1.00	0.04	1.90
马龙区	Malong	1.45	1.31	0.64	0.01	0.65
陆良县	Luliang	3.71	3.29	1.33	0.10	1.86
师宗县	Shizong	2.15	1.96	0.99	0.04	0.92
罗平县	Luoping	2.99	2.44	1.21	0.01	1.23
富源县	Fuyuan	4.50	4.43	1.76	0.08	2.60
会泽县	Huize	3.26	3.05	1.82	0.04	1.20
宣威市	Xuanwei	9.43	7.35	2.78	0.30	4.27
玉 溪 市	**Yuxi**	**29.84**	**25.09**	**7.76**	**0.42**	**16.90**
红塔区	Hongta	14.60	11.96	2.77	0.25	8.94
江川区	Jiangchuan	1.88	1.76	0.67	0.02	1.07
澄江县	Chengjiang	1.36	1.06	0.45	0.05	0.56
通海县	Tonghai	2.55	2.19	0.66	0.01	1.52
华宁县	Huaning	1.48	1.16	0.57	0.03	0.56
易门县	Yimen	1.91	1.71	0.53	0.03	1.15
峨山县	Ershan	1.34	1.24	0.61	0.01	0.62
新平县	Xinping	3.14	2.50	0.79		1.71
元江县	Yuanjiang	1.59	1.51	0.72	0.02	0.77

18-6 续表1 continued

单位：万人 (10 000 persons)

州市县	Region	单位从业人员 Number of Employed Persons in Entities	职工人数 Number of Staff and Workers	国有单位 State-owned Entities	城镇集体单位 Urban Collective-owned Entities	其他单位 Other Ownership Entities
保山市	**Baoshan**	**21.66**	**20.53**	**8.31**	**0.11**	**12.11**
隆阳区	Longyang	10.11	9.55	3.32	0.04	6.20
施甸县	Shidian	2.25	1.92	1.20		0.72
龙陵县	Longling	2.21	2.16	0.92	0.01	1.22
昌宁县	Changning	2.67	2.52	0.99	0.02	1.51
腾冲市	Tengchong	4.43	4.37	1.87	0.04	2.45
昭通市	**Zhaotong**	**24.85**	**22.24**	**15.58**	**0.35**	**6.30**
昭阳区	Zhaoyang	7.51	6.32	3.49	0.16	2.67
鲁甸县	Ludian	2.10	2.07	1.36	0.02	0.69
巧家县	Qiaojia	1.86	1.79	1.43	0.02	0.35
盐津县	Yanjin	1.19	1.00	0.87	0.01	0.12
大关县	Daguan	1.13	1.09	0.93	0.01	0.15
永善县	Yongshan	1.54	1.36	1.12	0.02	0.22
绥江县	Suijiang	0.95	0.85	0.61	0.05	0.19
镇雄县	Zhenxiong	4.02	3.84	2.99	0.03	0.83
彝良县	Yiliang	1.98	1.70	1.31	0.02	0.38
威信县	Weixin	1.58	1.25	0.96	0.01	0.28
水富区	Shuifu	1.00	0.95	0.50	0.01	0.44
丽江市	**Lijiang**	**9.82**	**8.25**	**5.18**	**0.17**	**2.91**
古城区	Gucheng	4.02	3.22	1.77	0.07	1.38
玉龙县	Yulong	2.00	1.64	0.98	0.04	0.62
永胜县	Yongsheng	1.64	1.47	0.94		0.52
华坪县	Huaping	1.16	1.10	0.67	0.05	0.38
宁蒗县	Ninglang	1.01	0.83	0.81	0.01	0.01
普洱市	**Pu'er**	**18.33**	**15.52**	**9.33**	**0.56**	**5.63**
思茅区	Simao	6.52	5.08	2.63	0.02	2.42
宁洱县	Ning'er	1.19	0.99	0.72	0.03	0.25
墨江县	Mojiang	1.34	1.20	0.88	0.02	0.29
景东县	Jingdong	1.64	1.63	0.93	0.01	0.69
景谷县	Jinggu	1.76	1.73	0.90	0.04	0.79
镇沅县	Zhenyuan	1.14	1.09	0.63	0.06	0.40
江城县	Jiangcheng	1.40	0.97	0.42	0.35	0.19
孟连县	Menglian	0.96	0.91	0.70	0.01	0.20
澜沧县	Lancang	1.53	1.51	1.16	0.01	0.35
西盟县	Ximeng	0.85	0.43	0.37	0.01	0.05
临沧市	**Lincang**	**15.75**	**13.39**	**7.80**	**0.10**	**5.49**
临翔区	Linxiang	4.08	3.88	1.96	0.02	1.90

18-6 续表2 continued

单位：万人 (10 000 persons)

州市县	Region	单位从业人员 Number of Employed Persons in Entities	职工人数 Number of Staff and Workers	国有单位 State-owned Entities	城镇集体单位 Urban Collective-owned Entities	其他单位 Other Ownership Entities
凤庆县	Fengqing	1.72	1.34	0.88	0.01	0.45
云　县	Yunxian	2.53	2.21	0.99	0.02	1.20
永德县	Yongde	2.03	1.38	0.98	0.01	0.39
镇康县	Zhenkang	1.15	0.83	0.53	0.01	0.29
双江县	Shuangjiang	1.06	0.82	0.49	0.01	0.32
耿马县	Gengma	2.05	1.92	1.23	0.01	0.69
沧源县	Cangyuan	1.13	1.01	0.76	0.01	0.25
楚雄州	**Chuxiong**	**16.45**	**14.03**	**8.30**	**0.22**	**5.51**
楚雄市	Chuxiong	5.80	5.27	2.72	0.06	2.50
双柏县	Shuangbai	1.05	0.83	0.53	0.01	0.29
牟定县	Mouding	1.24	0.99	0.50	0.01	0.48
南华县	Nanhua	1.05	0.91	0.61	0.02	0.29
姚安县	Yao'an	0.92	0.81	0.62	0.01	0.18
大姚县	Dayao	1.14	1.04	0.71	0.02	0.31
永仁县	Yongren	0.59	0.44	0.37	0.01	0.07
元谋县	Yuanmou	0.94	0.69	0.56	0.03	0.11
武定县	Wuding	1.48	0.94	0.65	0.02	0.27
禄丰县	Lufeng	2.25	2.09	1.04	0.04	1.01
红河州	**Honghe**	**31.42**	**27.18**	**14.34**	**0.72**	**12.12**
个旧市	Gejiu	4.81	3.73	1.18	0.04	2.50
开远市	Kaiyuan	3.69	3.57	1.93	0.03	1.61
蒙自市	Mengzi	6.92	5.55	2.46	0.02	3.07
弥勒市	Mile	2.83	2.56	1.34	0.06	1.16
屏边县	Pingbian	0.91	0.82	0.52	0.09	0.21
建水县	Jianshui	2.81	2.57	1.54	0.12	0.92
石屏县	Shiping	2.47	2.13	0.79	0.01	1.33
泸西县	Luxi	1.53	1.48	0.84	0.19	0.44
元阳县	Yuanyang	1.03	0.98	0.80	0.01	0.16
红河县	Honghe	1.05	0.98	0.85	0.01	0.12
金平县	Jinping	1.33	1.16	0.80	0.01	0.35
绿春县	Luchun	0.93	0.78	0.66	0.02	0.10
河口县	Hekou	1.12	0.87	0.63	0.09	0.15
文山州	**Wenshan**	**20.40**	**17.29**	**10.41**	**0.27**	**6.61**
文山市	Wenshan	7.85	6.19	2.82	0.03	3.35
砚山县	Yanshan	3.10	2.77	1.36	0.04	1.37

18−6 续表3 continued

单位：万人 (10 000 persons)

州市县	Region	单位从业人员 Number of Employed Persons in Entities	职工人数 Number of Staff and Workers	国有单位 State-owned Entities	城镇集体单位 Urban Collective-owned Entities	其他单位 Other Ownership Entities
西畴县	Xichou	0.89	0.88	0.70	0.02	0.16
麻栗坡县	Malipo	1.26	1.06	0.84	0.06	0.16
马关县	Maguan	1.53	1.35	0.83	0.02	0.50
丘北县	Qiubei	1.80	1.57	1.12	0.04	0.41
广南县	Guangnan	2.55	2.30	1.73	0.03	0.54
富宁县	Funing	1.43	1.17	1.02	0.03	0.13
西双版纳州	**Xishuangbanna**	**8.95**	**7.67**	**4.25**	**0.05**	**3.37**
景洪市	Jinghong	5.54	4.66	2.15	0.02	2.49
勐海县	Menghai	1.80	1.45	0.92	0.02	0.51
勐腊县	Mengla	1.61	1.56	1.18	0.01	0.37
大理州	**Dali**	**26.49**	**21.37**	**10.49**	**0.19**	**10.70**
大理市	Dali	11.82	9.75	3.81	0.07	5.87
漾濞县	Yangbi	0.57	0.49	0.41	0.01	0.07
祥云县	Xiangyun	2.99	2.45	0.90		1.55
宾川县	Binchuan	1.70	1.34	0.77	0.02	0.55
弥渡县	Midu	1.28	1.05	0.58	0.02	0.45
南涧县	Nanjian	1.01	0.82	0.62	0.01	0.20
巍山县	Weishan	1.39	1.03	0.61		0.41
永平县	Yongping	1.14	0.77	0.49	0.01	0.26
云龙县	Yunlong	1.04	0.74	0.56	0.01	0.17
洱源县	Eryuan	1.32	1.04	0.61	0.02	0.42
剑川县	Jianchuan	0.96	0.83	0.49	0.02	0.32
鹤庆县	Heqing	1.27	1.07	0.64	0.01	0.42
德宏州	**Dehong**	**12.63**	**10.24**	**5.87**	**0.16**	**4.21**
瑞丽市	Ruili	2.54	2.08	1.07	0.02	1.00
芒市	Mangshi	5.51	4.76	2.51	0.09	2.17
梁河县	Lianghe	0.92	0.84	0.59	0.02	0.22
盈江县	Yingjiang	1.99	1.37	0.87	0.02	0.49
陇川县	Longchuan	1.68	1.19	0.84	0.02	0.33
怒江州	**Nujiang**	**4.73**	**3.83**	**2.57**	**0.05**	**1.21**
泸水市	Lushui	2.33	1.87	1.23	0.01	0.64
福贡县	Fugong	0.43	0.41	0.38	0.01	0.02
贡山县	Gongshan	0.47	0.39	0.25		0.13
兰坪县	Lanping	1.50	1.16	0.72	0.03	0.42
迪庆州	**Diqing**	**4.82**	**3.23**	**2.18**	**0.06**	**0.99**
香格里拉市	Shangri-La	2.87	2.19	1.32	0.01	0.86
德钦县	Deqin	0.62	0.47	0.38	0.01	0.08
维西县	Weixi	1.33	0.58	0.48	0.04	0.05

18-7 各州市县职工平均工资（2018年）

Average Wages of Staff and Workers by Region (2018)

单位：万元 (10 000 yuan)

州市县	Region	职工平均工资 Average Wage of Staff and Workers	国有单位 State-owned Entities	城镇集体单位 Urban Collective-owned Entities	其他单位 Other Ownership Entities
全　省	**Yunnan**	**8.05**	**10.41**	**8.30**	**6.17**
昆明市	**Kunming**	**8.03**	**10.69**	**5.22**	**7.11**
五华区	Wuhua	7.79	11.70	4.51	6.66
盘龙区	Panlong	8.83	8.17	2.96	9.44
官渡区	Guandu	9.14	11.66	3.98	8.72
西山区	Xishan	6.80	9.07	4.95	5.79
东川区	Dongchuan	6.86	10.93	10.88	4.53
呈贡区	Chenggong	9.81	13.13	3.59	8.16
晋宁区	Jinning	6.83	11.01	7.52	5.00
富民县	Fuming	5.76	10.13	16.23	4.01
宜良县	Yiliang	6.33	11.12	4.37	5.05
石林县	Shilin	7.20	9.77	6.12	4.19
嵩明县	Songming	7.13	11.19	22.55	5.15
禄劝县	Luquan	8.90	10.93	10.69	4.59
寻甸县	Xundian	8.08	10.55	16.27	4.52
安宁市	Anning	7.82	11.68	7.41	6.82
曲靖市	**Qujing**	**7.22**	**10.05**	**8.08**	**5.30**
麒麟区	Qilin	7.54	11.35	12.94	5.79
沾益区	Zhanyi	6.84	11.12	10.95	4.51
马龙区	Malong	7.25	10.18	19.51	3.96
陆良县	Luliang	7.05	10.59	5.32	4.58
师宗县	Shizong	7.57	10.40	7.91	4.60
罗平县	Luoping	7.33	9.72	0.67	4.96
富源县	Fuyuan	6.67	9.28	7.27	4.85
会泽县	Huize	9.28	11.44	14.75	6.28
宣威市	Xuanwei	6.23	7.43	6.33	5.30
玉溪市	**Yuxi**	**7.61**	**11.36**	**7.94**	**5.84**
红塔区	Hongta	7.56	11.47	4.61	6.39
江川区	Jiangchuan	7.41	11.24	13.74	4.84
澄江县	Chengjiang	8.58	10.89	8.46	6.51
通海县	Tonghai	6.81	11.86	3.88	4.44
华宁县	Huaning	8.28	11.80	14.56	4.55
易门县	Yimen	7.59	11.37	13.92	5.40
峨山县	Eshan	7.92	11.12	23.67	3.99
新平县	Xinping	7.64	11.63		5.69
元江县	Yuanjiang	8.00	10.39	14.65	5.46

18-7 续表1 continued

单位：万元 (10 000 yuan)

州 市 县	Region	职工平均工资 Average Wage of Staff and Workers	国有单位 State-owned Entities	城镇集体单位 Urban Collective-owned Entities	其他单位 Other Ownership Entities
保 山 市	**Baoshan**	**6.85**	**9.56**	**17.24**	**4.90**
隆阳区	Longyang	7.01	10.50	21.01	5.04
施甸县	Shidian	6.35	8.23	2.70	4.06
龙陵县	Longling	7.62	9.35	23.13	6.05
昌宁县	Changning	5.94	8.58	20.57	4.03
腾冲市	Tengchong	6.88	9.36	10.93	4.87
昭 通 市	**Zhaotong**	**8.47**	**9.39**	**12.48**	**6.10**
昭阳区	Zhaoyang	8.99	10.94	8.06	6.68
鲁甸县	Ludian	6.20	7.16	19.30	3.96
巧家县	Qiaojia	8.86	9.56	22.29	5.26
盐津县	Yanjin	9.33	9.83	13.60	5.08
大关县	Daguan	7.55	7.90	20.57	4.31
永善县	Yongshan	8.29	8.27	6.64	8.45
绥江县	Suijiang	8.05	8.84	8.66	5.31
镇雄县	Zhenxiong	8.68	9.29	16.63	6.05
彝良县	Yiliang	8.65	9.10	21.11	6.45
威信县	Weixin	9.59	10.45	26.41	5.75
水富市	Shuifu	7.11	8.23	20.87	5.64
丽 江 市	**Lijiang**	**8.58**	**10.30**	**9.04**	**5.37**
古城区	Gucheng	8.10	10.01	7.83	5.60
玉龙县	Yulong	8.26	9.36	8.12	6.42
永胜县	Yongsheng	9.17	11.82	2.46	4.21
华坪县	Huaping	7.84	9.54	9.09	4.33
宁蒗县	Ninglang	11.17	11.08	23.77	5.19
普 洱 市	**Pu'er**	**8.35**	**10.39**	**6.68**	**5.01**
思茅区	Simao	8.58	11.18	16.21	5.34
宁洱县	Ning'er	9.01	10.48	9.79	4.62
墨江县	Mojiang	9.61	11.10	15.90	5.28
景东县	Jingdong	8.84	11.69	4.20	4.38
景谷县	Jinggu	6.87	9.23	8.85	4.13
镇沅县	Zhenyuan	8.19	10.64	11.07	4.13
江城县	Jiangcheng	6.68	9.76	4.14	5.02
孟连县	Menglian	7.50	7.65	17.98	6.28
澜沧县	Lancang	8.27	9.06	2.84	5.84
西盟县	Ximeng	10.91	11.27	14.41	7.16
临 沧 市	**Lincang**	**7.98**	**10.29**	**21.04**	**4.55**
临翔区	Linxiang	7.73	10.18	20.95	5.21

18-7 续表2 continued

单位：万元 (10 000 yuan)

州 市 县	Region	职工平均工资 Average Wage of Staff and Workers	国有单位 State-owned Entities	城镇集体单位 Urban Collective-owned Entities	其他单位 Other Ownership Entities
凤庆县	Fengqing	11.23	14.05	26.49	4.85
云　县	Yunxian	7.07	10.96	23.26	3.79
永德县	Yongde	8.05	8.84	17.71	5.67
镇康县	Zhenkang	8.69	10.77	20.71	4.54
双江县	Shuangjiang	8.40	11.44	19.79	3.65
耿马县	Gengma	6.24	7.66	19.40	3.65
沧源县	Cangyuan	9.11	10.50	17.17	4.70
楚 雄 州	**Chuxiong**	**8.91**	**10.90**	**17.37**	**5.55**
楚雄市	Chuxiong	9.01	11.51	17.09	6.12
双柏县	Shuangbai	7.87	9.51	22.34	4.13
牟定县	Mouding	8.43	10.59	18.26	5.35
南华县	Nanhua	9.33	10.81	20.79	5.25
姚安县	Yao'an	9.23	10.06	19.01	6.09
大姚县	Dayao	9.72	11.47	22.54	5.24
永仁县	Yongren	9.84	10.49	16.29	5.12
元谋县	Yuanmou	9.84	10.54	18.53	4.33
武定县	Wuding	9.74	11.47	15.36	5.25
禄丰县	Lufeng	7.68	10.39	12.87	4.94
红 河 州	**Honghe**	**8.50**	**10.17**	**8.36**	**6.55**
个旧市	Gejiu	7.10	9.84	12.06	5.71
开远市	Kaiyuan	8.46	10.64	15.16	5.45
蒙自市	Mengzi	8.68	10.78	2.78	7.04
弥勒市	Mile	10.31	11.33	12.19	9.21
屏边县	Pingbian	7.79	9.36	8.03	3.91
建水县	Jianshui	8.27	9.99	6.91	5.63
石屏县	Shiping	8.00	10.72	11.68	6.21
泸西县	Luxi	9.21	12.01	6.23	5.16
元阳县	Yuanyang	8.34	9.07	8.22	4.83
红河县	Honghe	7.80	7.97	15.76	5.87
金平县	Jinping	9.46	9.32	20.12	9.46
绿春县	Luchun	8.65	8.85	10.89	6.72
河口县	Hekou	8.81	9.11	5.76	9.13
文 山 州	**Wenshan**	**8.20**	**9.78**	**11.99**	**5.53**
文山市	Wenshan	7.96	10.39	26.03	5.74
砚山县	Yanshan	7.42	9.94	9.62	4.76

18-7 续表3 continued

单位：万元 (10 000 yuan)

州市县	Region	职工平均工资 Average Wage of Staff and Workers	国有单位 State-owned Entities	城镇集体单位 Urban Collective-owned Entities	其他单位 Other Ownership Entities
西畴县	Xichou	8.70	9.49	5.13	5.77
麻栗坡县	Malipo	8.13	8.61	7.71	5.76
马关县	Maguan	9.96	11.29	20.56	7.28
丘北县	Qiubei	8.06	9.37	8.67	4.45
广南县	Guangnan	8.86	9.83	19.47	5.15
富宁县	Funing	7.91	8.26	6.98	5.75
西双版纳州	**Xishuangbanna**	**8.66**	**10.75**	**12.31**	**6.09**
景洪市	Jinghong	8.64	11.32	10.00	6.37
勐海县	Menghai	8.90	10.47	18.10	5.84
勐腊县	Mengla	8.51	9.87	5.45	4.45
大理州	**Dali**	**8.47**	**11.61**	**16.29**	**5.24**
大理市	Dali	8.16	11.92	13.04	5.64
漾濞县	Yangbi	8.29	8.54	6.96	6.88
祥云县	Xiangyun	7.68	11.88		5.17
宾川县	Binchuan	9.49	12.56	22.39	4.51
弥渡县	Midu	8.12	10.41	17.15	4.16
南涧县	Nanjian	10.04	11.75	14.04	4.20
巍山县	Weishan	8.50	11.45		4.43
永平县	Yongping	9.14	11.94	26.08	4.33
云龙县	Yunlong	9.69	10.75	23.29	5.28
洱源县	Eryuan	9.56	13.03	20.37	3.99
剑川县	Jianchuan	8.07	10.45	17.60	3.96
鹤庆县	Heqing	9.19	11.42	11.59	5.69
德宏州	**Dehong**	**7.94**	**9.91**	**11.04**	**5.09**
瑞丽市	Ruili	6.75	8.35	19.58	4.88
芒市	Mangshi	7.91	10.07	4.36	5.48
梁河县	Lianghe	8.49	10.05	10.14	4.10
盈江县	Yingjiang	9.50	11.65	21.65	5.15
陇川县	Longchuan	8.01	9.48	16.32	3.89
怒江州	**Nujiang**	**7.86**	**9.03**	**9.32**	**5.38**
泸水县	Lushui	7.72	9.51	13.21	4.27
福贡县	Fugong	7.61	7.71	7.62	6.19
贡山县	Gongshan	7.02	9.15	16.70	3.15
兰坪县	Lanping	8.47	8.87	7.62	7.85
迪庆州	**Diqing**	**12.96**	**14.97**	**11.23**	**8.51**
香格里拉市	Shangri-La	12.76	15.27	20.74	8.75
德钦县	Deqin	14.89	16.45	15.96	8.28
维西县	Weixi	12.27	13.30	7.80	4.87

18-8 各州市县固定资产投资（不含农户）增长速度（2017-2018年）

Growth Rate of Total Investment in Fixed Assets (Exclude Rural Households) by Region (2017-2018)

单位：% (%)

州 市 县	Region	2017	2018	州 市 县	Region	2017	2018
全 省	**Yunnan**	**18.0**	**11.6**	**保 山 市**	**Baoshan**	**32.1**	**23.5**
昆 明 市	**Kunming**	**7.6**	**5.5**	隆阳区	Longyang	30.7	24.7
五华区	Wuhua	-10.2	22.7	施甸县	Shidian	42.3	1.4
盘龙区	Panlong	7.2	-22.3	龙陵县	Longling	35.5	33.0
官渡区	Guandu	17.0	16.6	昌宁县	Changning	50.4	32.5
西山区	Xishan	8.2	-1.2	腾冲市	Tengchong	18.9	25.0
东川区	Dongchuan	23.2	-3.7	**昭 通 市**	**Zhaotong**	**21.4**	**17.7**
呈贡区	Chenggong	4.8	10.0	昭阳区	Zhaoyang	20.3	9.4
晋宁区	Jinning	30.7	9.3	鲁甸县	Ludian	-25.1	-7.6
富民县	Fumin	15.8	54.5	巧家县	Qiaojia	-25.3	-43.4
宜良县	Yiliang	12.3	52.5	盐津县	Yanjin	-23.4	26.0
石林县	Shilin	10.6	47.4	大关县	Daguan	21.0	-58.3
嵩明县	Songming	13.3	-5.5	永善县	Yongshan	1.1	11.5
禄劝县	Luquan	-10.2	-30.1	绥江县	Suijiang	-49.0	32.1
寻甸县	Xundian	14.3	35.2	镇雄县	Zhenxiong	1.7	19.3
安宁市	Anning	-16.2	9.4	彝良县	Yiliang	16.7	-6.8
曲 靖 市	**Qujing**	**25.1**	**1.6**	威信县	Weixin	24.4	7.0
麒麟区	Qilin	26.0	-4.6	水富市	Shuifu	30.5	0.6
沾益区	Zhanyi	26.0	25.3	**丽 江 市**	**Lijiang**	**16.4**	**17.4**
马龙区	Malong	27.0	12.6	古城区	Gucheng	15.1	21.8
陆良县	Luliang	26.0	15.1	玉龙县	Yulong	21.6	0.1
师宗县	Shizong	26.0	22.4	永胜县	Yongsheng	22.1	18.4
罗平县	Luoping	26.0	-2.9	华坪县	Huaping	25.0	17.9
富源县	Fuyuan	26.0	4.8	宁蒗县	Ninglang	20.2	38.3
会泽县	Huize	14.9	25.2	**普 洱 市**	**Pu'er**	**21.8**	**18.5**
宣威市	Xuanwei	25.0	-29.0	思茅区	Simao	6.3	6.1
玉 溪 市	**Yuxi**	**20.9**	**11.3**	宁洱县	Ning'er	22.3	31.4
红塔区	Hongta	0.7	-10.7	墨江县	Mojiang	29.2	32.9
江川区	Jiangchuan	31.5	10.2	景东县	Jingdong	40.8	25.1
澄江县	Chengjiang	28.3	17.3	景谷县	Jinggu	14.4	-5.1
通海县	Tonghai	31.4	29.8	镇沅县	Zhenyuan	37.9	38.5
华宁县	Huaning	31.1	20.6	江城县	Jiangcheng	20.3	78.4
易门县	Yimen	32.1	15.8	孟连县	Menglian	21.6	24.4
峨山县	Eshan	31.6	34.6	澜沧县	Lancang	30.7	24.9
新平县	Xinping	28.4	12.6	西盟县	Ximeng	19.3	11.1
元江县	Yuanjiang	32.8	31.0				

18-8 续表 continued

单位：% (%)

州 市 县	Region	2017	2018
临 沧 市	**Lincang**	**27.6**	**24.5**
临翔区	Linxiang	28.3	28.4
凤庆县	Fengqing	30.7	29.7
云　县	Yunxian	26.0	23.2
永德县	Yongde	25.9	27.1
镇康县	Zhenkang	28.3	24.4
双江县	Shuangjiang	25.4	23.9
耿马县	Gengma	28.0	24.5
沧源县	Cangyuan	26.8	7.2
楚 雄 州	**Chuxiong**	**27.8**	**25.6**
楚雄市	Chuxiong	25.2	26.1
双柏县	Shuangbai	30.0	26.0
牟定县	Mouding	31.2	26.5
南华县	Nanhua	31.0	25.8
姚安县	Yao'an	29.3	31.2
大姚县	Dayao	30.5	26.0
永仁县	Yongren	26.7	31.6
元谋县	Yuanmou	39.6	32.1
武定县	Wuding	32.7	20.0
禄丰县	Lufeng	20.1	20.0
红 河 州	**Honghe**	**20.3**	**16.9**
个旧市	Gejiu	20.1	15.0
开远市	Kaiyuan	20.0	23.6
蒙自市	Mengzi	18.8	21.1
弥勒市	Mile	21.1	17.1
屏边县	Pingbian	23.6	17.5
建水县	Jianshui	21.0	0.9
石屏县	Shiping	20.5	22.0
泸西县	Luxi	21.4	20.2
元阳县	Yuanyang	19.0	19.1
红河县	Honghe	19.4	18.2
金平县	Jinping	19.3	10.8
绿春县	Luchun	20.3	18.5
河口县	Hekou	19.0	20.0
文 山 州	**Wenshan**	**20.8**	**10.6**
文山市	Wenshan	18.4	11.0
砚山县	Yanshan	17.1	-27.7
西畴县	Xichou	25.3	23.4

州 市 县	Region	2017	2018
麻栗坡县	Malipo	24.1	20.1
马关县	Maguan	32.0	26.4
丘北县	Qiubei	22.5	22.4
广南县	Guangnan	20.9	21.9
富宁县	Funing	20.6	23.0
西双版纳州	**Xishuangbanna**	**15.5**	**0.4**
景洪市	Jinghong	10.3	10.9
勐海县	Menghai	20.0	22.5
勐腊县	Mengla	26.4	-24.0
大 理 州	**Dali**	**17.5**	**5.0**
大理市	Dali	6.0	-8.0
漾濞县	yangbi	25.0	5.0
祥云县	Xiangyun	20.9	30.3
宾川县	Binchuang	25.2	-36.2
弥渡县	Midu	20.0	20.2
南涧县	Nanjian	35.0	26.0
巍山县	Weishan	25.0	28.0
永平县	Yongping	23.0	31.3
云龙县	Yunlong	37.4	-19.4
洱源县	Eryuan	20.8	20.0
剑川县	Jianchuan	26.1	37.7
鹤庆县	Heqing	28.3	30.4
德 宏 州	**Dehong**	**19.6**	**5.1**
瑞丽市	Ruili	25.3	-25.4
芒　市	Mangshi	10.3	20.5
梁河县	Lianghe	30.4	47.7
盈江县	Yingjiang	15.2	20.7
陇川县	Longchuan	41.0	35.2
怒 江 州	**Nujiang**	**25.4**	**3.8**
泸水市	Lushui	11.9	7.1
福贡县	Fugong	33.7	26.2
贡山县	Gongshan	34.6	11.2
兰坪县	Lanping	35.9	-4.5
迪 庆 州	**Diqing**	**15.5**	**11.7**
香格里拉县	Shangri-La	15.4	16.5
德钦县	Deqin	15.7	13.5
维西县	Weixi	15.6	1.7
不分地区	**Trans-Regional**	**-39.5**	**27.7**

18-9 各州市县地方一般公共预算收入（2010-2018年）

Public Budgetary Revenue of Local Government by Region（2010-2018）

单位：亿元 (100 million yuan)

州 市 县	Region	2010	2011	2012	2013	2014	2015	2016	2017	2018
全　省	**Yunnan**	**871.19**	**1 111.16**	**1 338.15**	**1 611.30**	**1 698.06**	**1 808.15**	**1 812.29**	**1 886.17**	**1 994.35**
昆 明 市	**Kunming**	**253.83**	**317.69**	**378.40**	**450.75**	**477.97**	**502.22**	**530.00**	**560.86**	**595.63**
五华区	Wuhua	20.55	25.42	30.49	36.31	32.47	33.91	36.83	38.47	41.33
盘龙区	Panlong	16.67	22.01	27.20	33.25	33.40	35.19	38.03	39.34	41.40
官渡区	Guandu	26.16	32.18	37.78	45.00	41.54	41.78	38.84	39.94	43.29
西山区	Xishan	17.00	22.00	26.64	32.51	34.59	35.63	38.43	39.79	42.87
东川区	Dongchuan	4.09	5.44	6.79	6.93	7.10	5.53	6.13	6.67	7.29
呈贡区	Chenggong	6.88	7.49	9.07	11.07	14.29	17.49	20.49	21.06	23.94
晋宁区	Jinning	6.24	8.43	11.01	13.43	14.50	15.82	16.93	14.57	12.50
富民县	Fumin	1.90	2.68	3.43	4.27	4.73	4.80	5.18	5.29	5.47
宜良县	Yiliang	4.68	4.52	5.60	6.84	7.21	6.83	7.43	7.84	8.51
石林县	Shilin	3.51	4.73	6.15	7.45	5.13	5.60	6.13	6.17	6.49
嵩明县	Songming	4.50	5.86	7.39	9.03	9.70	10.48	11.53	10.80	12.02
禄劝县	Luquan	2.92	3.58	4.87	5.98	6.06	5.87	6.37	6.12	5.60
寻甸县	Xundian	3.42	4.59	5.93	7.24	7.62	6.18	6.77	6.80	6.19
安宁市	Anning	16.69	21.40	24.03	26.99	22.74	26.45	29.13	28.88	37.02
市本级	City-level	118.61	147.36	172.01	204.44	236.90	250.66	261.79	289.12	301.71
曲 靖 市	**Qujing**	**72.43**	**88.31**	**103.83**	**121.53**	**115.67**	**118.09**	**126.31**	**136.22**	**141.90**
麒麟区	Qilin	9.21	12.84	16.81	20.34	18.71	19.52	19.72	21.40	20.38
沾益区	Zhanyi	5.43	6.36	6.97	8.23	6.83	6.31	6.47	7.38	7.13
马龙区	Malong	2.39	3.00	3.52	4.13	4.31	4.51	4.55	5.19	5.62
陆良县	Luliang	3.90	4.53	5.42	6.37	6.38	6.61	7.07	7.78	8.41
师宗县	Shizong	2.92	3.70	4.40	5.16	5.22	5.39	5.44	5.90	6.39
罗平县	Luoping	3.43	4.05	5.08	6.11	6.70	7.03	7.20	7.80	8.43
富源县	Fuyuan	8.38	10.30	12.45	13.84	8.31	8.58	9.21	10.51	12.34
会泽县	Huize	6.10	7.02	8.00	9.40	10.10	10.78	11.05	11.94	13.13
宣威市	Xuanwei	9.00	10.50	12.50	14.70	15.00	11.28	12.07	13.06	14.19
市本级	City-level	21.67	26.01	28.68	33.25	34.12	38.10	43.52	45.26	45.89
玉 溪 市	**Yuxi**	**64.73**	**77.25**	**90.22**	**105.97**	**113.59**	**124.82**	**131.06**	**137.22**	**142.49**
红塔区	Hongta	9.29	11.22	13.21	18.46	19.63	20.01	21.59	16.59	17.90
江川区	Jiangchuan	2.40	2.89	3.54	4.61	5.02	5.40	5.82	7.10	7.84
澄江县	Chengjiang	2.92	3.31	3.88	4.66	5.41	5.87	7.33	8.76	9.51
通海县	Tonghai	2.70	3.03	3.54	4.14	4.41	4.79	5.19	5.58	5.15
华宁县	Huaning	2.02	2.27	2.51	3.13	3.46	3.73	3.95	4.21	4.39
易门县	Yimen	2.42	2.80	3.34	3.91	4.57	5.30	5.82	6.08	6.45
峨山县	Eshan	2.72	3.04	3.56	4.31	4.60	4.42	4.18	4.33	4.47
新平县	Xinping	5.41	7.06	8.32	10.00	10.95	11.22	12.06	12.67	13.44
元江县	Yuanjiang	1.74	2.10	2.55	3.15	3.40	3.68	4.24	4.88	4.36
市本级	City-level	33.12	39.54	45.77	49.59	52.16	60.40	60.88	67.03	68.97

注：本表中2016年起数据为新口径。
Note:Data in this table are new caliber since 2016.

18-9 续表1 continued

单位：亿元 (100 million yuan)

州市县	Region	2010	2011	2012	2013	2014	2015	2016	2017	2018
保山市	**Baoshan**	**21.38**	**28.20**	**35.55**	**42.84**	**47.18**	**52.24**	**57.51**	**62.32**	**66.16**
隆阳区	Longyang	6.07	7.41	8.78	10.07	12.91	15.35	16.79	17.89	19.25
施甸县	Shidian	1.30	1.95	2.29	3.06	3.74	4.45	5.21	5.64	5.71
龙陵县	Longling	1.60	2.00	2.67	3.47	4.21	4.86	5.37	5.85	6.44
昌宁县	Changning	3.35	4.17	5.21	5.97	4.43	4.70	5.26	5.70	5.94
腾冲市	Tengchong	6.57	9.26	12.10	14.92	15.30	15.94	16.57	16.99	17.56
市本级	City-level	2.48	3.40	4.50	5.34	6.58	6.95	8.30	10.25	11.25
昭通市	**Zhaotong**	**25.62**	**32.59**	**39.47**	**47.47**	**51.02**	**55.27**	**59.80**	**67.53**	**78.21**
昭阳区	Zhaoyang	5.03	6.41	7.71	9.01	10.61	11.46	11.60	11.38	13.09
鲁甸县	Ludian	1.57	2.04	2.26	2.49	2.07	2.63	3.06	4.01	4.78
巧家县	Qiaojia	1.09	1.40	1.72	2.15	2.67	3.08	3.45	3.80	4.41
盐津县	Yanjin	0.92	1.14	1.38	1.66	1.36	1.52	1.40	1.45	1.62
大关县	Daguan	0.54	0.67	0.87	1.06	1.18	1.24	1.14	1.19	1.23
永善县	Yongshan	1.36	1.85	2.24	2.88	3.78	4.44	6.57	7.74	7.91
绥江县	Suijiang	0.89	1.48	2.20	2.68	3.12	2.49	2.94	3.02	3.24
镇雄县	Zhenxiong	2.70	3.80	5.10	5.88	5.07	5.51	5.77	6.35	7.52
彝良县	Yiliang	1.52	2.07	2.20	2.32	2.41	2.84	2.94	3.32	4.21
威信县	Weixin	1.27	1.62	1.95	2.36	1.69	1.78	1.51	1.67	2.49
水富市	Shuifu	1.59	1.78	2.16	2.28	2.06	2.60	2.37	2.63	3.41
市本级	City-level	7.14	8.32	9.67	12.70	14.98	15.68	17.06	20.96	24.31
丽江市	**Lijiang**	**16.46**	**26.26**	**38.01**	**45.78**	**46.07**	**47.77**	**48.25**	**40.06**	**42.86**
古城区	Gucheng	5.01	7.25	9.19	10.79	12.42	13.33	13.76	10.06	10.27
玉龙县	Yulong	2.13	3.00	4.51	5.71	6.80	7.27	7.66	5.58	6.20
永胜县	Yongsheng	1.78	2.02	2.87	3.75	4.16	3.81	4.00	3.31	4.40
华坪县	Huaping	3.50	4.04	5.25	5.78	4.60	3.63	3.70	3.84	3.94
宁蒗县	Ninglang	1.08	1.43	1.87	2.34	2.39	1.79	2.10	2.42	2.86
市本级	City-level	2.95	8.52	14.32	17.41	15.71	17.95	17.02	14.85	15.19
普洱市	**Pu'er**	**30.86**	**39.29**	**47.90**	**53.72**	**44.99**	**47.49**	**50.06**	**53.22**	**54.34**
思茅区	Simao	4.06	5.22	7.10	8.38	7.17	7.53	8.00	8.03	8.91
宁洱县	Ning'er	1.61	1.71	2.36	2.71	3.01	3.20	3.39	3.60	3.79
墨江县	Mojiang	1.64	2.18	2.72	3.27	3.66	3.85	3.38	3.59	3.86
景东县	Jingdong	2.29	2.54	3.05	3.42	4.01	4.21	4.46	4.73	3.48
景谷县	Jinggu	2.97	3.32	4.28	4.80	4.76	5.01	5.41	5.84	6.31
镇沅县	Zhenyuan	1.10	1.56	2.26	2.84	3.14	3.36	3.63	3.86	4.06
江城县	Jiangcheng	0.60	0.80	1.09	1.35	1.50	1.60	1.70	1.81	1.89
孟连县	Menglian	0.52	0.70	0.92	1.14	1.33	1.43	1.52	1.67	1.62
澜沧县	Lancang	2.22	3.11	3.64	4.36	4.63	4.87	5.16	5.47	5.24
西盟县	Ximeng	0.27	0.37	0.45	0.54	0.63	0.67	0.72	0.78	0.81
市本级	City-level	13.60	17.80	20.04	20.93	11.16	11.76	12.69	13.85	14.37
临沧市	**Lincang**	**14.51**	**21.39**	**30.22**	**36.85**	**37.26**	**38.06**	**38.27**	**40.04**	**44.17**
临翔区	Linxiang	1.95	2.69	4.49	5.60	6.41	6.63	6.77	7.08	7.95
凤庆县	Fengqing	2.62	3.22	4.46	3.72	4.36	4.45	4.72	4.92	5.53
云县	Yunxian	2.17	3.01	4.06	5.05	4.02	4.18	4.45	4.63	5.10
永德县	Yongde	1.07	1.61	2.44	3.15	3.31	3.39	2.89	3.10	3.48
镇康县	Zhenkang	0.92	1.68	2.67	3.55	3.00	3.01	3.19	2.92	3.22
双江县	Shuangjiang	0.63	1.01	1.62	2.25	3.14	3.23	3.25	3.05	3.07
耿马县	Gengma	1.23	1.94	2.80	3.65	3.54	3.61	3.62	3.79	4.24
沧源县	Cangyuan	0.80	1.21	1.72	2.21	2.18	2.23	2.37	2.77	3.03
市本级	City-level	3.13	5.00	5.95	7.66	7.29	7.34	7.02	7.76	8.56

注：本表中2016年起数据为新口径。
Note:Data in this table are new caliber since 2016.

18-9 续表2 continued

单位：亿元 (100 million yuan)

州 市 县	Region	2010	2011	2012	2013	2014	2015	2016	2017	2018
楚 雄 州	**Chuxiong**	**30.70**	**37.58**	**46.32**	**56.37**	**63.72**	**68.19**	**73.64**	**80.26**	**86.69**
楚雄市	Chuxiong	9.73	11.60	13.93	16.30	18.43	20.00	21.61	23.19	25.04
双柏县	Shuangbai	0.98	1.14	1.42	1.97	2.28	2.51	2.74	3.01	3.19
牟定县	Mouding	0.96	1.30	1.83	2.30	2.67	2.88	3.12	3.37	3.64
南华县	Nanhua	1.24	1.71	2.49	3.21	3.86	4.10	4.43	4.78	5.16
姚安县	Yao'an	0.77	1.01	1.42	1.81	2.23	2.41	2.62	2.88	3.14
大姚县	Dayao	1.45	2.22	2.80	3.48	3.94	4.22	4.56	4.98	5.53
永仁县	Yongren	0.88	1.14	1.63	2.04	2.42	2.62	2.83	3.07	3.32
元谋县	Yuanmou	0.86	1.00	1.62	1.91	2.27	2.52	2.83	3.17	3.46
武定县	Wuding	1.95	2.76	3.68	4.31	5.00	5.00	5.40	5.81	6.25
禄丰县	Lufeng	4.63	5.40	5.61	7.46	7.66	8.05	8.69	9.61	10.49
州本级	Prefecture-level	7.26	8.31	9.89	11.58	12.98	13.89	14.82	16.40	17.45
红 河 州	**Honghe**	**61.22**	**72.79**	**84.48**	**97.25**	**111.02**	**123.24**	**133.10**	**141.28**	**142.27**
个旧市	Gejiu	7.90	8.62	8.89	9.33	10.73	11.11	11.35	12.05	12.82
开远市	Kaiyuan	5.77	7.01	8.42	9.77	11.23	12.45	13.20	13.99	14.84
蒙自市	Mengzi	7.23	9.05	10.64	12.56	15.03	16.82	17.55	18.71	15.28
弥勒市	Mile	6.95	8.08	9.50	11.13	13.09	15.01	16.22	17.22	18.26
屏边县	Pingbian	0.54	0.63	0.74	0.93	1.14	1.33	1.47	1.57	1.68
建水县	Jianshui	4.76	6.00	7.35	8.60	10.05	11.20	12.10	12.83	13.60
石屏县	Shiping	2.00	2.30	2.71	3.19	3.83	4.41	4.77	5.11	5.56
泸西县	Luxi	3.16	4.01	5.07	6.19	7.24	8.18	8.83	9.45	10.02
元阳县	Yuanyang	1.21	1.40	1.61	1.85	2.23	2.41	2.61	2.80	2.12
红河县	Honghe	0.43	0.63	0.83	1.08	1.31	1.50	1.66	1.79	1.42
金平县	Jinping	1.63	1.91	2.20	2.33	2.44	2.50	2.24	2.41	1.95
绿春县	Luchun	0.83	1.00	1.17	1.35	1.63	1.86	2.01	2.15	1.50
河口县	Hekou	1.03	1.19	1.44	1.83	2.23	2.55	2.76	3.00	3.27
州本级	Prefecture-level	17.77	20.95	23.93	27.12	28.84	31.89	36.33	38.19	39.92
文 山 州	**Wenshan**	**22.03**	**27.45**	**36.13**	**42.72**	**50.70**	**52.04**	**54.69**	**56.88**	**60.33**
文山市	Wenshan	6.80	8.60	10.70	13.30	15.60	17.20	18.24	20.07	21.32
砚山县	Yanshan	2.82	3.41	4.02	5.04	6.20	6.61	7.02	7.52	8.01
西畴县	Xichou	0.61	0.71	0.78	1.00	1.40	1.61	1.82	2.00	2.21
麻栗坡县	Malipo	1.70	2.50	2.70	3.16	3.28	2.80	2.90	3.08	3.31
马关县	Maguan	2.71	3.51	4.31	5.17	5.25	5.00	5.40	6.05	7.01
丘北县	Qiubei	1.63	2.21	2.91	3.64	4.15	4.00	4.20	4.41	4.70
广南县	Guangnan	1.62	2.00	2.40	3.00	3.78	4.00	4.15	4.32	4.74
富宁县	Funing	1.80	2.32	2.87	3.60	4.10	3.80	2.80	3.00	3.34
州本级	Prefecture-level	2.34	2.18	5.44	4.82	6.93	7.02	8.17	6.43	5.69
西双版纳州	**Xishuangbanna**	**11.26**	**17.60**	**22.26**	**26.81**	**28.79**	**30.80**	**30.48**	**28.46**	**31.29**
景洪市	Jinghong	4.77	8.09	10.18	11.98	11.73	12.10	11.59	11.03	12.21
勐海县	Menghai	1.38	1.85	2.51	3.51	4.21	4.64	4.75	4.95	5.33

注：本表中2016年起数据为新口径。
Note:Data in this table are new caliber since 2016.

18-9 续表3 continued

单位：亿元 (100 million yuan)

州市县	Region	2010	2011	2012	2013	2014	2015	2016	2017	2018
勐腊县	Mengla	2.27	2.63	2.91	3.15	3.48	3.71	3.64	3.86	4.20
州本级	Prefecture-level	2.84	5.03	6.67	8.17	9.37	10.35	10.50	8.62	9.55
大 理 州	**Dali**	**37.62**	**45.95**	**59.28**	**71.97**	**75.28**	**78.10**	**82.01**	**87.01**	**96.16**
大理市	Dali	14.21	17.10	21.52	25.60	27.53	29.19	30.07	31.67	36.42
漾濞县	Yangbi	0.78	0.91	1.19	1.47	0.77	0.86	1.19	1.48	1.78
祥云县	Xiangyun	3.34	4.11	5.41	6.75	7.18	7.63	8.01	8.82	10.00
宾川县	Binchuan	1.90	2.19	2.82	3.44	3.66	3.77	3.93	4.25	4.83
弥渡县	Midu	1.30	1.74	2.27	2.76	3.15	3.38	3.50	3.72	4.12
南涧县	Nanjian	1.63	2.09	2.65	2.91	2.57	2.65	2.91	3.00	3.30
巍山县	Weishan	1.34	1.87	2.58	3.23	3.39	3.07	3.20	3.42	3.77
永平县	Yongping	1.38	1.62	2.00	2.26	2.03	2.14	2.05	2.26	2.50
云龙县	Yunlong	1.09	1.51	2.07	2.66	2.87	3.12	3.29	3.39	2.40
洱源县	Eryuan	1.20	1.45	1.95	2.47	2.87	3.09	3.22	3.42	3.80
剑川县	Jianchuan	0.98	1.31	1.77	2.38	2.41	2.49	2.57	2.73	3.02
鹤庆县	Heqing	1.87	2.27	3.22	4.29	4.99	5.09	5.22	5.56	6.12
州本级	Prefecture-level	6.58	7.78	9.84	11.76	11.85	11.62	12.84	13.29	14.11
德 宏 州	**Dehong**	**13.24**	**18.91**	**24.32**	**27.96**	**31.00**	**31.96**	**32.61**	**33.77**	**37.04**
瑞丽市	Ruili	3.73	5.12	6.95	8.75	9.13	7.30	7.41	7.72	10.04
芒　市	Mangshi	3.30	4.46	5.66	7.02	7.11	5.80	5.81	6.00	6.24
梁河县	Lianghe	0.68	0.96	1.25	1.35	1.50	1.22	1.27	1.39	1.46
盈江县	Yingjiang	2.89	4.33	4.95	5.53	5.59	4.39	4.48	4.85	5.02
陇川县	Longchuan	0.89	1.27	1.70	1.81	2.13	1.73	1.88	2.17	2.29
州本级	Prefecture-level	1.75	2.77	3.81	3.49	5.54	11.52	11.75	11.63	11.98
怒 江 州	**Nujiang**	**5.84**	**6.66**	**7.51**	**8.41**	**9.33**	**9.00**	**9.46**	**9.93**	**10.86**
泸水市	Lushui	1.27	1.46	1.72	2.00	2.38	2.46	2.55	2.58	2.78
福贡县	Fugong	0.27	0.34	0.47	0.55	0.67	0.76	0.84	0.75	0.93
贡山县	Gongshan	0.26	0.32	0.38	0.48	0.60	0.68	0.79	0.75	0.80
兰坪县	Lanping	2.80	3.10	3.36	3.73	4.25	3.24	3.50	4.00	4.62
州本级	Prefecture-level	1.23	1.43	1.58	1.65	1.43	1.87	1.78	1.85	1.72
迪 庆 州	**Diqing**	**5.97**	**8.60**	**10.75**	**13.05**	**14.49**	**15.53**	**16.47**	**10.17**	**11.45**
香格里拉市	Shangri-La	2.10	2.75	3.50	4.37	5.05	5.50	5.84	4.86	5.56
德钦县	Deqin	0.71	1.00	1.28	1.60	1.80	1.59	1.69	0.92	1.09
维西县	Weixi	1.01	1.45	1.86	2.38	2.71	2.93	3.10	1.02	1.64
州本级	Prefecture-level	2.15	3.40	4.12	4.69	4.94	5.51	5.83	3.38	3.17
省 本 级	**Province-level**	**183.50**	**244.66**	**283.49**	**361.85**	**379.97**	**413.34**	**338.56**	**340.93**	**352.51**

注：本表中2016年起数据为新口径。
Note:Data in this table are new caliber since 2016.

18-10 各州市县人均地方一般公共预算收入（2014-2018年）

Per Capita Public Budgetary Revenue of Local Government by Region (2014-2018)

单位：元 (yuan)

州市县	Region	2014	2015	2016	2017	2018
全　省	**Yunnan**	**3 613**	**3 824**	**3 810**	**3 941**	**4 142**
昆明市	**Kunming**	**7 239**	**7 550**	**7 908**	**8 302**	**8 738**
五华区	Wuhua	3 755	3 907	4 226	4 401	4 713
盘龙区	Panlong	4 054	4 250	4 571	4 707	4 929
官渡区	Guandu	4 764	4 759	4 390	4 473	4 777
西山区	Xishan	4 473	4 586	4 918	5 060	5 420
东川区	Dongchuan	2 554	1 974	2 173	2 358	2 571
呈贡区	Chenggong	4 357	5 284	6 130	6 222	6 901
晋宁区	Jinning	4 906	5 299	5 613	4 780	4 061
富民县	Fumin	3 120	3 128	3 344	3 387	3 477
宜良县	Yiliang	1 674	1 577	1 706	1 788	1 928
石林县	Shilin	2 010	2 178	2 366	2 358	2 465
嵩明县	Songming	3 255	3 425	3 664	3 338	3 588
禄劝县	Luquan	1 491	1 433	1 543	1 478	1 351
寻甸县	Xundian	1 636	1 322	1 443	1 444	1 306
安宁市	Anning	6 327	7 257	7 879	7 701	9 760
曲靖市	**Qujing**	**1 931**	**1 959**	**2 082**	**2 232**	**2 312**
麒麟区	Qilin	2 461	2 552	2 562	2 765	2 618
沾益区	Zhanyi	1 536	1 410	1 438	1 633	1 570
马龙区	Malong	2 258	2 347	2 355	2 670	2 872
陆良县	Luliang	1 006	1 037	1 105	1 210	1 303
师宗县	Shizong	1 298	1 333	1 340	1 446	1 558
罗平县	Luoping	1 193	1 244	1 269	1 367	1 465
富源县	Fuyuan	1 126	1 157	1 240	1 411	1 648
会泽县	Huize	1 087	1 155	1 180	1 271	1 381
宣威市	Xuanwei	1 127	840	887	948	1 028
玉溪市	**Yuxi**	**4 843**	**5 297**	**5 533**	**5 770**	**5 978**
红塔区	Hongta	3 894	3 952	4 241	3 241	3 482
江川区	Jiangchuan	1 762	1 890	2 031	2 470	2 722
澄江县	Chengjiang	3 116	3 330	4 087	4 854	5 240
通海县	Tonghai	1 422	1 547	1 676	1 798	1 656
华宁县	Huaning	1 587	1 702	1 796	1 905	1 984
易门县	Yimen	2 550	2 953	3 229	3 357	3 562
峨山县	Eshan	2 787	2 647	2 468	2 544	2 628
新平县	Xinping	3 780	3 865	4 146	4 342	4 603
元江县	Yuanjiang	1 534	1 654	1 895	2 175	1 942
保山市	**Baoshan**	**1 843**	**2 029**	**2 221**	**2 392**	**2 525**
隆阳区	Longyang	1 350	1 597	1 737	1 838	1 968
施甸县	Shidian	1 201	1 419	1 654	1 777	1 790
龙陵县	Longling	1 485	1 702	1 870	2 017	2 199
昌宁县	Changning	1 263	1 334	1 484	1 598	1 654
腾冲市	Tengchong	2 325	2 408	2 490	2 540	2 615
昭通市	**Zhaotong**	**951**	**1 022**	**1 097**	**1 226**	**1 406**
昭阳区	Zhaoyang	1 304	1 397	1 403	1 359	1 540
鲁甸县	Ludian	512	644	746	964	1 135
巧家县	Qiaojia	506	578	643	703	810
盐津县	Yanjin	359	396	363	373	415
大关县	Daguan	436	455	413	429	439
永善县	Yongshan	933	1 086	1 596	1 865	1 888
绥江县	Suijiang	1 986	1 576	1 842	1 881	2 009
镇雄县	Zhenxiong	371	400	415	453	531
彝良县	Yiliang	449	525	538	601	751
威信县	Weixin	426	445	374	411	607
水富市	Shuifu	1 978	2 476	2 214	2 418	3 114
丽江市	**Lijiang**	**3 622**	**3 739**	**3 762**	**3 112**	**3 315**
古城区	Gucheng	5 767	6 150	6 313	4 596	4 668
玉龙县	Yulong	3 090	3 292	3 459	2 510	2 774
永胜县	Yongsheng	1 040	949	996	821	1 086
华坪县	Huaping	2 671	2 099	2 133	2 202	2 250
宁蒗县	Ninglang	902	673	786	901	1 062
普洱市	**Pu'er**	**1 738**	**1 827**	**1 917**	**2 030**	**2 065**
思茅区	Simao	2 316	2 416	2 550	2 547	2 816
宁洱县	Ning'er	1 576	1 668	1 759	1 861	1 956
墨江县	Mojiang	1 002	1 049	917	973	1 045
景东县	Jingdong	1 102	1 153	1 218	1 284	941
景谷县	Jinggu	1 612	1 689	1 818	1 954	2 101
镇沅县	Zhenyuan	1 493	1 593	1 714	1 812	1 896
江城县	Jiangcheng	1 196	1 270	1 339	1 417	1 477
孟连县	Menglian	961	1 030	1 087	1 185	1 138
澜沧县	Lancang	931	978	1 033	1 093	1 044
西盟县	Ximeng	672	719	757	817	845
临沧市	**Lincang**	**1 499**	**1 522**	**1 522**	**1 587**	**1 745**
临翔区	Linxiang	1 936	1 989	2 018	2 101	2 349
凤庆县	Fengqing	931	946	999	1 039	1 166
云　县	Yunxian	876	905	960	997	1 094
永德县	Yongde	878	894	757	811	907
镇康县	Zhenkang	1 661	1 648	1 738	1 584	1 739
双江县	Shuangjiang	1 733	1 772	1 771	1 657	1 659
耿马县	Gengma	1 165	1 181	1 176	1 231	1 372
沧源县	Cangyuan	1 177	1 198	1 265	1 474	1 601

注：本表中2016年起数据为新口径。
Note:Data in this table are new caliber since 2016.

18 10 续表 continued

单位：元 (yuan)

州市县	Region	2014	2015	2016	2017	2018	州市县	Region	2014	2015	2016	2017	2018
楚雄州	**Chuxiong**	**2 338**	**2 497**	**2 692**	**2 928**	**3 157**	富宁县	Funing	986	910	668	713	790
楚雄市	Chuxiong	3 092	3 351	3 613	3 871	4 175	**西双版纳州**	**Xishuangbanna**	**2 494**	**2 654**	**2 610**	**2 420**	**2 643**
双柏县	Shuangbai	1 421	1 565	1 706	1 873	1 981	景洪市	Jinghong	2 216	2 275	2 166	2 047	2 252
牟定县	Mouding	1 261	1 361	1 471	1 586	1 711	勐海县	Menghai	1 244	1 366	1 389	1 438	1 537
南华县	Nanhua	1 605	1 700	1 836	1 971	2 124	勐腊县	Mengla	1 212	1 285	1 251	1 319	1 424
姚安县	Yao'an	1 101	1 186	1 287	1 409	1 530	**大理州**	**Dali**	**2 140**	**2 209**	**2 308**	**2 435**	**2 677**
大姚县	Dayao	1 416	1 515	1 634	1 781	1 975	大理市	Dali	4 154	4 388	4 498	4 714	5 385
永仁县	Yongren	2 180	2 358	2 544	2 762	2 978	漾濞县	Yangbi	736	825	1 131	1 391	1 657
元谋县	Yuanmou	1 037	1 148	1 285	1 435	1 564	祥云县	Xiangyun	1 549	1 637	1 711	1 874	2 117
武定县	Wuding	1 799	1 795	1 935	2 077	2 232	宾川县	Binchuan	1 033	1 058	1 098	1 180	1 335
禄丰县	Lufeng	1 782	1 869	2 017	2 227	2 428	弥渡县	Midu	990	1 058	1 091	1 153	1 270
红河州	**Honghe**	**2 411**	**2 659**	**2 853**	**3 008**	**3 009**	南涧县	Nanjian	1 193	1 222	1 337	1 368	1 499
个旧市	Gejiu	2 296	2 368	2 408	2 556	2 723	巍山县	Weishan	1 095	988	1 025	1 089	1 195
开远市	Kaiyuan	3 398	3 751	3 959	4 174	4 400	永平县	Yongping	1 137	1 187	1 134	1 240	1 365
蒙自市	Mengzi	3 520	3 912	3 992	4 157	3 357	云龙县	Yunlong	1 408	1 521	1 593	1 633	1 150
弥勒市	Mile	2 375	2 704	2 904	3 066	3 230	洱源县	Eryuan	1 050	1 126	1 167	1 232	1 362
屏边县	Pingbian	733	855	951	1 023	1 085	剑川县	Jianchuan	1 389	1 426	1 462	1 543	1 697
建水县	Jianshui	1 852	2 051	2 205	2 326	2 454	鹤庆县	Heqing	1 919	1 947	1 986	2 104	2 305
石屏县	Shiping	1 253	1 434	1 543	1 642	1 771	**德宏州**	**Dehong**	**2 471**	**2 514**	**2 535**	**2 595**	**2 822**
泸西县	Luxi	1 762	1 977	2 122	2 256	2 371	瑞丽市	Ruili	4 697	3 656	3 641	3 731	4 795
元阳县	Yuanyang	546	586	631	674	507	芒市	Mangshi	1 766	1 423	1 407	1 434	1 478
红河县	Honghe	429	490	537	576	452	梁河县	Lianghe	952	771	798	870	906
金平县	Jinping	665	676	603	643	518	盈江县	Yingjiang	1 788	1 391	1 405	1 509	1 549
绿春县	Luchun	716	809	867	920	637	陇川县	Longchuan	1 138	910	980	1 117	1 170
河口县	Hekou	2 091	2 373	2 555	2 757	2 981	**怒江州**	**Nujiang**	**1 728**	**1 662**	**1 743**	**1 821**	**1 975**
文山州	**Wenshan**	**1 414**	**1 445**	**1 513**	**1 568**	**1 655**	泸水市	Lushui	1 274	1 311	1 357	1 366	1 461
文山市	Wenshan	3 157	3 466	3 663	4 014	4 244	福贡县	Fugong	676	763	838	747	915
砚山县	Yanshan	1 314	1 394	1 475	1 573	1 669	贡山县	Gongshan	1 569	1 762	2 064	1 944	2 051
西畴县	Xichou	541	619	695	763	838	兰坪县	Lanping	1 975	1 500	1 619	1 841	2 108
麻栗坡县	Malipo	1 160	985	1 017	1 074	1 150	**迪庆州**	**Diqing**	**3 566**	**3 810**	**4 026**	**2 475**	**2 772**
马关县	Maguan	1 403	1 331	1 431	1 597	1 842	香格里拉市	Shangri-La	2 869	3 122	3 292	2 721	3 091
丘北县	Qiubei	853	819	856	896	950	德钦县	Deqin	2 657	2 340	2 489	1 353	1 598
广南县	Guangnan	472	498	515	534	583	维西县	Weixi	1 663	1 793	1 895	618	994

注：本表中2016年起数据为新口径。
Note:Data in this table are new caliber since 2016.

18-11 各州市县地方一般公共预算支出（2011-2018年）
Public Budgetary Expenditure of Local Government by Region (2011-2018)

单位：亿元 (100 million yuan)

州市县	Region	2011	2012	2013	2014	2015	2016	2017	2018
全　省	**Yunnan**	**2 929.60**	**3 572.66**	**4 096.51**	**4 437.98**	**4 712.83**	**5 018.86**	**5 712.97**	**6 075.03**
昆明市	**Kunming**	**441.73**	**525.50**	**585.76**	**593.66**	**615.49**	**688.40**	**775.90**	**756.80**
五华区	Wuhua	25.50	29.60	32.77	31.12	32.10	35.14	39.01	44.82
盘龙区	Panlong	25.10	31.14	37.11	36.43	39.14	43.07	48.92	50.09
官渡区	Guandu	35.74	40.41	47.05	41.46	43.00	40.71	45.37	52.34
西山区	Xishan	25.13	29.10	36.94	35.53	38.07	42.19	44.31	46.79
东川区	Dongchuan	19.59	23.23	22.21	22.31	24.85	25.27	27.67	39.31
呈贡区	Chenggong	11.01	12.27	14.75	17.22	24.92	23.35	32.68	33.54
晋宁区	Jinning	15.41	20.34	24.45	24.81	23.27	25.14	25.02	23.69
富民县	Fumin	7.99	8.40	9.83	9.97	10.49	11.25	11.40	12.50
宜良县	Yiliang	11.64	17.36	17.68	15.92	17.26	18.82	20.08	21.41
石林县	Shilin	11.18	13.52	14.30	14.09	15.30	16.26	20.35	20.10
嵩明县	Songming	15.93	17.50	17.01	18.99	21.21	22.07	25.56	23.53
禄劝县	Luquan	13.97	18.51	22.75	21.95	24.35	27.30	33.59	36.75
寻甸县	Xundian	16.43	19.57	22.90	23.05	26.26	26.55	36.42	34.82
安宁市	Anning	25.34	27.88	31.03	27.01	29.19	30.71	36.22	46.23
市本级	City-level	181.76	216.68	234.97	253.81	246.07	300.57	329.30	270.90
曲靖市	**Qujing**	**222.19**	**281.93**	**297.26**	**334.17**	**363.05**	**400.15**	**442.55**	**477.24**
麒麟区	Qilin	22.31	28.42	30.57	31.27	40.99	41.91	50.15	49.40
沾益区	Zhanyi	15.24	16.93	19.16	21.56	20.61	25.13	25.96	26.48
马龙区	Malong	9.70	11.50	13.25	16.78	16.60	17.75	19.01	20.07
陆良县	Luliang	19.20	21.38	22.77	25.03	29.07	30.09	34.48	34.33
师宗县	Shizong	14.84	17.96	18.88	20.15	21.54	25.51	29.30	34.63
罗平县	Luoping	16.27	22.48	23.31	26.41	30.06	32.75	35.56	35.80
富源县	Fuyuan	25.59	32.23	30.28	29.93	30.56	37.93	42.67	47.22
会泽县	Huize	26.10	35.61	38.14	50.19	58.67	52.09	55.96	73.62
宣威市	Xuanwei	37.95	49.31	52.18	59.77	61.91	69.45	77.29	83.21
市本级	City-level	35.00	46.12	48.72	53.09	53.03	67.55	72.16	72.48
玉溪市	**Yuxi**	**139.65**	**161.82**	**186.28**	**207.31**	**223.30**	**233.35**	**262.12**	**277.81**
红塔区	Hongta	17.33	20.16	24.74	27.48	31.06	32.31	31.42	34.64
江川区	Jiangchuan	9.54	11.53	14.08	15.56	15.98	17.42	18.40	20.53
澄江县	Chengjiang	7.58	9.17	11.16	11.56	12.69	14.26	21.85	27.25
通海县	Tonghai	10.20	11.83	14.31	13.31	15.84	16.65	18.00	18.05
华宁县	Huaning	8.24	9.69	11.72	12.17	13.83	15.47	16.07	17.59
易门县	Yimen	8.74	10.96	13.32	14.48	15.89	16.67	17.22	18.64
峨山县	Eshan	8.14	9.47	11.99	11.67	12.92	14.86	15.52	16.83
新平县	Xinping	17.68	19.45	23.56	21.92	23.60	27.06	27.88	34.02
元江县	Yuanjiang	9.05	10.75	13.18	14.63	16.00	17.62	18.89	20.09
市本级	City-level	43.14	48.82	48.24	64.54	65.47	61.02	76.88	70.16

注：1994年以后全省分县财政支出数按新财政体制口径统计。

Note: Data of government expenditure by county after 1994 have been recorded according to the new financial system.

18-11 续表1 continued

单位：亿元 (100 million yuan)

州市县	Region	2011	2012	2013	2014	2015	2016	2017	2018
保山市	**Baoshan**	**106.43**	**141.57**	**150.32**	**164.24**	**192.13**	**212.65**	**238.03**	**261.31**
隆阳区	Longyang	24.99	37.56	36.11	39.05	48.18	50.97	62.54	66.15
施甸县	Shidian	12.37	16.97	17.92	19.66	23.93	26.36	29.14	30.41
龙陵县	Longling	12.69	15.60	18.47	21.71	22.63	25.52	29.17	32.75
昌宁县	Changning	15.03	21.52	21.38	21.18	26.92	28.32	31.45	34.95
腾冲市	Tengchong	30.55	35.94	38.71	41.86	45.37	53.32	55.14	62.63
市本级	City-level	10.80	13.98	17.72	20.79	25.10	28.16	30.59	34.41
昭通市	**Zhaotong**	**178.28**	**248.09**	**261.26**	**330.89**	**405.29**	**410.06**	**416.42**	**460.02**
昭阳区	Zhaoyang	24.07	34.03	38.07	43.48	51.12	52.52	57.55	62.35
鲁甸县	Ludian	14.12	20.27	20.39	46.66	60.11	46.78	34.93	31.57
巧家县	Qiaojia	14.81	20.67	21.50	35.60	61.17	40.10	34.15	39.08
盐津县	Yanjin	11.25	14.40	16.33	19.26	19.30	21.35	23.68	29.17
大关县	Daguan	8.81	13.09	14.41	16.89	15.52	16.43	21.67	21.82
永善县	Yongshan	12.71	16.71	19.82	25.13	36.57	30.12	34.20	38.04
绥江县	Suijiang	8.27	9.73	11.60	11.64	12.10	13.00	15.49	16.72
镇雄县	Zhenxiong	33.19	46.22	47.27	50.34	59.07	72.39	81.37	94.35
彝良县	Yiliang	17.14	32.25	27.41	26.93	27.00	32.78	36.89	40.31
威信县	Weixin	11.52	14.93	15.01	17.10	22.37	27.30	26.06	28.34
水富市	Shuifu	5.90	6.79	7.12	7.69	8.76	9.51	9.64	10.42
市本级	City-level	16.51	18.98	22.31	30.17	32.20	47.79	40.79	47.85
丽江市	**Lijiang**	**81.49**	**106.73**	**113.20**	**128.03**	**144.04**	**150.07**	**160.80**	**167.30**
古城区	Gucheng	12.77	16.31	17.05	19.82	24.44	26.82	26.12	22.29
玉龙县	Yulong	12.16	16.80	20.02	20.04	23.57	25.67	27.87	29.41
永胜县	Yongsheng	15.19	18.25	20.11	23.02	27.36	27.02	32.63	30.96
华坪县	Huaping	12.62	13.67	12.81	13.50	16.09	17.93	19.16	19.34
宁蒗县	Ninglang	13.68	21.76	19.92	21.81	22.40	24.59	28.64	34.76
市本级	City-level	15.06	19.96	23.29	29.84	30.19	28.04	26.37	30.55
普洱市	**Pu'er**	**145.75**	**170.09**	**201.61**	**224.36**	**219.10**	**245.72**	**271.78**	**293.23**
思茅区	Simao	13.47	15.72	21.40	17.46	18.21	21.18	21.93	24.83
宁洱县	Ning'er	8.31	10.72	13.39	14.64	13.89	17.86	19.65	17.34
墨江县	Mojiang	12.48	14.50	17.93	21.30	22.82	24.75	26.74	30.05
景东县	Jingdong	12.36	16.07	22.21	23.18	22.36	26.02	26.48	27.53
景谷县	Jinggu	13.72	14.91	17.88	31.65	22.91	25.45	26.98	29.10
镇沅县	Zhenyuan	9.99	12.43	15.98	18.42	19.81	19.82	22.72	22.32
江城县	Jiangcheng	7.68	8.94	10.84	12.80	12.87	14.03	15.46	18.16
孟连县	Menglian	8.39	9.50	10.04	11.04	13.16	15.13	17.56	17.13
澜沧县	Lancang	23.26	25.33	29.68	29.42	33.99	36.00	45.10	50.07
西盟县	Ximeng	7.52	7.50	8.34	9.31	12.07	13.18	13.62	15.03
市本级	City-level	28.56	34.47	33.91	35.12	26.99	32.30	35.54	41.66
临沧市	**Lincang**	**128.79**	**160.62**	**181.33**	**194.45**	**202.50**	**213.39**	**242.95**	**267.30**
临翔区	Linxiang	15.43	19.60	22.36	25.79	26.65	28.01	29.54	32.87
凤庆县	Fengqing	16.33	20.51	21.52	24.37	27.86	29.81	31.08	34.52
云县	Yunxian	15.39	19.63	21.72	22.15	24.28	29.40	29.72	32.72
永德县	Yongde	15.01	19.07	21.76	23.40	23.43	21.08	22.57	24.85
镇康县	Zhenkang	11.32	14.35	16.80	18.96	18.98	17.82	18.80	20.71
双江县	Shuangjiang	11.08	14.01	16.07	18.12	17.53	18.69	19.97	21.97
耿马县	Gengma	16.14	19.91	22.97	20.05	23.82	25.20	26.46	29.22
沧源县	Cangyuan	11.37	14.49	17.10	19.25	18.42	19.87	21.07	23.64

18-11 续表2 continued

单位：亿元 (100 million yuan)

州市县	Region	2011	2012	2013	2014	2015	2016	2017	2018
市本级	City-level	16.72	19.07	21.04	22.37	21.53	23.50	43.75	46.80
楚雄州	**Chuxiong**	**126.76**	**158.02**	**172.65**	**205.12**	**216.23**	**235.21**	**248.69**	**275.91**
楚雄市	Chuxiong	21.60	28.63	30.18	35.30	36.22	39.84	43.93	51.56
双柏县	Shuangbai	7.35	9.80	11.00	16.54	16.03	15.30	18.10	18.10
牟定县	Mouding	8.66	10.38	12.46	13.27	13.90	17.83	17.91	16.99
南华县	Nanhua	9.02	12.73	13.72	17.55	17.10	17.79	19.57	21.52
姚安县	Yao'an	7.61	10.60	11.20	12.88	14.59	15.25	17.27	18.67
大姚县	Dayao	11.87	14.22	16.55	18.39	19.19	21.46	23.17	24.35
永仁县	Yongren	6.69	8.19	9.47	10.75	12.05	12.84	13.95	14.84
元谋县	Yuanmou	8.38	11.35	11.79	14.92	16.03	17.65	18.06	19.57
武定县	Wuding	10.88	15.49	15.63	18.50	20.52	21.31	23.66	29.80
禄丰县	Lufeng	15.01	18.43	19.96	21.75	24.17	28.41	27.23	32.61
州本级	Prefecture-level	19.70	18.18	20.71	25.28	26.44	27.55	25.83	27.90
红河州	**Honghe**	**213.19**	**248.08**	**310.71**	**344.79**	**369.15**	**378.79**	**402.79**	**448.45**
个旧市	Gejiu	23.17	25.82	30.35	35.12	33.07	31.87	37.47	39.06
开远市	Kaiyuan	15.80	17.69	23.00	23.29	25.50	27.80	29.54	34.31
蒙自市	Mengzi	17.24	22.37	28.66	30.52	31.69	33.59	34.98	34.63
弥勒市	Mile	17.91	20.71	26.54	31.19	35.76	39.60	39.21	45.44
屏边县	Pingbian	7.09	9.33	12.26	13.26	14.15	14.17	14.66	17.07
建水县	Jianshui	16.43	20.49	26.21	27.53	31.53	34.15	34.98	41.51
石屏县	Shiping	11.60	13.50	17.78	18.43	23.94	24.18	25.88	27.48
泸西县	Luxi	14.02	17.62	22.97	26.79	26.17	29.24	31.00	31.77
元阳县	Yuanyang	11.55	14.44	17.81	20.51	24.07	24.62	25.60	33.86
红河县	Honghe	11.44	14.39	18.71	18.84	21.58	21.30	21.36	25.04
金平县	Jinping	13.30	15.52	18.20	20.17	24.49	23.23	26.65	30.31
绿春县	Luchun	10.07	13.68	17.35	17.30	19.06	20.71	20.77	24.56
河口县	Hekou	7.60	8.45	11.40	13.50	14.57	15.57	16.39	21.44
州本级	Prefecture-level	35.98	34.05	39.48	48.32	43.57	38.75	44.29	41.97
文山州	**Wenshan**	**143.79**	**167.80**	**195.46**	**217.23**	**242.76**	**272.23**	**321.57**	**343.30**
文山市	Wenshan	20.08	22.09	28.89	32.72	38.08	42.10	54.04	55.21
砚山县	Yanshan	15.65	19.59	23.11	25.78	29.44	32.22	35.43	37.79
西畴县	Xichou	10.91	11.10	12.53	14.46	18.79	23.79	25.54	27.52
麻栗坡县	Malipo	13.02	14.82	16.98	19.49	20.37	23.28	26.48	31.89
马关县	Maguan	14.53	16.77	19.66	23.30	23.83	25.86	32.19	35.61
丘北县	Qiubei	16.70	18.93	24.68	24.72	25.95	31.97	36.31	38.67
广南县	Guangnan	20.91	25.96	27.95	31.70	35.88	38.74	48.54	53.51
富宁县	Funing	16.61	20.06	22.31	25.23	27.96	29.58	34.06	38.94
州本级	Prefecture-level	15.38	18.49	19.35	19.83	22.47	24.70	28.99	24.16
西双版纳州	**Xishuangbanna**	**67.12**	**80.63**	**81.26**	**90.07**	**105.67**	**117.31**	**117.77**	**129.31**
景洪市	Jinghong	26.31	32.84	29.40	31.27	33.94	39.09	38.23	41.14
勐海县	Menghai	15.34	16.46	17.52	20.76	25.48	27.11	29.93	32.16

18-11 续表3 continued

单位：亿元 (100 million yuan)

州市县	Region	2011	2012	2013	2014	2015	2016	2017	2018
勐腊县	Mengla	13.84	16.00	16.62	18.46	24.34	26.86	28.08	31.12
州本级	Prefecture-level	11.64	15.32	17.72	19.57	21.91	24.25	21.54	24.89
大理州	**Dali**	**159.62**	**200.50**	**222.93**	**243.57**	**277.43**	**294.82**	**338.18**	**366.22**
大理市	Dali	28.15	35.00	40.23	41.92	46.59	46.80	53.79	63.57
漾濞县	Yangbi	5.81	7.40	9.11	9.38	11.10	12.43	13.85	14.69
祥云县	Xiangyun	14.80	21.51	20.69	23.47	27.66	30.35	32.95	33.02
宾川县	Binchuan	11.96	15.32	16.77	19.08	20.45	22.44	24.24	25.51
弥渡县	Midu	10.83	14.71	15.81	18.77	18.74	19.82	22.89	24.71
南涧县	Nanjian	8.76	11.11	12.47	13.08	15.51	18.00	20.36	21.61
巍山县	Weishan	10.56	13.81	15.02	17.33	20.74	21.23	21.50	26.28
永平县	Yongping	8.19	10.07	10.50	11.69	14.32	15.20	17.33	21.51
云龙县	Yunlong	11.49	12.31	13.51	15.50	16.20	16.77	20.53	20.67
洱源县	Eryuan	10.70	12.70	17.77	17.30	20.39	22.63	24.51	28.28
剑川县	Jianchuan	7.77	10.21	12.29	12.90	15.01	17.75	18.73	22.91
鹤庆县	Heqing	10.26	13.50	14.31	16.37	23.95	22.26	22.93	23.72
州本级	Prefecture-level	20.33	22.85	24.45	26.76	26.78	29.12	44.56	39.76
德宏州	**Dehong**	**92.30**	**102.16**	**99.60**	**121.72**	**124.53**	**134.26**	**150.92**	**150.04**
瑞丽市	Ruili	13.94	15.86	16.68	20.83	17.95	21.57	26.44	27.33
芒　市	Mangshi	16.66	28.24	19.75	23.41	25.96	28.05	28.43	30.33
梁河县	Lianghe	7.98	8.89	9.28	12.02	12.51	12.76	14.21	15.55
盈江县	Yingjiang	28.86	18.07	18.15	30.60	29.81	27.45	29.40	26.75
陇川县	Longchuan	10.40	11.01	11.65	13.70	16.17	17.75	19.02	18.70
州本级	Prefecture-level	14.46	20.09	24.08	21.16	22.15	26.68	33.41	31.38
怒江州	**Nujiang**	**42.68**	**50.39**	**55.29**	**63.36**	**71.81**	**83.35**	**89.67**	**138.92**
泸水市	Lushui	9.52	12.71	13.22	15.86	18.29	23.80	23.57	37.00
福贡县	Fugong	6.90	8.25	9.66	12.47	14.34	14.96	15.25	24.08
贡山县	Gongshan	6.81	6.49	8.41	8.51	9.29	11.15	11.96	14.87
兰坪县	Lanping	11.35	13.87	14.71	18.98	20.83	22.76	25.47	36.28
州本级	Prefecture-level	8.10	9.06	9.29	7.55	9.06	10.69	13.42	26.68
迪庆州	**Diqing**	**66.11**	**73.14**	**108.85**	**101.13**	**110.47**	**118.66**	**139.94**	**160.08**
香格里拉市	Shangri-La	23.49	26.89	32.58	33.12	38.97	38.14	42.37	45.98
德钦县	Deqin	15.49	12.38	20.42	18.32	19.42	24.89	25.64	30.55
维西县	Weixi	11.55	16.50	28.06	23.43	26.42	30.66	28.69	37.10
州本级	Prefecture-level	15.59	17.37	27.80	26.27	25.66	24.97	43.24	46.44
省本级	**Provincial-level**	**573.69**	**695.59**	**872.75**	**873.89**	**829.88**	**830.44**	**1 092.90**	**1 101.78**

18-12 全省各州市县人均地方一般公共预算支出（2014-2018年）
Per Capita Public Budgetary Government Expenditure of Local Government by Region (2014-2018)

单位：元 (yuan)

州 市 县	Region	2014	2015	2016	2017	2018
全　　省	**Yunnan**	**9 442**	**9 968**	**10 552**	**11 938**	**12 617**
昆 明 市	**Kunming**	**8 991**	**9 253**	**10 271**	**11 485**	**11 102**
五华区	Wuhua	3 599	3 698	4 032	4 462	5 111
盘龙区	Panlong	4 422	4 727	5 177	5 853	5 964
官渡区	Guandu	4 755	4 897	4 601	5 080	5 775
西山区	Xishan	4 593	4 900	5 399	5 633	5 916
东川区	Dongchuan	8 024	8 877	8 964	9 781	13 866
呈贡区	Chenggong	5 249	7 529	6 988	9 654	9 668
晋宁区	Jinning	8 396	7 796	8 335	8 207	7 697
富民县	Fumin	6 580	6 836	7 264	7 305	7 947
宜良县	Yiliang	3 697	3 986	4 321	4 580	4 850
石林县	Shilin	5 526	5 954	6 271	7 779	7 634
嵩明县	Songming	6 372	6 930	7 014	7 898	7 024
禄劝县	Luquan	5 399	5 947	6 619	8 112	8 868
寻甸县	Xundian	4 946	5 618	5 659	7 730	7 349
安宁市	Anning	7 513	8 008	8 306	9 659	12 188
曲 靖 市	**Qujing**	**5 577**	**6 023**	**6 597**	**7 251**	**7 774**
麒麟区	Qilin	4 113	5 359	5 446	6 480	6 345
沾益区	Zhanyi	4 846	4 607	5 588	5 746	5 831
马龙区	Malong	8 798	8 645	9 181	9 779	10 255
陆良县	Luliang	3 948	4 561	4 699	5 364	5 318
师宗县	Shizong	5 015	5 332	6 280	7 176	8 442
罗平县	Luoping	4 701	5 324	5 772	6 233	6 222
富源县	Fuyuan	4 054	4 125	5 107	5 729	6 308
会泽县	Huize	5 399	6 284	5 564	5 957	7 745
宣威市	Xuanwei	4 492	4 610	5 105	5 612	6 029
玉 溪 市	**Yuxi**	**8 839**	**9 476**	**9 852**	**11 023**	**11 656**
红塔区	Hongta	5 452	6 135	6 346	6 139	6 739
江川区	Jiangchuan	5 466	5 594	6 075	6 399	7 128
澄江县	Chengjiang	6 662	7 201	7 954	12 106	15 014
通海县	Tonghai	4 297	5 115	5 380	5 800	5 804
华宁县	Huaning	5 573	6 313	7 028	7 276	7 948
易门县	Yimen	8 085	8 849	9 252	9 512	10 293
峨山县	Eshan	7 067	7 735	8 785	9 127	9 894
新平县	Xinping	7 566	8 131	9 301	9 554	11 651
元江县	Yuanjiang	6 606	7 192	7 880	8 418	8 949
保 山 市	**Baoshan**	**6 414**	**7 464**	**8 214**	**9 136**	**9 972**
隆阳区	Longyang	4 083	5 012	5 273	6 428	6 762
施甸县	Shidian	6 306	7 640	8 365	9 191	9 533
龙陵县	Longling	7 648	7 928	8 885	10 055	11 185
昌宁县	Changning	6 042	7 640	7 990	8 814	9 733
腾冲市	Tengchong	6 360	6 856	8 010	8 245	9 327
昭 通 市	**Zhaotong**	**6 168**	**7 494**	**7 521**	**7 563**	**8 268**
昭阳区	Zhaoyang	5 344	6 232	6 351	6 870	7 334
鲁甸县	Ludian	11 550	14 746	11 388	8 404	7 499
巧家县	Qiaojia	6 739	11 488	7 471	6 320	7 177
盐津县	Yanjin	5 059	5 033	5 525	6 093	7 464
大关县	Daguan	6 240	5 689	5 973	7 808	7 793
永善县	Yongshan	6 196	8 950	7 314	8 235	9 079
绥江县	Suijiang	7 405	7 642	8 151	9 658	10 366
镇雄县	Zhenxiong	3 684	4 286	5 211	5 802	6 657
彝良县	Yiliang	5 011	4 984	6 001	6 669	7 189
威信县	Weixin	4 312	5 597	6 777	6 416	6 912
水富市	Shuifu	7 372	8 339	8 888	8 852	9 516
丽 江 市	**Lijiang**	**10 065**	**11 275**	**11 702**	**12 489**	**12 939**
古城区	Gucheng	9 204	11 280	12 308	11 931	10 132
玉龙县	Yulong	9 110	10 677	11 590	12 527	13 159
永胜县	Yongsheng	5 760	6 822	6 716	8 082	7 641
华坪县	Huaping	7 846	9 310	10 328	10 987	11 045
宁蒗县	Ninglang	8 233	8 411	9 199	10 680	12 908
普 洱 市	**Pu'er**	**8 666**	**8 428**	**9 411**	**10 366**	**11 141**
思茅区	Simao	5 642	5 840	6 752	6 959	7 848
宁洱县	Ning'er	7 676	7 246	9 265	10 161	8 947
墨江县	Mojiang	5 830	6 226	6 724	7 245	8 133
景东县	Jingdong	6 371	6 124	7 097	7 188	7 445
景谷县	Jinggu	10 716	7 728	8 549	9 019	9 690
镇沅县	Zhenyuan	8 749	9 383	9 354	10 676	10 425
江城县	Jiangcheng	10 224	10 213	11 074	12 135	14 188
孟连县	Menglian	7 968	9 464	10 821	12 448	12 038
澜沧县	Lancang	5 919	6 828	7 209	9 008	9 972
西盟县	Ximeng	10 011	12 865	13 946	14 311	15 673
临 沧 市	**Lincang**	**7 822**	**8 097**	**8 486**	**9 629**	**10 561**
临翔区	Linxiang	7 793	7 998	8 355	8 766	9 710
凤庆县	Fengqing	5 204	5 920	6 308	6 566	7 278
云　县	Yunxian	4 824	5 261	6 340	6 393	7 021
永德县	Yongde	6 206	6 182	5 532	5 900	6 478
镇康县	Zhenkang	10 475	10 412	9 705	10 193	11 183
双江县	Shuangjiang	10 004	9 613	10 179	10 830	11 869
耿马县	Gengma	6 601	7 791	8 198	8 582	9 453
沧源县	Cangyuan	10 401	9 890	10 604	11 193	12 495

18-12 续表 continued

单位：元 (yuan)

州市县	Region	2014	2015	2016	2017	2018	州市县	Region	2014	2015	2016	2017	2018
楚雄州	**Chuxiong**	**7 525**	**7 919**	**8 597**	**9 071**	**10 048**	富宁县	Funing	6 066	6 693	7 055	8 089	9 208
楚雄市	Chuxiong	5 924	6 067	6 662	7 334	8 596	**西双版纳州**	**Xishuangbanna**	**7 801**	**9 105**	**10 044**	**10 015**	**10 921**
双柏县	Shuangbai	10 318	9 993	9 530	11 261	11 242	景洪市	Jinghong	5 906	6 383	7 305	7 096	7 586
牟定县	Mouding	6 273	6 564	8 408	8 435	7 988	勐海县	Menghai	6 141	7 494	7 925	8 689	9 273
南华县	Nanhua	7 293	7 100	7 366	8 076	8 860	勐腊县	Mengla	6 431	8 427	9 235	9 587	10 553
姚安县	Yao'an	6 366	7 195	7 485	8 446	9 098	**大理州**	**Dali**	**6 922**	**7 847**	**8 297**	**9 463**	**10 196**
大姚县	Dayao	6 610	6 887	7 688	8 291	8 696	大理市	Dali	6 324	7 004	7 001	8 006	9 400
永仁县	Yongren	9 690	10 860	11 561	12 530	13 309	漾濞县	Yangbi	9 012	10 611	11 794	13 003	13 678
元谋县	Yuanmou	6 823	7 310	8 021	8 178	8 847	祥云县	Xiangyun	5 061	5 935	6 483	7 004	6 991
武定县	Wuding	6 658	7 368	7 632	8 460	10 643	宾川县	Binchuan	5 377	5 736	6 265	6 733	7 053
禄丰县	Lufeng	5 057	5 616	6 592	6 310	7 549	弥渡县	Midu	5 898	5 861	6 172	7 090	7 619
红河州	**Honghe**	**7 486**	**7 964**	**8 119**	**8 575**	**9 484**	南涧县	Nanjian	6 068	7 153	8 257	9 281	9 814
个旧市	Gejiu	7 516	7 046	6 762	7 947	8 297	巍山县	Weishan	5 600	6 671	6 793	6 846	8 332
开远市	Kaiyuan	7 047	7 683	8 338	8 812	10 172	永平县	Yongping	6 533	7 959	8 398	9 511	11 741
蒙自市	Mengzi	7 149	7 371	7 640	7 774	7 608	云龙县	Yunlong	7 604	7 899	8 129	9 884	9 904
弥勒市	Mile	5 659	6 441	7 089	6 983	8 037	洱源县	Eryuan	6 325	7 418	8 194	8 830	10 140
屏边县	Pingbian	8 534	9 085	9 183	9 544	11 020	剑川县	Jianchuan	7 435	8 601	10 108	10 592	12 871
建水县	Jianshui	5 071	5 776	6 224	6 344	7 489	鹤庆县	Heqing	6 297	9 165	8 471	8 679	8 934
石屏县	Shiping	6 030	7 781	7 819	8 308	8 754	**德宏州**	**Dehong**	**9 703**	**9 794**	**10 436**	**11 595**	**11 432**
泸西县	Luxi	6 524	6 326	7 024	7 398	7 518	瑞丽市	Ruili	10 720	8 987	10 596	12 774	13 052
元阳县	Yuanyang	5 028	5 859	5 959	6 162	8 093	芒　市	Mangshi	5 811	6 362	6 790	6 796	7 182
红河县	Honghe	6 181	7 026	6 893	6 862	7 969	梁河县	Lianghe	7 642	7 902	8 014	8 867	9 652
金平县	Jinping	5 488	6 618	6 242	7 122	8 044	盈江县	Yingjiang	9 793	9 451	8 617	9 142	8 256
绿春县	Luchun	7 576	8 280	8 933	8 888	10 433	陇川县	Longchuan	7 296	8 504	9 236	9 789	9 551
河口县	Hekou	12 662	13 563	14 405	15 063	19 544	**怒江州**	**Nujiang**	**11 734**	**13 261**	**15 350**	**16 438**	**25 258**
文山州	**Wenshan**	**6 059**	**6 743**	**7 533**	**8 862**	**9 418**	泸水市	Lushui	8 490	9 765	12 673	12 492	19 443
文山市	Wenshan	6 621	7 674	8 456	10 807	10 991	福贡县	Fugong	12 503	14 345	14 927	15 143	23 701
砚山县	Yanshan	5 462	6 212	6 771	7 414	7 876	贡山县	Gongshan	22 209	24 185	28 957	30 898	38 128
西畴县	Xichou	5 576	7 219	9 100	9 728	10 436	兰坪县	Lanping	8 815	9 652	10 518	11 716	16 551
麻栗坡县	Malipo	6 884	7 165	8 160	9 242	11 081	**迪庆州**	**Diqing**	**24 879**	**27 108**	**29 012**	**34 048**	**38 760**
马关县	Maguan	6 225	6 342	6 853	8 493	9 359	香格里拉市	Shangri-La	18 828	22 104	21 513	23 709	25 559
丘北县	Qiubei	5 079	5 312	6 518	7 377	7 817	德钦县	Deqin	27 061	28 607	36 650	37 652	44 795
广南县	Guangnan	3 961	4 466	4 803	5 996	6 578	维西县	Weixi	14 372	16 176	18 719	17 462	22 485

18-13 各州市县社会消费品零售总额（2017-2018年）

Total Retail Sales of Consumer Goods by Region (2017-2018)

单位：亿元 (100 million yuan)

州市县	Region	2017	2018	州市县	Region	2017	2018
全　省	**Yunnan**	**6 423.06**	**6 825.97**	元江县	Yuanjiang	27.51	30.86
昆明市	**Kunming**	**2 590.95**	**2 787.41**	**保山市**	**Baoshan**	**224.90**	**231.82**
五华区	Wuhua	543.22	538.27	隆阳区	Longyang	128.44	127.88
盘龙区	Panlong	499.23	554.52	施甸县	Shidian	16.22	18.15
官渡区	Guandu	501.70	544.99	龙陵县	Longling	16.65	18.42
西山区	Xishan	600.74	658.35	昌宁县	Changning	19.54	21.77
东川区	Dongchuan	25.76	29.05	腾冲市	Tengchong	44.06	45.60
呈贡区	Chenggong	50.47	59.22	**昭通市**	**Zhaotong**	**266.74**	**284.09**
晋宁区	Jinning	41.38	46.38	昭阳区	Zhaoyang	108.00	109.53
富民县	Fumin	19.09	21.31	鲁甸县	Ludian	11.54	12.82
宜良县	Yiliang	48.73	54.68	巧家县	Qiaojia	16.80	18.54
石林县	Shilin	45.22	50.79	盐津县	Yanjin	11.42	11.12
嵩明县	Songming	34.33	38.37	大关县	Daguan	8.73	9.62
禄劝县	Luquan	36.20	40.06	永善县	Yongshan	14.54	16.14
寻甸县	Xundian	35.90	39.68	绥江县	Suijiang	8.21	9.11
安宁市	Anning	108.98	111.74	镇雄县	Zhenxiong	44.52	49.49
曲靖市	**Qujing**	**635.33**	**656.15**	彝良县	Yiliang	18.95	21.05
麒麟区	Qilin	190.52	196.20	威信县	Weixin	13.41	14.90
沾益区	Zhanyi	34.09	35.31	水富市	Shuifu	10.62	11.79
马龙区	Malong	13.69	14.10	**丽江市**	**Lijiang**	**117.70**	**124.43**
陆良县	Luliang	55.50	59.18	古城区	Gucheng	56.53	60.77
师宗县	Shizong	20.54	21.11	玉龙县	Yulong	12.71	14.13
罗平县	Luoping	53.19	55.15	永胜县	Yongsheng	20.42	19.67
富源县	Fuyuan	55.81	57.93	华坪县	Huaping	16.57	17.14
会泽县	Huize	44.14	46.33	宁蒗县	Ninglang	11.48	12.72
宣威市	Xuanwei	167.85	170.84	**普洱市**	**Pu'er**	**182.86**	**199.45**
玉溪市	**Yuxi**	**367.45**	**392.48**	思茅区	Simao	61.02	65.21
红塔区	Hongta	175.00	176.95	宁洱县	Ning'er	13.81	15.20
江川区	Jiangchuan	24.68	27.70	墨江县	Mojiang	13.06	14.25
澄江县	Chengjiang	22.16	24.93	景东县	Jingdong	17.87	19.36
通海县	Tonghai	34.61	38.19	景谷县	Jinggu	23.38	26.00
华宁县	Huaning	20.65	23.18	镇沅县	Zhenyuan	12.82	14.26
易门县	Yimen	20.93	23.53	江城县	Jiangcheng	7.27	8.09
峨山县	Eshan	17.69	19.88	孟连县	Menglian	10.76	12.05
新平县	Xinping	24.22	27.25	澜沧县	Lancang	19.81	21.58

注：2018年增速计算使用的上年社会消费品零售总额根据第三次全国农业普查结果及有关制度规定进行了修订。

Note:The last year's data used in calculating the growth rate of total retail sales of consumer goods in 2018 were revised according to the results of the Third National Agricultural Census and the relevant regulations.

18-13 续表 continued

单位：亿元 (100 million yuan)

州市县	Region	2017	2018	州市县	Region	2017	2018
西盟县	Ximeng	3.07	3.46	西畴县	Xichou	15.19	17.01
临沧市	**Lincang**	**195.28**	**203.40**	麻栗坡县	Malipo	22.10	24.74
临翔区	Linxiang	57.91	65.09	马关县	Maguan	37.52	42.00
凤庆县	Fengqing	25.49	28.60	丘北县	Qiubei	31.53	29.64
云　县	Yunxian	34.85	31.95	广南县	Guangnan	60.84	65.00
永德县	Yongde	24.61	19.63	富宁县	Funing	42.79	47.90
镇康县	Zhenkang	10.15	11.06	**西双版纳州**	**Xishuangbanna**	**130.33**	**140.88**
双江县	Shuangjiang	8.91	9.87	景洪市	Jinghong	82.19	87.61
耿马县	Gengma	22.10	24.60	勐海县	Menghai	22.78	24.94
沧源县	Cangyuan	11.26	12.59	勐腊县	Mengla	25.36	28.33
楚雄州	**Chuxiong**	**335.99**	**358.88**	**大理州**	**Dali**	**373.81**	**390.81**
楚雄市	Chuxiong	140.07	149.43	大理市	Dali	156.90	162.29
双柏县	Shuangbai	10.79	12.09	漾濞县	Yangbi	7.35	7.92
牟定县	Mouding	15.36	17.02	祥云县	Xiangyun	48.55	48.06
南华县	Nanhua	20.51	19.05	宾川县	Binchuan	26.46	29.50
姚安县	Yao'an	14.91	16.75	弥渡县	Midu	26.22	26.73
大姚县	Dayao	26.88	29.69	南涧县	Nanjian	16.83	18.90
永仁县	Yongren	6.89	6.22	巍山县	Weishan	20.23	22.50
元谋县	Yuanmou	19.24	20.70	永平县	Yongping	12.15	12.77
武定县	Wuding	25.40	25.38	云龙县	Yunlong	13.06	14.51
禄丰县	Lufeng	55.94	62.56	洱源县	Eryuan	19.31	21.53
红河州	**Honghe**	**411.85**	**420.80**	剑川县	Jianchuan	10.80	11.02
蒙自市	Mengzi	56.22	108.82	鹤庆县	Heqing	15.93	15.08
个旧市	Gejiu	81.63	67.50	**德宏州**	**Dehong**	**138.52**	**152.30**
开远市	Kaiyuan	52.14	51.56	瑞丽市	Ruili	39.14	44.37
弥勒市	Mile	44.85	37.75	芒　市	Mangshi	49.48	53.13
屏边县	Pingbian	12.57	10.13	梁河县	Lianghe	6.84	7.67
建水县	Jianshui	43.38	35.23	盈江县	Yingjiang	33.00	36.16
石屏县	Shiping	28.79	27.84	陇川县	Longchuan	10.06	10.97
泸西县	Luxi	37.90	34.57	**怒江州**	**Nujiang**	**36.53**	**37.84**
元阳县	Yuanyang	14.43	11.96	泸水市	Lushui	16.96	15.95
红河县	Honghe	10.79	8.78	福贡县	Fugong	4.07	4.55
金平县	Jinping	11.57	9.42	贡山县	Gongshan	3.06	3.42
绿春县	Luchun	9.89	8.70	兰坪县	Lanping	12.43	13.92
河口县	Hekou	7.67	8.53	**迪庆州**	**Diqing**	**51.42**	**57.05**
文山州	**Wenshan**	**363.40**	**388.16**	香格里拉市	Shangri-La	35.83	39.59
文山市	Wenshan	108.63	111.69	德钦县	Deqin	6.70	7.51
砚山县	Yanshan	44.78	50.17	维西县	Weixi	8.89	9.96

18-14 各州市县住户存款年末余额（2014-2018年）

Balance of Savings Deposits of Household at Year-end by Region（2014-2018）

单位：亿元 (100 million yuan)

州市县	Region	2014	2015	2016	2017	2018
全　省	**Yunnan**	**9 923.95**	**10 736.62**	**11 935.78**	**13 164.69**	**14 459.15**
昆明市	**Kunming**	**3 697.59**	**3 835.46**	**4 124.21**	**4 431.40**	**4 882.29**
五华区 盘龙区	Wuhua Panlong	1 942.06	1 911.22	1 947.17	2 014.20	2 244.90
官渡区	Guandu	556.63	618.47	700.22	790.09	839.79
西山区	Xishan	382.63	401.05	468.34	496.71	526.20
东川区	Dongchuan	66.97	67.76	74.81	83.45	96.49
呈贡区	Chenggong	155.81	170.19	189.58	214.47	242.64
晋宁区	Jinning	88.68	98.47	107.44	117.14	127.40
富民县	Fumin	36.67	40.66	43.45	49.02	55.87
宜良县	Yiliang	103.82	113.38	124.58	140.51	160.03
石林县	Shilin	48.50	53.24	59.41	63.17	71.77
嵩明县	Songming	65.95	78.54	97.05	109.04	121.87
禄劝县	Luquan	46.42	51.33	61.05	68.02	75.49
寻甸县	Xundian	57.78	68.12	76.57	93.58	102.22
安宁市	Anning	145.67	163.02	174.54	192.00	217.62
曲靖市	**Qujing**	**885.58**	**971.00**	**1 070.12**	**1 193.81**	**1 337.09**
麒麟区	Qilin	317.04	329.13	344.64	381.43	429.92
沾益区	Zhanyi	53.11	61.76	71.39	79.99	89.44
马龙区	Malong	27.44	32.37	34.80	38.85	44.70
陆良县	Luliang	78.37	89.16	102.52	115.03	127.94
师宗县	Shizong	45.31	51.53	57.95	62.25	69.54
罗平县	Luoping	59.06	66.98	75.61	82.61	90.69
富源县	Fuyuan	76.85	82.73	92.66	103.12	113.49
会泽县	Huize	71.68	82.74	95.72	106.73	119.16
宣威市	Xuanwei	156.73	174.61	194.84	223.80	252.20
玉溪市	**Yuxi**	**627.50**	**683.45**	**752.34**	**825.21**	**876.02**
红塔区	Hongta	262.16	275.59	291.76	317.82	338.21
江川区	Jiangchuan	60.42	67.57	73.98	81.57	90.71
澄江县	Chengjiang	41.19	47.20	49.98	57.17	65.29
通海县	Tonghai	81.70	89.58	102.86	109.02	116.57
华宁县	Huaning	36.02	41.45	46.53	50.07	52.46
易门县	Yimen	37.89	41.78	50.98	53.59	55.32
峨山县	Eshan	34.58	38.57	44.40	48.22	48.68
新平县	Xinping	44.43	48.81	52.84	65.45	65.33
元江县	Yuanjiang	29.11	32.89	39.02	42.30	43.45

18-14 续表1 continued

单位：亿元 (100 million yuan)

州市县	Region	2014	2015	2016	2017	2018
保山市	**Baoshan**	**380.84**	**431.40**	**518.14**	**594.07**	**643.93**
隆阳区	Longyang	144.34	166.36	203.44	239.97	261.09
施甸县	Shidian	34.95	40.67	50.12	58.85	64.18
龙陵县	Longling	37.99	44.13	55.97	59.91	63.86
昌宁县	Changning	34.18	39.65	49.26	54.18	56.03
腾冲市	Tengchong	129.39	140.59	159.35	181.17	198.76
昭通市	**Zhaotong**	**489.12**	**558.88**	**647.39**	**752.78**	**860.21**
昭阳区	Zhaoyang	132.98	153.79	181.67	210.50	234.76
鲁甸县	Ludian	25.90	30.20	31.74	37.43	42.46
巧家县	Qiaojia	38.64	44.21	48.20	56.08	66.83
盐津县	Yanjin	28.48	32.16	36.97	42.25	49.42
大关县	Daguan	21.89	25.57	28.33	31.78	36.99
永善县	Yongshan	50.06	53.97	58.82	65.54	74.28
绥江县	Suijiang	27.13	30.33	35.03	40.09	43.53
镇雄县	Zhenxiong	73.13	86.05	106.00	127.22	150.51
彝良县	Yiliang	30.76	35.56	41.54	50.29	59.54
威信县	Weixin	33.51	38.12	46.69	57.28	65.28
水富市	Shuifu	26.64	28.93	32.42	34.30	36.60
丽江市	**Lijiang**	**275.27**	**300.88**	**330.98**	**373.43**	**419.25**
古城区	Gucheng	120.25	130.06	138.17	152.32	170.13
玉龙县	Yulong	27.63	30.45	33.28	38.47	43.60
永胜县	Yongsheng	56.82	62.97	72.61	84.78	94.66
华坪县	Huaping	48.46	52.37	56.46	61.78	67.73
宁蒗县	Ninglang	22.11	25.02	30.46	36.08	43.13
普洱市	**Pu'er**	**336.08**	**379.41**	**442.78**	**498.54**	**527.16**
思茅区	Simao	98.37	109.39	122.96	138.04	146.42
宁洱县	Ning'er	28.38	31.59	37.40	42.37	43.15
墨江县	Mojiang	30.02	33.44	39.58	44.73	48.70
景东县	Jingdong	36.03	41.96	49.71	55.85	59.82
景谷县	Jinggu	34.95	41.01	46.28	51.87	54.11
镇沅县	Zhenyuan	24.52	28.46	34.39	36.89	39.74
江城县	Jiangcheng	13.06	15.09	16.36	19.02	19.33
孟连县	Menglian	28.34	32.70	41.50	49.27	50.78
澜沧县	Lancang	36.11	38.49	45.81	50.74	54.70
西盟县	Ximeng	6.31	7.29	8.80	9.77	10.40
临沧市	**Lincang**	**235.37**	**263.09**	**305.60**	**340.39**	**368.08**
临翔区	Linxiang	59.71	65.51	74.41	85.49	92.51
凤庆县	Fengqing	32.50	37.08	42.05	46.26	51.53
云　县	Yunxian	38.85	43.69	51.33	56.38	62.06
永德县	Yongde	23.70	26.73	31.27	34.81	38.37
镇康县	Zhenkang	20.22	24.37	28.51	29.95	32.33
双江县	Shuangjiang	16.89	17.96	20.99	23.28	23.98
耿马县	Gengma	30.06	33.16	39.14	44.53	46.69
沧源县	Cangyuan	13.43	14.59	17.89	19.69	20.60

18-14 续表2 continued

单位：亿元 (100 million yuan)

州 市 县	Region	2014	2015	2016	2017	2018
楚 雄 州	**Chuxiong**	**449.07**	**494.15**	**563.39**	**629.20**	**685.33**
楚雄市	Chuxiong	154.61	165.91	181.05	199.66	220.87
双柏县	Shuangbai	20.68	23.17	26.44	30.24	33.30
牟定县	Mouding	27.42	30.88	34.48	38.41	42.48
南华县	Nanhua	30.60	34.08	38.25	44.89	47.47
姚安县	Yao'an	28.27	31.68	34.82	40.12	44.14
大姚县	Dayao	35.07	39.08	45.24	49.96	54.80
永仁县	Yongren	15.95	18.52	21.04	23.97	25.83
元谋县	Yuanmou	30.51	34.39	45.95	50.89	51.55
武定县	Wuding	34.45	38.88	45.25	51.03	56.95
禄丰县	Lufeng	71.51	77.55	90.88	100.03	107.93
红 河 州	**Honghe**	**824.49**	**896.08**	**989.68**	**1093.23**	**1210.89**
个旧市	Gejiu	147.61	148.95	160.34	172.02	187.43
开远市	Kaiyuan	92.67	99.85	108.02	115.86	125.22
蒙自市	Mengzi	121.83	139.26	150.87	163.51	182.26
弥勒市	Mile	91.98	100.63	111.00	123.90	137.26
屏边县	Pingbian	15.94	17.32	21.21	23.01	25.55
建水县	Jianshui	117.57	127.11	143.28	157.62	176.09
石屏县	Shiping	59.43	67.11	75.82	86.18	97.63
泸西县	Luxi	63.93	71.15	80.34	91.70	101.69
元阳县	Yuanyang	24.79	27.14	31.12	36.32	41.27
红河县	Honghe	18.39	21.45	24.82	28.79	32.53
金平县	Jinping	25.86	29.09	31.83	37.80	42.23
绿春县	Luchun	12.95	14.14	16.82	18.52	21.60
河口县	Hekou	31.52	32.89	34.21	38.01	40.13
文 山 州	**Wenshan**	**409.03**	**455.78**	**517.12**	**595.34**	**645.16**
文山市	Wenshan	130.93	144.74	167.68	192.86	197.97
砚山县	Yanshan	49.27	54.61	61.68	69.62	72.15
西畴县	Xichou	23.23	26.04	28.66	33.63	38.20
麻栗坡县	Malipo	31.11	34.65	38.39	43.34	48.11
马关县	Maguan	45.21	49.5	54.05	61.49	70.98
丘北县	Qiubei	33.47	37.98	43.24	51.21	58.01
广南县	Guangnan	58.98	67.09	76.50	89.36	99.88
富宁县	Funing	36.81	41.15	46.93	53.83	59.86
西双版纳州	**Xishuangbanna**	**271.19**	**296.61**	**339.65**	**371.15**	**398.91**
景洪市	Jinghong	162.37	177.74	203.32	220.05	239.86
勐海县	Menghai	46.73	52.04	58.63	63.28	69.37

18-14 续表3 continued

单位：亿元 (100 million yuan)

州市县	Region	2014	2015	2016	2017	2018
勐腊县	Mengla	62.09	66.83	77.70	87.82	89.68
大理州	**Dali**	**629.42**	**697.80**	**795.96**	**873.83**	**971.41**
大理市	Dali	268.79	289.21	321.90	348.73	395.69
漾濞县	Yangbi	12.21	14.28	16.83	19.19	21.34
祥云县	Xiangyun	68.42	78.13	89.06	98.29	105.36
宾川县	Binchuan	47.53	51.35	60.44	67.84	74.69
弥渡县	Midu	39.96	46.07	53.50	56.54	60.84
南涧县	Nanjian	20.51	23.74	27.06	30.55	33.74
巍山县	Weishan	32.80	36.42	41.63	44.49	49.92
永平县	Yongping	19.91	21.76	26.04	29.26	32.31
云龙县	Yunlong	20.85	24.05	27.43	30.66	32.70
洱源县	Eryuan	33.19	37.67	44.89	52.10	55.73
剑川县	Jianchuan	23.43	26.69	29.91	33.05	36.34
鹤庆县	Heqing	41.83	48.43	57.25	63.14	72.77
德宏州	**Dehong**	**281.19**	**320.90**	**359.35**	**387.02**	**402.24**
瑞丽市	Ruili	109.67	131.44	142.43	146.86	146.48
芒　市	Mangshi	85.51	94.22	104.86	112.90	122.92
梁河县	Lianghe	19.30	22.96	27.43	32.34	35.28
盈江县	Yingjiang	42.47	44.82	50.06	58.30	60.36
陇川县	Longchuan	24.24	27.46	34.56	36.62	37.21
怒江州	**Nujiang**	**59.74**	**67.76**	**79.51**	**92.29**	**104.68**
泸水市	Lushui	25.44	27.92	32.77	38.07	41.58
福贡县	Fugong	6.32	7.51	8.83	11.10	15.04
贡山县	Gongshan	4.32	5.26	6.34	7.95	9.46
兰坪县	Lanping	23.67	27.07	31.58	35.18	38.60
迪庆州	**Diqing**	**72.45**	**83.97**	**99.56**	**112.98**	**126.30**
香格里拉市	Shangri-La	47.82	54.56	64.32	73.34	80.58
德钦县	Deqin	7.98	10.13	11.42	12.38	14.58
维西县	Weixi	16.64	19.28	23.82	27.26	31.14

18-15 各州市县农村常住居民人均可支配收入（2017-2018年）

Disposable Income Per Capita of Rural Resident by Region (2017-2018)

单位：元 (yuan)

州市县	Region	2017	2018	州市县	Region	2017	2018
全　省	**Yunnan**	**9 862**	**10 768**	隆阳区	Longyang	11 390	12 449
昆明市	**Kunming**	**13 698**	**14 895**	施甸县	Shidian	9 440	10 299
五华区	Wuhua	17 660	19 215	龙陵县	Longling	9 707	10 629
盘龙区	Panlong	17 877	19 398	昌宁县	Changning	9 952	10 907
官渡区	Guandu	18 728	20 376	腾冲市	Tengchong	10 331	11 292
西山区	Xishan	18 331	19 889	**昭通市**	**Zhaotong**	**8 675**	**9 474**
东川市	Dongchuan	7 800	8 543	昭阳区	Zhaoyang	9 608	10 520
呈贡区	Chenggong	18 116	19 639	鲁甸县	Ludian	8 765	9 553
晋宁区	Jinning	14 512	15 776	巧家县	Qiaojia	8 579	9 368
富民县	Fumin	13 482	14 656	盐津县	Yanjin	8 830	9 607
宜良县	Yiliang	13 770	14 997	大关县	Daguan	8 272	9 016
石林县	Shilin	13 588	14 729	永善县	Yongshan	8 585	9 383
嵩明县	Songming	13 386	14 565	绥江县	Suijiang	8 681	9 530
禄劝县	Luquan	8 046	8 802	镇雄县	Zhenxiong	8 739	9 551
寻甸县	Xundian	8 299	9 072	彝良县	Yiliang	8 111	8 816
安宁市	Anning	16 584	17 994	威信县	Weixin	8 515	9 321
曲靖市	**Qujing**	**11 345**	**12 394**	水富市	Shuifu	9 958	10 913
麒麟区	Qilin	15 125	16 486	**丽江市**	**Lijiang**	**9 520**	**10 385**
沾益区	Zhanyi	12 794	13 984	古城区	Gucheng	15 877	17 385
马龙区	Malong	10 358	11 301	玉龙县	Yulong	10 181	11 128
陆良县	Luliang	13 517	14 720	永胜县	Yongsheng	9 937	10 911
师宗县	Shizong	10 813	11 851	华坪县	Huaping	11 049	12 043
罗平县	Luoping	13 455	14 693	宁蒗县	Ninglang	6 723	7 402
富源县	Fuyuan	11 370	12 473	**普洱市**	**Pu'er**	**9 484**	**10 386**
会泽县	Huize	9 394	10 258	思茅区	Simao	10 209	11 162
宣威市	Xuanwei	11 093	12 091	宁洱县	Ning'er	9 953	10 908
玉溪市	**Yuxi**	**13 057**	**14 264**	墨江县	Mojiang	9 295	10 159
红塔区	Hongta	15 510	16 999	景东县	Jingdong	9 776	10 727
江川区	Jiangchuan	12 172	13 280	景谷县	Jinggu	10 042	11 097
澄江县	Chengjiang	13 889	15 236	镇沅县	Zhenyuan	9 964	10 991
通海县	Tonghai	15 051	16 436	江城县	Jiangcheng	9 080	9 932
华宁县	Huaning	12 723	13 970	孟连县	Menglian	9 040	9 928
易门县	Yimen	12 516	13 642	澜沧县	Lancang	8 873	9 716
峨山县	Eshan	11 937	13 047	西盟县	Ximeng	8 900	9 786
新平县	Xinping	12 259	13 424	**临沧市**	**Lincang**	**9 814**	**10 756**
元江县	Yuanjiang	11 706	12 806	临翔区	Linxiang	9 830	10 774
保山市	**Baoshan**	**10 321**	**11 280**	凤庆县	Fengqing	9 991	10 950

18-15 续表 continued

单位：元 (yuan)

州市县	Region	2017	2018	州市县	Region	2017	2018
云　县	Yunxian	10 441	11 412	马关县	Maguan	9 171	10 015
永德县	Yongde	9 930	10 853	丘北县	Qiubei	9 404	10 260
镇康县	Zhenkang	9 629	10 563	广南县	Guangnan	8 718	9 503
双江县	Shuangjiang	9 793	10 753	富宁县	Funing	9 586	10 488
耿马县	Gengma	10 249	11 243	**西双版纳州**	**Xishuangbanna**	**12 043**	**13 079**
沧源县	Cangyuan	9 498	10 410	景洪市	Jinghong	13 655	14 898
楚 雄 州	**Chuxiong**	**10 044**	**10 988**	勐海县	Menghai	10 935	11 864
楚雄市	Chuxiong	10 787	11 790	勐腊县	Mengla	9 780	10 699
双柏县	Shuangbai	9 213	10 144	**大 理 州**	**Dali**	**10 525**	**11 490**
牟定县	Mouding	9 420	10 315	大理市	Dali	14 609	15 953
南华县	Nanhua	9 659	10 644	漾濞县	yangbi	9 937	10 881
姚安县	Yao'an	9 927	10 870	祥云县	Xiangyun	10 845	11 854
大姚县	Dayao	9 667	10 605	宾川县	Binchuan	14 029	15 320
永仁县	Yongren	9 215	10 118	弥渡县	Midu	9 152	9 994
元谋县	Yuanmou	11 530	12 579	南涧县	Nanjian	8 448	9 251
武定县	Wuding	9 178	10 041	巍山县	Weishan	9 271	10 133
禄丰县	Lufeng	11 010	12 023	永平县	Yongping	9 390	10 282
红 河 州	**Honghe**	**10 356**	**11 330**	云龙县	Yunlong	9 027	9 848
个旧市	Gejiu	14 068	15 390	洱源县	Eryuan	9 852	10 768
开远市	Kaiyuan	13 723	15 109	剑川县	Jianchuan	8 165	8 924
蒙自市	Mengzi	12 567	13 736	鹤庆县	Heqing	9 593	10 466
弥勒市	Mile	12 124	13 336	**德 宏 州**	**Dehong**	**9 464**	**10 325**
屏边县	Pingbian	7 842	8 626	瑞丽市	Ruili	10 659	11 629
建水县	Jianshui	12 488	13 712	芒　市	Mangshi	10 364	11 307
石屏县	Shiping	11 469	12 547	梁河县	Lianghe	7 954	8 678
泸西县	Luxi	11 222	12 378	盈江县	Yingjiang	9 720	10 634
元阳县	Yuanyang	7 830	8 558	陇川县	Longchuan	8 726	9 546
红河县	Honghe	7 852	8 614	**怒 江 州**	**Nujiang**	**5 871**	**6 449**
金平县	Jinping	7 826	8 601	泸水市	Lushui	5 953	6 530
绿春县	Luchun	7 742	8 532	福贡县	Fugong	5 672	6 240
河口县	Hekou	11 335	12 446	贡山县	Gongshan	5 698	6 291
文 山 州	**Wenshan**	**9 184**	**10 030**	兰坪县	Lanping	5 934	6 515
文山市	Wenshan	10 178	11 115	**迪 庆 州**	**Diqing**	**7 776**	**8 524**
砚山县	Yanshan	9 755	10 682	香格里拉市	Shangri-La	7 912	8 681
西畴县	Xichou	8 715	9 552	德钦县	Deqin	7 791	8 556
麻栗坡县	Malipo	9 074	9 918	维西县	Weixi	7 674	8 406

18-16 各州市县农、林、牧、渔业总产值（2015-2018年）
Gross Output Value of Farming, Forestry, Animal Husbandry and Fishery by Region (2015-2018)

(按现行价格计算) (Calculated at current prices)
单位：亿元 (100 million yuan)

州 市 县	Region	2015	2016	2017	2018
全　　省	**Yunnan**	**3 383.09**	**3 704.69**	**3 872.93**	**4 108.88**
昆 明 市	**Kunming**	**328.58**	**349.69**	**366.38**	**374.84**
五华区	Wuhua	3.32	3.41	3.43	3.40
盘龙区	Panlong	8.11	8.39	8.40	8.22
官渡区	Guandu	14.27	14.54	13.96	13.42
西山区	Xishan	5.97	6.14	6.20	6.10
东川区	Dongchuan	12.83	13.67	14.45	14.88
呈贡区	Chenggong	7.79	8.06	8.21	8.20
晋宁区	Jinning	33.73	35.98	37.98	39.07
富民县	Fumin	15.82	16.84	17.75	18.22
宜良县	Yiliang	68.81	73.98	77.98	80.22
石林县	Shilin	34.23	36.50	38.57	39.71
嵩明县	Songming	24.90	26.52	27.91	28.64
禄劝县	Luquan	38.76	41.58	43.98	45.28
寻甸县	Xundian	37.47	40.06	42.37	43.62
安宁市	Anning	22.56	24.02	25.19	25.84
曲 靖 市	**Qujing**	**542.78**	**576.02**	**603.74**	**596.28**
麒麟区	Qilin	40.49	42.97	45.18	45.00
沾益区	Zhanyi	55.02	58.31	60.12	60.80
马龙区	Malong	16.34	17.57	18.38	18.62
陆良县	Luliang	87.22	92.67	97.01	95.09
师宗县	Shizong	53.67	56.40	58.80	53.31
罗平县	Luoping	74.52	79.52	82.96	82.44
富源县	Fuyuan	53.83	56.83	59.48	59.58
会泽县	Huize	71.37	76.18	80.54	81.26
宣威市	Xuanwei	90.32	95.57	101.28	100.19
玉 溪 市	**Yuxi**	**219.31**	**233.62**	**245.58**	**250.04**
红塔区	Hongta	27.96	28.81	29.02	29.55
江川区	Jiangchuan	25.20	26.63	27.79	28.29
澄江县	Chengjiang	17.07	18.18	19.12	19.37
通海县	Tonghai	25.66	27.43	28.78	29.30
华宁县	Huaning	27.63	28.70	29.88	30.37
易门县	Yimen	18.77	19.68	20.40	20.40
峨山县	Eshan	15.72	17.67	18.61	18.95
新平县	Xinping	31.64	35.25	38.63	39.86
元江县	Yuanjiang	29.67	31.28	33.34	33.94
保 山 市	**Baoshan**	**234.52**	**249.59**	**262.09**	**268.93**
隆阳区	Longyang	77.02	82.39	85.84	89.10
施甸县	Shidian	29.78	31.63	32.92	32.86
龙陵县	Longling	26.59	28.65	30.56	31.81
昌宁县	Changning	52.22	52.36	55.12	54.51
腾冲市	Tengchong	48.91	54.56	57.66	60.64
昭 通 市	**Zhaotong**	**222.08**	**235.90**	**247.02**	**249.09**
昭阳区	Zhaoyang	39.77	42.12	44.07	44.00
鲁甸县	Ludian	16.72	17.87	18.74	19.13
巧家县	Qiaojia	34.06	36.15	37.87	38.11
盐津县	Yanjin	13.32	14.16	14.81	15.07
大关县	Daguan	9.51	10.11	10.63	10.83
永善县	Yongshan	19.27	20.47	21.48	21.99
绥江县	Suijiang	6.31	6.71	7.03	7.05
镇雄县	Zhenxiong	39.71	42.18	44.08	44.23
彝良县	Yiliang	28.54	30.34	31.76	31.71
威信县	Weixin	11.50	12.21	12.79	13.03
水富市	Shuifu	3.37	3.59	3.76	3.93
丽 江 市	**Lijiang**	**81.76**	**86.93**	**91.03**	**93.43**
古城区	Lijiang	9.02	9.65	10.05	10.20
玉龙县	Yulong	21.04	22.06	23.18	23.90
永胜县	Yongsheng	26.98	29.01	30.47	31.44
华坪县	Huaping	11.97	12.68	13.24	13.50
宁蒗县	Ninglang	12.76	13.52	14.09	14.39
普 洱 市	**Pu'er**	**244.59**	**260.31**	**273.35**	**271.95**
思茅区	Simao	22.04	23.36	25.00	25.41
宁洱县	Ning'er	17.29	18.45	19.53	19.48
墨江县	Mojiang	24.77	27.75	28.38	28.44
景东县	Jingdong	38.48	40.20	42.32	42.11
景谷县	Jinggu	48.54	49.09	49.56	48.00
镇沅县	Zhenyuan	29.71	31.86	33.53	32.81
江城县	Jiangcheng	14.47	15.20	15.71	15.61
孟连县	Menglian	17.04	18.30	19.71	20.21
澜沧县	Lancang	27.54	31.08	34.20	34.20
西盟县	Ximeng	4.71	5.02	5.41	5.67

注：因分级核算，各州(市)加总数不等于全省数，分县(市、区)加总数不等于州(市)数。
Note: Number of the whole province is not equal to the aggregate number of 16 cities and prefectures and the number of the city and prefecture is not equal to the aggregate number of its counties because of the different accounting at different levels.

18-16 续表 continued

(按现行价格计算) (Calculated at current prices)

单位：亿元 (100 million yuan)

州市县	Region	2015	2016	2017	2018	州市县	Region	2015	2016	2017	2018
临沧市	**Lincang**	**235.86**	**251.01**	**263.38**	**270.60**	麻栗坡县	Malipo	17.97	18.49	19.34	19.53
临翔区	Linxiang	24.48	26.08	27.38	28.50	马关县	Maguan	28.50	29.95	31.49	31.88
凤庆县	Fengqing	50.04	53.26	55.89	59.41	丘北县	Qiubei	36.80	38.61	40.38	40.79
云县	Yunxian	42.23	45.07	47.36	49.00	广南县	Guangnan	52.89	56.65	59.34	59.95
永德县	Yongde	25.22	26.79	28.06	28.97	富宁县	Funing	31.94	34.33	36.01	36.47
镇康县	Zhenkang	16.75	17.79	18.64	17.72	**西双版纳州**	**Xishuangbanna**	**152.45**	**162.24**	**169.59**	**173.90**
双江县	Shuangjiang	16.61	17.67	18.52	18.70	景洪市	Jinghong	62.00	65.83	68.76	70.54
耿马县	Gengma	43.68	46.49	48.78	49.92	勐海县	Menghai	34.85	37.28	39.02	40.10
沧源县	Cangyuan	16.84	17.88	18.74	18.38	勐腊县	Mengla	55.60	59.14	61.81	63.26
楚雄州	**Chuxiong**	**273.17**	**290.72**	**305.62**	**311.91**	**大理州**	**Dali**	**366.74**	**388.83**	**407.92**	**416.01**
楚雄市	Chuxiong	41.58	44.19	46.44	47.29	大理市	Dali	42.87	45.38	47.03	30.53
双柏县	Shuangbai	17.78	18.91	19.85	20.22	漾濞县	Yangbi	9.89	10.50	11.03	13.27
牟定县	Mouding	18.26	19.45	20.43	20.90	祥云县	Xiangyun	48.37	51.33	53.90	57.61
南华县	Nanhua	25.48	27.15	28.48	29.13	宾川县	Binchuan	73.23	77.68	81.73	85.21
姚安县	Yao'an	24.21	25.74	27.09	27.66	弥渡县	Midu	29.41	31.21	32.87	35.17
大姚县	Dayao	32.74	34.85	36.59	37.46	南涧县	Nanjian	21.82	23.12	24.28	25.98
永仁县	Yongren	14.32	15.22	16.00	16.37	巍山县	Weishan	27.84	29.52	31.00	33.13
元谋县	Yuanmou	24.57	26.20	27.67	28.27	永平县	Yongping	20.87	22.13	23.25	24.88
武定县	Wuding	28.30	30.21	31.74	32.38	云龙县	Yunlong	21.67	22.96	24.10	25.57
禄丰县	Lufeng	45.92	48.80	51.33	52.24	洱源县	Eryuan	35.46	37.60	39.40	41.46
红河州	**Honghe**	**343.44**	**364.47**	**382.73**	**385.43**	剑川县	Jianchuan	12.02	12.74	13.39	15.48
个旧市	Gejiu	22.67	24.30	25.54	25.78	鹤庆县	Heqing	23.27	24.67	25.94	27.72
开远市	Kaiyuan	26.81	28.42	29.58	29.81	**德宏州**	**Dehong**	**119.02**	**126.31**	**132.38**	**133.32**
蒙自市	Mengzi	34.58	36.62	38.16	38.42	瑞丽市	Ruili	13.68	14.47	15.14	14.65
弥勒市	Mile	47.82	49.39	51.47	51.70	芒市	Mangshi	31.88	33.71	35.29	35.49
屏边县	Pingbian	9.99	10.81	11.67	11.85	梁河县	Lianghe	11.74	12.49	13.11	13.79
建水县	Jianshui	47.18	49.98	52.03	52.20	盈江县	Yingjiang	37.28	39.63	41.50	41.83
石屏县	Shiping	42.06	44.58	46.73	46.98	陇川县	Longchuan	24.44	26.01	27.34	27.56
泸西县	Luxi	31.16	33.37	35.04	35.27	**怒江州**	**Nujiang**	**30.53**	**32.34**	**33.70**	**34.59**
元阳县	Yuanyang	19.27	20.43	21.55	21.71	泸水市	Lushui	10.50	11.08	11.55	12.29
红河县	Honghe	16.87	18.11	19.19	19.38	福贡县	Fugong	4.75	5.04	5.24	5.40
金平县	Jinping	17.40	18.72	19.96	20.13	贡山县	Gongshan	3.48	3.76	3.91	3.92
绿春县	Luchun	14.43	15.58	16.67	16.88	兰坪县	Lanping	11.80	12.47	13.01	12.99
河口县	Hekou	13.20	14.17	15.14	15.32	**迪庆州**	**Diqing**	**19.19**	**20.32**	**21.26**	**21.61**
文山州	**Wenshan**	**249.73**	**265.27**	**278.05**	**281.19**	香格里拉市	Shangri-La	7.26	7.67	8.01	8.07
文山市	Wenshan	28.74	30.27	31.70	31.96	德钦县	Deqin	2.67	2.81	2.91	2.92
砚山县	Yanshan	37.79	40.82	42.88	43.45	维西县	Weixi	9.25	9.84	10.34	10.62
西畴县	Xichou	15.10	16.15	16.91	17.15						

18-17 各州市县农村和农业生产基本情况（2018年）

Basic Statistics on Rural Area and Agricultural Production by Region (2018)

州市县	Region	乡村户数（万户） Rural Household (10 000 households)	乡村人口（万人） Rural Population (10 000 persons)	乡村从业人员（万人） Number of Rural Employed Persons (10 000 persons)	粮食产量（万吨） Output of Grain (10 000 tons)	粮食播种面积（万公顷） Sown Areas of Grain (10 000 hectares)
全　省	**Yunnan**	**1 010.28**	**3 785.43**	**2 223.39**	**1 860.54**	**417.46**
昆明市	**Kunming**	**89.00**	**307.25**	**184.75**	**99.71**	**22.48**
五华区	Wuhua	2.07	5.88	3.19	0.90	0.19
盘龙区	Panlong	2.63	9.53	5.45	2.34	0.62
官渡区	Guandu	2.47	7.13	4.19	2.03	0.49
西山区	Xishan	2.80	7.96	5.06	0.98	0.23
东川区	Dongchuan	7.37	25.14	15.09	4.46	1.30
呈贡区	Chenggong	5.35	15.52	9.29	0.19	0.03
晋宁区	Jinning	8.34	24.34	15.35	2.16	0.51
富民县	Fuming	3.90	13.43	8.27	5.39	1.24
宜良县	Yiliang	11.11	38.42	23.85	15.11	3.20
石林县	Shilin	6.54	22.41	13.83	12.89	3.01
嵩明县	Songming	7.41	28.57	16.44	5.06	1.21
禄劝县	Luquan	11.62	44.25	26.27	22.09	4.63
寻甸县	Xundian	13.15	51.86	30.61	22.94	5.26
安宁市	Anning	4.27	12.83	7.85	3.18	0.56
曲靖市	**Qujing**	**154.36**	**559.77**	**314.70**	**314.50**	**62.19**
麒麟区	Qilin	12.04	43.69	23.34	23.36	3.58
沾益区	Zhanyi	9.31	36.57	19.61	35.94	6.80
马龙区	Malong	5.15	17.55	11.41	9.88	3.02
陆良县	Lulian g	17.01	58.25	29.87	30.96	5.55
师宗县	Shizong	9.15	37.82	20.74	22.52	4.07
罗平县	Luoping	15.47	59.71	31.28	36.93	5.46
富源县	Fuyuan	18.47	73.39	40.91	34.71	6.22
会泽县	Huize	24.53	90.23	60.07	43.95	10.68
宣威市	Xuanwei	43.25	142.54	77.47	76.26	16.81
玉溪市	**Yuxi**	**57.89**	**188.75**	**119.24**	**60.16**	**11.11**
红塔区	Hongta	10.15	30.43	18.54	3.66	0.49
江川区	Jiangchuan	8.40	26.10	16.83	4.48	0.62
澄江县	Chengjiang	5.33	15.46	9.61	3.50	0.59
通海县	Tonghai	8.23	25.65	16.29	2.44	0.43
华宁县	Huaning	5.76	19.03	12.04	6.49	1.22
易门县	Yimen	4.25	14.34	9.12	5.95	1.31
峨山县	Eshan	3.75	13.14	8.44	7.12	1.17
新平县	Xinping	6.97	25.72	16.40	17.21	3.42
元江县	Yuanjiang	5.04	18.89	11.99	9.31	1.87

注：全省粮食数据为抽样调查数，分州（市）及分县（市、区）数据为全面统计数。
Note: Data of grain output of the whole province are sampling survey data, and the data by region are comprehensive survey data.

18-17　续表1　continued

州 市 县	Region	乡村户数（万户）Rural Household (10 000 households)	乡村人口（万人）Rural Population (10 000 persons)	乡村从业人员（万人）Number of Rural Employed Persons (10 000 persons)	粮食产量（万吨）Output of Grain (10 000 tons)	粮食播种面积（万公顷）Sown Areas of Grain (10 000 hectares)
保 山 市	**Baoshan**	**57.51**	**207.42**	**137.18**	**144.36**	**25.98**
隆阳区	Longyang	14.21	51.57	45.03	48.89	6.64
施甸县	Shidian	9.66	32.43	19.47	15.95	3.41
龙陵县	Longling	6.83	25.96	15.83	14.72	3.34
昌宁县	Changning	10.22	32.37	20.41	21.39	4.32
腾冲市	Tengchong	16.60	65.08	36.43	43.40	8.27
昭 通 市	**Zhaotong**	**141.39**	**543.97**	**282.07**	**206.51**	**51.00**
昭阳区	Zhaoyang	21.46	78.50	42.37	31.92	5.17
鲁甸县	Ludian	10.92	38.49	22.12	14.49	3.78
巧家县	Qiaojia	15.69	51.88	30.90	21.57	4.64
盐津县	Yanjin	8.99	37.01	18.16	14.43	4.30
大关县	Daguan	6.41	26.00	13.01	8.72	3.19
永善县	Yongshan	11.31	41.91	21.30	20.88	4.44
绥江县	Suijiang	3.08	12.26	5.19	3.24	0.93
镇雄县	Zhenxiong	38.18	153.33	70.75	46.96	14.34
彝良县	Yiliang	14.67	58.40	34.61	21.33	4.50
威信县	Weixin	8.96	39.39	19.96	20.20	4.88
水富市	Shuifu	1.72	6.81	3.70	2.76	0.81
丽 江 市	**Lijiang**	**28.35**	**106.61**	**58.91**	**49.16**	**12.58**
古城区	Gucheng	2.14	8.95	4.77	3.80	0.92
玉龙县	Yulong	5.54	21.01	12.03	10.63	3.11
永胜县	Yongsheng	9.42	37.31	22.01	21.59	4.16
华坪县	Huaping	3.71	13.59	7.13	5.65	1.39
宁蒗县	Ninglang	7.54	25.75	12.98	7.50	2.99
普 洱 市	**Pu'er**	**60.75**	**219.82**	**132.45**	**116.82**	**33.95**
思茅区	Simao	3.11	12.18	7.55	6.44	1.72
宁洱县	Ning'er	4.39	16.23	9.42	8.09	2.73
墨江县	Mojiang	7.13	30.64	17.60	15.30	4.31
景东县	Jingdong	10.66	34.45	20.67	18.60	4.48
景谷县	Jinggu	8.00	29.19	18.69	15.54	4.61
镇沅县	Zhenyuan	5.93	20.05	11.70	11.56	3.27
江城县	Jiangcheng	2.98	11.09	7.46	4.91	1.52
孟连县	Menglian	3.30	12.31	7.47	7.23	1.92
澜沧县	Lancang	12.72	45.33	27.25	24.92	7.94
西盟县	Ximeng	2.53	8.34	4.64	4.22	1.44
临 沧 市	**Lincang**	**52.01**	**208.55**	**126.66**	**101.46**	**28.69**
临翔区	Linxiang	6.58	24.84	15.42	9.14	2.33
凤庆县	Fengqing	9.95	40.63	22.96	16.71	4.83

18-17 续表2 continued

单位：

州 市 县	Region	乡村户数（万户）Rural Household (10 000 households)	乡村人口（万人）Rural Population (10 000 persons)	乡村从业人员（万人）Number of Rural Employed Persons (10 000 persons)	粮食产量（万吨）Output of Grain (10 000 tons)	粮食播种面积（万公顷）Sown Areas of Grain (10 000 hectares)
云　县	Yunxian	10.26	39.96	24.17	20.98	5.66
永德县	Yongde	7.80	32.44	20.00	19.85	5.62
镇康县	Zhenkang	3.78	16.21	9.96	8.61	3.07
双江县	Shuangjiang	4.22	15.64	8.98	7.18	2.15
耿马县	Gengma	5.61	24.22	15.94	11.57	2.84
沧源县	Cangyuan	3.82	14.62	9.24	7.42	2.19
楚 雄 州	**Chuxiong**	**49.63**	**195.14**	**125.48**	**121.44**	**24.12**
楚雄市	Chuxiong	7.12	29.43	18.92	21.00	3.69
双柏县	Shuangbai	3.16	12.45	7.73	8.07	1.92
牟定县	Mouding	4.55	18.45	11.05	10.28	2.13
南华县	Nanhua	4.62	18.74	11.19	11.04	2.24
姚安县	Yao'an	3.70	14.25	9.32	9.51	1.58
大姚县	Dayao	5.36	20.58	15.91	12.88	2.72
永仁县	Yongren	2.44	9.26	5.85	5.73	1.29
元谋县	Yuanmou	4.19	16.54	10.41	8.96	1.74
武定县	Wuding	6.49	24.71	15.40	12.13	2.66
禄丰县	Lufeng	7.99	30.72	19.71	21.84	4.13
红 河 州	**Honghe**	**96.06**	**374.18**	**217.61**	**179.63**	**38.33**
个旧市	Gejiu	5.56	18.86	11.57	7.26	1.51
开远市	Kaiyuan	4.66	18.22	11.49	15.30	2.82
蒙自市	Mengzi	7.61	29.83	18.59	15.17	3.80
弥勒市	Mile	12.79	46.78	28.90	27.98	5.54
屏边县	Pingbian	3.37	13.58	8.12	6.29	1.84
建水县	Jianshui	13.37	47.24	27.93	22.00	4.46
石屏县	Shiping	9.99	29.17	17.67	11.57	2.62
泸西县	Luxi	9.65	36.70	20.91	16.95	3.19
元阳县	Yuanyang	8.75	41.74	21.86	16.38	3.53
红河县	Honghe	6.89	32.75	16.23	14.09	2.84
金平县	Jinping	7.71	34.33	19.86	13.32	3.03
绿春县	Luchun	4.35	19.80	11.38	11.08	2.71
河口县	Hekou	1.35	5.18	3.08	2.23	0.45
文 山 州	**Wenshan**	**76.19**	**334.86**	**198.14**	**165.38**	**44.13**
文山市	Wenshan	8.62	37.22	21.55	22.68	5.24
砚山县	Yanshan	9.70	44.10	27.88	29.41	7.35
西畴县	Xichou	5.72	23.74	15.22	11.03	3.09
麻栗坡县	Malipo	6.47	26.31	14.86	10.58	3.28
马关县	Maguan	8.35	35.04	20.51	15.56	4.60

18−17　续表3　continued

州 市 县	Region	乡村户数（万户）Rural Household (10 000 households)	乡村人口（万人）Rural Population (10 000 persons)	乡村从业人员（万人）Number of Rural Employed Persons (10 000 persons)	粮食产量（万吨）Output of Grain (10 000 tons)	粮食播种面积（万公顷）Sown Areas of Grain (10 000 hectares)
丘北县	Qiubei	10.90	48.57	26.74	26.21	6.94
广南县	Guangnan	17.31	80.69	46.30	37.17	10.29
富宁县	Funing	9.13	39.20	25.09	12.73	3.35
西双版纳州	**Xishuangbanna**	**16.17**	**69.87**	**44.25**	**46.56**	**8.79**
景洪市	Jinghong	6.08	25.99	16.49	9.17	1.93
勐海县	Menghai	6.18	28.22	18.10	29.20	4.91
勐腊县	Mengla	3.90	15.67	9.67	8.19	1.95
大 理 州	**Dali**	**84.27**	**284.09**	**174.52**	**164.59**	**29.66**
大理市	Dali	9.77	32.08	18.63	12.03	1.61
漾濞县	Yangbi	2.14	7.24	5.31	7.14	1.49
祥云县	Xiangyun	12.49	38.42	24.14	20.40	3.34
宾川县	Binchuan	8.32	30.23	18.72	15.20	2.41
弥渡县	Midu	7.96	27.71	17.59	17.92	2.42
南涧县	Nanjian	6.68	17.25	13.04	10.72	2.41
巍山县	Weishan	8.28	28.87	19.04	15.87	2.93
永平县	Yongping	5.10	17.97	9.26	10.68	2.40
云龙县	Yunlong	4.88	15.36	8.97	14.12	3.16
洱源县	Eryuan	7.29	27.21	15.04	18.02	2.74
剑川县	Jianchuan	4.39	15.88	9.14	8.51	2.13
鹤庆县	Heqing	6.98	25.87	15.64	13.97	2.63
德 宏 州	**Dehong**	**25.28**	**104.44**	**61.58**	**68.18**	**13.60**
瑞丽市	Ruili	3.15	11.03	6.87	5.49	1.11
芒　市	Mangshi	7.47	32.41	19.41	21.94	3.96
梁河县	Lianghe	3.69	15.36	8.59	7.30	1.48
盈江县	Yingjiang	6.66	28.14	16.14	21.89	4.62
陇川县	Longchuan	4.31	17.51	10.57	11.56	2.42
怒 江 州	**Nujiang**	**13.34**	**47.99**	**27.71**	**15.76**	**6.41**
泸水市	Lushui	4.32	14.84	8.36	5.93	2.26
福贡县	Fugong	2.81	10.73	5.49	1.09	0.66
贡山县	Gongshan	0.98	2.96	1.88	0.28	0.15
兰坪县	Lanping	5.23	19.46	11.97	8.46	3.34
迪 庆 州	**Diqing**	**8.09**	**32.72**	**18.13**	**15.41**	**4.26**
香格里拉市	Shangri-La	2.89	12.38	6.76	6.17	1.56
德钦县	Deqin	1.19	5.45	2.60	2.21	0.57
维西县	Weixi	4.02	14.89	8.77	7.03	2.13

18-18 各州市县粮食作物种植面积（2018年）

Planting Area of Major Food Crops by Region (2018)

单位：万公顷 (10 000 hectares)

州市县	Region	粮食 Grain	稻谷 Rice	小麦 Wheat	玉米 Corn	豆类 Beans	蚕豆 Broad Beans	薯类 Tubers
全　省	**Yunnan**	**417.46**	**84.96**	**33.92**	**178.52**	**46.94**		**53.16**
昆明市	**Kunming**	**22.48**	**1.82**	**2.57**	**8.04**	**3.89**	**1.52**	**3.44**
五华区	Wuhua	0.19		0.02	0.11	0.04	0.01	0.01
盘龙区	Panlong	0.62		0.08	0.28	0.09	0.04	0.07
官渡区	Guandu	0.49		0.07	0.29	0.07	0.01	0.02
西山区	Xishan	0.23	0.01	0.04	0.11	0.04	0.02	0.01
东川区	Dongchuan	1.30	0.19	0.09	0.53	0.11	0.02	0.33
呈贡区	Chenggong	0.03			0.03			
晋宁区	Jinning	0.51	0.02	0.04	0.26	0.12	0.05	0.06
富民县	Fumin	1.24	0.12	0.18	0.39	0.42	0.08	0.08
宜良县	Yiliang	3.20	0.43	0.47	1.26	0.83	0.36	0.11
石林县	Shilin	3.01	0.24	0.44	1.21	0.44	0.24	0.28
嵩明县	Songming	1.21	0.07	0.21	0.44	0.33	0.19	0.08
禄劝县	Luquan	4.63	0.30	0.63	1.71	0.66	0.27	0.66
寻甸县	Xundian	5.26	0.43	0.28	1.02	0.67	0.21	1.70
安宁市	Anning	0.56	0.02	0.02	0.41	0.06	0.02	0.02
曲靖市	**Qujing**	**62.19**	**6.87**	**4.01**	**23.66**	**6.49**	**1.69**	**17.19**
麒麟区	Qilin	3.58	0.94	0.17	1.02	0.73	0.07	0.35
沾益区	Zhanyi	6.80	1.20	0.31	2.50	1.02		1.17
马龙区	Malong	3.02	0.75	0.22	0.85	0.19	0.06	0.67
陆良县	Luliang	5.55	0.72	0.10	1.65	0.57	0.12	2.16
师宗县	Shizong	4.07	0.60	0.67	1.49	0.43	0.11	0.62
罗平县	Luoping	5.46	0.85	0.33	2.72	0.80	0.48	0.68
富源县	Fuyuan	6.22	0.35	0.80	2.87	0.76		1.30
会泽县	Huize	10.68	0.80	0.56	3.40	1.25	0.55	4.51
宣威市	Xuanwei	16.81	0.66	0.86	7.16	0.75	0.29	5.73
玉溪市	**Yuxi**	**11.11**	**1.83**	**1.42**	**5.70**	**1.08**	**0.36**	**0.51**
红塔区	Hongta	0.49	0.02	0.04	0.31	0.09	0.02	0.01
江川区	Jiangchuan	0.62	0.19	0.07	0.19	0.09	0.04	0.07
澄江县	Chengjiang	0.59	0.01	0.17	0.30	0.06	0.01	0.03
通海县	Tonghai	0.43	0.01	0.10	0.25	0.04	0.02	0.03
华宁县	Huaning	1.22	0.10	0.24	0.65	0.15	0.01	0.07
易门县	Yimen	1.31	0.12	0.41	0.62	0.09	0.04	0.04
峨山县	Eshan	1.17	0.31	0.07	0.58	0.16	0.09	0.02
新平县	Xinping	3.42	0.66	0.16	1.84	0.25	0.08	0.18
元江县	Yuanjiang	1.87	0.40	0.17	0.97	0.16	0.04	0.06

注：全省粮食面积数据为抽样调查数，分州（市）及分县（市、区）数据为全面统计数。
Note: Data of grain area of the whole province are sampling survey data, and the data by region are comprehensive survey data.

18-18 续表1 continucd

单位：万公顷 (10 000 hectares)

州市县	Region	粮食 Grain	稻谷 Rice	小麦 Wheat	玉米 Corn	豆类 Beans	蚕豆 Broad Beans	薯类 Tubers
保山市	**Baoshan**	**25.98**	**6.09**	**1.00**	**9.58**	**3.59**	**1.05**	**2.10**
隆阳区	Longyang	6.64	1.12	0.28	3.06	1.20	0.53	0.34
施甸县	Shidian	3.41	0.17	0.29	1.63	0.67	0.23	0.19
龙陵县	Longling	3.34	0.81	0.13	1.04	0.36		0.42
昌宁县	Changning	4.32	0.82	0.28	1.58	0.84	0.23	0.34
腾冲市	Tengchong	8.27	3.16	0.02	2.27	0.52	0.07	0.81
昭通市	**Zhaotong**	**51.00**	**3.02**	**3.00**	**23.75**	**4.28**	**0.66**	**16.34**
昭阳区	Zhaoyang	5.17	0.34	0.01	1.80	0.43	0.03	2.34
鲁甸县	Ludian	3.78	0.21	0.20	1.66	0.41	0.06	1.23
巧家县	Qiaojia	4.64	0.12	0.37	1.77	0.49	0.11	1.79
盐津县	Yanjin	4.30	0.67	0.11	2.12	0.40	0.08	1.01
大关县	Daguan	3.19	0.17	0.22	1.48	0.28	0.06	1.03
永善县	Yongshan	4.44	0.40	0.22	1.62	0.50	0.08	1.64
绥江县	Suijiang	0.93	0.15	0.02	0.54	0.13	0.03	0.10
镇雄县	Zhenxiong	14.34	0.09	1.31	7.52	0.80	0.12	4.57
彝良县	Yiliang	4.50	0.26	0.51	2.34	0.31	0.07	1.05
威信县	Weixin	4.88	0.29	0.04	2.53	0.47	0.02	1.54
水富市	Shuifu	0.81	0.34		0.37	0.06	0.01	0.04
丽江市	**Lijiang**	**12.58**	**1.40**	**1.16**	**4.22**	**2.39**	**1.08**	**2.10**
古城区	Gucheng	0.92	0.06	0.12	0.37	0.16	0.07	0.09
玉龙县	Yulong	3.11	0.11	0.52	1.04	0.61	0.15	0.54
永胜县	Yongsheng	4.16	0.78	0.17	1.69	0.95	0.71	0.32
华坪县	Huaping	1.39	0.26	0.26	0.49	0.27	0.04	0.11
宁蒗县	Ninglang	2.99	0.20	0.08	0.63	0.40	0.11	1.05
普洱市	**Pu'er**	**33.95**	**7.77**	**2.69**	**18.17**	**3.33**	**0.71**	**1.46**
思茅区	Simao	1.72	0.35	0.15	1.11	0.09	0.03	0.02
宁洱县	Ning'er	2.73	0.61	0.41	1.31	0.27	0.09	0.12
墨江县	Mojiang	4.31	0.87	0.34	2.42	0.50	0.06	0.10
景东县	Jingdong	4.48	0.67	0.77	1.67	1.00	0.21	0.34
景谷县	Jinggu	4.61	0.81	0.24	2.45	0.51	0.10	0.48
镇沅县	Zhenyuan	3.27	0.47	0.57	1.95	0.23	0.05	0.04
江城县	Jiangcheng	1.52	0.23	0.01	1.24	0.02		0.02
孟连县	Menglian	1.92	0.98		0.83	0.07		0.01
澜沧县	Lancang	7.94	2.32	0.16	4.41	0.61	0.15	0.32
西盟县	Ximeng	1.44	0.47	0.04	0.79	0.02		0.01
临沧市	**Lincang**	**28.69**	**4.83**	**3.29**	**15.02**	**3.42**	**1.33**	**1.80**
临翔区	Linxiang	2.33	0.35	0.17	1.16	0.37	0.11	0.27
凤庆县	Fengqing	4.83	0.69	1.25	2.08	0.49	0.21	0.19

18-18 续表2 continued

单位：万公顷 (10 000 hectares)

州 市 县	Region	粮 食 Grain	稻 谷 Rice	小 麦 Wheat	玉 米 Corn	豆 类 Beans	蚕 豆 Broad Beans	薯 类 Tubers
云 县	Yunxian	5.66	0.88	0.86	2.81	0.66	0.31	0.37
永德县	Yongde	5.62	0.51	0.48	3.44	0.74	0.24	0.40
镇康县	Zhenkang	3.07	0.61	0.23	1.69	0.34	0.19	0.19
双江县	Shuangjiang	2.15	0.29	0.17	1.19	0.30	0.11	0.19
耿马县	Gengma	2.84	0.92	0.08	1.36	0.34	0.09	0.14
沧源县	Cangyuan	2.19	0.59	0.05	1.29	0.19	0.06	0.06
楚 雄 州	**Chuxiong**	**24.12**	**6.53**	**4.21**	**7.49**	**3.80**	**2.26**	**0.82**
楚雄市	Chuxiong	3.69	1.07	0.69	1.13	0.46	0.37	0.09
双柏县	Shuangbai	1.92	0.32	0.41	0.71	0.39	0.18	0.04
牟定县	Mouding	2.13	0.68	0.28	0.52	0.51	0.33	0.05
南华县	Nanhua	2.24	0.45	0.51	0.70	0.23	0.17	0.18
姚安县	Yao'an	1.58	0.41	0.22	0.53	0.33	0.25	0.03
大姚县	Dayao	2.72	0.60	0.38	0.80	0.61	0.36	0.25
永仁县	Yongren	1.29	0.34	0.18	0.43	0.23	0.09	0.05
元谋县	Yuanmou	1.74	0.59	0.20	0.74	0.11	0.03	0.05
武定县	Wuding	2.66	0.64	0.62	0.89	0.32	0.12	0.04
禄丰县	Lufeng	4.13	1.43	0.73	1.04	0.61	0.38	0.04
红 河 州	**Honghe**	**38.33**	**9.96**	**2.80**	**13.34**	**4.88**	**1.38**	**3.77**
个旧市	Gejiu	1.51	0.23	0.09	0.71	0.19	0.07	0.23
开远市	Kaiyuan	2.82	0.44	0.22	1.18	0.33	0.17	0.28
蒙自市	Mengzi	3.80	0.89	0.17	1.14	1.14	0.34	0.27
弥勒市	Mile	5.54	0.80	1.03	2.17	0.30	0.21	0.35
屏边县	Pingbian	1.84	0.53	0.06	0.55	0.33	0.05	0.28
建水县	Jianshui	4.46	1.06	0.37	1.52	0.53	0.18	0.82
石屏县	Shiping	2.62	0.68	0.43	0.62	0.29	0.08	0.49
泸西县	Luxi	3.19	0.62	0.23	0.66	0.20	0.13	0.44
元阳县	Yuanyang	3.53	1.41	0.01	1.17	0.59	0.04	0.21
红河县	Honghe	2.84	0.92	0.20	0.82	0.30	0.07	0.18
金平县	Jinping	3.03	1.39		1.14	0.37	0.01	0.07
绿春县	Luchun	2.71	0.88		1.36	0.24	0.04	0.15
河口县	Hekou	0.45	0.10		0.29	0.06		
文 山 州	**Wenshan**	**44.13**	**8.16**	**3.63**	**20.77**	**6.44**	**1.71**	**2.90**
文山市	Wenshan	5.24	1.09	0.81	2.72	0.33	0.05	0.20
砚山县	Yanshan	7.35	1.23	1.17	4.11	0.45	0.08	0.28
西畴县	Xichou	3.09	0.45	0.02	1.18	0.72	0.31	0.41
麻栗坡县	Malipo	3.28	0.55	0.04	1.47	0.68	0.20	0.28
马关县	Maguan	4.60	0.91	0.05	1.64	1.42	0.18	0.35

18-18 续表3 continued

单位：万公顷 (10 000 hectares)

州市县	Region	粮食 Grain	稻谷 Rice	小麦 Wheat	玉米 Corn	豆类 Beans	蚕豆 Broad Beans	薯类 Tubers
丘北县	Qiubei	6.94	0.83	1.10	4.25	0.59	0.08	0.17
广南县	Guangnan	10.29	2.33	0.42	4.09	1.58	0.65	0.87
富宁县	Funing	3.35	0.77	0.01	1.31	0.69	0.17	0.34
西双版纳州	**Xishuangbanna**	**8.79**	**3.34**		**5.20**	**0.13**	**0.01**	**0.09**
景洪市	Jinghong	1.93	0.36		1.53	0.02		0.02
勐海县	Menghai	4.91	2.62		2.12	0.08	0.01	0.06
勐腊县	Mengla	1.95	0.36		1.55	0.03		0.00
大理州	**Dali**	**29.66**	**5.77**	**1.66**	**12.91**	**4.29**	**1.00**	**1.68**
大理市	Dali	1.61	0.46	0.05	0.55	0.33	0.02	0.11
漾濞县	Yangbi	1.49	0.16	0.18	0.85	0.17	0.08	0.09
祥云县	Xiangyun	3.34	0.51	0.23	1.43	0.50		0.24
宾川县	Binchuan	2.41	0.32	0.04	1.72	0.23	0.01	0.06
弥渡县	Midu	2.42	0.62	0.18	1.01	0.13		0.12
南涧县	Nanjian	2.41	0.14	0.30	1.08	0.39	0.33	0.10
巍山县	Weishan	2.93	0.61	0.18	1.22	0.58	0.08	0.07
永平县	Yongping	2.40	0.36	0.20	1.11	0.31	0.17	0.09
云龙县	Yunlong	3.16	0.51	0.14	1.49	0.43	0.07	0.18
洱源县	Eryuan	2.74	0.72	0.05	0.65	0.76	0.11	0.22
剑川县	Jianchuan	2.13	0.55	0.08	0.74	0.29	0.13	0.29
鹤庆县	Heqing	2.63	0.81	0.04	1.05	0.19	0.03	0.12
德宏州	**Dehong**	**13.60**	**5.89**	**0.17**	**4.81**	**0.75**	**0.16**	**1.95**
瑞丽市	Ruili	1.11	0.54		0.53	0.03	0.01	0.01
芒 市	Mangshi	3.96	1.76	0.04	1.58	0.23	0.05	0.35
梁河县	Lianghe	1.48	0.72	0.03	0.44	0.08	0.02	0.21
盈江县	Yingjiang	4.62	1.86	0.01	1.28	0.26	0.05	1.18
陇川县	Longchuan	2.42	1.01	0.09	0.98	0.15	0.04	0.19
怒江州	**Nujiang**	**6.41**	**0.46**	**0.59**	**1.88**	**1.71**	**0.33**	**1.05**
泸水市	Lushui	2.26	0.21	0.09	0.82	0.58	0.12	0.41
福贡县	Fugong	0.66	0.04		0.08	0.22	0.06	0.22
贡山县	Gongshan	0.15	0.01	0.01	0.02	0.06	0.01	0.04
兰坪县	Lanping	3.34	0.20	0.50	0.97	0.86	0.15	0.38
迪庆州	**Diqing**	**4.26**	**0.25**	**0.66**	**1.67**	**0.44**	**0.08**	**0.46**
香格里拉市	Shangri-La	1.56	0.08	0.24	0.48	0.11	0.05	0.23
德钦县	Deqin	0.57	0.01	0.14	0.19	0.04	0.01	0.02
维西县	Weixi	2.13	0.17	0.28	1.00	0.29	0.03	0.21

18-19 各州市县主要农作物产量（一）（2018年）

Output of Major Farm Crops by Region (I) (2018)

单位：万吨 (10 000 tons)

州市县	Region	粮食 Grain						
			稻谷 Rice	小麦 Wheat	玉米 Corn	豆类 Beans	蚕豆 Broad Beans	薯类（折粮） Tubers
全省	**Yunnan**	**1 860.54**	**527.70**	**74.28**	**926.00**	**118.08**		**160.74**
昆明市	**Kunming**	**99.71**	**13.23**	**6.43**	**49.53**	**8.05**	**3.47**	**16.65**
五华区	Wuhua	0.90	0.01	0.07	0.50	0.15	0.04	0.13
盘龙区	Panlong	2.34		0.10	1.64	0.24	0.11	0.24
官渡区	Guandu	2.03		0.11	1.65	0.15	0.02	0.06
西山区	Xishan	0.98	0.04	0.17	0.52	0.14	0.05	0.06
东川区	Dongchuan	4.46	1.16	0.10	2.27	0.16	0.02	0.71
呈贡区	Chenggong	0.19			0.19			
晋宁区	Jinning	2.16	0.15	0.12	1.18	0.37	0.17	0.33
富民县	Fuming	5.39	1.03	0.66	2.20	1.00	0.24	0.34
宜良县	Yiliang	15.11	3.22	1.11	8.96	1.29	0.81	0.29
石林县	Shilin	12.89	1.63	1.23	7.76	0.68	0.48	1.08
嵩明县	Songming	5.06	0.53	0.33	2.87	0.87	0.55	0.24
禄劝县	Luquan	22.09	2.16	1.68	10.94	1.38	0.48	4.44
寻甸县	Xundian	22.94	3.17	0.70	6.23	1.45	0.45	8.62
安宁市	Anning	3.18	0.14	0.06	2.61	0.17	0.06	0.11
曲靖市	**Qujing**	**314.50**	**45.37**	**8.93**	**163.66**	**19.36**	**4.68**	**68.46**
麒麟区	Qilin	23.36	7.89	0.53	8.79	2.67	0.25	2.16
沾益区	Zhanyi	35.94	7.43	0.98	19.31	2.53		4.17
马龙区	Malong	9.88	3.13	0.38	3.79	0.44	0.14	1.59
陆良县	Luliang	30.96	5.77	0.26	12.13	1.73	0.25	10.20
师宗县	Shizong	22.52	4.41	1.58	12.32	1.48	0.46	2.05
罗平县	Luoping	36.93	6.32	1.22	21.86	3.79	2.14	3.49
富源县	Fuyuan	34.71	2.10	1.74	21.50	2.61		6.51
会泽县	Huize	43.95	4.53	0.75	19.63	2.25	0.90	16.54
宣威市	Xuanwei	76.26	3.79	1.49	44.33	1.87	0.54	21.76
玉溪市	**Yuxi**	**60.16**	**13.29**	**3.65**	**36.62**	**2.80**	**0.80**	**2.10**
红塔区	Hongta	3.66	0.15	0.18	2.90	0.33	0.07	0.03
江川区	Jiangchuan	4.48	1.77	0.28	1.69	0.25	0.11	0.46
澄江县	Chengjiang	3.50	0.09	0.60	2.38	0.22	0.02	0.15
通海县	Tonghai	2.44	0.09	0.28	1.78	0.13	0.06	0.13
华宁县	Huaning	6.49	0.91	0.56	4.26	0.42	0.03	0.32
易门县	Yimen	5.95	0.84	0.93	3.70	0.23	0.09	0.18
峨山县	Eshan	7.12	2.36	0.16	4.10	0.38	0.22	0.07
新平县	Xinping	17.21	4.41	0.31	10.38	0.53	0.14	0.56
元江县	Yuanjiang	9.31	2.67	0.34	5.43	0.31	0.07	0.20

注：全省粮食数据为抽样调查数，分州（市）及分县（市、区）数据为全面统计数。
Note: Data of grain output of the whole province are sampling survey data, and the data by region are comprehensive survey data.

18−19 续表1 continued

单位:万吨 (10 000 tons)

州市县	Region	粮食 Grain	稻谷 Rice	小麦 Wheat	玉米 Corn	豆类 Beans	蚕豆 Broad Beans	薯类(折粮) Tubers
保山市	**Baoshan**	**144.36**	**46.56**	**3.36**	**63.32**	**9.58**	**2.28**	**8.58**
隆阳区	Longyang	48.89	11.77	1.17	25.63	4.95	1.12	2.55
施甸县	Shidian	15.95	1.53	1.08	9.44	1.41	0.54	0.74
龙陵县	Longling	14.72	5.02	0.33	5.59	0.69		1.47
昌宁县	Changning	21.39	7.00	0.71	9.76	1.61	0.50	1.00
腾冲市	Tengchong	43.40	21.25	0.07	12.89	0.92	0.12	2.83
昭通市	**Zhaotong**	**206.51**	**18.58**	**5.04**	**120.82**	**9.16**	**0.99**	**51.70**
昭阳区	Zhaoyang	31.92	3.09	0.01	15.39	1.47	0.06	11.41
鲁甸县	Ludian	14.49	1.30	0.18	8.47	0.75	0.09	3.63
巧家县	Qiaojia	21.57	0.98	0.80	9.82	1.21	0.19	8.56
盐津县	Yanjin	14.43	3.25	0.14	9.22	0.69	0.13	1.12
大关县	Daguan	8.72	1.31	0.28	5.27	0.39	0.07	1.47
永善县	Yongshan	20.88	3.43	0.39	8.45	1.24	0.22	7.23
绥江县	Suijiang	3.24	0.68	0.03	2.16	0.20	0.05	0.18
镇雄县	Zhenxiong	46.96	0.33	2.50	32.14	1.37	0.05	10.53
彝良县	Yiliang	21.33	1.29	0.63	13.87	1.10	0.11	4.40
威信县	Weixin	20.20	1.67	0.08	14.70	0.65	0.02	3.09
水富市	Shuifu	2.76	1.25		1.34	0.08	0.01	0.08
丽江市	**Lijiang**	**49.16**	**9.37**	**4.02**	**19.21**	**6.18**	**2.98**	**6.87**
古城区	Gucheng	3.80	0.29	0.35	2.06	0.36	0.16	0.39
玉龙县	Yulong	10.63	0.51	1.96	3.70	1.37	0.35	1.76
永胜县	Yongsheng	21.59	6.56	0.51	9.38	2.83	2.20	1.51
华坪县	Huaping	5.65	1.19	1.01	2.15	0.69	0.07	0.60
宁蒗县	Ninglang	7.50	0.82	0.19	1.92	0.93	0.21	2.60
普洱市	**Pu'er**	**116.82**	**36.78**	**4.94**	**65.98**	**4.57**	**0.98**	**3.73**
思茅区	Simao	6.44	2.52	0.27	3.47	0.15	0.05	0.02
宁洱县	Ning'er	8.09	2.02	0.75	4.68	0.42	0.14	0.19
墨江县	Mojiang	15.30	3.79	0.55	10.00	0.68	0.08	0.16
景东县	Jingdong	18.60	5.17	1.53	8.46	1.59	0.33	1.77
景谷县	Jinggu	15.54	3.52	0.53	9.91	0.60	0.12	0.78
镇沅县	Zhenyuan	11.56	2.61	1.00	7.52	0.35	0.08	0.08
江城县	Jiangcheng	4.91	1.06	0.02	3.76	0.02		0.05
孟连县	Menglian	7.23	4.45		2.62	0.10		0.01
澜沧县	Lancang	24.92	10.03	0.26	13.15	0.64	0.17	0.64
西盟县	Ximeng	4.22	1.60	0.05	2.42	0.01		0.02
临沧市	**Lincang**	**101.46**	**23.73**	**5.16**	**61.45**	**6.17**	**1.93**	**4.26**
临翔区	Linxiang	9.14	1.70	0.34	5.93	0.64	0.20	0.49
凤庆县	Fengqing	16.71	3.59	1.98	9.33	1.10	0.36	0.47

18-19 续表2 continued

单位:万吨 (10 000 tons)

州市县	Region	粮食 Grain Crops	稻谷 Rice	小麦 Wheat	玉米 Maize	豆类 Beans and Peas	蚕豆 Broad Beans	薯类（折粮） Tubers
云　县	Yunxian	20.98	4.45	1.20	13.31	0.99	0.42	0.87
永德县	Yongde	19.85	2.83	0.62	13.73	1.33	0.27	1.20
镇康县	Zhenkang	8.61	2.55	0.38	4.87	0.50	0.28	0.28
双江县	Shuangjiang	7.18	1.82	0.39	4.02	0.47	0.16	0.45
耿马县	Gengma	11.57	4.50	0.16	5.61	0.87	0.17	0.42
沧源县	Cangyuan	7.42	2.28	0.10	4.64	0.29	0.07	0.09
楚雄州	**Chuxiong**	**121.44**	**47.08**	**11.99**	**43.43**	**11.92**	**7.42**	**3.22**
楚雄市	Chuxiong	21.00	9.18	2.34	6.71	1.64	1.41	0.30
双柏县	Shuangbai	8.07	2.13	0.81	4.03	0.89	0.44	0.12
牟定县	Mouding	10.28	4.92	0.73	2.79	1.43	0.94	0.15
南华县	Nanhua	11.04	3.22	1.38	4.48	0.78	0.57	0.65
姚安县	Yao'an	9.51	3.15	0.93	3.66	1.36	1.07	0.14
大姚县	Dayao	12.88	3.73	1.15	4.34	2.22	1.28	1.25
永仁县	Yongren	5.73	2.42	0.33	2.14	0.51	0.19	0.17
元谋县	Yuanmou	8.96	4.25	0.41	3.77	0.32	0.08	0.11
武定县	Wuding	12.13	4.26	1.36	5.08	0.88	0.28	0.17
禄丰县	Lufeng	21.84	9.82	2.53	6.44	1.88	1.17	0.17
红河州	**Honghe**	**179.63**	**64.82**	**5.37**	**72.48**	**11.74**	**2.46**	**14.37**
个旧市	Gejiu	7.26	1.48	0.25	3.81	0.45	0.17	0.92
开远市	Kaiyuan	15.30	3.57	0.29	8.18	0.92	0.44	1.47
蒙自市	Mengzi	15.17	5.27	0.30	5.96	2.43	0.64	0.84
弥勒市	Mile	27.98	6.26	2.07	15.47	0.45	0.30	1.15
屏边县	Pingbian	6.29	2.63	0.10	2.27	0.55	0.07	0.49
建水县	Jianshui	22.00	7.87	0.54	9.35	1.01	0.24	2.79
石屏县	Shiping	11.57	4.61	0.64	2.89	0.64	0.11	2.60
泸西县	Luxi	16.95	4.96	0.69	4.38	1.18	0.22	1.68
元阳县	Yuanyang	16.38	8.34	0.02	5.36	1.67	0.06	0.75
红河县	Honghe	14.09	6.27	0.49	4.21	0.92	0.17	0.98
金平县	Jinping	13.32	8.08		3.98	0.93	0.01	0.23
绿春县	Luchun	11.08	4.76		5.26	0.45	0.03	0.45
河口县	Hekou	2.23	0.71		1.37	0.15		
文山州	**Wenshan**	**165.38**	**50.12**	**5.53**	**90.39**	**10.11**	**2.23**	**4.88**
文山市	Wenshan	22.68	6.84	1.27	13.23	0.59	0.11	0.54
砚山县	Yanshan	29.41	7.32	1.70	19.05	0.74	0.18	0.45
西畴县	Xichou	11.03	3.36	0.05	5.63	0.74	0.23	0.53
麻栗坡县	Malipo	10.58	3.57	0.06	5.35	0.86	0.25	0.38
马关县	Maguan	15.56	5.24	0.11	7.27	2.23	0.27	0.45

18−19 续表3 continued

单位:万吨 (10 000 tons)

州市县	Region	粮食 Grain	稻谷 Rice	小麦 Wheat	玉米 Corn	豆类 Beans	蚕豆 Broad Beans	薯类（折粮） Tubers
丘北县	Qiubei	26.21	4.78	1.68	18.58	0.80	0.11	0.34
广南县	Guangnan	37.17	13.82	0.64	15.95	2.90	0.73	1.57
富宁县	Funing	12.73	5.20	0.02	5.33	1.26	0.35	0.62
西双版纳州	**Xishuangbanna**	**46.56**	**22.10**	**0.01**	**23.99**	**0.21**	**0.01**	**0.21**
景洪市	Jinghong	9.17	2.10	0.01	6.99	0.03		0.03
勐海县	Menghai	29.20	18.30		10.60	0.13	0.01	0.14
勐腊县	Mengla	8.19	1.70		6.40	0.05		0.04
大理州	**Dali**	**164.59**	**43.75**	**5.10**	**79.43**	**16.47**	**3.11**	**7.20**
大理市	Dali	12.03	4.44	0.31	4.43	1.56	0.07	0.59
漾濞县	Yangbi	7.14	1.23	0.55	4.34	0.53	0.21	0.40
祥云县	Xiangyun	20.40	3.58	0.59	10.57	2.30		1.44
宾川县	Binchuan	15.20	2.75	0.12	11.07	0.85	0.01	0.20
弥渡县	Midu	17.92	5.41	0.78	7.92	1.37		0.59
南涧县	Nanjian	10.72	0.94	0.82	6.43	1.25	1.05	0.36
巍山县	Weishan	15.87	4.84	0.50	7.12	2.26	0.39	0.18
永平县	Yongping	10.68	2.58	0.62	5.35	0.81	0.32	0.26
云龙县	Yunlong	14.12	3.14	0.32	8.65	0.85	0.12	0.46
洱源县	Eryuan	18.02	6.37	0.14	5.09	3.17	0.50	1.48
剑川县	Jianchuan	8.51	2.71	0.24	3.21	0.85	0.36	0.85
鹤庆县	Heqing	13.97	5.75	0.11	5.26	0.67	0.08	0.40
德宏州	**Dehong**	**68.18**	**37.28**	**0.59**	**20.35**	**1.34**	**0.29**	**8.50**
瑞丽市	Ruili	5.49	3.25		2.14	0.05	0.01	0.05
芒　市	Mangshi	21.94	12.15	0.11	7.48	0.35	0.06	1.83
梁河县	Lianghe	7.30	4.47	0.06	1.68	0.15	0.03	0.94
盈江县	Yingjiang	21.89	11.78	0.04	4.82	0.41	0.07	4.74
陇川县	Longchuan	11.56	5.62	0.40	4.23	0.38	0.11	0.93
怒江州	**Nujiang**	**15.76**	**2.85**	**1.04**	**6.33**	**1.85**	**0.27**	**2.66**
泸水市	Lushui	5.93	1.48	0.08	2.60	0.52	0.06	0.95
福贡县	Fugong	1.09	0.23		0.39	0.16	0.03	0.22
贡山县	Gongshan	0.28	0.06	0.01	0.06	0.04	0.01	0.09
兰坪县	Lanping	8.46	1.08	0.95	3.29	1.12	0.18	1.39
迪庆州	**Diqing**	**15.41**	**1.45**	**1.97**	**7.59**	**1.19**	**0.22**	**1.12**
香格里拉市	Shangri-La	6.17	0.48	1.05	2.20	0.32	0.14	0.67
德钦县	Deqin	2.21	0.03	0.45	1.18	0.15	0.01	0.04
维西县	Weixi	7.03	0.94	0.47	4.22	0.72	0.07	0.40

18-20 各州市县主要农作物产量（二）（2018年）

Output of Major Farm Crops by Region (II) (2018)

单位:万吨 (10 000 tons)

州市县	Region	油料 Oil-bearing Crops	花生 Peanuts	油菜籽 Rapeseeds	甘蔗 Sugarcane	烤烟 Flue-cured Tobacco	茶叶 Tea	园林水果 Fruits
全省	**Yunnan**	**60.98**	**6.96**	**52.52**	**1 640.08**	**82.29**	**42.33**	**757.14**
昆明市	**Kunming**	**1.50**	**0.14**	**1.25**	**0.11**	**6.94**	**0.01**	**23.96**
五华区	Wuhua	0.01				0.03		0.31
盘龙区	Panlong					0.34		0.25
官渡区	Guandu							0.43
西山区	Xishan	0.02		0.01				1.06
东川区	Dongchuan	0.12	0.07	0.05				0.82
呈贡区	Chenggong							0.73
晋宁区	Jinning	0.11		0.08		0.20		0.53
富民县	Fumin	0.12		0.07		0.24		3.25
宜良县	Yiliang	0.05	0.02	0.02		0.99		1.17
石林县	Shilin	0.06		0.04		1.41		9.51
嵩明县	Songming					0.35		0.79
禄劝县	Luquan	0.34	0.04	0.30	0.11	1.28		1.20
寻甸县	Xundian	0.32		0.32		1.98		0.43
安宁市	Anning	0.35		0.35		0.10		3.48
曲靖市	**Qujing**	**19.28**	**0.08**	**19.08**	**0.02**	**16.64**		**26.03**
麒麟区	Qilin	0.10		0.10		1.49		5.34
沾益区	Zhanyi	0.07		0.07		1.58		1.53
马龙区	Malong	0.21		0.18		1.66		3.97
陆良县	Luliang	0.19		0.19		1.97		5.06
师宗县	Shizong	3.21		3.21		2.17		0.71
罗平县	Luoping	13.67		13.67		2.70		1.71
富源县	Fuyuan	1.58	0.01	1.53		1.35		0.94
会泽县	Huize	0.21	0.08	0.13	0.02	0.68		5.10
宣威市	Xuanwei	0.03				3.04		1.66
玉溪市	**Yuxi**	**3.61**	**0.18**	**3.33**	**67.79**	**7.99**	**0.40**	**95.95**
红塔区	Hongta	0.80		0.80		0.48		1.96
江川区	Jiangchuan	0.78		0.78		1.30		1.13
澄江县	Chengjiang	0.02		0.02		0.64		0.26
通海县	Tonghai	0.16		0.16		0.68		0.92
华宁县	Huaning	0.31	0.03	0.25	0.03	1.16		30.41
易门县	Yimen	0.27	0.01	0.24	0.10	0.84		1.21
峨山县	Eshan	0.80	0.02	0.75	0.38	1.03	0.01	0.30
新平县	Xinping	0.13	0.08	0.04	44.27	1.10	0.18	22.41
元江县	Yuanjiang	0.35	0.05	0.29	23.00	0.76	0.20	37.35

18-20 续表1 continued

单位：万吨 (10 000 tons)

州市县	Region	油料 Oil-bearing Crops	花生 Peanuts	油菜籽 Rapeseeds	甘蔗 Sugarcane	烤烟 Flue-cured Tobacco	茶叶 Tea	园林水果 Fruits
保山市	**Baoshan**	**6.88**	**0.20**	**6.63**	**132.00**	**5.87**	**5.23**	**11.30**
隆阳区	Longyang	0.97	0.11	0.84	29.81	1.15	0.25	7.32
施甸县	Shidian	0.25	0.04	0.20	15.18	1.32	0.14	1.75
龙陵县	Longling	0.09	0.02	0.06	44.86	0.65	0.75	0.87
昌宁县	Changning	0.60	0.03	0.56	42.02	1.06	2.74	1.03
腾冲市	Tengchong	4.98		4.97	0.13	1.70	1.35	0.32
昭通市	**Zhaotong**	**3.62**	**0.69**	**2.89**	**2.03**	**3.49**	**0.24**	**42.69**
昭阳区	Zhaoyang	0.01			0.34	1.11		34.14
鲁甸县	Ludian	0.10	0.02	0.07	0.05	0.80		1.20
巧家县	Qiaojia	0.10	0.08	0.01	0.95	0.31		0.77
盐津县	Yanjin	0.78	0.14	0.63	0.18		0.18	0.26
大关县	Daguan	0.05	0.04	0.01	0.06	0.10	0.01	0.06
永善县	Yongshan	0.65	0.08	0.57	0.30	0.05	0.01	1.12
绥江县	Suijiang	0.12	0.01	0.12	0.06	0.00	0.02	3.90
镇雄县	Zhenxiong	0.70	0.13	0.57		0.51	0.01	0.53
彝良县	Yiliang	0.54	0.06	0.46	0.07	0.55	0.01	0.37
威信县	Weixin	0.49	0.11	0.38	0.02	0.06		0.13
水富市	Shuifu	0.07	0.02	0.05				0.22
丽江市	**Lijiang**	**1.06**	**0.20**	**0.73**	**1.11**	**3.02**	**0.09**	**21.32**
古城区	Gucheng	0.12		0.11		0.25		0.76
玉龙县	Yulong	0.46		0.45		1.20		2.01
永胜县	Yongsheng	0.36	0.15	0.13	1.02	0.91		4.27
华坪县	Huaping	0.10	0.06	0.04	0.09	0.26	0.09	13.15
宁蒗县	Ninglang	0.01		0.01		0.40		1.12
普洱市	**Pu'er**	**1.80**	**0.97**	**0.82**	**239.34**	**5.01**	**11.33**	**26.66**
思茅区	Simao	0.06	0.05	0.01	0.03	0.17	1.56	1.58
宁洱县	Ning'er	0.19	0.13	0.06	0.07	0.51	1.07	0.27
墨江县	Mojiang	0.28	0.27	0.01	2.71	0.85	1.43	0.82
景东县	Jingdong	0.31	0.08	0.23	19.88	1.23	1.30	0.93
景谷县	Jinggu	0.33	0.15	0.18	48.64	1.01	1.30	3.18
镇沅县	Zhenyuan	0.29	0.06	0.23	2.66	1.25	0.47	0.58
江城县	Jiangcheng	0.05	0.03	0.02	3.88		1.38	13.97
孟连县	Menglian	0.06	0.06		40.41		0.45	2.96
澜沧县	Lancang	0.22	0.14	0.07	109.26		2.06	2.11
西盟县	Ximeng	0.02	0.01		11.80		0.32	0.26
临沧市	**Lincang**	**2.47**	**0.23**	**2.16**	**517.87**	**3.79**	**13.30**	**17.89**
临翔区	Linxiang	1.42	0.02	1.39	10.14	0.75	1.63	0.59
凤庆县	Fengqing	0.23		0.22	38.02	0.93	3.64	0.79

18-20 续表2 continued

单位:万吨 (10 000 tons)

州市县	Region	油料 Oil-bearing Crops	花生 Peanuts	油菜籽 Rapeseeds	甘蔗 Sugarcane	烤烟 Flue-cured Tobacco	茶叶 Tea	园林水果 Fruits
云县	Yunxian	0.22	0.03	0.19	65.53	0.38	2.24	1.40
永德县	Yongde	0.10	0.05	0.02	44.26	0.69	1.60	5.11
镇康县	Zhenkang	0.02	0.02		56.94	0.18	0.77	0.39
双江县	Shuangjiang	0.19	0.02	0.13	39.31	0.37	1.20	1.29
耿马县	Gengma	0.19	0.07	0.12	203.44	0.23	1.30	7.50
沧源县	Cangyuan	0.10	0.01	0.08	60.24	0.26	0.91	0.81
楚雄州	**Chuxiong**	**6.46**	**0.32**	**5.97**	**2.46**	**8.40**	**0.15**	**33.68**
楚雄市	Chuxiong	1.13		1.12		1.40	0.02	1.77
双柏县	Shuangbai	0.25	0.04	0.20	2.07	0.70	0.06	1.15
牟定县	Mouding	0.90		0.87		0.57	0.02	0.97
南华县	Nanhua	0.51		0.50		0.99	0.05	1.22
姚安县	Yao'an	0.73		0.73		0.91		0.96
大姚县	Dayao	0.35		0.33	0.13	0.71		1.43
永仁县	Yongren	0.30	0.05	0.20	0.01	0.46		4.54
元谋县	Yuanmou	0.21	0.17	0.02	0.07	0.25		15.31
武定县	Wuding	0.48	0.03	0.44	0.09	0.99		1.73
禄丰县	Lufeng	1.60	0.03	1.56	0.09	1.41		4.60
红河州	**Honghe**	**3.60**	**1.32**	**2.19**	**110.71**	**7.06**	**2.91**	**257.32**
个旧市	Gejiu	0.15	0.11	0.03	11.38	0.14		7.50
开远市	Kaiyuan	0.14	0.09	0.02		0.43		8.32
蒙自市	Mengzi	0.29	0.15	0.12	2.40	0.56		37.90
弥勒市	Mile	0.21	0.02	0.20	18.18	2.01		26.28
屏边县	Pingbian	0.11	0.07	0.04	1.95	0.05	0.15	17.19
建水县	Jianshui	0.15	0.11	0.04	0.40	0.85		26.16
石屏县	Shiping	0.26	0.07	0.16	8.38	1.07		17.21
泸西县	Luxi	1.58		1.57		1.96		17.23
元阳县	Yuanyang	0.15	0.14	0.02	17.26		0.08	7.26
红河县	Honghe	0.17	0.17		24.69		0.66	7.62
金平县	Jinping	0.18	0.18		25.75		0.05	44.69
绿春县	Luchun	0.16	0.16		0.21		1.95	0.14
河口县	Hekou	0.05	0.05		0.10			39.83
文山州	**Wenshan**	**6.32**	**2.23**	**3.68**	**140.91**	**5.06**	**1.15**	**44.02**
文山市	Wenshan	1.12	0.51	0.50	2.87	0.46		3.05
砚山县	Yanshan	0.80	0.61	0.05	0.63	1.73		4.27
西畴县	Xichou	0.19	0.08	0.09	6.24	0.20	0.04	0.49
麻栗坡县	Malipo	0.26	0.12	0.13	15.17	0.17	0.07	2.56
马关县	Maguan	0.69	0.22	0.46	10.43	0.31	0.03	29.27

18-20 续表3 continued

单位:万吨 (10 000 tons)

州市县	Region	油料 Oil-bearing Crops	花生 Peanuts	油菜籽 Rapeseeds	甘蔗 Sugarcane	烤烟 Flue-cured Tobacco	茶叶 Tea	园林水果 Fruits
丘北县	Qiubei	0.55	0.23	0.28	0.02	1.47		0.75
广南县	Guangnan	2.27	0.33	1.87	7.01	0.73	0.98	2.26
富宁县	Funing	0.45	0.14	0.31	98.55		0.03	1.38
西双版纳州	**Xishuangbanna**	**0.15**	**0.14**		**104.51**		**4.96**	**60.70**
景洪市	Jinghong	0.04	0.03		0.54		1.74	31.85
勐海县	Menghai	0.06	0.06		99.58		2.67	9.83
勐腊县	Mengla	0.05	0.05		4.39		0.55	19.02
大理州	**Dali**	**3.00**	**0.10**	**2.78**	**0.87**	**6.88**	**0.74**	**75.10**
大理市	Dali	0.20		0.20		0.26	0.01	0.93
漾濞县	Yangbi	0.10		0.10		0.24		0.51
祥云县	Xiangyun	0.43		0.43		1.47		1.51
宾川县	Binchuan	0.54	0.04	0.48	0.36	0.66		60.44
弥渡县	Midu	0.49	0.03	0.38		0.70	0.02	1.15
南涧县	Nanjian	0.14		0.14	0.04	0.69	0.56	1.07
巍山县	Weishan	0.49		0.49		0.71	0.04	3.42
永平县	Yongping	0.14		0.14		0.52	0.05	0.31
云龙县	Yunlong	0.05		0.05	0.04	0.41	0.05	1.57
洱源县	Eryuan	0.21		0.21		0.45		2.09
剑川县	Jianchuan	0.12		0.12		0.41		0.80
鹤庆县	Heqing	0.08	0.03	0.05	0.43	0.37		1.30
德宏州	**Dehong**	**0.59**	**0.06**	**0.52**	**318.00**	**2.00**	**1.82**	**18.62**
瑞丽市	Ruili	0.03		0.03	13.48		0.03	10.60
芒市	Mangshi	0.09	0.03	0.06	52.97	0.68	0.97	4.97
梁河县	Lianghe	0.06	0.01	0.05	21.03	0.60	0.31	0.20
盈江县	Yingjiang	0.15	0.01	0.14	85.39	0.20	0.34	2.20
陇川县	Longchuan	0.26	0.01	0.25	145.14	0.53	0.17	0.65
怒江州	**Nujiang**	**0.20**	**0.06**	**0.07**	**2.34**		**0.01**	**0.75**
泸水市	Lushui	0.03		0.03	2.34		0.01	0.17
福贡县	Fugong	0.08	0.03	0.03				0.02
贡山县	Gongshan	0.04	0.03	0.01				0.04
兰坪县	Lanping	0.06		0.01				0.53
迪庆州	**Diqing**	**0.44**		**0.42**		**0.14**		**1.17**
香格里拉市	Shangri-La	0.26		0.24		0.14		0.27
德钦县	Deqin	0.03		0.03				0.58
维西县	Weixi	0.15		0.15				0.31

18-21 各州市县畜牧业、水产品生产情况（2018年）

单位:万头、万只、万吨

州市县	Region	猪 Hogs 存栏 Stocked	猪 Hogs 出栏 Slaughtered	猪 Hogs 肉产量 Output of Meat	牛 Cattle and Buffaloes 存栏 Stocked	牛 Cattle and Buffaloes 出栏 Slaughtered	牛 Cattle and Buffaloes 肉产量 Output of Meat	存栏 Stocked
全省	**Yunnan**	**3 055.53**	**3 850.51**	**323.81**	**811.90**	**309.12**	**36.02**	**1 268.85**
昆明市	**Kunming**	**160.19**	**208.45**	**17.99**	**43.90**	**21.15**	**2.13**	**123.69**
五华区	Wuhua	2.68	3.57	0.29	0.35	0.09	0.01	0.99
盘龙区	Panlong	0.79	0.70	0.07	0.37	0.16	0.02	1.42
官渡区	Guandu	0.46	1.25	0.14	0.23	0.07	0.01	0.87
西山区	Xishan	2.53	2.59	0.25	0.29	0.12	0.02	3.04
东川区	Dongchuan	11.45	12.59	1.24	4.64	1.11	0.10	19.71
呈贡区	Chenggong	0.46	0.20	0.02	0.02	0.01		0.41
晋宁区	Jinning	3.49	6.53	0.60	1.43	0.36	0.05	2.81
富民县	Fuming	7.24	7.90	0.83	2.00	0.80	0.09	5.08
宜良县	Yiliang	37.93	49.66	4.28	3.58	1.23	0.18	10.20
石林县	Shilin	6.94	7.73	0.63	3.15	1.25	0.16	15.54
嵩明县	Songming	5.96	8.86	0.82	1.94	1.00	0.11	2.68
禄劝县	Luquan	21.17	23.07	1.77	10.46	6.17	0.54	32.39
寻甸县	Xundian	48.27	67.56	5.68	14.78	8.26	0.78	25.07
安宁市	Anning	10.84	16.25	1.37	0.67	0.52	0.07	3.46
曲靖市	**Qujing**	**664.11**	**995.64**	**84.83**	**117.53**	**60.31**	**8.58**	**270.75**
麒麟区	Qilin	56.40	84.18	7.07	4.46	3.23	0.33	9.70
沾益区	Zhanyi	68.97	104.03	8.69	9.48	6.18	1.10	29.53
马龙区	Malong	17.42	20.49	1.98	6.09	2.30	0.30	25.14
陆良县	Luliang	92.26	129.07	10.76	6.55	5.65	0.74	22.47
师宗县	Shizong	46.17	58.69	4.95	9.47	4.59	0.54	23.82
罗平县	Luoping	62.74	73.41	6.20	12.24	7.06	0.93	37.30
富源县	Fuyuan	72.65	120.14	10.63	13.81	7.42	1.21	33.96
会泽县	Huize	102.15	150.83	12.76	40.55	17.77	2.36	56.84
宣威市	Xuanwei	145.34	254.82	21.81	14.89	6.13	1.09	32.01
玉溪市	**Yuxi**	**99.61**	**130.51**	**11.35**	**19.76**	**11.38**	**1.53**	**39.00**
红塔区	Hongta	13.15	23.54	2.32	0.32	0.64	0.13	1.56
江川区	Jiangchuan	11.40	14.80	1.22	0.31	0.23	0.04	1.40
澄江县	Chengjiang	2.43	4.60	0.39	1.03	0.38	0.05	3.28
通海县	Tonghai	8.92	13.65	1.06	1.16	1.27	0.23	2.51
华宁县	Huaning	13.58	16.25	1.48	2.69	2.30	0.32	6.48
易门县	Yimen	11.80	14.56	1.22	2.32	1.15	0.14	6.15
峨山县	Eshan	9.23	14.18	1.13	1.71	1.39	0.15	3.98
新平县	Xinping	19.07	18.69	1.63	6.64	2.48	0.27	10.02
元江县	Yuanjiang	10.03	10.24	0.90	3.57	1.54	0.19	3.63

Output of Animal Husbandry Products and Aquaticts Products by Region (2018)

(10 000 heads, 10 000 units, 10 000 tons)

羊 Sheep and Goats		家禽 Poultry			禽蛋产量	奶类产量		蜂蜜 产量(吨)	水产品产量 Total Output
出栏 Slaughtered	肉产量 Output of Meat	存栏 Stocked	出栏 Slaughtered	肉产量 Output of Meat	Poultry Eggs Output	Milk Output	牛奶产量 Cow Milk Output	Honey Output(ton)	of Aquatic Products
1 051.49	**18.64**	**14 782.48**	**26 092.91**	**47.53**	**32.72**	**65.65**	**58.21**	**11 988**	**63.75**
96.68	**1.61**	**2 062.30**	**4 900.72**	**7.89**	**4.36**	**11.86**	**10.95**	**628**	**4.10**
0.49	0.01	22.52	12.63	0.01	0.15	0.02	0.02		0.04
0.61	0.02	17.05	10.87	0.02	0.11			2	0.03
0.63	0.02	55.22	44.40	0.07	0.35			5	0.12
1.58	0.05	17.46	36.15	0.08	0.01	0.01	0.01	36	0.12
11.94	0.16	76.80	156.00	0.28	0.12			32	0.15
0.11		12.61	9.75	0.02	0.08	0.02	0.02		0.10
1.59	0.03	146.23	255.76	0.46	0.93	3.13	3.13	12	0.32
3.06	0.09	78.40	136.24	0.26	0.37			105	0.05
6.82	0.13	346.85	1 565.60	2.41	0.31	4.35	4.29	61	1.48
10.25	0.20	574.40	1 432.23	2.30	0.13	2.11	1.26	20	0.22
2.61	0.05	69.77	95.89	0.18	0.22	2.06	2.06	2	0.10
31.06	0.50	90.63	157.19	0.24	0.10			96	0.14
22.30	0.27	165.57	175.07	0.27	0.38	0.10	0.10	237	1.04
3.65	0.09	388.79	812.95	1.28	1.10	0.06	0.06	20	0.19
263.30	**5.39**	**1 276.76**	**2 640.71**	**6.07**	**3.48**	**3.99**	**2.34**	**2 062**	**17.38**
8.64	0.23	157.34	377.08	1.04	1.17			18	2.14
27.76	1.01	121.75	310.46	0.99	0.26	0.03	0.03		1.54
20.22	0.42	86.28	122.16	0.26	0.20			51	0.55
26.91	0.54	223.21	484.05	1.05	0.32	3.88	2.23	6	2.05
26.16	0.56	83.77	170.19	0.31	0.15	0.01	0.01	26	1.60
27.57	0.41	53.35	203.53	0.36	0.16			1 540	4.38
31.55	0.62	159.86	240.74	0.53	0.23			2	1.72
67.23	0.98	206.98	395.38	0.64	0.50	0.06	0.06	343	1.64
27.24	0.63	184.22	337.13	0.90	0.49			76	1.76
31.27	**0.75**	**1 437.52**	**2 891.43**	**6.23**	**6.41**	**0.76**	**0.75**	**252**	**1.72**
1.80	0.05	231.45	609.43	1.50	1.35				0.12
2.07	0.06	111.41	260.31	0.60	0.83			69	0.44
1.53	0.04	62.48	162.66	0.33	0.17	0.24	0.24		0.17
2.53	0.06	517.02	531.06	1.02	3.23	0.51	0.51	2	0.31
4.27	0.13	85.58	214.52	0.47	0.12	0.01		11	0.16
5.01	0.13	194.19	577.97	1.32	0.13				0.07
4.15	0.09	62.28	142.93	0.29	0.19			19	0.11
7.32	0.14	121.55	320.15	0.57	0.27			117	0.15
2.58	0.06	51.56	72.41	0.12	0.12			35	0.19

18-21 续表1

单位:万头、万只、万吨

州市县	Region	猪 Hogs			牛 Cattle and Buffaloes			
		存栏 Stocked	出栏 Slaughtered	肉产量 Output of Meat	存栏 Stocked	出栏 Slaughtered	肉产量 Output of Meat	存栏 Stocked
保山市	**Baoshan**	**266.70**	**338.90**	**30.43**	**63.64**	**19.38**	**2.44**	**59.80**
隆阳区	Longyang	75.29	95.57	9.18	16.56	4.52	0.53	18.64
施甸县	Shidian	46.94	67.10	5.34	7.71	2.34	0.23	4.62
龙陵县	Longling	25.12	26.40	2.11	11.53	2.64	0.33	14.55
昌宁县	Changning	59.90	71.85	6.61	14.23	4.10	0.42	14.71
腾冲市	Tengchong	59.45	77.98	7.19	13.61	5.78	0.93	7.28
昭通市	**Zhaotong**	**287.98**	**368.20**	**31.27**	**47.21**	**16.07**	**1.80**	**64.94**
昭阳区	Zhaoyang	36.76	51.69	3.69	4.65	1.68	0.21	8.14
鲁甸县	Ludian	19.55	16.26	1.71	6.57	1.77	0.22	6.35
巧家县	Qiaojia	38.18	52.68	5.17	5.73	1.41	0.16	13.46
盐津县	Yanjin	30.25	36.19	3.05	1.62	0.38	0.05	1.19
大关县	Daguan	15.43	21.70	2.17	3.01	0.62	0.09	5.42
永善县	Yongshan	25.78	34.39	3.03	3.37	0.83	0.08	12.22
绥江县	Suijiang	6.42	8.36	0.79	0.51	0.22	0.03	1.24
镇雄县	Zhenxiong	73.27	97.24	6.72	9.98	5.99	0.58	4.51
彝良县	Yiliang	26.86	29.15	2.98	8.34	1.73	0.22	11.24
威信县	Weixin	13.78	15.01	1.42	3.38	1.41	0.15	0.41
水富市	Shuifu	1.69	5.52	0.54	0.06	0.02		0.76
丽江市	**Lijiang**	**97.36**	**105.40**	**7.80**	**34.61**	**8.43**	**0.74**	**108.03**
古城区	Gucheng	6.17	10.26	0.75	1.03	0.54	0.05	3.17
玉龙县	Yulong	32.35	40.21	2.98	10.73	2.65	0.23	20.39
永胜县	Yongsheng	31.97	37.71	2.78	12.14	3.75	0.33	43.77
华坪县	Huaping	6.17	5.02	0.37	1.82	0.53	0.05	9.32
宁蒗县	Ninglang	20.70	12.20	0.93	8.90	0.96	0.08	31.37
普洱市	**Pu'er**	**214.61**	**226.13**	**17.91**	**47.42**	**13.73**	**1.25**	**46.35**
思茅区	Simao	14.01	18.30	1.50	1.54	0.55	0.05	3.28
宁洱县	Ning'er	18.99	26.22	2.21	2.89	1.28	0.13	3.08
墨江县	Mojiang	26.72	30.75	2.41	7.67	1.71	0.16	4.16
景东县	Jingdong	44.78	36.00	2.58	8.91	2.91	0.25	14.33
景谷县	Jinggu	22.34	21.68	1.73	5.82	1.32	0.12	7.80
镇沅县	Zhenyuan	31.42	32.10	2.56	4.84	1.57	0.18	8.96
江城县	Jiangcheng	5.84	6.57	0.53	1.98	0.87	0.08	0.80
孟连县	Menglian	6.79	8.93	0.71	0.98	0.42	0.04	0.28
澜沧县	Lancang	39.11	40.43	3.31	11.26	2.53	0.20	3.11
西盟县	Ximeng	4.61	5.14	0.37	1.53	0.57	0.05	0.54
临沧市	**Lincang**	**228.19**	**270.69**	**22.22**	**53.54**	**15.17**	**1.76**	**66.10**
临翔区	Linxiang	11.82	13.59	1.12	4.07	1.01	0.11	7.35
凤庆县	Fengqing	60.80	71.41	5.86	9.64	3.79	0.41	15.66

continued

(10 000 heads, 10 000 units, 10 000 tons)

羊 Sheep and Goats		家禽 Poultry			禽蛋产量 Poultry Eggs Output	奶类产量 Milk Output		蜂蜜产量(吨) Honey Output	水产品产量 Total Output of Aquatic Products
出栏 Slaughtered	肉产量 Output of Meat	存栏 Stocked	出栏 Slaughtered	肉产量 Output of Meat			牛奶产量 Cow Milk Output		
60.35	**1.13**	**661.39**	**1 051.18**	**2.40**	**0.92**	**0.92**	**0.92**	**2 057**	**5.41**
16.17	0.29	175.67	330.28	0.79	0.40	0.12	0.12	1 277	1.52
3.85	0.07	92.79	145.59	0.29	0.09			27	0.71
16.46	0.27	86.11	76.95	0.17	0.07			60	0.74
14.95	0.28	110.52	170.82	0.35	0.13			373	1.28
8.92	0.22	196.30	327.54	0.80	0.23	0.80	0.80	320	1.17
50.07	**0.94**	**657.81**	**868.08**	**1.74**	**1.28**	**0.01**	**0.01**	**165**	**5.47**
6.20	0.10	57.53	78.54	0.13	0.10	0.01	0.01	1	0.62
4.22	0.08	48.72	42.92	0.08	0.07			2	0.46
13.21	0.25	49.17	109.46	0.19	0.10			9	0.46
0.92	0.02	74.24	111.56	0.24	0.09			39	0.60
3.54	0.08	27.30	34.28	0.06	0.04			12	0.36
9.74	0.15	38.82	51.20	0.09	0.05			8	0.56
1.16	0.02	18.73	31.46	0.05	0.05			3	0.61
4.89	0.11	211.12	247.96	0.55	0.53				0.50
5.44	0.13	71.25	75.28	0.17	0.13			25	0.39
0.39	0.01	44.55	63.82	0.13	0.09			39	0.43
0.37	0.01	16.36	21.62	0.05	0.02			27	0.47
65.27	**0.93**	**257.98**	**273.98**	**0.42**	**0.27**	**0.41**	**0.41**	**351**	**1.98**
3.82	0.05	18.65	16.34	0.02	0.02			15	0.32
14.66	0.19	60.56	52.12	0.08	0.10	0.36	0.36	205	0.35
28.60	0.45	96.50	97.76	0.15	0.12	0.04	0.04	105	0.68
4.52	0.06	35.86	61.85	0.09	0.01			8	0.48
13.67	0.19	46.42	45.91	0.07	0.02			18	0.15
24.71	**0.50**	**1 096.90**	**1 270.48**	**1.84**	**0.97**	**0.02**	**0.02**	**1 511**	**17.00**
1.63	0.02	143.52	139.27	0.22	0.20	0.01	0.01	37	2.54
2.22	0.04	72.23	87.34	0.14	0.08			10	1.62
2.76	0.06	120.57	145.35	0.19	0.12			60	3.30
8.21	0.16	172.34	291.19	0.49	0.14			147	1.86
2.61	0.06	163.66	148.90	0.24	0.12			162	3.66
4.79	0.09	125.47	147.11	0.22	0.10			159	0.65
0.60	0.01	33.74	33.63	0.05	0.05			23	0.73
0.29	0.01	43.45	45.05	0.06	0.04			100	0.41
1.23	0.03	197.26	200.49	0.18	0.08			763	2.11
0.36	0.01	24.65	32.14	0.05	0.04			50	0.12
43.80	**0.77**	**885.48**	**1 256.84**	**1.87**	**0.57**	**0.03**	**0.03**	**375**	**12.02**
4.73	0.08	84.54	129.48	0.19	0.02	0.01	0.01	50	0.90
9.56	0.17	126.26	216.65	0.33	0.07			80	2.07

18-21 续表2

单位:万头、万只、万吨

州市县	Region	猪 Hogs 存栏 Stocked	猪 Hogs 出栏 Slaughtered	猪 Hogs 肉产量 Output of Meat	牛 Cattle and Buffaloes 存栏 Stocked	牛 Cattle and Buffaloes 出栏 Slaughtered	牛 Cattle and Buffaloes 肉产量 Output of Meat	存栏 Stocked
云县	Yunxian	61.62	73.57	6.04	12.02	2.60	0.28	20.17
永德县	Yongde	59.87	73.19	6.01	9.20	2.87	0.40	9.23
镇康县	Zhenkang	7.08	8.27	0.68	5.01	1.00	0.13	5.57
双江县	Shuangjiang	8.53	9.67	0.79	3.76	1.10	0.12	2.48
耿马县	Gengma	11.84	13.33	1.09	6.66	1.71	0.18	4.88
沧源县	Cangyuan	6.63	7.66	0.63	3.20	1.09	0.13	0.76
楚雄州	**Chuxiong**	**222.10**	**260.58**	**22.74**	**63.87**	**22.05**	**3.05**	**149.28**
楚雄市	Chuxiong	26.98	39.98	3.48	7.27	3.97	0.55	16.00
双柏县	Shuangbai	22.73	21.71	1.89	7.17	1.81	0.25	19.86
牟定县	Mouding	16.60	19.02	1.71	3.50	1.32	0.18	6.26
南华县	Nanhua	17.81	21.71	1.89	5.95	2.37	0.33	8.90
姚安县	Yao'an	14.94	20.22	1.76	7.33	2.10	0.29	8.72
大姚县	Dayao	26.13	21.01	1.83	6.71	2.00	0.28	25.11
永仁县	Yongren	13.87	15.44	1.33	3.52	1.36	0.19	12.54
元谋县	Yuanmou	14.42	15.83	1.38	5.15	1.34	0.19	15.49
武定县	Wuding	22.39	32.61	2.84	6.15	2.84	0.39	18.46
禄丰县	Lufeng	46.26	53.04	4.64	11.12	2.94	0.39	17.95
红河州	**Honghe**	**312.03**	**403.95**	**34.61**	**104.89**	**37.69**	**4.33**	**114.28**
蒙自市	Mengzi	35.77	46.19	3.19	5.53	1.61	0.27	3.87
个旧市	Gejiu	20.54	22.04	2.29	10.28	4.08	0.46	9.77
开远市	Kaiyuan	12.17	13.08	1.32	4.53	1.58	0.17	7.82
弥勒市	Mile	46.14	65.45	5.04	15.08	6.77	0.66	23.98
屏边县	Pingbian	11.25	13.75	1.35	3.44	0.27	0.04	1.37
建水县	Jianshui	45.28	69.00	4.97	11.26	4.96	0.67	25.47
石屏县	Shiping	35.89	50.04	4.13	13.57	4.35	0.51	13.32
泸西县	Luxi	39.78	54.62	4.53	14.62	4.29	0.58	19.41
元阳县	Yuanyang	18.79	20.03	2.54	9.34	3.84	0.41	2.73
红河县	Honghe	18.90	20.35	2.08	7.91	3.30	0.32	5.08
金平县	Jinping	12.67	13.43	1.47	3.23	1.49	0.14	0.75
绿春县	Luchun	11.63	12.58	1.40	5.50	1.00	0.10	0.66
河口县	Hekou	3.23	3.40	0.32	0.59	0.15	0.02	0.06
文山州	**Wenshan**	**186.71**	**224.78**	**19.26**	**111.43**	**44.41**	**4.33**	**37.81**
文山市	Wenshan	15.77	18.94	1.63	12.50	4.82	0.46	2.35
砚山县	Yanshan	17.69	22.16	1.93	20.53	8.01	0.78	8.00
西畴县	Xichou	11.79	13.89	1.20	8.86	3.22	0.32	0.56
麻栗坡县	Malipo	15.94	18.76	1.61	8.13	3.19	0.31	1.35
马关县	Maguan	17.36	20.60	1.83	11.06	4.63	0.45	0.58

continued

(10 000 heads, 10 000 units, 10 000 tons)

羊 Sheep and Goats		家禽 Poultry			禽蛋产量	奶类产量		蜂蜜产量(吨)	水产品产量
出栏 Slaughtered	肉产量 Output of Meat	存栏 Stocked	出栏 Slaughtered	肉产量 Output of Meat	Poultry Eggs Output	Milk Output	牛奶产量 Cow Milk Output	Honey Output	Total Output of Aquatic Products
15.35	0.26	244.06	405.26	0.60	0.06	0.02	0.02	147	1.89
4.74	0.08	128.33	151.32	0.22	0.15			81	1.08
3.29	0.07	56.47	88.07	0.14	0.01			17	0.87
2.55	0.04	70.40	71.02	0.11	0.13				2.75
3.05	0.05	109.48	136.34	0.20	0.09				1.48
0.53	0.01	65.96	58.71	0.09	0.04				0.98
100.16	**1.88**	**1 012.92**	**1 391.23**	**2.40**	**0.68**			**1 488**	**3.50**
11.07	0.21	161.54	278.40	0.46	0.18			42	0.79
9.75	0.19	69.25	61.51	0.11	0.02			59	0.12
5.10	0.10	44.43	53.70	0.09	0.05			67	0.28
7.22	0.14	119.74	190.53	0.33	0.07			36	0.20
7.06	0.13	64.01	107.12	0.18	0.05			70	0.66
16.44	0.31	77.59	81.57	0.14	0.06			853	0.23
10.98	0.21	37.56	46.69	0.08	0.02				0.10
9.99	0.19	46.60	53.67	0.09	0.02			26	0.34
15.32	0.29	140.95	324.41	0.55	0.06			141	0.16
7.23	0.12	251.24	193.64	0.36	0.15			194	0.62
86.65	**1.39**	**2 657.75**	**4 667.96**	**7.08**	**7.91**	**9.68**	**5.31**	**196**	**7.11**
3.67	0.07	164.79	256.91	0.42	0.72	0.05			0.52
5.49	0.09	140.97	259.50	0.34	0.69	3.09	3.09	14	0.53
6.14	0.09	318.57	673.87	1.17	1.35	0.01	0.01	8	0.63
20.01	0.31	401.25	1 038.98	1.57	0.59	1.85	1.31		0.58
0.63	0.01	103.29	112.64	0.16	0.06			12	0.28
17.44	0.29	551.29	873.37	1.23	2.01	2.39	0.07	12	1.02
8.94	0.14	184.76	245.84	0.37	0.31	0.11		38	0.88
14.92	0.25	267.36	376.58	0.57	1.37	2.17	0.82	86	0.68
2.45	0.04	92.59	161.25	0.25	0.32				0.44
5.51	0.08	137.05	199.54	0.27	0.30			14	0.46
0.78	0.01	140.78	242.62	0.37	0.08			4	0.44
0.65	0.01	133.76	207.97	0.32	0.07			8	0.53
0.01	0.00	21.28	18.88	0.03	0.05				0.12
49.78	**0.94**	**929.74**	**1 446.69**	**2.70**	**1.31**	**0.12**	**0.12**	**168**	**9.21**
3.18	0.06	84.81	160.43	0.28	0.29	0.12	0.12	9	0.67
9.93	0.17	187.25	271.84	0.49	0.32			10	1.05
0.77	0.01	76.61	111.51	0.19	0.08			21	0.25
1.74	0.03	84.30	137.55	0.25	0.09			40	0.68
0.66	0.01	113.94	169.13	0.37	0.14			7	0.48

18–21　续表3

单位:万头、万只、万吨

州市县	Region	猪 Hogs			牛 Cattle and Buffaloes			
		存栏 Stocked	出栏 Slaughtered	肉产量 Output of Meat	存栏 Stocked	出栏 Slaughtered	肉产量 Output of Meat	存栏 Stocked
丘北县	Qiubei	45.78	55.58	4.74	21.89	8.97	0.86	16.12
广南县	Guangnan	46.92	55.97	4.70	22.61	9.16	0.90	6.31
富宁县	Funing	15.46	18.88	1.62	5.85	2.42	0.24	2.54
西双版纳州	**Xishuangbanna**	**46.62**	**49.38**	**3.60**	**5.58**	**3.29**	**0.33**	**2.90**
景洪市	Jinghong	16.58	20.22	1.46	1.65	0.81	0.07	1.08
勐海县	Menghai	18.02	15.87	1.18	2.51	1.42	0.16	0.89
勐腊县	Mengla	12.03	13.29	0.96	1.41	1.06	0.10	0.93
大理州	**Dali**	**254.95**	**316.58**	**25.46**	**81.18**	**38.56**	**4.62**	**142.35**
大理市	Dali	12.40	30.51	2.38	1.37	1.33	0.18	1.02
漾濞县	Yangbi	11.59	9.52	0.79	6.31	2.19	0.23	12.07
祥云县	Xiangyun	36.21	50.63	4.23	5.79	2.13	0.30	8.83
宾川县	Binchuan	21.46	26.18	2.49	4.64	1.51	0.20	14.09
弥渡县	Midu	45.65	59.99	3.75	9.96	3.34	0.37	6.17
南涧县	Nanjian	15.37	15.51	1.19	8.00	5.23	0.56	5.77
巍山县	Weishan	17.98	16.41	1.48	9.28	6.38	0.80	14.94
永平县	Yongping	19.78	15.77	1.20	6.81	3.13	0.30	12.38
云龙县	Yunlong	22.44	18.59	1.77	10.74	4.13	0.57	24.15
洱源县	Eryuan	10.24	16.15	1.37	4.48	2.61	0.29	12.65
剑川县	Jianchuan	16.49	14.54	1.17	8.40	3.85	0.48	14.38
鹤庆县	Heqing	25.34	42.76	3.66	5.40	2.74	0.35	15.90
德宏州	**Dehong**	**43.25**	**45.41**	**3.89**	**18.05**	**10.78**	**1.12**	**8.66**
瑞丽市	Ruili	5.01	6.39	0.55	2.74	3.01	0.31	0.69
芒　市	Mangshi	9.57	12.48	1.07	5.15	3.67	0.38	2.18
梁河县	Lianghe	8.75	5.72	0.49	1.66	0.68	0.07	1.31
盈江县	Yingjiang	11.40	13.40	1.15	4.55	2.14	0.22	2.56
陇川县	Longchuan	8.52	7.42	0.64	3.95	1.28	0.13	1.93
怒江州	**Nujiang**	**46.06**	**49.88**	**3.57**	**11.43**	**2.29**	**0.26**	**37.58**
泸水市	Lushui	20.01	21.53	1.63	4.09	0.93	0.10	13.97
福贡县	Fugong	7.20	8.31	0.46	0.95	0.32	0.04	3.47
贡山县	Gongshan	3.43	3.07	0.16	0.87	0.19	0.02	1.29
兰坪县	Lanping	15.41	16.97	1.32	5.51	0.85	0.10	18.85
迪庆州	**Diqing**	**31.41**	**36.42**	**2.77**	**16.58**	**2.72**	**0.35**	**17.68**
香格里拉市	Shangri-La	12.56	16.85	1.32	8.20	1.31	0.20	5.68
德钦县	Deqin	4.63	2.98	0.22	3.74	0.51	0.06	3.11
维西县	Weixi	14.22	16.59	1.22	4.64	0.90	0.09	8.89

continued

(10 000 heads, 10 000 units, 10 000 tons)

羊 Sheep and Goats		家禽 Poultry			禽蛋产量 Poultry Eggs Output	奶类产量 Milk Output		蜂蜜产量(吨) Honey Output	水产品产量 Total Output of Aquatic Products
出栏 Slaughtered	肉产量 Output of Meat	存栏 Stocked	出栏 Slaughtered	肉产量 Output of Meat			牛奶产量 Cow Milk Output		
21.95	0.43	102.63	174.04	0.32	0.06			25	1.38
8.05	0.16	185.42	280.81	0.54	0.29			21	1.40
3.48	0.06	94.78	141.38	0.26	0.03			35	3.30
1.62	**0.03**	**372.48**	**441.20**	**0.64**	**0.33**			**755**	**7.18**
0.60	0.01	158.35	212.86	0.33	0.07			347	3.16
0.37	0.01	127.71	124.72	0.15	0.19			322	2.50
0.65	0.01	86.43	103.62	0.16	0.08			86	1.51
156.21	**2.83**	**1 519.00**	**1 978.33**	**4.09**	**6.64**	**28**	**27**	**1 070**	**7.94**
1.41	0.02	173.03	340.88	0.75	1.16	3	3	1	0.31
10.67	0.16	43.03	64.29	0.11	0.05				0.06
3.99	0.08	667.36	606.68	1.22	4.13	1	1	73	1.32
14.27	0.26	61.90	75.59	0.19	0.12	1	1	135	1.09
8.70	0.17	57.60	109.17	0.26	0.12	7	7	14	1.48
12.12	0.19	156.19	269.89	0.46	0.12			55	0.55
25.17	0.43	99.27	184.20	0.37	0.20	1	1	29	1.18
11.85	0.16	81.02	68.61	0.14	0.04			43	0.11
21.84	0.49	45.27	89.71	0.20	0.33			273	0.12
15.15	0.30	34.79	50.44	0.13	0.10	10	10	310	0.66
13.48	0.24	39.19	49.85	0.11	0.08	3	3	35	0.42
17.55	0.32	60.35	69.01	0.15	0.19	1	1	102	0.64
9.08	**0.16**	**302.96**	**662.45**	**1.08**	**0.34**			**265**	**4.65**
1.36	0.02	110.49	276.38	0.45	0.10			131	0.61
2.46	0.04	67.59	159.50	0.26	0.07			40	1.26
1.39	0.02	25.13	45.48	0.08	0.02			23	0.35
2.15	0.04	60.30	100.18	0.16	0.08			70	1.03
1.72	0.03	39.46	80.90	0.13	0.07			1	1.39
27.49	**0.42**	**145.29**	**135.81**	**0.25**	**0.51**			**289**	**0.10**
9.69	0.14	68.97	50.89	0.13	0.37			60	0.06
4.40	0.08	29.51	24.78	0.04	0.07			40	0.01
0.63	0.01	16.05	15.59	0.02	0.01			25	0.01
12.78	0.18	30.76	44.57	0.05	0.07			164	0.03
9.03	**0.14**	**96.01**	**79.89**	**0.14**	**0.06**	**2**	**2**	**355**	**0.28**
3.13	0.05	46.06	36.02	0.07	0.03	1	1	17	0.11
0.61	0.01	13.84	11.47	0.02	0.02	1	1	109	
5.28	0.08	36.11	32.40	0.05	0.02			229	0.16

18-22 各州市县工业主要产品产量（2018年）

Output of Major Industrial Products by Region (2018)

州市县	Region	原煤（万吨）Coal (10 000 tons)	发电量（亿千瓦小时）Electricity (100 million kwh)	农用化肥（万吨）Agricultural Chemical Fertilizer (10 000 tons)	白酒（万升）Liquor (10 kiloliters)	啤酒（万升）Beer (10 kiloliters)	糖（万吨）Sugar (10 000 tons)	水泥（万吨）Cement (10 000 tons)
全　省	**Yunnan**	**4 534.90**	**3 007.72**	**276.29**	**9 637.76**	**72 822.09**	**244.98**	**11 798.42**
昆 明 市	**Kunming**	**190.10**	**1 266.60**	**100.67**	**435.29**	**37 888.50**	**15.48**	**1 869.83**
五华区	Wuhua		194.01	0.19				
盘龙区	Panlong							
官渡区	Guandu		763.03	0.06				199.48
西山区	Xishan		187.28	22.54				
东川区	Dongchuan		3.50	7.23				96.62
呈贡区	Chenggong		0.38	0.03			7.10	
晋宁区	Jinning		0.56	22.05		7 668.80		
富民县	Fumin		8.36		150.39	801.20		195.78
宜良县	Yiliang	83.57	20.44	4.98			8.37	754.36
石林县	Shilin	22.55	6.14	0.05				107.45
嵩明县	Songming					29 418.50		
禄劝县	Luquan		36.62					
寻甸县	Xundian	83.98	14.13	8.29				166.87
安宁市	Anning		32.16	35.24	284.90			349.28
曲 靖 市	**Qujing**	**1 655.89**	**180.63**	**30.44**	**1 631.93**	**5 818.14**		**1 480.25**
麒麟区	Qilin	89.05	8.39	0.81				102.19
沾益区	Zhanyi	20.04	16.48	24.81		5 818.14		7.67
马龙区	Malong		2.23					62.07
陆良县	Luliang	29.76	16.60					342.19
师宗县	Shizong	117.16	8.03					228.70
罗平县	Luoping	105.67	32.32		1 535.83			77.73
富源县	Fuyuan	871.91	45.92		96.10			143.97
会泽县	Huize		23.04	0.25				190.30
宣威市	Xuanwei	422.30	27.63	4.57				325.42
玉 溪 市	**Yuxi**	**39.19**	**30.84**	**5.00**	**241.30**	**1 892.60**	**6.52**	**1 292.57**
红塔区	Hongta		2.15	2.23				237.22
江川区	Jiangchuan				241.30			14.60
澄江县	Chengjiang		5.08					190.64
通海县	Tonghai		1.62					39.42
华宁县	Huaning	13.97	6.11					156.72
易门县	Yimen		0.47					275.62
峨山县	Eshan	25.22	0.20			1 892.60		98.02
新平县	Xinping		7.82				4.24	117.88
元江县	Yuanjiang		7.39	2.76			2.28	162.45

注：本表统计范围为规模以上工业法人单位。
Note: The coverage of statistics are industrial enterprises above designated size in this table.

18-22 续表1 continued

州市县	Region	原 煤 (万吨) Coal (10 000 tons)	发电量 (亿千瓦小时) Electricity (100 million kwh)	农用化肥 (万吨) Agricultural Chemical Fertilizer (10 000 tons)	白 酒 (万升) Liquor (10 kiloliters)	啤 酒 (万升) Beer (10 kiloliters)	糖 (万吨) Sugar (10 000 tons)	水 泥 (万吨) Cement (10 000 tons)
保 山 市	**Baoshan**	**17.76**	**62.00**		**163.04**	**361.60**	**14.86**	**600.23**
隆阳区	Longyang		44.02			361.60	3.24	193.33
施甸县	Shidian		2.69				1.84	259.11
龙陵县	Longling		8.87				5.01	76.88
昌宁县	Changning	17.76	2.93		163.04		4.77	
腾冲市	Tengchong		3.50					70.92
昭 通 市	**Zhaotong**	**787.07**	**575.23**	**34.90**				**731.82**
昭阳区	Zhaoyang		16.12	0.68				270.33
鲁甸县	Ludian		10.37					62.75
巧家县	Qiaojia		13.79					90.55
盐津县	Yanjin		8.29					
大关县	Daguan		2.49					108.49
永善县	Yongshan		479.70					
绥江县	Suijiang	22.52	0.16					95.86
镇雄县	Zhenxiong	617.33	22.28					103.83
彝良县	Yiliang	40.41	4.79					
威信县	Weixin	106.80	14.91					
水富市	Shuifu		2.32	34.22				
丽 江 市	**Lijiang**	**75.16**	**202.45**	**2.35**	**431.40**			**378.04**
古城区	Gucheng		108.36					88.56
玉龙县	Yulong		1.24					
永胜县	Yongsheng		89.76					90.64
华坪县	Huaping	68.55	1.75					198.84
宁蒗县	Ninglang	6.61	1.34	2.35	431.40			
普 洱 市	**Pu'er**	**41.65**	**99.00**		**1 001.12**		**27.75**	**794.18**
思茅区	Simao		65.27					288.06
宁洱县	Ning'er		0.40					164.35
墨江县	Mojiang		20.61					
景东县	Jingdong	13.59	0.03				1.66	13.57
景谷县	Jinggu		4.91		1 001.12		3.80	
镇沅县	Zhenyuan		0.38					176.48
江城县	Jiangcheng		4.33					
孟连县	Menglian		0.18				6.86	
澜沧县	Lancang	28.06	1.61				12.34	151.71
西盟县	Ximeng		1.28				3.09	
临 沧 市	**Lincang**	**4.46**	**19.12**		**1 505.26**	**4 989.00**	**85.20**	**570.28**
临翔区	Linxiang		3.84				3.06	
凤庆县	Fengqing		1.01		191.84		7.12	166.32
云 县	Yunxian		2.90		1 189.60	4 989.00	13.75	35.77
永德县	Yongde		2.45				5.34	23.79
镇康县	Zhenkang		4.76				14.28	77.50
双江县	Shuangjiang		1.49		123.82		6.09	
耿马县	Gengma		1.12				27.45	133.38
沧源县	Cangyuan	4.46	1.54				8.11	133.52

18-22 续表2 continued

州 市 县	Region	原 煤 (万吨) Coal (10 000 tons)	发电量 (亿千瓦小时) Electricity (100 million kwh)	农用化肥 (万吨) Agricultural Chemical Fertilizer (10 000 tons)	白 酒 (万升) Liquor (10 kiloliters)	啤 酒 (万升) Beer (10 kiloliters)	糖 (万吨) Sugar (10 000 tons)	水 泥 (万吨) Cement (10 000 tons)
楚 雄 州	**Chuxiong**	**77.41**	**65.10**	**30.22**	**1 665.33**	**1 027.50**		**79.01**
楚雄市	Chuxiong	8.76	4.07					51.59
双柏县	Shuangbai		5.18					
牟定县	Mouding		7.57		284.80			
南华县	Nanhua	63.59	10.13		223.43	1 027.50		
姚安县	Yao'an		9.73					
大姚县	Dayao		5.75					
永仁县	Yongren		2.62					
元谋县	Yuanmou		4.01					20.57
武定县	Wuding		1.45					6.85
禄丰县	Lufeng	5.05	14.59	30.22	1 157.10			
红 河 州	**Honghe**	**1 563.37**	**182.63**	**72.72**	**79.70**	**682.85**	**7.99**	**749.95**
个旧市	Gejiu		6.31	8.62				
开远市	Kaiyuan	1 002.29	58.48	60.47		682.85		284.71
蒙自市	Mengzi		19.06					140.35
弥勒市	Mile	501.52	32.39	3.63			0.77	134.43
屏边县	Pingbian		6.26					16.54
建水县	Jianshui		11.15					74.14
石屏县	Shiping	25.09	4.11				0.90	8.08
泸西县	Luxi	34.46	21.21		79.70			84.95
元阳县	Yuanyang		2.44				2.66	
红河县	Honghe		0.04				1.57	
金平县	Jinping		16.82				2.10	
绿春县	Luchun		1.83					
河口县	Hekou		2.51					6.74
文 山 州	**Wenshan**	**82.85**	**63.67**		**2 110.60**		**12.32**	**850.33**
文山市	Wenshan		10.30					169.05
砚山县	Yanshan		2.14					543.70
西畴县	Xichou		0.08				2.92	
麻栗坡县	Malipo		22.21					14.61
马关县	Maguan		8.61					20.69
丘北县	Qiubei		11.76		2 110.60			
广南县	Guangnan		0.26				0.73	73.83
富宁县	Funing	82.85	8.31				8.66	28.44
西双版纳州	**Xishuangbanna**		**10.21**			**676.90**	**19.75**	**151.29**
景洪市	Jinghong		4.86			676.90	2.31	133.90
勐海县	Menghai		5.17				11.48	
勐腊县	Mengla		0.19				5.97	17.39

18-22 续表3 continued

州市县	Region	原煤 (万吨) Coal (10 000 tons)	发电量 (亿千瓦小时) Electricity (100 million kwh)	农用化肥 (万吨) Agricultural Chemical Fertilizer (10 000 tons)	白酒 (万升) Liquor (10 kiloliters)	啤酒 (万升) Beer (10 kiloliters)	糖 (万吨) Sugar (10 000 tons)	水泥 (万吨) Cement (10 000 tons)
大理州	**Dali**		**80.00**		**367.60**	**19 485.00**		**1 522.97**
大理市	Dali		18.05			19 485.00		500.65
漾濞县	Yangbi		5.29					
祥云县	Xiangyun		10.37					48.55
宾川县	Binchuan		3.73					36.80
弥渡县	Midu		0.53					271.65
南涧县	Nanjian							31.44
巍山县	Weishan		9.17					20.80
永平县	Yongping		0.33					148.20
云龙县	Yunlong		3.49					115.19
洱源县	Eryuan		15.08					
剑川县	Jianchuan		7.36					116.69
鹤庆县	Heqing		6.59		367.60			232.99
德宏州	**Dehong**		**124.22**				**55.12**	**417.72**
瑞丽市	Ruili							
芒市	Mangshi		15.63				44.12	128.32
梁河县	Lianghe		5.81				3.07	
盈江县	Yingjiang		102.62				1.91	289.40
陇川县	Longchuan		0.17				6.02	
怒江州	**Nujiang**		**19.98**					**103.63**
泸水市	Lushui		10.77					103.63
福贡县	Fugong		2.77					
贡山县	Gongshan		6.44					
兰坪县	Lanping							
迪庆州	**Diqing**		**26.04**		**5.20**			**206.31**
香格里拉市	Shangri-La		21.05		5.20			206.31
德钦县	Deqin							
维西县	Weixi		4.99					

主要统计指标解释

乡村户数 指长期 （一年以上）居住在乡镇（不包括城关镇）行政管理区域内的住户，还包括居住在城关镇所辖行政村范围内的农村住户。户口不在本地而在本地居住一年及以上的住户也包括在本地农村住户内；有本地户口，但举家外出谋生一年以上的住户，无论是否保留承包耕地都不包括在本地农村住户范围内。不包括乡村地区内的国家机关、团体、国有学校、企业、事业单位的集体户。

乡村人口数 指乡村地区常住居民户数中的常住人口数，即经常在家或在家居住 6 个月以上，而且经济和生活与本户连成一体的人口。外出从业人员在外居住时间虽然在 6 个月以上，但收入主要带回家中，经济与本户连成一体，仍视为家庭常住户口；在家居住，生活和本户连成一体的国家职工、退休人员也为家庭常住人口。但是现役军人、中专及以上（走读生除外）的在校学生、以及常年在外（不包括探亲、看病等）且已经有稳定的职业与居住场所的外出从业人员，不应当做家庭常住人口。

乡村从业人员 指乡村人口中 16 岁以上实际参加生产经营活动并取得实物或货币收入的人员，既包括劳动年龄内经常参加劳动的人员，也包括超过劳动龄但经常参加劳动的人员。但不包括户口在家的在外学生、现役军人和丧失劳动能力的人，也不包括待业人员和家务劳动者。从业人员年龄为 16 岁以上。从业人员按从事主业时间最长（时间相同按收入）分为农业从业人员、工业从业人员、建筑业从业人员、交运仓储及邮政从业人员、信息传输、计算机服务和软件业、批发与零售业从业人员、住宿和餐饮业从业人员、其他行业从业人员。

Explanatory Notes on Principle Statistical Indicators

Village Households refer to households which reside in the administrative region of townships and towns(excludes county towns) during a long time(more than one year) and also include the rural households reside in the administrative region of county towns. Households without local registrations but have resided in local for more than more year are included in the rural households.Households with local registrations but have left home and worked out of local places for more than more year are excluded from the rural households no matter their cultivated lands are kept. Village Households exclude collective household of state organs and groups, state owned schools,enterprises and public institutions in the rural areas.

Village Population refer to permanent resident population of permanent resident households in the rural areas,which also refers to the population that often stay at home or reside at home for more than 6 months and whose economies and lives are integrated into their households. Employees who have left home for more than 6 months but bring their major salaries home and economies are integrated into their households are regarded as the family permanent residence population. Family permanent residence population also include national staff and retirees who live at home and lives are integrated into their households. Active duty servicemen, students of technical secondary school and above(exclude day students) and employees who has acquire steady job and fixed dwelling places out of their local places(not include those who go to visit their relatives and see a doctor)are exclude from the family permanent residence population.

Village Employees refer to village population who are above 16 years old, having participated in the activities of production and operation actually and getting physical or monetary income, including persons who always take part in the labour within labor age and older than labor age.Students whose registered permanent residence are at home and studying out of local places,active duty servicemen, persons who have lost the ability to work, job seekers and house workers are excluded. Employees are above 16 years old, and can be divided into employees engaging in agriculture, employees engaging in industry, employees engaging in construction, employees engaging in transportation, storage and post, employees engaging in information transmission, employees engaging in computer services and software, employees engaging in wholesale and retail, employees engaging in accommodation and catering services and employees engaging in other trades.